L'ART
DE VÉRIFIER LES DATES
DES FAITS HISTORIQUES,
DES CHARTES, DES CHRONIQUES,
ET AUTRES ANCIENS MONUMENTS,

DEPUIS LA NAISSANCE DE NOTRE-SEIGNEUR.

Cet ouvrage se trouve aussi :
Chez ARTHUS-BERTRAND, libraire, rue Hautefeuille;
à Paris.

L'ART
DE VÉRIFIER LES DATES
DES FAITS HISTORIQUES,
DES CHARTES, DES CHRONIQUES,
ET AUTRES ANCIENS MONUMENTS,
DEPUIS LA NAISSANCE DE NOTRE-SEIGNEUR,

Par le moyen d'une Table Chronologique, où l'on trouve les Olympiades, les Années de J. C., de l'Ère Julienne ou de Jules César, des Ères d'Alexandrie et de Constantinople, de l'Ère des Séleucides, de l'Ère Césaréenne d'Antioche, de l'Ère d'Espagne, de l'Ère des Martyrs, de l'Hégire; les Indictions, le Cycle Pascal, les Cycles Solaire et Lunaire, le Terme Pascal, les Pâques, les Épactes, et la Chronologie des Éclipses;

Avec deux Calendriers Perpétuels, le Glossaire des Dates, le Catalogue des Saints; le Calendrier des Juifs; la Chronologie historique du Nouveau Testament; celle des Conciles, des Papes, des quatre Patriarches d'Orient, des Empereurs Romains, Grecs; des Rois des Huns, des Vandales, des Goths, des Lombards, des Bulgares, de Jérusalem, de Chypre; des Princes d'Antioche; des Comtes de Tripoli; des Rois des Parthes, des Perses, d'Arménie; des Califes, des Sultans d'Iconium, d'Alep, de Damas; des Empereurs Ottomans; des Schahs de Perse; des Grands-Maîtres de Malte, du Temple; de tous les Souverains de l'Europe; des Empereurs de la Chine; des grands Feudataires de France, d'Allemagne, d'Italie; des Républiques de Venise, de Gênes, des Provinces-Unies, etc., etc., etc.;

PAR UN RELIGIEUX DE LA CONGRÉGATION DE SAINT-MAUR;

Réimprimé avec des corrections et annotations, et continué jusqu'à nos jours,

Par M. DE SAINT-ALLAIS, chevalier de plusieurs Ordres, auteur de l'Histoire généalogique des Maisons souveraines de l'Europe.

TOME DOUZIÈME.

A PARIS,
RUE DE LA VRILLIÈRE, N°. 10, PRÈS LA BANQUE.

C.-F. PATRIS, IMPRIMEUR, RUE DE LA COLOMBE, N°. 4.

1818.

L'ART
DE
VÉRIFIER LES DATES.

CHRONOLOGIE HISTORIQUE

DES

BARONS, puis DUCS DE MONTMORENCI.

Montmorenci (*Mons Morenciacus, Mons Morencius* et *Monmorencium*), dont on a vainement cherché jusqu'ici l'étymologie, ville de l'Ile de France, située sur une colline au-dessus d'une grande et fertile vallée, à deux lieues nord de Saint-Denis et trois lieues et demie de Paris, a donné le nom à l'une des plus anciennes et des plus illustres maisons qui s'est perpétuée glorieusement jusqu'à nos jours (1). On a suppléé dans cette Chronologie à ce qui manquait dans l'ancienne édition, pour compléter l'histoire généalogique de la maison de Mont-

---

(1) La terre de Montmorenci n'est point un fief mouvant de l'évêque de Paris, comme quelques-uns l'ont avancé, mais du roi, à cause du Châtelet de Paris. Sauval fait mention de l'hommage que lui en fit Guillaume de Montmorenci, le 28 octobre 1472. « Voici, dit M. le Beuf, une observation tirée » d'un manuscrit de 400 ans, concernant Montmorenci et la coutume qui s'y

morenci. Le public nous saura gré, sans doute, d'avoir réuni dans cet ouvrage toutes les branches de cette puissante maison, à laquelle se rattachent les plus grands souvenirs.

BOUCHARD Ier.

BOUCHARD Ier est le plus ancien propriétaire de la baronnie de Montmorenci que l'on connaisse avec certitude. Ce n'était rien moins qu'un homme nouveau. Il était chevalier (*miles*), fils du duc Albéric, et frère de Thibaut, seigneur d'un lieu nommé en latin *Centumliæ* (peut-être Colombe). Sa mère était sœur d'Edred, roi d'Angleterre; et sa femme HILDEGARDE était, suivant du Chesne, fille de Thibaut le Tricheur, comte de Blois: ce dernier point n'est pas néanmoins prouvé. Ayant fait un voyage en Angleterre, il en rapporta le corps de saint Pavace, confesseur, et fut accompagné, à son retour, d'un certain nombre de moines de Persora, dans le Worchestershire, que le roi, son oncle, *avunculus ejus*, lui avait permis d'emmener avec lui. Arrivé en France, il obtint du roi Lothaire, l'an 958, à la demande d'Hildeman, archevêque de Sens, la permission de construire un monastère dans sa terre de Brai-sur Seine, pour y placer la relique qu'il avait apportée et les moines qui l'avaient suivi. Le lieu de Brai, *villa Brajacus*, et deux moulins près de Montmorenci, avec plusieurs familles de serfs, furent les premiers fonds dont il dota le nouveau monastère. Tout cela est clairement énoncé dans le diplôme que Lothaire accorda pour cet établissement. On voit par cet acte (1), auquel on n'a

---

» observait alors sur les fiefs »: *Les Fiez de la chastellenie de Montmorency ne sont pas de la condition des fiez de la vicomté de Paris, comment que ladicte chastellenie soit enclose en ladicte vicomté; et se gouvernent les fiez de ladicte chastellenie par telle coustume que l'aisné garantit le puisné, se il retient en domaine de son fié jusqu'à soixante soudées de terre.* (Hist. Eccl. de Paris, T. III, p. 388.)

(1) Ce diplôme mérite d'être mis sous les yeux de nos lecteurs. Lotharius D. G. Francorum rex. Notum fieri volumus fidelibus nostris quòd Burchardus miles, filius Alberici Ducis, adiit serenitatem nostram obsecrans ut quoddam monasterium quod ipse constituerat, de consensu Hildegardis uxoris ejus et de consilio Theobaldi domini de Centumliis fratris ejus, super Sequanam fluvium propè Braiacum in honore domini Salvatoris, ad collocandum, servandum et colendum corpora Sanctorum Paterni Martyris et Pavatii confessoris, quod ultimum corpus ex Anglia attulit cum aliquibus religiosis quos avunculus ejus rex Ædredus ei dederat de Cœnobio de Persora ut stabilirentur et servirent Deo in dicto monasterio sub professione regulæ S. Benedicti, et nos in perpetuum stabile et firmum fore concederemus, et nostræ majestatis

point fait jusqu'à présent l'attention qu'il mérite, que dès le milieu du dixième siècle, et même auparavant, la maison de Montmorenci jouissait d'une illustration qui l'élevait au-dessus de presque toutes les plus nobles du royaume. Faut-il donc s'étonner du titre héréditaire de premier baron de France (c'est-à-dire de l'Ile de France) que l'antiquité a décerné à l'aîné de cette maison? Nous ne célébrerons point, avec des modernes, les vertus politiques et guerrières de Bouchard Ier, parce qu'il n'est fait mention ni des unes ni des autres dans les anciens monuments. Nous voyons, au contraire, qu'un brigand, nommé Boson, lui ayant enlevé par surprise le château de Brai, il n'eut pas la force de le recouvrer, et que ce fut Renaud, comte de Sens, qui délogea Boson de ce poste, d'où il faisait le ravage dans tout le pays, et l'emmena prisonnier après avoir livré la place aux flammes, qui se communiquèrent à l'église, et la réduisirent en cendres. (Clarius, *Chron. Senon. ad an.* 958.)

Bouchard, outre la baronnie de Montmorenci, possédait, suivant du Chesne, les terres de Marli, d'Ecouen, de Feuillarde, près de Melun, et de Brai-sur-Seine. L'année de sa mort est incertaine. Il vivait encore, si l'on en croit cet écrivain, lorsque l'empereur Otton II emporta d'assaut ou d'emblée le château de Montmorenci dans une irruption qu'il fit en France, l'an 978, pour se venger de l'invasion subite que le roi Lothaire avait

---

vigore corroboraremus quæcumque eidem loco largiebatur de bonis suis sine advocatione. Cujus petitioni annuendo, præfatum monasterium in posterum stabile fore statuimus firmando quæcumque concessimus, idipsum postulante Domino Hildemanno Senonensi archiepiscopo ut locus ipse deinceps solutus sit et quietus. Quæcumque verò à præfato Burchardo eidem loco donata sunt, villam videlicet Brajacus, et duos molendinos apud villam quæ dicitur Monsmorencius, et servos et ancillas, et cetera omnia, Monachi quiete possideant sine advocatione. (Mabillon, *Acta SS. Ben. sæc. V*, p. 245, *ex autographo*; et Bouquet, T. IX, p. 624.) Si l'on nous demande quel était ce duc Albéric, voici ce que nous avons pu découvrir. Dans une notice tirée du cartulaire de S. Aubin d'Angers, et publiée par du Chesne, parmi les preuves de l'Histoire de Montmorenci (p. 12), on voit un Albéric de Paris, parent de Geoffroi Grisegonelle, comte d'Anjou, qui l'avait attiré auprès de lui. Foulques, fils de Geoffroi, donna à cet Albéric la terre de Champigné, entre la Mayenne et la Sarte. Cette terre avait été cédée en échange à Geoffroi, par un autre Albéric d'Orléans, qui l'avait long-tems possédée, et à qui on donna en contr'échange une terre, qui n'est point dénommée, en France, *in Francia*. Il se peut que l'un des deux Albéric ait été le père de Bouchard et ait été duc. Il n'y a pas trop d'apparence que ce soit Albéric de Paris, parce qu'on voit à-peu-près ce que devinrent ses biens, qui ne passèrent pas à Bouchard: mais ce peut être Albéric d'Orléans, qui probablement eut le titre de duc. Quelques historiens, en effet, font mention d'un duc d'Orléans, qui vivait peu de tems après la mort de Robert le Fort. Ne serait-ce pas l'*Albericus Aurelianensis* de la charte?

faite, l'année précédente, dans la haute Lorraine. D'HILDEGARDE, sa femme, morte avant lui, suivant le même historien, il laissa Bouchard, qui suit; Thibaut, seigneur de Brai et de Montlhéri; et Albéric, seigneur de Viher en Anjou. Cette terre lui fut donnée, avec d'autres domaines, par Geoffroi, comte d'Anjou, son parent, qui l'avait emmené avec lui dans un voyage qu'il fit à Paris. (*Cartul. S. Albini Andegav.*)

BOUCHARD II, DIT LE BARBU.

BOUCHARD II, fils aîné de Bouchard Ier, et son successeur en la baronnie de Montmorenci, ne commence à paraître dans l'histoire qu'au commencement du règne du roi Robert. Il avait alors épousé la veuve de Hugues Basseth, dame d'une forteresse nommée Château-Basset, située dans une île de la Seine, près de l'abbaye de Saint-Denis dont elle relevait. (Du Chesne, *Hist. de Montmorenci*, p. 66.) L'abbé Vivien ayant sommé Bouchard de lui rendre hommage de ce fief, non-seulement il refusa de s'acquitter de ce devoir, mais il s'appliqua à molester les autres vassaux de l'abbaye. Il arriva de là que plusieurs de ceux-ci, pour se soustraire à ses vexations, abandonnèrent les terres de Saint-Denis et passèrent dans celle de Montmorenci. Le roi Robert, sur les plaintes que l'abbé lui porta des procédés de Bouchard, fit citer les parties à son conseil. Le jugement qu'il y rendit, le 25 janvier 997, dans une assemblée nombreuse des grands du palais (1), portait en substance, suivant les grandes chroniques de Saint-Denis, *que iceluy et ceux qui aprez luy seroient seigneurs de celle forteresse* (de Château-Basset) *feroient hommage à l'église du fief que il tenoit à cause de sa femme en la devant-dite isle et au chastel de l'église et ez autres lieux. Et avec ce fut ordené et adjouté, que tous les fiefs qui demouroient à Montmorenci, se mestroient en ostages en la cour l'abbé deux fois en l'an, à Pasques et à la feste S. Denys: ne en nulle maniere ne requerroient congié d'issir hors de leans jusques à tant qu'ils eussent respondu raison des choses de l'église qui auroient esté soustraites, ou amenuisiées, ou prinses par Bouchard ou par ses hommes... Et quiconques seroit trouvé en meffaict envers l'église, et il s'enfuyoit aprez pour garantise à Montmorenci, dedans les quarante jours que Bouchard ou ceulx qui après luy seront, seroit admonesté de*

---

(1) La diplôme où ce jugement est énoncé, porte en date le VIII des calendes de février, indiction XI, la première année du règne de Robert, commencée au 24 octobre 996, époque de la mort de Hugues Capet.

par *l'abbé pour la justice de ce meffaict, il amenera le malfaicteur pardevant l'abbé en sa cour, pour justicier pardevant luy. Et si le malfaicteur ne se veut ottroyer aux conditions nommées, Bouchard, ou ses successeurs, les boutera hors de toute sa seigneurie.* Ceci serait le précis exact du diplôme de Robert, si l'on n'y avait pas omis deux choses que cet acte énonce formellement, 1° que le roi avait ordonné la démolition du Château-Basseth, *Nostro..... regali decreto eversum iri ipsam munitionem per fideles nostros mandavimus;* 2° que, pour dédommager Bouchard, ce monarque lui avait permis de construire une forteresse à Montmorenci, *Munitionem ei firmari concedentes quàm Mommaurenciacum dicunt.* (Du Chesne, *ibid., pr.,* p. 10.) On ne sait rien de plus sur la vie de Bouchard II, dont la mort est placée, par du Chesne, vers l'an 1020. Le seul fils qu'on lui connaisse avec certitude, est Bouchard, qui suit. Du Chesne y en ajoute trois autres, savoir : Eudes, dont le nom se trouve placé au bas d'une charte sans date de Théduin, vicomte de Meulent; Albéric, connétable de France sous le roi Henri Ier; et Foucaud, qu'il qualifie chevalier; lequel a fondé la branche de Banterlu. Mais on n'a aucune preuve certaine de la descendance de ces trois derniers, quoique le sentiment de du Chesne soit très-vraisemblable pour le second de ceux-ci.

BOUCHARD III.

1020 ou environ. BOUCHARD III souscrivit, l'an 1023, avec la simple qualité de fils de Bouchard de Montmorenci, la charte de Warin, évêque de Beauvais, où il dit que le roi Robert ayant assemblé les grands du royaume à Compiègne, pour délibérer sur l'invitation que l'empereur Henri II lui avait faite de se trouver, pour conférer ensemble, à Yvoi, lui prélat et Ledoin, abbé de Saint-Waast d'Arras, firent en cette rencontre une société de prières pour leurs églises respectives; ce qui fut approuvé et souscrit par le roi Robert et tous les grands. (Du Chesne, *ibid.,* pp. 12 et 14; Bouquet, T. X, p. 609.) La souscription de Bouchard de Montmorenci se rencontre aussi parmi celles qu'un grand nombre de prélats et de seigneurs apposèrent, l'an 1028, au diplôme que le même roi Robert fit expédier à Paris pour confirmer les donations qui avaient été faites à l'abbaye de Coulombs dans la Beauce. (Du Chesne, *ibid.*, p. 14; Bouquet, T. X, p. 618.) Nous le retrouvons encore parmi ceux qui souscrivirent, le 4 février de l'an 1031, le diplôme par lequel le même monarque autorisa la donation faite d'un alleu par le comte Manassès à l'église de Chartres. (Du Chesne, *ibid.*, p. 16; Bouquet, T. X, p. 626.) On doit sans doute être frappé de voir le sire de Montmorenci mêler son nom à ceux des grands vassaux dans la signature des diplômes royaux, et penser qu'il ne lui eût pas été permis de le faire s'il n'eût pas été l'égal de ceux auxquels il s'associa. La famille dans laquelle il prit alliance n'est point connue, dit du Chesne, non plus que le tems de sa mort. Les enfants qu'il eut de son mariage, sont Thibaut, qui suit; Hervé, qui viendra ensuite; et une fille, N., dame d'Aisanville, à qui Geoffroi, évêque de Paris, accorda la permission de faire bâtir un oratoire dans son château. La charte qu'il lui fit expédier à ce sujet contient l'éloge de sa naissance et de sa piété: *Ingenua natalibus regni Francorum ac probis moribus generosa.* Elle y est dite sœur d'Hervé, et fille comme lui de Bouchard de Montmorenci.

THIBAUT.

THIBAUT, fils aîné de Bouchard III et son successeur en la baronnie de Montmorenci, jouit à la cour du roi Henri Ier de la même considération que son père avait obtenue à celle du roi Robert. Il fut du nombre des princes laïques, *laici principes*, comme Henri lui-même les appelle, qui souscrivirent le diplôme que ce prince donna, l'an 1060, pour la fondation ou plutôt le rétablissement de l'abbaye, aujourd'hui prieuré, de Saint-Martin-des-Champs, près de Paris. (Du Chesne, *ibid.*, p. 20.) Le roi Philippe Ier se l'attacha plus étroitement en lui conférant la charge de connétable. Des diplômes de ce prince, que Thibaut souscrivit avec cette qualité, le plus ancien qui soit venu jusqu'à nous est de l'an 1083, et le plus récent de 1086. (Du Chesne, *ibid.*, pp. 26 et 27.) Il mourut, vers l'an 1090, sans laisser de postérité.

HERVÉ.

1090 ou environ. HERVÉ, seigneur de Marli et de Deuil, et grand-bouteiller de France, fut le successeur de Thibaut, son frère, dans la baronnie de Montmorenci et la terre d'Ecouen. Le premier diplôme du roi Philippe Ier, qu'il souscrivit avec le titre de bouteiller, est de l'an 1075. (Du Chesne, *pr.*, p. 28.) Ses libéralités envers les églises furent considérables, et l'on n'en connaît aucune qui ait formé des plaintes contre lui. Il mourut vers l'an 1094, après avoir eu d'AGNÈS, son épouse, fille de Guillaume Bussac, comte de Soissons, Bouchard, qui suit, et trois autres fils : Geoffroi, Hervé, dont on ne trouve que les noms; et Albéric, engagé dans la cléricature; avec une fille, Havoise, mariée à Nivelon, seigneur de Pierrefons. (Du Chesne, p. 82.)

BOUCHARD IV.

1094 ou environ. BOUCHARD, fils aîné d'Hervé, fut son successeur dans les seigneuries de Montmorenci, d'Ecouen, de Marli, de Feuillarde, de Saint-Brice, d'Hérouville et d'Epinai. Il affectionna particulièrement le monastère de Saint-Martin-des Champs, rétabli vers l'an 1060, et lui fit don, entre autres libéralités, des églises de Montmartre et de Sainte-Opportune avec les dîmes et leurs dépendances. D'autres églises eurent part à ses libéralités. Mais l'abbaye de Saint-Denis ne fut pas de ce nombre : Elle se plaignait au contraire d'avoir en lui un voisin très-incommode. Bouchard en effet empiétait sur ses terres et y établissait à son profit des coutumes onéreuses. L'abbé Adam, qui gouvernait alors ce monastère, se mit en devoir de réprimer ces usurpations. *Ils s'entredéfièrent et s'entrecoururent sus à armes et à bataille, et ardi li uns à l'autre sa terre.* (*Chron. de S. D.*) Le prince Louis le Gros, désigné roi des Français, ne vit pas d'un œil indifférent ces hostilités. Dès qu'il en fut informé, il fit *semondre de droit* le baron de Montmorenci par-devant le roi Philippe, son père, au château de Poissi. Bouchard comparut et perdit sa cause par le jugement de la cour. Mais il en appela à son épée, et se retira aussitôt sans qu'on pensât à mettre la main sur lui ; « car l'usage des Français, dit Suger, » ne le permettait point ». Louis, déterminé à le réduire par la force, assemble aussitôt son armée, et la mène dans la vallée de Montmorenci, dont il livre aux flammes les villages et les hameaux à la vue de Bouchard, retranché dans le château sans oser en sortir, quoique secondé par Mathieu, comte de Beaumont, son beau frère, et Hugues de Mouchi, gendre de ce dernier. La place était forte par son assiette et par les ouvrages qui la défendaient. Louis, pour s'en rendre maître, appelle à son secours Robert II, son oncle maternel (*avunculum*), comte de Flandre (1). Adèle, femme d'Etienne, comte de Blois, envoya de son côté cent chevaliers au prince dans l'absence de son époux qui était à la croisade ; et Simon II, comte de Montfort-l'Amauri, vint le joindre dans le même tems avec ses vassaux. (*Ordéric Vital*, l. XI, p. 856.) Louis, avec ce renfort, ayant investi le château de Montmorenci, en pressa vivement le siége, qui fut soutenu avec une égale valeur par Bouchard et ses confédérés.

---

(1) Robert II était fils de Robert I, dit le Frison, et de Gertrude de Saxe, qui de Florent, comte de Hollande, son premier mari, avait eu Berthe, mère de Louis le Gros.

Le prince eut même le désagrément de se voir abandonné, dans un assaut qu'il donna, par une partie de ses braves, qui découragèrent leurs compagnons en fuyant par une terreur feinte de l'ennemi ; lâcheté dont le vrai motif était la crainte de se voir à leur tour exposés à la vengeance de leur souverain, en se livrant à des excès semblables à ceux qu'il voulait punir. Cet assaut coûta la vie à Raimbaud Creton, qui avait monté le premier à celui de Jérusalem; au chevalier Richard de Ligne, qui s'était aussi distingué dans la même action, et à d'autres braves chevaliers.

Bouchard ne se laissa point éblouir par l'avantage qu'il venait de remporter. Considérant que tôt ou tard il succomberait aux efforts d'un prince dont la puissance était incomparablement supérieure à la sienne, il négocia sa paix avec lui, et la conclut en soumettant le sujet de leur querelle à sa décision. Depuis ce tems il vécut dans une parfaite intelligence avec ce prince et le roi, son père.

Le comte de Beaumont ne s'appliqua pas, ou du moins ne réussit pas également à regagner les bonnes grâces de Louis. Nous voyons en effet que ce prince l'année suivante (1102), vint assiéger son château de Chambli dans le Beauvoisis. Mais il essuya le même revers qu'au siége de Montmorenci, et cela, dit Ordéric Vital, par les intrigues de Bertrade, sa marâtre, qui avait corrompu la fidélité des chefs de l'expédition. Le baron de Montmorenci s'abstint de prendre parti dans cette affaire, suspendu par la reconnaissance qu'il devait au comte de Beaumont et par l'attachement qu'il avait voué à l'héritier du trône.

Quoique l'histoire se taise sur l'article de Bouchard IV pendant les dix-huit années qui suivirent sa réconciliation avec Louis le Gros, il n'est guère vraisemblable que sa valeur soit demeurée oisive au milieu des fréquentes guerres qui agitèrent la France dans ce long espace de tems. On pourrait même affirmer positivement le contraire, s'il était certain, comme le prétend du Chesne que Bouchard fût alors pourvu de la charge de connétable. Mais c'est une assertion de cet écrivain, qui, loin d'être fondée sur aucun ancien monument, se trouve formellement combattue par un de ceux qu'il nous fournit lui-même. (*Pr.* p. 36.) Cette pièce est un diplôme de Louis le Gros, daté de l'an 1116, par lequel il confirme les donations faites par Bouchard au monastère de Saint-Martin-des-Champs. Parmi les grands qui le souscrivirent, on voit le connétable Hugues de Chaumont, dit le Borgne, qu'on sait d'ailleurs avoir joui de cette dignité dès la première année du règne de Louis le Gros (1108), et n'être mort qu'en 1138. (Anselme, T. VI, p. 43.)

L'an 1119 fut une époque remarquable de la vie de Bouchard.

Depuis trois ans Louis le Gros était en guerre avec Henri I, roi d'Angleterre. Résolu d'aller attaquer ce prince dans son duché de Normandie, il consulta sur ce dessein le baron de Montmorenci, qui ne l'approuva pas. Bouchard lui représenta, mais en vain, que son ennemi l'attendait avec des forces supérieures aux siennes. L'événement justifia ses remontrances. Le combat de Brenneville, près de Noyon-sur-Andèle, s'étant engagé, le 20 août 1119, par l'obstination du connétable Hugues de Chaumont, contre l'avis de Bouchard, celui-ci, à la tête des troupes du Vexin, fond sur l'avant-garde des Normands, dont il renverse la cavalerie sur l'infanterie. (Suger.) Mais les troupes du corps de bataille, commandé par Louis, étant arrivées, combattirent avec une telle confusion, qu'il fut aisé au roi d'Angleterre de le mettre en déroute. Tandis qu'elles entraînent le roi de France dans leur fuite, Bouchard, enveloppé par les troupes réunies des ennemis, voit échapper de ses mains la victoire, et devient prisonnier avec Gui de Clermont et d'autres braves qui combattaient à ses côtés. Le vainqueur auquel il est présenté après le combat, lui rend la liberté ainsi qu'à Hervé de Gisors, son cousin, tant en considération de leur mérite, que parce qu'ils étaient vassaux de l'une et de l'autre couronnes. Depuis ce tems on n'aperçoit plus de traces de l'existence de Bouchard que dans une charte de l'an 1124, par laquelle il confirme les dons qu'il avait faits à l'église de Saint-Martin-des-Champs. (Du Chesne, *pr.*, p. 38.) Le jour de son décès, dont on ne peut marquer l'année, est fixé dans le calendrier de l'église d'Amiens au 12 janvier. Bouchard IV avait épousé en premières noces AGNÈS, fille d'Yves II, comte de Beaumont-sur-Oise, qui lui apporta en dot la terre de Conflans-Sainte-Honorine, près de Pontoise, et dont il eut Mathieu, qui suit; Thibaut, qui accompagna le roi Louis le Jeune au voyage d'outre-mer, en 1147; Adeline, ou Helvide, dite aussi Machanie, femme de Gui, seigneur de Guise; et Agnès, mariée, dit-on, à Salon, vicomte de Sens. La seconde femme de Bouchard, nommée aussi AGNÈS, fille de Raoul, surnommé *le Délicat*, seigneur en partie de Pontoise, eut de lui, Hervé, qui, après avoir servi les rois Louis le Gros et Louis le Jeune dans leurs guerres, embrassa le parti de Henri II, roi d'Angleterre, engagé à cela, dit Silvestre Girald, par son mariage avec Elisabeth de Meulent, veuve de Gilbert Clare, comte de Pembrock; et Hermer, dont la mort est marquée au 24 juillet dans l'obituaire de l'abbaye du Val, près de l'Ile-Adam.

MATHIEU I.

Mathieu I, fils aîné de Bouchard IV, et son successeur dans les seigneuries de Montmorenci, d'Ecouen, de Marli, de Conflans-Sainte-Honorine et d'Attichi, eut l'avantage de plaire également à deux monarques rivaux, Louis le Gros, roi de France, et Henri I, roi d'Angleterre. Le second lui fit épouser, vers l'an 1126, pour gage de son affection, Aline ou Alix, l'une de ses filles naturelles. (*Willelm. Gemmet.*, c. 30.) On voit en quel degré d'estime il était à la cour de France par l'honneur que lui fit, l'an 1138, le roi Louis le Jeune, en l'élevant à la dignité de connétable, et par le choix que fit de sa main, en 1141, après la mort d'Aline, sa femme, la reine Adélaïde, veuve du roi Louis le Gros. Des distinctions si flatteuses supposent un mérite éminent dans celui qui les obtint. L'histoire cependant ne rapporte de Mathieu aucun trait d'héroïsme, aucune action d'éclat, propres à lui assigner un rang parmi les grands hommes de son siècle. Il accompagna, l'an 1141, le roi de France avec sa nouvelle épouse, mère de ce prince, dans l'expédition qu'il fit, sans succès, pour se rendre maître du comté de Toulouse. (Du Chesne, *Généal. de Mont. pr*, p. 41.) Sa signature apposée à plusieurs diplômes que ce monarque fit en différents voyages, montre qu'il était l'un de ses plus assidus courtisans. Du Chesne prétend, mais sans en donner des preuves, qu'il fut associé, l'an 1147, lorsque le roi partit pour la Terre-Sainte, à l'abbé Suger, pour administrer en commun le royaume en son absence. La mort lui ravit en 1154 la reine Adélaïde, retirée depuis quelque tems à l'abbaye de Montmartre, qu'elle avait fondée en 1134, et où elle est inhumée; on voit sa tombe dans le chœur. Elle laissa de son mariage avec ce second époux, si nous en croyons le même généalogiste, une fille nommée Adèle, mariée à Gui II, comte de Châtillon-sur-Marne, qu'elle fit père, dit-il, de Gaucher ou Gautier, comte de Saint-Pol. Mais nous ferons voir, à l'article de ce dernier qu'il était arrière-petit-fils de Louis le Gros et d'Adelaïde par Alix, sa mère, fille de Robert Ier comte de Dreux.

L'abbaye de Saint-Victor de Paris regarde comme un de ses premiers bienfaiteurs Mathieu de Montmorenci, sous les yeux duquel elle se forma. D'autres églises reçurent de lui des bienfaits qu'elles ont consignés dans leurs monuments. L'année de sa mort est incertaine : tout ce qu'on peut assurer à cet égard, c'est qu'il était encore vivant en 1160. De son premier mariage il eut Henri, mort jeune ; Bouchard, qui suit ; Thibaut, seigneur de Marli, qui se croisa, l'an 1173, et mourut vers l'an 1190, moine cistercien de N. D. du Val ; Hervé, doyen de l'église de Paris et abbé de la collégiale de Saint-Martin de Montmorenci, bâtie par ses ancêtres; et Mathieu, successeur de Thibaut, son frère, dans la terre de Marli, et auteur de la branche de Montmorenci-Marli*.

BOUCHARD V.

1160 au plus tôt. BOUCHARD V, fils du baron Mathieu I, auquel il succéda dans la baronnie de Montmorenci, les terres d'Écouen, de Feuillarde, près de Melun, de Conflans-Sainte-Honorine, etc., épousa, l'an 1173, LAURENCE, morte le 9 août.1181, fille de Baudouin IV, dit le Bâtisseur, comte de Hainaut, après la mort de Thierri d'Alost, son premier époux. (*Gilberti Mont. Chron.*) Par cette alliance il devint oncle (et non cousin germain, comme le marque du Chesne), de la reine Isabelle, femme du roi Philippe Auguste. Un particulier, nommé Henri du Hengot, Mathilde, sa femme, et son frère Robert, ayant vendu, l'an 1177, un domaine considérable à Simon de Saint-Denis, prièrent le baron de Montmorenci de vouloir bien tranquilliser l'acquéreur en se rendant caution de la vente. Bouchard y consentit, et quinze autres personnes, dont on ne marque point les qualités, se joignirent à lui pour garantir la solidité du traité qui fut de plus souscrit par deux témoins. (Du Chesne, *ibid. pr.*, p. 57.) Nous ne connaissons aucune guerre où Bouchard V ait combattu, et nous ne voyons qu'un seul tournoi dont il fut un des tenants : c'est celui qui se fit en 1175, suivant Jacques de Guise, entre Soissons et Braine. Il s'y trouva, suivant cet historien, *deux cents chevaliers et mille deux cents hommes de pied très-experts; entre lesquels très-especiaux compaignons estoient messire Raoul de Coucy, messire Bouchard de Montmorenci, compaignons d'armes, messire Raoul de Clermont, et autres.*

---

* SEIGNEURS DE MARLI.

MATHIEU Ier.

Seigneurs de Marli.

1160. MATHIEU DE MONTMORENCI, premier du nom, chevalier, seigneur de Marli, de Verneuil au pays chartrain, de Montreuil-Bonnin en Poitou, et de Picauville en Normandie, cinquième fils de Mathieu Ier, seigneur de Montmorenci, fut l'un des héros de son siècle. S'étant croisé, l'an 1189, avec le roi Philippe-Auguste, il suivit ce prince à la Terre-Sainte, et se distingua au siége d'Acre, où il perdit Josselin de Montmorenci, son neveu. De retour en France, il fut de la plupart des expéditions de ce

(*Ann. de Hainaut*, T. III, l. 18, c. 4.) La libéralité de Bouchard envers les églises est attestée par un grand nombre de chartes que du Chesne a recueillies.

Le roi Philippe Auguste s'étant croisé, l'an 1189, pour la Terre-Sainte, Bouchard fut du nombre des seigneurs qui s'engagèrent à le suivre. Mais la mort le surprit lorsqu'il se disposait à partir. Laurence, son épouse, l'avait précédé de quelques années au tombeau. Ils furent inhumés l'un et l'autre à l'abbaye du Val, l'une des églises sur lesquelles ils avaient principalement versé leurs bienfaits. On peut juger de la délicatesse de la conscience de Bouchard par l'ordre qu'il donna en mourant à ses exécuteurs testamentaires, de rechercher soigneusement les torts qu'il pourrait avoir faits à qui que ce fût, et de les réparer par une prompte et ample satisfaction. (Du Chesne, *ibid.*, p. 118.) De son mariage il eut un fils, qui suit, et deux filles: Alix, femme du fameux Simon, comte de Montfort, le fléau des Albigeois, morte le 22 février 1221; et Eve, dont on ne sait que le nom.

MATHIEU II, DIT LE GRAND.

1189. MATHIEU, à qui sa prudence et ses exploits ont mérité le surnom de GRAND, succéda à Bouchard V, son père, dans la baronnie de Montmorenci. L'histoire ne raconte aucun fait mémorable de lui avant l'an 1203. La guerre, cette année (et non l'an 1202, comme du Chesne et d'autres le marquent), s'étant allumée entre la France et l'Angleterre, le roi Philippe Auguste emmena le baron de Montmorenci en Normandie, et débuta par le siége de Château-Gaillard, place très-forte alors, située au milieu de la Seine, à sept lieues au-dessus de Rouen, et re-

---

Seigneurs de Marli.

monarque et de celles de Louis VIII, son fils. Il vola, l'an 1194, avec le premier, au secours du château d'Arques, assiégé par Richard Ier, roi d'Angleterre, et fit prisonnier, devant cette place, Robert, comte de Leycester, surnommé l'*Achille des Anglais*. Le même succès ne couronna pas sa valeur au combat livré, le 28 septembre 1198, près de Gisors, entre les Français et les Anglais. Il fut renversé de son cheval par le roi Richard Ier, avec lequel il avait osé se mesurer, et devint son prisonnier avec plusieurs autres barons. Il était, l'an 1202, au tournoi donné par le comte de Champagne, près de son château d'Ecri-sur-Aisne (c'est aujourd'hui Avaux-la-Ville), lorsque Foulques de Neuilli vint y prêcher une nouvelle croisade. Le sire de Marli fut un des plus empressés à s'enrôler pour cette expédition, qui, au

gardée comme le boulevard de la Normandie du côté de la France. Ce fut là que Mathieu fit briller sa valeur et son habileté dans l'art militaire. Pendant environ six mois qu'on fut devant cette place, il dirigea presque tous les travaux des assiégeants, sauva notre armée d'une déroute qu'elle était près d'essuyer par sa négligence, fut des premiers aux différents assauts qui se livrèrent dans le cours de trois semaines, et vit enfin les assiégés forcés de se rendre après la prise de Roger de Laci, leur commandant, que le monarque victorieux traita favorablement en considération de son mérite. La conquête de la Normandie entière suivit rapidement celle de Château-Gaillard. Simon de Montfort et Guillaume des Barres furent les principaux coopérateurs du baron de Montmorenci dans cette expédition, où ils acquirent avec lui la réputation des trois plus braves de la nation. Quoique l'histoire ne reproduise point le premier dans les campagnes suivantes, où Philippe enleva au roi d'Angleterre les autres provinces qu'il possédait en France, il n'y a guère lieu de douter qu'il n'en ait partagé les fatigues et la gloire avec ce monarque. Mais c'est à la bataille de Bouvines, donnée en 1214, contre les forces réunies de l'Empire, de l'Angleterre et de la Flandre, qu'on vit paraître, dans son plus grand éclat, la valeur et l'expérience de Matthieu de Montmorenci. L'aile droite de notre armée, dont il eut le commandement avec le duc de Bourgogne et le comte de Beaumont, fut la première qui engagea le combat. Elle avait affaire au comte de Flandre, qui, dans cette occasion, se battit en homme déterminé à vaincre ou à périr. Mathieu de Montmorenci fit preuve de la même résolution. *Il tenoit*, dit l'ancienne chronique de Flandre, *un faussart en sa main, et en détranchoit les presses, et estoit sur un grand destrier; et qui lors le veist, bien l'eut pu remembrer*

Seigneurs de Marli.

lieu d'être dirigée, suivant sa première destination, contre les Musulmans en Palestine, se tourna, par des circonstances imprévues, contre l'empire de Constantinople. Lorsque les croisés eurent chassé l'usurpateur du trône impérial et rétabli l'empereur Isaac l'Ange, le sire de Marli fut mis à la tête de l'ambassade qu'ils envoyèrent au jeune Alexis, fils et collègue d'Isaac, pour lui demander le payement de la somme qu'il leur avait promise. Le discours qu'il tint à ce prince n'ayant produit aucun effet, le siége de Constantinople fut résolu. Le sire de Marli se signala dans les assauts qui furent livrés à la place. Mais il mourut dans le sein même de la victoire, à la veille de partager avec les autres chefs les débris de l'empire. Villehardouin s'exprime ainsi sur cet événement : *Lors avint une moult grant mésaventure dans un gentil vassal.* L'ennemi fit plusieurs efforts, mais vains, pour le désarçonner. Le comte de Flandre n'eut pas le même bonheur. Renversé de son cheval, tout couvert de sang et de blessures, il fut contraint de se rendre, et cette capture fit perdre courage aux Flamands, qui prirent la fuite. On prétend qu'en cette journée le baron de Montmorenci gagna douze enseignes impériales, et qu'en mémoire de cette prouesse, le roi voulut qu'au lieu de quatre aiglettes ou alérions, qu'il avait dans ses armes, il en portât désormais seize. Ce qui est certain, c'est que la branche aînée de Montmorenci n'a commencé qu'après l'an 1214 à porter ce nombre d'alérions, qui la distinguent des branches cadettes qui n'ont rien changé aux anciennes armes de leur maison.

Délivré des ennemis redoutables qui avaient osé le provoquer, Philippe Auguste tourna ses armes contre les Albigeois. Ce fut le prince Louis, son fils, qu'il chargea, ou plutôt qui obtint de lui la permission d'aller faire la guerre à ces hérétiques en Languedoc. Mathieu de Montmorenci, grand-oncle, à la mode de Bretagne, du jeune prince, par sa femme, eut ordre de l'accompagner dans cette expédition, qui dura trois campagnes. Mathieu, à son retour, l'an 1218, se vit décoré de la charge de connétable de France, vacante par la mort de Dreux de Mello. Cette dignité n'était point alors la première de la cour. Sous les deux premières races de nos rois, le connétable n'avait que le commandement de l'écurie du roi, et c'est de là qu'il avait pris le nom de *comte de l'Étable*, dont on a fait depuis celui de connétable. « Il avoit sous sa charge, dit le Laboureur,
» en l'écurie le maréchal qui étoit comme son lieutenant. Le
» droit de commander la milice françoise appartenoit alors au

---

Seigneurs de Marli.

l'ost que Mahius de Montmorency, qui ère (était), *un des meillors chevalier del royaume de France, et des plus prisiez et des plus amez fut mors, et ce fu grant diels et grant dommages uns des gregnors qui aveinst en l'ost d'un sol hom, et fu enterrez à une yglyse de Monseigneur S. Jean de l'Ospital de Jerusalem.* Mathieu de Montmorenci avait épousé Mahaut de Garlande, fille de Guillaume de Garlande, seigneur de Livry, et d'Idoine de Trie. Elle mourut le 18 mars 1223. Il en eut les enfants qu suivent :

1º Bouchard Ier, qui continue la descendance ;

2º Mathieu de Marli, chevalier, seigneur de Laye, qui épousa Mabille de Châteaufort, sœur de la femme de Bouchard Ier,

» sénéchal de France ». « Mathieu de Montmorenci, dit M. Ex-
» pilli, est le premier connétable qui ait commandé les armées :
» mais ce ne fut que par commission, et nullement en vertu
» de sa dignité; car alors la charge de sénéchal de France,
» quoique vacante, n'étoit pas encore supprimée, puisque dans
» les chartes on marquoit cette vacance par ces formules : *Da-*
» *pifero nullo*, ou *vacante Dapiferatu*. Les successeurs de
» Mathieu de Montmorenci continuèrent de commander les
» armées de la même manière, c'est-à-dire par commission,
» à cause de la même vacance, qui dura jusqu'à 1262, qu'on
» cessa de faire mention de cette vacance de la dignité de séné-
» chal. Nous pensons, ajoute le même auteur, d'après le
» P. Daniel, que, dans le tems que cette attribution se fit à la
» dignité de connétable, la charge de *grand-maître de l'hôtel*
» fut instituée après la suppression expresse ou tacite de celle
» de sénéchal, qui prit l'intendance de la maison du roi aussi
» bien que le commandement des armées, et qu'ainsi la charge
» de sénéchal fut séparée en deux, le commandement des ar-
» mées ayant été attribué au connétable, et l'intendance de la
» maison du roi au grand-maître de l'hôtel. » La dignité de
connétable devint alors la première par les honneurs, la puissance et les prérogatives que nos rois y attachèrent.

Après la mort de Philippe Auguste, le roi Louis VIII, son
fils, voulant poursuivre ses conquêtes au-delà de la Loire, se
mit en route au mois de juin 1224, accompagné du connétable
de Montmorenci et d'un grand nombre de prélats et de seigneurs, pour la ville de Tours, où était le rendez-vous des
troupes. Le monarque, ayant donné la conduite de l'armée au
connétable, alla mettre le siége devant le château de Niort, que
Savari de Mauléon, réputé pour le plus grand capitaine de

Seigneurs de Marli.

son frère. Le nécrologe de Port-Royal met sa mort au 2
avril vers l'an 1249;

3° Guillaume de Marli, chanoine de Notre-Dame de Paris,
en 1231;

4° Marguerite de Marli, dame de Verneuil, mariée à Aymeri,
vicomte de Narbonne, fils de don Pèdre de Lara, comte
de Molina en Espagne, et de Sanche, fille de Garcie, roi
de Navarre.

BOUCHARD Ier.

1224. BOUCHARD Ier, chevalier, seigneur de Marli, de Montreuil-Bonnin, de Saissac, de Saint-Martin en Languedoc, de

l'Europe, fut contraint de rendre après divers assauts. Saint-Jean-d'Angeli, où il s'achemina ensuite, lui ouvrit ses portes dès qu'il parut. De là, s'étant rendu, au mois de juillet, devant la Rochelle, il eut encore en tête le même Savari, qui s'était enfermé dans la place avec trois cents chevaliers et une forte garnison. La résistance que fit ce commandant, fut encore plus vigoureuse qu'à Niort; mais elle ne put soustraire la Rochelle au joug des Français. Savari, indigné qu'au lieu d'argent dont il avait un besoin pressant, la cour d'Angleterre lui eût envoyé des coffres remplis de pierres et de son, prit le parti de capituler, le 3 d'août, après trois semaines de siége. (*Gesta Ludov. VIII, apud. du Chesne*, T. V, p. 186.) La prise de la Rochelle entraîna sans effort la soumission de toutes les provinces de la domination anglaise jusqu'à Bordeaux. Cette campagne glorieusement achevée, le connétable ramena le roi triomphant à Paris. L'année suivante, ils passèrent une seconde fois la Loire sur la nouvelle d'une descente des Anglais en Guienne. Celui-ci ayant à leur tête le prince Richard, frère du roi, n'attendirent pas notre armée pour regagner leurs vaisseaux et cingler vers leur île.

Les sollicitations du pape et des évêques ayant déterminé Louis VIII à se croiser de nouveau contre les Albigeois, les princes du sang et la plupart des grands vassaux du royaume suivirent l'exemple du monarque. On fait monter à cent cinquante mille hommes de cheval et à un plus grand nombre de gens de pied l'armée qu'il rassembla pour cette expédition. Le connétable Mathieu fut celui qui en eut le commandement sous ses ordres. Avignon était depuis douze ans sous l'anathème. Ce fut contre cette ville que les croisés commencèrent leurs hostilités. Leur intention n'avait d'abord été que de la traverser pour entrer en Languedoc; mais sur le refus qu'elle fit de livrer le

---

Seigneurs de Marli.

Picauville, etc., fut au secours de l'armée chrétienne en Languedoc, où Simon de Montfort, qui en était le chef, lui donna les châteaux de Saissac et de Saint-Martin, au diocèse de Carcassonne. Il se signala dans les guerres que ce comte eut contre les Albigeois; mais, l'an 1210, comme il poursuivait l'ennemi avec trop d'ardeur, il fut fait prisonnier, et détenu seize mois au château de Cabaret. L'an 1212, il revint en France; trois ans après il retourna en Languedoc, et était à Montauban le 12 juin 1215; il était de retour de cette expédition avant le mois de novembre 1221. Il céda au roi Louis VIII, père de saint Louis, le droit qu'il avait de chasser dans la forêt de Cruye, et fut un des barons qui conseillèrent au roi d'entreprendre un voyage sur les terres des Albigeois; accompagna ce monarque au siége devant Avi-

passage qu'on lui demandait, le siège en fut résolu. Les maladies que la famine causa dans notre armée, le firent durer l'espace de cinq mois. Louis, étant entré victorieux dans Avignon le 12 septembre 1226, passa de là en Languedoc, où la terreur de son nom lui soumit presque toute la noblesse et le peuple de cette grande province. S'étant mis en marche au commencement d'octobre suivant pour retourner à Paris, une maladie aiguë l'arrêta, le 25 du même mois, à Montpensier. Prévoyant bientôt qu'il n'en reviendrait pas, il appelle dans sa chambre les princes, les prélats et les barons qui l'avaient accompagné; et, en leur présence, jetant les yeux sur Mathieu de Montmorenci, il le conjure, dans les termes les plus touchants, de prendre sous sa garde son fils aîné. Le connétable lui en donna l'assurance avec une voix entrecoupée de sanglots. Nous croyons devoir mettre sous les yeux de nos lecteurs le récit que Philippe Mouskes fait de cette scène attendrissante :

> Puis apiella (le roi) ses compagnons
> Et son clergiet et ses barons,
> Si lor feist esramment jurer
> De s'aisnet fil asseurer,
> Et de couronner à quintaine,
> Pour oster d'annuis et de paine.
> Et la contrée et le païs,
> Et pour cou qu'il ne fu traïs.
> Et il ly orent en convent
> Plorant et receent souvent
> Sa vaillandise et sa bonté,
> Et sa largaice et sa biauté.
> Et le rois, ki bien les ooit,
> Les apaıloit quand il pooit.

Seigneurs de Marli.

gnon, en 1226, et mourut au retour le 13 septembre de la même année. Il avait épousé MAHAUT DE CHATEAUFORT, morte vers l'an 1260, fille du seigneur de Châteaufort, près Paris, et de Clémence de Courtenay. Leurs enfants furent :

1° Thibaut de Marli, qui se rendit religieux à l'abbaye de Vaux-Cernay en 1226, en devint abbé en 1235, et mourut en odeur de sainteté le samedi 7 décembre 1247 ;

2° Pierre, dont l'article suit ;

3° Mathieu de Marli, mentionné dans une charte de 1212, mort après l'an 1234 ;

4° Bouchard II, qui viendra ci-après ;

5° N... de Marli, mariée à Guillaume l'Etendart, chevalier.

Et Mahiu de Montmorency
Proia-il que par sa mercy
Presist en garde son enfant;
Et il l'ottroya en plorant.

Le connétable tint fidèlement la parole qu'il avait donnée au monarque expirant. La reine Blanche n'eut point de défenseur plus zélé et plus constant que lui dans les traverses qu'elle essuya durant sa régence. Les comtes de Champagne, de la Marche et de Bretagne s'étant ligués contre elle, il entra à main armée, l'an 1227, sur les terres du premier, et le réduisit en peu de tems à implorer la clémence du roi. De là il conduisit en diligence son armée vers la Bretagne, et contraignit les comtes de Bretagne et de la Marche à venir faire satisfaction, le 16 mars 1227, au roi et à la régente dans le château de Vendôme. Une nouvelle ligue s'étant formée bientôt après, par les intrigues du comte de Bretagne, et grossie d'un plus grand nombre de seigneurs qu'il y fit entrer, le connétable eut l'adresse d'en détacher, l'an 1229, trois des principaux tenants, les comtes de Dreux, de Nevers et de Boulogne. Cette désertion n'ébranla point l'obstination du comte de Bretagne. La régente, déterminée à le réduire par la force des armes, chargea le connétable d'aller assiéger Bellême, qui était comme la clef de ses états. Malgré la rigueur de la saison (on était alors au fort d'un hiver très-rude), elle amena le roi, son fils, devant cette place, dont les portes furent ouvertes après une longue résistance. L'armée victorieuse entra, au mois de janvier 1230, dans l'Anjou, et de là en Bretagne, où, dans une seule campagne, elle triompha des forces réunies, et du comte, et du roi d'Angleterre qui était venu à son secours. (Voy. *les comtes de Bretagne.*) Au retour de cette glorieuse expédition, le connétable Mathieu termina ses

---

Seigneurs de Marli.

PIERRE.

1226. PIERRE, chevalier, seigneur de Marli et de Montreuil-Bonnin, fut un des barons que saint Louis manda à Saint-Germain-en-Laye, en 1236, pour le servir contre Thibaut, roi de Navarre, comte de Champagne. Il mourut peu après l'an 1239, sans enfants de JEANNE, sa femme, laissant Bouchard, son frère, héritier de ses biens.

BOUCHARD II.

1240. BOUCHARD II, seigneur de Marli, de Montreuil, de Picauville, etc., fit une donation, du consentement d'AGNÈS DE BEAUMONT, sa femme, à Jean de Buchival; cet acte, du mois de

jours le 24 novembre 1230, et fut inhumé à l'abbaye du Val, où l'on voit encore sa statue dans le cloître de ce monastère. Il avait épousé, 1° GERTRUDE, fille de Raoul, comte de Soissons (morte le 26 septembre 1220); 2° EMME, fille aînée et héritière de Gui VI, sire de Laval, veuve de Robert III, comte d'Alençon, vivante encore en 1256. Du premier lit il eut Bouchard, qui suit; Mathieu, seigneur d'Attichi et comte de Ponthieu par sa femme Marie, fille de Guillaume, comte de Ponthieu et d'Alix de France; et Jean, seigneur de Roïssi. Du second lit vinrent Gui, successeur de sa mère au comté de Laval, auteur de la branche de Laval-Montmorenci, laquelle est rapportée en son rang; et Havoise, mariée à Jacques, seigneur de Château-Gontier.

Mathieu II fut le premier qui accompagna la croix de ses armoiries de seize alérions d'azur: ses ancêtres n'en portaient que quatre, un dans chaque canton.

BOUCHARD VI.

1230. BOUCHARD, fils aîné de Mathieu II et de Gertrude, succéda aux seigneuries de Montmorenci, d'Ecouen, de Conflans-Sainte-Honorine, et autres terres de sa maison. Il eut, comme ses ancêtres, beaucoup de part aux affaires de l'état. Le roi saint Louis ayant convoqué, à Saint-Denis, les grands du royaume pour aviser aux moyens de réprimer les entreprises du clergé sur la juridiction séculière, Bouchard fut du nombre de ceux qui s'y rendirent au mois de septembre 1235. Il souscrivit avec eux la lettre écrite à ce sujet en leurs noms au pape Grégoire IX. Bouchard fut appelé, l'année suivante, à une autre assemblée que le roi tint à Saint-Germain-en-Laye, dans les

Seigneurs de Marli.

février 1240, porte que c'est en récompense des bons services qu'il en avait reçus. L'an 1242, Bouchard fut un des seigneurs qui servirent le roi contre Hugues de Lézignem, comte de la Marche. Il vivait encore en 1260, et n'était plus en 1267. Ses enfants furent:

1° Alphonse-Bouchard de Marli, mort jeune après l'an 1255;

2° Richard de Marli, mort jeune avant l'an 1260;

3° Mathieu II, qui suit;

4° Thibaud de Marli, chevalier, seigneur de Mondreville, nommé dans l'état des chevaliers de l'hôtel du roi S. Louis, qui se croisèrent pour l'accompagner au voyage de Tunis, l'an 1270. Il mourut sans postérité le 18 août 1287;

trois semaines de la Pentecôte, sur les menaces que le comte de Champagne faisait de recommencer la guerre. Etant près, l'an 1237, de se mettre en marche pour aller joindre l'armée royale, il fit son testament par lequel il faisait des aumônes considérables aux églises et aux pauvres. Les préparatifs de guerres intimidèrent le comte de Champagne, qui donna les assurances les plus positives de sa soumission à la reine-mère. Il n'en fut pas de même de ceux qu'on fit cinq ans après contre le comte de la Marche, appuyée du roi d'Angleterre, son beau-fils. Bouchard, s'étant rendu à Chinon où s'assemblait l'armée royale, marcha de là avec elle en Poitou, et eut part aux deux grandes victoires que saint Louis remporta, le 21 et le 22 juillet, sur les ennemis. Ce fut le terme des exploits du baron de Montmorenci. Il mourut, suivant le nécrologe de l'abbaye du Val, le premier janvier 1243. Son corps fut inhumé dans l'église du Menel, malgré les religieux du Val, qui le réclamaient en vertu de son testament, où il avait élu chez eux sa sépulture. ISABELLE DE LAVAL, son épouse, fille de Gui VI, sire de Laval, le fit père de Mathieu, qui suit; de Thibaut, chanoine; d'Havoise, femme d'Anceau de Garlande, chevalier seigneur de Tournehem en Brie; d'Alix et de Jeanne, mortes dans le célibat.

MATHIEU III.

1243. MATHIEU, fils aîné de Bouchard VI et son successeur en la baronnie de Montmorenci, ainsi qu'aux terres d'Ecouen, de Conflans-Sainte-Honorine et autres, marcha sur les traces de ses ancêtres dans la carrière de l'honneur. Ayant pris la croix avec le roi saint Louis dans le parlement qu'il assembla, l'an 1267, à Paris, il se mit en route à la tête de douze chevaliers,

---

Seigneurs de Marli.

5° Isabeau de Marli, mariée, 1° à Robert de Poissi, seigneur de Malvoisine; 2° à Gui de Levis, chevalier, seigneur de Mirepoix, de Florensac, etc., maréchal de la Foi.

MATHIEU II.

1167. MATHIEU II, chevalier, seigneur de Marli, fut l'un des sept seigneurs qui eurent robes de soie fourrées d'hermine, et d'écarlate fourrées de menu-vair, à la chevalerie de Philippe, fils aîné du roi saint Louis, la veille et le jour de la Pentecôte 1267, suivant un état de la dépense de cette chevalerie. Il était grand-chambellan de France en 1272. Le nécrologe de Port-Royal, p. 409, marque sa mort le 30 octobre vers 1280. Il avait épousé JEANNE

sous trois bannières, au mois de mai 1270, pour aller joindre ce monarque, qui était parti dès le premier mars précédent, et aborda avec lui, ou presque en même tems que lui, en Afrique. (Du Chesne, pp. 170-171.) La contagion qui emporta le saint roi, le 25 août suivant, devant Tunis, fut également funeste au baron de Montmorenci. Il avait épousé, l'an 1250 au plus tard, JEANNE DE BRIENNE, fille d'Erard de Brienne, et nièce de Henri de Lusignan, roi de Jérusalem et de Chypre, dont il eut Mathieu, qui suit; Erard, grand-échanson de France, auteur de la branche des Montmorenci-Conflans, qui finit par la mort d'Antoine de Montmorenci, seigneur de Beausaut, et celle de Hugues de Montmorenci, tués l'un et l'autre à la bataille de Verneuil, donnée contre les Anglais le 17 août 1424; les alliances de cette branche sont avec les maisons de Longueval, de Muret, de Léon, d'Aunoy, le Bouteiller de Senlis, de Bouconviller, de Montauglan, de la Tournelle de Néelle, de Garlande, de Raineval, de Harcourt, de Sainte-Beuve, de Roye; elle portait pour *armes* : d'or, à la croix de gueules, cantonnée de seize alérions d'azur; au franc-canton d'argent, chargé d'une étoile de sable, etc. ; Bouchard, que du Chesne, suivi par les Bénédictins, fait mal à propos fils de Bouchard VI, fonda la branche des seigneurs de Saint-Leu, de Deuil et de Nangis en Brie, éteinte au commencement du quinzième siècle. Les alliances de cette branche sont avec les maisons de Britaud-de-Nangis, de Mouy, de Changy, d'Andrezel, de Thorote, de Pouilly, de Gaucourt, d'Arzilliers, etc.; elle a fourni un grand panetier de France; elle portait pour *armes:* d'or, à la croix de gueules, cantonnée de seize alérions d'azur; au franc canton d'hermine; Robert de Montmorenci, prieur de l'abbaye de Saint-Denis; Guillaume, chevalier du Temple; Ca-

Seigneurs de Marli.

DE LEVIS, fille de Gui de Levis, deuxième du nom, seigneur de Mirepoix. Le même martyrologe, qui date sa mort du 15 avril 1327, dit qu'elle eut six garçons. Toutefois, on ne connaît les noms que des quatre suivants :

1° Mathieu, qui continue la lignée;
2° Bouchard de Marli, mentionné dans des actes de 1285, 1291 et 1292. Sa femme, nommée *Philippe*, était remariée, en 1332, à Jean de Vendôme;
3° Robert de Marli, vivant en 1287;
4° Thibaud de Marli, qui fut ecclésiastique.

MATHIEU III.

1280. MATHIEU III, seigneur de Marli, grand-échanson de

therine, épouse de Baudouin IV, comte de Guines, appelée mal-à-propos Jeanne par du Chesne, qui confond la mère avec la fille; et Sybille, morte sans alliance.

MATHIEU IV, dit LE GRAND.

1270. Mathieu IV succéda par droit d'aînesse à Mathieu III, son père, dans la baronnie de Montmorenci. Sa valeur lui mérita comme à Mathieu II, son bisaïeul, le surnom de Grand. L'an 1282, après le fameux massacre, connu sous le nom de *Vêpres siciliennes*, le roi Philippe le Hardi joignit le baron de Montmorenci aux comtes d'Alençon, d'Artois, de Bourgogne et de Dammartin, qu'il envoyait dans la Pouille, à la tête d'une armée, pour venger le sang des Français, versé dans cette affreuse catastrophe. Mais l'imprudence de Charles d'Anjou, qu'ils étaient venus secourir, enchaîna leur valeur, en acceptant, comme il fit, le combat singulier que lui proposa le roi d'Aragon, son rival, moins brave, mais plus rusé que lui, pour vider leur querelle. Mathieu de Montmorenci n'éprouva pas le même empêchement, à la suite de Philippe le Hardi, dans l'expédition que ce prince entreprit, l'an 1285, pour conquérir le royaume d'Aragon. Les talents militaires que ce général y déploya malgré le peu de succès qu'elle eut, lui méritèrent, après la mort du monarque, arrivée le 5 octobre de la même année à Perpignan, la charge de grand-chambellan, que le nouveau roi Philippe le Bel lui conféra avec la terre de Damville, pour lui tenir lieu d'une pension de cinq cents livres (1). Cette charge venait de vaquer par le décès de Mathieu de Marli, oncle maternel de Jeanne de Levis, seconde femme de Mathieu, fille de Gui de Levis, sire de Mirepoix, maréchal de la Foi. Il avait perdu, le

---

Seigneurs de Marli.

France, est qualifié sire de Marli, chambellan de France au mois de mars 1268 et 1274; et, dans son épitaphe, à l'abbaye de Port-Royal, il a la qualité de chevalier, *maistre eschanson de France.* Elle met la date de sa mort au mercredi après la Conversion de S. Paul (27 janvier) de l'an 1305. Il avait épousé Jeanne de l'Ile-Adam, dame de Valmondois, laquelle vivait en 1341. Leurs enfants furent:

1° Louis, dont l'article suit;

---

(1) Pendant les premières années de Philippe le Bel, l'argent monnayé était à 11 deniers 12 grains d'aloi, et ne valait que 2 livres 18 sous le marc; donc 500 livres font 172 marcs 3 onces et 2 gros, lesquels, à raison de 51 livres 4 sous 7 deniers le marc, produisent actuellement 8832 livres 4 sous 6 deniers.

9 mars 1277 (N. S.). Marie, fille de Robert IV, comte de Dreux, sa première femme, enterrée au prieuré de Hautes-Bruyères, sans laisser de postérité. Le baron Mathieu préférait à tous les plaisirs celui de la chasse; mais il ne lui sacrifiait pas, comme beaucoup d'autres, les droits de la justice et de l'humanité. Les habitants de ses terres de Montmorenci, de Sosei, de Grolei, de Moutmeigué, d'Andilli, de Migafin, de Monlignon, de Metiger, de Tour, d'Eaubonne, d'Ermont, de Sarnoi, de Franconville, de Saint-Gatien et d'Epineuil, lui ayant représenté que le gibier de sa garenne de Montmorenci endommageait considérablement leurs héritages, il leur permit, par lettres du mois d'octobre 1293, de tuer et emporter tout le gibier, gros et menu, de sa garenne, sans même excepter les oiseaux. (Du Chesne, pr., p. 120.)

La guerre ayant été déclarée par la France à l'Angleterre en 1294, le baron de Montmorenci fut du nombre des généraux que le roi nomma pour aller commander en Guienne, sous les ordres de Charles de Valois, son frère. Les collègues de Mathieu furent le connétable de Nesle, Gautier de Châtillon et Gui de Laval. La conquête d'une grande partie de la Guienne fut le fruit des premiers mois de la campagne de 1295. Ce rapide et brillant succès fit naître au roi la pensée d'aller attaquer les Anglais dans leur île. Ayant une flotte toute prête pour ce grand dessein, il en donna le commandement à Mathieu de Montmorenci et à Jean d'Harcourt. La descente se fit, le 1 août 1295, au port de Douvres, qu'ils prirent, et dont ils brûlèrent les dehors, sans néanmoins oser attaquer le château. Ce fut là où se borna toute l'entreprise. Une si belle armée, dit Nangis, suffisait pour la conquête de toute la monarchie anglaise; mais ses chefs, dit

---

Seigneurs de Marli.

2° Mathieu de Marli, chevalier, mort après l'an 1351;
3° Jean de Marli, chevalier, seigneur de Picauville, mort sans enfants de Mahaut-de-Flotte-Revel.

LOUIS.

1305. Louis de Marli, seigneur de Marli, de Valmondois, etc., est connu par divers actes des années 1341, 1342, 1344, 1351 et 1352. Il succéda vers ce tems à Jean, seigneur de Picauville, son frère, dans cette seigneurie. Etant mort lui-même sans lignée, le 26 mars vers 1356, la seigneurie de Valmondois retourna à la maison de l'Ile-Adam, et les seigneuries de Marli et de Picauville échurent à Bertrand et Thibaud de Levis, chevaliers.

Armes de cette branche: D'or, à la croix de gueules, cantonnée de quatre alérions d'azur.

Jean de Saint-Victor, auteur contemporain, furent rappelés par des lettres du roi et obligés de ramener la flotte dans les ports de France. *Sed cùm propè portum Douvres jam essent*, dit-il, *quibusdam litteris missis Sigillo regis Francorum munitis redierunt*. M. Velli, qui soupçonne de lâcheté les deux amiraux comme Nangis les appelle, est démenti par le don que le roi fit à Mathieu de Montmorenci de la terre d'Argentan, au mois d'août de la même année, par lettres données à Guercheville en Normandie. (Du Chesne, *pr.* p. 131.) Mathieu, l'an 1297, alla commander en Flandre sous le comte d'Artois, et eut part à la victoire remportée par les Français sur les Flamands, près de Furnes, le 13 août de cette année. Les Français ayant été battus à leur tour, dans une nouvelle révolte des Flamands, à la journée de Courtrai, du 11 juillet 1302, le baron de Montmorenci fut mandé par Philippe le Bel l'année suivante, pour l'aider à venger cette injure, et fut, à ce qu'on présume, un des généraux qui contribuèrent le plus à lui faire gagner la bataille de Mons-en-Puelle, le 18 août 1304. On observe qu'à cette action se trouvèrent deux de ses fils, Mathieu V, qui suit, et Jean, avec Erard de Montmorenci, grand-échanson de France, Gui IX, sire de Laval, et Mathieu III, sire de Marli, ses cousins. Le baron Mathieu IV disparaît dans l'histoire après le 25 septembre 1304, date d'une charte par laquelle il confirme la fondation que le connétable Mathieu, sire de Montmorenci et de Laval, avait faite d'une rente annuelle de cinq muids de blé, à prendre sur la grange d'Ecouen, pour être distribués aux pauvres de Montmorenci dans le carême. Deux ans auparavant, il avait renouvelé, par lettres du mois de décembre 1302, la fondation faite par ses prédécesseurs d'une rente de vingt livres, pour vêtir les pauvres de ses terres. (Du Chesne, *pr.* p., 122.) De Jeanne de Levis, sa seconde femme, Mathieu IV, laissa deux fils, qui suivent, et Alix, qui vivait en 1314.

MATHIEU V.

1305 au plus tard. MATHIEU V, fils aîné de Mathieu IV, lui succéda en la baronnie de Montmorenci et autres terres. Il était marié dès-lors à JEANNNE DE CHANTILLI, fille de Jean le Bouteiller, issu des comtes de Senlis, qui, possédant héréditairement la charge de grand-bouteiller de France, en avaient fait leur nom de famille. Mathieu V survécut à peine dix-huit mois à son père, étant mort vers le milieu de l'an 1306, sans laisser de postérité. Sa veuve contracta un nouveau mariage avec Jean de Guines, vicomte de Meaux, fils puîné d'Arnoul III, comte de Guines.

JEAN Ier.

1306. Jean Ier, frère de Mathieu V et son successeur aux seigneuries de Montmorenci, Ecouen, Damville, et autres, avait été mandé, le 5 août 1303, avec un grand nombre d'autres seigneurs, par lettres du roi Philippe le Bel, pour aller joindre ce monarque dans la ville d'Arras, où était le rendez-vous de l'armée qu'il devait conduire en Flandre. De là on a lieu de conclure que Jean de Montmorenci eut part, l'année suivante, à la bataille de Mons-en-Puelle, gagnée sur les Flamands. Le baron Jean Ier servit sous les trois successeurs de Philippe le Bel, savoir, Louis Hutin, Philippe le Long et Charles le Bel; et telle était sa puissance, qu'il marchait à la tête de trente hommes d'armes, tandis que Philippe de Valois, depuis roi de France, n'en conduisait que quarante, et Charles de Valois, son frère, que vingt. Le détail de ses actions n'a point été transmis à la postérité. Il mourut au mois de juin 1325, et fut inhumé dans l'église de Conflans-Sainte-Honorine. De Jeanne de Calletot, son épouse, fille de Robert de Calletot, chevalier d'une ancienne et illustre maison de Normandie, il laissa Charles, qui suit; Jean, seigneur d'Argentan et de Mafflers, lequel, ayant été fait évêque d'Orléans, en 1350, remit à son aîné la terre d'Argentan; Mathieu, seigneur d'Auvraymesnil, auteur de la branche de Montmorenci-Bouqueval et Goussainville, éteinte en 1461; (Les alliances de cette branche sont avec les maisons de Vendôme, de Lorris, de Braque, d'Aunoy, de Villiers, de l'île Adam. Elle portait pour *armes* : d'or, à la croix de gueules, cantonnée de seize alérions d'azur; au lambel en chef.) Isabeau, femme de Jean, seigneur de Châtillon-sur-Marne, grand-queux et grand-maître de France; et Jeanne, femme de Thibaut, seigneur de Rochefort en Bretagne. La mère de ces enfants vivait encore en 1341. (Du Chesne.)

CHARLES.

1325. Charles, fils aîné du baron Jean, était encore en bas âge lorsqu'il lui succéda dans les seigneuries de Montmorenci, d'Ecouen, de Damville, d'Argentan, de Feuillarde, de Chaumont en Vexin, de Vitri en Brie, etc. Le roi Philippe de Valois, dont il avait captivé la bienveillance, lui conféra, vers l'an 1336, la charge de grand-panetier de France, vacante par la mort de son cousin Bouchard de Montmorenci, seigneur de Nangis. Les Flamands, soutenus par Édouard III, roi d'Angleterre, ayant levé de nouveau, l'an 1339, l'étendard de la révolte, le baron de Montmorenci partit, l'année suivante, avec un grand nombre d'autres seigneurs, pour aller à la défense de Tournai menacé par les rebelles. Un parti de ceux-ci, ayant passé le pont de Cressin, *s'advisèrent*, dit Froissard, T. I, ch. LXXII, *et conseillèrent ensemble comment se maintiendroient pour le mieux et à leur honneur, d'aller réveiller et escarmoucher l'ost de France.* Ils furent reçus et repoussés avec valeur. Mais quand on fut arrivé au pont, plusieurs des nôtres s'étant aperçus d'une embuscade qui leur était dressée, se retirèrent. Le baron de Montmorenci ne fut pas de ce nombre, il tint ferme. *Regnaut d'Escouvenot*, continue Froissard, *recognut bien la bannière du seigneur de Montmorency, qui estoit dessous sa bannière, l'espée au poing en combattant de tous lez, et luy vint..... sur dextre, et bouta son bras senestre au frein du coursier de Montmorency, puis férit le sien des esperons en le tirant de la bataille; et le seigneur de Montmorency frappoit grans coups de son espée et sur le bacinet et sur le dos du seigneur d'Escouvenot, lequel brisoit les coups à la fois et les recevoit; et tant fit que le seigneur de Montmorency demoura son prisonnier.* Sa captivité ne fut pas longue. La trève, ménagée peu de tems après par Jeanne de Valois, sœur du roi de France et mère du comte de Hainaut, lui procura sa liberté.

 Le roi, l'an 1343 au plus tard, l'honora du bâton de maréchal de France, en lui substituant le seigneur d'Hangest dans la charge de grand-panetier; et nous le voyons avec le seigneur de Saint-Venant, son collègue, conduire, l'année suivante, l'armée que le duc de Normandie (depuis le roi Jean) mena en Bretagne au secours de Charles de Blois, qui disputait le duché de Bretagne à Jean de Montfort. Ils se comportèrent avec tant de valeur et d'habileté, qu'ayant assiégé Nantes défendu par Montfort, ils l'obligèrent à se rendre prisonnier. La guerre avec l'Angleterre s'étant renouvelée en 1345, le maréchal de Montmorenci accompagna le duc de Normandie en Guienne, où il eut part à la conquête que le duc fit des places de Miremont, Villefranche d'Agénois, Tonnières et Angoulême. Il se trouva, l'année suivante 1346, au siége de Calais, durant lequel ayant attaqué Gautier de Mauni, l'un des plus braves capitaines des ennemis, il le chargea avec tant d'avantage, que, sans le secours du comte de Pembrock et des autres Anglais qui sortirent de la place pour le dégager, sa prise eût augmenté la gloire des conquêtes précédentes. Le roi d'Angleterre ayant la même année transporté le théâtre de la guerre en Normandie, l'armée française marcha à sa poursuite, ayant pour général le maréchal de Montmorenci sous les ordres du roi. L'Anglais, harcelé par elle, se retira en Picardie. Le roi de France l'ayant atteint à Créci, près d'Abbeville, le contraignit imprudemment, le 26 août 1346, d'en venir à une bataille qu'il cherchait à éviter. On sait quel en fut le malheureux succès pour nous. Mais l'histoire remarque qu'après avoir combattu à côté du roi, Charles de Montmorenci fut un des cinq barons qui seuls l'accompagnèrent dans sa retraite. La charge de chambellan fut la récompense de son attachement. Le roi lui conféra de plus en 1347, le titre de *capitaine-général de par sa majesté sur les frontières de Flandre et de la mer en toute la langue picarde*. Mais il se démit en même-tems de la charge de maréchal de France, amovible alors, en faveur d'Edouard de Beaujeu, son beau-frère. Il débuta l'année suivante, dans son nouveau département par une victoire qu'il remporta, près du Quesnoi, sur les Flamands commandés par le bâtard de Renti. Jean de Luxembourg, châtelain de Lille, partagea l'honneur de cette journée, où douze cents hommes des ennemis restèrent sur la place.

Le roi Jean, successeur de Philippe de Valois, hérita de son estime pour le baron de Montmorenci. Celui-ci dans son gouvernement continuait de veiller sur les mouvements des Flamands, lorsqu'en 1356, le 19 septembre, se donna la bataille de Poitiers, qui fut encore plus funeste à la France que celle de Créci. La captivité du roi, qui en fut la suite, plongea la France dans la plus affreuse confusion. On ne vit que partis d'anglais et de brigands d'autres nations, auxquels se joignirent même des français, courir le royaume, portant la désolation partout. Un de ces partis étant tombé sur la ville de Montmorenci, brûla le château, qui n'a jamais été rebâti depuis. Moins sensible à cette perte qu'aux malheurs de l'état, le baron Charles se rendit auprès du dauphin, régent de France, pour l'aider de sa personne et de ses conseils. Ce fut lui qui négocia, l'an 1358, avec succès la réconciliation de ce prince avec le roi de Navarre, son plus dangereux ennemi et le plus ardent boute-feu du royaume. La France cependant regrettait son souverain captif, et ne cessait de faire des vœux pour sa délivrance : mais ils étaient encore loin d'être exaucés. Enfin, l'an 1359, le roi d'Angleterre, dont les succès étaient moins rapides qu'il n'avait espéré, commença à se montrer accessible à des propositions de paix. Du nombre des députés que le régent nomma pour aller traiter avec lui de ce grand objet, fut Charles de Montmorenci. Au moyen des grands sacrifices qu'ils firent au nom de la France, ils conclurent, le 8 de mai 1360, le fameux traité de Bretigni. Le roi d'Angleterre avait exigé de son côté quarante otages à son choix, jusqu'à ce que le roi de France eût exécuté les conditions de la paix. Ils furent tirés d'entre les seigneurs les plus distingués de la nation, et le baron de Montmo-

renci fut de ce nombre. Arrivés en Angleterre, les ducs d'Orléans, d'Anjou, de Berri, et lui, s'obligèrent à payer la somme
de deux cent mille écus d'or sur la rançon du roi, qui montait à
trois millions d'écus (1). « On ne lit point, dit du Chesne, com-
« ment ni en quelle année le baron Charles fut délivré. Mais
» on voit, ajoute cet écrivain, qu'incontinent après la mort
» du roi Jean, arrivée au commencement de l'an 1364, il vint
» se ranger près du roi Charles V, son fils, qui le retint de son
» conseil. » Ce seigneur reçut du monarque, l'an 1368, une
marque de distinction bien flatteuse à l'occasion de la naissance
du dauphin, dont il voulut qu'il fût le parrain. La cérémonie du
baptême se fit le 11 décembre dans l'église de Saint-Paul, avec
une pompe extraordinaire, dont Jean Chartier a donné la description dans la vie de Charles V. Le filleul du baron de Montmorenci fut depuis le roi Charles VI. Ce seigneur accompagna
Charles V, l'an 1371 (et non pas 1378), pour aller traiter à l'entrevue qu'il eut à Vernon avec le roi de Navarre, touchant les
droits que ce dernier réclamait sur la Champagne, la Brie et la
Bourgogne. Le résultat de la négociation fut la cession que l'on
fit de la seigneurie de Montpellier au Navarrais en dédommagement de ses prétentions. (*Voyez ci-devant les seigneurs de
Montpellier.*)

Charles de Montmorenci termina ses jours le 11 septembre
1381, emportant dans le tombeau la réputation de l'un des seigneurs les plus humains, les plus braves et les plus judicieux de
son tems. Il avait épousé, 1°, l'an 1330, Marguerite, fille de
Guichard VI, sire de Beaujeu, morte sans enfants le 5 janvier
1336 (V. S.), et inhumée à l'abbaye du Val ; 2°, le 26 janvier 1341 (V. S.), Jeanne, fille de Jean V, comte de Rouci,
dame de Blazon et de Chemillé en Anjou, décédée le 10 janvier
1361 (V. S.), et inhumée à l'abbaye du Val ; 3° Pétronille,
ou Pernelle, fille d'Adam, dit le Bègue, seigneur de Villiers-
le-Sec, laquelle se remaria, après la mort de son premier époux,
à Guillaume d'Harcourt, seigneur de la Ferté-Imbault, dont elle
était veuve en 1400. Du second mariage, Charles eut un fils,
Jean, mort jeune, et trois filles, savoir : Marguerite, femme de

---

(1) Le roi Jean, par son ordonnance du 5 décembre 1360, nous apprend
que les trois millions d'écus d'or qu'il devait payer pour sa rançon, étaient de
ceux dont deux valaient un noble d'Angleterre ; et M. le Blanc dit que le
noble était d'or fin, et pesait 2 gros 3 grains, poids de marc : par conséquent,
1,500,000 nobles pesaient 47,851 marcs 4 onces 4 gros, à raison de 828 livres
12 sous le marc, et produiraient 39,649,804 livres 13 sous 9 deniers de notre
monnaie actuelle ; donc les 200 mille écus, ou 100 mille nobles, dont le baron
de Montmorenci devait payer sa part, font 2,643,320 livres 6 sous 3 deniers.

Robert d'Estouteville, seigneur de Vallemont; Jeanne, mariée à Gui de Laval, dit Brumor, seigneur de Challouyau; et Marie, dame d'Argentan, femme 1° de Guillaume d'Ivri, 2° de Jean II, seigneur de Châtillon-sur-Marne. De la troisième alliance sortirent Charles, mort en bas âge; Jacques, qui suit; Philippe, tué à la bataille de Ziric-Zée, livrée par Philippe le Bon, duc de Bourgogne, en Hollande, l'an 1425; Denise, mariée, en 1398, à Lancelot Turpin, fils de Gui Turpin, seigneur de Crissé, duquel descendent les seigneurs de Crissé et de Sansai, dont la maison subsiste.

JACQUES.

1381. JACQUES, fils de Charles de Montmorenci et de Pernelle de Villiers, né l'an 1370, eut l'honneur d'être fait chevalier à l'âge de dix ans par le roi Charles VI, à la suite de son sacre, le 1er novembre 1380. Ce monarque, l'année suivante, après Pâques, reçut l'hommage qu'il lui fit de la terre de Berneval, près de Dieppe, dont le roi Charles V avait gratifié son père. Celui-ci vivait encore, et eut pour successeur ce même fils aux seigneuries de Montmorenci, d'Ecouen, de Damville et autres. Celle de Damville étant dans le comté d'Evreux, la garde en appartenait, pendant la minorité de Jacques de Montmorenci, au comte d'Evreux, Charles, roi de Navarre. Ce prince, à la prière de Pernelle, mère de Jacques, voulut bien se relâcher de son droit et l'autoriser à gouverner et *exploiter sa terre, en considération*, dit-il dans ses lettres du 17 septembre 1381, *des bons services que le feu sire de Montmorenci fist en son vivant à plusieurs de nos prédécesseurs, et pour affinité* (1) *de lignage.*

---

(1) Cette affinité est ainsi expliquée par du Chesne (p. 218.) « Henri Ier,
» dit-il, comte de Champagne et de Brie, eut deux fils de Marie de France,
» son épouse, à sçavoir, Henri et Thibaut. Henri II tint au commencement
» les comtés de Champagne et de Brie, mais depuis les quitta à Thibaut, son
» frère, et s'achemina en la Terre-Sainte, où il épousa Ysabeau, royne de
» Hiérusalem, de laquelle il procréa deux filles, nommées Alix et Philippe.
» Alix fut conjointe par mariage avec Hugues de Lusignan, premier du nom,
» roi de Cypre; et Philippe prit alliance avec Erard de Brienne, seigneur
» de Rameru, qui querella longuement la Comté de Champagne, prétendant
» qu'elle devoit appartenir de droit à sa femme, comme fille du comte Henri.
» Mais enfin la cour des pairs de France, assemblés à Melun, l'adjugea au
» fils de Thibaut. D'Erard de Brienne et de Philippe, sa femme, naquit,
» entre autres enfants, Jeanne de Brienne, mariée à Matthieu III, seigneur
» de Montmorency, dont vint Mathieu IV, aussi seigneur de Montmorency...
» D'autre côté Thibaut, comte de Champagne et de Brie, par le transport
» et cession que lui en fit Henri II, son frère aîné, laissa de Blanche de
» Navarre, son épouse, un fils appelé Thibaut, qui fut comte de Cham-

Jacques de Montmorenci montrait dès lors une si grande ardeur pour la guerre, que, malgré la faiblesse de son âge, il obtint, l'an 1382, du roi, la permission de le suivre dans la campagne de Flandre. Il eut part, le 27 novembre de la même année, à la bataille de Rosebèque gagnée sur les Flamands.

Les seigneurs de Montmorenci étaient en possession de prendre, avant tout autre, sur le poisson qui arrivait de mer à Paris, après avoir passé par leur ville de Saint-Brice, ce qui leur était nécessaire pour leur hôtel, en payant le prix ordinaire. Le baron Jacques se fit confirmer dans ce droit par arrêt du parlement, rendu au mois de mars 1391, d'après un plaidoyer de Jean Galli, fameux avocat, qui, dans son discours, allégua que *le seigneur de Montmorenci estoit le plus ancien baron du royaume de France.* (Du Chesne, p. 221.) L'historien moderne de la maison de Montmorenci, qui place cet arrêt en 1402, assure que, *depuis ce tems-là nos rois, les états-généraux, les souverains étrangers, ont toujours reconnu ce titre dans les aînés de la maison.*

Les troubles dont fut agité le royaume pendant la suite du règne de Charles VI, enchaînèrent cette valeur dont le baron Jacques avait donné des preuves au sortir de l'enfance. Attaché par devoir à la personne de son souverain, qui l'avait mis au nombre de ses chambellans, il aima mieux se condamner à l'inaction auprès de ce prince, que d'entrer dans des partis qui tendaient à la ruine de l'état. Il mourut à la fleur de son âge, l'an 1414, laissant quatre fils de Philippe de Melun, son épouse, dame de Croisilles et de Courrières, fille de Hugues de Melun, seigneur d'Antoing et d'Epinoi, morte en 1421. Les enfants nés de ce mariage sont, Jean, qui suit; Philippe, seigneur de Croisilles, qui a donné l'origine aux seigneurs de Croisilles et de

---

» pagne et de Brie, et roi de Navarre par la mort de Sanche le Fort, son
» oncle. Ce Thibaut eut deux fils de Marguerite de Bourbon, sa troisième
» femme, appelés Thibaut et Henri. Thibaut, comte de Champagne et de
» Brie, et roi de Navarre, deuxième du nom, épousa Ysabeau de France,
» fille du roi saint Louis, de laquelle il ne procréa point d'enfants. Par quoi
» Henri, comte de Rônai, son frère, lui succéda, et fut père de Jeanne, royne de Na-
» varre, comtesse de Champagne et de Brie, mariée à Philippe le Bel, roi de France.
» De ce mariage vint Louis Hutin, roi de France et de Navarre, qui de Mar-
» guerite de Bourgogne, sa première femme, engendra Jeanne de France, royne
» de Navarre, conjointement avec Philippe, comte d'Evreux, fils aîné de Louis
» de France, comte d'Evreux, d'Estampes et de Gien, frère du roi Phi-
» lippe le Bel. Philippe, comte d'Evreux et roi de Navarre à cause de sa
» femme, laissa, entre autres enfants, Charles, roi de Navarre et comte
» d'Evreux, duquel, par ce moyen, Charles, seigneur de Montmorency et de
» Damville, maréchal de France, se trouva parent du 6e au 7e degré.

Courrières, rapportés en leur rang; Pierre, mort sans lignée avant 1422; et Denis, doyen de l'église de Tournai, nommé à l'évêché d'Arras, et mort le 23 août 1474.

JEAN II.

1414. JEAN II n'avait que douze ans lorsqu'il succéda au baron Jacques, son père, dont il était le fils aîné, dans la baronnie de Montmorenci et les seigneuries d'Ecouen, de Damville, de Couflans, etc., sous la tutelle de Philippe de Melun, sa mère. Sa minorité se passa au milieu des guerres civiles et étrangères qui désolaient la France. Ayant perdu sa mère vers l'an 1419, il épousa, l'an 1422, JEANNE DE FOSSEUX, fille aînée de Jean de Fosseux, dont elle hérita la terre de ce nom et d'autres situées dans les Pays-Bas. Il avait dès-lors abandonné tous les biens de sa maison à la merci des Anglais et des Bourguignons pour suivre le dauphin Charles, que le traité de Troyes, conclu par sa mère, Isabeau, le 2 mai 1420, avec le roi d'Angleterre, avait obligé de se retirer en Touraine. Le dauphin, devenu roi sous le nom de Charles VII, récompensa son généreux attachement par la charge de chambellan de France, dont on le voit revêtu l'an 1425. Mais, d'un autre côté, le roi d'Angleterre, Henri VJ, se portant pour roi de France, punit sa fidélité par la confiscation de ses terres situées en France, en Brie et en Normandie, qu'il adjugea, par lettres données à Vernon le 10 septembre 1429, à Jean de Luxembourg, bâtard de S. Pol et capitaine de Meaux. Charles VII avait été couronné à Reims le 6 juillet précédent; et le baron de Montmorenci, qui fut témoin de la cérémonie, l'avait accompagné depuis Gien, dans la course victorieuse qu'il fit pour arriver en cette ville. Il eut également part aux autres conquêtes rapides du monarque qui suivirent son sacre. Celle de Paris était le grand objet de l'ambition de Charles VII. Maître de Saint-Denis et de la Chapelle, il profita de l'absence du duc de Bedfort pour s'approcher de cette capitale vers la fin d'août 1429 (et non 1430, comme quelques modernes le marquent). Les braves de son armée osent attaquer en plein jour le boulevart de la porte Saint-Honoré, et l'emportent. Le baron de Montmorenci, qui s'était le plus distingué dans cette affaire, est créé chevalier sur le champ de bataille. Mais la disette de vivres et d'autres contre-tems ne permirent pas au roi de pousser plus loin son entreprise, malgré le puissant parti qu'il avait dans cette capitale. Le recouvrement qu'il fit des environs de Paris valut au baron Jean II celui de sa terre de Montmorenci, qui lui fut rendue au mois d'avril 1430.

Ce seigneur perdit, le 2 septembre 1431, Jeanne de Fosseux,

sa femme, qui fut inhumée aux Cordeliers de Senlis. Les fruits de leur mariage furent Jean, qui succéda à sa mère dans la terre de Nivelle en Brabant, et Louis, seigneur de Fosseux au même titre.

Le traité d'Arras, conclu, l'an 1435, entre Charles VII et Philippe le Bon, duc de Bourgogne, ayant fait cesser les troubles civils en France, le monarque par là se vit en état de réunir toutes ses forces contre les ennemis étrangers. Paris ouvrit ses portes au connétable le 13 avril 1436. Charles, accompagné du dauphin, son fils, des Montmorenci, et d'autres seigneurs les plus braves, prit en personne, l'an 1437, les villes de Montereau et de Pontoise. De nouveaux succès couronnèrent ses armes les années suivantes; et partout où dans ses conquêtes il se trouva des terres enlevées par les Anglais au baron de Montmorenci, il eut soin de les lui rendre. Les deux fils de ce seigneur, Jean, sire de Nivelle, et Louis, sire de Fosseux, eurent part à l'heureuse expédition que Charles fit, l'an 1449, en Normandie. Jean II voyait en eux avec complaisance les héritiers de sa valeur. Mais le nouveau mariage qu'il fit, l'an 1454 au plus tard, avec MARGUERITE D'ORGEMONT, veuve du chevalier Guillaume Broullard, changea ses dispositions à leur égard. Ces deux seigneurs s'étant brouillés avec leur marâtre, Jean II prit contre eux le parti de sa femme, et les choses à la longue s'aigrirent au point que, par antipathie pour leur père, toujours fidèle à son légitime souverain, ils s'attachèrent à Charles, duc de Bourgogne, ennemi déclaré du roi Louis XI. Le père fut si indigné de cette conduite, qu'après avoir fait sommer l'aîné, Jean, seigneur de Nivelle, à son de trompe, de rentrer dans le devoir, sans qu'il comparût, il le traita de chien et le priva de tous ses biens, qu'il donna à Guillaume, qu'il avait eu de sa seconde femme. C'est de là, dit le P. Anselme, qu'est venu le proverbe : *Il ressemble au chien de Jean de Nivelle, qui fuit quand on l'appelle.* La donation fut autorisée, le 28 octobre 1472, par le roi Louis XI, qui reçut Guillaume à foi et hommage-lige. Le baron Jean II reçut lui-même, peu de tems après, de ce monarque, jaloux de son autorité, une mortification qui dut lui être bien sensible. Il aimait la chasse, et continuait de se livrer à cet exercice malgré la défense générale que Louis XI en avait faite à tous ses sujets sans distinction. Le roi étant venu un jour lui demander à dîner, se fit apporter après le repas tous ses équipages de chasse, et les fit brûler en sa présence. Il fallut digérer cet affront sans se plaindre.

Le baron Jean II mourut le 6 juillet 1477, à l'âge de 76 ans (onze jours après Jean de Nivelle, son fils aîné), et fut inhumé dans l'église de Montmorenci, laissant de son second mariage, outre Guillaume qu'on vient de nommer, deux filles, Philippe, dame de Vitri en Brie, mariée, 1° à Charles de Melun, baron de Landes, 2° à Guillaume Gouffier, seigneur de Bonnivet; et Marguerite, dame de Conflans-Sainte-Honorine, femme de Nicolas d'Anglure, dit *Collard*, seigneur de Bourlaimont. L'exhérédation des deux fils aînés du baron Jean II subsista malgré les mouvements que se donnèrent les enfants de Jean de Nivelle et le sire de Fosseux pour s'en faire relever. Ils ne laissèrent pas néanmoins, avec les domaines qu'ils avaient hérités de leur aïeule et mère, Jeanne de Fosseux, de figurer entre les plus grands seigneurs du royaume, et fondèrent l'un et l'autre une branche très-illustre et très-puissante. Jean a continué la souche des comtes de Hornes, aux Pays-Bas (*), et Louis a fondé la branche des marquis de Fosseux, aujourd'hui ducale, devenue l'aînée de toute la maison en 1570. Elle sera rapportée ci-après.

GUILLAUME.

1477. GUILLAUME, fils du baron Jean II et de Marguerite d'Orgemont, succéda à son père, en vertu de la donation que celui-ci lui fit, confirmée par testament et par lettres royaux, dans les seigneuries de Montmorenci, d'Ecouen et de Damville. Le sire de Fosseux ayant voulu revenir contre la donation de son père, fut débouté de sa demande par arrêt du 20 juillet 1483. L'année suivante, par le partage que Pierre d'Orgemont, son oncle, fit entre lui et Guillaume de Broullard, son frère utérin, il eut les terre de Chantilli, d'Aufois, de Chavard et de Montepilloi. Il prit alliance la même année avec ANNE POT, fille de Gui Pot,

---

* SEIGNEURS DE NIVELLE.

JEAN Ier.

JEAN DE MONTMORENCI, premier du nom, seigneur de Nivelle en Flandre, de Wismes, Liedckerque et Hubermont, etc., conseiller et chambellan de Philippe le Bon, duc de Bourgogne, embrassa avec Louis, son frère, le parti du comte de Charolais, et servit ce prince à la bataille de Montlhéri; ce qui fut cause de leur exhérédation. Il eut procès au parlement de Paris, l'an 1467, pour la terre de Fameison, qui avait appartenu à Jeanne de Fosseux, sa mère. Il mourut le 26 juin 1477, âgé de cinquante-

sire de la Rochepot, et héritière de Réné, son frère, qui lui transmit entr'autres terres celle de Thoré. A peine sorti de l'enfance, il avait servi avec zèle le roi Louis XI, dans la guerre du bien public. Après la mort de ce prince, il s'attacha à la dame de Beaujeu, régente du royaume de France pendant l'espèce de minorité du roi Charles VIII, son frère. La noblesse de la prévôté et vicomté de Paris le mit au nombre des députés qu'elle envoya aux états qui s'ouvrirent à Tours dans le mois de janvier 1484 (N. S.), et dans le registre de ses états il est qualifié *premier baron de France*. (Du Chesne, *pr*., p. 259.) Il était si versé dans la connaissance des règles de l'art militaire, que dans le fameux pas d'armes, ou tournoi, que Françoise, dame de Saint-Simon, fit célébrer, le 16 de septembre 1493, à Sandricourt dans le Vexin, près de Pontoise, il fut choisi pour un des juges du combat. (Du Chesne, p. 355; la Colombière, *Hist. des Tournois*.) Il accompagna, l'année suivante, le roi Charles VIII à la conquête du royaume de Naples. Ce monarque étant mort l'an 1498, le baron de Montmorenci retrouva ce qu'il avait perdu en lui dans la personne de Louis XII, son successeur. Il assista à son sacre, et fut de son cortége à l'entrée solennelle qu'il fit dans la capitale le 2 juillet 1498. Rien ne fut si brillant que cette pompe, suivant la description qu'en fait un auteur du tems. Tous les seigneurs étaient *si richement habillez*, dit-il, *et somptueusement montez sur coursiers et génets bardez de drap d'or, et à papillottes de fin or et autres couleurs, que c'estoit chose inestimable à veoir et comprendre*. (Du Chesne, *pr*., p. 160.) Guillaume ayant accompagné la même année le roi dans le voyage qu'il fit en Touraine, fut pourvu, le 20 décembre, par lettres données à Chinon, du gouvernement de Saint-Germain-en-Laye. Ayant été de même

---

Seigneurs de Nivelle.

cinq ans. Il avait épousé GUDULE VILLAIN, fille de Jean, seigneur de Huysse, dont il eut:

1° Jean II, dont l'article suit;

2° Jacques de Montmorenci, mort au voyage de Jérusalem;

3° Charles de Montmorenci, mort le 18 juin 1467, au berceau;

4° Philippe, qui a continué la lignée ci-après;

5° Marc de Montmorenci, mort en bas âge;

6° Marguerite, femme d'Arnoul de Hornes, comte de Hautquerke;

7° Honorine, qui épousa Nicolas de Sainte-Aldegonde, chevalier, seigneur de Noircarmes. Elle mourut en 1510.

en 1503 du voyage que le roi fit à Lyon, il y fut revêtu de l'office de chambellan et du gouvernement de l'Orléanais. Non moins propre à traiter les affaires qu'à manier les armes, le baron Guillaume fut laissé par Louis XII, l'an 1509, auprès de la reine pour gouverner l'état sous ses ordres, avec le chancelier et deux autres seigneurs, lorsque ce monarque partit pour son expédition d'Italie contre les Vénitiens.

La mort ayant ravi, le 1er janvier 1515, Louis XII à son peuple, qui le chérissait comme son père, et le qualifiait ainsi, le baron de Montmorenci, qu'il avait honoré d'une faveur constante fondée sur l'estime, fut un de ceux qui le pleurèrent le plus amèrement. Le roi François Ier, successeur de Louis, hérita de ses sentiments pour ce seigneur et lui en donna des preuves multipliées. Entre les premières on compte le cordon de Saint-Michel, qui ne s'accordait alors qu'à trente-six seigneurs des plus distingués par leur naissance et leur mérite, et la charge de chevalier de madame Louise, duchesse d'Angoulême, mère du roi.

Après la malheureuse issue de la bataille de Pavie, du 24 février 1525 (1), qui coûta la liberté à François Ier, le parlement de Paris assemblé fit l'honneur extraordinaire au baron de Montmorenci de l'inviter, par lettres du 7 mars, à venir résider en cette ville pour rassurer les habitants par sa présence et maintenir la paix et la tranquillité. Il servit utilement de ses conseils la régente pendant la captivité du monarque. Il était important surtout de gagner Henri VIII, roi d'Angleterre, et de le détourner du dessein où il semblait être de profiter de la conjoncture pour faire la guerre à la France. La régente ayant fait, le 30 août 1525, un traité avec ce prince, Guillaume se joignit au cardinal de Bourbon, au duc de Vendôme et au duc de Longueville, pour

Seigneurs de Nivelle.

JEAN II.

1477. JEAN DE MONTMORENCI, deuxième du nom, seigneur de Nivelle, Wismes, Huysse, Hubermont, etc., et de la quatrième partie de la baronnie de Montmorenci, naquit en 1461. Ayant pris possession des biens de son père après sa mort, il fit hommage de la terre de Nivelle à Philippe d'Autriche, comte de Flandre, l'an 1483. Il mourut sans postérité légitime le 12 avril 1510. Il avait épousé MARGUERITE DE HORNES, morte le 15 décembre 1518, fille de Jacques, comte de Hornes.

---

(1) L'année commençant encore alors à Pâques en France, les historiens français contemporains sont pardonnables d'avoir placé cet événement en 1524.

en garantir les conventions. On le voit, le 26 décembre 1527, au lit de justice que le roi, de retour en France, tint au parlement. Enfin, après avoir glorieusement servi quatre rois pendant plus de soixante ans, il mourut le 24 mai 1531, et fut inhumé dans l'église de Saint-Martin de Montmorenci, qu'il avait fait rebâtir. D'Anne Pot sa femme, qu'il avait perdue le 24 février 1510 (V. S.), il eut Jean, seigneur d'Ecouen, mort avant lui, ayant eu un fils et une fille d'Anne de la Tour, dite de Bologne qu'il avait épousée en 1510; Anne, premier duc de Montmorenci, qui suit; François, seigneur de la Rochepot, qui, ayant suivi le roi François Ier en Italie, fut pris avec lui à la bataille de Pavie. Il mourut sans enfants de Charlotte d'Humières qu'il avait épousée en 1524; Philippe, évêque de Limoges en 1517, mort en 1519; Louise, mariée, 1° à Ferri de Mailli; 2° à Gaspard Ier de Coligni, maréchal de France, mort en 1541; Anne, femme de Gui XVI, comte de Laval; et Marie, abbesse de Maubuisson.

ANNE, premier duc de Montmorenci.

1531. Anne, fils aîné de Guillaume de Montmorenci et son successeur dans la baronnie de Montmorenci et autres terres, né à Chantilli le 15 mars 1492 (V. S.), avait reçu de la reine Anne de Bretagne son nom de baptême, suivant quelques auteurs. Il faudrait, comme l'observe du Chesne, non un chapitre, mais un volume pour tracer toute l'histoire de sa vie, dont notre plan ne nous permet que d'effleurer les principaux traits. Elevé, par ordre du roi Louis XII, auprès de François, comte d'Angoulême, il suivit ce prince, lorsqu'il fut monté sur le trône, dans son ex-

Seigneurs de Nivelle.

PHILIPPE Ier.

1510. Philippe de Montmorenci, premier du nom, d'abord doyen de Saint-Tugal, quitta l'état ecclésiastique à la mort de son frère, et lui succéda dans ses biens. Il obtint, le 13 août 1519, un arrêt du parlement portant qu'on lui délivrerait la quatrième partie des terres de Montmorenci et d'Ecouen, sans en rien excepter que le nom et le titre de baron de Montmorenci, qui demeurerait à Guillaume exclusivement. Il mourut l'an 1526. Il avait épousé, en 1496, Marie de Hornes, dame de seize terres seigneuriales qu'elle porta en dot à son mari, fille de Frédéric, seigneur de Montigni en Ostrevent. Elle mourut fort âgée en 1558. Il en avait eu:

pédition d'Italie, combattit le 13 octobre 1515, à la bataille de Marignan, et fut pourvu, l'année suivante, du gouvernement de Novarre. Le roi François Ier le mena, en 1520, à la fameuse entrevue qu'il eut, entre Ardres et Guines, au mois de juin, avec Henri VIII, roi d'Angleterre; et le baron de Montmorenci fut un des seigneurs français qui se distinguèrent le plus dans les fêtes militaires que les deux monarques s'y donnèrent. Chargé, l'an 1521, de la défense de Mézières attaqué avec toutes les forces impériales, il obligea le comte de Nassau de lever honteusement le siège, et s'acquit par là une grande estime dans l'esprit du roi. Nommé quelque tems après capitaine-général des Suisses, il les mena en Italie où il donna de nouvelles preuves de sa valeur; et, l'an 1522, au retour d'un voyage qu'il fit à Venise pour cimenter l'alliance de la France avec la république, il fut honoré du collier de l'ordre, et reçut le 6 avril, le bâton de maréchal de France.

Il suivit, l'an 1524, le roi François Ier en Lombardie, et fut fait prisonnier, ainsi que le monarque, le 24 février de l'année suivante à la funeste journée de Pavie, donnée contre son avis (1). Ayant recouvré peu de tems après sa liberté, il vint, de la part du roi, trouver la régente à Lyon, dans le mois de mai 1525, pour lui faire part des conditions que l'empereur mettait à la délivrance de sa majesté. Elles étaient trop exorbitantes pour être admises, et le maréchal n'était pas d'avis qu'elles le fussent. François ayant été transporté à Madrid, Anne de Montmorenci fit plusieurs voyages en Espagne pour l'instruire de l'état de son royaume et négocier sa liberté avec l'empereur. Cette grande affaire ayant été conclue le 14 janvier 1526, Anne de Montmorenci vint trouver, le 27 du même mois, la régente à Lyon pour

Seigneurs de Nivelle.

1° Frédéric de Montmorenci, mort en bas âge;
2° Joseph, qui continue la lignée;
3° Robert de Montmorenci, seigneur de Wismes, marié avec Jeanne de Bailleul, fille de Charles, seigneur de Doulieu, maréchal héréditaire de Flandre. Il mourut en 1554, sans enfants légitimes;
4° Philippe de Montmorenci, seigneur de Hachicourt, de Wimi, etc.; mort sans lignée le 13 décembre 1566;
5° Isabeau de Montmorenci, mariée, en 1529, à Joachim de Hangest, seigneur de Moyencourt;

---

(1) Dans la nouvelle édition du P. Daniel, on place mal-à-propos la bataille de Pavie sous l'an 1526.

lui communiquer les articles du traité, et lui annoncer que le roi son fils, arriverait au mois de mars suivant à Bayonne. Un des articles portait que les deux fils du roi seraient conduits en Espagne pour assurer, en qualité d'ôtages, l'exécution de ses engagements. Ces princes ayant été remis en liberté l'an 1530, le maréchal de Montmorenci fut chargé d'aller les recevoir de la main du connétable de Castille, qui lui remit en même tems la reine Eléonore, sœur de l'empereur, destinée pour épouse au roi.

François Ier, vers la mi-juillet 1536, ayant appris que l'empereur s'avance vers la Provence à la tête de cinquante (et non soixante) mille hommes, concerte avec le maréchal de Montmorenci, son plan de défense, et le fait généralissime de ses troupes, avec un plein pouvoir d'agir selon que sa prudence, plutôt que son courage, le lui dicterait dans les diverses occurrences. Le maréchal assied son camp près d'Avignon, après avoir dévasté le pays jusqu'aux Alpes pour affamer l'ennemi. Il le voit tranquillement arriver devant Marseille le 15 août, et n'est occupé qu'à contenir l'impétuosité de ses troupes qui demandaient une bataille. Ce qu'il avait prévu arriva; l'empereur, voyant son armée se fondre sans succès devant cette place, lève ignominieusement le siége, et reprend, à travers mille dangers, la route des Alpes, avec perte de plus de la moitié de son armée. Tant de services rendus à l'état, et d'autres que nous supprimons, furent récompensés par l'épée de connétable, qu'Anne de Montmorenci reçut à Moulins, en grande cérémonie, de la main du roi, un dimanche 10 février de l'an 1158 (N. S.). Mais ce fut la dernière faveur dont ce monarque l'honora. On le vit dans la suite déchoir dans l'esprit de François Ier, surtout depuis la réception que ce monarque

---

Seigneurs de Nivelle.

6° Marguerite, femme de Robert de Longueval, chevalier, seigneur de la Tour et de Warlaing, mort en 1559, et sa veuve le 10 mars 1570;

7° Marie, morte sans alliance, l'an 1537;

8° Françoise, dame de Wismes, Liencourt, etc., morte en 1569;

9° Hélène, décédée religieuse, à Gand, en 1578;

10° Claude, décédée au monastère d'Estrun, près d'Arras, l'an 1564.

JOSEPH.

1526. JOSEPH DE MONTMORENCI, seigneur de Nivelle, Hubermont, etc., vendit, le 13 octobre 1527, à Anne de Montmorenci,

fit à l'empereur dans la capitale au commencement de l'an 1540. On avait conseillé au roi, maître comme il était alors de la personne de Charles-Quint, de l'obliger à promettre par écrit la restitution du Milanez. Le connétable, dit-on, ne fut pas de cet avis, et persuada au roi de s'en tenir à la parole de l'empereur. (*Pontus Heuterus*, l. 12; Belleforest, *Ann.*) On sait comment ce dernier s'en joua. Quoi qu'il en soit, depuis cette époque le refroidissement du roi envers le connétable alla toujours en croissant, et parvint en 1541, au point que ce fut à ce dernier une nécessité de quitter la cour et de se retirer à sa terre de Chantilli. Son éloignement fut un sujet de triomphe pour la duchesse d'Etampes, son ennemie déclarée. La mort de François Ier fut le terme de cette disgrâce. Henri II, son successeur, en montant sur le trône rappela le connétable malgré la promesse qu'il n'avait pu refuser à un père expirant de ne jamais se servir de lui. Non-seulement il rétablit Montmorenci dans toutes ses charges, mais il lui fit payer la somme de cent mille écus (1), à quoi montait le produit de cinq années de ses gages qu'on avait cessé de lui payer depuis qu'il s'était retiré.

On a parlé ci-devant de la sévérité qu'il exerça, l'an 1548, sur la ville de Bordeaux, pour venger la mort de Tristan de Monneins, son gouverneur, que le peuple avait massacré dans une sédition (2). On ne peut disconvenir qu'en cette occasion il n'ait manifesté la dureté de son caractère, d'autant plus que Monneins était son parent. La ville de Bordeaux ne se serait peut-être pas relevée des peines auxquelles il la condamna, si la cour n'avait pris soin de les modérer. La conquête du Boulonnais sur les Anglais ayant été résolue dans le conseil, le connétable accompagna le roi, l'an 1549, dans cette expédition, qui se termina, le 24

Seigneurs de Nivelle.

grand-maître de France, la seigneurie de Saint-Leu-Taverni, le Plessis-Bouchard, et la quatrième partie qu'il avait de la baronnie de Montmorenci et ses dépendances, pour la somme de 26,870 liv. Etant allé à Bologne, en Italie, pour y assister au couronnement de l'empereur Charles V, il y tomba malade, et y mourut à la

---

(1) Ils étaient à la salamandre, ou à la croisette, et le titre de ces espèces était à 23 carats et de la taille de 71 1/6 au marc; par conséquent, 100 mille de ces écus devaient peser 1405 marcs 1 once 1 gros 2 deniers 4 grains, qui, à raison de 794 livres 1 sou 6 deniers le marc, produiraient de notre monnaie actuelle 1,115,796 livres : ainsi les gages du connétable, pour une année, étaient de 223,159 livres 4 sous.

(2) Le meurtre de Monneins est du 25 août 1548, et l'arrivée du connétable en Guienne du 8 octobre (et non août) suivant.

mars de l'année suivante, par un traité qui fut l'ouvrage du connétable, et assura à la France la possession du pays qu'elle revendiquait.

Anne de Montmorenci n'avait jusqu'alors que des titres et des honneurs personnels. Le roi, jugeant à propos de lui conférer une dignité héréditaire, érigea, par lettres données à Nantes en juillet 1551, et registrées le 4 août suivant au parlement et en la chambre des comptes, la baronnie de Montmorenci en duché-pairie pour Anne et ses descendants en ligne masculine (1).

La France ayant déclaré la guerre à l'empereur en 1552, notre armée, conduite par le connétable-duc, vint se présenter, le 15 (et non le 25) mars de cette année, devant Toul, qui lui ouvrit incontinent ses portes. Metz, le voyant ensuite approcher, fit quelques difficultés de le recevoir; mais bientôt, effrayée par ses menaces, elle admit dans ses murs le 10 avril, les troupes françaises. Après avoir réduit sans peine les trois évêchés, il mena, sous les ordres du roi, son armée victorieuse en Alsace, où il ne trouva pas les mêmes facilités.

Anne de Montmorenci perdit, l'an 1557, la bataille de Saint-Quentin, où il fut fait prisonnier, couvert de blessures, après s'être défendu comme un lion. Conduit en Flandre, il obtint du roi d'Espagne, l'an 1558, la permission d'assister aux conférences qui se tinrent à l'abbaye de Cercamp, dans le comté de Saint-Pol, avec les plénipotentiaires du roi de France, pour le rétablissement de la paix entre les deux couronnes. Elles n'eurent d'autre succès que de lui procurer sa liberté moyennant une rançon de deux cent mille écus (2).

La mort du roi Henri II, arrivée le 10 juillet 1559, fit tomber le crédit du connétable, et l'exposa au ressentiment de la reine

Seigneurs de Nivelle.

fleur de l'âge, en 1530. Son corps fut transporté à Weert, au comté de Hornes, où il fut inhumé. Il avait épousé, en 1523,

---

(1) Le roi, pour composer ce duché, « unit à la baronnie de Montmorenci
» les terres d'Ecouen, Chantilli, Montepilloi, Champursi, Courteil, Vaux-
» lez-Creil, Tillai, le Plessier, la Villeneuve, à condition qu'au défaut d'hoirs
» mâles, la dignité de pairie sera éteinte, et qu'il ne demeurera que la qua-
» lité de duché. L'abbé de Saint-Denis s'opposa à cette érection; et quant
» aux fiefs d'Ecouen et de Villiers-le-Bel, le procureur du roi déclara qu'il y
» avoit lettres de distraction. Le procureur-général représenta aussi depuis
» que cette érection diminuoit le domaine du roi au bailliage de Senlis. Le
» dédommagement ayant été estimé à 175 livres de rente, le duc de Montmo-
» renci les donna au roi, par lettres registrées, le 15 décembre 1565. » (Le
Beuf, *Hist. Eccl. de Paris*, T. III, p. 389.)

(2) Les écus qui avaient cours alors s'appelaient henris: ils étaient au titre

Catherine de Médicis. Cette princesse ne pouvait lui pardonner d'avoir conseillé au roi son époux, pendant les premières années de son mariage, de la répudier comme stérile, et d'avoir osé dire par la suite que, de tous les enfants de Henri II, Diane, sa fille naturelle, était la seule qui lui ressemblât. Les Guises, ses rivaux, s'étant joints à la reine, le contraignirent d'abandonner la cour et de retourner à Chantilli. Mais sous le règne de Charles IX, successeur de François II, ses talents le rendant nécessaire, il fut rappelé l'an 1560 et nommé généralissime des armées. Il déploya toute l'autorité que ses charges lui donnaient, et ne garda plus de ménagement avec les Calvinistes. Ce fut alors que se forma contre eux ce fameux triumvirat, composé de lui, du duc de Guise, avec lequel il s'était réconcilié, et du maréchal de Saint-André. L'an 1562 se donna la bataille de Dreux, où il remporta la victoire et perdit la liberté. L'ayant recouvrée l'année suivante, par la paix d'Orléans, il quitte la cour par mécontentement et va se confiner dans ses terres. La reine ayant trouvé moyen de le regagner, il va faire la même année le siége du Hâvre, ayant sous ses ordres le maréchal de Montmorenci, son fils, et le maréchal de Brissac. Cette expédition, commencée le 20 juillet 1563, fut terminée le 28 par la reddition de la place. La bataille de Saint-Denis, donnée le 10 novembre 1567, fut le terme de ses exploits et de sa vie. Il mourut le surlendemain des blessures qu'il avait reçues. Un cordelier, son confesseur, ayant voulu exhorter ce héros à la mort, *pensez-vous*, lui dit-il, *que j'aie vécu près de quatre-vingts ans* (1) *avec honneur pour ne pas savoir mourir un quart-d'heure ?* A la cour et dans les armées il montra la même intrépidité, et fit briller dans tout le cours de sa vie de grandes vertus dont l'éclat fut néanmoins amorti par

Seigneurs de Nivelle.

ANNE D'EGMONT, fille aînée de Floris, seigneur de Leerdam, chevalier de l'ordre de la Toison d'Or. Leurs enfants furent :

1° Philippe, dont l'article suit ;
2° Floris, qui viendra après son frère aîné ;
3° Marie, mariée, 1°, à Charles II, comte de Lalain, chevalier de la Toison d'Or ; 2°, en 1562, à Pierre-Ernest, comte de Mansfeldt, gouverneur de Luxembourg ;

---

de 23 carats et de la taille de 67 au marc ; ainsi, deux cent mille écus, pesant 2985 marcs 4 gros 2 deniers 7 grains, à raison de 794 livres 1 sou 6 deniers, produiraient aujourd'hui 2,370,372 livres 19 sous 7 deniers

(1) Il n'en avait que 74.

plusieurs défauts : général malheureux, mais habile ; esprit austère, difficile, opiniâtre, mais honnête homme, bon citoyen, zélé catholique et pensant avec grandeur. Il s'était trouvé à huit batailles, et avait eu le souverain commandement dans quatre avec plus de gloire que de fortune. (N. D. H.) La pompe de ses funérailles fut presque royale. On y porta son effigie, honneur qu'on ne rend qu'aux rois et à leurs enfants ; et les cours souveraines assistèrent à son service. Son corps fut inhumé à Saint-Martin de Montmorenci, où ses enfants lui firent ériger un superbe mausolée de marbre, exécuté par Jean Bullant ; et son cœur porté aux Célestins de Paris, fut placé auprès de celui de Henri II, dans la chapelle d'Orléans.

Anne de Montmorenci avait épousé, par contrat du 10 janvier 1526 (V. S.), Madeleine, fille de René, bâtard de Savoie, comte de Villars, et d'Anne Lascaris, comtesse de Tende, morte l'an 1586, et enterrée auprès de son époux. De ce mariage sortirent cinq fils et sept filles. Les fils sont : François, duc de Montmorenci, qui suit ; Henri, qui viendra après lui ; Charles, créé duc de Damville et pair de France l'an 1610, mort l'an 1612 sans enfants de Renée de Cossé, comtesse de Secondigni, son épouse ; Gabriel de Montmorenci, baron de Montberon, fait prisonnier avec Charles, son frère, l'an 1557, à la bataille de St.-Quentin, et tué, l'an 1562, à celle de Dreux ; Guillaume, seigneur de Thoré, grand capitaine, mort vers l'an 1593. Il ne laissa point d'enfants de ses deux femmes Léonore d'Humières, et Anne de Lalain. Les filles sont : Eléonore, mariée à François III de la Tour, vicomte de Turenne ; Jeanne, mariée à Louis III de la Trémoille, duc de Thouars ; Catherine, femme de Gilbert de Levis, premier duc de Ventadour ; Marie, femme de Henri de Foix, comte d'Astarac ;

Seigneurs de Nivelle.

4° Eléonore, dame de Montigni, mariée, 1°, à Pontus de Lalain, seigneur de Bugnicourt, gouverneur d'Artois ; 2°, à Antoine de Lalain, comte de Hoochstrate.

PHILIPPE II.

1530. Philippe de Montmorenci, deuxième du nom, seigneur de Nivelle, comte de Hornes et de Mœurs, baron d'Altena, seigneur de Weert, chevalier de la Toison d'Or, capitaine de la garde du roi d'Espagne, chef des finances et du conseil d'état des Pays-Bas, amiral de la mer de Flandre, gouverneur des pays de Gueldre et de Zutphen, se signala à la bataille de Saint-Quentin, l'an 1557, à la tête de trois mille bourguignons. Il servit utile-

Anne, abbesse de la Trinité de Caen ; Louise, abbesse de Gerci ; et Madeleine, abbesse de la Trinité de Caen après sa sœur.

FRANÇOIS.

1567. FRANÇOIS, né l'an 1530, nommé au baptême par le roi François Ier, son parrain, succéda au connétable Anne de Montmorenci, son père, dans le duché de ce nom et ses autres biens. Il était pourvu, depuis l'an 1551, d'une compagnie de cent hommes d'armes, qu'il conduisit, l'an 1552, à la suite du roi Henri II, en Allemagne. Il eut part, sur la fin de la même année, avec Damville, son frère, à la défense de la ville de Metz, assiégée sans succès par Charles-Quint avec toutes les forces de l'Empire. Il vola, l'année suivante, au secours de Terrouenne, sur laquelle ce prince voulait se venger de l'échec qu'il avait reçu devant Metz. Chargé du commandement après la mort du seigneur d'Essé, gouverneur de la place, des mines qui firent sauter les principales tours, l'obligèrent, malgré sa bravoure, de demander, le 20 juillet, à capituler. Mais, ayant oublié de stipuler une trêve pendant qu'on rédigeait les conditions, il fut fait prisonnier dans une irruption subite que firent les ennemis dans la ville. Sa prison fut longue, mais il sut la mettre à profit. Le connétable, son père, n'avait donné à ses enfants qu'une éducation militaire, sans permettre qu'ils prissent aucune teinture des lettres. François de Montmorenci employa le loisir que lui laissait sa captivité pour acquérir les connaissances littéraires qui lui manquaient ; et ses progrès furent tels, qu'au bout de trois ans il se vit en état de figurer parmi les savants de profession. L'état ayant payé sa rançon l'an 1556, il fut pourvu à son retour du gouverne-

---

Seigneurs de Nivelle.

ment à la défense de Luxembourg et au siège de Doullens. Ce fut un des plus puissants seigneurs des Pays-Bas ; souverain des comtés de Hornes, d'Altena, de Mœurs et de Weert, il faisait battre, dans cette dernière ville, des monnaies d'or et d'argent. Il s'acquitta de l'administration des finances avec tant de fidélité, que, pour subvenir aux affaires, il vendit même de son bien pour plus de 300,000 écus. Ayant été soupçonné de vouloir s'opposer aux desseins du duc d'Albe, gouverneur des Pays-Bas, il fut arrêté avec le comte d'Egmont, et eut, ainsi que ce seigneur, la tête tranchée à Bruxelles, le 5 juin 1568. Il avait épousé WALBURGE DE NIEUNAERT, fille de Guillaume, comte de Nieunaërt, et d'Anne de Weert, comtesse de Mœurs et de Zaerwerden. Il n'en eut qu'un fils, Philippe de Montmorenci, mort jeune du vivant de son père.

Paris et de l'Ile de France. Ce n'était encore là que le prélude des faveurs qu'on lui destinait. Le dessein du connétable, son père, était de lui faire épouser Diane, fille naturelle du roi, et veuve d'Horace Farnèse, duc de Castro. Mais il était engagé avec mademoiselle de Piennes par une promesse de mariage. Le connétable, en étant instruit, envoya son fils au secours du pape Paul IV, attaqué par les Espagnols. Il espérait, par ce service, engager le pontife à déclarer nulle la promesse qui s'opposait à l'alliance qu'il projetait. N'ayant pu y réussir, il fit rendre, l'an 1557, le fameux édit de Henri II contre les mariages clandestins. François de Montmorenci, devenu libre par là, ne tarda pas à devenir le gendre du roi. Cet honneur semblait devoir lui procurer, ainsi qu'à sa famille, la plus grande influence dans les affaires du gouvernement; mais la mort précipitée de Henri II causa un changement dans les fortunes des Montmorenci. Le duc de Guise, s'étant rendu maître en quelque sorte de l'état avec le cardinal, son frère, sous le règne de François II, obligea le duc de Montmorenci de lui céder la charge de grand-maître de France, dont le connétable s'était démis en sa faveur. Pour le dédommager, le roi lui donna le bâton de maréchal. Le même rival contrebalança son crédit auprès de Charles IX. Ce monarque,

Seigneurs de Nivelle.

FLORIS.

1568. Floris de Montmorenci, baron de Montigni, seigneur de Hubermont et de Wimi, comte de Hornes après la mort de son frère, gentilhomme de la chambre du roi d'Espagne, gouverneur de Tournai, chevalier de la Toison d'Or en 1559, fut envoyé par le conseil d'état en ambassade vers ce monarque, pour le supplier de ne point établir l'inquisition dans les Pays-Bas. Au mois de septembre 1567, il fut arrêté prisonnier par le conseil du duc d'Albe, et conduit au château de Ségovie, d'où il fut transféré à celui de Simancas, où il eut la tête tranchée au mois d'octobre 1570, suivant Jean du Kenson. De Metteren dit qu'il mourut du poison qu'un jeune page lui donna dans un potage. Il avait épousé, en 1565, Hélène de Melun, fille aînée de Hugues de Melun, prince d'Epinoi, et d'Yolande de Werchin. Il en eut deux fils morts jeunes :

1° Philippe de Montmorenci, né en 1566, décédé en 1568;
2° Floris de Montmorenci, né en 1568, mort en 1570.

Cette branche portait les armes pleines, c'est-à-dire : d'or, à la croix de gueules, cantonnée de seize alérions d'azur.

en 1572, l'envoya en qualité d'ambassadeur auprès d'Elisabeth, reine d'Angleterre. Mais à son retour il fut accusé d'avoir trempé dans la conjuration formée à Saint-Germain-en-Laye, pour enlever le duc d'Alençon. S'étant rendu à la cour pour se justifier, il fut arrêté et conduit à la Bastille. Ses ennemis avaient résolu sa perte ; mais la reine Catherine de Médicis, quoiqu'elle n'aimât pas les Montmorenci, le fit sortir de prison en 1576, dans la vue de se servir du pouvoir qu'il avait sur l'esprit du duc d'Alençon, pour ramener ce prince à la cour, d'où il s'était évadé. Il répondit au désir de la reine, et engagea le prince à un accommodement. François de Montmorenci, après s'être signalé par plusieurs actions dignes d'un héros et d'un citoyen, mourut d'apoplexie dans son château d'Ecouen, le 15 mai 1579, à l'âge de quarante-neuf ans, et fut inhumé dans l'église de Saint-Martin de Montmorenci. Il ne laissa point de postérité de Diane, sa femme, qui lui survécut quarante ans, étant morte en 1619, à l'âge de quatre-vingts ans. (Voy. *les comtes de Dammartin.*)

HENRI I.

1579. HENRI, né à Chantilli le 15 juin 1534, fut le successeur de François, son frère au duché de Montmorenci. Son nom lui avait été donné au baptême par le roi Henri II. Du vivant de son frère aîné, il était connu sous le nom de seigneur de Damville. C'était un des seigneurs du royaume les plus accomplis pour les qualités du corps et de l'esprit. Brantôme, parlant de lui et du duc de Nevers, dit qu'ils étaient *les deux parangons pour lors de toute la chevalerie.* Héritier de la valeur de ses ancêtres, il se signala, l'an 1552, à la défense de Metz. Il combattit avec moins de succès, mais avec autant de courage, l'an 1557, à la journée de Saint-Quentin, où il perdit la liberté. Son père ayant été pris, l'an 1562, à la bataille de Dreux, il le vengea en faisant prisonnier le prince de Condé, dont l'échange remit bientôt après l'un et l'autre en liberté. Nommé gouverneur de Languedoc en 1563, il trouva la province dévastée par les guerres de religion, et presque entièrement subjuguée par les protestants. Ces sectaires à son arrivée prétendirent lui faire la loi ; mais bientôt ils se virent contraints à la recevoir de lui-même. Le bâton de maréchal lui fut donné le 10 février 1567 (N. S.) ; et la même année il combattit à la bataille de Saint-Denis, où il eut la douleur de voir son père mortellement blessé au sein de la victoire. La reine Catherine de Médicis ne partagea point le deuil que cette perte causa parmi les bons Français. Délivrée d'un contradicteur qui gênait ses opérations, elle ne déguisa pas son aversion pour la famille du connétable. On sait que son dessein avait d'abord été d'envelopper les quatre fils qu'il laissait, dans la journée de la Saint-Barthélemi ; mais l'absence de l'aîné sauva la vie aux autres, dont il eût vengé la mort par des torrents de sang. Les Protestants, qu'on avait crus anéantis par ce massacre, ayant repris les armes, Damville rassembla des troupes pour réprimer ceux de Languedoc. Mais ses intentions, malgré les succès qui les justifiaient, ayant été mal interprétées à la cour, il fit la paix avec ceux qu'il poursuivait, et commença dès-lors à se comporter en souverain dans son gouvernement, qu'il était menacé de perdre. Devenu le chef du parti qu'on nommait des *Politiques*, il se maintint dans l'indépendance durant tout le cours du règne de Henri III. Il fit tête aux troupes que ce prince conduisit ou envoya pour le réduire ; il évita les piéges que Catherine de Médicis lui tendit, et fit paraître dans toute sa conduite une prudence et une fermeté dignes d'une meilleure cause. La mort de Henri III fut le terme de sa révolte. Les intérêts du roi de Navarre et ceux du duc d'Alençon en avaient été le principal motif. Le premier ayant été élevé sur le trône de France en 1589, sous le nom de Henri IV, le duc de Montmorenci fut un des grands qui le défendirent avec le plus de zèle et de succès contre les efforts de la ligue. Ce monarque reconnut son attachement et ses services par le don qu'il lui fit de l'épée de connétable le 8 décembre 1593. Il la reçut dans son gouvernement, d'où il ne sortit qu'après y avoir presque entièrement détruit les restes de la ligue. Etant venu joindre le monarque en Bourgogne, il en fut accueilli avec les témoignages de la plus vive reconnaissance et de la plus tendre amitié. Depuis ce moment il ne quitta plus Henri IV, et le suivit dans ses expéditions, où il commanda sous ses ordres jusqu'à la paix de Vervins. Après la mort tragique de ce prince, il paya le tribut de reconnaissance qu'il devait à sa mémoire, en montrant le zèle le plus désintéressé pour la défense de l'état pendant les troubles qui l'agitèrent durant la minorité du roi Louis XIII, son fils. Mais l'âge l'avertissant qu'il était tems de songer à la retraite, il retourna dans son gouvernement de Languedoc, où il partagea son tems entre les affaires de la province et celles de sa conscience. La mort l'enleva le 1er ou le 2 avril de l'an 1614, à l'âge de soixante-dix-neuf ans. Par son testament, fait à Paris l'an 1608, il avait choisi sa sépulture dans l'église des Capucins de N. D. de la Crau, près d'Alès en Guienne, qu'il avait bâtie. Il y fut inhumé avec l'habit de capucin comme il l'avait désiré. (Du Chesne.) Son fils aîné du second lit lui avait fait ériger, en 1612, la statue équestre de bronze, qu'on voit sur la terrasse du château de Chantilli, avec une magnifique inscription latine gravée sur le piédestal.

Brantôme et le nouvel historien de la maison de Montmorenci assurent que le connétable Henri ne savait ni lire ni écrire, et qu'il ne devait qu'à la nature le génie qui brilla tant en lui, sans aucune teinture des lettres. Ils citent en preuve ces paroles de Henri IV : *Tout peut me réussir par le moyen d'un connétable qui ne sait pas écrire, et d'un chancelier* (Silleri), *qui ignore le latin.* D'un autre côté, d'Aubigné rapporte de très-beaux vers latins que le connétable écrivit en sa présence sur l'écorce d'un arbre, près de la Droune, rivière du Périgord, et dont le sujet était une dame d'Espagne qu'il aimait beaucoup. Nous laissons à nos lecteurs ce problème à résoudre. Il avait épousé, 1°, par contrat du 26 janvier 1558. (V. S.), ANTOINETTE, fille aînée de Robert de la Marck, prince de Sédan, morte à Pézénas en 1591 ; 2°, l'an 1593, LOUISE DE BUDOS, veuve de Jacques de Grammont, seigneur de Vachères, et fille de Jacques de Budos, vicomte de Portes, morte à Chantilli le 26 septembre 1598 ; 3°, l'an 1601, LAURENCE, fille de Claude de Clermont, baron de Montoison, avec laquelle il fit ensuite divorce. Du premier lit il eut Hercule, comte d'Offemont, mort sans alliance en 1591 ; Henri, mort en bas âge ; Charlotte, mariée à Charles de Valois, comte d'Auvergne, depuis duc d'Angoulême ; et Marguerite, femme d'Anne de Levis, duc de Ventadour. Du second lit sortirent Henri, qui suit ; Charles, mort en bas âge ; et Charlotte-Marguerite, mariée en 1609, à Henri II de Bourbon, prince de Condé, morte le 2 décembre 1650. On donne de plus au connétable Henri quatre fils naturels et une fille également bâtarde.

HENRI II.

1614. HENRI II, fils de Henri I et son successeur au duché de Montmorenci, naquit à Chantilli le 30 avril 1595, et eut pour parrain, environ deux ans après sa naissance, le roi Henri IV, qui ne l'appelait depuis que son fils. Il se montra digne de cet honneur, à mesure qu'il avançait en âge, par ses belles qualités de corps et d'esprit qui en firent un seigneur accompli. *Voyez*, disait un jour ce monarque à MM. de Villeroi et Jeannin, *voyez mon fils Montmorenci comme il est bien fait : si jamais la maison de Bourbon venait à manquer, il n'y a pas de famille dans l'Europe qui méritât si bien la couronne de France que la sienne, dont les grands hommes l'ont toujours soutenue et même augmentée au prix de leur sang.* La reine Marguerite de Valois disait que s'il eût plu au ciel de lui donner un fils, elle n'eût jamais rien tant souhaité qu'il ressemblât au duc de Montmorenci. (M. Désormeaux.) Le roi voulut qu'à l'âge de treize ans il fût reçu gouverneur de Languedoc en survivance de son père, qui l'amena lui-même dans la province et le présenta au parlement et aux états. Le dessein du roi était de lui faire épouser mademoiselle de Verneuil, sa fille naturelle. Le père du jeune duc ne fut point de cet avis, et maria son fils avec mademoiselle de Scepeaux de Chemillé, en dépit du roi qui fit casser le mariage sous prétexte que les conjoints n'étaient pas en âge de le consommer.

Après la mort de Henri IV, la reine Catherine de Médicis, au commencement de sa régence, donna pour épouse au jeune duc MARIE FÉLICE DES URSINS, sa nièce à la mode de Bretagne. Cette alliance, jointe à ses grandes qualités, lui valut, en 1612, à l'âge de dix-sept ans, la charge de grand-amiral de France, vacante par la mort de Charles de Montmorenci, son oncle, et non sur sa démission. Non moins estimé du roi Louis XIII que de la reine-mère, il fut revêtu par ce prince, l'an 1620, du collier de ses ordres à l'âge de vingt-cinq ans. Les troubles que les religionnaires excitèrent dans son gouvernement exigeant sa présence, il s'y rendit, en 1619, et, ne recevant de la cour ni argent ni troupes, il engagea les diamants de sa femme pour deux cent mille écus (1). Avec cette somme il leva quelques régiments à la tête desquels il arrêta les Protestants. Son premier exploit fut la prise de Villeneuve de Berg en Vivarais. Après quelques autres avantages, remportés sur ces rebelles, il se rend, l'an 1621, à la tête de cinq régiments, au siège de Montauban, que le roi faisait en personne. Mais une maladie ne lui permit pas de prendre part à cette expédition, qui finit le 2 novembre, par la levée du siège : il était commmencé dès le 7 août précédent. A celui de Montpellier, qui fut entrepris l'année suivante, il reçut, le 3 septembre, en combattant, une blessure dangereuse qui ne l'empêcha pas d'aller rendre compte de l'action au roi.

La révolte des Rochelais donna occasion, en 1625, au duc de Montmorenci de faire avec gloire l'exercice de sa charge d'amiral de France. Au mois de septembre il attaqua la flotte de M. de Soubise dans la fosse de l'Oye, qui est une rade joignant le bourg de Saint-Martin de Ré; et obligea les plus grands vaisseaux à s'échouer. Le fort de Saint-Martin capitula le 18 du même mois, et celui de l'île d'Oléron le 20. Cette victoire, la première qu'on eût encore remportée sur les Rochelais, mérita au duc un bref très-obligeant du pape Urbain VIII; mais elle donna de l'ombrage au cardinal de Richelieu. Ce ministre, jaloux de toute sorte de pouvoir et de toute sorte de gloire, vint à bout d'obliger le duc à se démettre de la charge d'amiral,

---

(1) C'étaient des écus au soleil, dont le titre était à 23 carats, et leur taille de 72 1/2 au marc : ainsi, le poids de 200,000 devant être de 2,758 marcs 4 onces 7 gros 2 deniers 4 grains, à raison de 794 livres 1 sou 6 deniers le marc, produiraient de notre monnaie actuelle 2,190,551 livres 13 sous 11 den.

moyennant un million de livres (1) que le roi lui donna en dédommagement. Elle fut supprimée par édit du mois d'octobre 1625, et rétablie aussitôt sous le titre de surintendance de la marine en faveur du cardinal.

L'exécution de François de Montmorenci, comte de Bouteville, décapité le 21 juin 1627, fut un nouveau sujet de mécontentement pour le duc, son parent, qui sollicita vainement auprès du cardinal la grâce du coupable. Le crime de celui-ci était la fureur des duels, qui ne pouvait être réprimée en lui ni par la crainte ni par aucune considération. Le duc, renfermant son ressentiment au-dedans de lui-même, continua de servir l'état avec le même zèle. L'an 1628, il enleva, le 3 juin, au duc de Rohan, le Pouzin en Vivarais, place importante sur le Rhône; et, le 11 septembre suivant, il obligea ce duc à lever le siége de Cressels, à une lieue de Milhaud. Les nouveaux avantages qu'il remporta sur lui en 1629, le déterminèrent à sortir du royaume. En ayant obtenu du roi la permission, il passa à Venise, qu'il avait choisie pour sa retraite.

Envoyé, l'an 1630, en Piémont avec un corps de troupes, le duc de Montmorenci fut attaqué, le 10 de juillet, près de Veillane, au marquisat de Suze, par le prince Doria, qu'il fit prisonnier après l'avoir blessé de deux coups d'épée. Ayant joint ensuite le maréchal de la Force, il prit avec lui la ville de Saluces le 20 du même mois, et le lendemain ils se rendirent maîtres du château, dont ils emmenèrent la garnison prisonnière.

De retour en France, le duc de Montmorenci reçut le bâton de maréchal, qui lui fut donné le 11 décembre de la même année. On assure qu'en le lui présentant, le roi lui dit : *Acceptez-le, mon cousin ; vous l'honorerez plus que vous n'en serez illustré.* (Vassor, *Hist. de Louis XIII*, T, VI, p. 586.) Cette faveur ne satisfit pas son ambition : il visait à la charge de maréchal général. Ne pouvant faire entrer le cardinal dans ses vues, il eut peine à digérer ce refus. Les deux personnes les plus importantes de l'état, la reine-mère et le duc d'Orléans, contraintes l'une et l'autre par le cardinal à sortir du royaume, formaient alors des desseins de vengeance contre lui. Le second ayant fait sa partie avec les Espagnols, les avait engagés à tenter une irruption dans le Languedoc par le Roussillon. Montmorenci, dès qu'il eut appris leur marche, loin d'écouter son ressentiment, se transporte sur la frontière de son gouvernement pour mettre

---

(1) Cette somme reviendrait aujourd'hui à environ 2,482,625 livres.

en sûreté les places qu'ils pouvaient attaquer, tant il était alors peu disposé à seconder les troupes que le duc d'Orléans rassemblait en Lorraine pour aller se joindre à ses alliés. Mais les ennemis du cardinal réussirent bientôt à séduire le maréchal, en faisant revivre dans son esprit tous les griefs qu'il avait contre lui, et le menaçant de nouveaux outrages de sa part. L'illusion fut si forte, qu'il consentit à recevoir le prince dans son gouvernement, avec promesse de faire cause commune avec lui. Le prince arrive, mais plutôt qu'il n'était attendu, et avec beaucoup moins de troupes qu'il n'avait fait espérer. L'armée du roi, commandée par le maréchal de Schomberg, survient dans le même tems. Rencontre des deux armées le premier septembre 1632. Le duc s'étant porté dans l'action avec son impétuosité ordinaire, tombe sous son cheval abattu, et, fait prisonnier, il est conduit à Lectoure. De là il est transporté à Toulouse par ordre du roi, qui charge le parlement de la province d'instruire son procès. Il est condamné à perdre la tête, et exécuté dans l'hôtel-de-ville de Toulouse le 30 octobre 1632. Il reçut la mort en héros chrétien; ce qui fit dire au P. Arnoux, jésuite, son confesseur, en rendant compte au roi de ses dernières dispositions: *Sire, Votre Majesté a fait un grand exemple sur la terre par la mort de M. de Montmorenci; mais Dieu, par sa miséricorde, en a fait un grand saint dans le ciel.* Sa veuve, qui, par ses exhortations, avait déterminé sa révolte, fit transporter son corps de l'église de Saint-Sernin, où il avait d'abord été déposé, dans celle de la Visitation de Moulins, où elle lui fit dresser un magnifique mausolée de marbre. Cette dame, non contente de pleurer, dans cette maison, la perte de son époux, et son propre malheur, s'y consacra, l'an 1637, à la vie religieuse, et y mourut, après l'avoir gouvernée très-sagement, le 5 juin 1666. Le duc Henri II n'ayant point laissé de postérité légitime, Charlotte, sa sœur aînée, femme de Henri II de Bourbon, prince de Condé, fut reconnue, avec l'agrément du roi, pour héritière, avec son époux, du duché de Montmorenci et des autres domaines de sa branche. La terre de Montmorenci fut érigée de nouveau en duché-pairie, l'an 1633, à la réserve de Chantilli, en faveur des princes et princesses de Condé et de leurs hoirs mâles.

Armes : d'or, à la croix de gueules, cantonnée de seize alérions d'azur.

MARQUIS DE FOSSEUX.

LOUIS.

Louis de Montmorenci, chevalier, seigneur de Fosseux, Barli, Auteville, Chaumont en Vexin, de Wastines, Roupi, Nomaing, etc., chambellan du roi Charles VIII, second fils de Jean II, baron de Montmorenci, et de Jeanne de Fosseux, sa première femme, servit, en 1450, le roi Charles VII au recouvrement de la Normandie, et le duc de Bourgogne à la bataille du pont d'Espierres contre les Gantois. L'an 1464, il servit le comte de Charolais en la guerre du bien-public contre le roi Louis XI, et commandait deux cents lances à la bataille de Montlhéri. Jean II, seigneur de Montmorenci, son père, après l'avoir exhorté inutilement plusieurs fois à rentrer dans l'obéissance du roi, le priva, lui et son frère aîné, seigneur de Nivelle, des droits qui leur appartenaient par leur naissance en la baronnie de Montmorenci, lesquels il donna, suivant la volonté du roi, à Guillaume de Montmorenci, leur frère puîné. Après la mort de son père, Louis intenta procès à Guillaume, son frère; et leurs différents ne furent terminés qu'en 1483. Louis de Montmorenci prit la qualité de baron de Fosseux; il fit le voyage de Saint-Jacques de Galice, dans lequel il mourut l'an 1490. Il avait épousé Marguerite de Wastines, morte le dernier février 1490, fille de Jean, dit Porrus, seigneur de Wastines et de Nomaing. De leur mariage sont issus :

1º Roland, dont l'article suit ;
2º Ogier de Montmorenci, qui a fondé la branche *de Wastines, princes de Robecque et de Morbecque*, que l'on rapportera à son rang ;
3º Cyprien de Montmorenci, dit Verdelance, seigneur de Barli, marié avec Marie de Markaïs, mort sans enfants en 1528 ;
4º Jean de Montmorenci, auteur du Rameau *de Roupi*. *

* RAMEAU DES SEIGNEURS DE ROUPI.

JEAN.

Jean de Montmorenci, chevalier, seigneur de Roupi et de Nomaing, terres qu'il eut en partage, mourut avant l'an 1530,

ROLAND.

1490. Roland de Montmorenci, seigneur de Fosseux, d'Auteville, de la Tour de Chaumont et de Baillet-sur-Esche, paya, l'an 1497, les droits de la chevalerie de Philippe, archiduc d'Autriche, et mourut environ l'an 1506. Il avait épousé, l'an 1485, Louise d'Orgemont, dame de Baillet et d'Ezanville. Il en eut:

1° Claude, dont l'article suit;
2° Anne, mariée 1° à Antoine de Créqui, seigneur de Raimboval; 2° à Guillaume de la Motte, seigneur de Beaussart et de Beaurepaire;
3° Louise, mariée, en 1521, à Jean de Rouvroi, dit de Saint-Simon, chevalier, seigneur de Sandricourt.

CLAUDE.

1506. Claude de Montmorenci, seigneur de Fosseux, d'Auteville, de Lenval, Gringneval, Ezanville, Courcelles, Compans, etc. etc., conseiller, maître ordinaire du roi François Ier,

---

Seigneurs de Roupi.

et fut inhumé à l'abbaye de Sains, près de Douai. Il avait épousé Jeanne Henriette de Bercus, fille de Quentin, seigneur de Bercus, et d'Anastasie de Landas. Il en eut:

1° Nicolas, dont l'article suit;
2° Quentin de Montmorenci, mort sans lignée;
3° N..., mort à l'île de Rhodes, sans avoir été marié;
4° N..., religieux à l'abbaye d'Anchin;
5° Madeleine, qui devint héritière des biens de sa branche par la mort de ses frères. Elle fut mariée, en 1514, avec Baudri de Roisin, seigneur de Maurain, etc.
6° Jacqueline, abbesse de Sains-lez-Douai.

NICOLAS.

Nicolas de Montmorenci, seigneur de Roupi et de Nomaing, épousa 1° Catherine de Basserode; 2° Florence de Wissoc. Il mourut sans enfants légitimes après l'an 1541.

Cette branche, pour brisure, portait au milieu de la croix un croissant d'argent.

et lieutenant-général de la marine, était, en 1539, capitaine de la place de Pontoise. Il mourut au mois d'octobre 1546, après avoir donné des preuves de sa valeur en plusieurs occasions. Il avait épousé, en 1522, ANNE D'AUMONT, dame d'Aumont, Méru, Thuri, Crevecœur, etc., fille et héritière de Ferri, seigneur d'Aumont. Elle mourut en 1559, ayant été mère de neuf enfants :

1° Pierre, qui continue la lignée;
2° François de Montmorenci, auteur de la branche *des seigneurs de Hallot et Bouteville, et ducs de Montmorenci-Luxembourg-Pinei*, rapportée ci-après;
3° Charles de Montmorenci, aumônier du roi, abbé de Lannoi;
4° Georges de Montmorenci, seigneur d'Aumont et de la Neuville, qui épousa, 1° Françoise Potart, dame de Germigni, dont il eut Marguerite, femme de Richard le Pelletier, seigneur de Martinville; 2° Jossine d'Offignies, veuve de Jean de Rencourt, de laquelle il n'eut point d'enfants. Georges eut un fils naturel, nommé comme lui, qui fonda la branche des seigneurs de la Rivière, d'Albaret, de la Neuville, etc., laquelle a subsisté jusqu'en 1712; et un autre fils, qui fut gouverneur de la citadelle de Verdun, et mourut sans postérité;
5° Claude de Montmorenci, abbé de N. D. de Ressons;
6° Charlotte, dame d'Ezanville, femme, en 1544, de Charles du Croc, seigneur de Morte-Fontaine;
7° Géneviève, mariée, 1°, en 1552, à Gilles de Pellevé, seigneur de Rebais; 2°, en 1576, à Jean de Rouvroi-Saint-Simon;
8° Françoise, religieuse, suivant un acte de 1559;
9° Claude, religieuse à Flines, où elle mourut en 1614.

PIERRE Ier.

1546. PIERRE DE MONTMORENCI, Ier du nom, marquis de Thuri, comte de Châteauvillain, baron de Fosseux, seigneur de Crevecœur, de Lauresse, etc. etc., chevalier de l'ordre du roi, gentilhomme ordinaire de sa chambre, et capitaine de cinquante hommes d'armes de ses ordonnances, vendit la baronnie de Fosseux, située en Artois, à Jean de Henin, seigneur de Cuvillers, pour 56,000 florins carolus, le 24 juillet 1577, se réservant pour lui et ses hoirs le titre de baron de Fosseux, qu'il affecta à sa châtellenie de Baillet, qu'il fit ériger en baronnie. Il servit utilement les rois Henri II, François II, Charles IX et Henri III, qui érigea en sa faveur la baronnie de Thuri en marquisat par lettres du mois de septembre 1578. En 1570, étant devenu l'aîné de toute sa maison, il quitta la brisure adoptée par sa branche qui était une étoile à six rais sur la croix, et prit les armes pures de Montmorenci. Il avait épousé, en 1553, JACQUELINE D'AVAUGOUR, dame de Courtalain, de Lauresse, etc. etc., fille aînée de Jacques, seigneur des mêmes terres, et de Catherine de la Baume Montrevel. De ce mariage sont issus :

1° Anne, qui continue la lignée ;
2° Gui de Montmorenci, mort jeune ;

   Seigneurs de Lauresse.

3° Pierre de Montmorenci, seigneur de Lauresse et de Ver, châtelain de Brusson et de Hauteperche, chevalier de l'ordre du roi, capitaine de cinquante hommes d'armes de ses ordonnances, gouverneur du Perche et du château du Loir. Il servit fidèlement les rois Henri III et Henri IV, et mourut à Paris le 28 mars 1610 ; il avait épousé, 1°, en 1584, Louise de Laval, dame de Faigne, dont il n'eut qu'un fils, mort jeune avant sa mère ; 2°, en 1601, Susanne de Rieux, fille de René, marquis d'Acérac. Il en eut :

A. Pierre de Montmorenci, baron de Lauresse, châtelain de Brusson et de Hauteperche, marié avec Louise de Lombelon, morte en 1678, fille d'Alexandre, seigneur des Essarts et de Saint-Aignan. Les enfants issus de ce mariage sont :

  a. Henri de Montmorenci, seigneur de Lauresse, mort jeune ;

  b. Louise de Montmorenci, héritière de Lauresse, par la mort de son frère, mariée avec Antoine de Stainville, comte de Couvonges, lieutenant-général des armées du roi, dont elle était veuve, sans enfants en 1670 ; elle mourut en 1694, le 14 avril, âgée de soixante-quinze ans ;

B. François de Montmorenci, baron de Ver, seigneur de Morançais, de Loché, de Corançais, etc., chevalier de Malte ;

C. Philippe de Montmorenci, aumônier du roi, abbé de Notre-Dame de Lannoy, mort en 1650 ;

D. Marguerite de Montmorenci, mariée, par contrat du 28 septembre 1621, avec Jacques Frezeau, seigneur des Rochettes, de la Gannetière, etc.

E. Jeanne de Montmorenci, dame d'honneur de la reine Anne d'Autriche, mariée, en 1626, avec Jean le Bourgoin, chevalier, seigneur de Foleins ;

4° Claude de Montmorenci, mort en bas âge ;

5° François de Montmorenci, l'*aîné*, baron de Fosseux, chevalier de l'ordre du roi, capitaine de cinquante hommes d'armes de ses ordonnances, sénéchal et lieutenant-général en Gévaudan. Il rendit de grands services à l'état, aida à prendre Perpignan et plusieurs autres places sur le roi d'Espagne ; et mourut sans alliance avant 1623 ;

6° François de Montmorenci, dit le Jeune, seigneur de Lardières, Crevecœur, etc., élevé page du roi Henri IV qui le fit chevalier de son ordre, gentilhomme ordinaire de sa chambre, et capitaine de cinquante hommes d'armes. Il mourut au mois d'octobre 1624, sans enfants de Charlotte de Garges, qui le suivit au tombeau, le 4 juillet 1631 ;

7° Louise, épouse de Pierre de Vallée, seigneur de Pacé ;

8° Jeanne, mariée, en 1593, à N. de Beauxoncles, seigneur de Bourguerin. Elle mourut en 1601 ;

9° Diane, femme 1° de Louis de Franquetot, seigneur d'Auxais, chevalier de l'ordre du roi ; 2°, en 1608, d'Isaac de Piennes, seigneur de Briqueville ;

10° Antoinette, mariée, en 1589, à Michel de Gast de Montgaugier, seigneur de Lucé, chevalier de l'ordre du roi, gouverneur d'Amboise ;

11° Françoise, épouse de François de Broc-Lezardière, seigneur de Saint-Mars, de Chemiré, etc.

ANNE.

ANNE DE MONTMORENCI, marquis de Thuri, baron de Fosseux, seigneur de Courtalain, chevalier de l'ordre du roi, capitaine d'une compagnie de cinquante hommes d'armes de ses ordonnances, et premier chambellan de François de France, duc d'Alençon et d'Anjou, se distingua au siége de Rouen pour le service de Henri IV, en 1592, et mourut à son retour, au château de Courtalain, le 3 juin de la même année. Il avait épousé, l'an 1577, MARIE DE BEAUNE, fille de Jean, seigneur de la Tour d'Argy, de Longueville, etc., morte en 1611. Il en eut :

1° Pierre II, qui continue la lignée ;

2° François de Montmorenci, qui fonda *le rameau des seigneurs de Châteaubrun* ; *

3ᵉ Jacqueline de Montmorenci, mariée, en 1610, à Florimont de Moulins, seigneur de Rochefort, en Mirebalais.

PIERRE II.

1592. PIERRE DE MONTMORENCI, deuxième du nom, marquis de Thuri, baron de Fosseux, seigneur de Courtalain, chevalier de l'ordre du roi, mourut à la fleur de l'âge le 29 septembre 1615. Il avait épousé CHARLOTTE DU VAL DE BREVANNES, fille de René, vicomte de Corbeil, capitaine du château du Louvre. De ce mariage sont issus :

1° François, dont l'article suit ;

2° Marie de Montmorenci, mariée, en 1637 à Gui Arbaleste, vicomte de Melun, tué à Marienthal en 1646. Elle mourut en 1664.

FRANÇOIS.

1615. FRANÇOIS DE MONTMORENCI, marquis de Thuri, baron de Fosseux, seigneur de Courtalain, né l'an 1614, mort en son château de Neuilli, en Champagne, le 25 février, 1684, avait épousé ISABELLE DE HARVILLE, fille aînée d'Antoine, marquis de Palaiseau, gouverneur de Calais. Elle mourut le 21 octobre 1712. Leurs enfants furent :

---

* SEIGNEURS DE CHATEAUBRUN.

FRANÇOIS Iᵉʳ.

1592. FRANÇOIS DE MONTMORENCI, premier du nom, seigneur de Charsonville, de Châteaubrun en Berri, était abbé de Molême et du Tronchet, lorsqu'il épousa, en 1640, CATHERINE ROGER, dont il avait eu des enfants dès l'an 1621. Quoiqu'il les fit légitimer, cela n'empêcha point que leur état ne fût contesté par François de Montmorenci, marquis de Fosseux, leur cousin-germain, et Marie de Montmorenci, veuve de Gui d'Arbaleste, vicomte de Melun ; mais ils furent déclarés légitimes par arrêt rendu le 15 décembre 1656, au parlement de Toulouse, où l'affaire avait été portée ; ils furent aussi maintenus dans les biens compris dans la substitution faite par Renaud de Beaune,

1º Henri-Mathieu de Montmorenci, abbé de Geneston en Bretagne, en 1694; chanoine et grand vicaire de Tournai, mort en 1708;
2º Jacques-Bouchard de Montmorenci, mort en 1678;
3º Léon, qui continue la lignée;
4º N..., chevalier de Malte, tué sur mer;
5º Marguerite-Charlotte,
6º Catherine de Montmorenci,
7º Anne de Montmorenci,
8º Françoise de Montmorenci,
} qui ont été religieuses.

LÉON.

1684. LÉON DE MONTMORENCI, marquis de Fosseux, seigneur de Courtalain, de Bois-Ruffin, de Neuilli, premier baron chrétien, né le 31 octobre 1664, d'abord élevé page de la chambre du roi en 1679, fut ensuite lieutenant-général pour sa majesté au gouvernement du pays chartrain, capitaine dans le régiment du roi, infanterie, et au mois de mars 1693, colonel du régiment de Forès, dont il se défit en quittant le service au commencement de l'an 1704. Il mourut le 20 mars 1750. Il avait épousé, au mois de novembre 1697, MARIE - MADELEINE - JEANNE DE POUSSEMOTHE DE L'ÉTOILE, morte le 12 mars 1750, dont il a eu :

1º Anne-Léon, dont l'article suit;
2º Marie Charlotte, mariée, le 4 décembre 1726, à Louis de Montaigu de Bouzols, vicomte de Beaune, lieutenant-général des armées du roi, chevalier de l'ordre du Saint-Esprit, gouverneur d'Auvergne;
3º Anne Julie, dame de mesdames de France, mariée, le 18 juillet 1724, à Emmanuel de Rousselet, marquis de Châteaurenaud, capitaine des vaisseaux du roi, lieutenant-général au gouvernement de Bretagne.

Seigneurs de Châteaubrun.

archevêque de Bourges, en faveur de François, leur père, avec faculté de porter le nom et les armes de Montmorenci. François testa en 1646, et fut père de :

1º François de Montmorenci, qui continua la branche de Châteaubrun;
2º Etienne de Montmorenci, dont on n'a que le nom;
3º Charles de Montmorenci, qui fonda la *branche de Neuvi-Pailloux*;
4º Louis de Montmorenci, seigneur de Plantaire, prieur de Saint-Genestoux, en Berri, vivant en 1686;
5º Catherine de Montmorenci, mariée, 1º à Antoine de Bridières, seigneur de Gardemps; 2º à Jean de Moras, seigneur de Chamborant.

ANNE-LÉON Ier.

1750. ANNE LÉON DE MONTMORENCI, premier du nom, baron de Fosseux, premier baron chrétien, premier baron de France, seigneur de Courtalain, etc., etc., né en 1705, le 14 septembre, successivement capitaine-lieutenant de la compagnie des gendarmes d'Anjou en 1735, brigadier de cavalerie le 20 février 1743, capitaine-lieutenant des gendarmes de la reine en décembre 1744, maréchal-de-camp le 1er mai 1745, menin du dauphin en 1746, lieutenant-général des armées du roi le 10 mai 1748, nommé chevalier des ordres le 2 février 1749, chevalier d'honneur de madame Adélaïde le 25 septembre 1750, gouverneur de Salins le 4 octobre 1752, nommé, le 21 octobre 1771, commandant en chef au pays d'Aunis. Il servit aux siéges de Kehl et de Philisbourg en 1733, de Fribourg en 1744; à la bataille de Fontenoy en 1745, aux siéges de Tournai, d'Oudenarde, de Dendermonde et d'Ath la même année; couvrit avec l'armée les siéges de la citadelle d'Anvers, de Mons, de Charleroi, servit à celui de Namur, et combattit à Raucoux en 1746; à celle de Lawfeldt en 1747, et couvrit le siége de Berg-Op-Zoom. En 1757, il se trouva à la bataille d'Hastembeck, et concourut à la prise de l'électorat d'Hanovre. Il mourut le 27 août 1785. Il avait épousé, 1°, le 11 décembre 1730, ANNE-MARIE-BARBE DE VILLE, morte le 23 août 1731, fille d'Armand, baron de Ville, et d'Anne-Barbe de Courcelles; dont il eut un fils unique qui suit; 2°, le 23 octobre 1752, MARIE-MADELEINE-GABRIELLE DE CHARETTE DE MONTEBERT, dont il n'a pas eu d'enfants.

ANNE-LÉON II.

1785. ANNE-LÉON DE MONTMORENCI-FOSSEUX, deuxième du

Seigneurs de Châteaubrun.

FRANÇOIS II.

1663. FRANÇOIS DE MONTMORENCI, deuxième du nom, seigneur de Châteaubrun, gouverneur de Châteauroux, gentilhomme de la chambre de Louis de Bourbon, deuxième du nom, prince de Condé, partagea avec ses frères, en 1663, et fut maintenu en 1669. Il avait épousé, en 1646, MARIE STROZZI, dont il eut:

1° Jean Nicolas, qui suit;
2° Claire-Clémence, née en 1648.

Seigneurs de Neuvi.

CHARLES.

1663. CHARLES DE MONTMORENCI, seigneur de Neuvi-Pailloux, en Berri, fut d'abord prieur de Saint-Gautier, en Berri, et vivait en 1686. Il avait épousé CATHERINE-ELISABETH DE MUZARD DE SANZELLES, dont il eut:

1° Charles-Marie, qui suit;
2° Sylvie, mariée à N.. de Villelume;
3° Gabrielle, femme de François de la Marche, seigneur de Parnac.

nom, duc de Montmorenci, premier baron chrétien, premier baron de France, prince souverain d'Aigremont, baron libre de l'Empire et des deux Moldaves, comte de Gournai, Tancarville et Creuilli, marquis de Seignelai, de Crevecœur, etc.; connétable héréditaire de la province de Normandie, maréchal des camps et armées du roi le 27 juillet 1762, et menin de M. le dauphin, naquit le 11 août 1731. Il servit au siége de Namur, et combattit à la bataille de Raucoux en 1746; guidon de la compagnie des gendarmes de la reine, par brevet du 20 janvier 1747, avec rang de lieutenant-colonel de cavalerie par commission du même jour, il combattit à Lawfeldt le 2 juillet, et servit au siége de Maestricht au mois d'avril 1748. Capitaine-lieutenant de la même compagnie par provisions du premier juin, avec rang de mestre-de-camp de cavalerie, par commission du même jour, il commanda cette compagnie aux camps de Clostersevern et de Zell en 1757, au combat de Sundershausen, à la prise de Cassel et de la Hesse, à la bataille de Lutzelberg en 1758, à celle de Minden en 1759, aux affaires de Corbach et de Warbourg, et à la bataille de Clostercamps en 1760. Il est mort à Munster, le 2 septembre 1799. Il avait épousé, 1°, le 27 janvier 1761, MARIE-JUDITH DE CHAMPAGNE, morte le 23 mai 1765, laissant un fils, mort peu après elle; 2°, le 6 octobre 1767, ANNE-CHARLOTTE DE MONTMORENCI-LUXEMBOURG;

De ce mariage sont issus :
1° Anne-Charles-François, dont l'article suit;
2° Anne-Louis-Christian, prince de Montmorenci, grand d'Espagne, né le 27 mai 1769. Il a épousé, le 6 septem- 1797, Marie-Henriette de Bec-de-Lièvre de Cani. Leurs enfants sont :

Seigneurs de Châteaubrun.	Seigneurs de Neuvi.
JEAN-NICOLAS.	CHARLES-MARIE.
JEAN-NICOLAS DE MONTMORENCI, seigneur de Châteaubrun, né en 1659, mestre de camp du régiment du Maine, maréchal des camps et armées du roi, par brevet du 20 février 1734, premier écuyer du prince de Conti; épousa, en 1703, Marie-Louise Vachon, dont il a eu : 1° Marie-Louise; 2° Marie-Anne; } mortes au berceau.	CHARLES-MARIE DE MONTMORENCI, seigneur de Neuvi-Pailloux, colonel de carabiniers, mourut en 1702. Il avait épousé, au mois d'août 1697, ANGÉLIQUE-MARGUERITE DE MOUCHET DE BATEFORT, morte le 15 avril 1732, fille de Charles, colonel de cavalerie, au service d'Espagne, dont il eut un fils, Louis-Hiacinthe de Montmorenci, mort jeune.

Ces deux rameaux portaient les armes de Montmorenci pleines.

CHRONOLOGIE HISTORIQUE DES BARONS

- a. Anne-Charlotte-Marie-Henriette de Montmorenci, née le 28 août 1798, mariée, le 27 octobre 1817, à Emmanuel-Timoléon de Cossé, comte de Brissac;
- b. Anne-Sidonie-Joséphine-Marie de Montmorenci, née le 17 décembre 1799;
- c. Anne-Christian-Marie-Gaston de Montmorenci, né le 4 mai 1801;
- d. Anne-Elie-Marie-Aurélie de Montmorenci, née le 24 avril 1803;
- e. Anne-Philippe-Marie-Christian de Montmorenci, né le 25 mai 1806;

3° Anne-Joseph Thibault, comte de Montmorenci, né le 15 mars 1773, marié avec mademoiselle de Harchies, dont il n'a point eu d'enfants; mort le 21 octobre 1818;

4° Anne-Charles-Louis de Montmorenci, comte de Gournai, né le 8 décembre 1782, mort le 20 juillet 1814;

5° Anne-Louise-Madeleine-Elisabeth, mariée le 20 juillet 1785, à Alexandre-Louis-Auguste de Rohan-Chabot, prince de Léon, duc de Rohan, morte

6° Anne-Eléonore-Pulchérie, *mademoiselle de Montmorenci*, née le 1er novembre 1776, mariée à M. le comte de Mortemart.

ANNE-CHARLES-FRANÇOIS.

1799. ANNE-CHARLES-FRANÇOIS DUC DE MONTMORENCI, premier baron chrétien, pair et premier baron de France, né le 28 juillet 1768, a épousé, le 2 juin 1788, Anne-Louise-Caroline GOYON de MATIGNON, née à Naples le 23 mai 1774, fille de Louis-Charles-Auguste, comte de Matignon. De ce mariage sont issus :

1° Anne-Louis-Raoul-Victor, baron de Montmorenci, né à Soleure, en Suisse, le 4 décembre 1790, aujourd'hui aide-de-camp du duc d'Orléans;

2° Anne-Elisabeth-Laurence de Montmorenci, née le 7 avril 1802;

3° Anne-Louise-Alix de Montmorenci, née le 13 octobre 1810.

SEIGNEURS DE HALLOT, DE BOUTEVILLE,

COMTES DE LUXE, PUIS DUCS DE BEAUFORT-MONTMORENCI, ET DE PINEI-LUXEMBOURG.

FRANÇOIS Ier.

1546. FRANÇOIS DE MONTMORENCI, premier du nom, seigneur de Hauteville, de Hallot, en Normandie, de la Roche-Millet, de Bouteville, de Crevecœur en Auge, second fils de Claude de Montmorenci, baron de Fosseux, et d'Anne d'Aumont, fut échanson ordinaire du roi, chevalier de son ordre, capitaine de cinquante hommes d'armes de ses ordonnances, et vivait en 1574. Il avait épousé, 1°, JEANNE DE MONTDRAGON, fille de Troilus, seigneur de Montdragon; 2° Louise de GEBERT DU RIVAU, qui vivait veuve en 1589, fille de René, seigneur du Rivau en Poitou. Ses enfants furent:

Du premier lit:

1° François, dont l'article suit;
2° Jacques de Montmorenci, seigneur de Crevecœur, chevalier de l'ordre du roi, capitaine de cinquante hommes d'armes, gouverneur des villes et châteaux de Caen et de Falaise, mort sans enfants de Jossine d'Offignies, son épouse;
3° Louis, qui a continué la postérité après son aîné;

Du second lit:

4° Marguerite, dame de la Roche-Millet, mariée le 23 juin 1589, avec René de Rouxellé, seigneur de Saché, du château Basset, etc.

FRANÇOIS II.

1589. FRANÇOIS DE MONTMORENCI, II° du nom, seigneur de Hallot, baron de Chantemerle, chevalier de l'ordre du roi, gouverneur de Rouen et de Gisors, lieutenant-général en Normandie. Il servit utilement les rois Henri III et Henri IV, et se distingua particulièrement à Arques. Ayant été blessé au siége de Rouen, en 1592, il se retira à Vernon pour s'y faire panser. Mais Christophe, marquis d'Alègre, qui se trouvait dans cette ville, l'y fit assassiner, en sa présence, le 22 septembre. Il avait épousé 1°, avant l'an 1585, MARIE DE NOYANT; 2° CLAUDE HÉBERT, dite D'OSSONVILLIERS. Il a eu de ce dernier mariage :

1° Françoise, mariée à Sébatien de Rosmadec, baron de Molac, chevalier de l'ordre du roi, capitaine de cinquante hommes d'armes de ses ordonnances ;

2° Jourdaine-Madeleine, mariée, en 1591, à Gaspard de Pelet, vicomte de Cabannes, seigneur de la Vérune, lieutenant-général en Normandie.

LOUIS.

1592. LOUIS DE MONTMORENCI, seigneur de Bouteville et de Préci, comte de Luxe, chevalier de l'ordre du roi, vice-amiral de France, soutint, en 1589, le siége de Senlis contre le duc d'Aumale, et fut un des plus zélés serviteurs du roi Henri IV, qui le nomma gouverneur de Senlis le 23 novembre 1593. Il servit encore aux siéges de Paris, Rouen, la Fère, Laon, Amiens et autres places ; fut député de la noblesse du bailliage de Senlis aux états généraux convoqués à Paris en 1614. Il y mourut le 20 mars 1615. Il avait épousé le 4 octobre 1593 CHARLOTTE-CATHERINE DE LUXE, fille et héritière de Charles, comte souverain de Luxe en basse Navarre, chevalier de l'ordre du roi, et de Claude de Saint-Gelais de Lansac, dame de Préci ; de ce mariage sont issus :

1° Henri, qui suit ;

2° François, qui a continué la lignée ;

3° Louis de Montmorenci, abbé de Saint-Lô, mort, en Hollande, en 1624, ayant quitté l'état ecclésiastique pour les armes ;

4° Claude, mariée, le 29 mars 1618, avec Antoine II, comte, puis duc de Gramont, souverain de Bidache ;

5° Louise, épousa, le 17 février 1620, Just-Henri, seigneur de Tournon, comte de Roussillon, morte en 1621.

HENRI.

1615. HENRI DE MONTMORENCI, comte souverain de Luxe, né l'an 1597, succéda, en 1614, à son père aux charges de gouverneur de Senlis et de vice-amiral de France. Il fut encore pourvu, par le roi Louis XIII, du gouvernement des ville et château de Falaise. Il mourut à la fleur de l'âge, en 1616, sans avoir été marié.

FRANÇOIS III.

1616. FRANÇOIS DE MONTMORENCI III° du nom, devint, après la mort de son frère, comte souverain de Luxe et gouverneur de Senlis, servit avec éclat aux siéges de Saint-Jean d'Angéli, de Montauban, de Royan et de Montpellier. Mais le penchant qu'il avait pour les duels lui fit souvent enfreindre les défenses du roi. En 1624, il se battit contre le comte de Pont-Gibaut, et en 1625, contre le comte de Thorigni, qu'il tua. Enfin, le 12 mai 1627, ayant pour second François de Rosmadec, comte de Chapelles, son cousin, ils se battirent dans la place royale, à Paris, contre le marquis de Bussi d'Amboise, qui fut tué, et contre le marquis de Harcourt-Beuvron. Le roi voulant qu'on suivît les ordonnances dans toute leur rigueur, le comte de Luxe et le comte de Chapelles, par arrêt du parlement, furent condamnés à perdre la tête, ce qui fut exécuté le 22 juin 1627. Ils moururent l'un et l'autre avec la plus grande fermeté, s'étant même opposés à ce qu'on leur bandât les yeux sur l'échafaud. Le comte de Luxe avait épousé, le 17 mars 1617, ELISABETH-ANGÉLIQUE DE VIENNE, morte le 6 août 1696. Il en eut :

1° Henri-François, dont l'article suit ;
2° Marie-Louise, morte au mois de septembre 1684, femme de Dominique d'Etampes, marquis de Valançai ;
3° Elisabeth-Angélique, née en 1627, mariée 1°, l'an 1645, à Gaspard IV de Coligni, duc de Châtillon-sur-Loing, marquis d'Andelot, lieutenant-général des armées du roi, mort en 1645 ; 2°, en 1664, à Christian Louis, duc de Mecklenbourg - Schwerin, prince des Vandales et de Ratzbourg, mort en 1592, et sa veuve le 24 janvier 1695.

FRANÇOIS-HENRI.

1627. FRANÇOIS - HENRI DE MONTMORENCI, duc de Pinei-Luxembourg, puis duc de Beaufort-Montmorenci, pair et maréchal de France, chevalier des ordres du roi, capitaine des gardes du corps, naquit posthume le 7 janvier 1628. Il se trouva à la bataille de Rocroi, le 19 mai 1643, sous le grand Condé, dont il fut l'élève, et qu'il suivit dans sa bonne et mauvaise fortune. Il avait dans le caractère plusieurs traits du héros qu'il avait pris pour modèle : un génie ardent, une exécution prompte, un coup d'œil juste, un esprit avide de connaissances. On vit briller en lui ces différentes qualités à la conquête de la Franche-Comté en 1668, où il servit en qualité de lieutenant-général. La guerre s'étant rallumée en 1672, il commanda en chef pendant la fameuse campagne de Hollande, prit Groll le 9 juin, Deventer le 21, et surprit Coëworden, Zwol, Campen, etc., et défit les armées des états, près de Bodegrave et de Woërden. Le dégel étant survenu, le duc de Luxembourg fit cette belle retraite, vantée par les ennemis mêmes. Il passa au travers de l'armée hollandaise composée de 70,000 hommes, quoiqu'il n'en eût que 20,000. L'an 1674, le roi ayant résolu la conquête de la Franche-Comté, le duc de Luxembourg l'accompagna dans cette expédition. En Flandre, il prit part au succès de la bataille de Sénef ; au mois d'août, obligea le prince d'Orange à lever le siège de Charleroi, et reçut le bâton de maréchal de France le 30 juillet 1675. Il décida la victoire de Montcassel le 11 avril 1677. Assuré de la paix, signée le 11 août 1678, il se vit le 24 attaqué inopinément par le prince d'Orange, vis-à-vis l'abbaye de Saint-Denis, où il était logé ; cette surprise ne l'empêcha point de repousser le prince d'Orange, et de le chasser du village de Casteau après un combat opiniâtre et également funeste aux deux partis. Dans la seconde guerre que Louis XIV soutint contre toutes les puissances de l'Europe réunies en 1690, le duc de Luxembourg fut nommé au commandement de l'armée de Flandre. Le premier juillet, il attaqua le prince de Waldec à Fleurus, et remporta une victoire d'autant plus glorieuse, que de l'aveu de toute l'armée elle fut due à la supériorité de son génie. Cette victoire fut suivie de la prise de Saint-Amand, de Mons et de Hall. En 1691, le 18 septembre, combat de Leuze, où la victoire ne fut décidée qu'à six heures du soir. Le maréchal de Luxembourg, étonné du courage et des actions de vigueur des deux armées, dit : « Je me souviendrai de l'infanterie hollan- » daise, mais le prince de Waldec ne doit pas oublier la cavalerie » française ». Le maréchal avait auprès du roi Guillaume un espion qui fut découvert, et contraint de donner un faux avis au général français. Cependant, malgré cet avis, le maréchal avait pris ses mesures ; le 3 août son armée endormie est attaquée à la pointe du jour à Steinkerque ; une brigade était déjà mise en fuite, et le général le savait à peine ; mais dès qu'il fut instruit de la surprise, il répara tout par des manœuvres aussi hardies que savantes, et arracha la victoire des mains de l'ennemi, qui le laissa maître du champ de bataille. Le 29 juillet 1693, nouvelle victoire du maréchal contre le prince d'Orange à Nerwinde. Peu de journées furent plus meurtrières et plus glorieuses. Il y eut environ vingt-mille morts, douze mille des alliés et huit mille des Français. La cathédrale de Paris fut remplie de drapeaux ennemis. Le maréchal s'y étant rendu peu de tems après avec le prince de Conti, pour une cérémonie, ce prince dit, en écartant la foule qui embarrassait la porte : *Messieurs, laissez passer le tapissier de Notre-Dame.* Le début de la journée de Nerwinde ne promettait pas la victoire aux Français. Le duc de Berwick fut fait prisonnier dès le commencement et conduit au prince d'Orange. « Je crois, lui dit Guillaume, avec l'air de satisfaction que donne » la certitude de vaincre, que Luxembourg n'est pas à se repen- » tir de m'être venu attaquer ». — « Encore quelques heures, » répartit Berwick, et vous vous repentirez de l'avoir attendu ». L'événement justifia la prédiction. Du champ de bataille, le maréchal écrivit à Louis XIV, sur un chiffon de papier, pour lui annoncer sa victoire : « Artagnan, qui a bien vu l'action, en rendra » compte à votre majesté. Nos ennemis y ont fait des merveilles, » vos troupes encore mieux. Pour moi, sire, je n'ai d'autre mé- » rite que d'avoir exécuté vos ordres. Vous m'avez dit de prendre » une ville et de gagner une bataille, je l'ai prise et je l'ai ga- » gnée ». Lorsque le roi fut instruit des détails de cette importante journée, il dit à ceux qui l'environnaient : *Luxembourg a attaqué en prince de Condé, et le prince d'Orange a fait sa retraite en maréchal de Turenne.* Le maréchal de Luxembourg termina sa glorieuse carrière par la longue marche qu'il fit à la tête de son armée réduite à cinquante mille hommes, en présence des ennemis au nombre de quatre-vingt mille, depuis Vignamont jusqu'à l'Escaut. Il mourut à Tournai le 4 janvier 1695, regretté comme le plus grand général qu'eût alors la France. Il dit en mourant : « Je préférerais aujourd'hui, à l'éclat de victoires inutiles au tribunal du juge des rois et des guerriers, le mérite d'un verre d'eau donné aux pauvres pour l'amour de lui ». Sa mort fut le terme des victoires de Louis XIV.

Des liaisons, qu'un des hommes d'affaires du maréchal de Luxembourg, nommé Bonnard, avait avec certaines femmes convaincues de l'horrible affaire des poisons, avaient attiré des soupçons injustes sur la personne de ce général. Par les conseils du marquis de Cavoie, il se rendit, en 1680, à la Bastille. Dès qu'il fut dans cette prison d'état, la jalousie de Louvois le poursuivit avec fureur. Les imputations étaient aussi ridicules qu'atroces. Parmi les questions qu'on lui fit, on lui demanda s'il n'avait pas fait un pacte avec le diable pour pouvoir marier son

fils à la fille du marquis de Louvois? L'accusé répondit: « Quand
» Mathieu de Montmorenci épousa une reine de France, il ne
» s'adressa point au diable, mais aux états-généraux, qui décla-
» rèrent que, pour acquérir au roi mineur l'appui des Montmo-
» renci, il fallait faire ce mariage. » Il sortit enfin de la Bastille
après une détention de quatorze mois, sans qu'il y eût de jugement prononcé ni pour, ni contre lui, et sans que le roi lui parlât
jamais de l'étrange procès qu'il venait d'essuyer. Ce fut par des
victoires que le duc de Luxembourg répondit à ses ennemis et à
son persécuteur. Il avait épousé, le 17 novembre 1661, MADE-
LEINE - CHARLOTTE - BONNE - THÉRÈSE DE CLERMONT - TONNERRE
TALLARD-LUXEMBOURG, duchesse de Pinei, princesse de Tingri,
comtesse de Ligni, baronne de Dangu, etc., fille unique et héritière
de Charles-Henri, duc de Pinei-Luxembourg par son mariage
avec Marguerite-Charlotte de Luxembourg, duchesse de Pinei,
laquelle se démit de son duché en faveur de sa fille et de son
gendre, à condition que celui-ci porterait le nom et les armes
de Luxembourg. Cette disposition fut confirmée par lettres-patentes du même mois, enregistrées le 20 mai 1662, et le duc de
Luxembourg prêta serment, et fut reçu au parlement le surlendemain (1). De ce mariage sont issus :

1° Charles-François-Frédéric, qui suit;

2° Pierre-Henri-Thibaut, abbé d'Orcamp, mort en 1700, le
23 novembre, à l'âge de trente-sept ans;

3° Paul-Sigismond de Montmorenci-Luxembourg, qui fonda
la *branche des ducs de Châtillon et d'Olonne*, rapportée
ci-après;

4° Christian-Louis de Montmorenci-Luxembourg, auteur de
la *branche des princes de Tingri*, qui sera mentionnée en
son rang;

5° Angélique-Cunégonde, *dite* madame de Luxembourg,
abbesse de Poussai, en 1666, puis mariée le 7 octobre
1694, à Louis de Soissons, comte de Noyers et de Dunois,
prince de Neufchâtel, fils naturel de Louis de Bourbon,
comte de Soissons.

CHARLES-FRANÇOIS-FRÉDÉRIC Ier.

1695. CHARLES-FRANÇOIS-FRÉDÉRIC DE MONTMORENCI-LUXEM-
BOURG, duc de Pinei-Luxembourg, et de Beaufort-Montmorenci,

---

(1) Il ajouta à ses armes l'écusson de Luxembourg en cœur, comme a continué
toute sa postérité mâle et femelle.

ET DUCS DE MONTMORENCI. *(Luxembourg.)*

pair de France, prince d'Aigremont et de Tingri, marquis de Bellenave, baron de Mello, comte de Bouteville, de Dangu, de Lassei, chevalier des ordres du roi, lieutenant-général des armées le 29 janvier 1702, naquit le 28 février 1662. Il servit aux siéges et à la prise de Courtrai et de Dixmude en 1683, au siége et à la prise de Luxembourg en 1684, aux siéges et prises de Philisbourg, de Manheim et de Franckendal, en 1688; se distingua au combat de Valcourt en 1689, combattit à Fleurus l'année suivante, et porta au roi la nouvelle de cette victoire. En 1691, il était au siége et à la prise de Mons, sous les ordres du roi, qui lui donna le gouvernement général de la Normandie, sur la démission de son père qui conserva la survivance. Il combattit à Leuse, et arriva à Fontainebleau le 20 septembre pour faire part au roi de la victoire qu'on y avait remportée. Il se distingua aux journées de Steinkerque, de Tongres et de Nerwinde, où il fut blessé; au siége et à la prise de Charleroi. A l'armée de Flandre, en 1694, il se trouva à la marche de Vignamont au pont d'Espierres. En 1702, il contribua à la défaite des Hollandais, qu'on poussa jusque sous Nimègue; au combat d'Eckeren en 1703, et à la prise de Tongres. Il mourut le 4 août 1726. Il avait épousé, 1°, le 28 août 1686, Marie-Anne d'Albert de Luynes, morte le 17 septembre 1694, n'ayant eu que deux fils et une fille, morts en bas âge; fille aînée de Charles-Honoré d'Albert, duc de Chevreuse et de Luynes, pair de France, chevalier des ordres du roi; 2°, le 14 février 1696, Marie-Gillonne Gillier de Clérembault, morte le 15 septembre 1709, fille de René, marquis de Clérembault et de Marmande, baron de Puygarreau et de Sigournai, et de Marie le Loup de Bellenave. De ce mariage sont issus ;

1° Charles-François-Frédéric II, qui suit ;

2° Anne de Montmorenci-Luxembourg, comte de Ligni, mestre-de-camp de cavalerie, né le 2 janvier 1707 ;

3° Marie-Renée, née le 21 juillet 1697, mariée le 15 avril 1716, à Louis-François de Neuville, duc de Retz et de Villeroi, pair de France ;

4° Françoise-Gillonne, née le 1er juillet 1704, mariée le 29 octobre 1722, à Louis de Pardaillan-Gondrin, duc d'Antin et d'Epernon, pair de France, gouverneur de l'Orléanais.

CHARLES-FRANÇOIS-FRÉDÉRIC II.

1726. Charles-François-Frédéric de Montmorenci-Luxembourg, duc de Pinci-Luxembourg et de Beaufort-Montmorenci, pair et maréchal de France, prince d'Aigremont, etc., chevalier des ordres du roi, capitaine de l'une des quatre compagnies des gardes-du-corps, gouverneur de Normandie, appelé *le maréchal de Luxembourg*, naquit le 31 décembre 1702. Il servit en Espagne, en 1719, aux siéges de Fontarabie, de Saint-Sébastien, d'Urgel, au blocus de Roses; en Allemagne, il servit au siége du fort de Kehl, qui capitula le 22 octobre 1733. A l'armée du Rhin, en 1734, il combattit à la prise de Traërbach, le 8 avril; à Etlingen, le 4 mai; à Philisbourg, qui capitula le 18 juillet; à Worms, qui fut pris le 23. A l'armée de Bavière, en 1741, il était à la prise de Prague le 26 novembre; et lorsque le grand-duc de Toscane s'avança pendant l'hiver devant Pissech, il fut chargé de la défense de la porte que les ennemis attaquèrent, et d'où il les repoussa. Il combattit à Sahai le 25 mai 1742, concourut à la défense de Prague, et se distingua à la retraite de cette place la nuit du 16 au 17 décembre. En 1743, à l'armée du Rhin, il combattit à la bataille de Dettingen, le 27 juin; il passa en Flandre en 1744; servit au siége de Menin, qui se rendit le 4 juin, et de Fribourg, qui capitula le 6 novembre. En 1745, le 11 mai, il se distingua à Fontenoi, aux siéges de Tournai et d'Anvers. A Raucoux, le 11 octobre, il entra dans le village, à la tête du régiment de Beauvaisis, et en chassa les ennemis. Il combattit à Lawfeldt le 2 juillet 1747; S. M. l'honora du bâton de maréchal de France le 24 février 1757. Il mourut le 18 mai 1764, dans la soixante-deuxième année de son âge. Il avait épousé, 1°, le 9 janvier 1724, MARIE-SOPHIE-EMILIE-HONORATE-COLBERT DE SEIGNELAI, comtesse de Tancarville, et dame de Gournai en Brai, morte le 29 octobre 1747; 2°, le 29 juin 1750, MADELEINE-ANGÉLIQUE DE NEUVILLE DE VILLEROI, veuve du duc de Boufflers, et sœur du duc de Villeroi. Du premier lit sont issus:

1° Anne-François, dont l'article suit;

2° Anne-Maurice, mariée, le 26 février 1745, à Anne-Louis-Alexandre de Montmorenci, prince de Robecque, grand d'Espagne. Elle mourut le 4 juillet 1760.

ANNE-FRANÇOIS.

ANNE-FRANÇOIS DE MONTMORENCI-LUXEMBOURG, duc de Montmorenci, baron de Jaucourt en Champagne, comte de Tancarville et de Gournai, marquis de Seignelai, naquit le 9 décembre 1735. Il fut fait colonel du régiment de Touraine le 1er février 1749, brigadier d'infanterie le 22 juillet 1759, et capitaine des gardes-du-corps, et est mort le 22 mai 1761, à l'armée du Bas-Rhin. Il avait épousé, le 17 février 1752, Louise-Françoise-Pauline de Montmorenci-Luxembourg, fille unique de Charles-François-Christian, prince de Tingri. Elle s'est remariée, le 14 avril 1764, à Louis-François-Joseph, prince de Montmorenci-Logni. Anne-François en eut les enfants qui suivent :

1° Mathieu-Frédéric de Montmorenci, né le 22 octobre 1756, mort le 17 juin 1761 ;
2° Charlotte-Anne-Françoise, née le 17 novembre 1757, mariée, le 6 octobre 1767, à Anne-Léon de Montmorenci, marquis de Fosseux ;
3° Madeleine-Angélique, née en 1759, morte à Genève, le 27 janvier 1775, dans sa seizième année.

DUCS DE CHATILLON-BOUTEVILLE, D'OLONNE, puis DE PINEI-LUXEMBOURG.

PAUL-SIGISMOND.

1695. PAUL-SIGISMOND DE MONTMORENCI-LUXEMBOURG, duc de Châtillon en 1696, souverain de Luxe, dans la Basse-Navarre, troisième fils de François-Henri, premier maréchal de Luxembourg, naquit le 3 septembre 1664. D'abord connu sous le nom de comte de Luxe, il entra enseigne au régiment du Roi en 1680, passa à une lieutenance en 1682, servit au siège de Courtrai en 1683, obtint une compagnie le 27 mai 1684, et la commanda à l'armée qui couvrit le siège de Luxembourg. Colonel du régiment de Nivernais le 17 septembre, puis du régiment de Provence le 18 octobre 1689, il combattit à la tête de ce régiment à la bataille de Fleurus, en 1690, au siège de Mons, en 1691, au siège de Namur et à la bataille de Steinkerque, dont il apporta la nouvelle au roi, qui le créa brigadier par brevet du 11 août 1692. Il reçut une blessure considérable à la jambe à la bataille de Nerwinde, au mois de juillet 1693. En se démettant du régiment de Provence, il passa colonel au régiment de Piémont, par commission du 20 août suivant. Employé à l'armée de Flandre en 1695, il se trouva au bombardement de Bruxelles et au combat de Tongres. Duc de Châtillon par cession de la duchesse de Mecklenbourg, sa tante, il obtint, au mois de février 1695, des lettres d'érection en sa faveur et pour ses successeurs mâles. Il servit à l'armée de la Meuse, mais ce fut sa dernière campagne. Ses blessures l'ayant empêché de continuer le service, il se démit du régiment de Piémont au mois de mars 1700, fut pourvu de la charge de lieutenant-général du gouvernement de Bourgogne au département du Charolais, en 1722, et mourut le 28 octobre 1731. Il avait épousé, 1°, le 6 mars 1696, MARIE-ANNE DE LA TRÉMOÏLLE, marquise de Royan, en Saintonge, comtesse d'Olonne, en Poitou, etc., morte le 2 juillet 1708; 2°, le 20 mars 1731, ELISABETH ROUILLÉ DE MESLAY, fille de Jean, comte de Meslay, morte le 8 février 1740. Elle était veuve en premières noces d'Etienne Bouchu, conseiller d'état. Il eut du premier lit :

1° Charles-Paul-Sigismond, qui suit ;
2° Anne-François-Frédéric, mort en bas âge.

CHARLES-PAUL-SIGISMOND.

1731. CHARLES-PAUL-SIGISMOND DE MONTMORENCI-LUXEMBOURG, duc de Châtillon, et, par commutation de nom, depuis 1736, duc de Bouteville, marquis de Royan, comte de Hallot et d'Olonne, gouverneur du Maine, du Perche, et du comté de Laval, lieutenant-général des armées le 2 mai 1744, naquit le 20 février 1697. En 1713, il se trouva aux siéges de Landau et de Fribourg. Par commission du 24 septembre 1716, il fut nommé colonel d'un régiment d'infanterie de son nom (d'Olonne), et le commanda aux siéges de Fontarabie, de Castelléon, de Saint-Sébastien, d'Urgel, de Roses, en 1719. Colonel du régiment de Normandie le 28 octobre 1721, il le commanda au siége de Kehl, en 1733. Brigadier des armées le 20 février 1734, il monta plusieurs tranchées au siége de Philisbourg. Il fut nommé maréchal de camp le premier mars 1738, marcha avec l'armée de Bavière sur les frontières de la Bohême, rentra en France avec la deuxième division de cette armée au mois de juillet 1743, et finit la campagne dans la Haute-Alsace. A l'armée du Rhin, en 1744, il concourut à la prise de Weissembourg, se trouva à l'affaire d'Haguenau le 23 août, passa le Rhin le 28, et servit au siége de Fribourg. Il se trouva au siége de Namur, en 1746, et combattit à Raucoux et à Lawfeldt, en 1747. Il avait épousé, 1°, le 3 juillet 1713, ANNE-CHARLOTTE-ÉLÉONORE LE TELLIER DE BARBESIEUX, morte, sans enfants, le 21 octobre 1716; 2°, le 19 avril 1717, ANNE-ANGÉLIQUE DE HARLUS DE VERTILLI, morte le 28 février 1769, fille de René, marquis de Vertilli, maréchal de camp. De ce dernier mariage sont issus :

1° Charles-Anne-Sigismond, qui suit;
2° Louis-Victoire, chevalier de Malte, mort en 1725;
3° Marie-Renée, née le 18 juin 1726.

CHARLES-ANNE-SIGISMOND.

CHARLES-ANNE-SIGISMOND DE MONTMORENCI-LUXEMBOURG, né le 31 août 1721, duc de Châtillon, puis titré duc d'Olonne, fut d'abord connu sous le nom de comte de Luxe. Il fit, sous ce nom, en 1735, la campagne sur le Rhin, prit le titre de duc d'Olonne, sur la démission de son père, au mois de septembre, et se trouva à l'affaire de Clausen, au mois d'octobre. Colonel du régiment de Saintonge, par commission du 26 juillet 1737, il le commanda à l'armée de Bavière, en 1742, et finit la campagne de 1743 sur les bords du Rhin. Nommé colonel du régiment de Touraine le 8 juin 1744, il le commanda aux siéges de Ménin, d'Ypres et de Furnes; se trouva à la bataille de Fontenoi et au siége de Tournai, au mois de mai 1745; fut fait brigadier le premier juin, et servit en cette qualité aux siéges de la citadelle de Tournai, d'Oudenarde, de Dendermonde et d'Ath. Il combattit à Raucoux, au mois d'octobre 1746; se trouva à la bataille de Lawfeldt, en 1747; servit au siége de Berg-op-Zoom, à celui de Maestricht, en 1748, et fut déclaré maréchal des camps et armées du roi, par brevet du 10 mai 1748. A l'armée d'Allemagne, en 1757, il se trouva à la bataille d'Hastembeck et à la prise de plusieurs places de l'électorat d'Hanovre. Il mourut le 21 juillet 1777. Il avait épousé, 1°, le 22 octobre 1734, MARIE-ETIENNETTE DE BULLION DE FERVAQUES, morte le 9 octobre 1749, fille de Anne-Jacques, marquis de Bonnelles, maréchal de camp, gouverneur du Maine, chevalier des ordres du roi; 2°, le 2 juin 1753, AGNÈS MIOTTE DE RAVANNES, veuve du marquis de la Rochefoucauld-Bayers, morte le premier juin 1756; 3°, au mois de décembre 1762, MARIE-JEANNE-THÉRÈSE DE L'ESPINAY DE MARTEVILLE, veuve de Joseph-Maurice-Annibal de Montmorenci-Luxembourg, souverain de Luxe, lieutenant-général des armées du roi. Il eut du premier lit :

1° Anne-Charles-Sigismond, dont l'article suit;
2° Anne-Paul-Emmanuel-Sigismond, appelé le *chevalier de Montmorenci-Luxembourg*, puis *prince de Luxembourg*,

né le 8 décembre 1742. Il avait fait ses premières armes dans la marine, et commandait, en 1763, la frégate la *Topase*. Il obtint la charge de capitaine de la seconde compagnie des gardes-du-corps, sur la démission du prince de Tingri, et fut créé maréchal de camp le premier janvier 1784, mort en 1789;

3° Bonne-Marie-Félicité, mariée, le 23 janvier 1754, à Armand-Louis, duc de Sérent, pair de France, lieutenant-général des armées du roi, ancien gouverneur des ducs d'Angoulême et de Berry.

ANNE-CHARLES-SIGISMOND.

1777. ANNE-CHARLES-SIGISMOND DE MONTMORENCI-LUXEMBOURG, appelé le *marquis de Royan*, puis *duc de Pinei-Luxembourg*, né le 15 octobre 1737, pair et premier baron chrétien de France, maréchal-de-camp des armées du roi le 12 décembre 1784, mort à Lisbonne le 13 octobre 1803. Il avait épousé, le 9 avril 1771, MADELEINE - SUSANNE - ADÉLAÏDE LE VOYER - D'ARGENSON DE PAULMI, grand-croix de l'ordre de Malte, dame du palais de la reine en 1774, morte à Altona le 22 février 1813. De ce mariage sont issus :

1° Anne-Henri-René-Sigismond de Montmorenci-Luxembourg, appelé *duc de Châtillon*, né le 16 février 1772, décédé sans enfants de N.... de Lannoi, laquelle s'est remariée à Raimond de Bérenger;

2° Charles-Emmanuel-Sigismond, qui suit;

3° Bonne-Charlotte-Renée-Adélaïde, née en 1773, mariée, le 14 mai 1788, avec Anne-Pierre-Adrien de Montmorenci-Laval, duc de Laval;

4° Marie-Madeleine-Charlotte-Henriette-Emilie, née le 13 avril 1778, mariée au duc de Cadaval de la maison de Bragance.

CHARLES-EMMANUEL SIGISMOND.

1803. CHARLES-EMMANUEL SIGISMOND, duc de Luxembourg, pair de France, capitaine des gardes de sa majesté et lieutenant-général de ses armées, est né le 27 juin 1774.

Les armes de cette branche sont de Montmorenci-Luxembourg brisées d'un lambel d'argent.

PRINCES DE TINGRI.

CHRISTIAN-LOUIS.

1695. CHRISTIAN-LOUIS DE MONTMORENCI-LUXEMBOURG, né le 9 février 1676, quatrième fils de François-Henri, duc de Pinei-Luxembourg, maréchal de France, fut prince de Tingri, souverain de Luxe, maréchal de France, chevalier des ordres du roi, et mourut le 23 novembre 1746. Chevalier de Malte de minorité en 1676, il servit au siége de Namur en 1692, et combattit à Steinkerque le 3 août. Il était au siége et à la prise d'Hui le 24 juillet 1693, se signala à la bataille de Nerwinde le 29 juillet, et fut colonel du régiment de Provence le 20 août. En 1694, il servit à la marche de Vignamont au pont d'Espierres le 22 août. Là, il apprit de son père quelles sont les ressources d'un général habile qui veut traverser les desseins de l'ennemi. Il servit, en 1695, à la défense de Courtrai, dont les ennemis avaient dessein de former le siége, n'en sortit qu'après leur retraite, et marcha au bombardement de Bruxelles, les 13, 14 et 15 août. En 1697, il était au siége d'Ath, pris le 5 juin. Brigadier, par brevet du 29 janvier 1702, il servit à l'armée d'Italie sous le duc de Vendôme, combattit à San-Vittoria le 26 juillet, et eut part à la bataille et à la prise du château de Luzzara. En 1703, il servit à la prise de Bondanella le 13 janvier, et eut la direction de la principale attaque. Secondé du comte de Vaubecourt, il mit en fuite, sur la fin de février, deux mille hommes que le comte de Staremberg envoyait à Bersello. Il sortit de Modène, le 21 mars, avec le comte Albergotti, à la tête de seize cents hommes de pied qu'il commandait, marcha par de très-mauvais chemins à Boina et à Rivara, y surprit un régiment de dragons de l'empereur, s'empara de soixante chevaux, de quarante prisonniers, et d'une partie des bagages de ce régiment. A la tête de trente compagnies de grenadiers, il attaqua Revère le 10 avril 1704, essuya la décharge des Impériaux qui abandonnèrent aussitôt après la place. Dépêché à la cour pour porter cette heureuse nouvelle, il fut fait maréchal de camp, dont le brevet lui fut expédié le 26 octobre. En 1705, il partagea les travaux du siége de Vérue, qui se rendit à discrétion le 10 avril; se signala à la bataille de Cassano le 16 août, força, le 18 octobre, les retranchements que l'ennemi avait faits à la tête d'un pont sur le Sério, était à la prise de Soncino le 25, et emporta, l'épée à la main, la position de Sarravale.

Lieutenant-général du gouvernement de Flandre, le 21 mars 1708, il eut part à la prise de Gand le 5 juillet, combattit à Oudenarde le 11, et mena jusqu'à quinze fois à la charge les troupes qu'il commandait. Après la bataille il fit l'arrière-garde. Le 28 septembre, il entreprit d'entrer dans Lille avec un secours d'armes et d'hommes. L'entreprise était hardie et demandait du secret et surtout du génie : elle lui réussit. Pour mieux cacher son dessein, il envoya dans Douai, dans Arras et dans Béthune un corps de cavalerie sous prétexte d'arrêter les partis ennemis qui couraient dans la Flandre et dans l'Artois. Cependant on préparait à Douai ce qu'on destinait au secours de Lille ; on tint les portes de cette ville fermées. Le chevalier de Luxembourg partit à la tête de deux mille cinq cents chevaux ; chaque cavalier portait un sac de soixante livres de poudre, chaque dragon avait trois fusils. Ils marchaient à petits pas, et arrivèrent à une barrière des lignes de circonvallation sur les dix heures du soir, la nuit du 28 au 29 septembre. Au *qui vive* de la sentinelle, on répondit *Hollande*. L'officier qui répondait, parlait parfaitement bien le hollandais, et savait le nom de tous les régiments qui battaient l'estrade hors du camp. Il parvint à engager l'officier de garde à lui ouvrir la barrière, surtout lorsqu'on lui eut appris qu'il apportait de la poudre aux assiégeants, et qu'on était poursuivi par un détachement de l'armée de France. Dix-neuf cents hommes avaient heureusement passé la barrière ; un officier français cria imprudemment *serré*, *serré*. L'officier de garde arrêta ceux qui suivaient ; et sur leur refus on tira sur eux. Le feu ayant pris à trois sacs de poudre, cet accident arrêta les Français, et la barrière fut aussitôt fermée. Le reste de la cavalerie, se voyant découvert, reprit la route de Douai : l'alarme se répand parmi les ennemis, on court aux armes, on poursuit les Français retirés du côté de la ville, et ceux qui marchaient vers Douai. Le chevalier de Luxembourg avait concerté son projet avec le maréchal de Boufflers ; il entra dans Lille avec dix-neuf cents hommes, quatre-vingt milliers de poudre et douze cents fusils. Le roi, informé des circonstances d'un événement aussi singulier, le créa lieutenant-général de ses armées. Pendant le siège de la citadelle de Lille, il fit une sortie dans laquelle il tua sept cents hommes aux ennemis. Il commanda la réserve à la bataille de Malplaquet le 11 septembre 1709, et fit l'arrière-garde de l'armée dans sa retraite. Il obtint le gouvernement de Valenciennes le 17 mars 1711, et prit le titre de prince de Tingri le 7 décembre. En 1712, il commanda à Valenciennes jusqu'au choc de Denain, où il se distingua le 24 juillet. Il était à la prise de Marchiennes le 30, de Douai le 8 septembre ; il emporta une demi-lune à cette dernière place. Il servit à la prise du Quesnoi le 4 octobre, de Bouchain le 19. Chargé de traiter de la restitution des déserteurs avec l'Empire et la Hollande, il conclut le traité à Quiévrain le 21 avril 1718. Il commanda le camp de la Sambre par lettres du 8 août 1727 et du 15 avril 1730, fut reçu chevalier des ordres du roi le 2 février 1731, servit au siége de Kehl, qui capitula le 28 octobre 1733, s'empara, le 4 mai, à la tête de dix bataillons, d'un fort qui défendait les lignes d'Etlingen, qui furent forcées le même jour. Il marcha ensuite au siége de Philisbourg : la nuit du 5 juin, il fit perfectionner les parallèles sur toute la longueur et la crête du rideau qui fait face au corps de la place. Il releva la tranchée le 19 de ce mois, le 1er et le 12 juillet; Philisbourg capitula le 18. Il avait été créé maréchal de France, par état donné à Versailles le 14 juin. Il servit au siége de Worms le 23 juillet, et prêta serment pour la dignité de maréchal le 26 janvier 1735, sa promotion n'ayant été déclarée que le 17 du même mois. Il avait épousé, le 7 décembre 1711, Louise-Madeleine de Harlai de Beaumont, fille d'Achille de Harlai IV du nom, comte de Beaumont, conseiller d'état, et de Anne-Renée-Louise du Louet de Coetjanval. De ce mariage, sont issus :

1° Charles-François Christian, qui suit ;

2° Joseph-Maurice Annibal, appelé le *comte de Montmorenci*, lieutenant-général des armées du roi, né le 15 novembre 1717. Il se signala dans les guerres sur le Rhin, en Corse, en Piémont, en Italie, en Flandre et à la conquête de l'électorat d'Hanovre. Il mourut au mois de septembre 1762. Il avait épousé 1°, le 12 juin 1741, Françoise-Thérèse-Martine le Pelletier de Rosambo, morte le 13 décembre 1750; 2°, le 3 octobre 1752, Marie-Jeanne-Thérèse de l'Epinay de Marteville, dont il n'eut point d'enfants. Elle se remaria, au mois de décembre 1762, au duc d'Olonne et de Châtillon-sur-Loing. Le comte de Montmorenci a laissé du premier lit une fille ;

Marie-Louise-Mauricette, née le 2 septembre 1750, mariée, le 30 décembre 1764, avec Anne-Alexandre-Marie-Sulpice-Joseph de Montmorenci, duc de Laval ;

3° Eléonore-Marie, alliée, le 6 avril 1729, à Louis-Léon Potier, marquis de Grandclus, depuis duc de Trèmes, pair de France;

4° Marie-Louise-Cunégonde, née le 30 septembre 1716,

mariée le 16 janvier 1736, à Louis-Ferdinand-Joseph de Croï, duc d'Havré, prince du Saint-Empire, grand d'Espagne, etc. Elle mourut le 18 avril 1764.

CHARLES-FRANÇOIS-CHRISTIAN.

1746. CHARLES-FRANÇOIS-CHRISTIAN DE MONTMORENCI-LUXEMBOURG, né le 30 novembre 1713, prince de Tingri, duc héréditaire par brevet du 7 février 1765, comte de Beaumont, marquis de Breval, etc, fut d'abord connu sous le nom de comte de Luxe. Colonel du régiment d'infanterie de Soissons, le 2 février 1731, il le commanda aux siéges de Kehl en 1733, et de Philisbourg en 1734. Son père ayant été créé maréchal de France en janvier 1735, sous le nom de maréchal de Montmorenci, le comte de Luxe prit alors le titre de prince de Tingri, et servit à l'affaire de Clausen. Brigadier, le 1er janvier 1740, il partit, du fort Louis, avec la troisième division de l'armée au mois d'août 1741, conduisit sa brigade jusqu'en Autriche ; et, chargé de la défense de cette partie, il se trouva enfermé dans Lintz sous les ordres du comte de Ségur. Il rentra en France en janvier 1742, ne pouvant servir d'un an, en exécution de la capitulation de Lintz. A l'armée du Mein, au mois d'avril 1743, il combattit à Dettingen ; employé à l'armée de Flandre, sous le maréchal de Saxe, il couvrit le siège de Menin. Maréchal de camp le 2 mai, il servit aux siéges d'Ypres et de Furnes, à l'affaire d'Haguenau et au siége de Fribourg ; aide-de-camp du roi le 1er mai, il se trouva à la bataille de Fontenoi, aux siéges et à la prise des villes et citadelles de Tournai, d'Oudenarde et de Dendermonde. En 1746, il combattit à Raucoux, et obtint, après la mort de son père, la lieutenance générale du gouvernement de Flandre, et le gouvernement de la ville de Valenciennes. Il se trouva à la bataille de Lawfeldt en 1747, fut créé lieutenant-général des armées du roi le 16 mai 1748, eut, le 27 mai 1764, après la mort du maréchal de Luxembourg, la compagnie des gardes du corps qui conserva son nom, et fut fait chevalier des ordres du roi, le 2 février 1767. Il avait épousé 1°, le 9 octobre 1730, ANNE-SABINE OLIVIER DE SÉNOZAN, marquise de Rivière, morte le 29 septembre 1741 ; 2°, le 19 décembre 1752, LOUISE-MADELEINE DE FAY DE LA TOUR-MAUBOURG, fille du maréchal de la Tour-Maubourg, morte le 15 septembre 1754 ; 3°, le 11 février 1765, ELÉONORE-JOSEPHE-PULCHÉRIE DES LAURENS, qui fut présentée la même année, et a pris le tabouret chez la reine. Ses enfants furent ;

Du premier lit :

1° N. de Montmorenci-Luxembourg, mort jeune ;

2º Louise-Françoise-Pauline, mariée, 1º, le 17 février 1752, à Anne-François, duc de Montmorenci-Luxembourg; 2º, le 14 avril 1764, à Louis-François-Joseph, comte de Montmorenci-Logni;

Du troisième lit :

5º Anne-Christian, dont l'article suit.

ANNE-CHRISTIAN.

Anne-Christian de Montmorenci-Luxembourg, duc de Beaumont, pair de France, ancien capitaine des gardes, prince de Tingri, né le 22 juin 1767, a épousé, le 21 janvier 1787, Anne-Marie de Bec de Lièvre de Cani, de laquelle il a :

1º Edouard de Montmorenci-Luxembourg, né en 1802;
2º Hervé de Montmorenci-Luxembourg, né en 1804;
3º Anne-Albertine-Josephe-Marie, née en 1790, mariée le premier juin 1808, à Marie-Louis-Eugène, comte de Béthune Sulli, et de Saint-Venant, vicomte de Lierres, baron de Sulli, marquis de Lens, comte de Montgommeri, etc. ;
4º Elianne de Montmorenci-Luxembourg.

Les armes de cette branche sont comme celles de Montmorenci-Pinei-Luxembourg.

SEIGNEURS DE WASTINES, PRINCES DE ROBECQUE,

EN ARTOIS, MARQUIS DE MORBECQUE, GRANDS D'ESPAGNE.

OGIER.

1490. Ogier de Montmorenci, seigneur de Wastines, de Bersée, de Wandegies, du Châtelet, etc., second fils de Louis de Montmorenci, baron de Fosseux, et de Marguerite de Wastines, s'accorda, après la mort de ses père et mère, par contrat du 27 mars 1490, avec Roland de Montmorenci, son frère aîné, pour les droits de quint qu'il pouvait prétendre en leur héritage, et par un autre acte du mois de février 1494, il donna à l'église de Saint-Etienne de Bersée, une verrière où sont son portrait et celui de sa femme, avec les armes de Montmorenci, *brisées de trois besants d'argent sur la croix. Supports, deux anges, cimier un chien*, et pour cri de guerre : *Dieu en ayde au premier chrétien*. Les deux anges tiennent deux rouleaux, au-dessous est écrit le mot grec *aplanos*. Il mourut le 14 septembre 1523. Il avait épousé, par contrat du 6 avril 1486, ANNE DE WANDEGIES, dite de *Ruenne*, fille et héritière de Sance, seigneur de Wandegies, et de Jeanne de Beaufort de Grantrin. Elle lui apporta en dot, neuf terres seigneuriales. De ce mariage sont issus :

1° Jean premier, dont l'article suit;

2° Roland de Montmorenci, né le 12 juillet 1493, mort peu après 1516, sans avoir été marié;

3° François de Montmorenci, né le 4 octobre 1495, mort jeune et sans alliance;

4° Marguerite, née le 4 octobre 1487, mariée à Adrien, seigneur de Waudrecourt et de Nampont;

5° Louise, née le 24 octobre 1491;

6° Jeanne, née le premier août 1494, religieuse à Ghillengen.

JEAN Ier.

1523. JEAN DE MONTMORENCI, premier du nom, seigneur de Wastines, de Bersée, Barli, Wandegies, Sauteing, Beuvri, Hellem, Fremecourt, etc., etc., écuyer et premier échanson de Philippe II, archiduc d'Autriche, depuis roi d'Espagne, naquit le 3 mars 1488, testa le premier août 1535 et mourut en 1538. Il avait épousé, le 28 janvier 1518, ANNE DE BLOIS-TRÉLON, fille de Louis Ier, chevalier, seigneur de Trélon, et de Jeanne de Ligne. Elle mourut le 9 février 1558. Leurs enfants furent :

1° François, dont l'article suit;

2° Jeanne, dame de Barli, mariée, le 5 juin 1538, à Antoine de Montigni, seigneur de Noyelles, capitaine du château de Bouchain;

3° Anne, alliée, le premier octobre 1550, à Nicolas de la Haulle, seigneur de Gremauville et de Ganseville;

4° Marie de Montmorenci, religieuse à Beaumont, près

Valenciennes, et prieure de l'Abbayette à Lille, morte le 17 mars 1605;

5° Marguerite, mariée à Jacques Baudain, chevalier, seigneur de Mauville, de Villiers et de Caignicourt.

FRANÇOIS.

1538. FRANÇOIS DE MONTMORENCI, chevalier, seigneur de Wastines, Bersée, Wandegies, Beuvri, etc., etc., colonel d'un régiment d'infanterie walonne, eut plusieurs fois le gouvernement des villes de Lille, Douai et Orchies, durant les troubles des Pays-Bas. Devenu l'aîné de la maison de Montmorenci en Flandre, par la mort de Floris, baron de Montigni, il reprit les armes pleines. Il mourut au château de Bersée l'an 1594. Il avait épousé, 1°, le 30 avril 1550, HÉLÈNE VILLAIN, dame d'honneur de la reine de Hongrie, fille d'Adrien III, vice-amiral des Pays-Bas; 2° JACQUELINE DE RECOURT, fille de François, seigneur de Recourt. Il eut de sa première femme :

1° Maximilien de Montmorenci, mort jeune;

2° Louis, dont l'article suit;

3° Nicolas de Montmorenci, comte d'Esterre, chef des finances des archiducs, puis conseiller d'état et établi premier commissaire au renouvellement des lois au pays de Flandre. Il mourut le 17 mai 1617, sans enfants d'Anne de Croï, fille de Jacques, seigneur de Sempi, chevalier de la Toison d'Or, qu'il avait épousée en 1589;

4° Jean de Montmorenci, seigneur de Hellem, mort à la Chartreuse de Louvain en 1596;

5° Philippe, mariée, le 31 mars 1585, à Adrien, seigneur de Gonnecourt, gouverneur de Maestricht;

6° Anne, chanoinesse à Nivelle, puis religieuse à l'Annonciade à Béthune, où elle mourut en 1604;

7° Marie...
8° Charlotte } mortes en bas âge.

LOUIS.

LOUIS DE MONTMORENCI, seigneur de Beuvri, capitaine au régiment de son père, fut tué, abandonné de ses troupes à l'entreprise d'Ostende, après avoir surpris et emporté la basse ville, le 30 mars 1585. Il avait épousé, le 31 juillet 1577, JEANNE

DE Saint-Omer, fille de Jean, baron de Morbecque, vicomte d'Aire, et de Jacqueline d'Yve, dame de Robecque. Il en eut six enfants :

1° François de Montmorenci, protonotaire et prévôt de l'église de Cassel, puis chanoine et haut doyen de Liége, mort dans l'ordre des Jésuites, en faveur desquels il fonda un collége à Aire, et le séminaire de théologie au collége de Douai ;

2° Antoine de Montmorenci, seigneur de Beuvri, mort abbé de Saint-Etienne de Femi en 1655 ;

3° Floris de Montmorenci, recteur de Douai, de l'ordre des Jésuites, vivant en 1649 ;

4° Jean, dont l'article suit ;

5° Marie, chanoinesse de Mons, et l'une des premières dames de l'archiduchesse Isabelle ;

6° Hélène, mariée, l'an 1609, à Richard de Mérode, seigneur d'Oignies, chevalier de l'ordre de Calatrava, gouverneur de Bapaume, où elle mourut le 11 mars 1613.

JEAN II.

1594. JEAN DE MONTMORENCI, deuxième du nom, comte d'Esterre et de Morbecque, vicomte d'Aire, baron d'Haverskerke et de Wastines, seigneur de Bersée, Robecque, Hellem, etc., chevalier de la Toison d'Or, gouverneur de la ville et du château d'Aire, et maître d'hôtel de l'infante, commença ses premières armes en Hongrie et à la conquête de la Transylvanie, où il se signala en plusieurs grandes occasions. Il fut envoyé ambassadeur extraordinaire en Espagne en 1630, fut créé prince de Robecque et marquis de Morbecque par Philippe IV, roi d'Espagne, et mourut le 14 octobre 1631. Il avait épousé MADELEINE DE LENS, fille de Gilles, baron d'Aubigni, seigneur de Warlus, etc. Il en eut :

1° Gilles de Montmorenci, mort jeune ;

2° Nicolas de Montmorenci, vicomte d'Aire, capitaine de cavalerie, mort le 4 novembre 1629, sans alliance ;

3° Gilles-Honoré de Montmorenci, capitaine de trois cents hommes d'armes, mort au mois d'octobre 1629 ;

4° Rodrigue de Montmorenci, mort jeune ;

5° François-Philippe de Montmorenci, marquis de Morbecque, décédé le 3 décembre 1633 ;

6° Eugène, dont l'article suit ;

7° François-Ignace de Montmorenci, comte d'Esterre, capitaine de cavalerie, tué à la bataille de Lens ;

8° Hélène, mariée à Engilbert d'Immerselle, vicomte d'Alost, comte de Bouchove, en 1640 ;

9° Marie-Isabelle, mariée, 1°, à Charles de Brandenbourg, vicomte d'Uclais ; 2°, à N... d'Immerselle, vicomte d'Alost ;

10° Marie-Thérèse, morte sur la fin de l'an 1631.

EUGÈNE.

1631. EUGÈNE DE MONTMORENCI, prince de Robecque, marquis de Morbecque, comte d'Esterre, vicomte d'Aire, mestre de camp d'un régiment d'infanterie walonne ; chevalier de la Toison d'Or, commandait dans Saint-Omer lorsque cette place fut prise par les Français en 1677, et mourut au mois de janvier 1683. Il avait épousé, en 1649, MARGUERITE-ALEXANDRINE DE LIGNE-AREMBERG, fille de Philippe, prince de Ligne-Aremberg, duc d'Arschot. Elle mourut en 1651, ayant eu les enfants qui suivent :

1° Philippe-Marie, qui continue la lignée ;

2° Jean-Philippe-Dominique de Montmorenci, comte d'Esterre, mort le 6 novembre 1686 ;

3° Isabelle, mariée à Philippe-Charles Spinola ; elle mourut au mois de septembre 1671 ;

4° Claire de Montmorenci.

PHILIPPE-MARIE.

1683. PHILIPPE-MARIE DE MONTMORENCI, prince de Robecque, marquis de Morbecque, quitta, au commencement de 1678, le service d'Espagne pour passer à celui de France. Il mourut à Briançon en Dauphiné, l'an 1691, servant dans l'armée de Savoie, où il commandait un régiment pour le service du roi. Il avait épousé MARIE-PHILIPPINE DE CROI-SOLRE, fille de Philippe-Emmanuel, comte de Solre et de Buren, baron de Molembais, etc. De ce mariage sont issus :

1° Charles, dont l'article suit ;

2° Anne-Auguste, qui viendra après son aîné ;

3° Isabelle-Eugénie, religieuse bénédictine au monastère de la Ville-l'Évêque, à Paris.

CHARLES.

1691. CHARLES DE MONTMORENCI, prince de Robecque, marquis de Morbecque, d'abord capitaine au régiment d'infanterie de son père, le 24 octobre 1688, lors de sa levée; il passa en Piémont et se trouva à la bataille de Staffarde en 1690, à la conquête du comté de Nice et du marquisat de Villefranche en 1691, et obtint, le 15 décembre de cette année, le régiment dont son père était colonel. Il continua de servir à l'armée d'Italie, et se trouva à la bataille de la Marsaille en 1693. Il servit sur le Rhin en 1696 et 1697. Brigadier le 29 janvier 1702, il commanda à Frédelingen la même année; servit aux siéges de Brisach et de Landau, à la bataille de Spire en 1703, à celle d'Hochstett en 1704, et fut fait maréchal de camp par brevet du 26 octobre. A l'armée de Savoie, il servit à la prise du château de Villefranche, de Nice, au siége de Chivas, à la prise de Montmélian en 1705, au siége et au combat de Turin en 1706, à l'armée du Dauphiné en 1707, 1708 et 1709. Il passa depuis à la cour de Madrid, où le roi d'Espagne le fit lieutenant-général de ses armées, et le créa grand d'Espagne de la première classe en avril 1713. En 1714 il servit au siége de Barcelonne, fut fait colonel des gardes walonnes, au lieu du duc d'Havré, en 1716, et mourut le 15 octobre de la même année. Il avait épousé, le 12 janvier 1714, ISABELLE-ALEXANDRINE DE CROÏ DE SOLRE, fille de Philippe-Emmanuel-Ferdinand-François, comte de Solre, lieutenant-général, chevalier des ordres du roi, dont il n'eut qu'un enfant, mort en 1716, au berceau.

ANNE-AUGUSTE.

1716. ANNE-AUGUSTE DE MONTMORENCI, comte d'Esterre, puis, à la mort de son frère aîné, grand d'Espagne de la première classe, marquis de Morbecque, etc., etc., fit la campagne de Flandre en 1696; capitaine d'infanterie au régiment du prince de Robecque, son frère, en 1697; il servit la même année sur le Rhin, et fut fait major du même régiment le 22 juillet 1698. Colonel du régiment de Normandie en 1700, il fut blessé au combat de Chiari en 1701; brigadier d'infanterie le 10 février 1704, il aida la même année à chasser les Impériaux de Robbio; servit aux siéges de Verue en 1705, de Lérida en 1707, de Tortose en 1708; fut nommé maréchal de camp au mois de mars 1710; se trouva au siége de Gironne, où il défit un régiment napolitain qui voulait se jeter dans la place en janvier 1711. Après la réduction de cette ville, il fut dépêché au roi d'Espagne pour lui en porter la nouvelle, et fut fait chevalier de la Toison d'Or le 9 février suivant. Au siége et à la prise de Barcelonne, en 1714, il emporta le fort des Capucins. Il fut créé lieutenant-général des armées du roi le 30 mars 1720, grand-maître de la maison de la reine douairière d'Espagne en 1725; employé à l'armée du Rhin, par lettres du 1er avril 1734, il servit au siége et à la prise de Philisbourg. Il mourut le 27 octobre 1745. Il avait épousé, le 23 décembre 1722, CATHERINE-FÉLICITÉ DU BELLAI, morte le 3 juin 1727, dame du palais de la reine, fille de Charles, seigneur de la Pallue. Il en eut :

1° Anne-Louis-Alexandre, dont l'article suit;

2° Louis-Alexandre de Montmorenci, appelé le *marquis de Morbecque*, né le 25 janvier 1729, colonel du régiment d'infanterie de l'Ile-de-France, lieutenant-général des armées du roi le 15 décembre 1781, propriétaire du majorat et de la grandesse des princes de T'Serclaës-Tilli, mort sans alliance, à Leer, dans la Frise-orientale, le 16 février 1795;

3° Madeleine-Françoise-Anne-Félicité-Isabelle, morte prieure à la Ville-l'Evêque, à Paris, le 22 février 1782.

ANNE-LOUIS-ALEXANDRE.

1745. ANNE-LOUIS-ALEXANDRE DE MONTMORENCI, prince de Robecque, marquis de Morbecque, comte d'Esterre, vicomte d'Aire, premier baron chrétien de France, comte du Saint-Empire romain, lieutenant-général des armées du roi le 25 juillet 1762, commandant en chef dans les provinces de Flandre, Hainaut et Cambresis, en 1777, mourut le 12 octobre 1813, sans laisser de postérité. Il avait épousé, 1°, le 26 février 1745, ANNE-MARIE DE MONTMORENCI-LUXEMBOURG, morte le 4 juillet 1760; 2°, le 3 mai 1761, ALEXANDRINE-ÉMILIE DE LA ROCHEFOUCAULD-ESTISSAC, morte le 29 janvier 1814.

Cette branche, qui vient de s'éteindre, portait les armes pleines de Montmorenci.

SEIGNEURS DE CROISILLES.

PHILIPPE.

PHILIPPE DE MONTMORENCI, chevalier, seigneur de Courières, Neuville-Wistace, Bours, Wancourt, etc., conseiller et chambellan de Philippe le Bon, duc de Bourgogne, second fils de Jacques, seigneur de Montmorenci, et de Philippe de Melun, servit le duc de Bourgogne en plusieurs occasions, tant en paix qu'en guerre, depuis l'an 1430, jusqu'à sa mort, arrivée le 21 février 1474 (1). Il avait épousé, 1°, Marguerite de Bours, fille unique de Guillaume, dit Wiscare; 2° Gertrude de Reymerswale, dont il n'eut qu'une fille, décédée en bas âge; 3°, l'an 1467, Antoinette d'Inchi, dame de Saint-Leu, dont il n'eut point d'enfants. Ceux du premier lit furent :

1° Marc, dont l'article suit;
2° Hugues, qui a fondé la branche des seigneurs de Bours, rapportée en son rang.

MARC.

1474. Marc de Montmorenci, chevalier, seigneur de Croisilles, Wancourt, Guemappes, Houpelines, etc., mort en 1499, avait épousé Marie de Halwin, héritière de Nieu-Capelle, fille de Gautier, seigneur de Halwin. Il en eut :

1° Antoine, dont l'article suit;
2° Marie, morte, sans alliance, en 1500;
3° Marguerite, mariée, en 1500, à Jean de Sars, seigneur de Fosseteau et de Taniers.

ANTOINE.

1499. Antoine de Montmorenci, chevalier, seigneur de Croisilles, Saint-Léger, Russignies, etc., etc., mort le 21 mars 1529 (2), avait épousé, 1°, en 1498, Françoise de Lannoi de Molembais, dont il eut Baudouin, qui suit; 2°, en 1525, Jeanne de Beaufort de Ransart, morte, sans enfants, en 1533.

BAUDOUIN.

1529. Baudouin de Montmorenci, chevalier, seigneur de Croisilles, Neuville-Wistace, Hubermont, Mercatel, etc., etc.,

---

(1) Il portait de Montmorenci, brisé d'un lambel d'argent.

(2) Il portait de Montmorenci, la croix brisée au centre d'une losange d'or; armes que sa branche a conservées.

mourut vers l'an 1567. Il avait épousé, 1°, le 21 septembre 1530, ISABEAU DE STAVÈLE, morte en 1542; 2°, en 1543, CATHERINE DE RUBEMPRÉ DE BIÈVRE. Ses enfants furent;

Du premier lit :

1° Georges, dont l'article suit;
2° Françoise, mariée, en 1550, à Jacques de Joigni, chevalier seigneur de Pamèle;
3° Jeanne, épouse de Gabriel de Jausse, chevalier seigneur de Mastaing, comte de Lierde;
4° Anne, chanoinesse à Nivelle;
5° Louise,
6° Marguerite, } jumelles, religieuses claristes;

Du second lit :

7° Charles de Montmorenci, qui a fondé la branche des seigneurs de Neuville-Wistace, rapportée ci-après;
8° Jacques de Montmorenci, chanoine de N. D. de Tournai, mort le 23 juin 1596;
9° Baudouin de Montmorenci, seigneur de Hubermont, mort à Douai, le 16 décembre 1593. Il avait épousé, en 1585, Marguerite d'Ongnies, dame de Middelbourg, de Haveskerque, vicomtesse d'Ypres, morte le 20 mars 1602. Il en avait eu deux enfants :

  A. Marc de Montmorenci, seigneur de Hubermont, Lannon, Linselles, etc., mort en Italie, le 20 décembre 1610, au retour de Jérusalem;
  B. Marguerite, morte en bas âge;

10° Jacqueline, mariée à Fernand de la Barre, seigneur de Moucron, grand bailli de Flandre;
11° Anne, chanoinesse de Mons, mariée, le 20 janvier 1566, à François Schoutète, dit d'Erpe, chevalier seigneur de Laërne, Erondeghen, Estombes, etc., grand bailli de Courtrai.

GEORGES.

1567. GEORGES DE MONTMORENCI, chevalier, seigneur de Croisilles, Glajon, Signi, Houpelines, Guemappes, etc., grand bailli de Bruges, grand veneur et forestier du comté de Flandre, mourut le 31 décembre 1615. Il avait épousé, 1°, l'an 1567, FRANÇOISE DE JAUSSE, dite *de Mastaing*, morte le 15 juin 1580;

2° ISABEAU DE RENESSE; 3° LOUISE DE CRUNINGHEN, dame de Steinkerque. Il eut du premier lit:

1° Philippe de Montmorenci, seigneur de Wancourt, mort le 10 mai 1599, en accompagnant l'archiduc Albert en Espagne;

2° Jeanne, dame de Croisilles, Chaumont, Wancourt, etc., mariée à Philippe de Mérode, baron de Frentz, comte de Middelbourg, vicomte d'Ypres, etc. Elle mourut le 7 novembre 1621.

SEIGNEURS DE NEUVILLE-WISTACE.

CHARLES.

1567. CHARLES DE MONTMORENCI, chevalier, seigneur de Neuville-Wistace, Mercatel, Amongies, Russignies, etc., etc., deuxième fils de Baudouin, seigneur de Croisilles, et de Catherine de Rubempré, mourut à Douai, le 29 juin 1605. Il avait épousé, en 1574, Jeanne le Blanc, dame de Blequin, Beaurepaire, Houchin, etc., morte le 24 février 1606, laissant:

1° Guillaume, dont l'article suit;

2° Catherine, mariée, en 1610, à Robert de Maldeghem, seigneur de Gamares et de Mosbeque;

3° Jacqueline, dame de Beaussart, mariée, en 1610, à Pontus de Divion, baron de Baënghien.

GUILLAUME.

1605. GUILLAUME DE MONTMORENCI, chevalier, seigneur de Neuville-Wistace, Mercatel, Houchin, Beaurepaire, etc., né l'an 1575, gouverneur de Lens en 1634, devint l'aîné de la branche de Croisilles. Il avait épousé, le 17 février 1602, MARIE DE MONTJOIE, vicomtesse de Roullers, dont il eut dix enfants:

1° Georges de Montmorenci, vicomte de Roullers, tué au siége d'Arras en 1640, sans enfants de N.... Tatzameroughen, son épouse;

ET DUCS DE MONTMORENCI. *(Roullers.)*

2° Adrien de Montmorenci, seigneur de Windegies, mestre de camp de cavalerie, mort en 1667, sans enfants de Marie-Anne-Catherine d'Auveroughe, sa femme;

3° Claude-Louis de Montmorenci, mort en 1645;

4° Jean-Baptiste de Montmorenci, marié avec N... de Hornes-Houtekerke. Il fut tué en duel l'an 1640;

5° Guillaume-François, dont l'article suit;

6° Marguerite-Jeanne, mariée, en 1640, à Antoine de Maulde, seigneur de la Bussière près Béthune;

7° Ursule-Amalburge, mariée, en 1639, à Charles de Divion, seigneur de Baënghien, son cousin;

8° Marie, abbesse d'Avènes, morte en 1673;

9° Jacqueline-Claire, mariée, 1.°, à François de Tournai, seigneur de Méricourt; 2° à Jean, comte de Gaselbeck; 3° à N...., comte de Hamal, baron de Vierves;

10° Anne-Marie, femme d'Antoine-Mamilien-Baudouin, baron de Bagnonville.

GUILLAUME-FRANÇOIS.

GUILLAUME-FRANÇOIS DE MONTMORENCI, vicomte de Roullers, seigneur de Mercatel, Neuville-Wistace, Russignies, Houchin, Logni, Clèves, etc., épousa CLAIRE-EUGÉNIE DE HORNES, fille de Philippe, comte de Hornes-Haverskerke, et de Dorothée de Ligne-Aremberg. Il en eut:

1° Guillaume de Montmorenci, mort en 1674;

2° Philippe-François, dont l'article suit;

3° Marc de Montmorenci, lieutenant-général des armées du roi le 30 mars 1720, mort sans lignée;

4° Claude-Albertine-Rosalie, reçue fille d'honneur de la dauphine au mois de juin 1686, morte le 24 juin 1690;

5° Marie-Thérèse, chanoinesse de Remiremont, mariée, en 1702, à Claude-André de Dreux, comte de Nancré;

6° Honorine, chanoinesse à Mons en 1691, morte le 10 septembre 1730.

PHILIPPE-FRANÇOIS.

PHILIPPE-FRANÇOIS DE MONTMORENCI, vicomte de Roullers, seigneur de Neuville-Wistace, etc., fut colonel du régiment de

Condé en 1690, quitta le service en 1696, et mourut à Gand, le 14 septembre 1704, connu sous le nom de *prince de Montmorenci*, laissant de CHARLOTTE-LOUISE DE SAVEUSE, sa femme, quatre enfants :

1° Louis-François, dont l'article suit ;
2° Philippe-François de Montmorenci, marquis de Nancré et de Carenci, par la donation de sa tante, chef de brigade des carabiniers, lieutenant-général des armées du roi le 10 mai 1748. Il se démit de sa brigade du régiment royal des carabiniers au mois d'octobre 1756 ;
3° François, né posthume le 29 novembre 1704 ;
4° Françoise-Louise, née le 24 août 1696.

LOUIS-FRANÇOIS.

1704. LOUIS-FRANÇOIS DE MONTMORENCI, comte de Logni, vicomte de Roullers, etc., appelé le *prince de Montmorenci*, mourut en 1736. Il avait épousé, le 27 août 1729, MARIE-ANNE-THÉRÈSE DE RYM, baronne de Belhem, morte le 16 août 1738. De ce mariage sont issus :

1° Louis-Ernest-Gabriel, appelé *prince de Montmorenci*, que ses biens en Flandre engagèrent à prendre le service de l'impératrice reine de Hongrie, où il fut fait, quoique jeune, officier-général ; il se retira ensuite, et mourut en 1767, ayant épousé mademoiselle de Wassenaër ;
2° Louis-François-Joseph, qui suit ;
3° Marie-Anne-Philippe-Thérèse, mariée, en 1747, à Charles-Joseph-Marie, duc de Boufflers, pair de France, mort le 4 septembre 1748 ;
4° Caroline-Françoise-Philippine, mariée, en 1753, à Adrien-Louis de Guines de Melun, comte de Souastres, colonel du régiment de Navarre, et brigadier des armées du roi ;
5° Philippe-Auguste, mariée, le 21 mars 1759, à Charles-François, comte de Broglie, lieutenant-général des armées du roi, chevalier des ordres, ci-devant ambassadeur extraordinaire en Pologne.

LOUIS-FRANÇOIS-JOSEPH.

1736. LOUIS-FRANÇOIS-JOSEPH DE MONTMORENCI, appelé *prince de Montmorenci-Logni*, né le 21 mars 1737, brigadier des armées du roi en 1762, colonel du régiment de Touraine, épousa, le 14 avril 1764, Louise-Françoise-Pauline de Montmorenci-Luxembourg, fille de Charles-François-Christian, prince de Tingri. Cette branche est éteinte.

SEIGNEURS DE BOURS.

HUGUES.

Hugues de Montmorenci, chevalier, seigneur de Bours, de Courières, second fils de Philippe, seigneur de Croisilles, et de Marguerite de Bours, sa première femme, vivait encore en 1499. Il avait épousé, 1° Marguerite d'Ongnies, fille de Baudouin, seigneur d'Estrées, gouverneur de Lille; 2° Jossine de Saint-Omer, fille de Josse, seigneur de Morbecque. Elle se remaria à Jean de Flandre, seigneur de Drinckam. Hugues eut pour enfants :

Du premier lit :

1° Marie, femme de Jean de Riencourt, chevalier, seigneur de Riencourt et de Franqueville;

2° Jacqueline, mariée à Jean, seigneur des Marets et de la Mothe, en Normandie;

Du second lit :

3° Nicolas, dont l'article suit;

4° Jean de Montmorenci, seigneur de Courières, etc., etc., chevalier de la Toison-d'Or, conseiller et chambellan de l'empereur Charles V et de Philippe II, roi d'Espagne, gouverneur de Lille, Douai et Orchies, grand bailli d'Alost, qui fit son testament le 21 juillet 1563. Il avait épousé Philippe de Lannoi, fille de Ferri, seigneur de Frenoi, chevalier de la Toison-d'Or. Il n'en eut qu'un fils, mort jeune avant son père;

5° François de Montmorenci, grand-aumônier de l'empereur Charles-Quint;

6° Marie, épouse, en 1514, de Valentin-Fontaine de Cuningham, dit *Poupare*, issu des comtes de Glencairn, pairs d'Écosse.

NICOLAS.

Nicolas de Montmorenci, chevalier, seigneur de Bours et de Guéchart, mort avant l'an 1544, avait épousé, en 1512, Anne Rouault de Gamaches, fille d'Aloph, seigneur de Gamaches, et de Jacqueline de Soissons de Moreuil. De ce mariage sont issus :

1° Gabriel, dont l'article suit ;
2° Christophe de Montmorenci, mort à Rome sans postérité ;
3° Jacqueline, dame d'honneur d'Éléonore d'Autriche, reine de France, mariée à Quentin de Gourlai, seigneur de Monsures et d'Azincourt.

GABRIEL.

Gabriel de Montmorenci, seigneur de Bours, de Guéchart, de Villeroye, vivant en 1544, épousa Michelle de Bayencourt, fille de Pierre, seigneur de Bouchavannes. Elle se remaria, 1° le 22 juin 1548, à François d'Aumale, seigneur du Quesnoi ; 2° à Antoine Mitte de Miolans. Gabriel en avait eu :

1° Jean Ier, dont l'article suit ;
2° Claude de Montmorenci, mort page du roi Henri III ;
3° Antoinette, femme, 1° d'Antoine de Sorel, chevalier, seigneur d'Ugni ; 2° de Titus de Saint-Simon, vicomte de Clastre, chevalier de l'ordre du roi ;
4° Anne, morte sans avoir été mariée.

JEAN Ier.

Jean de Montmorenci, chevalier, seigneur de Bours, fut élevé page de l'empereur Charles V ; Jean de Montmorenci, seigneur de Courières, son grand oncle, lui donna cent livres de rente, à condition qu'il demeurerait dans la religion romaine. Il vivait au mois de juin 1579. De Bernarde Gaillard de Longjumeau, son épouse, fille de Michel, chevalier, seigneur de Chilli, du Fayet, etc., il laissa :

1° Daniel de Montmorenci, tué au siège de Chartres, l'an 1591 étant lieutenant de la compagnie d'ordonnance du vicomte de Turenne ;

2° Josias, dont l'article suit ;

3° Gédéon de Montmorenci, mort jeune ;

4° Benjamin de Montmorenci, auteur de la branche des seigneurs d'Esquencourt, rapportée ci-après ;

5° Jean de Montmorenci, seigneur de Flexelles, marié, 1° avec Madeleine de Boutillac ; 2° avec Madeleine des Champs de Vaux. Il mourut sans enfants ;

6° Georges de Montmorenci, seigneur de Créci, capitaine au service de Hollande. Il épousa Laure Affaitadi de Ghistelles, dont il eut :

    a. Agnès, dame de Blaësweld et de Crétembourg, femme du comte de Coupigni ;
    b. N.., morte religieuse ;

7° Pierre de Montmorenci, auteur de la branche des seigneurs d'Acquest, rapportée en son rang ;

8° Anne de Montmorenci, seigneur du Hamel, tué en duel ;

9° Hyppolite, marié 1° à Pierre de Melun, prince d'Epinoi ; 2° à François de la Fontaine, chevalier, seigneur d'Oignon. Elle mourut en 1616 ;

10° Elisabeth, femme de Jean de Belloi, seigneur de Pont de Meez, près d'Amiens ;

11° Michelle, mariée à Oudard de Fontaines, seigneur d'Esturgel ;

12° Jacqueline,
13° Louise, } mortes sans avoir été mariées.
14° Souveraine,

JOSIAS.

Josias de Montmorenci, chevalier, seigneur de Bours et de Guéchart, capitaine au régiment des gardes du roi, mort le 20 juillet 1616, avait épousé 1° Marie de Grouches, fille de Henri, seigneur de Griboval ; 2° Louise Hotman, veuve de Catherin d'Aumale, seigneur de Nampsel : les enfants de Josias sont,

Du premier lit :

1° Jean II, dont l'article suit ;

Du deuxième lit :

2° François de Montmorenci, seigneur de Bours, né posthume, mort sans alliance ;

3° Louise, } religieuses à Iouarre.
4° Marie,

JEAN II.

Jean de Montmorenci, seigneur de Bours, était, à l'âge de quatorze ans, enseigne de la compagnie de son père. Il se noya par accident l'an 1622, avant l'accomplissement de son mariage avec Louise d'Aumale, fille de Catherin, seigneur de Nampsel.

SEIGNEURS D'ESQUENCOURT.

BENJAMIN.

Benjamin de Montmorenci, chevalier, seigneur d'Esquencourt, quatrième fils de Jean, seigneur de Bours, et de Bernarde Gaillard de Longjumeau, épousa 1° Claude d'Averhoult, dame d'Olizi, fille de René, seigneur de la Lobbe ; 2°, Marie le Prévost, fille de Jean, seigneur de Neuville et d'Estrebeuf ; ses enfants furent ,

Du premier lit :

1° Daniel, dont l'article suit ;

2° Madeleine, femme d'Isaac le Fournier, seigneur de Neuville ;

Du second lit :

3° Marie, alliée, le 14 août 1633, à Charles du Bois, chevalier, seigneur de la Fresnaye.

DANIEL.

Daniel de Montmorenci, chevalier, seigneur d'Esquencourt, Bours, Villeroye, Tilloi, Olizi, Créci, etc., entra capitaine au régiment d'infanterie de Montdejeu lors de sa formation le 3 février 1630.

Il servit sous le maréchal de la Force, en Languedoc en 1632, en Allemagne en 1633 son régiment fut mis dans Coblentz, qu'il défendit pendant quatorze jours. Il soutint ensuite un blocus de 13 mois dans Hermenstein, en 1637 et 1638. Sous le duc d'Enghien, il se trouva à la bataille de Rocroi, au siége et à la prise de Thionville et de Sirck en 1643, au combat près de Lérida, où les Français furent battus en 1644, à la bataille de Liorens et à la prise de Balaguier en 1645, au siége de Lérida en 1646, au second siége de cette place, à la prise d'Ager, au secours de Constantin en 1647, au siége et à la prise d'Ypres, à la bataille de Lens, à la prise de Furnes en 1648, au siége de Cambrai, à celui de Condé en 1649, au secours de Guise, à la prise de Rethel. Il fut fait mestre de camp d'un régiment de cavalerie, qu'il leva par commission du 2 avril 1652, maréchal de camp par brevet du 15; il était, en 1653, à la prise de Rethel et de Mouzon, à la levée du siége d'Arras, à la prise du Quesnoi en 1654. Créé lieutenant-général des armées du roi, par pouvoir du 16 juin 1655, il commanda, en 1658, l'aile droite de la seconde ligne à la bataille des Dunes, servit au siége et à la prise de Dunkerque, de Berghes, de Gravelines, d'Oudenarde, de Menin et d'Ypres. Il vivait encore en 1666. Il avait épousé, 1° MARTHE LE FOURNIER DE NEUVILLE, morte le 13 avril 1650; 2° N... DE WARLUZEL, dont il n'eut point d'enfants, ceux du premier lit sont :

1° Benjamin-Alexandre-César, qui suit;
2° Jean de Montmorenci, baron de Neuville, qui fit abjuration de la religion prétendue réformée le 22 juillet 1700.

BENJAMIN-ALEXANDRE-CÉSAR.

BENJAMIN-ALEXANDRE-CÉSAR DE MONTMORENCI, comte de Bours, baron d'Esquencourt, servit pendant vingt ans en qualité de capitaine de chevau-légers au régiment de Clérembault, et mourut en 1702, sans enfants de JEANNE-MADELEINE DE LAVAL, son épouse.

SEIGNEURS D'ACQUEST.

PIERRE.

PIERRE DE MONTMORENCI, chevalier, seigneur d'Acquest, septième fils de Jean, seigneur de Bours, épousa JUDITH LE

Fournier de Neuville, fille d'Isaac, capitaine de la ville d'Abbeville. Il en eut:

1° Daniel, dont l'article suit;
2° Jean de Montmorenci, seigneur de Villeroye, mort au mois d'août 1698. Il avait épousé 1° Elisabeth de Cuyck-Miérop, fille de Joachim, seigneur de Hoochwoude, intendant de Hollande, dont il eut une fille, Elisabeth, morte en 1650; 2° Jeanne de Pas de Feuquières, morte sans enfants en 1694, fille de Manassès de Pas, marquis de Feuquières, lieutenant-général des armées du roi.

DANIEL Ier.

Daniel de Montmorenci, seigneur d'Acquest et de la Court-au-Bois, mort en 1686, avait épousé Marthe de Halart, fille de Maurice et d'Antoinette le Fournier. Il en eut:

1° Daniel, dont l'article suit;
2° Amauri-Louis de Montmorenci, qui fut page de la grande écurie, entra dans les mousquetaires de la première compagnie en 1685, où il fut sous-brigadier jusqu'en 1714; il avait épousé, le 25 novembre 1699, Etiennette le Normand, dont sont issus:
    a. Anne-Louis-Henri de Montmorenci, né le 2 juillet 1704, capitaine au régiment de Bourbon;
    b. Marie-Louise, née en 1700, morte en 1701;
3° Henri de Montmorenci, capitaine au régiment d'Orléans, tué à Mayence à l'âge de dix-huit ans;
4° Antoinette-Geneviève, morte en 1681;
5° Judith, mariée, le 8 février, 1700, à Alexandre le Ver, seigneur de la Vassolerie, major de dragons;
6° Catherine, femme de François de Fontaines, colonel d'infanterie;
7° Charlotte, mariée à Charles de Lamiré, chevalier, seigneur de Laret, etc.;
8° Marthe, épouse de Pierre de la Grenée, seigneur de la Motte;
9° Marie, alliée à N. Manessier, seigneur de Celincourt, capitaine au régiment du roi, infanterie;
10° Madeleine, femme de Guillaume-Nicolas du Bois, dit le comte de Bours.

DANIEL II.

Daniel de Montmorenci, seigneur d'Acquest, etc., capitaine de carabiniers, puis mestre de camp de cavalerie, mourut à Montauban au mois de novembre 1708. Il avait épousé 1° Marie de Lescar; 2°, le 30 octobre 1699, Charlotte le Ver, fille de Louis, seigneur de Brumenard. Il eut du premier lit :

1° Joseph-Alexandre, dont l'article suit;
2° Charles de Montmorenci, colonel réformé à la suite du régiment de Bourbon, infanterie, et premier gentilhomme de la chambre de Charles de Bourbon, comte de Charolais, et mourut en 1757.

JOSEPH - ALEXANDRE.

Joseph-Alexandre de Montmorenci, dit le comte de Montmorenci-Bours, fut lieutenant général au service de Pologne, et épousa la comtesse de Pocei, veuve du grand-maréchal de l'armée de la couronne de Pologne. Il mourut le 15 mars 1759.

Cette branche, ainsi que les seigneurs de Neuville-Wistace, de Bours et d'Esquencourt, portait les mêmes armes que celle de Croisilles, leur aînée, savoir : *d'or, à la croix de gueules, brisée d'une losange d'or, et cantonnée de seize alérions d'azur.*

SEIGNEURS DE LAVAL *.

GUI Ier, dit GUI VII.

1230. Gui de Montmorenci, chevalier, seigneur de Laval, d'Aquigni, de Hérouville et d'Attichi sur Aisne, fils de Mathieu II, dit le

---

* Les sires de Laval sont mentionnés d'une manière plus étendue dans le cours de cet ouvrage; on s'est borné ici à citer chacun de ces seigneurs avec ses enfants, afin de faire connaître la jonction des branches que cette illustre souche a formées. Pour les détails historiques et chronologiques, on renvoie à chaque article aux sires de Laval; ce qui évitera du moins la répétition des faits.

Grand, et d'Emme de Laval, sa deuxième femme, dont il a été question, page 19, mourut l'an 1267. Il avait épousé, 1° PHILIPPE, dame de Vitré, mariée l'an 1239, morte le 16 septembre 1254; 2° THOMASSE DE MATHEFELON, dame de Mareuil. (Voyez *Gui VII, sire de Laval.*) Ses enfants furent:

Du premier lit :

1° Gui, dont l'article suit;
2° Catherine, mariée, en 1265, à Hervé, dernier vicomte de Léon;
3° Emmette, morte sans alliance en 1287.

Du second lit :

4° Mathieu, qui était sous la tutelle de sa mère en 1272;
5° Bouchard, qui a fondé la branche des seigneurs d'Attichi sur Aisne et de la Malmaison *;
6° Gui de Laval, évêque de Cornouailles en 1324, puis du Mans en 1326, mort le 7 avril 1338;
7° Guillaume de Laval, mort sans postérité après 1323.

GUI II, DIT GUI VIII.

1267. GUI, sire de Laval, Vitré, Châtillon en Vendelais, Aubigné, Loué, etc., comte de Cazerte, mourut à l'Ile-Jourdain le 22 août 1295. Il avait épousé, 1° ISABEAU DE BEAUMONT, fille unique de Guillaume, seigneur de Paci sur Marne; 2°, l'an 1286, JEANNE DE BRIENNE, dite *de Beaumont*, dame de

---

* SEIGNEURS D'ATTICHI.

BOUCHARD.

1267. BOUCHARD DE LAVAL, seigneur d'Attichi, de la Malmaison, de Conflans en partie, mourut vers l'an 1319. Il avait épousé BÉATRIX D'ERQUERI, fille de Raoul, dit Herpin, grand-panetier de France. Il eut de ce mariage :

1° Herpin de Laval, qui suit;
2° Jean de Laval, qui viendra ci-après;

Loué au Maine, morte en 1333. (Voyez *Gui VIII, sire de Laval.*) Ses enfants furent ;

Du premier lit :

1° Gui IX, qui suit ;

2° Guillaume de Laval, seigneur de Paci, mort sans lignée en 1283 ;

Du second lit :

3° André de Laval, seigneur de Châtillon en Vendelais, qui a fondé la branche des seigneurs de ce nom, rapportée en son rang ;

4° Gui de Laval, seigneur d'Olivet, mort sans enfants de Jeanne, fille de Pierre, seigneur de Chemillé ;

5° Louis de Laval, seigneur d'Aubigné, qui vivait en 1323 ;

6° Thibaut de Laval, seigneur de Loué, tué à la bataille de Poitiers l'an 1356 ;

7° Mathieu de Laval, seigneur de Brée et de Troncallou ;

8° Philippe, dame de Princé, que Belleforest, et du Chesne disent avoir épousé ; 1° Guillaume le Voyer, seigneur de Paulmi en Touraine ; 2° Guillaume de Rochefort, seigneur d'Acérac, vicomte de Douges ;

9° Agnès, abbesse de Maubuisson ;

10° Catherine, religieuse à Estival.

Seigneurs d'Attichi.

3° Gui Ier de Laval, seigneur de Coymel et de Méri, en Picardie, tué à la bataille de Créci, en 1346. On ne connaît point le nom de sa femme, que quelques-uns pensent être *Marguerite le Brizai.* Il fut père de Gui II, dont il sera parlé plus bas ;

4° Bertrand de Laval, chevalier, mort sans enfants de Marie de Beaumont, dite de Franconville, après l'an 1380 ;

5° Sanctissime, nommée dans un arrêt de 1322 ;

6° Marguerite, femme de Philippe de la Roche, chevalier, seigneur de Vaux, de Beauregard, de la Roche-Guyon.

GUI III, DIT GUI IX.

1295. Gui, sire de Laval, de Vitré, etc., comte de Cazerte, mort l'an 1333, avait épousé, l'an 1298, BÉATRIX DE GAURE, morte en 1316, fille unique de Rasès, seigneur de Gaure, d'Orcheghem et de Morhem en Flandre. (Voyez *Gui IX, sire de Laval.*) De ce mariage sont issus :

1° Gui, dont l'article suit ;

2° Rasès de Laval, seigneur de Morhem, en Flandre, mort après l'an 1348, sans postérité connue ;

3° Pierre de Laval, évêque de Rennes, mort en 1357 ;

4° Jean de Laval, chevalier, seigneur de Paci-sur-Marne, qui épousa, 1° Jeanne de Chemillé, morte sans enfants ; 2° Aliénor le Bigot de la Bérardière, dont il eut :

Gui de Laval, chevalier, seigneur de Paci-sur-Marne, Tournebelle, la Bérardière, etc., mort avant l'an 1396. Il avait épousé Jeanne de Montauban, sœur d'Olivier IV, sire de Montauban, et fille d'Alain III. Il en eut deux filles :

A. Louise, dame de Paci, etc., mariée à Jean de Villiers, seigneur du Hommet, connétable héréditaire de Normandie. Ils vivaient en 1413 ;

B. Philippe, femme de N..., seigneur de Montauban ;

5° Fouques de Laval, qui a fondé la branche des seigneurs de Chalouyau, rapportée ci-après ;

Seigneurs d'Attichi.

HERPIN.

1319 environ. HERPIN DE LAVAL, succéda à son père aux seigneuries d'Attichi, de la Malmaison et de Conflans. Il était sous la curatelle d'Erard de Montmorenci, seigneur de Conflans, d'André de Laval, seigneur de Châtillon et de Herpin d'Erqueri, par arrêt du parlement du 17 décembre 1320. Il mourut sans enfants avant l'an 1361.

JEAN.

1360 environ. JEAN DE LAVAL, seigneur d'Attichi et de la Malmaison, après son frère, de Chantilli et de Monci-le-Neuf,

6° Isabeau, mariée à Jean de Lohéac, chevalier, seigneur de la Roche-Bernard, tué au siége de la Roche-Derien le 18 juin 1347;

7° Catherine, femme de Gérard Chabot, seigneur de Retz;

8° Jeanne, religieuse à Saint-Georges de Rennes.

GUI IV, DIT GUI X.

1333. GUI, sire de Laval, de Vitré, de Gaure et d'Aquigni, comte de Cazerte, périt au combat de la Roche-Derien le 18 juin 1347. Il avait épousé, l'an 1315, BÉATRIX DE BRETAGNE, fille d'Artur II, duc de Bretagne, et d'Yolande de Dreux. Elle mourut en 1384. (Voyez. *Gui X, sire de Laval.*) Gui eut pour enfants :

1° Gui XI, dont l'article suit;

2° Jean, qui viendra ci-après;

3° Catherine, première femme d'Olivier, sire de Clisson et de Palluau, depuis connétable de France.

GUI V, DIT GUI XI.

1347. GUI, sire de Laval, de Vitré, de Gaure, comte de Cazerte, mort, sans postérité, en son château de Vitré, le 22 septembre 1348, avait épousé, l'an 1338, ISABEAU DE CRAON, fille de Maurice, sire de Craon, et sœur d'Amauri IV, dont elle fut l'héritière. Elle épousa depuis Louis, sire de Sulli, et mourut en 1384. (Voy. *Gui XI, sire de Laval.*)

Seigneurs d'Attichi.

par la donation que lui en fit, en 1361, Jacques, dit Herpin, seigneur d'Erqueri, vivait en 1386, et mourut peu de tems après sans avoir été marié.

GUI II.

GUI DE LAVAL, seigneur d'Attichi, de la Malmaison, Chantilli, Monci-le-Neuf, Nointel, Conflans, etc., après la mort de Jean, son oncle, vivait le 10 novembre 1391, et mourut ayant l'an 1410, Il avait épousé 1° ISABEAU DE CHATILLON, dame d'Orli, du Verger et du château de Saint-Jean des Deux-Jumeaux;

JEAN, dit GUI XII.

1348. JEAN, dit GUI, sire de Laval, de Vitré et de Gaure, après la mort de son frère aîné, mourut le 24 avril 1412. Il avait épousé 1°, l'an 1348, LOUISE DE CHATEAUBRIANT, sœur et héritière de Geoffroi, sire de Châteaubriant, morte sans enfants en 1383; 2°. JEANNE DE LAVAL, sa parente au troisième degré, alors veuve de Bertrand du Guesclin, connétable de France, fille de Jean de Laval, seigneur de Châtillon. Elle mourut en 1437. (Voyez *Gui XI, sire de Laval*, où les enfants de ce second mariage sont rapportés.)

Les sires de Laval portaient: de Montmorenci, la croix chargée de cinq coquilles d'argent, pour la brisure.

SEIGNEURS DE CHALOUYAU ET DE RAIZ.

FOUQUES Ier.

1335. FOUQUES DE LAVAL, chevalier, seigneur de Chalouyau en Bourgogne, cinquième fils de Gui IX, et de Béatrix de Gaure,

Seigneurs d'Attichi.

2° ADE DE MAILLI, morte en 1410, dont il fut le troisième mari. Il n'eut que deux fils de sa première femme:

1° Gui III, qui suit;
2° Jean de Laval, nommé dans un arrêt de 1400.

GUI III.

GUI DE LAVAL, seigneur d'Attichi, de la Malmaison, etc. etc., épousa JEANNE DE NEEL, dite *de Clermont*, fille de Jean, seigneur d'Offemont, qui était veuve de lui et sans enfants en 1408. Les terres d'Attichi et de la Malmaison et autres échurent à Gui de la Roche-Guyon aux droits de Marguerite de Laval, sa bisaïeule paternelle.

Les armes de cette branche étaient: d'or, à la croix de gueules, chargée de cinq coquilles d'or, et cantonnée de seize alérions d'azur; brisé au premier canton d'argent, au lion de gueules.

fut fait prisonnier, avec quatre cents chevaliers, en défendant le parti de Charles de Blois, duc de Bretagne, au mois de septembre 1350, et vivait encore en 1358. Il avait épousé JEANNE CHABOT, dite *de Raiz*, morte l'an 1341, fille de Gérard III, seigneur de Retz. Il en eut :

1° Gui Ier, dont l'article suit ;

2° Marie, mariée à Guillaume Sauvage, seigneur du Plessis-Guerrif ;

3° Philippe, femme d'Alain de Saffré, chevalier, seigneur de Saffré et de Syon.

GUI Ier.

1360 environ. GUI DE LAVAL, dit BRUMOR, chevalier, seigneur de Chalouyau, Chemillé, etc., servit utilement contre les Anglais ; il fut fait prisonnier par Gui de Graville, capitaine d'Evreux : Bertrand du Guesclin ayant pris, l'an 1360, Guillaume de Graville, père de Gui, à la bataille de Cocherel, l'échangea pour Gui de Laval, son neveu. Il mourut en 1383. Il avait épousé 1°, en 1358, JEANNE DE MONTMORENCI, dame de Blason et de Chemillé, fille de Charles, maréchal de France : elle mourut sans enfants ; 2° THIPHANIE DE HUSSON, dite aussi Etiennette, dame de Ducé, fille de Fralin de Husson, chevalier, seigneur de Champservon, et de Clémence, sœur de Bertrand du Guesclin. De ce dernier mariage sont issus :

1° Fouques II, qui suit ;

2° Gui II, qui viendra ci-après.

FOUQUES II.

1383. FOUQUES DE LAVAL, seigneur de Chalouyau, fut quelque tems sous la tutelle de Thiphanie de Husson, sa mère, et mourut sans alliance en 1398.

GUI II.

1398. GUI DE LAVAL, chevalier, seigneur de Blason, hérita de Fouques de Laval, son frère aîné ; et deux ans après, Jeanne, dame de Raiz, dite *la Sage*, le déclara son légitime héritier, comme descendu de Jeanne de Raiz, surnommée *la Folle*, et de Fouques de Laval, son second mari, à condition qu'il prendrait le nom et les armes de Raiz (1), ce qu'il accepta le pénultième

---

* Gui II, en conséquence de cette clause, quitta les armes de sa branche, qui étaient *de Laval*, le premier canton de gueules chargé d'un lion d'argent pour brisure ; et prit celles *de Raiz*, qui sont d'or, à la croix de sable.

septembre 1401. Jeanne de Raiz se dédit depuis, et adopta pour héritière Charles de Machecoul, sa cousine, par acte du 14 mai 1402, ce qui donna occasion à un grand procès entre Gui de Laval et Jean de Craon, seigneur de Chantocé et d'Ingrande, fils de Catherine, qui fut terminé par le mariage de Gui de Laval avec MARIE DE CRAON, laquelle lui céda les prétentions qu'elle avait sur sa seigneurie de Raiz. Etant demeurée veuve avant l'an 1412, elle se remaria à Charles d'Estouteville, seigneur de Villebon. Gui en avait eu :

1° Gilles, dont l'article suit ;

2° René, qui viendra ci-après.

GILLES.

GILLES DE LAVAL, dit *de Raiz*, chevalier, seigneur de Raiz, de Blason, de Benastre, Bourneuf, Ingrande et Chantocé, maréchal de France, était un des seigneurs qui défendirent Orléans contre les Anglais en 1428 et 1429 : il se signala cette dernière année aux assauts de la ville de Jargeau, du pont de Meun, et à la prise de Baugenci. Créé maréchal de France le 21 juin 1429, il représenta un des pairs de France au sacre de Charles VII le 17 juillet suivant. Le roi, pour cet effet, le décora du titre de comte. Il seconda le comte de Dunois dans la défaite du duc de Bedfort à Lagni en 1432. L'histoire aurait placé honorablement son nom parmi les guerriers, qui, à cette époque désastreuse, défendirent leur pays contre les attaques des Anglais, si les crimes les plus énormes dont il s'est rendu coupable n'avaient souillé sa mémoire. Il fut condamné, par sentence du sénéchal de Rennes, à être pendu et brûlé, ce qui fut exécuté, *à la prie de Bièce-lez-Nantes*, le 23 décembre 1440. Son corps fut tiré des flammes et enterré dans l'église des Carmes à Nantes. Il avait épousé CATHERINE DE THOUARS, mariée le dernier novembre 1420, fille et héritière de Mille de Thouars, seigneur de Chabanais et Confolent. Elle se remaria à Jean de Vendôme, vidame d'Amiens. Gilles de Laval en eut une fille, Marie de Laval, dame de Raiz, mariée 1° à Prigent de Coëtivi, seigneur de Taillebourg, amiral de France; 2° à André de Laval, seigneur de Lohéac, aussi amiral de France. Elle mourut le 1er novembre 1458.

RENÉ.

1440. RENÉ DE LAVAL, dit *de Raiz*, seigneur de la Suze par la mort de Jean de Craon, son aïeul, décédé en 1432, et de Raiz par la succession de Marie de Laval, sa nièce, mourut l'an

1474. Il avait épousé ANNE DE CHAMPAGNE, morte en 1501, fille de Jean, seigneur de Champagne au Maine, et de Marie de Sillé. Il n'en eut qu'une fille, Jeanne de Laval, dite *de Raiz*, dame de la Suze et de Raiz, mariée à François de Chauvigni, vicomte de Brosse.

SEIGNEURS DE CHATILLON, EN VENDELAIS,

DE LOUÉ ET DE BRÉE.

ANDRÉ.

1292. ANDRÉ DE LAVAL, chevalier, seigneur de Châtillon en Vendelais, d'Aubigné, de Loué, Olivet, etc., fils de Gui VIII, sire de Laval, et de Jeanne de Brienne, eut de son père en partage, l'an 1292, du consentement de Gui IX, son frère aîné, les terres de Châtillon, Montseur, Mellai et Courbeville. Il ne vivait plus l'an 1356. Il avait épousé EUSTACHE DE BAUÇAI, dame de Benais en Touraine. Il en eut :

1° Jean, dont l'article suit ;
2° Gui, qui viendra ci-après ;
3° Marie, dame de Bonnefoi, mariée à Jacques de Surgères, chevalier, seigneur de la Flocelière ;
4° Jeanne, mariée à Guillaume Felleton, chevalier anglais ;
5° Alix, femme de Gui l'Archevêque de Parthenai, seigneur de Soubise et de Taillebourg.

JEAN.

1356. JEAN DE LAVAL, chevalier, seigneur de Châtillon, d'Aubigné, Courbeville, Tinteniac, Becherel, Romilli, etc., suivit le parti de Charles de Blois, duc de Bretagne. Il fut fait prisonnier à la bataille d'Aurai en 1364, et paya plus de 40,000 écus de rançon. Il mourut en 1398. Il avait épousé ISABEAU DE TINTENIAC, fille unique de Jean, seigneur de Tinteniac, de Becherel et de Romilli, qu'elle apporta à son mari. Ils n'eurent qu'une fille, Jeanne de Laval, héritière de tous leurs biens, mariée 1° à Bertrand du Guesclin, duc de Transtamare, et de Moline en Espagne, connétable de France; 2°, par dispense du pape de l'an 1384, à Gui X, seigneur de Laval.

GUI Ier.

Gui de Laval, seigneur de Loué, Benais, Brée et Saint-Aubin, frère puîné de Jean, seigneur de Châtillon, fut commis avec lui, par Charles V, en 1370, à la garde des châteaux de Bauçai et de Saint-Aubin. Il mourut le 7 juin 1386. Jeanne de Pommereux, dame de Pommereux et de Saint-Aubin, sa femme, le fit père de trois fils :

1° Jean, dont l'article suit ;
2° Thibaut, mentionné ci-après ;
3° Gui de Laval, chevalier, seigneur de Pommereux, marié 1° avec Marguerite Machefer, fille de Geoffroi, seigneur de la Macheferrière et de Montejean ; 2°, l'an 1421, Catherine Turpin, fille de Lancelot, seigneur de Crissé et de Vihiers. Il mourut sans lignée en 1430, et sa veuve se remaria à Gui de la Roche-Guyon.

Gui de Laval brisait les armes de sa branche d'un franc canton de gueules, à la croix d'or, qui est *de Bauçai*. Les aînés, seigneurs de Châtillon, portaient le franc canton d'azur, semé de fleurs de lys d'or ; au lion du même brochant, qui est *de Beaumont le Vicomte*. Ces armes furent reprises par Jean et Thibaut de Laval, seigneurs de Loué, dont il sera parlé successivement.

JEAN.

1386. Jean de Laval, chevalier, seigneur de Loué, Saint-Aubin, Benais, etc., épousa 1° Marie de Beaupréau, dame et héritière de Beaupréau ; 2° Mahaut le Vayer, dame de Bretignoles, du Plessis-Raffré, etc., veuve de Hardouin, seigneur de Maillé en Touraine. Il mourut sans postérité vers l'an 1400.

THIBAUT.

1400 environ. Thibaut de Laval, chevalier, seigneur de Brée, de Saint-Aubin, etc., conseiller et chambellan du roi Charles VI, succéda à Jean, son frère, aux terres de Loué et de Benais. Il assista, l'an 1384, au traité de mariage de Gui XII, sire de Laval, avec Jeanne de Laval, dame de Châtillon, et défendit quelque tems après les ville et château de Montfort pour

Anne, dame de Laval, et pour son fils. Il ne vivait plus en 1433. Il avait épousé JEANNE DE MAILLÉ, fille aînée de Péan III, seigneur de Brezé. Il en eut:

1° Gui II, dont l'article va suivre;
2° Thibaut de Laval, auteur de la branche de Bois-Dauphin, rapportée en son rang;
3° Jean de Laval, auteur du rameau de Brée; *
4° Anne de Laval, dame de la Basèque, mariée à Gui Turpin, chevalier, seigneur de Crissé. Ils vivaient le 23 février 1429;
5° Jeanne, épouse de Guillaume III, seigneur de Courceliers;
6° Marie, femme de Pierre de Champagne, seigneur de Parcé, chevalier de l'ordre du croissant.

GUI II.

1433. GUI DE LAVAL, IIe du nom, seigneur de Loué, Montsabert, la Faigne et Marcillé, chevalier de l'ordre du croissant, servit d'abord le roi Charles VII, qui le fit son chambellan au mois de mai 1436, et s'attacha depuis à René, roi de Sicile, duc d'Anjou et de Lorraine, qui le fit grand-veneur de ses états, le 6 décembre 1445, chevalier de son ordre du croissant le 16 mars 1448, et le nomma sénéchal d'Anjou le 16 février 1472. Il mourut le 19 décembre 1484. Il avait épousé CHARLOTTE DE SAINTE-MAURE, dame de la Faigne, morte le 30 août 1485, fille de Jean, chevalier, comte de Benon. Il en eut dix enfants:

---

* RAMEAU DES SEIGNEURS DE BRÉE.

JEAN.

JEAN DE LAVAL, seigneur de Brée, de Troncalou et de Montejan, mourut après l'an 1485. Il avait épousé FRANÇOISE GASCELIN, dame des Haies-Gascelin, de Chanzeaux et de la Chétardie. Il en eut:

1° Louis, dont l'article suit;
2° Jeanne, mariée 1°, l'an 1481, à Pierre de Hérisson, chevalier, seigneur du Plessis-Huret et du Plessis-Bernard;

1° André de Laval, mort sans avoir été marié;

2° Gilles de Laval, seigneur de Montsabert, qui céda son droit d'aînesse à Pierre de Laval, son frère puîné, en 1482. Il était évêque de Séez depuis l'an 1478, et mourut en 1501;

3° Pierre, dont l'article suit;

4° René de Laval, qui a fondé la branche des seigneurs de la Faigne, rapportée en son lieu;

5° François de Laval, seigneur de Marcillé, mort sans enfants environ l'an 1500. Il avait épousé, 1° Catherine de Batarnai; 2° Marie de Roussart de la Possonnière. Etant demeurée veuve, elle se remaria, l'an 1504, à Bernardin de Mineroi, seigneur d'Avarzai et du Tertre;

6° Marie, alliée, en 1459, à Jean de Daillon, seigneur du Lude, favori du roi Louis XI;

7° Jeanne, *aliàs* Louise, femme, 1° de Jean-Louis de Bouliers, vicomte de Demont; 2°, le 4 novembre 1479, de Gilles Tigeon, seigneur de la Tigeoire et de Marchais-Renaud;

8° Hardouine, épouse de Jacques de Beauvau, seigneur de Tigni et de Ternai;

9° N..., mariée à Olivier, seigneur de la Noue;

10° Jeanne la Jeune, abbesse d'Estival en 1508.

PIERRE.

1484. PIERRE DE LAVAL, chevalier seigneur de Loué, Bressuire, Montsabert, etc., fut un des trente-neuf députés aux états

---

Rameau des Seigneurs de Brée.

2°, le 26 avril 1485, à Joachim Sanglier, chevalier, seigneur de Bois-Rogues;

3° Françoise, mariée à Emond de Bueil, baron de Marmande, seigneur de Faye-la-Vineuse. Elle vivait encore en 1509;

4° Guionne, mariée le 25 janvier 1489, à François du Plessis, seigneur de Richelieu.

LOUIS Ier.

LOUIS DE LAVAL, seigneur de Brée, succéda à sa mère aux terres

du royaume, assemblés à Nantes le 15 janvier 1498, pour ratifier la paix conclue à Etaples-sur-mer avec le roi d'Angleterre, au mois de novembre 1492. Il mourut âgé de quatre-vingts ans, le 18 octobre 1528. Il prit les armes pleines de Montmorenci-Laval, étant devenu l'aîné de cette branche en 1464. Il épousa PHILIPPE DE BEAUMONT, dame de Bressuire et de Lezai, fille aînée et principale héritière de Jacques, seigneur de la Motte-Sainte-Heraye, sénéchal de Poitou. Elle prédécéda son mari, étant morte l'an 1525. Leurs enfants furent :

1° Gilles Ier, dont l'article suit ;
2° Gui de Laval, qui a fondé la branche des seigneurs de Lezai, rapportée ci-après ;
3° François de Laval, abbé de Clermont ;
4° Marquise, mariée, le 29 août 1496, à René du Belloi, chevalier, seigneur de la Lande, dont elle était veuve en 1531 ;
5° Hardouine, femme d'Emond de Fonsèques, chevalier, baron de Surgères, d'une famille espagnole.

GILLES Ier.

1528. GILLES DE LAVAL, seigneur de Loué, de Bressuire, Maillé, la Roche-Courbon, la Motte-Sainte-Heraye et de Pont-Château, vicomte de Brosse, plaidait, en 1514, avec Françoise de Maillé, sœur de sa femme, pour la garantie de quelques terres. Il mourut avant l'an 1552. FRANÇOISE DE MAILLÉ, qu'il avait épousée vers l'an 1500, fille aînée de François, seigneur de

---

Rameau des Seigneurs de Brée.

des Haies-Gascelin, de Chanzeaux et de la Chétardie, et fit son testament le 8 mars 1494. Il avait épousé le 26 avril 1485, RENÉE SANGLIER, fille unique de Joachim, seigneur de Bois-Rogues, chevalier, et de Jeanne Bonnette, sa première femme. Il n'en eut qu'un fils qui suit.

LOUIS II.

LOUIS DE LAVAL, seigneur de Brée et des Haies-Gascelin, épousa ANNE ACARIE, dont il n'eut point d'enfants. Elle se remaria à Joachim, seigneur de Daillon, et fit son testament le 11 avril 1563.

Maillé; de la Roche-Courbon, etc., etc., vicomte de Tours et de Brosse. Il eut deux fils et une fille. RENÉE BARJOT, sa seconde femme, ne lui donna point d'enfants. Elle vivait en 1559. Ceux du premier lit sont :

1° René de Laval, seigneur de Bressuire, vicomte de Brosse, marié, le 11 mars 1531, avec Jeanne de Brosse, dite *de Bretagne*, sœur de Jean, comte de Penthièvre et de Périgord. Il mourut peu après, avant son père;

2° Gilles II, qui suit;

3° Anne, mariée, le 13 janvier 1530, à Philippe de Chambes, seigneur de Montsoreau, du Lyon d'Angers, etc.

GILLES II.

1550. GILLES DE LAVAL, chevalier, seigneur de Loué, Maillé, Bressuire, la Roche-Courbon, vicomte de Brosse, devint héritier de René de Laval, son frère aîné, et de Gilles de Laval, son père, environ l'an 1550. Il mourut vers l'an 1559. Il avait épousé, en 1536, LOUISE DE SAINTE-MAURE, fille de Jean, comte de Nesle et de Joigni. Il en eut :

1° Jean, dont l'article suit;

2° René de Laval, baron de Maillé, châtelain de la Roche-Courbon, né en 1546, mort en 1562. Il avait épousé, vers 1559, Renée de Rohan, fille de Louis, seigneur de Montbazon et de Guémenée. Elle se remaria à Jean de Laval, son beau-frère, qui suit; René n'en eut qu'un fils, mort en bas âge;

3° Gabrielle, mariée à François Aux-Epaules, seigneur de Pizi et de Ferrières, et de Presles;

4° Anne, dame de Saumoussai, mariée à Claude de Chandieu, seigneur de Bussi en Bourgogne, chevalier de l'ordre du roi;

5° Jeanne, mariée à François de Saint-Nectaire, chevalier des ordres, capitaine de cinquante hommes d'armes des ordonnances du roi.

JEAN.

1559. JEAN DE LAVAL, marquis de Nesle, comte de Joigni et de Maillé, vicomte de Brosse, baron de Bressuire, de la Roche-Chabot, la Motte-Sainte-Héraye, etc., né le 25 avril 1542, chevalier de l'ordre du roi, gentilhomme de sa chambre, capitaine d'une compagnie de cent gentilshommes de la maison du roi Henri III, le 17 avril 1578, mourut le 20 septembre de la même année. Il avait épousé, 1° RENÉE DE ROHAN, veuve en premières noces de François de Rohan, seigneur de Gié, et en secondes, de René de Laval, frère puîné de Jean; 2°, FRANÇOISE DE BIRAGUE, veuve du maréchal de Bourdillon, et fille de René de Birague, chancelier de France. Il n'en eut qu'une fille, Marguerite, morte jeune. Les enfants du premier lit sont :

1° Gui, dont l'article suit ;
2° Louis de Laval, né en 1568, mort en bas âge ;
3° Charles de Laval, né en 1570, mort peu après.

GUI III.

1578. GUI DE LAVAL, marquis de Nesle, comte de Joigni et de Maillé, vicomte de Brosse, baron de Bressuire et de la Motte-Sainte-Heraye, etc., né le 28 juillet 1565, mourut, sans enfants, d'une blessure qu'il reçut à la bataille d'Yvri en 1590, combattant pour le roi Henri IV. Après sa mort, le seigneur de Lezai prit les armes pleines de Montmorenci-Laval, et le marquisat de Nesle échut à René Aux-Epaules, comme héritier présomptif de Gui de Laval, son cousin-germain. Il avait épousé MARGUERITE HURAULT, fille de Philippe, comte de Chiverni et de Limours, chancelier de France. Elle se remaria en secondes noces, en 1593, à Anne d'Anglure, baron de Givri ; en troisièmes, à Arnaux le Dangereux, chevalier, seigneur de Beaupui, et mourut le 15 juin 1614.

SEIGNEURS DE LEZAI.

GUI.

1528. GUI DE LAVAL, seigneur de Lezai, Bréhabert, la Macheferrière, etc., second fils de Pierre de Laval, seigneur de Loué, et de Philippe de Beaumont-Bressuire, servit le roi François Ier dans ses guerres d'Italie ; demeura prisonnier à la bataille de Pavie, en 1525, et, ayant traité de sa rançon, il revint en France. Il mourut après l'an 1530. Il avait épousé CLAUDE DE LA JAILLE, fille de René, seigneur de la Roche-Talbot, qui se remaria à Claude de Laval, seigneur de Téligni. Gui en avait eu :

1° Pierre I*er*, qui suit ;
2° Françoise, mariée à Nicolas de Champagne, premier comte de la Suze, baron de Coulans, chambellan des rois Louis XI et François I*er*, dont elle demeura veuve en 1567 ;
3° Philippe, prieur du monastère de la Patience, à Laval ;
4° Renée, religieuse aux Annonçiades de Bourges.

PIERRE I*er*.

PIERRE DE LAVAL, chevalier, seigneur de Lezai, la Chétardière, etc., etc., élevé à la cour du roi Henri II, fut fait prisonnier par les Huguenots auprès de sa maison de la Chétardière, en Touraine, et conduit à la Rochelle, d'où il ne sortit qu'après avoir payé sa rançon. Il mourut au mois de mai 1582. Il avait épousé, le 5 juillet 1550, JACQUELINE DE CLEREMBAULT, fille aînée et principale héritière de Jacques, seigneur de la Plesse. Leurs enfants furent :

1° Pierre II, qui suit ;
2° Gui de Laval, mort jeune ;
3° Renée, dame de Mouillebert, mariée, en 1575, à René de Bouillé, comte de Creance, conseiller d'état, chevalier des ordres du roi, gouverneur de Périgueux ;
4° Claude, dame du Plessis-Clerembault, de Saint-Gervais, etc., mariée, en 1582, à René Gillier, seigneur de Marmande et de Faye-la-Vineuse ;
5° Catherine,
6° Guionne, } mortes jeunes.

PIERRE II.

1582. PIERRE DE LAVAL, seigneur de Lezai, baron de Trèves, comte de la Bigeotière, conseiller d'état, chevalier des ordres du roi, fit ses premières armes en Italie. De retour en France en 1585, il accompagna le duc de Joyeuse au secours du château d'Angers, se trouva à la bataille de Coutras en 1587, alla ensuite trouver le roi Henri IV au siége de Beaune, et suivit ce monarque dans toutes ses opérations militaires jusqu'à la paix de Vervins. Il mourut à Paris, le 23 mai 1623. Il quitta la brisure de sa branche, qui était un fer de lance au bas de la croix, et reprit les armes pleines de Montmorenci-Laval. Il avait épousé, le 11 mars 1592, Isabeau de Rochechouart, fille de René, baron de Mortemart, chevalier de l'ordre du roi. Elle le fit père de trois fils et quatre filles :

1° Hilaire, dont l'article suit;
2° Gui-Urbain, qui continua la postérité;
3° Gaspard de Laval, mort en bas âge;
4° Jeanne-Jacqueline, mariée à Honorat d'Acigné, comte de Grandbois;
5° Justine, morte en 1602, novice au monastère de la Regrepierre, de l'ordre de Fontevrault;
6° Catherine, prieure à la Fidélité de Trèves, près d'Angers;
7° Gabrielle, religieuse au même monastère.

HILAIRE.

1623. Hilaire de Laval, marquis de Trèves, dit *le marquis de Laval-Lezai*, suivit le roi Louis XIII à la journée du Pont-de-Cé et au voyage de Béarn. Il servit au siége de Saint-Jean d'Angéli, à la défaite de Rhé, à la prise de Royan, de Sainte-Foi et de Negrepelisse. Il mourut à Paris, le 12 février 1670. Il avait épousé Françoise du Pui du Fou, morte, sans enfants, le 18 mars 1686, fille et unique héritière d'Eusèbe, seigneur de la Severie.

GUI-URBAIN.

Gui-Urbain de Laval, baron de la Plesse, dit depuis *le marquis de Laval-Lezai*, chevalier de l'ordre du roi, conseiller aux conseils d'état et privé, est ainsi qualifié dans son contrat de mariage, du 22 octobre 1655, avec Françoise de Sesmaisons, fille de Claude, chevalier, seigneur de la Sauzinière près Nantes. Il mourut en 1664, et sa femme en 1685. Ils eurent cinq enfants :

1° Pierre II, qui suivra;
2° Hilaire, dit *l'abbé de Laval*, puis marquis de la Plesse et de Saint-Clément, mort sans alliance le 23 avril 1716;
3° Gui, chevalier de Malte, mort jeune;
4° Marie-Louise, fille d'honneur de madame la dauphine, mariée, en 1683, avec Antoine-Gaston-Jean-Baptiste, duc de Roquelaure, comte d'Astarac et de Montfort, marquis de Lavardin, maréchal de France;

5° Françoise, abbesse de Sainte-Croix de Poitiers, morte en 1726.

PIERRE III.

1670. PIERRE DE LAVAL, marquis de Laval-Lezai et de Magnac, comte de la Bigeotière et de Fontaine-Chalandrai, seigneur de la Plesse, premier baron de la Marche, lieutenant-général pour le roi en la haute et basse Marche, par provisions du 19 mars 1681, dans lesquelles le roi le qualifie de *son très-cher et amé cousin*, mourut à Paris le 10 juillet 1687. Il avait épousé, en 1681, MARIE-THÉRÈSE-FRANÇOISE DE SALIGNAC, morte en 1726, fille d'Antoine, marquis de la Mothe-Fénélon. Il en eut deux enfants, morts jeunes, et Gui-André, qui suit.

GUI-ANDRÉ.

1687. GUI-ANDRÉ DE MONTMORENCI-LAVAL, marquis de Lezai et Magnac, etc., premier baron de la Marche, naquit le 21 octobre 1686. Il fut d'abord colonel du régiment de Mortemart, ci-devant Conflans, auquel il donna son nom; fut blessé, le 13 octobre 1713, au siége de Fribourg, d'un coup de mousquet qui lui perça les deux joues. Dans toutes les lettres et commissions qu'il reçut du roi, S. M. lui donne la qualité de *cousin*, comme avaient fait ses prédécesseurs à l'égard des ancêtres dudit Gui-André de Laval. Il mourut le 7 mars 1745. Il avait épousé MARIE-ANNE DE TURMENIES DE NOINTEL, veuve de Mathieu de la Rochefoucauld, marquis de Bayers. Elle mourut le 17 novembre 1756. Leurs enfants furent :

1° Gui-André-Pierre, dont l'article suit ;

2° Louis-Joseph de Montmorenci-Laval, évêque d'Orléans le 10 février 1754, de Condom en 1757, puis de Metz en 1760, désigné cardinal par le roi de France en 1779, puis grand-aumônier de France, et commandeur de l'ordre du Saint-Esprit ;

3° Guionne-Marie-Christine, mariée, le 24 décembre 1740, à Henri-François, marquis de Grave, mestre de camp de cavalerie ;

4° Marie-Anne, épouse d'Hyacinthe-François de Loos-Corswaren.

GUI-ANDRÉ-PIERRE.

1745. GUI-ANDRÉ-PIERRE DE MONTMORENCI-LAVAL, duc de Laval-Montmorenci, premier baron de la Marche, marquis de Lezai, naquit le 21 septembre 1723. Connu d'abord sous le nom de marquis de Laval, il entra aux mousquetaires le premier janvier 1741, fit la campagne de Flandre en 1742, et obtint, le 4 avril 1743, une compagnie au régiment de Royal-Pologne, cavalerie. Il combattit à Dettingen le 27 juin suivant, et fut fait, par commission du 22 août, colonel du régiment d'infanterie de son nom. En 1744, il se trouva à la prise de Weissembourg et des lignes de la Loutre, à l'attaque des retranchements de Suffelsheim et au siége de Fribourg. Il concourut à la prise de Cronenbourg au mois de mars 1745. Passé à l'armée de Flandre, il se distingua, avec le régiment de Crillon, à l'affaire de Mesle, le 9 juillet, concourut à la prise de Gand, et fut déclaré brigadier le 25 du même mois. Employé à l'armée de Flandre, en 1746, il combattit à Raucoux. En 1747, il servit aux siéges de l'Ecluse, du Sas de Gand, d'Hulst, d'Axel et de Berg-op-Zoom, au siége de Maestricht en 1748, et fut fait maréchal de camp par brevet du 10 mai. Sur les côtes de la Méditerranée, en 1756, il passa dans l'île de Minorque, qui fut conquise, et servit à l'assaut du fort Saint-Philippe. En Allemagne il combattit à Hastembeck en 1757, concourut à la conquête de l'électorat d'Hanôvre, et revint après la capitulation de Clostersevern. Employé à la même armée en 1758, il combattit à Creweldt, et obtint l'érection de la baronnie d'Arnac et du marquisat de Magnac en duché, sous le nom de Laval, par lettres du mois d'octobre. Il se trouva à la bataille de Minden le premier août 1759, et fut déclaré lieutenant-général des armées du roi le 17 décembre de la même année. Il servit à l'affaire de Corbach en 1760, et à celle de Filinghausen en 1761. Il fut pourvu cette année du gouvernement de Mont-Dauphin, puis de celui de Compiègne, et enfin honoré du bâton de maréchal de France le 13 juin 1783. Il mourut en 1798. Il avait épousé, le 28 décembre 1740, JACQUELINE-HORTENSE DE BULLION DE FERVAQUES, qui obtint les entrées de la chambre du roi le premier août 1772, fille d'Anne-Jacques de Bullion, marquis de Fervaques, chevalier des ordres du roi, lieutenant-général de ses armées. De ce mariage sont issus :

1° Gui-André-Marie-Joseph de Montmorenci, comte de Laval, né le 27 J. 1744, mort de la petite vérole à Eimbeck le 13 novembre 1761. Il avait épousé Anne-Céleste-Françoise Jacquier de Vieuxmaison, morte quelques mois après son mariage, âgée de quinze ans;

2° Anne-Alexandre-Sulpice-Joseph, qui continue la lignée;

3° Mathieu-Paul-Louis de Montmorenci-Laval, né le 5 août 1748, appelé le vicomte de Laval, puis le comte de Montmorenci, colonel du régiment d'Auvergne, infanterie, puis brigadier des armées du roi en 1784, gouverneur de Compiègne, mort le 27 décembre 1809. Il avait épousé, le 29 décembre 1766, *Catherine Tavernier de Boullongne*, qui fut présentée le 23 février 1766, et de laquelle il laissa :

   A. Mathieu-Jean-Félicité, vicomte de Montmorenci, né le 10 juillet 1767, pair de France, maréchal de camp, gouverneur de Compiègne, aide-de-camp de S. A. R. MONSIEUR, frère du roi, chevalier d'honneur de MADAME, duchesse d'Angoulême. Il a épousé, le 12 août 1788, *Pauline-Hortense d'Albert de Luynes*, née le 2 août 1774. De ce mariage est née Elisabeth de Montmorenci, mariée à Sosthènes, vicomte de la Rochefoucault de Doudeauville, colonel, aide-de-camp de S. A. R. MONSIEUR;

   B. Anne-Pierre de Montmorenci-Laval, né le 6 avril 1769, mort victime du tribunal révolutionnaire, le 17 juin 1794;

4° Gui-Marie-Joseph de Montmorenci, appelé *l'abbé de Laval*, né le 18 janvier 1750, mort en 1760;

5° Anne - Silvain de Montmorenci,
6° Guionne-Hortense de Montmorenci, } morts jeunes;

7° Guionne-Joséphine-Elisabeth, mariée, le 19 avril 1768, à Louis-Joseph-Charles-Amable d'Albert de Luynes, mestre de camp général des dragons, duc de Luynes et de Chevreuse, pair de France.

ANNE-ALEXANDRE-MARIE-SULPICE-JOSEPH.

1798. ANNE-ALEXANDRE-MARIE-SULPICE-JOSEPH DE MONTMORENCI-LAVAL, duc de Laval, né le 22 janvier 1747, pair de France, maréchal de camp en 1784, lieutenant-général des armées du roi, et cordon rouge, mort le 31 mars 1817. Il avait épousé, le 30 décembre 1764, MARIE-LOUISE-MAURICETTE DE MONTMORENCI-LUXEMBOURG, fille de Joseph-Maurice-Annibal, comte de Luxe. Elle a été présentée le 16 février 1766. De ce mariage sont issus :

   1° Gui-Marie-Anne-Louis de Montmorenci, marquis de Laval, capitaine au régiment du roi, dragons, mort le 12 février 1786, sans enfants de Pauline-Renée-Sophie le Voyer de Paulmi d'Argenson, qu'il avait épousée le 28 mai 1784;

2° Anne-Pierre-Adrien, dont l'article suit;

3° Achille-Jean-Louis de Montmorenci-Laval, né le 25 juin 1772, chevalier de Malte de minorité le 18 mai 1782, mort le 14 septembre 1793, d'une blessure qu'il reçut à la défense du camp retranché de Bundenthal, à l'avant-garde de l'armée de Condé;

4° Eugène-Alexandre de Montmorenci-Laval, appelé *le marquis de Montmorenci*, né le 20 juillet 1773. Il a fait, ainsi que son frère Achille, les campagnes de 1793, 1794 et 1795, dans l'armée des princes. Il est maréchal des camps et armées du roi, et a épousé N... de Béthune-Sulli, veuve du comte de Charost, dont il n'a point d'enfants.

ANNE-PIERRE-ADRIEN.

1817. ANNE-PIERRE-ADRIEN DE MONTMORENCI-LAVAL, duc de Laval, pair de France, grand d'Espagne de première classe, duc de San Fernando Luys, maréchal des camps et armées du roi, et son ambassadeur en Espagne, est né le 29 octobre 1768. Il a épousé, le 14 mai 1788, BONNE-CHARLOTTE-RENÉE-ADÉLAÏDE DE MONTMORENCI-LUXEMBOURG, fille d'Anne-Charles-Sigismond, duc de Pinei-Luxembourg, de laquelle il a :

1° Gui-Anne-Marie-Louis-Henri-Adalric de Montmorenci-Laval, prince de Laval, né le 13 janvier 1796, capitaine des chasseurs du Morbihan;

2° Charlotte de Montmorenci-Laval mariée, en 1817, au marquis de Levis-Mirepoix;

3° Marguerite de Montmorenci-Laval.

Cette branche porte les armes pleines de Montmorenci-Laval, qui sont d'or à la croix de gueules, chargée de cinq coquilles d'argent, et cantonnée de seize alérions d'azur.

SEIGNEURS DE LAVAL ET DE TARTIGNI.

RENÉ Ier.

1484. RENÉ DE LAVAL, seigneur de la Faigne au Maine, et de Pontbelain, quatrième fils de Gui II, seigneur de Loué, et de Charlotte de Sainte-Maure, fit hommage de la seigneurie de la

Faigne, au roi Charles VIII, l'an 1485, et ne vivait plus le 17 janvier 1498. Il avait épousé ANTOINETTE DE HAVART, dame de Ver, fille de Georges, vicomte de Dreux, sénéchal héréditaire du Perche, morte vers l'an 1526. De ce mariage sont nés :

1° René II, dont l'article suit ;
2° Madeleine, mariée à Guillaume de Pisseleu, chevalier, seigneur de Heilli en Picardie.

RENÉ II.

1498. RENÉ DE LAVAL IIe du nom, chevalier de la Faigne, de Ver, de Montigni, etc., né l'an 1495, se trouva, en 1515, à la bataille de Marignan. Il mourut au château de Maillé l'an 1532. Il avait épousé MARIE DE BUSSU, fille et unique héritière d'Artus, seigneur de Tartigni et d'Auvilliers, morte l'an 1572, mère de :

1° Louis, dont l'article suit ;
2° Hugues de Laval, qui a continué la postérité ;
3° Jacques de Laval l'aîné, seigneur de Bussu et d'Ancrebellemer, marié avec Marie de Villiers, dame de l'Estang. Il mourut sans enfants l'an 1579 ;
4° Jacques le jeune, auteur du rameau d'Auvilliers * ;
5° Françoise, mariée, 1° à Georges de Casenove, chevalier, seigneur de Gaillarbois ; 2° à Gabriel de Saint-Périer, seigneur de Maupertuis ;
6° Jacqueline, mariée, 1° à Jean Fourateau, seigneur de la

---

* RAMEAU DES SEIGNEURS D'AUVILLIERS.

JACQUES LE JEUNE.

1532. JACQUES DE LAVAL, chevalier, eut en partage la seigneurie d'Auvilliers, avec une partie de celle de la Faigne, dont les autres parts lui revinrent après le décès de Louise de Laval, sa nièce. Il épousa MARGUERITE DE MÉZIÈRES, dame de Montceuil, par contrat du 22 janvier 1554. Elle était veuve de Jean de Villiers, seigneur de l'Estang, dont elle avait trois filles. Jacques de Laval en eut :

1° René, qui suit ;

Fouratière; 2° à Jean de Gellain, seigneur de Saint-Mars, avec lequel elle vivait en 1566;

7° Madeleine, femme de Pierre de Normanville, seigneur de Boucault, chevalier de l'ordre du roi, gentilhomme de sa chambre.

LOUIS.

1532. Louis de Laval, seigneur de la Faigne, de la Rozière, de Ver et de la Puisaye, était mort avant le 6 juillet 1547, qu'Aliénor de Castillo, sa femme (fille et unique héritière de Léonard, seigneur de Mathefelon, gouverneur d'Etampes), tutrice de Louise de Laval, leur fille unique, transigea, au sujet de l'acquisition que son mari avait faite de François de Châteaubriant, oncle d'Aliénor, de la seigneurie de Mernai, avec Jean de Villiers, seigneur de l'Estang, curateur de Charles de Beaumanoir, seigneur de Lavardin et de Tucé. Louise de Laval épousa 1°, en 1566, François Chasteignier, seigneur de la Rochepozai, de Talmont, chevalier de l'ordre du roi; 2° Pierre de Montmorenci, seigneur de Lauresse. Après la mort de Louise de Laval, les seigneuries de la Faigne et de la Rozière retournèrent à Jacques de Laval, seigneur de Bussu, son oncle.

Rameau des Seigneurs d'Auvilliers.

2° Suzanne, mariée, le 13 mai 1587, avec Esprit d'Allonville, seigneur de Louville, Herville, fils de Jean, chevalier de l'ordre du roi. Elle mourut en 1592, et son mari épousa en secondes noces Susanne du Bois-de-la-Motte;

3° Elisabeth, mariée, 1° à Gabriel du Bocquet, seigneur de la Gadelière; 2°, en 1598, à Georges de Gauville, seigneur d'Amilli.

RENÉ.

René de Laval, seigneur d'Auvilliers, épousa, l'an 1584, le 17 novembre, Catherine de l'Hopital, fille de Jean de l'Hopital, comte de Choisi, conseiller et chambellan du roi, capitaine de cinquante hommes d'armes de ses ordonnances, gouverneur du duc d'Anjou, et veuve de Jean, baron d'Orbec. René de Laval mourut sans postérité.

Ce rameau portait les armes de Montmorenci-Laval.

HUGUES.

1547. Hugues de Laval, seigneur de Tartigni, d'Aveluys et de Frenai-le-Samson, né l'an 1524, frère puîné de Louis de Laval, devint après sa mort l'aîné de sa branche. Il transigea, le premier janvier 1574, avec Jacques de Laval, seigneur d'Auvilliers, son frère, et les enfants de Françoise de Laval, leur sœur, pour la succession mobilière de Marie de Bussu, leur mère. Il avait épousé, le 29 septembre 1547, Marie de Mézières, dame de Montbaudri, fille de Jacques, seigneur de Floville et de Montigni. Il en eut plusieurs enfants, dont l'aîné fut Jean, qui suit :

JEAN.

1576. Jean de Laval, seigneur de Tartigni, d'Aveluys et de Gournai, fut émancipé, dès l'an 1557, par Hugues de Laval, son père. Il épousa, le 18 février 1577, Claude de Prunelé, fille d'André, seigneur de Gazeran et d'Esneval. Il en eut neuf enfants :

1° Gabriel, dont l'article suit;

2° Charles de Laval, seigneur de la Rozière, mort l'an 1606;

3° Hugues de Laval, auteur de la branche des seigneurs de Montigni; (*)

4° Albert de Laval, chevalier de Malte, mort en 1611;

5° Madeleine, femme de Christophe le Conte, seigneur de Nonant et de Cervières en Normandie;

---

* SEIGNEURS DE MONTIGNI.

HUGUES.

Hugues de Laval, seigneur de Montigni et de Montbaudri, transigea avec Gabriel de Laval, le 20 avril 1629, pour la succession de Charles de Laval, leur frère, et mourut avant le 27 avril 1638. Il avait épousé, le premier octobre 1617, Michelle Péricard, fille de Nicolas, seigneur de Saint-Étienne. Leurs enfants, au nombre de six, furent :

1° François de Laval, tué au combat de Fribourg;

6° Hélène, mariée à François Moreau, seigneur de la Possonnière au Maine;

7° Elisabeth, mariée à Pierre des Hayes, dit d'Espinai, seigneur d'Auvergni en Normandie;

8° Marie, religieuse à la Chaise-Dieu;

9° Susanne, religieuse à Caen.

GABRIEL Ier.

GABRIEL DE LAVAL, baron de la Faigne, par acquisition des héritiers de Jacques, son grand-oncle, seigneur de Tartigni, d'Aveluys, Gournai le Guérin, etc., fut gentilhomme de la chambre du roi, le 28 janvier 1618, et mourut le 14 mai 1664. Il avait épousé, le 14 décembre 1609, ANNE VIOLE, fille de Pierre, seigneur d'Athis, conseiller d'état, président au parlement de Paris. Il en eut quatre fils et deux filles :

1° Thomas, dont l'article suit;

2° Jean de Laval, seigneur de Gournai; tué en duel;

3° François de Laval, reçu chevalier de Malte le 7 juin 1631, commandeur d'Artain en Vendômois;

4° Robert de Laval, reçu chevalier de Malte avec son frère, bailli de la Corée, commandeur de Boncourt, mort en juin 1692;

5° Charlotte, mariée, le 16 novembre 1632, à Guillaume Osmont, seigneur d'Aubri du Pantoux;

6° Jeanne, religieuse à la Chaise-Dieu.

Seigneurs de Montigni.

2° Gabriel de Laval, tué à la bataille de Nortlingue;

3° Jean-Louis, qui continue la postérité;

4° François de Laval, premier évêque de Québec en Canada, en 1673; mort le 6 mai 1708;

5° Henri de Laval, prieur de Sainte-Croix Leufroi;

6° Anne, supérieure des filles du S. Sacrement, à Nantes; morte en 1685;

JEAN-LOUIS.

JEAN-LOUIS DE LAVAL, seigneur de Montigni, au diocèse de

THOMAS.

1664. THOMAS DE LAVAL, baron de la Faigne, seigneur de Tartigni, de Gournai, d'Aveluys, etc., fut assassiné, le 27 février 1651, par le précepteur de ses enfants, qui fut pendu. Il avait épousé, le premier février 1636, LOUISE DE VALLÉE, fille d'Étienne, seigneur du Pescherai. Elle se remaria à Charles d'Angennes, seigneur de la Loupe. Thomas en eut :

1º Charles, qui suit ;

2º Gabriel, qui a continué la postérité, ci-après ;

3º Henri de Laval, dit le chevalier de Tartigni, mort sans avoir été marié ;

4º Étienne de Laval, ecclésiastique ;

5º Louise, religieuse ;

6º Catherine-Louise, née au mois d'août 1651.

CHARLES.

1651. CHARLES DE LAVAL, baron de la Faigne, seigneur de Tartigni, mourut en 1709. Il avait épousé, le 19 mars 1668, LOUISE MEUSNIER, fille de Pierre, seigneur de Rubelles et de S. Prix, président à mortier au parlement de Paris. Il en eut cinq enfants :

1º Henri-Marie de Laval, mort sans alliance ;

Seigneurs de Montigni.

Chartres, et de Montbaudri, baptisé en 1620, épousa FRANÇOISE DE CHEVESTRE, fille de Tannegui, seigneur de Cintrai. Leurs enfants furent :

1º Gabriel, dont l'article suit ;

2º Pierre de Laval, mort en 1689, sans alliance ;

3º François de Laval, lieutenant de vaisseau, mort au Port-Louis sans enfants, de N... de Geslin, de Tremargat en Bretagne, sa femme ;

4º François de Laval, mort sans avoir été marié ;

5º Charles-François Gui de Laval, chanoine et grand vicaire

2° Claude-Charles, qui continue la lignée;

3° Claude-Charles de Laval, dit *l'abbé de Laval*, mort à Paris au mois de novembre 1708, âgé de 32 ans;

4° Louise, née le 15 janvier 1669;

5° Marie-Angélique, née en 1674, religieuse.

CLAUDE-CHARLES.

1709. CLAUDE-CHARLES DE LAVAL, né le 21 septembre 1672, baron de la Faigne, dit *le marquis de Laval*, fut colonel d'un régiment d'infanterie, et chevalier d'honneur de S. A. R. madame la duchesse d'Orléans. Il mourut en 1743. Il s'était allié, le 29 juillet 1699, avec MARIE-THÉRÈSE DE HAUTEFORT, morte le premier avril 1753, fille de Gilles, marquis de Surville, comte de Montignac, lieutenant-général des armées du roi. Il en eut deux enfants:

1° Gui-Louis-Charles, dont l'article va suivre;

2° Marie-Louise-Augustine, mariée, le 19 décembre 1726, avec Louis-Antoine Crozat, seigneur de Thiers, lieutenant-général des armées du roi, morte le 23 août 1770.

GUI-LOUIS-CHARLES.

1743. GUI-LOUIS-CHARLES DE LAVAL, mestre de camp de cavalerie, chevalier d'honneur de la duchesse d'Orléans, épousa le 11 août 1728, ADÉLAÏDE-LOUISE-SALBIGOTHON D'ESPINAI, dame de la duchesse d'Orléans, morte le 19 juin 1751, fille de

---

Seigneurs de Montigni.

de Tournai, puis de Cambrai, nommé évêque d'Ypres, mort en 1715;

6° Joseph de Laval de Montigni, né le 24 octobre 1672, reçu chevalier de Malte au grand-prieuré de France, le 30 mars 1685, commandeur de Louviers, de Vaumont et de Thors en 1726, grand bailli et trésorier de l'ordre en 1731, mourut grand-croix, le 16 novembre 1748;

7° Françoise de Laval, morte sans alliance;

8° Louise de Laval.

François, marquis d'Espinai, brigadier des armées du roi. Il n'en eut qu'une fille, Louise-Adélaïde-Philippine, née le 13 avril 1731, religieuse à la Ville-l'Evêque en 1760.

GABRIEL II.

1651. GABRIEL DE LAVAL, dit *le comte de Laval*, second fils de Thomas, baron de la Faigne, mourut au mois de mars 1723. Il avait épousé 1° RENÉE BARBE DE LA FORTERIE, morte le 2 juin 1702, fille de Claude Barbe, seigneur de la Forterie; 2°, au mois d'août 1714, ADÉLAÏDE DE GRIMOARD, fille de Louis-Scipion, marquis du Roure, lieutenant-général en Languedoc, et gouverneur du Pont-Saint-Esprit. Ses enfants furent :

Du premier lit :

1° Gui-Claude-Roland, qui suit;
2° Robert de Laval;
3° Cyprien-René de Laval, abbé de Manlieu en 1722;
4° Louise, mariée en 1706, à Michel-Séraphin des Escotais, seigneur de Chantilli, en Touraine;

Du second lit :

5° Joseph-Auguste, comte de Montmorenci, marquis de Montmorenci, mestre de camp, passa aux Indes en 1758. Il épousa, en 1747, Marie-Louise-Angélique de Barberin de Reignac, veuve du comte Campet de Saujon, brigadier de cavalerie.

Seigneurs de Montigni.

GABRIEL.

GABRIEL DE LAVAL, seigneur de Montigni et de Montbaudri, dit *le marquis de Laval*, capitaine de dragons en 1690, mort au mois d'août 1720, avait épousé, le 30 juin 1696, CHARLOTTE-MARIE-THÉRÈSE DE BESANÇON, fille de Charles, baron de Bazoches, vicomte de Neufchâtel, colonel d'infanterie. Elle le fit père de trois filles; et faute d'enfants mâles, cette branche s'est éteinte dans la personne de Gabriel.

Les seigneurs de Montigni portaient : *de Montmorenci*, avec l'écu de Laval au milieu de la croix.

GUI-CLAUDE-ROLAND.

1723. Gui-Claude-Roland de Montmorenci-Laval, dit *le comte de Laval*, né le 5 novembre 1677, entra sous-lieutenant au régiment du roi en 1694. Il se trouva à la marche de Vignamont, au bombardement de Bruxelles et à la prise d'Ath ; capitaine au régiment du roi le 17 février 1701, il leva un régiment de son nom en 1702 ; colonel-lieutenant du régiment de Bourbon, le 4 mars 1705, il servit à l'attaque des lignes de Weissembourg, marcha de là à l'armée de Dauphiné, eut part à la prise de Soncino et de Montmélian. Au siége de Nice, qui se rendit le 4 janvier 1706, il reçut deux atteintes de boulet. Il était à l'attaque des lignes de Turin ; à la levée du siége de Toulon par les ennemis, le 22 août 1707. En 1709, à l'armée de Flandre, chargé de la défense du poste dit des *sept fontaines*, lors du siége de Tournai ; il s'y maintint pendant dix-huit jours, et eut la main gauche écrasée par un éclat de bombe. Brigadier, par brevet du 29 mars 1710, il se distingua à l'attaque du fort d'Arleux. Il battit, le 10 juillet 1712, un corps de trois mille hommes près Valenciennes. Il combattit à Denain, à la prise de Marchiennes, à celle de Douai, où il entra par la gorge de la demi-lune verte et s'y retrancha ; au siége du Quesnoi, dont il eut le commandement après la prise. Il eut part à la reddition de Spire, Worms, Kayserslautern ; au siége de Landau où il emporta d'assaut le Pâté, attaqua et prit la contregarde qui couvrait l'un des bastions ; se signala à la défaite du général Vaubonne, le 20 septembre 1713 ; à la prise de Fribourg, etc. Maréchal de camp par brevet du premier février 1719, il fut nommé gouverneur de Philippeville par provisions du 23 janvier 1722. En 1734, à l'armée du Rhin, il servit à l'attaque des lignes d'Etlingen ; au siége de Philisbourg, où il monta à la tranchée le 4 juin, les 2 et 4 juillet, et s'empara du poste dit *la petite Hollande*. Il marcha ensuite au siége de Worms, qui fut pris le 23 juillet. Il fut créé lieutenant-général des armées du roi par pouvoirs du premier août. Il commanda au pays Messin en 1741 ; en Lorraine, en 1744, et obtint le gouvernement de Béthune par provisions du 20 septembre. Créé maréchal de France, par état donné au camp d'Hamal, en Brabant, le 17 septembre 1747, il quitta le commandement de la Lorraine le 31 octobre suivant, et prêta serment le 3 décembre. Il mourut le 14 novembre 1751. Il avait épousé, le 29 juin 1722, Elisabeth de Rouvroi-Saint-Simon, fille d'Eustache-Titus, marquis de Saint-Simon, brigadier des armées du roi. Il en eut, outre quatre garçons morts jeunes :

1° Joseph-Pierre, dont l'article suit;

2° Marie-Louise, née le 31 mars 1723, abbesse de Montmartre, morte victime du tribunal révolutionnaire, le 24 juin 1794;

3° Henriette-Louise, née le 29 juin 1733, mariée le 18 mars 1747, à Bleckard-Maximilien-Augustin, comte de Helmstadt, baron du Saint-Empire, souverain de Bichofsheim, ancien colonel du régiment de Bretagne, cavalerie.

JOSEPH-PIERRE.

1751. JOSEPH-PIERRE DE MONTMORENCI-LAVAL, né le 28 mars 1729, appelé le comte de *Laval-Montmorenci*, colonel du régiment de Guienne, infanterie, l'un des menins de monseigneur le dauphin, fut tué, le 31 juillet 1757, à la bataille d'Hastembeck. Il avait épousé, le 25 avril 1749, ELISABETH-RENÉE DE MAUPEOU, morte le 4 novembre 1759, fille de René-Théophile, marquis de Maupeou, lieutenant-général des armées du roi. De ce mariage sont issus :

1° Gui-Marie-René de Montmorenci-Laval, né le 23 décembre 1751, premier appelé à la succession du duché de Laval, au défaut de la branche des ducs, mort sans alliance;

2° Louis-Adélaïde-Anne-Joseph, qui suit;

3° Claudine-Anne-Elisabeth, née le 6 mars 1750, mariée au marquis de Fleury.

LOUIS-ADÉLAÏDE-ANNE-JOSEPH.

1757. LOUIS-ADÉLAÏDE-ANNE-JOSEPH DE MONTMORENCI-LAVAL, comte de Montmorenci, né le 18 octobre 1752, colonel des dragons de son nom en 1784, premier appelé à la succession du duché de Laval au défaut de la ligne ducale, a fait les campagnes de 1796 et 1797, commandant une des deux compagnies du régiment de cavalerie noble de l'armée de Condé. Il est aujourd'hui lieutenant-général des armées du roi. Il a épousé, le 28 avril 1773, ANNE-JEANNE-THERÈSE-JOSÉPHINE DE LA ROCHEFONTENILLE-GENSAC, née en 1754.

Les armes de cette branche sont de *Montmorenci-Laval*, pleines.

SEIGNEURS DE BOIS-DAUPHIN.

THIBAUT.

1433. THIBAUT DE LAVAL, seigneur de Saint-Aubin et des Coudrayes, second fils de Thibaut, seigneur de Loué, mourut l'an 1461. Il avait épousé, vers l'an 1440, ANNE DE MAIMBIER, dame de Bois-Dauphin et d'Aulnai, remariée avant l'an 1465, avec Adam le Roi. Thibaut de Laval en eut les enfants qui suivent :

1° René Ier, qui continue la lignée ;
2° Gabrielle, mariée, en 1488, à Jean de Lage, fils de René, seigneur du Châtelet. Elle testa le 15 janvier 1516 ;
3° Yolande, femme de Macé de Souvré, chevalier, seigneur de Gevraise. Ils vivaient en 1491 ;
4° Françoise, mariée, 1° à Bertrand Haussard, seigneur du Bourg ; 2° à Guion, seigneur de Fourmentières ;
5° Louise, femme de Gui de Brée, seigneur de Montchevrier et de Fouilloux, dont elle était veuve en 1496.

RENÉ Ier.

1461. RENÉ DE LAVAL, chevalier, seigneur de Bois-Dauphin, Saint-Aubin, Aulnai et Précigné en Anjou, fit son testament en 1504, et mourut peu après. Il avait épousé, en 1478, Guionne de Beauvau, dame de Précigné et de Louaillé, veuve de Jean Juvénal des Ursins, seigneur de la Motte-Jousserand. Leurs enfants furent :

1° François, dont l'article suit ;
2° Jean, qui continue la lignée.

FRANÇOIS.

1508. FRANÇOIS DE LAVAL, chevalier, seigneur de Bois-Dauphin en 1508, suivant le procès-verbal de la coutume d'Anjou, épousa MARGUERITE D'ASSÉ, fille de François, seigneur de Montfaucon au Maine. Il n'en eut point d'enfants.

JEAN.

Jean de Laval, seigneur de Bois-Dauphin, Saint-Aubin, etc., épousa Renée de Saint-Mars, fille et unique héritière de Mathurin, vicomte de Bresteau, seigneur de Saint-Mars, Roupeyreux, etc., etc. Après la mort de sa femme, arrivée en 1533, Jean de Laval prit l'ordre de prêtrise. Il en avait eu, outre deux filles, religieuses :

1° René II, dont l'article suit ;

2° Claude de Laval, seigneur de Teligni, maître d'hôtel du dauphin, fils de François Ier, marié avec Claude de la Jaille, veuve de Gui de Laval, seigneur de Lezai, de laquelle il n'eut point d'enfants. Il embrassa, après la mort de Claude de la Jaille, l'état ecclésiastique ; fut nommé à l'archevêché d'Embrun en 1554, par le roi Henri II, et mourut avant d'en avoir pris possession et sans avoir été sacré ;

3° Hardouin de Laval, vivant en 1539, mort sans alliance ;

4° Catherine, mariée, 1° à François, seigneur du Pui-du-Fou, capitaine des ville et château de Nantes ; 2° à Louis d'Ailli, baron de Péquigni, tué à la bataille de Saint-Denis en 1567.

RENÉ II.

René de Laval, deuxième du nom, seigneur de Bois-Dauphin, Précigné, Saint-Mars, vicomte de Bresteau, etc., gentilhomme ordinaire de la chambre du roi, fut tué à la bataille de Saint-Quentin, l'an 1557. Il avait épousé, 1° Catherine de Baïf, fille de François, seigneur de Baïf, en Anjou ; 2°, le 12 septembre 1547, Jeanne de Lenoncourt, dame de la reine Louise de Lorraine, et fille de Henri II, seigneur de Lenoncourt, comte de Nanteuil, chevalier de l'ordre du roi. Ses enfants furent :

Du premier lit :

1° Françoise de Laval, mariée, 1° à Henri de Lenoncourt, seigneur de Coupevrai, mort en 1584 ; 2° à Louis de Rohan, quatrième du nom, prince de Guémenée ;

Du second lit :

2° Urbain, dont l'article suit ;

3° Anne, mariée à Georges de Créqui, seigneur de Rissé ;

4° Urbaine, mariée à Philippe de Créqui, seigneur des Bordes, frère puîné du précédent.

URBAIN Ier.

1557. URBAIN DE LAVAL, seigneur de Bois-Dauphin, Précigné, Saint-Aubin, etc., comte de Bresteau, marquis de Sablé, servit au siége de Livron en 1574, à celui de la Fère en 1580, et suivit, en 1587, le duc de Guise, sous lequel il se signala aux combats de Vimori et d'Auneau. A la journée des barricades, le 12 mai 1588, il se saisit de la place Maubert; ce qui donna le tems au peuple de tendre les chaînes à travers les rues, et d'en fermer les issues. Henri III le fit arrêter aux états de Blois, au mois de décembre suivant, et le relâcha ensuite sur parole. Il défendit la ville du Mans contre Henri IV, auquel il la rendit le cinquième jour de siége, le 2 décembre 1589. Il combattit à Yvri en 1590, y fut blessé à la tête et fait prisonnier. En 1591, il marcha avec le duc de Parme au secours de Rouen. Sous le duc de Mercœur, en 1592, il obligea le prince de Dombes de lever le siége de Craon, chargea son arrière-garde dans sa retraite; le 24 mai, s'empara de Château-Gontier, prit ou tailla en pièces, à Ambrières, près Mayenne, cinq cents anglais échappés de la défaite de Craon. Il rentra au service du roi en 1595, lui remit Sablé et Château-Gontier. Ce prince le fit alors conseiller d'état, puis chevalier de ses ordres le 5 janvier 1597. Créé maréchal de France, par état donné au camp d'Amiens le 25 juillet suivant, il prêta serment le 7 avril. Il fut envoyé ambassadeur à la cour de Vienne, en 1601; fut nommé gouverneur et lieutenant-général en Anjou, le 4 octobre 1609. Lieutenant-général commandant l'armée du roi contre les princes mécontents, par pouvoirs du 4 août 1615, il eut ordre de couvrir Paris, d'arrêter l'armée des rebelles, et de ne point hasarder de bataille. Il s'assura de Creil-sur-Oise, en chassa le commandant, qui était dévoué aux princes; prévint le prince de Condé, qui avait des intelligences dans la ville de Sens; enleva le quartier du duc de Pinei-Luxembourg, ses équipages et sa caisse; mit des troupes dans Gien, dont les mécontents avaient séduit plusieurs habitants, et dégagea les carabiniers du roi, investis à Housson: ensuite il s'avança vers le Poitou, pour en fermer l'entrée aux mécontents. En 1619, il reçut la reine-mère au Pont-de-Cé, à la tête de quinze cents hommes à cheval, et se démit, en faveur de cette princesse, du gouvernement d'Anjou, au mois de juin. Il se retira à Sablé, où il mourut le 27 mars 1629. Il avait épousé MADELEINE DE MONTECLER, dame de Bourgon, d'Airon et de dix autres terres, morte le 17 mai 1712. Il en eut trois fils, Philippe-Emmanuel, qui suit, et deux autres morts jeunes.

PHILIPPE-EMMANUEL.

1629. Philippe-Emmanuel de Laval, chevalier, marquis de Sablé, comte de Bresteau, seigneur de Bois-Dauphin, mourut d'apoplexie le 4 juin 1640. Il avait épousé Madeleine de Souvré, morte le 16 janvier 1678, fille de Gilles, marquis de Courtanvaux, chevalier des ordres, capitaine de cinquante hommes d'armes, maréchal de France. Leurs enfants furent :

1° Urbain II, dont l'article suit ;
2° Henri-Marie de Laval, évêque de la Rochelle, le 1er juillet 1661, mort le 22 novembre 1693 ;
3° Gui de Laval, reçu chevalier de Malte le 12 novembre 1637, ensuite marquis de Sablé et de Laval, maréchal de camp. Il fut blessé au siége de Mardick, le 13 août 1646, dans une sortie faite par les assiégés. Il mourut la nuit du 17 au 18 octobre de la même année, d'un coup de mousquet qu'il avait reçu au siége de Dunkerque. Il avait épousé Madeleine Séguier, veuve de César du Cambout, marquis de Coëslin, lieutenant-général des armées du roi, colonel-général des Suisses et Grisons; fille aînée de Pierre Séguier, duc de Villemor, chancelier de France. Elle mourut le 31 août 1710. Gui de Laval en eut une fille, Madeleine de Laval, dame du palais de la reine Marie-Thérèse d'Autriche, puis dame d'atours de madame la dauphine, et enfin dame d'honneur de S. A. R. Marie-Françoise de Bourbon, légitimée de France, duchesse douairière d'Orléans. Elle épousa, le 30 avril 1662, Henri-Louis d'Aloigni, marquis de Rochefort, baron de Craon et d'Ingrande, maréchal de France ;
4° Gilles de Laval, chevalier de Malte, tué devant Bordeaux ;
5° Jacques de Laval, page de la chambre, mort jeune ;
6° Marie, religieuse à Saint-Amand de Rouen ;
7° Madeleine ;
8° Armande, religieuse ;
9° Philippe, morte jeune.

URBAIN II.

1640. Urbain de Laval, marquis de Bois-Dauphin et de Sablé, mourut à Paris le 6 décembre 1661. Il avait épousé, 1° Marie de Riants, fille de François, seigneur de Villerai,

ET DUCS DE MONTMORENCI. *(Bois-Dauphin.)* 129

maitre des requêtes, dont il n'eut point d'enfants; 2° MARGUERITE BARENTIN, veuve de Charles de Souvré, marquis de Courtanvaux, et fille de Charles Barentin, président en la chambre des comptes. Elle mourut le 8 février 1704, ayant eu deux fils qui la prédécédèrent :

1° Charles, dont l'article suit ;

2° Jacques de Laval, page de la grande écurie du roi en 1667, tué par les Turcs, au combat de Candie, le 23 juin 1669.

CHARLES.

1661. CHARLES DE LAVAL, marquis de Bois-Dauphin, capitaine au régiment de Picardie, fut tué dans une sortie faite sur les Hollandais au siége de Woerden, au mois d'octobre 1672, sans avoir été marié.

Les armes de cette branche sont, de *Montmorenci-Laval*, à la bordure de sable, chargée de cinq lionceaux d'argent ; un en chef léopardé, deux en chaque flanc de l'écu ; ceux de dextre contournés et affrontant ceux de sénestre.

Nota. En écrivant *Montmorenci*, on s'est conformé à l'orthographe suivie dans tout le cours de cet ouvrage par les Bénédictins ; cette orthographe est fondée sur l'étymologie ; mais l'usage de l'*y* ayant prévalu depuis trois siècles, la maison de *Montmorency* a adopté cette terminaison.

CHRONOLOGIE HISTORIQUE

DES

SIRES, ou CHATELAINS DE MONTLHÉRI.

Montlhéri, capitale du Hurepoix, à six lieues ou environ de Paris, près de la route d'Orléans, est appelé dans les anciens monuments, *Mons Leherii*, *Mons Letherici* et *Mons Æricus*, du nom de son fondateur qui n'est pas bien connu, ou du gaulois *Mont-le-hery*, qui signifie montée rude et difficile, parce qu'il est situé sur le penchant d'une colline. Cette ville et ses dépendances tombèrent, au commencement du onzième siècle, dans la maison de Montmorenci.

THIBAUT.

Thibaut, surnommé File-étoupes, *Filans stupas*, à cause de sa chevelure blonde, est le premier seigneur connu de Montlhéri. Du Chesne le dit par conjecture second fils de Bouchard II, sire de Montmorenci ; ce qui est très-vraisemblable, puisqu'on voit la terre de Brai, qui appartenait à l'auteur des Montmorenci, possédée par les descendants de Thibaut. Le roi Robert, dont il avait mérité la faveur, l'honora de la charge de grand-forestier. L'an 1015, il bâtit, du consentement de ce prince, le château de Montlhéri. (Aimoin, l. v, c. 46.) La situation avantageuse de cette place, la solidité de ses murs, et la hauteur de ses tours, dont il reste encore la principale qu'on aperçoit de sept lieues, la rendirent une des plus importantes qu'il y eût alors en France. On ignore l'année de la mort de Thibaut. Il laissa pour héritier un fils, qui suit.

GUI Ier.

Gui Ier, fils de Thibaut File-étoupes et son successeur en la seigneurie de Montlhéri, jouit d'une grande réputation de valeur et de probité sous les règnes de Henri Ier et de Philippe, son fils. Il fonda, l'an 1064, le prieuré de Long-Pont, à une demi-lieue de Montlhéri, sur la rivière d'Orge. C'est encore à lui ou bien à son père qu'on doit rapporter la fondation faite dans le château de Montlhéri de la collégiale de Saint-Pierre, qu'une charte de Louis le Jeune dit avoir existé dès le tems des seigneurs de Montlhéri, ainsi que d'une église de Notre-Dame, qui était dans le même château. (Le Beuf, *Hist. du dioc. de Paris*, T. X, pag. 158.) Gui vivait encore l'an 1071, comme le prouve sa signature mise au bas d'un diplôme du roi Philippe Ier, donné cette année pour confirmer les possessions que l'église de Laon avait aux villages de Vaux et de Saint-Marcel. (*Arch. de l'église de Laon.*) Gui laissa de sa femme, HODIERNE, dame de la Ferté-Alais et de Gommets dans le Hurepoix, morte avant lui, deux fils et cinq filles. Les fils sont Milon, ou Miles, qui suit; Gui, sire de Rochefort, dit le Rouge, de la couleur de son poil, suivant Albert d'Aix: les filles, Mélisende, dite *Bonne voisine*, femme de Hugues, comte de Réthel; Alix, mariée à Hugues II, sire du Puiset; N., femme de Gautier II, seigneur de Saint-Valeri-sur-Somme; Mélisende la Jeune, surnommée *Chère voisine*, qui épousa le seigneur de Pont-sur-Seine; et Elisabeth, seconde femme de Josselin de Courtenai. La mère de ces enfants finit ses jours quelque tems avant son mari, et fut inhumée à Long-Pont, où il eut aussi sa sépulture.

MILON.

MILON, ou MILES, appelé DE BRAI, successeur de Gui, son père, dans la seigneurie de Montlhéri (1), fut surnommé aussi LE GRAND, beaucoup plus pour sa puissance et sa valeur, que pour l'usage qu'il fit de l'une et de l'autre. Il avait épousé, l'an 1070, LITHUISE, vicomtesse héréditaire de Troyes. Suger le représente comme un séditieux et un perturbateur du repos de l'état. Son château de Montlhéri, suivant le même auteur, était le berceau de toutes les cabales qui se formaient contre le roi Philippe Ier, et l'asile de tous les rebelles que ce monarque poursuivait. La publication de la première croisade fit changer d'objet à l'humeur inquiète et turbulente du sire de Montlhéri. Il partit, l'an 1096, pour cette expédition. De retour en France, il n'y fit pas un long séjour. L'an 1101, il retourna en Palestine sous les enseignes de Hugues le Grand, frère du roi Philippe Ier. Mais le succès de ce second voyage ne répondit pas à son attente. S'étant trouvé au combat de Rama, livré par Baudouin,

---

(1) M. Groslei (*Mém. sur l'Hist. de Troyes*, p. 430) le dit comte de Corbeil, et se trompe.

roi de Jérusalem, aux infidèles, le 27 mai 1102, il y fut pris, et conduit, avec les autres prisonniers, à Ascalon. Depuis ce tems, on n'apprit plus rien de certain ni de lui ni de ses autres compagnons d'infortune. (*Ordéric Vital*, l. IX, p. 723, et l. X, p. 795.) Milon laissa de son mariage quatre fils : Gui, qui suit; Thibaut, dit *la Bofe*; Renaud, vicomte de Troyes, puis évêque de cette ville ; et Milon II de Brai, vicomte de Troyes après son frère. Le comte Milon le Grand eut aussi cinq filles : Marguerite, femme de Manassès, vicomte de Sens ; Emmeline, mariée à Hugues, seigneur de Broyes; N., alliée à N., seigneur de Planci en Champagne; N., qui épousa le seigneur d'Erici; et Isabeau, femme de Thibaut, seigneur de Dampierre en Champagne, duquel descendent par les femmes, si l'on en croit du Bouchet, presque tous les souverains qui sont aujourd'hui en Europe. L'église de Troyes, dans son nécrologe, fait mention du comte Milon comme d'un bienfaiteur, et tous les dimanches on le recommande dans cette même église en ces termes : *Pour l'âme du vicomte Milon et du comte Huon, qui les maisons et franchises donnèrent à cette église.* (Groslei, *Mém. pour l'histoire de Troyes*, p. 430.)

GUI II.

Gui II, dit Troussel, fils aîné de Milon le Grand, lui succéda dans la seigneurie de Montlhéri, ainsi que dans ses autres domaines, excepté la vicomté de Troyes. Comme il était d'un caractère assez ressemblant à celui de son père, le roi Philippe Ier, pour se l'attacher, l'honora de la charge de sénéchal de France. Il accompagna son père à la première croisade, et eut part avec lui à tous les exploits des croisés en Asie jusqu'à la prise d'Antioche. Mais Corboran étant venu assiéger à son tour les vainqueurs dans cette place, Gui Troussel eut la lâcheté, dit Suger, de se faire descendre la nuit par dessus les murs, et alla se rembarquer pour la France au premier port. Il paraît qu'à son retour il fut mal accueilli du roi Philippe et du prince Louis le Gros, son fils; du moins on voit que la charge de sénéchal lui fut ôtée quelque tems après pour être rendue à Gui le Rouge, sire de Rochefort en Yveline, son oncle paternel, qui l'avait exercée avant lui, et s'en était démis en partant pour la Terre-Sainte. Philippe voulut aussi lui enlever Montlhéri, et mit en œuvre toutes sortes de moyens pour s'en rendre maître, sans pouvoir néanmoins y parvenir. Mais lorsqu'il y pensait le moins, une occasion favorable lui mit cette place entre les mains. Gui Troussel n'avait de sa femme, Adélaïde (1), qu'une fille, nommée Elisa-

---

(1) Une charte du prieuré de Long-Pont nomme sa femme Mabilie. Peut-être est-ce la même qu'Adélaïde, peut-être est-ce une deuxième femme.

beth. Craignant qu'après sa mort on ne la privât de son héritage, il fit offrir au roi de la donner en mariage au prince Philippe de Mantes, fils de ce monarque, et de Bertrade de Montfort. Le roi, pour consentir à cette offre, obligea Gui Troussel de lui céder à lui-même Montlhéri; en échange de quoi il lui donna Mehun-sur-Loire, qu'il avait acquis par confiscation. Ceci est, suivant le père Anselme, de l'an 1104. Ravi de cette acquisition, le roi Philippe dit à Louis, son fils: *Biau fius Loeïs, garde bien cele tor qui tantes fois m'a travalié, et en cui escombatre et asalir ge me suis presque toz envesliz (enviellli), et par cui desloiauté ge ne poi ainques avoir bonne pais né bonne seurté; la cui desloiauté faisoit des prodomes et des loyaux traitres et desloiaux; et laienz s'atropelloient, et de près et de loin, tuit li traitor et li deloial; ne en tot le roiaume n'estoient mauz faiz ne traisons sanz lor asent (consentement), et sanz lor aide: si que dou chastel de Corbuel (Corbeil), qui est mi-voie de Montlhéri, à destre jusques à Chastiaufort, estoit la terre si accinte, et si grant confusion entre cex de Paris et cex d'Orliens, que li un ne pooient aler en la terre de l'autre por marchandisse ne por autre chose sens la volanté à ces traitors, si ce n'estoit de grant force de gent.* (Chron. de Saint-Denis.) Miles, ou Milon II de Brai, vicomte de Troyes, frère de Gui Troussel, vit d'un œil bien différent l'aliénation que celui-ci venait de faire. Il se plaignait depuis long-tems de n'avoir point eu de part dans l'héritage paternel, et n'était retenu dans son ressentiment que par l'espérance de succéder à son frère. La voyant frustrée, il ne garda plus de ménagement, et prit les armes pour se faire justice. Les Garlande, pour lors bannis de la cour, embrassèrent ses intérêts, et l'aidèrent à corrompre la fidélité des habitants de Montlhéri, qui se laissèrent engager à lui ouvrir les portes du château. Mais la garnison que le roi y avait mise s'étant retirée dans la grosse tour, il fallut en faire le siége. Elle était déjà percée en plusieurs endroits, lorsque Gui le Rouge, pour lors beau-père du prince Louis le Gros par Lucienne, sa fille, étant survenu au secours des assiégés, demanda à s'aboucher avec les Garlande. Sur la promesse qu'il leur fit de les réconcilier avec le roi, et d'obtenir le pardon des traîtres, il vint à bout de détacher les uns et les autres du parti de son neveu. Par là, Milon de Brai se vit obligé de se retirer. Le prince Louis accourait cependant avec un corps de troupes à Montlhéri, ne respirant que la vengeance. Mais ayant trouvé à son arrivée le traité conclu, il ne put se dispenser de le ratifier. Toutefois, pour mettre fin aux inquiétudes que cette place lui avait causées, ainsi qu'à ses ancêtres, il prit le parti de la faire raser, à l'exception de la grosse tour. Suger rapporte cet événement au tems où Boëmond, prince d'Antioche, arriva en France, c'est-à-dire environ l'an 1106. Le roi Philippe donna quelque tems après, du consentement du prince Louis, la terre de Montlhéri à Philippe de Mantes. Celui-ci vécut paisiblement jusqu'à la mort du roi, son père; mais voyant Louis le Gros ensuite élevé sur le trône, la jalousie que Bertrade, sa mère, et son frère utérin, Foulques le Jeune, comte d'Anjou, allumèrent dans son cœur, le porta à se révolter. Gui le Rouge entra dans ses vues avec ses deux fils, Gui III de Rochefort et Hugues de Créci. Il était personnellement irrité contre le nouveau monarque à cause du divorce qu'il avait fait avec Lucienne, sa fille, par ordre du concile de Troyes. Bertrade ayant attiré dans la même faction Amauri de Montfort, son frère, et d'autres mécontents, rassemblait sur la tête de Louis un orage qui paraissait devoir l'écraser; mais ce prince, intrépide et plein de ressources, trouva moyen de le dissiper. Après avoir inutilement averti Philippe, son frère, de cesser ses déprédations, il saisit le moment qu'il était absent de Mantes, pour venir mettre le siége devant cette place. Il la battit si vivement avec toutes les machines de guerre qui étaient en usage alors, qu'en peu de jours il la contraignit de se rendre. Une chronique manuscrite (*Bibl. Saint-Victor*, n° 419), ajoute que Louis enleva aussi à Gui le Rouge la Ferté-Baudouin (aujourd'hui, à ce qu'on croit, la Ferté-Alais), qu'il garda. Bertrade et Amauri, craignant le même sort pour Montlhéri, s'avisèrent d'un expédient : ce fut de céder cette terre à Hugues de Créci, fils de Gui le Rouge, en le mariant avec Lucienne, fille du même Amauri ; *et par ce*, disent les grandes chroniques de Saint-Denis, *cuiderent faire un tel encombrement au roy; que la voie de Normandie li fut tolue par la force celi Huon, et par la force Guiom de Rochefort, son frère, et par la force le comte Amauri de Montfort, sanz autre grié et domaches que il li porroient faire chascun jor, jusques enz en Paris, sa cité, si que nais* (pas même), *ne perroit-il aler en nule maniere jusques Droues* (Dreux.) Hugues de Créci n'eut pas plus tôt accompli son mariage, qu'il s'achemina pour aller prendre possession de Montlhéri. Mais le roi, l'ayant suivi de près, passa devant Montlhéri ; et, ayant pénétré jusqu'à Châtres, qui en dépendait, il s'en rendit maître sans coup férir, par la bonne disposition des habitants qui se soumirent volontairement à lui. Hugues de Créci l'attendait cependant de pied ferme à Montlhéri. Il avait si bien pourvu à la défense de cette place, que, toute démantelée qu'elle était, elle résista aux efforts du roi. Il y eut entre les deux partis plusieurs escarmouches qui n'eurent aucun succès décisif. Mais, dit Suger, une ruse en attirant une autre, le roi se servit de celle-ci pour jouer son ennemi. Milon de Brai était venu à son camp pour lui demander, en termes soumis, la terre de

Montlhéri, comme le patrimoine de ses pères dont il avait été injustement frustré. Louis fit alors par politique ce qu'il aurait peut-être dû faire par justice. Ayant mandé les principaux habitants de Montlhéri, il leur présenta Milon comme leur seigneur. Les bourgeois, réjouis à cette nouvelle, comme si le roi, dit Suger, eût fait descendre chez eux le soleil et les étoiles, se tournent à l'instant contre Hugues de Créci, le somment de sortir au plus tôt de leur ville, déclarant que nul serment ne peut les lier au préjudice de la fidélité qu'ils doivent à leur seigneur naturel, et sur le retardement qu'il met à partir, ils le poussent dehors avec perte d'une grande partie de ses équipages. C'est ainsi que Milon de Brai recouvra la terre de Montlhéri. Sa reconnaissance ne répondit pas à la grandeur du bienfait qu'il avait reçu de Louis. Thibaut, comte de Blois, son parent, étant entré en guerre, l'an 1111, avec le roi, Milon se laissa entraîner, avec un grand nombre de barons, dans le parti de ce rebelle, à l'appât du mariage incestueux, dit Suger, qu'il lui offrit avec sa sœur, quoiqu'il eût déjà une femme vivante. Mais il ne remporta que de la honte de cette confédération, par la défaite de Thibaut, et par la nécessité où il se trouva lui-même de rompre le mariage illégal qu'il avait contracté (1). Ces disgrâces l'ayant fait rentrer en lui-même, il fit sa paix avec le monarque, qu'il servit dans la suite avec une fidélité constante. Il n'en fut pas de même de Hugues de Créci. Toujours acharné contre son souverain, il porta le fer et le feu partout avec une extrême fureur, et se rendit si redoutable, qu'il ébranla, pour ainsi dire, le trône, suivant la chronique de Morigni, par les divers mouvements qu'il causa dans l'état. Il n'était pas moins animé contre Milon de Brai, son cousin, qui lui avait enlevé Montlhéri; mais il dissimula long-tems sa haine en attendant l'occasion de la faire éclater. Enfin, l'an 1118 ou environ, l'ayant surpris à Rochefort, il le fit prisonnier; puis, après l'avoir promené en divers châteaux, toujours lié comme un malfaiteur, ne sachant où le garder sûrement, et n'osant le mettre en liberté de peur qu'il ne se vengeât, il le fit étrangler à Gommets. Quelques-uns disent qu'il avait eu la cruauté de le faire mourir de ses propres mains. Quoi qu'il en soit, il fit jeter son corps par une fenêtre pour faire croire qu'il s'était tué lui-même en voulant se sauver; mais le crime fut découvert. Le roi

---

(1) Ives de Chartres, grand canoniste et fort zélé pour l'observation des règles, s'éleva fortement contre ce second mariage de Milon. Il écrivit au pape pour le prévenir sur cette affaire. *Si causa Milonis*, lui dit-il, *et filiæ comitis Stephani ad aures vestras pervenerit, sciat P. V. quia Milo priorem uxorem canonicè non dimisit et filiam comitis Stephani canonicè non accepit.* (Ep. 241.) Ives fut écouté, et ce mariage fut déclaré nul.

lui-même vint en grand cortège à Gommets, et condamna Hugues à se justifier, suivant l'usage du tems, par le duel. On lui assigna pour le champ clos la cour d'Amauri de Montfort, dont il avait fiancé la fille, qui n'était pas encore nubile. Mais Hugues n'eut pas le courage de s'exposer à ce risque; et, se voyant convaincu, il vint se jeter aux pieds du roi pour lui demander pardon, lui remit sa terre, et entra dans l'ordre de Cluni pour y faire pénitence. À l'égard du cadavre de Milon de Brai, il fut inhumé dans le prieuré de Long-Pont; et comme il ne laissait point d'enfants, la terre de Montlhéri fut réunie au domaine de la couronne. Cette réunion fit peu à peu devenir considérable la terre de Montlhéri, et donna lieu d'y établir des prévôts et gardes du château. Un nommé Durand en était prévôt l'an 1140. Nos rois vinrent aussi quelquefois y faire leur résidence. Louis le Jeune y donna, l'an 1144, une charte en faveur de l'abbaye de Saint-Denis. Philippe Auguste, son fils, y était si souvent, que la dixième partie du pain et du vin qui s'y consommaient devint l'objet d'une aumône dont il gratifia l'abbaye de Malnoüe. Cette terre rendait au domaine, sous ce règne, plus de deux cents livres de rente (1), somme considérable alors. M. le Beuf a donné la liste des feudataires de Montlhéri, qui étaient en grand nombre, et des charges auxquelles ils étaient tenus, dont la principale était la garde du château pendant un certain tems de l'année. (*Hist. du Dioc. de Paris*, T. X, p. 163.)

Ce fut vers le commencement du règne de saint Louis (l'an 1228), que le château de Montlhéri lui servit de retraite. « Dans
» le tems de la conspiration des princes contre lui et la reine
» Blanche, sa mère, s'étant mis en chemin pour aller à Vendôme,
» où le duc de Bretagne et le comte de la Marche avaient promis
» de venir lui faire satisfaction, il apprit que ces rebelles faisaient
» avancer secrètement des troupes jusqu'à Etampes et à Corbeil,
» pour tâcher de l'envelopper. Il était déjà à Chartres, par-delà
» Montlhéri, lorsqu'il en fut averti, et cela l'engagea à revenir
» sur ses pas et à se retirer dans le château. La tradition du pays
» est qu'il se mit dans un souterrain dont l'entrée est à quelques
» pas de la tour, mais maintenant bouchée. Les parisiens, qui
» étaient attachés à leur roi, coururent à son secours pendant que
» les barons étaient assemblés à Corbeil, et, le renfermant dans
» leurs bataillons, ils le ramenèrent en sûreté à Paris. Joinville

---

(1) Du tems de Philippe Auguste, le marc d'argent fin valait 50 sous; mais on ne sait rien sur l'état de l'argent monnayé d'alors. Quoi qu'il en soit, 200 livres de ce tems-là, en supposant que l'argent monnayé fût alors sans aloi, font 80 marcs; et, à raison de 53 livres 9 sous 2 deniers le marc, ils produiraient aujourd'hui 4276 livres 13 sous 4 deniers.

» dit que depuis Montlhéri les chemins étoient pleins de gens qui
» crioient à notre seigneur qu'il lui donnât bonne vie ». (*Ibid.*,
p. 164.)

Personne n'ignore la bataille qui se donna, le 16 juillet 1465, entre le roi Louis XI et Charles de France, duc de Berri, son frère, dont les ducs de Bourgogne et de Bretagne, ainsi que plusieurs autres seigneurs, suivaient le parti. Ce combat se livra dans une petite plaine qui est entre Montlhéri et Long-Pont (près de la rivière d'Orge), et qui, à cause de cet événement, est appelée dans les titres et terriers du pays *le chantier du champ de bataille.*

La seigneurie de Montlhéri fut aliénée avec titre de comté en faveur du cardinal de Richelieu. Louis XIII la retira ensuite pour l'unir au duché de Chartres, qu'il avait donné en apanage à Gaston, son frère. Le domaine de Montlhéri fut depuis engagé, à M. Phélypeaux, conseiller d'état, le 18 juillet 1696.

CHRONOLOGIE HISTORIQUE

DES

COMTES DE MEULENT,

Dressée sur les Mémoires de M. LEVRIER, *lieutenant-général du bailliage de Meulent.*

L'ORIGINE du comté de Meulent, en latin *Mellentum*, situé sur le bord de la Seine entre Saint-Germain-en-Laye et Vernon, est si ancienne, qu'elle paraît remonter au-delà de l'établissement des fiefs héréditaires en France. Dans les VIIIe et IXe siècles, et jusque vers le milieu du Xe, le comté de Meulent semble avoir été possédé le plus souvent par les mêmes seigneurs que ceux qui avaient le Vexin. Les chroniques de Saint-Nigaise de Meulent, de Saint Mellon et de Saint-Martin de Pontoise, et quelques manuscrits de Mantes et de la Roche-Guyon, nous apprennent que saint Nigaise, qui vivait dans le milieu du IIIe siècle, vint prêcher la foi dans le Vexin, dont il est regardé comme l'apôtre, et particulièrement dans la ville de Meulent, qui le reconnaît pour son patron, et où ses reliques sont conservées. En l'année 780, un comte de Meulent, qui était en même tems seigneur de Pontoise, fit bâtir en cette dernière ville l'église de Saint-Mellon, et y fit apporter les reliques de ce saint évêque. Un autre comte de Meulent, qui était seigneur, à cause de sa femme, du lieu appelé depuis la Roche-Guyon, fit transférer celles de saint Nigaise de la chapelle de Gani-sur-Epte, où elles étaient, en l'ile de Meulent, vers l'an 840. On voit, dans Guillaume de Jumiége et dans Dudon de Saint-Quentin, que Meulent, déjà place forte et ville murée, *municipium*, avant qu'il y eût des châteaux à Pontoise, Chaumont, Mantes et Poissi, était, dès le IXe siècle, la capitale et la sauvegarde de la province et le chef-lieu de la résidence de ses seigneurs, barons, princes ou comtes, comme on voudra les nommer. Ces historiens, parlant de la bataille donnée à Meulent et du sac de cette ville, sous Rollon chef des Normands, en 878, disent que, la ville de Meulent et la forteresse ayant été assiégées et prises d'assaut, les ennemis tuèrent *ses princes*, passèrent la garnison au fil de l'épée, et que, se trouvant ainsi maîtres du pays, et n'éprouvant aucune résistance, ils ravagèrent toute cette province, et employèrent les riches dépouilles qu'ils en tirèrent à faire le siège de Paris..... *Præoccupaverunt Mellentis habitatores, quam interfectis principibus cito subvertunt, totamque provinciam devastarunt..... Tunc Rollo..... Mellentis municipium obsidet, quo subverso omnes gladio necat... Igitur Nortmanni ripâ Mellentis... naves divellerunt... et prædam illius provinciæ ad obsidionem... Parisias... verterunt...* Ce que Wace rend de cette manière :

> Donc ont porpris Meullent et toute la contée,
> Les barons ont occis et la terre gastée.

Et Philippe Mouskes :

> Renaut desconfis, Rou alla
> Droit à Meullent l'a consui,
> Renaut ocist, le bourc saisi,
> Rou tout le païs exilla.

Et la chronique de Rouen : « Le mareschal de France assembla ses gens et vint à *Meulenc*, et là eut forte bataille, et fut le chevalier Roulant..... mort en place et grand foison de François..... Après que la bataille fut finée, Rou fit assaillir *Meulenc*, et entrerent dedens par force, et mirent tout à l'espée... Après celle desconfiture, Rou alla chevauchant et destruisant le pays jusque devant la cité de Paris ».

Lorsque la paix fût faite, et que par un traité, Charles le Simple eut cédé à Rollon la Normandie jusqu'à la rivière d'Epte, le comte de Meulent fut rétabli et remis en possession de son domaine sous l'hommage du roi de France..... *Fœdere tamen pacis cum Carolo Simplici inito hunc ipsum* (Comitatum) *recuperavit Mellentensis comes sub regis Francorum clientela.* (*Chr. Norm.*) Les noms de ces premiers comtes ne sont pas venus jusqu'à nous.

Il est à propos d'observer que, quoique Meulent ait toujours été regardé comme faisant partie du Vexin français, la ville est néanmoins divisée par la rivière de Seine en deux parties, dont l'une est située sur le pays du Vexin, *in pago Vilcassino*, et l'autre sur le pays de Pincerais, *in pago Pissiacensi* : car les historiens et les géographes conviennent que le Vexin est borné au midi par la Seine, et le Pincerais au nord par la même rivière, en sorte que tout ce qui se trouve sur l'une de ces rives est distinct de ce qui se trouve sur l'autre, et que ces limites naturelles et immuables, quoique fort rapprochées, ne se confondent point. Il en est ainsi du spirituel, puisque ces cantons sont de deux diocèses différents.

Le Pincerais a pris son nom de Poissi : il est connu dès le tems de la première race, et se trouve nommé très-souvent dans les chartes de la seconde, *pagus Pinciasensis, Pingecisus,* ou *Pissiacensis*. Il formait une division civile et ecclésiastique, dont l'un des archidiaconés du diocèse de Chartres retient encore le nom.

Le Pincerais dans son état actuel comme division ecclésiastique, commence au-dessous de Mantes, depuis les confins du diocèse d'Evreux, en remontant la Seine, jusqu'à ceux du diocèse de Paris. Mais, comme division civile, il eut dans son origine une étendue plus considérable du côté de Paris : il remontait à l'orient au-dessus de Saint-Germain-en-Laye jusqu'à Ruel et Courbevoie où commençait le Parisis..... *pagus Parisiacus*. Sous la première et la seconde races il était beaucoup moins étendu qu'il ne l'est actuellement : à l'occident, il était borné par la rivière de Maudre, dont l'embouchure se trouve entre Meulent et Mantes ; et le surplus, depuis cette petite rivière, en descendant la Seine jusqu'à l'Evreciu, *pagus Ebrocinus*, formait un district, comté, ou pays particulier appelé Madrie, *pagus Madriacus, Madrecisus, Matricensis*, du nom de cette rivière de Maudre, appelée en latin *Madra*, qui servait de limite. Ce pays de Madrie, arrêté le long de la Seine par la Maudre, remontait ensuite vers le diocèse de Paris en tournant le Pincerais, dont il était séparé de ce côté-là par la rivière de Villepreux.

Cette division n'a eu qu'un tems. Les comtes de Madrie ont

disparu depuis le milieu du ixe siècle. (Balus., T. II , col. 70.)
Le nom de leur seigneurie s'est conservé quelque tems après eux;
et l'on voit encore *Potestas Madriaca* dans les chartes des siècles
suivants. Mais ce nom s'est perdu insensiblement, celui de Pincerais a prévalu, et s'est étendu aux deux pays, de manière que
les mêmes lieux qui avaient été désignés précédemment comme
enclavés dans le pays de Madrie, se trouvent énoncés depuis
comme situés dans le Pincerais.

D'après cette observation on voit, par exemple, que la ville de
Mantes ne fait pas partie du Vexin proprement dit, mais que,
située dans le pays de Pincerais, elle a été comprise dans celui
de Madrie, lorsqu'il existait. Néanmoins comme cette ville est
placée sur la frontière, et qu'elle a appartenu aux comtes du
Vexin, qui ont succédé à ceux de Madrie, elle a toujours passé,
dans le langage commun, pour une des villes du Vexin. Depuis
l'extinction des comtes du Vexin, cette ville, ayant passé sous la
domination de ceux de Meulent, a fait partie des fiefs de leur mouvance, et les vicomtes de Mantes sont devenus vassaux des comtes
de Meulent. Nos rois y possédèrent quelques domaines particuliers en propriété, et entr'autres un château qu'ils habitaient
assez souvent. Louis le Gros le donna à Philippe, son frère naturel,
fils de Bertrade, qui porta même quelques instants le nom de
comte de Mantes. Mais ce titre était sans réalité, et comme un
simple brevet d'honneur, puisque Mantes n'avait alors aucun
district ni mouvance, et n'était point effectivement un comté ; qu'il
est même constant, par les titres et les chartes dont on aura occasion de citer une partie dans peu, que tout le territoire qui, depuis Philippe Auguste, composa la châtellenie de Mantes, faisait partie auparavant du comté de Meulent, et en portait le nom
avant que les géographes modernes eussent imaginé de créer, de
leur autorité privée, un pays particulier appelé Mantois, qui n'a jamais été connu des anciens. Le chapitre de Notre-Dame de Mantes
était tenu, par les titres de sa fondation, ainsi que celui de Saint-
Mellon de Pontoise, d'envoyer chaque année deux chanoines et
deux chapelains à Meulent le jour et fête de Saint-Nigaise, pour
assister au service, et pour aider à chanter la messe et *la kirielle*:
c'est le mot des titres. Il n'y a que cent-vingt ans que les vestiges
de cette ancienne dépendance ont été abolis par des conventions
particulières.

Nous avons observé que la ville de Meulent est située partie
sur le Vexin, partie sur le Pincerais. Il en est de même du comté,
qui s'étend sur les deux rives de la Seine. Il est très-vraisemblable que la partie chartraine du Pincerais appartenait aux comtes de la première race de leur chef, et que c'est la première qui
a porté le nom de comté de Meulent, dont le territoire s'étendait

sur les anciens comtés de Pincerais et de Madrie ; et que celle du Vexin n'y a été jointe que par démembrement fait à la mort de Waleran qui réunissait le tout, et en considération de l'alliance de la fille de Gauthier II, comte du Vexin, avec Robert II, comte de Meulent, vers le milieu du xe siècle.

Cette opinion est appuyée sur le rapport d'intimité et sur les alliances qu'il y avait entre les comtes de Meulent de la première race et ceux de Chartres ; sur leur origine, ainsi que sur celles de leurs vicomtes qui sortaient du pays de Chartres ; sur la mouvance de certains domaines du comté de Meulent, qui relevaient originairement de l'église de Chartres ; sur l'inclination particulière que ces comtes eurent pour les abbayes et pour les églises de Chartres, inclination qui se justifie par les dons immenses qu'ils leur firent ; enfin sur le titre de *comté*, donné au Pincerais, par le roi Robert, dans un diplôme dressé sur la fin du xe siècle, en faveur de l'église de Saint-Magloire de Paris. Car, comme il est bien constant qu'il n'y a jamais eu de comtes de Pincerais et de Poissi autres que ceux de Meulent, dont le comté s'étendait sur cette partie, et particulièrement sur les terres de Marœuil-sur-Maule, Saint-Léger en Yveline, et Verneuil, ou Vernouillet-sur-Seine, mentionnées au diplôme du roi Robert, il en résulte clairement que l'énonciation de *comté de Pincerais* n'est autre chose que la désignation de la partie de celui de Meulent qui s'étendait de ce côté-là, pour la distinguer de celle qui s'étendait sur le Vexin : de même que Robert IV, comte de Meulent, dans la charte d'érection d'une commune à Meulent, se réservant de pouvoir conduire ses sujets dans tout son comté de Meulent, *in omni comitatu Mellenti*, distingue *sive ex parte Vilcassini, sive ex alia parte ultra Sequanam*; ce qui désigne parfaitement la différence de la partie du Pincerais d'avec celle du Vexin. Le polyptyque d'Irminon, abbé de Saint-Germain du tems de Charlemagne, qui se trouve au chartrier de cette abbaye (*fol.* 32 *v°.*), nous fournit une nouvelle preuve que le Pincerais n'avait pas des comtes particuliers, mais que ce pays faisait partie d'un comté plus étendu, possédé par un comte qui ne peut être autre que celui de Meulent. En effet, en parlant d'un village nommé Magedon, il le dit situé au pays de Pincerais, dans l'étendue du comté de Witran.... *In comitatu Vitranni, in Pinciasensi pago, villa quæ vocatur Magedon.* On peut ajouter à cela le passage d'un ancien géographe, dont le manuscrit est à la bibliothèque du roi, et que le P. Labbe estime être de Gilles Bouvier, premier hérault de Charles VII. Voici comment il s'explique dans son abrégé géographique de la France : « Puis y est la comté de » Dreux, la cité de Montfort, le pays de Hurepois, le pays de » Gastinois, la comté de Meulent, la comté de Chaumont, le

» Pays Vesquecin, la comté de Beaumont, etc. » L'indication
très-exacte des lieux dans lesquels le comté de Meulent se trouve
enclavé ici, nous fait voir que ce que le géographe appelle *la
comté de Meulent* n'est autre chose que le pays qui environne
Mantes, Meulent et Poissi, c'est-à-dire le Pincerais. Après Witran, comte de Meulent, qui avait le Pincerais dans son district,
on n'aperçoit point de successeur immédiat dans la seigneurie
du Pincerais.

WALERAN Ier.

Waleran, ou Galeran, est le premier comte de Meulent dont
l'histoire nous ait conservé le nom par des monuments contemporains. Il serait superflu de répéter ici ce qui a été dit de son
origine, de ses alliances et de sa vie à l'article du Vexin; il suffira d'observer que, réunissant au comté du Vexin celui de
Meulent, il posséda par conséquent la partie de ce dernier, qui
est située sur le Pincerais, et qu'étant mort vers l'an 965, sa
succession fut partagée entre Gauthier, son fils, qui eut le
Vexin, c'est-à-dire Pontoise, Chaumont, Mantes, etc., et Robert, dont on ne connaît pas la filiation, qui eut Meulent.

ROBERT Ier.

Robert Ier succéda à Waleran dans le comté de Meulent.
Tout est si obscur à cette époque, qu'on ne sera point étonné de
ne pas trouver ici des éclaircissements satisfaisants sur ce qui
concerne ces premiers comtes. On ignore l'origine de Robert, le
nom de sa femme, et les droits qu'il eut au comté de Meulent.
La chronique de Saint-Nigaise de Meulent nous donne lieu de
croire que ce seigneur était originaire de Chartres ou du pays
chartrain : elle appelle même Hugues, son petit-fils, seigneur
chartrain, *dominus carnotensis*. Cette même chronique nous
apprend que c'est Robert qui fit bâtir le petit pont de Meulent,
pour arriver plus commodément à l'église de l'île, où les reliques
de Saint Nigaise avaient été déposées par l'un des comtes ses
prédécesseurs; que c'est lui aussi qui le premier fortifia ce lieu,
le munit de remparts, et y fit construire un château à la place
de celui qui existait dans l'ancienne ville du côté de Noncienne,
ou Locenes, actuellement Thun, entre Meulent et Vaux. Ce
nouveau château, construit dans l'île ou fort, fut habité par ses
successeurs jusqu'à Robert III, qui en fit faire un autre sur la
pointe de la montagne de Saint-Nicolas. Enfin cette chronique
marque qu'en l'année 990 Robert avait déjà pour successeur son
fils, de même nom que lui.

ROBERT II.

Robert II jouissait du comté de Meulent en 990. Il épousa Alix de Vexin, fille de Gauthier II, dit le Blanc, comte du Vexin. Ce mariage est prouvé par une lettre qu'Yves de Chartres écrivit à l'occasion de celui de Robert III, dans laquelle il rappelle leur généalogie. Le prélat désigne les personnages par leurs qualités de comtes de Meulent, sans nommer Robert ni Alix; mais leurs noms sont transmis par d'autres monuments. Cette alliance unit étroitement les maisons de Meulent et du Vexin. Il est très-vraisemblable que c'est Alix qui apporta en dot à Robert la portion du comté de Meulent qui s'étend sur le Vexin, et que de son chef il n'avait auparavant que la portion chartraine du Pincerais. Ils laissèrent trois fils, Hugues et Galeran, successivement comtes de Meulent, et Richard de Néaufle.

HUGUES Ier.

997. Hugues Ier, dit Tête d'Ourse, *caput ursæ*, était comte de Meulent en 997. Il souscrivit, cette année-là, avec Bouchard (comte de Corbeil) et Anseau (de Paris, seigneur de Maule), une charte du roi Robert, par laquelle ce monarque donnait à l'église de Saint-Magloire, entr'autres choses, la dîme et le panage de la forêt d'Yveline. (Bouquet, T. X, p. 574; *hist. de l'église de Paris*, p. 630.) Il en souscrivit une autre la même année avec ce monarque, plusieurs évêques et seigneurs, par laquelle Bouchard, comte de Vendôme, donne au monastère de Saint-Valeri des biens situés dans le Ponthieu. Sa signature se trouve placée dans cet acte immédiatement après celle de Gauthier II dit le Blanc, son aïeul maternel. (Mabil., *Ann.*, S. Ben., T. IV, p. 122.)

Hugues, en même tems qu'il possédait le comté de Meulent, était vicomte-général du Vexin, et tenait des objets en fief du comté Dreux, son oncle. Il voulut, à ce dernier titre, exercer certains droits, *Vicariam*, sur les terres de Saint-Cyr, Drocourt et Chaudri, dépendantes de celles de Fontenai-Saint-Père et de Juziers. Mais les deux comtes renoncèrent authentiquement à leurs prétentions en faveur des religieux de Saint-Père-en-Vallée de Chartres par un acte passé à Juziers, près de Meulent, vers l'an 1015, en présence des principaux seigneurs des environs de Meulent et de Mantes, à la tête desquels on voit Galeran et Richard de Néaufle, frères de Hugues. (*Tabular. S. Petri*

Carnot.; bibl. du roi, mss., p. 425; et *alliances chron. de Labbe*, p. 683.)

Le comte Hugues recouvra une partie des reliques de saint Nigaise, qui avaient été dispersées pendant les guerres, et les réunit à celles qui étaient à Meulent. Il mourut au plus tard l'an 1015. (*Cartul. S. Nigas. Melletens.*, p. 33.)

Hugues avait épousé ELVISE, ou HELVISE, qu'on croit sœur d'Herluin de Conteville, seigneur normand. Il donna en douaire à sa femme les terres de Lainville, Lesseville, Montallet-le-Bois, Mégrimont et Jambeville, dans la partie du comté de Meulent située sur le Vexin. (*Cartul. Columbens.*) Helvise avait de son chef la terre des Autels ou Autieux, *Altarium*. Après la mort de son mari elle épousa en secondes noces Alexandre, surnommé Azzolin, dont elle eut plusieurs enfants, entr'autres Godefroi, abbé de Coulombs. Veuve pour la seconde fois, elle se retira près de ce monastère, et lui conféra les terres que le comte de Meulent lui avait données en douaire, et les siennes. (*Cartul. Columbens.*) Elle vécut pieusement dans sa retraite, et y mourut en odeur de sainteté l'an 1052. (*Act. SS. Ben. sæcul.* 6 part. 1, p. 365 et suiv.; et *Ann. S. Ben.*, T. IV, p. 385.) On la connaît, à Coulombs, sous le nom de sainte Helvise, comtesse de Meulent; et il y a toute apparence que c'est elle qu'on révère encore à Meulent sous le nom de sainte Avoye: Helvise, ou Avoye, en latin *Helvisa*, *Alvisa*, ou *Avia*, étant un seul et même nom.

GALERAN Ier, ou WALERAN II.

1015 au plus tard. GALERAN Ier, ou WALERAN II, recueillit, l'an 1015 au plus tard, la succession de Hugues, son frère, mort sans enfants. Il était déjà marié, ou il le fut très-peu de tems après; puisqu'en 1032 il avait un fils qui l'était déjà. Sa femme se nommait ODE, ou ODA, sœur, à ce qu'on croit, de sainte Helvise, comtesse de Meulent, et d'Herluin de Conteville.

Le roi Robert s'étant rendu maître de Sens, l'an 1015, pour venger l'archevêque Léothéric des outrages que lui faisait Renaud, comte de cette ville, Galeran et Gauthier, comte du Vexin, traitèrent d'usurpation la conduite du monarque en ce point; et menacèrent de rétablir Renaud les armes à la main. Fulbert, évêque de Chartres, leur écrivit pour les calmer, avouant que c'était lui qui avait porté l'archevêque à livrer sa ville au roi, et justifia ce conseil en peignant Renaud comme un hérétique et un persécuteur de l'église. Beaucoup d'autres seigneurs étaient dans les mêmes dispositions que ces deux comtes, parce qu'ils ignoraient les crimes de Renaud. Il paraît que Gauthier faisait sa résidence, ainsi que Galeran, dans le Pincerais, qui est du diocèse de Chartres, puisque Fulbert les appelle l'un et l'autre ses enfants, et les prie de le défendre comme leur père spirituel : *Ut me tanquam patrem vestrum spiritualem defendatis.* (Bouquet, T. X, p. 452.)

Galeran se trouva, l'an 1020, avec Eudes, comte de Chartres, et Hugues, comte du Mans, au siége de Tillières. Ils furent battus dans une sortie que firent les Normands assiégés. L'un et l'autre se retirèrent à Dreux ; mais le comte du Mans s'enfuit et se cacha honteusement.

Du vivant de sa femme, Galeran voulut passer à de nouvelles noces, on ne sait pour quelles raisons ; il n'en fallait que de fort légères dans ce siècle, où le divorce était très-fréquent. Fulbert, qu'il sollicita de lui en accorder la dispense, la refusa. La comtesse ayant déserté la maison et quitté son mari, Galeran saisit cette occasion pour faire de nouvelles instances à Fulbert. Il lui écrivit d'une manière très-pressante, pour lui faire sentir qu'il fallait qu'il obligeât sa femme de revenir avec lui, ou qu'il lui accordât la permission d'en prendre une autre : sans quoi, disait-il, attendu qu'il lui en fallait une absolument, le prélat, par son refus, deviendrait cause de ses désordres, et le réduirait à la nécessité de l'adultère. Fulbert fit tout ce qu'un père spirituel pouvait faire pour réunir les époux divisés. La comtesse ne voulut jamais promettre de retourner avec son mari, dont l'humeur était incompatible avec la sienne, et préférait de faire des vœux dans un monastère : elle promit même de s'y rendre, si Galeran voulait donner cent écus chartrains au couvent qu'elle choisirait. Galeran répondit que cette proposition n'était qu'une feinte de la part de sa femme, qui, selon lui, n'avait déjà reçu que trop d'argent. Fulbert ne voulut pas décider formellement la question ; il se contenta de répondre aux sollicitations réitérées de Galeran, qu'il ne lui était pas permis d'avoir une autre femme tant que la sienne vivrait, ou qu'elle ne serait pas en religion. (Bouquet, T. X, p. 459.) Galeran, ne pouvant rien obtenir de son évêque diocésain, se retourna du côté de Robert, archevêque de Rouen, diocésain de sa femme. Il ne réussit pas mieux. L'archevêque ne voulut rien faire sans la participation de Fulbert. Ils s'en écrivirent mutuellement, et firent cause commune. Il paraît que l'affaire en resta là. Les époux ne se réunirent point, et c'est alors qu'Ode se retira à Pontoise, comme on va le voir.

Fulbert écrivit, l'an 1025, à Galeran, pour l'exhorter à se convertir, et pour l'avertir, sous peine d'excommunication, de lui faire raison, ainsi qu'à Francon, évêque de Paris, sur les plaintes qu'ils avaient portées des usurpations qu'il faisait des biens de leurs églises. Galeran tint peu de compte de ces monitions. Francon le fit ajourner. Le comte ne parut point, sous prétexte qu'il avait donné sa parole par serment à Eudes, comte de Chartres, de se trouver avec lui précisément ce jour-là pour une expédition contre Foulques, comte d'Anjou. Il s'agissait du siége du château appelé en latin *Budelli*, que Foulques avait fait bâtir près de Tours. On ne sait pas comment se termina l'affaire de Galeran avec les deux prélats. (Bouquet, T. X, p. 475 et suiv.)

En l'année 1028, il souscrivit la charte de rétablissement de l'abbaye de Coulombs; et cinq ans après, il ratifia, à la prière de l'abbé Bérenger, le don fait à ce monastère par sainte Helvise, sa belle-sœur, des terres de Lainville, etc..., à la charge que l'abbé de Coulombs viendrait tous les ans à Meulent célébrer l'office le jour et fête de Saint-Nigaise. (*Tabul. Columb.; chron. S. Nig. Melletens.;* Mabil., *Ann. S. Ben.*, T. IV, p. 545.) En 1032, il affranchit un serf de main-morte et sa femme, de la paroisse de Juziers, en faveur des religieux de ce lieu. L'acte fut fait solennellement devant l'église de Saint-Nigaise, en présence des officiers du comte, qui s'y trouvent dénommés. (*Ibid.* Rec. de Labbe, p. 582.) C'est en cette même année que la suzeraineté du Vexin français fut cédée par Henri Ier au duc de Normandie, pour l'indemniser des frais de la guerre dans laquelle il avait pris son parti contre ceux qui lui disputaient la couronne. Dreux, comte du Vexin, fut fort aise de cet arrangement. Il paraît que Galeran ne le vit pas du même œil. Il s'attira l'inimitié du Normand, qui s'empara des biens qu'il avait en Normandie. Celui-ci prit sa revanche sur les terres des religieux de Jumiége, situées à Bouafle, près Meulent. Il les restitua cependant en 1036, lorsque sa paix fut faite avec le duc. (*Neust. pia.*) Cette paix fut cimentée par l'alliance d'Adeline, sa fille, avec Roger, comte de Beaumont, l'un des seigneurs les plus puissants de Normandie et des mieux accrédités à la cour du duc.

Galeran entra, l'an 1037, dans une nouvelle ligue avec les comtes de Chartres et de Champagne contre le roi. Ils réussirent très-mal. Le roi les battit complétement, réduisit les comtes de Chartres et de Champagne à des conditions dures et honteuses, et confisqua le comté de Meulent en 1041, pour cause de félonie. (Bouq., T. XI, p. 159.) Il fut réuni pour quelques instants au domaine de la couronne. Peu de tems après les choses changèrent de face; le roi fut obligé de restituer le comté de Meulent, et Galeran fut remis en possession paisible des domaines dont le sort des armes l'avait dépouillé. Il fut du nombre des seigneurs qui assistèrent à la translation des reliques de saint Denis en 1050.

L'année suivante, il souscrivit une charte du roi en faveur de l'abbaye de Marmoutier. Hugues, son fils aîné, fut associé à sa dignité de comte, et, en cette qualité, donna des biens à l'église de Jumiége, en 1056, par une charte datée du château de Meulent, et souscrite par ses officiers et par ses vassaux des environs. (*Cartul. Gemet.*) Galeran accompagna le roi au siége de Tilliéres en 1058, et signa une charte, datée du camp devant ce château, en faveur de l'abbaye de Saint-Germain-des-Prés. (*Hist. de la Maison de Broye*, p. 8.) Henri ayant déclaré la guerre au duc de Normandie en l'année 1060, fit marcher une armée considérable, dans laquelle il y avait entre autres douze comtes. Galeran se trouva l'un des six qui commandaient à l'arrière-garde. L'armée française alla camper près de la chaussée de Varaville ; le duc la surprit, la mit en déroute, tua beaucoup de monde, en fit prisonniers un grand nombre. (*Chron. franc. de Norm. apud* Bouq., T. XI, p. 343 ; du Moulin, *Hist. de Norm.*, p. 154.) Galeran fut de ces derniers. Le normand, poursuivant sa conquête, fit assiéger Meulent, qui fut pris ainsi que la garnison qui était dedans. (Du Ch., Ord. Vit., p. 586 et suiv.) Hugues, fils de Galeran, trouva moyen d'y rentrer, et gouverna pendant l'absence de son père. Galeran, livré à de tristes réflexions dans sa prison, et craignant l'esprit vindicatif du normand, fit vœu de construire une nouvelle église à son patron saint Nigaise, s'il sortait sain et sauf de sa captivité. (*Chr. S. Nig. Mell.*) Il donna vers ce tems-là sa chapelle de Sainte-Radegonde et celle de Sainte-Marguerite à l'abbaye de Préaux, fondée par la famille de Roger de Beaumont, son gendre. C'était une manière de faire sa cour au duc. Il obtint sa liberté en 1062. Revenu à Meulent, il ne s'occupa plus que de l'accomplissement de son vœu. Il fit jeter les premiers fondements de la nouvelle église de Saint-Nigaise, qui fut achevée telle qu'on la voit aujourd'hui, et consacrée en l'année 1067, le 28 octobre, fête de Saint-Simon et Saint-Jude, en présence du roi Philippe Ier, alors âgé de treize à quatorze ans, de Baudouin, comte de Flandre, son tuteur, de plusieurs évêques et abbés, et de beaucoup d'autres seigneurs. (*Chron. S. Nig. Melletens.*)

L'année précédente notre comte avait souscrit une charte portant remise, en faveur du monastère de Marmoutier, des droits seigneuriaux qui lui appartenaient à Mantes. (Mabil., *Ann. S. Ben.*, T. IV, p. 755.)

Il semble que Galeran n'ait fait reconstruire l'église de Saint-Nigaise que pour lui servir de tombeau. On n'entendit plus parler de lui depuis ce moment. Il mourut le 8 octobre 1069 ou 1070, et fut inhumé dans cette église. Son tombeau s'étant perdu, il ne fut découvert qu'en 1590, pendant le siége de Meulent par l'armée de la ligue. Plusieurs boulets de canon entr'ouvrirent un côté de l'église : en la réparant on aperçut le cercueil dans l'épaisseur du mur. Il fut ouvert en présence de Henri IV, qui était dans la place pour la défendre. On trouva les ossements et les armures de guerre du tems, avec des inscriptions qui firent reconnaître Galeran. On le transporta ailleurs, et ce monument curieux existe encore actuellement.

Oda, sa femme, lui survécut. Elle eut une dévotion particulière pour l'église et l'abbaye de Saint-Martin de Pontoise, dont elle fit bâtir la nef et la tour. S'étant retirée dans une cellule près de là, elle y mourut. Oda est inhumée à côté de saint Gauthier premier abbé. Sa tombe s'y voit encore, élevée de quatre doigts au-dessus du pavé de la chapelle, et scellée par cinq clous d'airain.

Ces époux, avant leur séparation, avaient eu cinq enfants : Hugues, l'aîné, qui succéda à son père ; Galeran et Foulques, qui moururent sans enfants avant leur frère ; Adeline, mariée à Roger, comte de Beaumont, qui recueillit la succession de Meulent après la mort de Hugues ; et Dode, ou Deude, femme de Guillaume, sire des Moulins, seigneur puissant de Normandie.

HUGUES II.

1070 au plus tard. HUGUES II continua le gouvernement qu'il avait partagé avec son père. Une partie considérable de sa vie se trouve confondue avec celle de Galeran. On ne sera pas fâché de trouver ici tout ce qui est personnel et particulier à ce comte, réuni sous un seul point de vue.

Il fut présent, comme témoin, à une donation que fit à l'église de Préaux, Robert le Libéral, duc de Normandie. Il était si jeune alors, qu'il reçut un soufflet de la main de Humphroi, fondateur de cette église, pour lui imprimer le souvenir de cet événement. Notre jeune comte avait avec lui deux camarades du même âge, à qui l'on fit la même chose. L'un d'eux, moins endurant que les autres, fut fort mécontent de la cérémonie, et demanda à Humphroi à quel propos on lui donnait ainsi un soufflet. C'est, lui répondit-il, parce que vous êtes plus jeune que moi, et que vous vivrez plus long-tems, et afin que vous puissiez vous souvenir de ce que vous venez de voir, quelque jour quand il en sera besoin. (Mabil., *Ann. Ben.*, T. IV, p. 393.) Il y a toute apparence que l'enfant, occupé uniquement du présent, et pour qui l'avenir était très-indifférent, ne trouva pas la réponse fort satisfaisante. Hugues souscrivit, en 1032, l'acte d'affranchissement d'un serf, fait par Galeran son père. On voit par cette charte qu'il était dèslors marié, et que sa femme se nommait ADÉLAÏDE. Elle était, à ce que l'on croit, fille d'un chevalier du pays chartrain, nommé Unverius, et sœur de Teudon, d'Aremburge et de Raherius, dont le dernier avait épousé Aloïse, fille d'Eudes Ier, comte de Chartres, et de Berthe de Bourgogne. (*Cart. S. Petr. Carnot.*) L'an 1056 environ, il se trouva, en qualité de baron, à la cour que le roi tenait à Dreux, et y souscrivit un privilége pour SaintPère-en-Vallée. (*Tabul. S. Petr. Carnot.*, p. 216; et *Gall. Christ.*, T. II, p. 487, anc. édition.) A la prière de Godefroi, abbé de Coulombs, et de Robert, alors moine et depuis abbé du même lieu, ses cousins germains, Hugues donna, l'an 1069, à cette maison l'église de Saint-Côme, située en une île près de Meulent (aujourd'hui l'Ile-Belle), et y fonda un prieuré qui devint asssez considérable par la suite et fut enrichi par les largesses de différents seigneurs des environs. (*Ann. Ben.*, T. VI, p. 608; et *Coll. Amp.*, T. I, p. 471.) La même année le comte de Meulent fit don à l'abbaye du Bec, du village, de la métairie et de l'église de Tessencourt, près de Meulent. Il se forma aussi un monastère en ce lieu. La charte fut donnée en présence de tous les barons qui étaient alors avec le roi qui tenait sa cour ou parlement à Poissi. (*Cart. S. Nig. Mell.* et *Bec.*; et Mab., *Ann. Ben.*, T. V, p. 59.) Hugues souscrivit, en 1071, à la demande de Bouchard, l'immunité accordée à l'église de Saint-Spire et Saint-Loup de Corbeil. Il fit un voyage à Préaux en 1076, et jura les franchises du monastère sous les ponts de Meulent; par reconnaissance il fut affilié à cette maison et associé aux prières. La dernière charte qu'on trouve souscrite de lui est celle que Philippe Ier donna à l'abbaye de Cluni l'an 1076, pour restituer les terres de Mantes-la-Ville, Arnouville et Boinville, dont il s'était emparé de vive force au préjudice de la donation qui en avait été faite par Simon de Crépi, dernier comte du Vexin. En qualité de parent, d'héritier et de successeur, en cette partie, de Simon, le comte de Meulent approuva la restitution de ces objets situés dans l'étendue de son comté. La charte est souscrite par Hugues, son vicomte à Mantes. (*Bibl. Clun.*, p. 527.)

Il quitta le monde et prit l'habit monastique au Bec vers l'année 1077. Il y mourut le 15 d'octobre 1079 ou 1080. ADÉLAÏDE, sa femme, était morte avant lui le 31 du mois de mai, on ne sait pas de quelle année. (*Obit. S. Nig. Mell.* Ils ne laissèrent point d'enfants.

SECONDE RACE.

ADELINE et ROGER DE BEAUMONT.

1080 ou environ. ROGER, comte de Beaumont en Normandie, vit passer dans sa maison les droits de celle de Meulent, environ l'an 1080, du chef d'ADELINE DE MEULENT, sa femme, fille de Galeran 1er, et sa seule héritière, au moyen du décès de tous les mâles.

Roger, de l'aveu de tous les historiens, était le seigneur le plus noble, le plus riche et le plus vaillant de Normandie, et en même tems le plus ferme appui de la maison ducale, et le plus accrédité. Il était fils de Humphroi *de Vetulis*, comte de Pont-Audemer, seigneur de quantité de terres, et fondateur de Préaux, appelé par les historiens, *Genere spectabilis, opibus dives, amplissimo honore pollens, et inter Normanniæ proceres potentissimus*. Humphroi avait pour père Touroude de Pont-Audemer, allié de la maison ducale, l'un des plus zélés défenseurs de l'enfance de Guillaume le Bâtard, et qui, victime de son attachement et de sa fidélité, fut assassiné par les ennemis du jeune duc. Le père de Touroude était Torf, surnommé *le Riche*, souche commune des illustres maisons de Beaumont et de Harcourt, qui donna son nom à quantité de seigneuries qu'il possédait en Normandie, et qu'on reconnaît encore aujourd'hui; telles que celles de Torchi, Torci, Tourni, Tourville, Tourli, Ponteau-Torf, ou Ponteau-Tort, etc. Enfin Torf est regardé comme fils de Bernard le Danois, descendu de la maison de Saxe-Danemarck, lequel accompagna le duc Rou, et vint avec lui conquérir la Normandie dans le dixième siècle.

Quelque illustre que fût l'origine de Roger, l'alliance d'Adeline de Meulent lui parut si honorable, qu'il préféra de changer son nom, et quitta celui de Beaumont pour prendre celui de Meulent. Les auteurs qui parlent de la grandeur et de la haute élévation de ce seigneur, et de la prééminence qu'il obtint sur ses ancêtres, en donnent même pour raison l'alliance qu'il fit avec Adeline: *Omnibus avis proavisque suis sublimior effectus est; nam Adelinam Waleranni comitis Mellenti filiam uxorem duxit.... et relicto Bellomontis titulo, Mellenti nomen prætulit, tanquam potioris*. (La Roque, *Hist. de la M. d'Harcourt*, T. III, pp. 23 et 25; *Guill. Gemet.*, p. 269; *Ann. Ben.*, T. IV, pp. 59 et 435.)

Un des exploits qui contribua le plus à établir la renommée du comte Roger, c'est un cartel donné dans la forêt de Conches du vivant d'Humphroi, son père. Roger, très-jeune alors, sortit victorieux de tous les combattants, qu'il tua ou qu'il réduisit, les uns après les autres, à demander grâce. L'abbaye de Préaux doit sa fondation à cette célèbre journée, dans laquelle Robert de Beaumont, grand sénéchal de Normandie, frère de Roger, fut tué. Les bornes de cet article ne permettant pas d'entrer dans le détail de toutes les actions de Roger, qui deviendraient d'ailleurs étrangères à notre tâche, puisque la plupart se passèrent avant qu'il fût comte de Meulent, il suffira de dire que ce seigneur fut si aimé de Guillaume le Conquérant, si puissant et si élevé au-dessus de tous les grands de la cour de Normandie par l'importance de ses services, par l'étendue de son génie, et par ses talents militaires et politiques, qu'il eut part à tous les événements et qu'il fut l'âme et le mobile de toutes les délibérations. Ce fut lui qui gouverna la Normandie pendant que Guillaume était occupé à la conquête d'Angleterre; car la duchesse Mathilde n'eut que le titre de régente. A la mort de Guillaume le Conquérant, Roger se retira de la cour. Les affaires se ressentirent de son absence. Il y revint à l'occasion d'un événement dont on rendra compte à l'article de Robert, son fils. Il se retira enfin à Préaux, et y mourut, revêtu de l'habit monastique, le 29 novembre 1094. (Ord. Vit.; l. 8; La Roque, *Hist. de la M. de Harcourt*, T. I.)

Adeline, sa femme était intime amie de Mathilde, reine d'Angleterre et duchesse de Normandie. Elles firent ensemble un pèlerinage à l'abbaye de Saint-Evroult. La reine fit présent à l'église d'une chasuble et d'une chape d'étoffe d'or, enrichies de perles. La comtesse donna une aube dont le chevron et les dentelles étaient d'or et artistement travaillés. L'ornement était si riche, qu'il ne servait que dans les grandes cérémonies. (Ord. Vit., p. 603; Du Moulin, p. 226; La Roque, *Hist. de la M. de Harcourt*, T. IV, p. 1618.) Adeline mourut long-tems avant son mari, au mois d'avril; on croit que ce fut de l'année 1081 : cette date se présume par la qualité de comte de Meulent que son fils aîné porta dès l'année 1082, comme héritier de sa mère; car Roger ne put le conserver que du vivant de sa femme. Ils laissèrent trois enfants; Robert, qui suit; Henri, comte de Warwick, et Albrede ou Aubérée, religieuse à Préaux, et depuis abbesse d'Etonne en Angleterre.

ROBERT III.

Robert III, dit le Preud'Homme, eut le comté de Meulent à la mort de sa mère, et comme son principal héritier. Il en porta le titre dès l'année 1082. Il était alors homme fait et déjà connu par ses talents. Doué par la nature d'un génie vaste, de beaucoup de pénétration et de facilité ; frugal et modeste par tempérament, et aimant l'étude ; admis de très-bonne heure dans le conseil d'état, au commandement des armées et dans les négociations, il acquit une expérience prématurée dans les affaires politiques, dans l'art de la guerre, et dans la connaissance des hommes. Ces avantages réunis contribuèrent à former en sa personne un grand capitaine, un habile ministre, et un vrai philosophe.

Robert avait fait ses premières armes à la conquête de l'Angleterre. Il y donna des preuves d'un courage et d'une intelligence au-dessus de son âge, et fit présager dès-lors ce qu'il deviendrait un jour. Il obtint pour récompense le comté de Leycester. (La Roque, T. I, p. 49 ; *Gest. Guill.*, p. 202.)

En 1080, il fut du nombre des seigneurs qui négocièrent la réconciliation de Guillaume le Conquérant avec Robert Courteheuse son fils. Il souscrivit, vers 1081, une charte de confirmation des priviléges de l'abbaye de Fécamp. C'est le dernier acte où il prit le nom de Beaumont ; car sa mère étant morte, il prit celui de Meulent, vint faire hommage de son comté à Philippe Ier, et assista, en qualité de pair et de baron de France, à la cour et aux plaids ou parlement que ce roi tint, en 1082, à Poissi, pour le jugement d'une affaire qui concernait l'abbaye de Saint-Grmain-des-Prés (*Cart. S. Nig. Mell.*, p. 75 ; Mabil. *Ann. Ben.*, T. V, p. 188 ; Bouillart, *Hist. de Saint-Germain*, preuv. n° 40.) Il revint ensuite en Normandie où il avait ses habitudes.

Guillaume le Conquérant étant mort en 1087, Robert, comte de Meulent, et Henri, comte de Warwick, son frère, suivirent le parti de Guillaume le Roux, qui fut roi d'Angleterre, et abandonnèrent Robert Courteheuse, qui eut le duché de Normandie. Roger, leur père, quitta aussi la cour du duc et se retira dans ses terres. Le conquérant avait donné le château d'Ivri conjointement à Roger et à Robert, comte de Meulent, qui en fut établi vicomte. Tandis que celui-ci était en Angleterre, Courteheuse, sans sa participation, échangea ce château avec Roger pour celui de Brionne. Le comte de Meulent ayant eu quelque démêlé avec les religieux du Bec, dont le monastère était situé sur la seigneurie de Brionne, voulut ravoir Ivri. Il partit d'Angleterre en 1090, et vint trouver le duc Robert pour lui redemander cette place. Le duc répondit qu'il n'avait rien à rendre, puisqu'il avait donné Brionne en échange. Le comte répliqua que cet échange avait été fait sans lui, qu'il n'y consentait pas, et qu'il prétendait ravoir Ivri..... « Et vous me le rendrez, dit-il avec
» fierté au duc..... autrement..... par saint Nigaise..... je vous en
» ferai bien repentir ». Le duc irrité le fit arrêter par ses gens ;

et, s'étant emparé du château de Brionne, le donna en garde à Robert de Meulle, fils de Baudouin. Roger, vieux courtisan, souple et adroit, ayant appris la détention de son fils, vint trouver le duc, et sut si bien le prendre par ses discours insinuants, qu'il obtint la liberté de son fils et le château de Brionne. Mais celui à qui il avait été donné en garde n'ayant pas voulu le rendre de bonne volonté, il fallut employer la force pour l'y contraindre. Les deux comtes envoyèrent Gilbert du Pin, général de leurs armées, pour l'assiéger. Ne pouvant réduire la place de force, Gilbert s'avisa d'un stratagème; il fit lancer des flèches rougies à des fourneaux sur la couverture du château. Comme il faisait une sécheresse excessive, le feu prit bientôt aux bâtiments et contraignit les assiégés de se rendre. Brionne resta dès-lors en la possession des comtes de Meulent. L'abbaye du Bec fut obligée de reconnaître, à raison de cette seigneurie, pour son avoué, le comte Robert, et n'eut pas lieu de s'en repentir. Il la combla de bienfaits, et lui donna entr'autres l'église de Saint-Nigaise de Meulent avec ses dépendances : donation qui fut confirmée par les évêques et le pape dans les années 1100, 1104, et les suivantes. C'est depuis cette année 1100 qu'il s'établit à Meulent un monastère où l'abbaye du Bec envoya des religieux à la place des chanoines qui desservaient auparavant cette église.

Lorsque saint Anselme, d'abbé du Bec, devint en 1093, archevêque de Cantorberi, l'abbaye du Bec élut pour le remplacer Guillaume de Beaumont, prieur de Poissi et proche parent du comte de Meulent, que le prélat avoit recommandé comme le plus digne. Le comte fit installer son cousin, et confirma les franchises de la maison dans toute l'étendue de ses domaines, et nommément à Meulent et à Mantes. Il accorda même aux religieux, la remise de tous les droits seigneuriaux, et des lods et ventes pour les acquisitions qu'ils feraient dans les environs des villes de Mantes et de Meulent, *apud Meduntam et apud Mellentum, et in omni potestate meâ circa Meduntam vel circa Mellentum*. Il accorda vers le même tems à l'abbaye de Préaux la remise des droits qui lui étaient dûs sur les vins dans sa ville de Mantes. Cette abbaye avait obtenu une pareille franchise à Meulent, par la concession du comte Hugues II; mais elle ne l'avait point eue jusqu'à cette époque à Mantes. Jumiège et Saint-Vaudrille obtinrent également la confirmation de leurs franchises dans l'étendue des domaines de notre comte....... *apud Mellentum et Meduntam, et in alia tota terra mea Franciæ et Normanniæ*. Il y mit une condition; ce fut que ceux qui conduiraient leurs bateaux, joueraient du flageolet en passant sous les ponts desdits châteaux de Meulent et de Mantes. Cette condition ne se trouve pas exprimée dans le titre primitif dont on parle ici ; mais on voit par des monuments postérieurs qu'elle se pratiquait. (*Cart. S. Nig. Mellet.*, p. 347; *Cart. Gemeticens.*, et *S. Wandreg.*)

Robert avait épousé, on ne sait pas en quelle année, GODÉ-CHILDE DE CONCHES, appelée autrement GODEWARE, ou GOTHUERE, nommée GODECHILDE par Ordéric Vital, fille de Roger de Tœgni, deuxième du nom, comte de Conches. Il en fut séparé avant l'an 1096, puisqu'elle était mariée cette année-là avec Baudouin, fils d'Eustache de Boulogne, qui devint roi de Jérusalem. (*Ord. Vit.*, *Guil. de Tyr.*, *Albert d'Aix.*) Elle accompagna son mari dans ses voyages d'outremer, et y mourut. Quelques personnes soupçonnent que le comte de Meulent eut des enfants de ce premier mariage. Robert de Meulent, religieux de Saint-Martin de Pontoise, sur la fin du onzième siècle, pouvait bien être de ce nombre. Le comte de Meulent, devenu libre au moyen de sa séparation, rechercha en mariage ELISABETH DE FRANCE-VERMANDOIS, fille de Hugues de France, dit le Grand, comte de Vermandois et de Chaumont en Vexin. Ives de Chartres adressa un mandement au clergé de Meulent et du Pincerais, pour défendre de célébrer ce nouveau mariage, à cause de la parenté qu'il y avait entre les futurs. Il résulte de la généalogie qu'il déduit, que le comte de Vermandois et celui de Meulent avaient pour trisaïeul commun Gauthier II, dit le Blanc, comte du Vexin : d'où le prélat conclut que le mariage projeté ne pouvait se faire canoniquement, que ce serait une conjonction illicite et incestueuse, et que les enfants qui en naîtraient ne pourraient pas être légitimes, mais des bâtards. (*Ivo Carnot.*, *Epist.* 45.) Cependant, au moyen des dispenses que le pape, étant alors en France, accorda en considération de ce que Hugues le Grand se croisa pour la Terre-Sainte, ce mariage fut célébré au moment où ce prince se disposait à partir. (*Ord. Vit.*, p. 723; La Roq., *Hist. de Harc.* T. I, p. 55.)

Robert Courteheuse, s'embarquant pour la même expédition, confia le gouvernement de la Normandie au roi d'Angleterre, son frère, qui lui avait prêté une somme considérable pour les frais de son voyage. Guillaume le Roux profita de ce moment pour faire en sorte de ravoir le Vexin français. Le comte de Meulent se trouva fort embarrassé dans cette conjoncture. Il devait fidélité à la France à cause du comté de Meulent qu'il venait de recueillir, et de l'alliance qu'il venait de faire; il la devait à l'anglais et au normand à cause des comtés de Leycester, de Beaumont, et autres domaines d'Angleterre et de Normandie. L'inclination pour sa patrie originaire l'emporta. Il se déclara pour l'anglo-normand, livra ses places à Guillaume le Roux, et lui ouvrit par ce moyen les portes de la France.

(Ord. Vit., *lib.* 10, p. 766; du Moul., p. 67 et suiv.) Cette guerre n'aboutit qu'à se faire beaucoup de mal de part et d'autre, sans avantage décidé. Il s'en éleva une autre dans laquelle Guillaume soumit le comte du Mans. Celui-ci demanda pour toute grâce qu'on lui laissât le titre nu de comte. Le comte de Meulent ne voulut pas consentir à laisser subsister le titre vain d'une dignité qu'on ne possédait pas effectivement, et qui ne pouvait servir qu'à autoriser de nouvelles prétentions. (Ord. Vit., *ibid.*, p. 773.) Il fut du nombre des seigneurs qui accompagnèrent Guillaume le Roux à la chasse le 2 août 1100, jour auquel ce monarque fut tué, par mégarde, d'un coup de flèche, dans la Neuforest, par un gentilhomme du Vexin. Il partit sur-le-champ avec Henri, frère cadet du défunt, qu'il fit couronner à Londres le 5 du même mois, et jouit sous ce règne, du même crédit que sous le précédent.

Le comte Robert ne fut pas plus tôt passé en Angleterre, que ses ennemis se jetèrent sur ses terres de Normandie. Le plus acharné d'entre eux était le comte d'Evreux, dont la femme surtout haïssait mortellement le comte de Meulent, parce qu'il avait réprimé en plusieurs circonstances son humeur altière et ses vues ambitieuses. (*Hist. de Harc.*, T. Ier, p. 51 ; Mabil., *Ann.* T. I, p. 522.)

Robert Courteheuse, revenant de la Terre-Sainte, en 1101, couvert de gloire et chargé d'argent, se fit des partisans en Angleterre pour recouvrer ce royaume, dont son cadet s'était emparé à son préjudice pendant son absence. Il y fit une descente; des traîtres lui livrèrent les frontières; et ses progrès furent tels, qu'il ne restait plus de ressources à Henri, son frère, que dans une bataille. Le comte de Meulent, ayant découvert que la plupart des chefs étaient gagnés, et jugeant que la défection était infaillible, empêcha Henri de risquer ce coup. Il crut qu'il valait mieux plier pour le moment et traiter à quelque prix que ce fût, sauf à revenir dans des moments plus favorables. Il fit un discours également fort et pathétique qui entraîna tout le conseil dans son avis. (*Ord. Vital.*, p. 786 et suiv.) La paix se fit à des conditions bien rigoureuses, à la vérité, pour Henri. Débarrassé de ses ennemis du dehors, le comte de Meulent lui fit connaître ceux du dedans ; et, les réduisant les uns après les autres, il se fortifia de jour en jour par une exacte surveillance, une bonne administration, et par la punition des rebelles. Au bout de deux ans, Robert Courteheuse passa en Angleterre avec douze gentilshommes, dans le dessein de se mettre à la tête des rebelles qui l'avaient appelé secrètement, et de rétablir dans leurs charges ceux que Henri avait déplacés. Le monarque, instruit de l'arrivée du duc, voulut se saisir de lui et le faire arrêter. Le comte de Meulent le détourna de ce dessein, et lui fit sentir combien il se déshonorerait en portant ainsi la main sur son propre frère. Mais le comte, étant monté à cheval, vint trouver le duc à Hantonne, où il sut qu'il était, et, l'ayant pris en particulier, lui fit ouvrir les yeux sur sa faute et en même tems sur son imprudence. Le duc s'aperçut effectivement qu'il était à la merci de son frère. Le comte profita de cette heureuse conjoncture pour faire adoucir les conditions de la dernière paix, et laissa retourner le duc sain et sauf en Normandie. (Du Moul., *Hist. de Norm.*, p. 278 ; La Roque, *Hist. de Harc.*, T. I, p. 51 ; *Chron. Norm.*, fol. 143.)

Le comte de Meulent passa en Normandie, l'an 1103, à la sollicitation du roi d'Angleterre, pour y faire apaiser des troubles intestins. Il alla l'année suivante, à la tête de douze comtes, au devant du monarque, qui venait en Normandie pour tâcher de remettre l'ordre dans les états de son frère, dont l'indolence laissait tout aller à la merci des pillards qui l'entouraient. Le roi et le comte de Meulent retournèrent ensuite en Angleterre.

Ce dernier se trouva engagé dans la querelle des souverains avec le pape touchant les investitures. Partisan de l'autorité royale, il frondait sans ménagement les prétentions ultramontaines. Le pape Pascal II, instruit des discours qu'il tenait à ce sujet, lui écrivit pour le ramener à son parti, lui accordant sa bénédiction apostolique, sous la condition qu'il se montrerait plus favorable à ce qu'on appelait à Rome la liberté ecclésiastique, lui interdisant au contraire l'entrée de l'église s'il persistait dans les mêmes dispositions. (*Anselmi opera*, p. 445, col. 1.) Cette lettre ne fit aucune impression sur le comte de Meulent : il continua ses exercices ordinaires de chrétien, sans égard pour l'excommunication. Saint Anselme, quoiqu'il désapprouvât cette conduite, ne crut pas cependant, malgré son dévouement aux volontés du pape, qu'on dût agir en toute rigueur avec lui. « Votre comte, mandait-il à l'abbé Guillaume, qui, tout excom-
» munié qu'il est, se mêle parmi ceux qui célèbrent les divins
» mystères..... ferait mieux de s'abstenir des exercices dont la
» sentence apostolique l'a privé » : *Melius esset illi ut per salubrem humilitatem abstineat ab his à quibus eum apostolica segregat sententia.* (L. I, *Epist.* 56, p. 332, col. 1.) Le saint prélat, dans une entrevue ou dans une correspondance de lettres qu'il eut avec lui, vint à bout de lui faire changer de sentiment et d'en obtenir une promesse de faire ses efforts pour engager le roi d'Angleterre à se soumettre aux volontés du pape : d'après quoi il ne fit point difficulté de lui permettre l'entrée de l'église. C'est ce qu'il mande au chapitre de son église de Cantorberi : *Sed quoniam*, dit-il, *idem comes promisit mihi se cona-*

turum ut rex papæ præceptis obediat, permisi ei introitum ecclesiæ à quo detinebatur. (L. 5 *Epist.* 110.) Le pape ratifia cette espèce d'absolution, et le passé fut oublié.

Les excommunications, quoique redoutables par elles-mêmes, l'étaient encore plus en quelque sorte par l'effet qu'elles produisaient sur l'esprit de bien des gens. Le comte de Meulent l'éprouva par le refus qu'on fit, même après son absolution, de l'admettre à la participation des choses saintes. Il fallut un mandement exprès de l'archevêque de Cantorberi, pour contraindre les religieux de Saint-Edmond de le recevoir à la communion de l'église. (*Anselmi opera*, *l*. 4, *Épist*. 78, p. 446.)

Le comte de Meulent eut grande part à la conquête que le roi d'Angleterre, dont il commandait les troupes, fit de la Normandie, l'an 1106, sur le duc Robert, son frère. Le monarque avoua que c'était au comte de Meulent qu'il avait obligation du projet et de l'exécution de cette entreprise. (*Hist. d'Harcourt*, T. IV, p. 1331.) Le comte Robert III fit bâtir vers ce même tems à Meulent un nouveau château. On a vu ci-devant que le comte Robert Ier en avait construit un dans le fort ou l'île de Meulent. Celui-ci fut placé dans la ville, sur la montagne, un peu à l'occident de l'endroit où, dès avant Robert Ier, il y avait eu un château. Robert III fit construire dans le sien une église, qui de chapelle castrale, devint une collégiale, fut convertie ensuite en paroisse sous l'invocation de Saint-Nicolas, et a donné son nom à la montagne. En changeant la situation du château, il changea aussi son ressort pour le spirituel; car au lieu d'être situé sous l'archidiaconé du Pincerais, il se trouva sous celui du Vexin. Ives de Chartres, lui écrivant dans ce tems-là, fait allusion à ce changement, et lui dit que, quoiqu'il ne soit plus son diocésain, il se fait toujours un plaisir de le regarder comme une de ses ouailles. (*Epist.* 154.) Ce fut à la prière de ce prélat qu'il procura le retour de l'évêque Ranulfe en Angleterre. Sous prétexte de quelques contestations avec le roi, celui-ci s'était réfugié en Normandie, après avoir quitté le siége de Durham.

Le roi Louis le Gros étant en guerre avec le roi d'Angleterre, attaqua la Normandie l'an 1110. Les Normands battus se réfugièrent à Meulent, où le vainqueur les poursuivit. La ville assiégée se défendit de manière que le siége fut levé. (Mézerai, *Abr. Chron.*, T. IV, p. 483.)

Le comte de Meulent, accoutumé à gouverner presque en souverain les états d'autrui, succomba sous une adversité domestique. Guillaume de Varenne, comte de Surrei, enleva sa femme. La tristesse que lui causa cet événement, le fit tomber dans une langueur qui le conduisit à la démence et au tombeau.

(*Hen. Huntind.;* La Roque, *Hist. de Harc.*, T. IV, p. 1955.)
L'archevêque de Rouen, qui l'exhortait au lit de la mort, persuadé que tous les biens de ce comte n'avaient pas été acquis par des voies légitimes, lui conseilla de ne laisser à ses enfants que ses héritages patrimoniaux, et d'employer le surplus en œuvres pies. Le comte répondit qu'il laisserait tout à ses enfants, même le soin de prier Dieu pour le salut de son âme. Il mourut à Préaux, le 5 juin 1118, revêtu de l'habit monastique. (*Ann. Ben.*, T. VI, pag. 539; Ord. Vit., *lib.* 12, p. 843.) Il est inhumé dans cette église, où son tombeau se voit encore. Son cœur fut porté en Angleterre au monastère de Barckley, qu'il avait fondé. Sa mort occasionna une révolution étonnante dans les affaires, et fixa l'attention de l'Europe entière dont il était connu. L'Angleterre surtout, qui lui était redevable du haut degré de gloire et de puissance où elle était parvenue, et du bon ordre qui régnait dans l'intérieur de son gouvernement, le regretta après sa mort autant qu'elle l'avait respecté et admiré de son vivant. On avait conçu de lui une si haute estime, qu'un historien dit qu'il n'avait pas son égal de Paris à Jérusalem, et que chacun cherchait à former ses actions, et jusqu'à ses modes, sur lui. On ne mangeait qu'une fois par jour, comme le comte de Meulent, on s'habillait comme le comte de Meulent, on parlait comme le comte de Meulent; en un mot, on se modelait en tout sur le comte de Meulent. (Guil. Malmesb. *lib.* 5; Henr. Huntind. *Ep. ad Walterum*; La Roque, *Hist. de Harc.*, T. 1, pp. 57 et 58, et T. IV, p. 1336.).

Il laissa quatre fils et cinq filles : Galeran, qui suit; Robert, comte de Leycester, frère jumeau de Galeran; Hugues, comte de Bedfort, et Dreux, sire de Boisemont. Ses filles sont : Adeline, mariée à Hugues IV, sire de Montfort-sur-Risle; N., femme de Hugues de Château-Neuf en Thimerais; N., femme de Guillaume Lupel, fils d'Ascelin Goel, seigneur d'Ivri; une quatrième, fiancée, en 1104, à l'âge d'un an, à Amauri de Montfort, et Elisabeth, d'abord concubine de Henri Ier, roi d'Angleterre, dont elle eut une fille, mariée ensuite à Gilbert de Clare, comte de Pembrock. (Ordér. Vit. et Guill. Gem.)

La comtesse Elisabeth, sa femme, convola en secondes noces avec Guillaume de Varenne, qui la lui avait enlevée, comme on l'a dit, et eut de lui trois enfants.

GALERAN II, ou WALERAN III.

Galeran II, né l'an 1104, fut élevé avec son frère jumeau, par les soins de Henri Ier, roi d'Angleterre, qui leur servit de père. Il leur donna pour gouverneur un gentilhomme nommé

Morin du Pin, prit leurs intérêts, et défendit leurs droits contre tous ceux qui voulurent y donner atteinte. Ces deux frères, de leur côté, répondirent pleinement aux soins des maîtres chargés de les instruire, et déployèrent des talents et des vertus précoces dans le cours de leur éducation. (Ord. Vit., *lib.* 12, p. 875.) Ils firent surtout de grands et rapides progrès dans leurs études. Le pape Calliste II étant venu à Gisors pour faire la paix entre les rois de France et d'Angleterre, ces adolescents soutinrent des exercices en sa présence, et surprirent toute la cour du saint père par leur science et par la finesse de leur esprit. Galeran conserva toujours du goût pour les lettres; il écrivait avec élégance, et cultivait même la poésie avec succès. (Guil. Malmesb., *lib.* 5.)

Galeran vint prendre possession du comté de Meulent dès qu'il fut en âge. Héritier de la dévotion de ses aïeux pour son patron saint Nigaise, il fit faire, en 1120, une dédicace solennelle de l'église, qui n'avait été que bénie du tems de Galeran Ier. (*Cartul. S. Nig. Mellent.*; Mab. *Ann. Ben.*, T. V, p. 435.) Il passa ensuite en Angleterre, et ratifia dans l'étendue de ses domaines, tant en ce royaume qu'en Normandie et en France, tous les dons faits par ses prédécesseurs aux églises et monastères, *in tota terra mea, imprimis apud Mellentum et Meduntam.*

L'an 1123, Galeran, oubliant tout-à-coup les obligations qu'il avait au roi d'Angleterre, entra dans une conspiration contre lui. Le monarque ne voulait pas le croire. Lorsqu'il s'en fut assuré, sa douleur fut si grande qu'il en tomba dans l'abattement, et ne savait plus à qui se fier. Il marcha contre lui, prit Pont-Audemer, et réduisit, avec beaucoup de peine, Wateville; mais il échoua contre Brionne et Beaumont-le-Roger, où le comte avait réuni toutes ses forces. Galeran, revenant un jour de Wateville, fut surpris par un parti ennemi. Amauri de Montfort, comme on l'a déjà dit ci-devant, ne voulant pas risquer le combat qui était trop inégal, conseilla prudemment la retraite. L'impétuosité de Galeran l'emporta, et lui fit fermer les yeux sur le danger : il voulut se battre. Il se défendit en effet avec une valeur extraordinaire; mais, accablé par le nombre, il fut pris, ainsi que ses trois beaux-frères, Amauri, et quatre-vingts autres chevaliers. (Ord. Vit. *lib.* 12, p. 876, etc.; Guil. Gemet. *lib.* 8, *cap.* 21, p. 302.) Henri fut au comble de la joie, lorsqu'il apprit que Galeran était en son pouvoir. Il se promit bien de lui faire payer son ingratitude. Il l'envoya en Angleterre, où il demeura pendant près de cinq ans prisonnier; mais il lui rendit enfin la liberté.

Galeran fut du nombre des seigneurs que Louis le Gros assembla, en 1127, pour les solliciter à seconder Guillaume Cliton dans ses prétentions sur la Flandre. Le comte de Meulent inclinait pour lui ; mais il ne se déclara pas ouvertement, dans la crainte de déplaire au roi d'Angleterre, qui venait de faire publier dans ses états une défense à tous les seigneurs de lui donner aucun secours. Il se déclara même en apparence pour les ennemis de Cliton, et se joignit à eux. Ils le rencontrèrent un jour dans la plaine de Courtrai ; l'occasion était belle pour l'attaquer : l'action commença effectivement ; mais Galeran, par une perfidie détestable, n'ayant pas voulu donner, trahit par-là ses alliés et les fit tailler en pièces. (*Chron. Norm.*, fol. 148 et 149.)

L'an 1135, le comte de Meulent fut présent à la mort du roi d'Angleterre, Henri Ier, arrivée le 1er décembre à Saint-Denis de Forment, dans la forêt de Lions, et accompagna le convoi de ce prince en Angleterre. Etienne, neveu de Henri, prétendant lui succéder au préjudice de Mathilde, sa fille, mit dans ses intérêts le comte de Meulent, qui le fit prévaloir et contribua à son couronnement. Le nouveau monarque, par reconnaissance, lui donna sa fille en mariage, avec le comté de Winchester pour dot de la princesse. Elle est nommée *Bienne*, parce qu'elle n'avait alors que deux ans. Mais le mariage ne fut jamais consommé. Cependant le parti de Mathilde et de son fils Henri faisait des progrès en Normandie. Le comte de Meulent, étant repassé dans cette province, fit tête à Geoffroi, comte d'Anjou, mari de Mathilde et père du jeune Henri. Rappelé, l'an 1139, en Angleterre, des mécontentements, dont on n'explique pas le sujet, l'aliénèrent du parti du roi Etienne, et l'engagèrent à prêter l'oreille aux sollicitations du comte de Glocester, frère naturel de Mathilde et son plus ferme appui. La princesse, informée de ces dispositions, passe en Angleterre et s'abouche secrètement avec lui. Il couvre du voile de la dissimulation, l'espace de deux ans, sa trahison. Enfin, il la manifeste, l'an 1141, au combat de Lincoln, où le roi Etienne demeura captif par la lâcheté de Galeran et d'autres chefs de son armée, qui prirent honteusement la fuite. (Henric. Huntind., l. 8.)

De retour en France, Galeran se déclara ouvertement pour Geoffroi, comte d'Anjou, qui lui donna, pour cimenter leur réconciliation, le château de Montfort-sur-Risle. (*Robert de Monte, Append. ad Sigebert.*) Ses troupes, en 1143, brûlèrent Emondreville et l'église de Saint-Sever, où plusieurs personnes de l'un et de l'autre sexes périrent dans les flammes. Il aida, l'an 1144, le comte Geoffroi à soumettre la ville de Rouen. (*Ibid.*) Il avait fait, quelque tems auparavant, un pèlerinage à Saint-Jacques en Galice, et fondé à son retour la chapelle de

Saint-Jacques du fort de Meulent, aujourd'hui paroisse. (*Cart. S. Nig.*) S'étant rendu, l'an 1146, à Vezelai, il s'y croisa, le dimanche des Rameaux, avec le roi Louis le Jeune et un grand nombre de seigneurs. Il tint son engagement et s'embarqua l'année suivante; mais s'étant arrêté, avec la division qu'il commandait, sur les côtes de Portugal, à la prière du roi Alfonse, il se joignit à ce prince pour chasser les Maures de Lisbonne. Ayant ensuite poursuivi sa route, il se rendit en Palestine, où il se distingua par sa valeur. (Du Moulin, *Hist. de Norm.* p. 361.) Un poète français a chanté ses exploits dans cette expédition. S'étant rembarqué, l'an 1150, pour son retour, son vaisseau fut battu d'une furieuse tempête où il pensa périr. Il fit alors vœu de fonder un monastère, s'il échappait à ce danger. Il fut exaucé; et, de concert avec l'impératrice Mathilde, qui avait fait un semblable vœu lorsqu'elle était assiégée dans Oxford, il fonda, l'an 1157, l'abbaye du *Vœu, de Voto*, autrement de *Valasse*. (La Roque, *Hist. d'Harc.*, T. IV; *Suppl.*, p. 5.)

Le roi Étienne avait laissé Galeran, depuis sa défection, en paisible jouissance du comté de Winchester. Mais, l'an 1150, provoqué par de nouveaux outrages, il assiège la ville de Winchester, qu'il prend et livre aux flammes. (*Henr. Huntind.*, l. 8.)

Hugues, neveu de Galeran, souffrait impatiemment qu'il jouît du château de Montfort-sur-Risle. Galeran, voyant son neveu prêt à prendre les armes pour le ravoir, convint avec lui, l'an 1153, d'une conférence à Bernai. Mais à peine fut-elle entamée, que le neveu se saisit de l'oncle et le fit enfermer dans le château d'Orbec. Les troupes de Galeran accoururent bientôt à sa délivrance. On capitule; et sur l'abandon qu'il fait de Montfort, il est remis en liberté. Galeran, l'année suivante, s'étant mis en devoir de reprendre cette place, son neveu le contraignit de renoncer à ce projet après avoir ruiné les forts qu'il avait bâtis pour s'opposer aux courses de ceux de Montfort. (Du Moulin, p. 369; *Chron. Norm.*, p. 989.)

Gournai-sur-Marne était une des terres du comte de Meulent. L'an 1157, il fit avec le roi Louis le Jeune un traité, par lequel il consentait que le monarque employât à son service les hommes qu'il avait à Gournai, mais pendant le jour seulement, à moins qu'ils ne se portassent de bonne volonté à le servir de nuit. Il fut de plus stipulé que, si le roi commettait quelque hostilité contre le comte dans l'étendue du comté de Meulent, les habitants de Gournai ne pourraient y prendre part et garderaient la neutralité; mais que, si le roi ou ses successeurs allaient jusqu'à vouloir dépouiller Galeran ou ses héritiers du comté de Meulent, alors le traité demeurant nul, les habitants de Gournai seraient tenus de servir leur seigneur contre le roi lui-même; et que, hors ce cas, ils marcheraient aux ordres du roi dès qu'ils seraient mandés, et que sa majesté réciproquement les protégerait de tout son pouvoir. (Du Chesne, *Hist. Franc.* T. IV, p. 585; *Ep.* 62.)

Galeran eut querelle, en 1161, avec Henri II, roi d'Angleterre et duc de Normandie, qui lui enleva toutes les places qu'il possédait dans ses états. Mais, fléchi par ses soumissions, ce prince les lui rendit bientôt après. (*Robert de Monte, App. ad Sigebert.*) Galeran depuis ce tems ne s'occupa plus que d'œuvres pieuses. Il présida au chapitre de Beaumont-le-Roger en 1162, et fit des dons considérables, en 1165, au prieuré de Gournai. S'étant retiré depuis à l'abbaye de Préaux en Normandie, il y finit ses jours dans l'état monastique au mois d'avril 1166. Etienne, religieux du Bec, a fait son éloge en vers élégiaques. (Martenne, *Amplis. coll.* T. Ier, p. 875.) Robert du Mont, dans sa chronique, dit qu'il était le plus grand, le plus riche et le mieux allié de la Normandie. Agnès, son épouse, fille d'Amauri III, comte de Montfort, lui avait apporté en dot les terres de Rochefort et de Gournai. Il eut de cette alliance, Robert qui suit; Amauri, tige des seigneurs de Gournai; Roger, tige des vicomtes d'Evreux; Waleran, seigneur de Montfort; Etienne et Hugues; avec trois filles; Isabelle, mariée, 1° à Geoffroi, baron de Mayenne, 2° à Maurice II, sire de Craon; Marie, femme de Hue Talbot, baron de Cleuville; et Amieu, alliée à Henri, baron de Ferrières.

ROBERT IV.

1166. ROBERT, fils de Galeran et son successeur à l'âge de vingt-cinq ans, outre les domaines qu'il avait hérités de ses ancêtres au Vexin, au Pincerais, en Normandie, dans l'île de France, en Angleterre, en acquit d'autres dans l'Orléanais, la Beauce et le Berri, tels que les villes d'Argenton, de Concressaut, une partie des terres de Laos, d'Antoni, de Chenai. A la mort de son père, il apprit que ce comte, étant à l'article de la mort, avait déclaré qu'il désirait que ses héritiers réparassent quelques dommages qu'il avait causés à l'abbaye de la Croix Saint-Leufroi. Les enfants s'empressèrent d'acquitter les dernières intentions de leur père. Robert ratifia tout ce qui avait été fait par ses prédécesseurs en faveur des églises de Lyre, Préaux, Jumiège, le Bec, Valasse, Pont-Audemer, Beaumont, Saint-Vandrille, Saint-Denis, et Saint-Nigaise de Meulent. Il accorda, entre autres choses, aux religieux de Valasse la permission d'ouvrir le ban de vendange, quand ils le jugeraient à propos, dans sa ville de Mantes. Ceux de Saint-Vandrille ayant été inquiétés pour les droits seigneuriaux et domaniaux sur la rivière dans la même ville de Mantes, eurent recours à Robert, comte de Meulent, qui adressa une ordonnance ou mandement à ses officiers et prévôts de Mantes, pour leur enjoindre de faire jouir les religieux de leurs priviléges. Par ce même acte, Robert atteste et certifie au roi Louis le Jeune que jamais, ni lui ni ses prédécesseurs, comtes de Meulent, n'avaient perçu ce droit, dont ils avaient accordé la franchise au monastère, et prie le roi d'interposer son autorité pour maintenir cette liberté. (*Cart. S. Wandreg.*)

Ce comte tenait de tems en tems sa cour avec ses barons. Il reste quelques-uns des actes de ces assemblées, entr'autres un jugement rendu, lui présent, avec son sénéchal, touchant le patronage d'une église. Il eut des grands officiers de toute espèce, des maréchaux, un grand-forestier, etc. Il inféoda, à titre héréditaire, l'office de grand-veneur de sa maison en faveur d'Alexandre de Caillonel, gentilhomme du Vexin, près Chaumont. (La Roq. *Hist. d'Harc.*, T. IV, p. 1967.)

En 1167, il fit un voyage en Sicile avec quelques autres seigneurs. La faveur qu'il y acquit causa de la jalousie aux courtisans du pays. Ils se soulevèrent; le comte de Meulent leur résista de front, et conseilla au roi de les punir. La fermentation devint trop grande, on ne put en venir à bout : le roi de Sicile fut obligé de prier très-poliment les étrangers de se retirer. (Hug. Falcand., *Hist. Sicil.*)

Henri le Jeune, fils de Henri II, roi d'Angleterre et duc de Normandie, se brouilla, l'an 1174, avec son père. Celui-ci, voyant que cette mésintelligence venait des mauvais conseils qu'on donnait à son fils, écarta d'auprès de lui toutes les créatures qui l'entouraient. Le comte de Meulent, qu'on ne soupçonnait pas, fut le seul excepté. Mais il était réellement du nombre des séducteurs, et favorisa le complot du jeune prince pour s'évader et se retirer en France, sous la sauve-garde de Louis le Jeune. Ils exécutèrent ensemble ce dessein, une nuit, pendant que les gardes étaient endormis. (Du Moul. *Hist. de Norm.*, p. 394; La Roq., *Hist. d'Harc.*, T. Ier, p. 71.)

L'esprit et les talents, qui avaient été comme héréditaires dans la maison de Meulent depuis six générations, commencèrent à déchoir en la personne de Robert IV. La branche de Leycester sembla les recueillir. En effet, Robert, comte de Leycester, cousin du comte de Meulent, joua sous ces règnes un grand rôle, et eut part à toutes les affaires importantes. C'est lui qui fut chargé par Louis le Jeune de faire une descente en Angleterre; et quoique cette expédition n'ait pas réussi, elle lui acquit beaucoup de gloire. Robert, comte de Meulent, au contraire, ne paraît dans aucune action d'éclat, et l'histoire ne rapporte de lui aucun fait d'armes important. Le roi d'Angleterre s'empara des places qu'il avait en Normandie et en Angleterre, lorsqu'il eut appris qu'il s'était réfugié en France auprès de Louis le Jeune, avec Henri, son fils, et ne les lui rendit que lorsque la paix fut faite. Il est vraisemblable que c'est dans le tems de cette même paix que le comte de Meulent épousa MATHILDE, fille de Renaud, comte de Cornouaille en Angleterre, fils naturel du roi Henri Ier. Quelques auteurs donnent d'autres femmes au comte Robert. Les uns veulent qu'il ait épousé ALIX, dame de Préaux; et la chronique de Saint-Nigaise de Meulent, dit expressément que sa femme était AGNÈS DE VENDÔME. Soit que ce fût une seule et même comtesse qui eût plusieurs noms et plusieurs seigneuries, soit que Robert ait effectivement eu plusieurs femmes avant ou depuis Mathilde, nous nous en tenons à celle-ci, parce qu'il en existe des preuves indubitables, et que les autres mariages paraissent moins sûrs.

Il se fit, en l'année 1188, entre les rois de France et d'Angleterre, un traité de paix où l'on convint de se réunir pour faire le voyage de la Terre-Sainte. On rassembla ses forces; mais au lieu de les porter contre les Infidèles, les deux monarques les tournèrent l'un contre l'autre. Richard, comte de Poitou, aidé du roi d'Angleterre, son père, et du comte de Meulent, réveilla ses prétentions sur Toulouse. Philippe Auguste fait diversion dans le Berri, surprend Château-Roux, Buzançais et Argenton: cette dernière ville appartenait au comte de Meulent. Il entre dans l'Auvergne, le Poitou et le Maine; il soumet tout sans résistance, et n'est arrêté que par Vendôme, place bien fortifiée, que le comte Jean Ier, son seigneur, avait livrée à l'Anglais. Philippe la réduit cependant, fait la garnison prisonnière, et entr'autres, soixante-deux chevaliers que le comte de Meulent, attaché à Richard, y avait mis. L'auteur de la Philippide, qui décrit ce siége, plaint la situation du comte Robert, qui, se trouvant feudataire à la fois de deux puissants monarques, ne pouvait ménager l'un sans se mettre l'autre sur les bras. Le poète, quoique partisan du héros français, excuse le comte de Meulent d'avoir suivi le parti de l'Anglais dans cette conjoncture, parce qu'encore qu'il tînt le comté de Meulent en hommage de la France, il possédait aussi beaucoup de châteaux et de domaines mouvants de l'Anglais-Normand, et que dans la guerre qui se faisait alors, il ne s'agissait de rien moins que de la province entière de Normandie, et d'autres pour lesquelles le comte de Meulent devait le service à l'Anglais.

> . . . . Vindocinum, quod ei portas aperire negavit. . . .
> . . . . In quo Rex equites captos in vincula trudit
> Sexaginta duos, arcem murosque tuentes,
> *Roberti Comitis Mellenti* signa secutos,
> Qui tunc Richardi Comitis, miser, arma juvabat.
> . . . .
> Justa tamen ducebat eum pro tempore causa,
> Cùm foret Anglorum feodali jure ligatus
> A quo urbes, villas et plurima castra tenebat. . . .
> . . . . Quamvis à nostro Comitatum Rege teneret. . . .

Il paraît que Philippe Auguste sut le gagner et l'attirer pour quelque tems à son parti. Le comte ne s'en trouva pas mieux; car l'Anglais, fondant sur ses domaines, ravagea les environs de Mantes et de Meulent, et saisit ses terres d'Angleterre. Une trêve, qui se fit entre les deux souverains, lui donna, tandis qu'ils partaient pour la Terre-Sainte, le tems de respirer et de se refaire.

Robert établit une commune à Meulent, vers l'année 1189, sur le modèle de celle que Philippe Auguste venait de créer à Pontoise, et la fit même confirmer et garantir par ce roi. (La Roq., *Hist. d'Harc.*, T. IV, p. 2173.)

Au retour de Philippe, les hostilités recommencèrent. Nouveau traité fait à Mantes le 9 juillet 1194. Par l'article 7, il est stipulé que le comte de Meulent sera remis en possession de ses terres et seigneuries d'Angleterre, qui avaient été confisquées. Il est encore parlé de ce comte dans un traité du 23 juillet de l'année suivante; et il y est porté expressément qu'il sera compris dans les conventions du même traité de paix. (Du Moul., *Hist. de Norm.*, pp. 465—466—473, etc.)

La même année 1195, Robert accorda aux religieux de Saint-Nigaise de Meulent le droit d'établir une foire et un marché; et peu de tems après il fit faire la translation des reliques du saint patron dans une nouvelle châsse.

Après la mort de Richard-Cœur-de-Lion, Robert suivit le parti de Jean-Sans-Terre, son frère, qui l'entraîna dans sa ruine. En effet, la cour des pairs de France condamna par contumace le roi Jean; et ses biens ayant été confisqués pour félonie, on confisqua aussi ceux de ses adhérents, à la tête desquels était le comte de Meulent.

Le comte de Meulent passa en Angleterre avec Jean, et laissa le commandement de ses places, de celle entr'autres de Beaumont-le-Roger, à Pierre, son fils; celui-ci, séduit par Philippe, les lui remit, et mourut fort peu de tems après. Le comte, revenu en France, fit une donation universelle de ses biens à Mabirie, sa fille et sa plus prochaine héritière, au mois de mai

1204. (La Roq. *Hist. d'Harc.*, T. IV, p. 1966.) Philippe n'eut aucun égard à ses dispositions ; il ne lui accorda pas même les avantages qu'il laissa par des traités à ses autres ennemis : Robert fut exclus expressément des conventions du traité de Rouen, passé le 1er juin 1204 : *Excepto...... Comite de Mellento........ quem dominus rex Franciæ de omnibus conventionibus..... excepit.* Robert se trouvant à Poitiers, où les circonstances de la guerre l'avaient conduit, y mourut le 20 septembre 1204, selon le nécrologe de Préaux, ou le 16 août selon le nécrologe de Saint-Nigaise de Meulent. Ses héritiers furent privés à jamais du comté de Meulent...... *Dormivit post decursum vitæ suæ........ anno 1204, et sepultus fuit in civitate Pictavensi..... Robertus, eo nomine quartus, comes Mellenti, ob rebellionem adversùs Philippum regem, apud Pictavum transfugus, in Anglici regis ditione, et ibi diem clausit extremum, et omnia ejus dominia fisco regali addicta, posteris illius in æternum privatis.*

Robert eut trois fils et deux filles ; Galeran, Pierre et Henri ; Jeanne et Mabirie, ou Mabile. Gui de la Roche, épousa une des filles de Robert : si ce n'est pas Jeanne, ou Mabirie, il faut qu'il en ait eu une troisième dont on ignore le nom.

Le premier acte qui fasse mention de Galeran III, fils de Robert IV, est une confirmation faite à sa prière, du vivant de son père, par Philippe Auguste, à l'abbaye de Coulombs, de l'île et prieuré de Saint-Côme, en l'année 1183. On voit qu'il était dès-lors associé à la dignité de comte, et qu'il en portait le titre : *Precibus Gualeranni junioris comitis, et castri Mellenti domini, concessi et confirmavi.* Il épousa Marguerite de Fougères, fille de Raoul, l'un des plus illustres barons de Bretagne. Cette dame était veuve de Guillaume Bertrand, qui avait une origine commune avec la maison de Montfort-sur-Risle, et dont elle avait des enfants. Le contrat de mariage de Galeran fut passé à Mortagne au Perche, ou Mortain en Normandie (*Moritaniæ*), en l'an 1189, signé par les parents des deux familles. On y voit que ce jeune comte se disposait à faire le voyage de Jérusalem. Cette pièce est intéressante par les diverses clauses et stipulations qu'elle contient. En cas de voyage, en cas de mort, de naissance de nouveaux enfants, etc., Robert y fait une donation universelle de tous ses biens généralement, et sans aucunes réserves, en faveur de Galeran, son fils aîné. Mais par un autre acte du même jour, et souscrit des mêmes parents, le père se réserve la faculté de doter ses autres enfants et ses filles, et de leur donner même des biens-fonds, de l'avis et conseil de ses barons ; lesquels biens-fonds néanmoins ne pourraient point être pris dans l'étendue des domaines du comté de Meulent, ni de la châtellenie de Beaumont-le-Roger, attendu que ces domaines patrimoniaux et principaux devaient passer en entier au fils aîné et principal héritier. (La Roque, *Hist. d'Harc.*, T. III, p. 55.)

Galeran partit pour la Terre-Sainte avec Philippe Auguste. Il y donna des preuves d'une grande bravoure, en se battant corps à corps contre un général turc. Il porta un coup si furieux à son ennemi, que la lance traversa l'écu, et que le turc, sans son haubert qui le garantit, serait demeuré infailliblement sur la place. L'impatience que le jeune comte avait d'en venir aux mains, l'emporta tellement, qu'il avait eu l'imprudence d'oublier, entr'autres armes, son heaume. Le turc s'en aperçut, et, après avoir paré le coup que Galeran lui avait porté, il le prit au défaut de l'oreille, et le tua sur-le-champ. Il fut regretté comme un jeune chevalier sage, courtois, vaillant, et qui annonçait de grands talents. Voici ce qu'en dit un ancien poète français, après avoir décrit le combat, dont nous venons de rendre compte :

> Oy avez que mort fut Gallerans,
> Du sanc de ly fût arrousé li chans,
> Tout en fut taintz ses haubertz jasserans,
> Loing fu del bu la teste quinze espans;
> Dolens en furent et Guillaume et Bertrans ;
> Guichart et Fouque et Savari Limans;
> Pour ce fut plaint des serfs et des francs,
> Qu'il iert courtois et sage et entendans
> Et sus payens hardis et combatans;
> Moult iert amés de petit et de grans.

Pierre de Meulent, par la mort de Galeran, son frère aîné, devint le principal héritier présomptif de son père. Celui-ci, comme on l'a vu, ayant suivi Jean-Sans-Terre en Angleterre, donna ses places, et entr'autres, Beaumont-le-Roger, à Pierre, son fils, qui, trahissant la confiance que son père avait eue en lui, remit cette ville à Philippe Auguste, et se rangea sous ses drapeaux. Il ne survécut pas long-tems à cette trahison : il mourut en 1203. Son père le suivit de près, et le comté de Meulent fut irrévocablement réuni à la couronne.

CHRONOLOGIE DES VICOMTES HÉRÉDITAIRES DE MEULENT.

Nivelon, seigneur du pays chartrain, est regardé comme la tige des vicomtes héréditaires de Meulent. Il eut pour fils :

Fulcher, qui épousa Anstrude. Ils eurent deux fils :

Vivien, qui vivait en 988, et qu'on croit être le même, qui devint abbé de Saint-Denis; et Fulcher. Vivien eut quatre fils.

Thédevin. C'est le premier que l'on trouve avoir porté le titre de vicomte de Meulent, vers l'an 1015 environ, jusqu'en 1062. Il était seigneur de la terre de Mezy, près Meulent, dont le fief le plus ancien porte le nom de *Saint-Denis*: ce qui donnerait lieu de croire qu'il le posséda par inféodation de ce monastère, dont son père devint abbé. Les autres fils de Vivien, frères de Thédevin, sont Waléran, moine et prévôt du monastère de Juziers, près de Meulent; Gauthier et Amélie. Thédevin laissa pour fils

Gauthier Ier, surnommé Paganus (1), vicomte de Meulent dans les années 1062, 1077, 1096, etc. Il épousa Hodierne ou Rainsuinde, surnommée la Comtesse. Ils eurent pour fils

Gauthier II, surnommé Hay, vicomte de Meulent dans les années 1120, 1133, etc., laissa pour fils

Gauthier III, vicomte de Meulent dans les années 1139, 1162, etc., il laissa pour fils

Amauri Ier, dit Hay, vicomte de Meulent, qui vivait encore en 1183; il laissa pour fils

---

(1) Quelques personnes pensent que ce mot ne signifie pas *païen*, mais *seigneur* ou *gouverneur* d'un bourg ou d'un pays... *pagi*.

Etienne, vicomte de Meulent ou de Mezy, en 1195, eut pour fils Jacquelin; mais avant Jacquelin, un frère d'Étienne, fils d'Amauri Ier, nommé

Hugues, fut vicomte de Meulent vers l'an 1200, et dans le tems de la révolution arrivée par la réunion du comté à la couronne; et après lui son neveu

Jacquelin, vicomte de Meulent en 1207 jusqu'en 1226. Depuis la réunion du comté à la couronne, le titre de vicomte de Meulent, ou de Mezy, devint purement honorifique et sans fonctions. Jacquelin laissa pour fils

Eustache Ier, surnommé Hay ou de Ajou, vicomte de Meulent, ou de Mezy, en 1226. Il laissa pour successeur son grand-oncle.

Amauri II, vicomte de Meulent, ou de Mezy, fils d'Amauri Ier, frère des vicomtes Etienne et Hugues, en 1235. Sa succession fut recueillie par

Eustache II, parent collatéral très-éloigné, fils d'Ode III, sénéchal de Meulent. Il était vicomte de Meulent, ou de Mezy, en 1238, 1247, 1250, etc.

Il paraît que le nom de l'office de vicomte de Meulent se transforma en nom propre de famille pour les seigneurs de Mezy; et l'on trouve encore un Guillaume le Vicomte, seigneur de Mezy, panetier du roi et grand-bailli d'épée de Meulent en 1417.

CHRONOLOGIE HISTORIQUE

DES

COMTES DE CLERMONT EN BEAUVAISIS.

Clermont, ville du diocèse de Beauvais, située sur une hauteur près de la rivière de Bresche, distante de cinq lieues de Compiègne, de quatre de Beauvais, de onze de Soissons et d'autant de Paris, est le chef-lieu d'un comté célèbre par les noms de ceux qui l'ont possédé.

RENAUD Ier.

Renaud est le premier comte de Clermont dont l'histoire fasse mention. Il fut, l'an 1054, un des généraux de l'armée commandée en chef par Eudes, frère du roi Henri Ier, contre Guillaume-le-Bâtard, duc de Normandie. Les Français ayant été mis en déroute cette même année par Guillaume, à la bataille de Mortemer, Eudes et Renaud, dit Ordéric Vital, ne trouvèrent leur salut que dans la vitesse de leurs pieds. Renaud vivait encore, suivant le même auteur, en 1084, et il paraît que ce ne fut pas la dernière année de sa vie. Il laissa un fils, qui suit.

HUGUES.

Hugues, surnommé de Monchi, *Montiacensis*, par Suger, parce qu'il possédait le château de ce nom, du vivant de Renaud, son père, lui succéda au comté de Clermont. Une donation qu'il fit, l'an 1099, à l'abbaye de Flay ou de Saint-Germer, est la première époque connue de son gouvernement. (*Cartul. Flaviac.*) Mathieu, comte de Beaumont-sur-Oise, dont il était le beau-père, ayant reçu pour la dot de sa femme la moitié de la terre de Lusarches, voulut se rendre maître du tout, et s'empara, les armes à la main, de la tour de Lusarches. Hugues, à qui son grand âge ne permettait pas de faire tête à son gendre, implora le secours de Louis-le-Gros, roi désigné des Français. Le jeune prince, après avoir fait inutilement sommer Mathieu de satisfaire son beau-père, marche contre lui, assiége la tour de Lusarches, la prend, non sans peine, et la remet au comte de Clermont, Delà il alla se présenter devant un autre château du comte Mathieu, que Suger nomme *Canliacum*; c'est Chambly en Beauvaisis. Mais des pluies abondantes étant survenues dans le tems qu'il dressait ses tentes et montait ses machines pour attaquer la place, ses troupes furent si déconcertées par ce contre-tems, qu'elles se débandèrent malgré les efforts qu'il fit pour les retenir. Les assiégés s'étant aperçus de ce désordre, firent une sortie dans laquelle ils tuèrent beaucoup de monde, et firent plusieurs prisonniers de marque. De ce nombre furent le comte Hugues, Gui de Senlis et Herluin de Paris. Louis le Gros, obligé de fuir, s'en revint à Paris, le dépit dans le cœur et bien résolu d'effacer au plus tôt la honte de cet échec. Le comte de Beaumont, apprenant qu'il se préparait à venir avec une armée triple de la première, le prévint par ses soumissions, et obtint de lui la paix, en rendant à son beau-père la liberté avec tout ce qu'il lui avait enlevé. (Suger, *Vit. Lud. Gr.*) On ignore l'année de la mort de ce dernier. Il avait épousé MARGUERITE, fille d'Hilduin, comte de Rouci, dont il eut Renaud, qui suit; Gui, mort en prison à Rouen, l'an 1119, après avoir été pris par les Anglais au combat de Brenneville; Raoul, chanoine de Beauvais; Emme, femme de Mathieu dont on vient de parler; et deux autres filles, dont l'une, nommée Ermentrude, épousa Hugues d'Avranches, que Guillaume le Conquérant fit comte de Chester; et l'autre, appelée Richilde, fut mariée à Dreux II, seigneur de Mello en Beauvaisis.

RENAUD II.

RENAUD II, comte de Clermont après Hugues, son père, fut en assez haute considération pour être jugé digne de la main d'ADÉLAÏDE, ou ALIX, fille unique d'Herbert IV, comte de Vermandois, et veuve de Hugues de France, fils du roi Henri Ier. Cette princesse, après la mort de son premier époux, conserva le comté de Vermandois jusque vers l'an 1117, qu'elle le céda à Raoul, son fils du premier lit, après avoir reçu du roi Louis le Gros, son cousin, le comté d'Amiens, qu'il avait enlevé à la maison de Couci. Adélaïde étant morte vers l'an 1120, Renaud épousa en secondes noces CLÉMENCE, fille de Renaud Ier, comte de Bar. L'an 1114, il accorda une foire le jour de Saint-Jean à la ville de Clermont. On ignore la durée de son gouvernement. Il eut de son premier mariage Marguerite, femme, 1° de Charles le Bon, comte de Flandre, à qui elle porta en dot le comté d'Amiens; 2° de Hugues II, comte de Saint-Pol; 3° de Baudouin, seigneur d'Encre, et non de Thierri d'Alsace, comte de Flandre. Du second lit sortirent Raoul, qui suit; et cinq autres fils, avec deux filles. Sa veuve Clémence épousa en secondes noces Albéric Ier, comte de Dammartin, et en troisièmes Thibaut III, seigneur de Nanteuil-Haudouin.

RAOUL Ier.

Raoul Ier, successeur de Renaud, son père, au comté de Clermont, fut revêtu par le roi Louis Jeune de la charge de connétable de France. Il souscrivit en cette qualité deux chartes, l'une de Saint-Victor de Paris en 1174, l'autre de l'abbaye de Saint-Denis en France de l'an 1179. Gilbert de Mons (*Chr. Hannoniœ*, p. 88) le met au nombre des tenants d'un fameux tournoi qui se fit, l'an 1175, entre Soissons et Braine. La chronique d'André, moine d'Anchin, le place, avec Raoul de Couci, à la tête des seigneurs qui, au commencement du règne de Philippe Auguste, troublèrent la paix du royaume en haine de Philippe d'Alsace, comte de Flandre et régent du royaume. *La brouillerie*, ajoute-t-elle, *dura long-tems entre les deux comtes; et tous les princes françois avec les évêques, excepté celui de Senlis, conseilloient au roi de répudier sa femme Isabelle, nièce du comte de Flandre; mais le roi, qui aimoit cette princesse, n'acquiesça pas à leur conseil.* Le comte de Clermont avait un motif personnel d'exciter le roi contre le comte de Flandre. Vassal de ce dernier pour la terre de Breteuil, il refusait de lui en faire hommage, et il avait besoin d'un fort appui pour se mettre à l'abri de ses poursuites. (*Giselebert. Mont. Chron.* p. 105; Lewarde, *Hist. de Hainaut*, T. III, p. 75.) Le comte de Hainaut étant venu au secours du comte de Flandre, son allié, tomba sur le château de Breteuil, qu'il réduisit en cendres. (*Giselebert.*, ibid. p. 107.)

L'an 1178, les chanoines de Beauvais s'étant mis en devoir de faire défricher leur forêt de Noirvaux, le comte de Clermont y forma opposition par voie de fait en chassant les ouvriers employés à ce travail : ce qui lui attira une excommunication de la part du chapitre de Beauvais ; car tel était alors le pouvoir que s'attribuaient les chanoines et les moines, d'excommunier de leur propre autorité ceux qui usaient de violence envers eux et envers leurs gens. Raoul fut effrayé du coup, et, s'étant abouché l'année suivante avec le chapitre de Beauvais, il se désista de son opposition sur l'assurance que lui donnèrent avec serment quatre chanoines qu'ils avaient le droit de faire le défrichement qu'il voulait empêcher. (*I. Cart. de Saint-Pierre de Beauvais*, fol.

136, v°. (Raoul eut depuis un autre démêlé avec le même chapitre pour une maison qu'il avait usurpée sur lui dans le lieu d'Ansac. Les chanoines l'ayant excommunié de nouveau pour ce sujet, il se fit relever par Guillaume de Champagne, archevêque de Reims, cardinal-légat, en se dessaisissant de son usurpation. Mais sur le refus qu'il fit de réparer les dommages qu'il avait causés, les chanoines eurent recours au pape Urbain III, qui, par son bref adressé de Vérone, le 25 mai 1186, aux doyens de Paris et d'Auxerre, les chargea de renouveler les censures contre le comte de Clermont, s'il ne donnait pleine satisfaction au chapitre de Beauvais. (*Deuxième cart.*, *fol.* 67, v°.) Raoul fut un des grands du royaume qui accompagnèrent le roi Philippe Auguste à la Terre-Sainte. Il mourut au siége d'Acre dans le mois de juillet 1191. Nous avons des lettres de Philippe Auguste, datées d'Acre au mois de juillet 1191, par lesquelles il atteste que Raoul, comte de Clermont, étant dangereusement malade outre-mer, avait ordonné que, s'il venait à mourir, son successeur fondât, pour le repos de son âme, une chapelle dans l'église de Saint-Arnoul de Clermont; qu'il réparât les injustices qu'il avait commises, et rétablît l'église de Beauvais dans les droits qu'elle prétendait avoir en la forêt de Lis, si les abbés de Froidemont, d'Orcamp et de Breteuil les jugeaient bien fondés. (Louvet, *Antiq. de Beauvais*, T. Ier, p. 702.) Raoul laissa d'ALIX, son épouse, fille et héritière de Waleran III, seigneur de Breteuil, deux filles, Catherine, qui suit; et Mahaut, femme d'Hervé II, seigneur de Vierzon. (*Voyez* Philippe d'Alsace, *comte de Flandre*.)

CATHERINE et LOUIS.

1191. CATHERINE, fille aînée de Raoul, lui succéda au comté de Clermont avec son époux LOUIS, comte de Blois et de Chartres. L'an 1198, par une charte du mois d'octobre, elle confirma, du consentement de Jeanne, sa fille, et de Mahaut, sa sœur, le don que Louis, son époux, avait fait de la terre de Francastel à l'hôpital de Beauvais. (*Arch. de l'hôtel-de-ville de Beauvais.*) Louis, s'étant croisé l'an 1199, eut part à la prise de Constantinople, et fut tué, l'an 1205, devant Andrinople, laissant de son mariage un fils, qui suit. (*Voyez* Louis, *comte de Blois.*)

THIBAUT, dit LE JEUNE.

1205. THIBAUT, dit LE JEUNE, fils de Louis et de Catherine, succéda à son père dans le comté de Blois, et à sa mère dans celui de Clermont. Il mourut en 1218 avant Pâques, sans laisser d'enfants de ses deux femmes, Mahaut, fille de Robert III, comte d'Alençon, et Clémence, fille de Guillaume de Roches, sénéchal d'Anjou. Après sa mort le roi Philippe Auguste acquit de Mahaut, tante de Thibaut, de Robert des Tournelles et de Gui le Bouteiller, héritiers de ce comte, ce qu'ils pouvaient prétendre au comté de Clermont. L'acte passé avec Robert est daté de Compiègne au mois de mai 1218. (*Rec. des Chartes*, cote 31, acte 550; *Rec. de Colbert*, v. 3, fol. 732.) Celui qui fut passé avec Gui est de même date, et se trouve dans l'ancien cartulaire de Philippe Auguste, pag. 76. (*Voyez* Thibaut VI, *comte de Blois.*)

PHILIPPE, DIT HUREPEL.

1218. Philippe, dit Hurepel, fils du roi Philippe Auguste et d'Agnès de Méranie, né l'an 1200, fut investi du comté de Clermont par son père (et non par Louis VIII, son frère.) Il devint comte de Boulogne et de Dammartin, l'an 1224, en vertu de son mariage contracté, l'an 1216, avec Mahaut, fille et héritière du comte Renaud. La chronique d'André met sa mort en 1234, et dit qu'elle fut l'effet, suivant le bruit public, du poison. Son corps fut inhumé, selon Albéric de Trois-Fontaines, à l'abbaye de Saint-Denis. Philippe laissa de son mariage Jeanne, qui suit, et un fils nommé Albéric. (Voyez *les comtes de Dammartin.*)

JEANNE et GAUCHER DE CHATILLON.

1234. Jeanne, l'aînée des deux enfants de Philippe, lui succéda au comté de Clermont. Mahaut, sa mère, lui fit épouser, l'an 1236, Gaucher, ou Gauthier de Chatillon, fils de Gui de Châtillon-sur-Marne, comte de Saint-Pol, et d'Agnès de Donzi. Gaucher était alors dans sa quinzième année. L'an 1242, il accompagna le roi saint Louis dans son expédition contre le comte de la Marche, et tua de sa main le sénéchal de Saintonge, qui portait la cornette du comte. Il se croisa, l'an 1246, avec le monarque, s'embarqua avec lui l'an 1248, se distingua au siége de Damiette et à la journée de la Massoure, où il eut le commandement de l'arrière-garde, et fut tué, le 5 avril 1250, à Casel ou à Charmasach, ville d'Egypte, en défendant contre les Sarrasins une petite rue qui conduisait au logement du roi. Jeanne, dont il ne laissa point d'enfants, mourut la même année. Après la mort de cette princesse, le roi saint Louis se mit en possession, comme plus proche héritier, du comté de Clermont, et voulut le réunir à la couronne; mais les comtes de

Poitiers et d'Anjou, ses frères, s'y opposèrent, soutenant que ce comté devait être partagé entre eux. La contestation dura plus de sept ans, et fut enfin terminée au mois de septembre 1258, par un arrêt du parlement, qui déclara les deux comtes non-recevables dans leur prétention. (Martenne, *Ampl. coll.*, T. Ier.)

ROBERT DE FRANCE.

L'an 1269 (N. S.), le roi saint Louis, par lettres du mois de mars, donna à Robert, son sixième fils, dans le comté de Clermont ce qui suit : *C'est à sçavoir*, dit le monarque, *nostre chastel de Clermont avec toutes ses appartenances, la Neuville-en-Hès, la forest et les appartenances d'icelle, Cieicy avec toutes ses appartenances, Sachy avec toutes ses appartenances, et tout ce que nous avons à Gournai-sur-Aronde, et quelcunques autres choses que nous avons et possessons en la comté de Clermont et Mori, avec les appartenances, fiefs et domaines et quelcunques autres choses que nous avons illeuc. Et toutes ces choses devant dites ycil Robers et si hoirs tenu en fié et hommage-lige de nous Roy de France Et de ce seront tenu rendre service de huz à yceux ; des choses toutes voyes que li Comte de Clermont ont tenu ou devront tenir des Evesques de Biauvais et de l'Abbé de S. Denis, sont tenu yceux nostre fieux comme le hoir faire hommage à l'Evesque et à l'Abbé qui aront esté pour le tems.* (Martenne, *Thes. Anecd.* T. Ier, col. 1125 ; *Ord. du Louvre*, T. XI, p. 342.) Robert, né, suivant la chronique de Saint-Etienne de Limoges, l'an 1256, avait été baptisé par Philippe, archevêque de Bourges, et avait eu pour parrain Humbert, général des Dominicains, que le roi son père avait fait venir exprès de Rome pour cette cérémonie. Dans son enfance, il avait été fiancé, selon la même chronique, avec Marie, fille de Gui VI, vicomte de Limoges, pour l'épouser, lorsqu'elle serait parvenue à l'âge nubile, si cela lui plaisait et au roi son père : *Huic fuit desponsata filia vicecomitis Lemovicensis, si sibi placeret ac regi cùm nubiles essent.* (Labbe, *Alliances Chron.*, T. II, p. 660.) Mais cette alliance n'eut point lieu, comme on l'a remarqué ci-dessus.

Robert accompagna, l'an 1272, le roi Philippe le Hardi, son frère, dans son expédition contre Roger-Bernard, comte de Foix. La même année, et peut-être avant son départ, il épousa Béatrix, fille de Jean de Bourgogne, seigneur de Charolais, et d'Agnès, dame de Bourbon. C'était une châtellenie que Hugues IV, duc de Bourgogne, aïeul de Béatrix, avait démembrée du comté de Châlons, et donnée par son testament, en 1272, à sa petite-fille. Cette disposition fut ratifiée en 1277, au mois d'avril, par transaction passée entre le duc de Bourgogne, Robert II, et la même Béatrix, sa nièce, assistée de son époux, (Pérard, p. 544), puis confirmée deux ans après, par traité conclu au mois d'août entre les mêmes parties, sous la médiation du roi de France. L'an 1279 (N. S.), le comte de Clermont fut fait chevalier à Paris. Cette cérémonie occasiona un tournoi où Robert jouta avec une adresse qui le fit admirer. Le prince de Salerne étant arrivé quelque tems après, on fit à son honneur un nouveau tournoi, qui fut aussi funeste à Robert, que le premier avait été glorieux pour lui; car il eut le malheur d'y recevoir des coups à la tête, dont son esprit se ressentit le reste de ses jours. Mais il n'est pas vrai qu'ils lui firent perdre la raison, comme le prétend M. Velli : la suite de sa vie dément cette assertion. Robert succéda, l'an 1283, avec sa femme, à sa belle-mère Agnès, dans la sirerie de Bourbon, dont il prit alors le nom, mais en retenant toujours les armes de France. *Cette sage précaution*, dit M. de Perefixe (Vie de Henri IV) *a beaucoup servi à ses descendants pour se maintenir dans le rang de princes du sang, que ceux de Courtenai ont perdu pour n'en avoir pas usé de la sorte.* Robert, l'an 1297, fut un des quatre princes qui reportèrent sur leurs épaules à Saint-Denis les ossements de saint Louis, qu'on avait levés de terre lors de sa canonisation, et apportés à la Sainte-Chapelle de Paris pour être exposés à la vénération des fidèles. L'an 1310, il fut député avec Louis Hutin, alors roi de Navarre et depuis roi de France, pour conclure un traité d'alliance entre le roi Philippe le Bel et Henri VII, roi des Romains. Robert mourut le 7 février 1318 (N. S.), et fut enterré aux Dominicains de Paris, dans la chapelle de Saint-Thomas d'Aquin, où l'on voit son tombeau de marbre noir. Il eut de son mariage Louis, qui lui succéda dans le comté de Clermont, et à sa mère dans la sirerie de Bourbon, laquelle en sa considération fut érigée en duché; Jean, qui fut baron de Charolais, et ne laissa, l'an 1316, à sa mort qu'une fille, Béatrix II, en faveur de laquelle le Charolais fut érigé en comté par le roi Philippe le Hardi, lorsqu'elle eut épousé Jean Ier, comte d'Armagnac; Pierre, grand-archidiacre de Paris; Blanche, mariée à Robert VII, comte d'Auvergne; Marie, morte religieuse à Poissi en 1372; et Marguerite, femme de Jean, comte de Namur. Robert eut pour bailli, dans son comté de Clermont, le célèbre Beaumanoir, qui, l'an 1283, recueillit et rédigea par écrit les coutumes de Beauvaisis, *le premier*, dit Loisel, *le plus grand et le plus hardy œuvre qui ayt été composé sur les coustumes de France*. (Voyez pour la suite des comtes de Clermont *les sires de Bourbon*.)

CHRONOLOGIE HISTORIQUE

DES

COMTES DE VERMANDOIS,

ET

DES COMTES, puis DUCS, DE VALOIS.

COMTES DE VERMANDOIS.

Le Vermandois, *Pagus Veromanduorum*, faisait partie, sous les Romains, de la seconde Belgique. Sa capitale, nommée alors *Augusta Veromanduorum*, et plus anciennement Samarobrive, a pris ensuite le nom de Saint-Quentin, depuis qu'elle possède les reliques de ce saint martyr. Prétendre avec Cluvier et Samson qu'*Augusta Veromanduorum* est le village de Vermand, situé à trois lieues de Noyon, et quatre de Péronne, c'est une erreur détruite par l'abbé de Longuerue, qui prouve, par les actes de Saint-Quentin, par Grégoire de Tours et plusieurs chroniques, que le corps du saint fut enterré près d'*Augusta Veromanduorum*, et qu'on l'a toujours gardé dans cette ville; d'où il suit que la ville de Saint-

COMTES, puis DUCS, DE VALOIS.

Le Valois, *Pagus Vadensis*, tire son nom du lieu que les anciens monuments appellent *Vadum*, aujourd'hui Vez, entre Villiers-Cotterets et Crépi, capitale du pays, depuis qu'il fut érigé en comté. Son étendue n'a pas toujours été la même. Sous les Romains, il était compris dans la cité de Soissons. Sous les deux premières races de nos rois, il s'étendait sur les territoires de Soissons, de Senlis, de Meaux et de Reims. Aujourd'hui il a pour bornes, au Nord, le Soissonnais, à l'Orient, la Champagne, au Midi, la Brie et l'Ile de France, et à l'Occident le Beauvaisis. Le Valois, dans le moyen âge, s'appelait, du nom de sa capitale, le comté de Crépi, *comitatus Crispeius*, *Crispeiensis*, *Crispeicus*. La maison des

COMTES DE VERMANDOIS.

Quentin est à la même place qu'*Augusta Veromanduorum*. Ce sentiment se prouve encore, dit M. Butler, par le voisinage de la rivière de Somme.

Les anciens comtes de Vermandois tirent leur origine de Bernard, roi d'Italie, et par conséquent de Charlemagne, dont Bernard était petit-fils par Pepin, son père. Bernard en mourant laissa un fils en bas âge, nommé Pepin comme son aïeul, qui fut privé du royaume d'Italie par l'empereur Louis le Débonnaire, et reçut en dédommagement une partie du Vermandois, savoir; les seigneuries de Saint-Quentin et de Péronne. Vignier lui donne la qualité de comte de Vermandois, mais sans preuve. L'an 834, il se joignit à l'évêque Ratold, au comte Boniface, et aux autres grands du royaume, pour soutenir l'empereur contre son fils Lothaire, et le rétablir sur le trône. Pepin ne fut pas également fidèle au roi Charles le Chauve; il s'allia contre ce prince, l'an 840, avec ce même Lothaire dont il avait été l'ennemi déclaré. On ne sait ni le tems ni le genre de sa mort. De sa femme, dont on ignore le nom et la naissance, il eut, suivant la chronique saxone et Reginon, trois fils: Bernard, dont le sort n'est point connu; Herbert, qui suit; et Pepin. Ce dernier fit la branche des comtes de Valois.

COMTES, puis DUCS, DE VALOIS.

premiers comtes de Valois est une branche cadette de celle de Vermandois, suivant l'opinion commune, qui fait descendre l'une et l'autre de Bernard, roi d'Italie.

PEPIN.

Pepin, frère d'Herbert, comte de Vermandois, est regardé comme le premier comte de Valois. Attachés à la maison dont ils sortaient, les deux frères souffraient impatiemment que le sceptre en fût sorti pour passer dans une autre. L'an 893, tandis que le roi Eudes est en Aquitaine, Pepin et Herbert soulèvent les seigneurs français contre ce prince, et tiennent à Reims, le jour de la Purification, une grande assemblée, où ils élèvent sur le trône Charles, fils du roi Louis le Bègue. Mais Eudes, étant revenu promptement, met en fuite Charles, qu'il oblige d'aller chercher une retraite en Germanie. (Bouq., T. VIII, p. 90.) Pepin depuis ce tems disparaît dans l'histoire.

BERNARD.

Bernard, qu'on donne pour successeur immédiat de Pepin au comté de Valois, était ou son fils ou son proche parent. On n'a aucun détail sur sa vie, qu'il termina au plus tard vers l'an 956.

Après lui on voit le comté de Valois possédé successivement par les comtes de Vexin,

COMTES DE VERMANDOIS.

HERBERT Ier.

HERBERT Ier, ou HÉRIBERT, fils aîné de Pepin et petit-fils de Bernard, roi d'Italie, fut, à proprement parler, le premier comte de Vermandois. Il suivit d'abord le parti du roi Charles le Simple contre Eudes, son compétiteur ; mais ensuite il l'abandonna. On croirait que ce fut pour faire valoir ses droits au trône, qui lui était de plein droit dévolu, au cas que Charles ne fût point reconnu descendant légitime de Charlemagne. Mais nul monument ne nous apprend que ce fut là son intention. Toute sa conduite montre un homme qui cherchait à brouiller dans l'état, et ne portait pas ses vues plus loin. Rodolfe, ou Raoul, comte de Cambrai, frère de Baudouin II, comte de Flandre, et attaché au roi Charles, vint faire le dégât sur les terres d'Herbert, pour le punir de sa félonie. Il se rendit maître de Saint-Quentin et de Péronne ; mais peu de tems après Herbert le tua, l'an 896, dans une rencontre près de l'abbaye d'Origni. Le comte de Flandre vengea la mort de son frère, en faisant assassiner Herbert, l'an 902. Herbert laissa de N., qu'on fait sans preuve fille de Robert le Fort, duc de France, un fils, qui suit, et deux filles ; N., mariée à Otton, comte de Franconie, et cousin de l'em-

COMTES, PUIS DUCS, DE VALOIS.

WALERAN, ou GARNIER, GAUTHIER Ier, et GAUTHIER II.

RAOUL II.

RAOUL, quatrième fils de Gauthier II, eut, dans le partage de la succession paternelle, le Valois avec le comté d'Amiens. Il est appelé le second de son nom, pour le distinguer de Raoul, fils de Gauthier Ier, qu'on suppose, sans beaucoup de fondement, avoir succédé à son père dans le Valois. Les services qu'il rendit au roi Robert, lui acquirent un grand crédit à la cour de ce monarque. Il augmenta sa fortune par son mariage avec ADÈLE, fille d'Hilduin, ou Haudouin, seigneur de Rameru, de Breteuil, de Clermont et de Nanteuil ; qui fut surnommé de son nom Nanteuil-Haudouin. Adèle apporta à son époux cette terre, l'une des plus considérables du pays. Raoul eut de cette épouse (morte avant lui) deux fils, Raoul, qui suit, et Thibaut, avec deux filles, Constance, qui ne fut point mariée, et Alix, femme, dit-on, de Thibaut III, comte de Blois. Raoul II, à l'exemple de son père, fit le partage de ses domaines entre ses deux fils. Il sépara en deux portions le vaste château de Crépi, donna le corps d'hôtel avec ses dépendances à l'aîné, et le donjon au cadet, en faveur duquel il

COMTES DE VERMANDOIS.

pereur Conrad Ier, et Béatrix, laquelle, suivant la chronique d'Odoran, Aimoin et Guillaume de Jumiège, épousa Robert, duc, puis roi de France. Du Bouchet la donne pour fille de Pepin, et se trompe, puisqu'il a contre lui les trois auteurs cités. Herbert joignait au titre de comte de Vermandois celui d'abbé de Saint-Quentin, dont il faisait même les fonctions; en quoi il fut imité par ses successeurs. Ce fut lui qui fit rétablir cette église brûlée dix ans auparavant par les Normands.

HERBERT II.

902. HERBERT II, fils et successeur d'Herbert Ier, ne laissa pas la mort de son père impunie. Il ravagea les terres du comte de Flandre, avec lequel il fit enfin la paix, l'an 915. Il entra dans la conspiration des grands du royaume contre Charles le Simple, et combattit, en 923, à la bataille de Soissons, en faveur du roi Robert, dont il était beau-frère. Robert ayant été tué dans cette bataille, Herbert se joignit à Hugues le Blanc ou le Grand, comte de Paris et duc de France, et à d'autres seigneurs, pour faire élire à sa place Raoul, duc de Bourgogne. A la force Herbert joignit la ruse et la fourberie. Charles ayant passé la Meuse sans savoir de quel côté tourner, il lui en-

COMTES, puis DUCS, DE VALOIS.

détacha plusieurs terres du Valois, à condition néanmoins que Thibaut les tiendrait en *pairage* du comté de Crépi. Ce Thibaut fut surnommé le Riche; titre qu'il mérita par son économie, et par le bon usage qu'il fit de ses richesses. (*Voy.* Thibaut III, *comte de Blois*.)

RAOUL III.

RAOUL III, dit LE GRAND, fils aîné de Raoul II, et son successeur, réunit dans sa main, l'an 1063, le Vexin au Valois et au comté d'Amiens, après la mort de Gauthier III, son cousin-germain. Il avait appuyé, l'an 1040, la révolte du prince Eudes contre le roi Henri Ier, son frère; mais il fut pris l'année suivante, dans un combat livré par le monarque au comte de Champagne, partisan d'Eudes. On ignore en quel tems et comment il recouvra sa liberté; mais sa captivité ne paraît pas avoir été longue. Il perdit, en 1043, ADÈLE, sa première femme, héritière du comte Nocher, son père, qui lui apporta en dot Vitri et Bar-sur-Aube. Raoul épousa, la même année ou la suivante, HAQUENEZ, dont l'extraction n'est pas connue. Guibert de Nogent fait ainsi le portrait du comte Raoul. « Il y a, dit-il,
» de nos jours plusieurs per-
» sonnes qui ont vu le comte
» Raoul; elles peuvent dire à
» quel degré il avait élevé sa

COMTES
DE VERMANDOIS.

voya Bernard, comte de Senlis, avec d'autres seigneurs, pour l'assurer qu'il avait dessein de rentrer dans son parti, et l'engager à venir cimenter la paix dans son château de Saint-Quentin. Charles se rendit, non sans quelque défiance, à cette invitation. Mais la réception honorable et affectueuse qu'Herbert lui fit, dissipa ses soupçons. Dès qu'il fut descendu de cheval, le comte, se jetant à terre, lui embrassa les genoux, suivant l'usage des grands en abordant leur souverain. Voyant ensuite que son fils recevait debout le baiser du monarque, *Est-ce ainsi*, lui dit-il en le forçant, la main sur le cou, de s'agenouiller, *qu'on reçoit une si grande marque de la bonté de son seigneur et de son roi?* Ces apparences trompeuses furent soutenues par la magnificence du logement qu'Herbert avait préparé au roi, et la somptuosité du repas qu'il lui donna le premier jour. Mais pendant la nuit, Herbert, l'ayant fait enlever, le fit conduire secrètement à Château-Thierri, et de là, quelques jours après, à Péronne. Ce service important, rendu à Raoul, parut au traître mériter le comté de Laon, qu'il demanda, lorsqu'il vint à vaquer, pour Eudes, son fils. Sur le refus que Raoul lui fit de ce comté pour le donner à Roger, fils du comte Roger, il tira de

COMTES, puis DUCS,
DE VALOIS.

» puissance, quelle autorité il
» s'était acquise, et de quel
» despotisme il usait. Trouvait-
» il un château à sa bienséance,
» il l'assiégeait. Place attaquée,
» place prise : tant était grande
» son habileté dans l'art des
» siéges. De toutes les places
» qu'il prenait, il n'en rendait
» aucune. Sa naissance lui
» donnait un rang distingué
» parmi les plus grands sei-
» gneurs du royaume. » (*Guibert. de vita sua.*) L'une de ces usurpations, et peut-être la plus criante, fut celle qu'il fit de Montdidier sur Rothaïs, sa cousine, fille et héritière d'Eudes, dernier comte de cette ville, et veuve de Hugues, seigneur de Bulles. Raoul était en possession de ce comté, l'an 1054, lorsqu'il combattit à la journée de Mortemer, où le roi Henri Ier fut défait par Guillaume le Bâtard, duc de Normandie. Raoul, qui était dans l'armée du monarque, fut du nombre des fuyards et des premiers avec le prince Eudes : ce qui causa peut-être la perte de la bataille. (*Ord. Vit.*, l. 7, p. 657.) Raoul accompagna, l'an 1058, le roi Henri au siége de Château-Neuf, en Thimerais. Il souscrivit, l'an 1060, comme témoin, un diplôme de ce monarque en faveur du monastère de Saint-Martin-des-Champs : il est remarquable que sa signature, dans cet acte, se trouve im-

COMTES DE VERMANDOIS.

prison, l'an 927, le roi Charles, qu'il emmena d'abord à Saint-Quentin, puis au château d'Eu, où ils eurent une conférence avec les seigneurs normands. Guillaume, fils du duc Rollon, y fit hommage à Charles, et se lia d'amitié avec Herbert, qui lui donna son fils Eudes en otage. L'année suivante, le comte, après avoir promené le monarque par différentes villes, l'amène à Reims; d'où il envoya des députés au pape Jean X, avec une lettre où il l'assurait qu'il n'oubliait rien pour le rétablissement de Charles. Mais à leur retour ces députés lui apprennent que le pape a été fait prisonnier lui-même par le marquis de Toscane. Herbert cependant travaillait à s'emparer de la ville de Laon, où la femme de Raoul se tenait renfermée avec le comte Roger. Une première tentative ne lui ayant pas réussi, il en fit une seconde, qui le rendit enfin maître de la place. Après cette conquête, il alla trouver le duc de Normandie, pour retirer de ses mains son fils Eudes. Mais Rollon exigea, pour le rendre, qu'Herbert fît hommage au roi Charles. Le fourbe, ayant éludé la demande, vint à bout de ramener son fils, et peu de tems après il fit son accommodement avec Raoul par la médiation de Hugues le Grand. Charles fut la victime de cette

COMTES, puis DUCS, DE VALOIS.

médiatement après celles du roi, de la reine et de leur fils, et précède celle des grands-officiers de la couronne. Après la mort de Henri, la reine Anne, sa veuve, s'étant retirée à l'abbaye de Saint-Vincent de Senlis, le comte Raoul, qui la voyait souvent, prit la résolution de l'épouser. Pour y réussir, il accusa d'infidélité sa deuxième femme Haquenez, autrement dite Éléonore, et fit divorce avec elle. Anne écouta les vœux de Raoul, et lui donna publiquement sa main, l'an 1062, au grand regret du roi Philippe, son fils, qui eût empêché cette alliance, si le comte de Flandre, son tuteur, l'eût secondé. (Bouquet, T. XI, p. 499.) Haquenez de son côté piquée au vif du double affront que lui faisait son époux en l'éloignant de lui, et en la calomniant, alla trouver à Rome le pape Alexandre II, pour lui demander justice. Le pontife commit les archevêques de Reims et de Sens pour informer sur les lieux. Les deux prélats s'étant acquittés de leur commission, le premier en rendit compte par lettre au pape, en ces termes : « Notre » royaume est agité par de » grands troubles. La reine » mère a épousé le comte » Raoul, ce qui cause un grand » déplaisir au roi. Quant à la » dame que Raoul a répudiée, » nous avons reconnu la justice

COMTES DE VERMANDOIS.

réconciliation : Herbert le remit dans sa prison, où ce malheureux prince acheva ses jours, l'an 929. (Frodoard.) Herbert avait alors sur le siège archiépiscopal de Reims un fils nommé Hugues, qu'il y avait fait placer, l'an 925, par les suffrages mendiés, quoiqu'il n'eût pas encore cinq ans accomplis. Raoul soutint cet intrus tant que Charles vécut ; mais, après la mort de ce prince, il commença à se refroidir à son égard, parce qu'il avait moins besoin d'Herbert, son père, pour se maintenir sur le trône. La rupture entre le roi et le comte ayant éclaté l'an 931, Raoul, accompagné de Hugues le Grand, vint mettre le siège devant Reims, dont il se rendit maître au bout de trois semaines. Alors il fit procéder à l'élection canonique d'un archevêque, et les voix se réunirent en faveur d'Artaud, moine de Saint-Remi. De là il alla se présenter devant la ville de Laon, qu'Herbert abandonna, laissant sa femme dans la citadelle. Raoul, dans les années suivantes, lui enleva plusieurs autres places. Le comte de Vermandois courait risque d'être entièrement dépouillé. Mais, l'an 935, la paix se fit entre eux par l'intervention du roi de Germanie, à condition que Hugues rendrait à Herbert les villes de Saint-Quentin et de Péronne,

COMTES, PUIS DUCS, DE VALOIS.

» des plaintes qu'elle vous a » portées, et la fausseté des » prétextes sous lesquels il l'a » renvoyée ». (Bouquet, T. XI, p. 499.) Sur ce rapport le pape enjoignit au comte de reprendre l'épouse qu'il avait répudiée. Raoul ayant refusé d'obéir à cet ordre, fut excommunié ; mais il ne tint compte de cette punition, et persista dans son endurcissement. Un moderne prétend néanmoins que Raoul et Anne se séparèrent en 1066 ; mais il se trompe, et la preuve que nous en avons se tire d'une charte de l'an 1069, que Raoul dit donnée de concert avec ANNE, sa femme : *Charta manu meâ scripta et uxoris meæ Annæ.* (La Morlière, *Hist. d'Amiens*, p. 432.)

L'an 1061 ou environ, Raoul étant à Verdun avec ses troupes, mit le feu à cette ville, sur le refus que fit l'évêque Thierri, de lui payer un tribut de vingt livres d'argent, auquel ses prédécesseurs s'étaient engagés envers Raoul, par la crainte de ses pillages. Mais Thierri, s'étant mis à la tête de la bourgeoisie, poursuivit le comte, et le pressa si vivement, qu'il le contraignit à demander la paix, avec promesse de ne plus exiger ce tribut. (Roussel, *Hist. de Verdun*, p. 200.) Raoul, en 1063, recueillit une partie de la succession de Gauthier III, son cousin, comte de Vexin.

COMTES DE VERMANDOIS.

que le roi lui avait données après les avoir enlevées au comte de Vermandois. Mais Hugues ayant refusé de se soumettre à cette condition, la guerre recommença. Herbert reprit de force Saint-Quentin ; mais peu de tems après, sur les menaces de Raoul, il cessa ses hostilités, et se réconcilia avec Hugues. Louis d'Outremer, fils de Charles le Simple, ayant succédé, l'an 936, à Raoul, reçut Herbert en grâce, à la prière du comte Hugues le Grand. Mais cet acte de clémence ne fit qu'un ingrat. Hugues le Grand s'étant brouillé avec le roi, trouva dans Herbert un séditieux qui entra dans son mécontentement. Ils prirent les armes ensemble contre le roi, l'an 938, et ne les mirent bas qu'en 942. Il paraît que ce fut dans cet intervalle qu'Herbert s'empara du comté de Troyes. Quoi qu'il en soit, il est hors de doute, comme on l'a fait voir ailleurs, qu'il jouit de ce comté. (Voy. *les comtes de Champagne.*) Herbert mourut l'an 943, et fut enterré à Saint-Quentin. Raoul Glaber rapporte qu'aux approches de la mort, interrogé sur le salut de son âme et sur la disposition de sa maison, il ne répondit que ces mots : *Nous étions douze qui complotâmes avec serment de trahir le roi Charles.* Quelques anciens ont avancé qu'il avait été

COMTES, puis DUCS, DE VALOIS.

(Voy. *les comtes de Vexin.*)
Le comte de Valois avait un fils aîné, nommé aussi Gauthier, jeune homme plein de valeur, qui s'était déjà signalé dans plusieurs expéditions. La dernière qu'il entreprit lui devint funeste. Etant tombé dans une embuscade près de Reims, il y périt, l'an 1065, selon Chifflet, ou 1068, suivant du Bouchet.

Raoul, l'an 1071, accompagna le roi de France dans son expédition de Flandre, contre Robert le Frison. Dans les dernières années de sa vie, ayant pris querelle avec le comte de Vermandois, il s'empara de Péronne sur lui. Cette place passait pour imprenable. Raoul fut si glorieux de l'avoir emportée, qu'il prit depuis le titre de *Raoul de Péronne*. Etant venu, l'an 1074, à Montdidier, il y fut attaqué d'une maladie qui le conduisit au tombeau, le 8 septembre de la même année. Anne, sa femme, vivait encore en 1075, comme le témoigne un diplôme qu'elle souscrivit cette année, avec les qualités de reine et de mère du roi Philippe. (Bouquet, T. XI, p. 564.) Un ancien auteur (*ibid.*, p. 161) dit qu'après la mort de Raoul, Anne s'en retourna en Russie, et des modernes ajoutent qu'elle y mourut. Mais on sait qu'en 1682, le P. Ménétrier, jésuite, découvrit le tombeau de cette

COMTES DE VERMANDOIS.

pendu par ordre de Louis d'Outre-mer, sur une montagne de Picardie, appelée encore de nos jours le Mont-Herbert; mais d'autres d'un plus grand poids, et en plus grand nombre, le font mourir dans son lit. Ce comte laissa d'Hildebrante, son épouse, que du Bouchet fait mal-à-propos fille de Robert, duc, puis roi de France, et oncle maternel de ce même Herbert, cinq fils et deux filles. Nous mettrons avec M. du Cange, à la tête des fils, Eudes, parce qu'il est le premier d'entre eux qu'on voit posséder des emplois du vivant de leur père. En effet, Herbert, l'an 928 ou 929, étant allé au-devant de Hugues, roi d'Italie et marquis de Provence, ce prince lui donna le comté de Vienne pour Eudes, son fils, don, à la vérité, duquel il ne jouit point; ce comté alors était entre les mains de Charles-Constantin, fils de Louis l'Aveugle, roi de Provence et d'Italie, qui s'y maintint par la protection de Raoul, roi de France, dont il se rendit vassal, en lui faisant hommage l'an 930. Il est bien vrai que trois ans après Raoul s'étant brouillé avec Charles-Constantin, surprit la ville de Vienne par la trahison de ceux qui la gardaient; mais nous voyons qu'après la mort de Raoul, arrivée l'an 936, Charles-Constantin rentra dans cette ville, où, l'an 941, il reçut le

COMTES, puis DUCS, DE VALOIS.

princesse dans l'abbaye de Villiers, ordre de Cîteaux, près de la Ferté-Alais en Gâtinais, avec cette inscription : Hic jacet Domina Agnes uxor quondam Henrici Regis. Ce monument ne serait-il qu'un simple cénotaphe, comme le prétend M. Velli? c'est ce que nous ne déciderons pas. Les noms d'Anne, d'Agnès et d'Adélaïde, avaient été donnés indistinctement à la veuve de Henri Ier. D'Adèle, sa première femme, Raoul eut deux fils, Gauthier dont on vient de parler, et Simon, qui suit, avec deux filles, Adèle ou Hildebrante, femme d'Herbert IV, comte de Vermandois, et Alaïs, ainsi nommée par Albéric, mariée à Barthélemi, fils de Bardoul, seigneur de Broyes. Les deux autres mariages furent stériles.

SIMON.

1074. Simon, fils et successeur de Raoul III, lui était associé plusieurs années avant sa mort, dans le titre de comte d'Amiens, comme on le voit à la fin d'un acte cité par du Cange. (*Hist. manuscrite d'Amiens.*) *Actum*, y est il dit, *Ambianis in Basilica B. Mariæ, anno Incarnat. Christi* MLXIX, *Ind.* VII, *Rege Francorum Philippo I, Radulfo filioque ejus Simone Comitibus.* A la mort de son père il recueillit

COMTES DE VERMANDOIS.

roi Louis d'Outre-mer, et d'où, l'an 950, il vint avec l'évêque de Clermont au-devant de ce monarque, qui allait en Aquitaine. (Frodoard.) Eudes ne jouit donc pas du comté de Vienne. Mais pour le dédommager de cette non-jouissance, son père, qui avait pris le château de Ham sur Eberhard, frère d'Herluin, comte de Montreuil, l'an 932, lui en donna la garde. Il lui donna de plus le comté d'Amiens, dont il s'était emparé. Albert, qui suit, est selon nous le second fils d'Herbert; le troisième, Robert, qui fut comte de Troyes; le quatrième, Herbert, qui succéda à Robert, son frère; le dernier, Hugues, dont on a déjà parlé, lequel, après avoir été sacré, l'an 941, archevêque de Reims, et avoir reçu le *Pallium* du pape Etienne IX, fut enfin chassé comme un intrus, par le concile d'Ingelheim, en 948. M. le chancelier d'Aguesseau (*OEuvres* , T. Ier, p. 522) donne à Herbert un sixième fils, qu'il nomme Renaud; mais nous ne voyons point le fondement de cette assertion. Les filles d'Herbert sont, Alix, femme d'Arnoul Ier, comte de Flandre; et Leutgarde, mariée, 1° à Guillaume Ier, duc de Normandie; 2° à Thibaut Ier, comte de Blois.

COMTES, puis DUCS, DE VALOIS.

toute sa succession, savoir, outre le comté d'Amiens, ceux de Valois, de Vexin, de Bar-sur-Aube, les seigneuries de Péronne, de Montdidier, de Pontoise, de Mantes, etc.; en sorte qu'il passait pour le plus grand terrien et le plus riche particulier du royaume. Simon avait pour mère, comme nous l'avons dit, Adèle. C'est lui-même qui l'atteste dans une charte qu'il fit expédier, l'an 1076, au château de la Ferté-sur-Aube, par laquelle il donne à saint Robert, abbé de Molême, ce qu'il possédait à Grancei-sur-Ource, notamment la forêt de Charmoi, le droit de pêche, et quelques familles de serfs, à la charge d'un anniversaire perpétuel pour Raoul, son père, Adèle, sa mère, et lui-même après sa mort. (*Tabul.*, *I. Molism.*, p. 12.) A quoi l'on peut ajouter que l'auteur de sa vie le fait pareillement fils d'Adèle : *Mater verò*, dit-il, *Adela vocabatur*. Elevé dans sa jeunesse à la cour de Guillaume le Conquérant, il était passé ensuite à celle du roi Philippe Ier, qui le mit à la tête de ses troupes, et le fit asseoir aussi parmi les barons de son conseil. Mais ses grandes richesses, lorsqu'il eut recueilli la succession paternelle, donnèrent de la jalousie au monarque, et changèrent ses dispositions à l'égard de Simon. A son instigation, Barthélemi

COMTES
DE VERMANDOIS.

ARBERT Ier.

943. ALBERT Ier, dit le PIEUX, deuxième fils d'Herbert II, lui succéda au comté de Vermandois, après que Hugues le Grand, son cousin, eut réglé les contestations qui s'étaient élevées entre lui et ses frères, pour le partage de la succession de leur père. A peine fut-il en possession, que Raoul II, comte de Cambrai, excité par le roi Louis d'Outre-mer, son oncle maternel, se jeta sur le Vermandois, dont il envahit la plus grande partie. Albert et ses frères marchèrent contre lui, et lui livrèrent un sanglant combat, dans lequel il périt. (Bouquet, T. IX, p. 66.) Albert s'étant réconcilié avec le roi Louis d'Outre-mer, demeura constamment attaché au service de ce prince. Il fut également fidèle au roi Lothaire, ainsi qu'à Louis V, son fils. Après la mort de ce dernier, il prit le parti de Charles, duc de Lorraine, héritier légitime du trône de France, contre Hugues Capet. Mais voyant Charles entre les mains de Hugues, qui le retenait en prison, il se rangea du côté du plus fort, et fit sa paix avec lui, par l'entremise de Richard Ier, duc de Normandie. Albert mourut le 9 septembre de l'an 987 (Colliète), laissant de GERBERGE, son épouse, fille du roi Louis d'Outre-mer, entr'autres

COMTES, PUIS DUCS,
DE VALOIS.

Bardoul, seigneur de Broyes, beau-frère du comte de Valois, se jeta sur ses terres, et lui enleva Bar-sur-Aube, Vitri et la Ferté. Le roi presque en même tems se jeta sur le Valois, dont il ravagea quelques portions. Simon usa de représailles, et fit des courses sur les terres du roi. Il y eut entre leurs troupes respectives différents chocs, où la victoire se porta tantôt d'un côté, tantôt de l'autre. Les dégâts qu'elles causèrent firent naître à Simon des scrupules, sur lesquels il crut devoir aller consulter le pape Grégoire VII à Rome. Le pontife commença par exiger qu'il lui remît ses armes; après quoi il lui imposa une pénitence, dont il prit une partie sur soi-même, distribua l'autre à deux religieux; puis, lui ayant rendu ses armes, il le renvoya absout dans ses terres. (*Acta SS. Bened. sæc.* VI, p. 376.) A son retour il trouva que le roi de France les avait considérablement entamées pendant son absence. Résolu de recouvrer ce qu'on lui avait enlevé, il recommença la guerre avec son souverain, qu'il obligea d'en venir à un accommodement, où tout l'avantage fut pour le comte de Valois. (Albéric.) Simon, devenu par là paisible possesseur de ses domaines, pensa à procurer du soulagement à l'âme de Raoul, son père, mort, comme on l'a

COMTES DE VERMANDOIS.

enfants, Herbert, qui suit; Ludolfe, ou Lindolfe, évêque de Noyon; Gui, qui fut chancelier de la même église; et Otton. Ce dernier, du vivant de son père, et long-tems même avant sa mort, s'était distingué dans plusieurs expéditions militaires, où le désir du pillage avait eu plus de part que l'amour de la gloire. Il fut d'un grand secours aux frères Rainier et Lambert, dans la poursuite de leurs prétentions sur le comté de Hainaut, dont l'empereur les avait dépouillés. S'étant établi dans le château de Goui en Picardie, après en avoir chassé Arnoul, l'un des compétiteurs de ces deux frères, il fit de là, dit Baudri, de fréquentes incursions sur la ville de Cambrai, qui n'en est qu'à quatre milles. C'est en ce même lieu, dit le père de Lewarde, que les Espagnols bâtirent, au seizième siècle, le château du Catelet, que Louis XIV fit détruire en 1674. Le comte Albert fonda l'abbaye de Saint-Prix dans l'endroit où son père avait enfermé le roi Charles le Simple.

HERBERT III.

988. HERBERT, troisième du nom, comte de Vermandois, et le quatrième ainsi nommé dans sa famille, succéda, l'an 988, à son père Albert dans le comté de Vermandois, qu'il

COMTES, puis DUCS, DE VALOIS.

dit, dans les liens de l'excommunication. Il était enterré à Montdidier, dont il s'était emparé sans autre droit que celui de la force. Simon, non content de restituer aux légitimes héritiers cette ville usurpée sur eux, voulut encore en retirer le corps de l'usurpateur, pour le faire transporter à Saint-Arnoul de Crépi, afin d'ôter jusqu'à l'apparence de prétentions sur ce domaine injustement envahi. Présent à l'exhumation du cadavre, qui se fit le 22 mars 1076 (V. S.); il fut si vivement frappé de ce spectacle, qu'il résolut dès lors de quitter le monde pour se consacrer à la vie monastique. Ses amis, pour le détourner de ce dessein, resserrèrent les liens qui le retenaient dans le siècle, en lui faisant épouser JUDITH, fille de Robert II, comte d'Auvergne, dit Hildebert par Albéric. Mais la nuit même de leurs noces, les deux époux convinrent de se séparer et d'aller vivre chacun dans la retraite. Simon partit précédé de deux chevaliers, et accompagné de trois autres qu'il avait convertis, pour se rendre au monastère de Saint-Oyand, ou de Saint-Claude, sur le Mont-Jura. Judith se retira à la Vau-Dieu, conduite par deux de ses parents, Adelbert, seigneur de Montmorillon, et Garnier, qui tous deux se firent moines de la Chaise-Dieu, et dont le

COMTES DE VERMANDOIS.

gouvernait avec lui depuis cinq ans. Ce comte prenait, comme ses prédécesseurs, le titre d'abbé de Saint-Quentin. Il y joignait aussi celui de saint Crêpin le Grand de Soissons, comme le prouve un diplôme du roi Hugues Capet, donné à la prière d'Herbert, l'an 993, pour confirmer à cette abbaye la possession d'une terre qui lui avait été donnée par un comte nommé Herric. (*Cartul. S. Crispini.*) Herbert III fit du bien à diverses églises, et mourut le 29 août de l'an 1000 ou environ. La date du jour est certaine dans le nécrologe de Saint-Quentin; mais celle de l'année ne l'est pas. Herbert laissa d'HERMENGARDE, sa femme, qui lui survécut au moins jusqu'en 1015, trois fils, Albert et Otton qui suivent; Gui, qui devint comte de Soissons; et Landulfe, qui fut évêque de Noyon : il ne faut pas confondre ce dernier, ainsi qu'on l'a fait dans le *Gallia Christiana*, d'après le Vassor, avec Lindulfe, son oncle, fils d'Albert Ier, et évêque de la même ville.

ALBERT II.

1000 ou environ. ALBERT II, fils aîné d'Herbert III, lui succéda au comté de Vermandois. Baudri de Noyon, dans sa chronique de Cambrai, fait un portrait affreux de ce comte.

COMTES, puis DUCS, DE VALOIS.

premier devint abbé de Déols, en 1087, puis archevêque de Bourges, en 1093. (Bouquet, T. XIII, p. 684.) Pendant les six années qui suivirent la conversion de Simon, il fit plusieurs voyages, les uns par ordre de ses supérieurs, les autres pour satisfaire sa dévotion. Le dernier qu'il entreprit fut un acte d'obéissance envers le pape Grégoire VII, qui l'avait mandé à Rome pour traiter une affaire importante avec Robert Guiscard, duc de la Pouille. S'étant acquitté de sa commission avec succès, Simon revint à Rome, et y contracta une maladie, dont il mourut le 29 septembre de l'an 1082. Le nécrologe de saint Claude marque sa mort en ces termes : *III Kalendas octobris obiit Simon comes Campaniæ, Monachus nostræ Congregationis.* Comes Campaniæ est mis là pour *comes in Campania*, parce que Bar-sur-Aube est dans la Champagne. Grégoire VII fit inhumer Simon dans le caveau des papes : honneur extraordinaire dont on avait à peine quelques exemples. Mathilde, duchesse de Normandie, lui fit ériger un mausolée, qui fait encore aujourd'hui l'objet de la curiosité des voyageurs; et le pape Urbain II le décora d'une épitaphe de sa composition. Après l'entrée de Simon en religion, les grands domaines qu'il laissait furent comme dé-

COMTES DE VERMANDOIS.

Médisant, bouffon, parjure, débauché, suivant cet écrivain, il fut au milieu de ses désordres attaqué d'une maladie de langueur, qui le fit rentrer en lui-même Ayant fait venir un saint religieux d'Homblières, pour lui faire part de ses remords, il le suivit, par son conseil, dans cette abbaye, où il fit profession. Mais ayant depuis recouvré la santé, il quitta le monastère, se remit en possession de son comté, et reprit son premier genre de vie. Dieu le punit par une nouvelle maladie des plus horribles. Dans cet état on lui apporta le Saint-Viatique; mais en le recevant, il sentit dans sa bouche un feu dévorant qui lui consuma la langue. Il mourut quelques heures après, dans des tourments qui furent le prélude de ceux qui l'attendaient en l'autre vie. Tel est le précis en substance du récit de Baudri, qui cite pour garant Gérard, évêque de Cambrai. L'époque de sa mort n'est marquée nulle part. Ce qui est certain, c'est qu'il vivait encore en 1015, comme le prouve une charte qu'il donna le premier février de cette année, portant permission à un de ses serfs, nommé Firmat, de donner une petite terre, *terrulam*, à l'abbaye de Saint-Prix, pour y fonder son anniversaire. (*Cartul. de Saint-Prix.*) Quelques-uns même prétendent qu'il vé-

COMTES, puis DUCS, DE VALOIS.

membrés en une infinité de portions, sans compter les biens qu'il avait donnés aux monastères, ceux qu'il avait employés à fonder douze prieurés, et tout ce qu'il vendit pour en distribuer le prix aux pauvres. Le roi se mit en possession du Vexin, et étant par là devenu l'avoué de l'abbaye de Saint-Denis, il prit pour sa bannière l'oriflamme, qui était celle de ce monastère. Etienne, comte de Champagne, se saisit des terres qui étaient dans son comté, à titre de descendant d'Alix, fille de Raoul II, comte de Valois; mais il en céda une partie à Hugues Bardoul, fils de Barthélemi de Broyes, et d'une autre Alix de Crépi. Du nombre des domaines qui lui restèrent, fut le comté de Bar-sur-Aube, dont il continua de porter l'hommage à l'évêque de Langres. Enguerrand, seigneur de Boves, se saisit d'une partie du comté d'Amiens, et laissa l'autre, de gré ou de force, à Gui et Ives, dont la filiation n'est pas bien connue. du Cange conjecture (*Hist. manuscrite des comtes d'Amiens*, p. 116) qu'ils étaient frères consanguins de Simon, mais fils d'une autre mère. D'autres pensent que Gui était le comte de Ponthieu de ce nom, lequel s'empara, selon eux, par droit de bienséance, de la partie de l'Amiénois qui l'avoisinait, et s'associa dans cette usurpation

COMTES DE VERMANDOIS.

cut jusque vers l'an 1021. Il ne laissa point d'enfants d'EMME, sa femme, qu'on voit encore vivante en 1035.

OTTON.

OTTON, fils puîné d'Herbert III, suivant Baudri de Noyon, et différent par conséquent d'Otton, fils d'Albert Ier, avec lequel des modernes le confondent, devint comte de Vermandois par la retraite d'Albert II, son frère, à l'abbaye d'Homblières. Ceci arriva l'an 1010 au plus tard. Nous avons en effet une charte d'Otton, datée du 15 juillet de cette année, où il prend les titres de comte de Vermandois et d'abbé de Saint-Quentin.

COMTES, puis DUCS, DE VALOIS.

Ives, son fils, qui l'avait aidé à la faire. Quoi qu'il en soit, l'existence de ces deux comtes est prouvée par une charte sans date, citée aussi par du Cange, dans laquelle ils se disent comtes d'Amiens par la grâce de Dieu : *Nos disponente Deo comites Ambiani, Guido scilicet et Ivo.* C'est un réglement qu'ils font pour réprimer les vexations que leurs vicomtes exerçaient dans l'Amiénois. Cet acte porte qu'il fut dressé sous le règne de Philippe Ier, le pontificat de Renaud, archevêque de Reims, et par le conseil de G. (Gervin), évêque d'Amiens.

C'est un acte par lequel, à la sollicitation de Landulfe, son frère, évêque de Noyon, et de concert avec Rodobert de Péronne, qu'il appelle son homme-lige; il restitue à l'église de Saint-Fursi de Péronne la forêt dite *grosse forêt* (faisant partie de celle d'Arouaise, aujourd'hui presque entièrement défrichée, qui a laissé son nom à un hameau dit Forêt.) (*Archiv. de Saint-Fursi.*) Mais Albert ayant depuis quitté son monastère pour rentrer dans le monde, Otton lui remit de gré ou de force son comté. La charte d'Albert, du premier février 1015, citée plus haut, en fournit la preuve. Otton en effet, qui la souscrivit, et qui est nommé dans le corps de la pièce, n'y paraît que comme simple particulier, avec le seul titre de frère du comte Albert. Celui-ci enfin étant mort l'an 1021 au plus tard, Otton lui succéda pour la seconde fois. L'année suivante, Otton fut pourvu par Roger de Blois, évêque de Beauvais, de l'avouerie de Monchi-la-Gâche, avec la moitié de la vicomté et les droits sur les forains, à partager avec le receveur de l'évêque. (*Cartul. de Saint-Pierre de Beauvais*, fol. 83.) L'an 1043, Otton consentit, par une charte, à la donation qu'un de ses chevaliers, nommé Godefroi, fit de la terre de Courcelles à l'abbaye d'Homblières. (*Cartul. Humolar.*) L'an 1045, il confirma, par acte du 13 janvier, toutes les concessions faites par ses ancêtres et par d'autres bienfaiteurs à l'abbaye de Saint-Prix, et y ajouta d'autres fonds. (*Cartular. Sancti-Praejecti.*) Otton mourut le 25 mai de la même année, laissant de Pavie, sa femme, Herbert, qui suit; Eudes, tige des seigneurs de Ham; et Pierre, dont on ne sait que le nom. Dans quelques chartes de ce comte, on voit qu'il avait un chancelier, un grand-maître de sa maison, un échanson, ce qui est une preuve de son opulence.

HERBERT IV.

1045. Herbert IV, fils et successeur d'Otton, reçut, l'an 1047, dans son château de Saint-Quentin, le roi Henri Ier avec toute sa cour. Il congédia, l'an 1051, sans lui rien accorder, Hugues, châtelain de Cambrai, lequel, ayant été excommunié et chassé par Liébert, son évêque, pour son insolence et sa tyrannie, était venu lui demander du secours. Herbert assista, l'an 1059, au sacre du roi Philippe Ier. Il fut attaqué, l'an 1071, pour quelque sujet de mécontentement, par Raoul III, comte de Crépi ou de Valois, qui lui enleva la forte place de Péronne.

COMTES DE VERMANDOIS ET DE VALOIS.

L'an 1077, le même Herbert, du chef de sa femme, Hildebrante, ou Adèle, succéda dans le comté de Valois au comte Simon, son beau-frère. Il n'en jouit qu'environ trois ans, étant mort l'an 1080 et non pas 1081. De son mariage il eut un fils, Eudes, dit l'*Insensé*, qui fut déshérité à la demande des barons, et duquel descendent les anciens seigneurs de Saint-Simon, avec une fille, qui suit.

1080. Adélaïde, fille d'Herbert IV et d'Hildebrante, hérita d'eux, l'an 1080, le comté de Vermandois avec celui de Valois et l'avouerie de Monchi-la-Gâche. Elle était mariée dès-lors à Hugues le Grand, second des fils vivants de Henri Ier, roi de France, qui, dans l'espérance de jouir sans partage du Vermandois et du Valois, prit possession du château de Crépi après la mort de son beau-père, et y fixa son séjour. Hugues, non content des droits que Roger, évêque de Beauvais, avait attachés à l'avouerie de Monchi, en la conférant au comte Otton, aïeul d'Adélaïde, voulut les étendre aux dépens de l'église de Beauvais. Sur les plaintes des chanoines, les évêques de la province s'étant assemblés, condamnèrent Hugues à restituer les usurpations qu'il avait faites, et le roi Philippe Ier, son frère, confirma leur jugement. (Cart. de S. Pierre de Beauvais, fol. 83, r°.) La date de ce diplôme ayant été omise par le copiste, on ne peut la suppléer que par conjecture. Il nous paraît que nulle mention n'étant faite de l'évêque de Beauvais dans cet acte, il a dû être passé dans une vacance de ce siége, c'est-à-dire entre l'an 1083, où l'évêque Guillebert avait cessé de vivre, et l'an 1085, où son successeur Ursion paraît pour la première fois. L'an 1096, au mois d'avril, Hugues partit à la tête d'une florissante armée pour la conquête de la Terre-Sainte, et prit sa route par l'Italie, où il fut joint par le duc de Normandie, les comtes de Flandre, de Boulogne, de Blois, et d'autres seigneurs. En passant à Lucques, ils reçurent la bénédiction du pape ; de là ils allèrent visiter à Rome les tombeaux des SS. apôtres, et n'étant arrivés dans la Pouille qu'au mois de novembre, ils mirent leurs troupes en quartier aux environs de Bari, à dessein de passer en Grèce au retour du printems. Hugues, trop impatient pour attendre ce terme, voulut reconnaître le pays par lui-même. Il s'embarque à Bari avec trois seigneurs seulement, et passe au rivage de Durazzo. Le gouverneur de la ville, instruit de l'arrivée des Croisés dans la Pouille, et de la descente du prince, vient au devant de lui avec toutes les démonstrations du respect dû à sa naissance. L'ayant amené à Durazzo avec sa compagnie, il les régale magnifiquement ; mais lorsque Hugues songe à se retirer, il lui déclare qu'il ne peut laisser partir un prince de son rang sans avoir reçu les ordres de l'empereur, qu'un courrier par lui dépêché doit rapporter au premier jour. On ne fut pas en effet longtems à les attendre. Ils portaient que Hugues et ceux qui l'accompagnaient fussent conduits sous bonne escorte à Constantinople. L'empereur, les ayant reçus avec une honnêteté plus apparente que sincère, les fit garder à vue. Godefroi de Bouillon, instruit au bout d'un mois de leur aventure, envoie demander leur délivrance. Il était alors en Thrace. Sur le refus de l'empereur, il ravage ou brûle tous les environs de Selymbria, à quatorze lieues de Constantinople. Ces hostilités mettent le monarque grec à la raison. Il promet de rendre les prisonniers : le ravage cesse ; et Godefroi, deux jours avant Noel va camper à la vue de Constantinople. Les prisonniers viennent aussitôt le joindre avec une grande joie de toute l'armée. (Le Beau.) Hugues se trouva, l'an 1097, au siége et à la prise de Nicée. L'année suivante, il commanda pareillement au siége d'Antioche, fut des premiers entre ceux qui prirent d'assaut cette ville le 3 juin de la même année, et eut grande part à la victoire signalée que les Croisés remportèrent, le 28 du même mois, sur le général Corboran. La valeur qu'il fit paraître dans cette expédition lui mérita le surnom de GRAND. (D'autres prétendent qu'il lui fut donné à cause de sa taille qui était extraordinaire.) Après cette victoire, il fut député avec Baudouin II, comte de Hainaut, à l'empereur Alexis Comnène, pour lui en porter la nouvelle et le presser de fournir aux Croisés les secours qu'il leur avait promis. Mais s'étant mis en marche avec une escorte, ils tombèrent dans une embuscade de Turcs ou de Sarrasins, près de Nicée. Le comte de Hainaut y fut pris ou tué (car on ne sait pas bien ce qu'il devint), et Hugues ne put échapper qu'en se sauvant à toute bride. La réponse que l'empereur grec lui fit n'ayant pas été favorable, Hugues prit le parti de retourner en France pour y faire de nouveaux fonds, ayant épuisé ceux qu'il en avait emportés. L'an 1101, il fit avec le duc d'Aquitaine et les comtes de Bourgogne, de Blois et de Vendôme, à la tête d'une armée très-nombreuse, un second voyage en Orient, qui fut on ne peut plus malheureux. Hugues perdit sur la route plus de deux cent mille hommes dans les différentes attaques que les Infidèles lui livrèrent en Asie. Lui-même ayant reçu plusieurs blessures dans la dernière, donnée au mois de juillet 1101, se sauva avec peine à Tarse en Cilicie, où il mourut le 18 octobre suivant, laissant de son épouse, Raoul qui suit; Simon, évêque de Noyon, qui fut le premier de son siége décoré du titre de comte et pair (Carlier); Henri, ou Aimeri, qui fit la branche des seigneurs de Chaumont en Vexin; Mahaud, femme de Raoul, seigneur de Beaugenci; N., femme de Boniface, marquis en Italie; et deux autres filles, dont l'une, nommée Elisabeth, épousa Robert, comte de Meulent, puis Guillaume de Varennes, comte de Surrei; et l'autre fut mariée à Hugues II, seigneur de Gournai (1). Adélaïde, après la mort du comte Hugues, son époux, se remaria à Renaud II, comte de Clermont en Beauvaisis, et conserva le comté de Vermandois jusqu'en 1116 ou au commencement de l'année suivante. Alors étant rentrée dans le comté d'Amiens, que le roi Louis le Gros avait enlevé à la maison de

---

(1) Le Président Hénaut pense que du mariage de Hugues et d'Adélaïde sortit au second degré un autre Hugues, qui, ayant changé son nom en celui de Félix, concourut avec Jean de Matha à la fondation de l'ordre des Trinitaires ou Mathurins.

Couci et restitué à celle de Vermandois sur laquelle la première l'avait usurpé, Adélaïde céda le Vermandois à son fils Raoul, qui suit.

1116 ou 1117. RAOUL Ier ou IV, dit LE VAILLANT, fils aîné de Hugues le Grand et d'Adélaïde, devint comte de Vermandois, par la cession que lui en fit sa mère l'an 1117. Il est remarquable que long-tems auparavant on lui donnait le titre de comte futur de Vermandois, et qu'il le prenait lui-même. C'est ce qu'on voit par des lettres du roi Louis le Gros, de l'an 1109, confirmatives de la donation qu'Alix, dame de Péronne, avait faite de la ville d'Alaine à l'abbaye du Mont-S.-Quentin. (Martenne *Ampliss. coll.* T. I, col. 624.) C'était un prince, distingué dès-lors par sa valeur et son habileté. Il servit utilement Louis le Gros et Louis le Jeune contre les rebelles de leur royaume, excités et soutenus par le roi d'Angleterre. Hugues, seigneur du Puiset, était l'un des plus perfides et des plus obstinés. Thibaut le Grand, comte de Blois, étant venu à son secours, Raoul le défit, l'an 1112, devant le château du Puiset. (*Voyez* Thibaut le Grand, *comte de Blois.*) Raoul devint comte de Valois, en 1118, par la mort de sa mère. L'an 1124, au mois d'août, il marcha avec Louis le Gros à la poursuite de l'empereur Henri V, qui était entré avec une armée formidable en France. Il accompagna, en 1129 ou 1130, ce monarque au siége du château de Livry, défendu par Amauri, baron de Montfort, que le roi d'Angleterre, le comte de Champagne et Guillaume de Garlande avaient porté à se révolter. Raoul y reçut un coup à la tête qui lui fit perdre un œil : mais la place fut prise et rasée. Irrité contre le fameux Thomas de Marle, qui avait fait assassiner Henri, son frère, comte de Chaumont, il engagea le roi, l'an 1130, à venir l'assiéger dans son château de Couci. Thomas fit une sortie dans laquelle il fut mortellement blessé par Raoul, qui vengea ainsi la mort de son frère. L'an 1131, suivant le Père Anselme et ses continuateurs, Louis le Gros conféra à Raoul la dignité de sénéchal, qu'il avait ôtée aux Garlandes. Raoul en était effectivement revêtu cette année dans le tems du sacre de Louis le Jeune, auquel il assista. (*Chron. Maurin.*) Après cette cérémonie, qui fut faite à Reims par le pape Innocent II, Raoul emmena ce pontife à son château de Crépi. (Carlier.)

L'an 1137, il fut du cortége de Louis le Jeune, lorsqu'il se rendit en Guienne pour épouser l'héritière de ce duché. Il y vit la sœur cadette de la jeune reine, et l'aima. Au lieu d'étouffer cette passion naissante, il s'y livra avec tant d'ardeur, qu'il résolut de se séparer de sa femme ELÉONORE, parente de Thibaut le Grand, comte de Champagne, pour épouser Adélaïde;

c'est ainsi qu'on appelait le nouvel objet de sa flamme, quoique son nom de baptême fût Pétronille. Il réussit dans son projet. Simon, son frère, évêque de Noyon, et les évêques de Laon et de Senlis, l'un son allié et l'autre son ami, affirmèrent avec serment, l'an 1140 ou 1141, devant le roi, qu'il y avait parenté au degré prohibé entre Raoul et sa femme; en conséquence ils cassèrent le mariage, et le lendemain ils unirent le comte de Vermandois avec ADÉLAIDE, ou PÉTRONILLE DE GUIENNE, à laquelle il assigna pour son douaire la ville de Péronne. De là vient que dans quelques chartes, en prenant le titre de comte de Vermandois, il ne lui donne que celui de dame de Péronne: *Ego Radulfus comes Viromanduensis et Adelitia uxor mea Domina Peronensis.* Thibaut, sensible à l'outrage fait à sa parente, écrivit au pape Innocent II pour lui en demander justice; et saint Bernard appuya sa plainte. Le pontife nomma un légat qui tint sur cette affaire, l'an 1142, un concile à Lagni, où Raoul fut excommunié, ses terres mises en interdit, et les prélats qui avaient prononcé le divorce, déclarés suspens. La mort de la comtesse Éléonore, arrivée l'an 1147, réhabilita en quelque sorte la seconde alliance de son époux. Il demanda son absolution au pape Eugène, qui était en France, l'obtint, et garda sa femme. La même année, mais avant cet événement, il avait été nommé au parlement d'Etampes, tenu au mois de février, pour aider l'abbé Suger dans l'exercice de la régence pendant le voyage de Louis le Jeune à la Terre-Sainte. L'an 1151, Raoul, souffrant avec impatience que le comté d'Amiens fût hors de sa maison, prend si bien ses mesures, qu'il l'enlève à Robert de Boves, son beau-frère, qui le possédait en vertu de son mariage avec Béatrix, sœur utérine de Raoul, comme étant fille de Renaud II, comte de Clermont, et d'Adélaïde, mère aussi de Raoul (1). Nous mettons cette invasion en 1151, pour deux raisons : 1° parce que nous avons une charte souscrite cette année par Robert, comte d'Amiens (du Chesne, *pr. de l'Hist. de Couci*, p. 669); 2° parce que nous ne pouvons reculer plus tard cet événement, Raoul étant mort le 14 octobre de la même année, ou selon Lambert Waterlos, dans sa chronique manuscrite, au commencement de l'année suivante. Ce prince fut enterré à Saint-Arnoul de Crépi, et non au monastère de Long-Pont. Suivant les auteurs flamands, il avait épousé en troisièmes noces, l'année même de sa mort, LAURENCE, fille de Thierri d'Alsace, comte de Flandre; mais M. l'abbé Carlier prétend, sans en donner de preuves, qu'Adélaïde, sa deuxième

---

(1) On a oublié, à l'article des comtes de Clermont en Beauvaisis, de nommer cette fille parmi les enfants de Renaud II et d'Adélaïde.

femme, eut de lui un enfant posthume; ce qui détruirait ce troisième mariage. L'opinion de cet historien n'est pas néanmoins sans difficulté, comme on le verra dans un moment. Raoul eut du second lit un fils nommé Hugues, qui prit le nom de Raoul après la mort de son père, et deux filles : Elisabeth, ou Isabelle, mariée en 1156, à Philippe d'Alsace, comte de Flandre; et Eléonore, qu'on dit être née après la mort de son père. Celle-ci eut quatre maris consécutifs, qu'on nommera ci-après. Lambert Waterlos, déjà cité, taxe le comte Raoul Ier d'une avarice extrême : *Avaritia*, dit-il, *incomparabilis fuit*. Il rapporte de ce prince une longue prière en prose rimée, qu'il composa dans sa dernière maladie pour demander à Dieu la grâce de bien mourir. Une ancienne chronique manuscrite, composée par un chanoine de Laon, donne de ce comte la même idée que Lambert Waterlos, et la confirme par les faits. Ce Raoul, dit-il, était venu à bout de dépouiller par surprise ou par force tous ses voisins; car il avait enlevé Chauni aux seigneurs de Rouci; Amiens à ceux de la branche de Boves; Péronne à la maison de Mauroi; Ribemont à celle de Saint-Otbert; Montdidier à une certaine veuve; et pour avoir Athies avec ses dépendances, il épousa une autre veuve, qu'il renferma ensuite et répudia. Voici le passage latin, tel que nous l'avons donné dans notre treizième tome de la collection des historiens de France, p. 678 : *Hic Radulfus, aut dolo aut vi omnes vicinos suos exhæredavit. Nam Cauniacum abstulit dominis de Ruceio; Ambianum illis de Bova; Peronam illis qui cognominantur Mauroi; Ribodi-Montem illis de S. Otberto; Montem-Desiderii cuidam viduæ. Pro Athies et terra illi adjacente duxit quamdam viduam quam incarceravit et repudiavit.* Si l'on défère entièrement à ce témoignage d'un auteur presque contemporain, mais peu exact, il faut en conclure aussi la réalité du mariage de Raoul avec Laurence, fille de Thierri d'Alsace, et de Suanéchilde, sa première femme; car ce ne peut être qu'elle qui lui ait apporté en dot la seigneurie d'Athies, située dans le Vermandois. Tous les historiens du tems conviennent qu'elle avait épousé, 1° Ivain d'Alost, 2° Raoul, 3° Henri, comte de Limbourg, 4° Henri l'Aveugle, comte de Namur. Mais, en accordant même à M. Carlier, qu'Eléonore fût née posthume, il ne s'ensuivrait pas que Raoul n'aurait pas épousé Laurence, mais seulement qu'Eléonore était fille de Laurence, et non d'Adélaïde. (*Voyez* Thierri d'Alsace, *comte de Flandre*.)

RAOUL II ou V.

1152. RAOUL II ou V, nommé Hugues, mais mal, par Robert du Mont, fils de Raoul le Vaillant et d'Alix d'Aquitaine, succéda en très-bas âge à son père. Il eut pour tuteur, ainsi que ses deux sœurs : 1° Waleran, comte de Meulent, son cousin; 2° Ives de Nesle, comte de Soissons, qui défendit vaillamment ses comtés contre les entreprises des seigneurs des environs, et surtout de Robert de Boves, digne fils du fameux Thomas de Marle. Ce prince, attaqué de la lèpre, finit ses jours l'an 1167, sans laisser d'enfants de MARGUERITE, son épouse, fille de Thierri d'Alsace, comté de Flandre, qui se remaria, en 1169, à Baudouin V, comte de Hainaut. Raoul fut enterré à l'abbaye de Long-Pont.

1167. ISABELLE, sœur de Raoul, lui succéda au Valois et au Vermandois avec PHILIPPE D'ALSACE, son époux. Gilbert de Mons nous a laissé le dénombrement de ces deux comtés, dont le second comprenait la ville de Saint-Quentin. Ribemont, *Repis*, *Roclis*, Péronne, Athies, *Claris*, Chépi, Roye, Chauni, Torote, Choisi, *Rissuns*, *Lacheries*, Montdidier, le comté d'Amiens, Belcasne, la suzeraineté de Guise et Leschières, de Belvoir et Goui, de Ham, de Nesle, de Brai, d'Encre, de Marchais, de *Vileir*, surnommé l'*Arenos*, de Hangest, de Pierrepont, de Rônai, de Moreuil, de Péquigni, de Breteuil, de Bulles, de Poix, de Milli, de Marle et Vervins. Le Valois renfermait Crépi, Mornenval, Villiers-Cotterets, Viviers, la Ferté-Milon, et autres terres à hommage. Le premier acte d'autorité que Philippe exerça dans le Vermandois, fut l'établissement d'une commune à Chauni, sur le modèle de celle de Saint-Quentin; ce qu'il fit de concert avec Isabelle, sa femme, par lettres données à Hesdin le jour de Noel 1167. Les conditions qu'il attacha à cette faveur, furent : 1° que chaque feu lui paierait un cens annuel de douze deniers le jour de Noel; 2° que le maire de Chauni lui fournirait des lits lorsqu'il viendrait dans cette ville ; 3° que les habitants feraient l'ost ou la chevauchée comme sous le comte Raoul; 4° qu'ils ressortiraient au bailli de Vermandois pour les affaires importantes ; 5° que celles de moindre conséquence seraient terminées par le juge du château de Chauni, comme le juge de Saint-Quentin a coutume de faire. (*Hôtel-de-Ville de Chauni*.) La comtesse Isabelle étant morte sans enfants, le 26 mars 1185 (N. S.), Philippe d'Alsace, son époux, voulut retenir sa dot en vertu d'une donation qu'elle lui en avait faite pour sa vie. Mais Eléonore, sœur d'Isabelle, réclama cette succession, comme plus proche héritière, soutenant que la donation était nulle, comme ayant été faite par une femme qui était en puissance de mari, à son mari même, contre les lois du royaume, qui ne permettent pas ces sortes de dispositions. Le comte lui opposait l'autorité du roi

Louis le Jeune, qui avait ratifié cette donation, à quoi elle répondait que cette ratification ne pouvait préjudicier au droit d'un tiers. Mais, forcée par sa faiblesse d'entrer en composition avec lui, elle consentit à se restreindre au comté de Valois, abandonnant le reste au comte de Flandre. Le roi Philippe Auguste ne vit pas ce traité d'un œil indifférent. Jaloux de la puissance du comte de Flandre, avec lequel il avait déjà eu l'année précédente quelques démêlés, il engagea Eléonore à revenir contre l'accommodement, et à lui céder ses prétentions. Ayant alors sommé Philippe d'Alsace de rendre la dot entière de sa femme, il essuya un refus qui devint le signal de la guerre. Le roi commença par s'emparer de Saint-Quentin, d'où ses officiers chassèrent ceux du comte. De son côté, Philippe d'Alsace, par l'avis de Baudouin, comte de Hainaut, son allié, fit marcher des troupes du côté de Chauni-sur-Oise. Le duc de Bourgogne et les comtes de Champagne et de Blois vinrent à son secours. Les hostilités qu'ils exercèrent furent horribles suivant l'expression d'un auteur du tems. (*Voyez* Marten., *deuxième voyage litt.*, p. 61.) Le roi d'Angleterre voulut se rendre médiateur dans cette querelle; il ménagea une entrevue avec les comtes de Flandre et de Hainaut à Gerberoi, où l'on convint d'un parlement qui se tiendrait à la grange de Saint-Arnoul, entre Senlis et Crépi. Les députés du roi et de Philippe d'Alsace s'y trouvèrent; mais rien n'ayant été conclu dans cette assemblée, on s'ajourna pour l'année suivante à Rouen. Le roi d'Angleterre s'y rendit pour le roi de France, et le comte de Hainaut pour le comte de Flandre. Meyer dit que l'Anglais offrit, au nom du roi de France, de laisser au Flamand la jouissance du Vermandois sa vie durant, mais que celui-ci le refusa, soutenant que ce comté lui appartenait en propre et à ses héritiers. Tout le fruit de ce pourparler fut une trêve dont on convint pour un an. A peine était-elle expirée, que les hostilités recommencèrent. Le comte de Flandre, dont celui de Hainaut s'était séparé, fit une irruption sur les terres du roi, brûlant et saccageant le plat pays jusqu'auprès de Senlis, et de-là s'avançant, il surprit le château de Dammartin, puis descendit dans le Beauvaisis où il mit le siége devant le château de Bétisi. Mais le roi étant survenu, l'obligea de le lever. Le comte en se retirant marcha droit à Corbie, qu'Albéric appelle une ville très-florissante, *florentissimum oppidum*. Il avait déjà emporté les dehors de la place, lorsque le roi, qui avait assemblé son armée à Compiègne, étant arrivé, le mit en fuite. Guillaume le Breton place le siége de Corbie avant celui de Bétisi, et dit que le Flamand, contraint d'abandonner cette place, tourna du côté de Cuise, d'où il vint assiéger le château de Choisi; qu'enfin, talonné par le roi qui le

suivait pas à pas, il fut obligé de se retirer en Flandre après
avoir perdu une partie de ses troupes. Le roi, voyant que le
comte lui avait échappé, conduisit ses troupes vers Amiens, à
dessein de l'assiéger. Le comte n'avait rien négligé pour rendre
cette place imprenable. Avant de l'attaquer, le roi crut devoir
se rendre maître de tous les châteaux voisins, afin qu'elle n'en
pût tirer aucun secours. Le plus important était celui de Boves
tant par sa propre force que par la valeur de Robert qui en était
le seigneur. Guillaume le Breton se trompe en nommant Raoul
le propriétaire de cette place. Il a pris apparemment le seigneur
de Couci pour celui de Boves. Robert, qui était dans les intérêts du Flamand, soutint le siége, pendant lequel on vit paraître l'armée du comte de Flandre qui venait au secours de son
allié. Le roi, dès qu'il la vit approcher, rangea la sienne en
bataille à dessein de l'aller combattre, quoique le jour fût déjà
fort avancé. Le comte, surpris et épouvanté de sa bonne con-
tenance, lève le camp, et, ayant fait repasser la rivière à ses
troupes, il se retire à Amiens, d'où il envoie des députés au
comte et au cardinal de Champagne, qui accompagnaient le
roi, leur neveu, pour obtenir par leur entremise une trêve de
huit jours, pendant laquelle on pourrait traiter d'accommodement. Le roi l'ayant accordée, Philippe d'Alsace vint le trouver
dans son camp, et s'étant prosterné devant lui, il le supplia de
vouloir bien oublier ses torts, déclarant qu'il lui abandonnait le
Vermandois avec toutes ses dépendances, et le suppliant de
vouloir bien lui laisser, pour sa vie seulement, la jouissance
des places de Saint-Quentin et de Péronne. Le monarque,
s'étant laissé fléchir, consentit à la demande du comte, envoya
sur-le-champ des officiers prendre possession en son nom du
Vermandois, et rendit le Valois à Éléonore et au comte de
Beaumont, son époux. Albéric ajoute qu'Éléonore laissa au roi
le comté d'Amiens pour les frais de la guerre ; ce qui s'accorde
avec le témoignage de Guillaume le Breton, qui dit que ce
comté, avec le pays de Santerre, entra dans le partage de Philippe Auguste :

> Sic regio quæ lata patet Viromannia tota,
> Ambianensis humus, pariter cum Santeriensis
> Ubertate soli, regi cessere Philippo.

C'était Jacques d'Avênes, suivant le chroniqueur Jacques de
Guise, qui avait porté le comte à faire la démarche et le sacrifice dont on vient de parler ; mais à peine fut-il de retour en
Flandre, qu'il commença à s'en repentir. Avant de revenir sur
ses pas, il pensa à se fortifier de la protection de l'empereur

Frédéric; et pour l'obtenir, il lui fit hommage du comté de Flandre. L'empereur de son côté pour être en état d'assister efficacement le comte de Flandre, tâcha de détacher le comte de Hainaut du parti de Philippe Auguste, et de le réunir avec celui du Flamand. A cet effet, il lui dépêcha l'archevêque de Cologne, l'évêque de Liége, le duc de Limbourg et le comte Palatin, pour l'engager à se rendre à Liége. Le comte y vint. On lui fit les sollicitations les plus pressantes pour entrer dans les vues de l'empereur. Sa réponse fut, qu'il ne pouvait abandonner les intérêts du roi, son gendre, ni favoriser la rupture d'un traité solennellement juré par le comte de Flandre. L'empereur ne laissa pas de lever des troupes et de se mettre en devoir de secourir le comte de Flandre, son nouveau vassal. Le roi de France les attendait, bien préparé à faire une vigoureuse défense; mais sur le point où l'on était d'en venir aux actes d'hostilité, les princes de la maison de Champagne, le roi d'Angleterre et le légat négocièrent un nouvel accommodement, qui fut conclu, suivant Gervais de Cantorberi, dans la ville d'Aumale le 7 novembre 1185, et ratifié, le 10 mars de l'année suivante, à Gisors, aux conditions énoncées dans le premier traité que le comte de Flandre avait fait avec le roi. Philippe d'Alsace étant mort, l'an 1191, devant Acre en Palestine, le roi Philippe Auguste, qui commandait à ce siége, manda lui-même cette nouvelle aux habitants de Péronne, les avertissant que par cet événement leur ville avec ses dépendances étant dévolue à la couronne, ils eussent à lui prêter serment de fidélité entre les mains des commissaires qu'il leur avait députés à ce sujet, et les assurant en même tems qu'il maintiendrait leurs priviléges. (*Archiv. de l'Hôtel-de-ville de Péronne.*) Mais avant de consommer cette réunion, il eut soin d'amortir le Vermandois envers l'église de Noyon, dont il relevait. C'est ce que nous apprennent des lettres de ce monarque et d'Etienne, évêque de Noyon, datées du mois d'août 1213, par lesquelles, d'un côté, le prélat déclare qu'il remet et quitte au roi Philippe et à ses successeurs l'hommage dû à son église pour le comté de Vermandois, et le monarque en échange lui cède ce qu'il possédait à Latigni et à Coye, à la charge de payer chaque année à Florent de Ville et à ses hoirs quatorze muids de bled qu'il tient du roi en hommage-lige. (*Rec. de Colbert,* v. 3, fol. 522.)

1183. ELÉONORE, fille de Raoul le Vaillant et de Pétronille ou Adélaïde d'Aquitaine, se porta pour héritière universelle d'Isabelle, sa sœur ainée, après la mort de cette comtesse. Elle était alors à son quatrième mari. Geofroi ou Godefroi de Hainaut, comte d'Ostrevant, deuxième fils de Baudouin IV, comte de Hainaut, avait été le premier. Elle avait ensuite épousé Guillaume IV, comte de Nevers, puis Mathieu d'Alsace, comte de Boulogne, et enfin Mathieu III, comte de Beaumont-sur-Oise. Ce dernier mari n'étant pas assez puissant pour soutenir les prétentions d'Eléonore, elle fit cession, comme on l'a dit, au roi Philippe Auguste de ses droits sur le Vermandois et l'Amiénois, se contentant du comté de Valois, dont elle se mit en possession sans éprouver de contradiction. Mathieu prit alors le titre de comte de Valois ; mais il ne le garda pas long-tems. Comme Eléonore, sa femme, n'avait point d'enfants, le roi Philippe Auguste, après avoir obtenu le Vermandois et l'Amiénois, voulut s'assurer aussi le Valois. Dans cette vue, au printems de 1185, il passa avec Eléonore et son époux un accord par lequel il fut dit, entr'autres choses, que le comte de Beaumont ne prendrait plus la qualité de seigneur de Valois ; que ce titre serait réservé à la comtesse son épouse ; qu'Eléonore cédait au roi dès-lors la propriété du comté de Valois, à condition qu'elle en jouirait durant sa vie, et qu'elle en pourrait aliéner quelques portions en œuvres pies jusqu'à la concurrence d'une certaine somme ; qu'elle conserverait de plus l'usufruit de la ville de Saint-Quentin avec certains droits dans le Vermandois. Mais il ne suffisait pas à Philippe Auguste, pour s'assurer la propriété légitime du Valois, de s'être accommodé avec Eléonore ; il savait, par une enquête qu'il avait fait faire en 1184, que la maison de Saint-Simon qui subsistait, descendait en ligne droite et masculine d'Eudes l'Insensé, fils d'Herbert IV, qui l'avait injustement privé du comté de Valois, dont il devait hériter du chef d'Hildebrante, sa mère. Pour se tranquilliser et mettre son acquisition à l'abri de toute atteinte, ce prince traita avec Jean de Saint-Simon, chef de sa maison, et obtint de lui, moyennant la cession qu'il lui fit de certaines terres, une renonciation en forme à ses prétentions sur le comté de Valois. (Carlier, T. III, pag. 385.) Eléonore mourut le 14 juin 1214, dans un âge fort avancé, et fut inhumée, non dans l'église de l'abbaye du Parc-aux-Dames, qu'elle avait fondée, comme des modernes l'avancent, mais à celle de Long-Pont, auprès du comte Raoul, son frère, où leur épitaphe se lisait dans le cloître, du tems de don Martenne, qui la rapporte en ces termes :

> Fratri juncta soror Comiti Comitissa Radulfo
>   Nobilis Eleonor hîc tumulata jacet.
> Qui, cum claruerint altis natalibus, altâ
>   Vicerunt morum nobilitate genus.
> Sed quid honor, quid opes, quid denique gloria mundi?
>   Ecce brevis pariter claudit utrumque lapis.

In speculum, lector, tibi sit, pro temet et ipsis
   Sors tua te moveat fundere vota precum.

(Martenne, *Voy. lit.* T. II, p. 9.)

Cette dame joignait à beaucoup de piété, de l'esprit et des connaissances. Elle parlait avec pureté sa langue, et aimait particulièrement la poésie. Bergeron la met en parallèle avec Jeanne Ire, comtesse de Provence, qui commença à tirer notre poésie du chaos, en protégeant les troupes de troubadours et de chanteres. Mais Eléonore préférait les sujets de religion aux matières profanes. Le roman de Sainte-Geneviève, que les amateurs recueillirent avec tant d'applaudissement, fut composé à sa demande; et c'est d'elle qu'il est dit au commencement :

> La Dame de Valois me prie
> De mettre en bon roman la vie
> D'une Sainte que moult elle clame.

Le comte Mathieu, son époux, lui survécut. Il vivait encore au tems de la bataille de Bouvines, et ayant paru à cette célèbre journée parmi les seigneurs français, il y fit preuve d'un courage héroïque. Rigord et Albéric le mettent au nombre des plus vaillants hommes de son siècle. Le roi Philippe Auguste l'avait fait grand-chambrier de France. Après la mort d'Eléonore, et dans le mois de juillet de la même année, le roi Philippe Auguste, en vertu de la donation qu'Eléonore lui avait faite, envoya Guérin, son chancelier, nouvellement évêque de Senlis, pour prendre possession du Valois, qu'il réunit, ainsi que le Vermandois et l'Amiénois, à la couronne.

COMTES DE VALOIS.

L'an 1240, le roi saint Louis accorda le Valois à la reine Blanche, sa mère, pour en jouir sa vie durant. Cette seigneurie comprenait alors les domaines de Crépi, de la Ferté-Milon, de Villiers-Cotterets avec sa forêt, de Viviers et de Pierrefonds avec ses dépendances. La charte de concession, qui est conservée aux archives de Valois, porte, entr'autres choses, que Blanche aura la liberté d'aliéner en œuvres pies ou autrement, la somme de huit cents livres parisis, afin de la dédommager de la portion de son douaire, qui avait été donnée en apanage au prince

Robert, comte d'Artois. Blanche posséda le Valois l'espace de treize ans, jusqu'à sa mort, arrivée le premier décembre 1252. Ce fut l'époque d'une nouvelle réunion du Valois à la couronne.

L'an 1268 (V. S.) JEAN TRISTAN, comte de Nevers, quatrième fils de saint Louis, fut investi du comté de Valois, par lettres datées du mois de mars, pour en jouir comme avait fait la reine Blanche, mais à charge de réversion à la couronne, faute d'hoirs mâles issus de lui. Le cas arriva quinze mois après, Tristan étant mort sans enfants, le 3 août 1270, devant Tunis. (*Voy.* Yolande, *comtesse de Nevers.*)

L'an 1285 (N. S.), le roi Philippe le Hardi rassembla les quatre châtellenies de Crépi, de la Ferté-Milon, de Pierrefonds, de Bétisi-Verberie, avec leurs domaines, en un corps sous le titre de comté de Valois, dont il fit l'apanage de CHARLES, son deuxième fils, par lettres datées du mercredi avant la mi-carême (28 février) de l'an 1284. (V. S.) La condition du retour de ces fiefs à la couronne, les mâles descendant de lui venant à manquer, n'est pas oubliée dans ces lettres. Le jeune prince avait alors quatorze ans, étant né à la mi-carême (12 mars) de l'an 1270 (V. S.). Le pape Martin IV, irrité contre Pierre d'Aragon, avait donné, l'an 1283, les états de ce prince au roi de France, pour en investir celui qu'il voudrait de ses fils. Le choix du monarque tombe sur Charles, qui est déclaré solennellement roi d'Aragon et de Valence, et comte de Barcelone, au commencement de l'an 1284. L'année suivante, il accompagna le roi, son père, dans son expédition de Roussillon. Le mauvais succès qu'elle eut, et l'impuissance où l'on se trouva en France d'en tenter une nouvelle, déterminèrent enfin Charles à transporter ses droits sur l'Aragon à Charles le Boiteux, roi de Sicile. Nangis met ce transport en 1290; mais Charles prend encore le titre de roi d'Aragon et de Valence, dans un acte de 1292, par lequel il nomme Eustache de Conflans, gouverneur de Navarre, pour recevoir en son nom les hommages des grands et des villes d'Aragon, de Valence et du comté de Barcelone, et leur garantir la conservation de leurs priviléges. (*Invent. des chartes*, T. XIV, p. 322.) On trouve d'autres lettres de 1293, où ce même Charles prend encore le titre de roi d'Aragon. (*Ibid.* p. 323.) Mais rien ne décide mieux cette difficulté que l'acte par lequel les ambassadeurs du roi Philippe le Bel et ceux du comte de Valois, au nom de leurs maîtres, renoncent purement et simplement, entre les mains du pape, aux droits que ces deux princes pouvaient avoir sur les royaumes d'Aragon et de Valence, ainsi que sur le comté de Barcelone, pourvu que le roi d'Aragon exécute fidèlement le traité de paix fait avec eux et le roi de Sicile. Cet acte, de même que le traité dont il fait mention, est de l'an 1295. (*Trésor des chart.*, Aragon, *layette I*, n° 19.) Le comte de Valois ne fut point alors réduit à son apanage. Marguerite, fille de Charles le Boiteux, en lui donnant sa main, le 16 août 1290, lui avait apporté les comtés d'Anjou et du Maine, qui furent érigés en pairie, l'an 1297, par le roi Philippe le Bel. L'an 1296, étant allé commander en Guienne contre les Anglais, qui étaient rentrés dans cette province, et en avaient reconquis une grande partie, il commença par faire pendre, sur un simple soupçon d'infidélité, cinquante Gascons à la vue de la Réole. Ce spectacle répandit la terreur dans la ville : on s'y défendit faiblement. Elle fut reprise avec quelques autres places, et le comte de Valois se sut gré de sa sévérité. Mais à peine eut-il quitté la province, que toutes ces places rappelèrent les Anglais. Charles passe, l'an 1297, en Italie, à la prière du pape, qui, l'ayant fait général de ses troupes, l'envoie en Toscane pour dissiper les factions qui mettaient ce pays en combustion. Les progrès qu'il y fit ne furent que médiocres. Rappelé par le pape, il passa en Sicile, où d'abord il répandit la terreur. Mais Frédéric d'Aragon ayant trouvé moyen de ruiner l'armée française sans combattre, obligea Charles à s'en retourner après avoir fait avec lui un traité, qui laissait au premier la jouissance de la Sicile sa vie durant.

L'an 1299, le roi Philippe le Bel ayant recommencé la guerre contre la Flandre, Charles, son oncle, entra dans ce pays à la tête de l'armée française. Le succès de ses armes fut tel, qu'en deux campagnes il obligea le comte de Flandre, Gui de Dampierre, à se remettre lui et ses états à la discrétion du roi de France. Charles amena le comte avec ses deux fils en triomphe à Paris, et les fit présenter au roi par le comte de Savoie. Mais il eut le désagrément de voir le traité d'accommodement qu'il avait fait avec Gui de Dampierre, désavoué par le monarque, qui, loin d'y avoir égard, envoya le comte de Flandre en prison.

L'an 1302, au mois de juin, Charles part avec Catherine de Courtenai, sa deuxième épouse, accompagné de cinq cents chevaliers, pour aller au secours du pape Boniface et de Charles II, roi de Sicile. Il est reçu par le premier dans la ville d'Anagni avec les honneurs dûs à sa naissance, reconnu pour empereur d'Orient, avec la concession d'une décime extraordinaire sur tous les biens ecclésiastiques de France, d'Angleterre, d'Italie, de Sicile, de Sardaigne, de Corse, de la principauté d'Achaïe, du duché d'Athènes et des îles voisines ; créé défenseur de l'église et pacificateur de la Toscane. En vertu de ce dernier titre, il se rend au mois d'octobre à Florence, pour mettre la paix entre les citoyens de cette ville, divisés en deux factions, sous les noms de Blancs et de Noirs. Après y avoir séjourné avec peu de succès jusqu'à la fin de février de l'année suivante, il va joindre à Rome le roi Charles, qui l'y attendait pour l'emmener à Naples, afin de commencer la guerre contre Ferdinand d'Aragon. Ce dernier abandonne les conquêtes qu'il avait faites en Pouille et en Calabre, au seul bruit de l'arrivée du comte, qui le poursuit en Sicile avec une armée navale de deux cents vaisseaux. Ayant mis ses troupes à terre, il emporte quelques places de cette île, et demeure maître de la campagne. Mais les maladies et la famine s'étant mises dans son armée, il est obligé d'accepter la paix qui lui est offerte par Ferdinand, quoique désavantageuse à sa gloire et à la réputation de ses armes. Il était de retour à Sens le 24 mars 1304 (N. S.), comme le prouve un traité de mariage qu'il y conclut ce jour-là avec Robert II, duc de Bourgogne, entre Philippe, fils aîné de ce dernier, et Jeanne, fille du comte : traité qui n'eut point lieu par la mort de la jeune princesse. S'étant rendu, l'an 1305, à Lyon, il assista, le 14 novembre, au couronnement du pape Clément V. Dans la cavalcade qui se fit à cette cérémonie, il fut un des princes qui servirent d'écuyers au pape. On sait l'accident funeste qui convertit cette fête en un jour de deuil. Le même mur qui en tombant écrasa le duc de Bretagne, le frère du pape, avec plusieurs gentilshommes, blessa dangereusement le comte de Valois. (*Voy.* Clément V.) Charles apaisa, par sa prudence, l'an 1315, le soulèvement d'une partie de la noblesse contre le nouveau roi Louis Hutin, son neveu; ce fut en la rétablissant, au nom du monarque, dans les mêmes prérogatives dont elle jouissait sous le règne de saint Louis, qu'il parvint à la faire rentrer dans le devoir. Enguerand, sire de Marigni, surintendant des finances, que l'on regardait comme l'auteur des exactions et de l'altération des monnaies, qui s'étaient faites sous le règne précédent, fut la victime de cet accommodement. Charles se porta d'autant plus volontiers à sacrifier ce ministre au ressentiment du public, qu'il était irrité personnellement contre lui, pour une parole insolente qu'Enguerand lui avait dite, en plein conseil, dans un emportement de colère. Enguerand fut arrêté, on lui fit son procès, et sans vouloir l'entendre dans sa défense, sans même lui avoir communiqué les chefs d'accusation allégués contre lui, on le condamna, malgré sa qualité de gentilhomme et de chevalier, à être pendu. Le roi, que Charles, son oncle, avait forcé d'acquiescer à ce jugement irrégulier, ne tarda pas à s'en repentir. Il fit détacher le corps d'Enguerand des fourches de Montfaucon, que ce ministre avait lui-même érigées, réhabilita sa mémoire, et laissa par son testament dix mille livres à ses enfants, *pour la grande infortune qui leur advint de la condemnation de leur père.* L'an 1324, chargé du commandement de l'armée que le roi Charles le Bel envoyait en Guienne, le comte de Valois soumit, en moins d'une campagne, toutes les places de cette province, à l'exception de Bordeaux, de Saint-Sever-Cap, et de Bayonne, obligea les Anglais à demander une trêve, et revint triomphant à Paris, vers le commencement d'octobre. Ce fut sa dernière expédition : il tomba, l'année suivante, dans une maladie de langueur qui le conduisit la même année au tombeau, le 16 décembre, suivant le registre *Noster* du parlement. Dans les derniers momens de sa vie, le supplice d'Enguerand lui revint dans l'esprit, et fut le sien propre par les justes et cuisants remords qu'il lui causa. Pour les calmer, il chargea un de ses officiers d'aller par les rues, une bourse à la main, criant à chaque pauvre, en lui faisant l'aumône : *Priez pour monsieur Enguerand et pour Charles de Valois.* Ainsi mourut ce prince, fils de roi, oncle de trois rois, gendre de roi, père de roi, élu roi d'Aragon, et tige d'une postérité de treize rois consécutifs, qui ont gouverné la France pendant deux cent soixante ans. Son corps fut inhumé aux Jacobins de Paris, et son cœur aux Cordeliers. Il avait épousé 1°, comme on l'a dit, MARGUERITE D'ANJOU, morte le 31 décembre 1299, et enterrée aux Jacobins de Paris; 2°, l'an 1301, (V. S.), CATHERINE, fille et héritière de Philippe de Courtenai, empereur titulaire de Constantinople, décédée le 2 janvier 1308 (N. S.); 3°, dans le mois de juin suivant, MAHAUT, fille de Gui de Châtillon, comte de Saint-Pol, morte le 3 octobre 1358. Du premier lit il laissa Philippe, qui suit; Charles, comte d'Alençon; Isabelle, femme de Jean III, duc de Bretagne ; Jeanne, mariée à Guillaume le Bon, comte de Hainaut et de Hollande, après la mort duquel elle se fit religieuse à Fontenelles ; Marguerite, alliée à Gui de Châtillon Ier, comte de Blois. Du second lit vinrent Jean, comte de Chartres, mort jeune; Catherine, mariée, le 30 juillet 1313, à Philippe de Sicile, prince de Tarente, morte à Naples en octobre 1346 ; Jeanne, femme du fameux Robert d'Artois, comte de Beaumont-le-Roger, morte le 9 juillet 1363; Isabelle, abbesse de Fontevrault, décédée le 11 novembre 1349. Du troisième lit sortirent, entr'autres enfants, Isabelle, mariée le 25 janvier 1337 (N. S.), à Pierre Ier, duc de Bourbon; et Blanche, femme de l'empereur Charles IV.

1325. PHILIPPE Ier, fils aîné de Charles de Valois, né, l'an 1293, comte de Chartres, et non d'Alençon, succéda à son père dans le comté de Valois. Il prit pour armes l'écu semé de France à la bordure de gueules, tel que son père le portait. Le roi Charles le Bel étant mort le premier février 1328, sans enfants mâles, mais laissant la reine Jeanne enceinte, Philippe, comme l'héritier présomptif de la couronne, fut déclaré régent du royaume jusqu'au tems où les couches de la reine auraient fait connaître le sexe de l'enfant qu'elle portait dans son sein. Jeanne au bout de deux mois accoucha d'une fille : Philippe alors, par le suffrage de la nation, fut élevé sur le trône. En vain Edouard III, roi d'Angleterre, le revendiqua-t-il, comme neveu, par sa mère Isabelle, du roi défunt, dont Philippe n'était que le cousin ; en vain allégua-t-il que la loi qui exclut du trône les femmes en France, ne le regardait pas. Sa prétention fut rejetée, parce que la proximité dont il se prévalait ne lui venait que d'une femme, laquelle par son sexe n'avait aucun droit à la chose. Edouard dissimula le chagrin que ce refus lui causa, se réservant à le faire éclater dans une conjoncture plus favorable. Il ne tarda pas beaucoup à la trouver. Et telle est l'origine des guerres tant civiles qu'étrangères qui désolèrent la France pendant près de deux siècles. Philippe commença de régner le 2 avril, et fut couronné, le 29 mai suivant (jour de la Trinité), à Reims, par l'archevêque Guillaume de Trie. Ce prince garda le Valois étant sur le trône, et s'en faisait rendre tous les ans un compte particulier. (*Voy*. Philippe de Valois, *roi de France*.)

1344. PHILIPPE II, cinquième (et non quatrième fils) du roi Philippe de Valois, né à Vincennes, le premier juillet 1336, reçut en apanage, par lettres datées de Maubuisson, le 16 avril 1344, le comté de Valois avec le duché d'Orléans, pour les tenir en pairies, et obtint dans la suite quantité d'autres domaines, tant de la reine sa mère, dont il était spécialement chéri, que du roi son père. Ce monarque, l'an 1350, étant au lit de la mort, renouvela ses dispositions. Le jeune Philippe combattit, en 1356, à la funeste journée de Poitiers, et fut, l'an 1360, un des otages donnés aux Anglais pour assurer la rançon du roi Jean. L'an 1366, le roi Charles V, considérant que l'opulence excessive du duc son oncle, tournait au détriment de l'état, s'occupa sérieusement des moyens de la réformer. Le duc, sur la première proposition qu'il lui fit, d'après l'avis de son conseil, de se démettre d'une partie de ses domaines, se montra fort éloigné d'y acquiescer ; mais, vaincu ensuite par les représentations de ses parents et de ses amis, il consentit à remettre tous ses apanages et autres biens au roi son neveu, pour lui en faire telle part qu'il jugerait à propos. En conséquence on fit, en plein conseil à Paris, dans le mois de janvier 1366 (V. S.), un traité par lequel, après avoir reçu sa démission totale, le roi lui accorda, outre le duché d'Orléans et le comté de Valois, les châteaux et châtellenies de Lorris, Montargis, Bois-Commun, Yevre, *avec les autres lieux et terres plus prochaines, jusques à la perfection de six mille livrées de terre.* (*Rec. de l'abbé de Camps*, vol. 2, p. 383.) Le duc Philippe fit un nouveau sacrifice en autorisant, par acte du 27 janvier 1367 (V. S.), sa femme Blanche, fille posthume du roi Charles le Bel, qu'il avait épousée l'an 1345 (N. S.), à céder à la couronne les châteaux et châtellenies de Couloumiers, de Créci et de Crevecœur, avec les droits et actions qu'elle pouvait avoir sur le Bigorre, et généralement tout ce qui pouvait lui appartenir, *tant du côté et ligne du roy Charles, son père, comme par la mère d'iceluy roy Charles;* ce qu'elle exécuta par acte du 3 juillet 1371. (*Rec. de l'abbé de Camps*, T. III, p. 137.) Philippe mourut sans enfants légitimes, le premier septembre de l'an 1375. Sa femme conserva le Valois jusqu'à sa mort, arrivée le 8 février 1392 (N. S.).

1392. Louis Ier d'Orléans - Valois, deuxième fils du roi Charles V, né à Paris le samedi 13 mars de l'an 1372 (N. S.), reçut en naissant le titre de comte de Valois ; mais il n'entra en jouissance de ce comté qu'après la mort de Blanche de France. Le roi Charles VI, son frère, par lettres datées de Lille en Flandre, au mois de novembre 1386, lui donna en apanage le duché de Touraine, qu'il échangea avec lui, en 1392, pour celui d'Orléans. Louis épousa, le 27 janvier 1390 (N. S.), à Melun, Valentine, fille de Jean Galéas Visconti Ier, duc de Milan, et d'Elisabeth de France. La princesse lui apporta en dot la ville d'Asti, avec cent mille florins d'or, suivant le Corio. Par le contrat de mariage, il fût stipulé qu'au défaut de la postérité mâle des Visconti, Valentine et ses enfants succéderaient au duché de Milan. Ce contrat, dix ans après le mariage, fut confirmé par le pape, le siége impérial étant vacant. C'était en effet à l'empereur qu'appartenait cette confirmation ; mais les papes prétendaient que l'autorité impériale leur était dévolue pendant la vacance de l'empire. On verra les guerres qu'occasionna la clause dont on vient de parler, sous les rois Charles VIII, Louis XII, et François Ier. Le comte-duc Louis acheta, de Gui de Châtillon, le comté de Blois. L'an 1400, il acquit de Marie de Couci, par contrat du 15 novembre, la sirerie de Couci avec ses dépendances. Quatre ans après, il acheta la part que cette dame avait au comté de Soissons. L'an 1406, le roi Charles VI, par ses lettres du mois de juillet, éleva le comté de Valois à la dignité de duché-pairie. Louis par là se vit possesseur de deux duchés; mais le titre de duc d'Orléans est celui sous lequel il est le plus connu. Ce prince avait cependant en tête une maison qu'il eût été de son intérêt de ménager, et qu'il crut, pour son malheur, inconsidéré comme il était, pouvoir braver impunément. Nous voulons parler de celle de Bourgogne. Ce fut l'an 1401, que commencèrent à éclater leurs funestes divisions. La jalousie les enfanta, le prétexte du bien public les entretint, la dissimulation les suspendit pour un tems, la fureur les porta enfin aux derniers excès. Le duc d'Orléans, pendant la maladie du roi, son frère, s'était fait donner, l'an 1402, l'administration des finances, et au moyen de cette partie, bientôt il parvint au gouvernement absolu de l'état. Les impositions exorbitantes qu'il établit, la dureté avec laquelle on les leva, l'abus qu'en firent ses créatures, excitèrent un murmure universel. Philippe le Hardi, duc de Bourgogne, prit le parti du peuple, et servit sa propre ambition en feignant de vouloir le tirer de l'oppression. Rival déclaré du duc d'Orléans, il réussit à le supplanter. Louis, furieux de se voir dépossédé de l'administration du royaume, s'en prend à tout ce qui regarde directement ou indirectement le duc de Bourgogne. Celui-ci est à son tour dépouillé par la reine Isabeau, qui, voyant la facilité qu'il y avait de régner, se fit remettre toute l'autorité, pour assurer, disait-elle, à son fils aîné la royauté, au cas que son époux vînt à manquer.

Philippe le Hardi mourut l'an 1404, laissant Jean, son fils, héritier de ses vastes états et de son ambition. Le duc d'Orléans gouvernait sous le nom de la reine, avec laquelle il vivait dans un commerce plus que suspect. Contraint de céder une part dans l'administration au nouveau duc de Bourgogne, devenu beau-père du dauphin, qui avait épousé sa fille, il augmenta leur rivalité, en lui cédant de son crédit. Jean-sans-Peur (c'est ainsi qu'on nomma le Bourguignon) se servit de son autorité pour se faire l'homme du peuple, en s'opposant aux nouvelles taxes que la guerre future avec les Anglais donnait occasion ou prétexte de mettre sur le peuple. Cette apparence de zèle pour le bien public en imposa facilement au peuple: Jean devint son idole. Le duc d'Orléans, pour se maintenir, resserra les nœuds qui l'attachaient à la reine. Voyant le duc de Bourgogne maître dans Paris, ils se concertent pour faire enlever le dauphin et l'amener à Melun, où ils s'étaient retirés. Les mesures étaient mal prises. Le duc de Bourgogne joint l'héritier du trône à Juvisi, et le ramène dans la capitale. Tout se dispose à une guerre civile. Le duc d'Orléans, ayant ramassé des troupes, s'avance à leur tête vers Paris. Son rival l'attend, prêt à lui livrer bataille. Les princes alors se constituent médiateurs. On tient des conférences à Vincennes. La paix y est conclue, le 17 octobre 1405, à condition que le duc de Bourgogne aura une part dans le gouvernement. La suite de cet accommodement fut nuisible aux Anglais. On recommença contre eux les hostilités en Guienne et en Picardie. La campagne des deux côtés s'ouvrit heureusement et finit mal. Le duc d'Orléans échoua devant Blaye au mois d'octobre 1406, et le duc de Bourgogne ne réussit pas mieux devant Calais. L'inimitié des deux princes n'était qu'assoupie; des soupçons réciproques la réveillèrent. Occupés sans cesse à se décrier mutuellement, ils partagent la cour en deux factions. Celle du duc d'Orléans prend pour devise deux bâtons noueux en sautoir, et celle du Bourguignon prend deux rabots pour la sienne. On voit encore des médailles où ces devises se rencontrent. Le duc de Berri s'entremet pour les réconcilier. A sa persuasion, ils communient ensemble le dimanche 20 novembre 1407, après s'être juré *bon amour et fraternité*. Rien n'était moins sincère de la part du duc de Bourgogne que cette réconciliation. Trois jours après, le duc d'Orléans est assassiné, par son ordre, sur les huit heures du soir, devant l'hôtel de Rieux, en allant, de chez la reine, logée à la rue Barbette, trouver le roi à l'hôtel de Saint-Pol. Le corps de l'infortuné prince fut déposé dans l'église des Blancs-Manteaux, d'où il fut ensuite transporté dans celle des Célestins, pour y être inhumé. Telle fut la fin déplorable de Louis, duc d'Orléans et de Valois, à l'âge de trente-six ans. La nature l'avait orné de toutes les plus belles qualités du corps et de l'esprit. L'ambition et plus encore la débauche corrompirent en lui les dons de la nature. Il laissa de son mariage Charles, qui suit; Philippe, comte de Vertus, mort en 1420, à l'âge de vingt-quatre ans; et Marguerite, mariée à Richard de Bretagne. Il eut de plus d'Yolande d'Enghien, femme d'Aubert le Flamenc, seigneur de Cani, le fameux Jean, comte de Dunois, tige des ducs de Longueville. La duchesse Valentine eut un si grand regret de la mort de son époux, *que pour tout soulas*, dit Brantôme, *et confort en gémissement, elle prit une chantepleure ou arrosoir pour sa devise, sur le haut de laquelle estoit un S, en signe, ainsi qu'on dit, que seule souvent se soucioit et soupiroit. Et autour de ladite chantepleure estoient escrits ces mots* :

Rien ne m'est plus,
Plus ne m'est rien.

On voit encore, ajoute-t-il, *cette devise dans l'église des Cordeliers, à Blois, dans sa chapelle*.

1407. Charles d'Orléans-Valois, né le 26 mai 1391, succéda, sous la garde-noble de Valentine, sa mère, à Louis, son père, dans le Valois ainsi que dans ses autres domaines, et porta, comme lui, le titre de duc d'Orléans, préférablement à ses autres titres. La même année qu'il recueillit cette succession, la duchesse sa mère rendit foi et hommage pour lui et ses frères au roi Charles VI, de toutes les terres qu'ils tenaient dans sa mouvance, et de la pairie dont il les avait décorés. Ce sont, comme l'observe M. d'Aguesseau, deux hommages différents, parce que « la pairie, dit-il, renferme un véritable office per-
» sonnel et réel en même tems ; ainsi un des serments ou des
» hommages s'applique à la réalité, c'est-à-dire à la terre qui
» est la matière de la pairie, et l'autre à la personnalité, c'est-
» à-dire à l'office personnel, qui est comme la forme, si l'on
» peut parler ainsi, et le caractère le plus éminent de la pairie. »
Charles fit diverses poursuites avec la duchesse sa mère, mais toutes inutiles, pour tirer vengeance de la mort de son père. La duchesse en mourut de chagrin, le 4 décembre 1408, dans son château de Blois. Contraint de plier sous un ennemi qui remportait des victoires dans les Pays-Bas, tandis qu'on instruisait son procès à Paris, Charles acquiesça, ne pouvant mieux faire, au pardon que ce meurtrier se fit accorder solennellement, le 9 mars 1409, dans l'église de Chartres. En morale et en politique, l'ouvrage de la nécessité ne dure qu'autant que les conjonctures qui l'ont produit. Les partisans du duc d'Orléans, toujours disposés à le venger, manquaient d'un chef pour les réunir. Bernard, comte d'Armagnac, se mit à leur tête, l'an 1410, après avoir marié Bonne, sa fille, à ce prince. Ce fut alors que commencèrent les grandes hostilités. En vain on s'efforça de les arrêter par trois traités successifs ; elles se renouvelèrent toujours avec plus de fureur. On ne retracera point ici les scènes horribles que donnèrent les Armagnacs et les Bourguignons : c'est ainsi qu'on nommait les deux factions. Le duc d'Orléans ne vit point la fin de la tragédie qui se jouait en son nom. L'an 1415, ayant été fait prisonnier à la bataille d'Azincourt, il fut conduit en Angleterre, où il resta l'espace de vingt-cinq ans, sous la garde d'un messager d'état, tenant d'ailleurs une cour nombreuse et brillante. Il y eût fini vraisemblablement ses jours, si Philippe le Bon, duc de Bourgogne, ce fils de Jean-sans-Peur, si différent de son père, n'eût travaillé lui-même à sa délivrance. L'an 1440, Philippe, apprenant que la rançon du duc d'Orléans avait été fixée à trente mille écus d'or, lui fit passer une partie de cette somme, au moyen de quoi il recouvra sa liberté. Par ce trait frappant de générosité, fut éteinte l'inimitié des deux maisons. On sait dans quels termes

le duc d'Orléans prenait plaisir de témoigner sa reconnaissance au duc de Bourgogne. *Par ma foy, biaux frère et biaux cousin*, lui disait-il souvent, *je vous dois aimer par-dessus tous autres princes, et ma belle cousine, votre femme; car si vous et elle ne fussiez, je fusse demeuré à toujours au danger de mes adversaires et n'ay trouvé meilleur amy que vous.* (Monstrelet.)

Charles, de retour en France au mois de novembre, tourna ses pensées vers la conquête du duché de Milan, qui lui appartenait du chef de sa mère. Mais l'entreprise ne réussit pas, et il ne put avoir que le comté d'Asti. L'an 1442, mécontent de n'avoir aucune part au gouvernement, il forma une ligue avec les princes qui s'assemblèrent à Nevers, et y publièrent un manifeste pour demander la réformation de l'état. Le roi, par sa sagesse, éteignit promptement ce parti, en faisant espérer au duc d'Orléans, et à ses partisans, toute la satisfaction qu'ils pouvaient légitimement désirer. Il assista, l'an 1464, à la première assemblée des états tenus à Tours. A cette occasion il fit des remontrances au roi Louis XI, qui les reçut avec indignation, le traitant de brouillon et d'ennemi de l'état. Charles, piqué de cet outrage, quitta la cour et se retira à Amboise, où il mourut le 4 janvier 1466 (N. S.). Ce prince fut regretté, et méritait de l'être. Il se regardait comme le père de ses vassaux, et les ménageait au point que, dans sa captivité, il n'osa les surcharger pour hâter sa délivrance. Les historiens du tems rapportent des traits édifiants de sa piété. Tous les vendredis, suivant Monstrelet, il servait douze pauvres à table, mangeait avec eux, et leur lavait les pieds après le repas. Ses aumônes étaient abondantes et secrètes. Ce prince était d'ailleurs homme de lettres, et cultiva la poésie française avec succès, comme le prouvent les chansons, rondeaux et autres petites pièces qu'on a de lui, et qu'on préfère à celles de Villon, qui vivait dans le même tems. Il avait été marié trois fois : 1°, le 29 juin 1406, avec Isabelle, sa cousine germaine, fille du roi Charles VI, et veuve de Richard II, roi d'Angleterre, morte à Blois, le 13 septembre 1409, et enterrée dans une chapelle de l'abbaye de Saint-Laumer, d'où elle fut transférée, en 1624, aux Célestins de Paris : de ce mariage sortit Jeanne, femme de Jean II, comte d'Alençon : 2° Charles se remaria, l'an 1410, à Bonne, fille de Bernard VII, comte d'Armagnac et connétable de France, morte, en 1415, sans enfants : 3° l'an 1440, il épousa Marie, fille d'Adolphe, duc de Clèves, dont il eut un fils, qui suit, et deux filles ; Marie, femme de Jean de Foix, comte d'Étampes et vicomte de Narbonne; et Anne, abbesse de Fontevrault. La mère de ces enfants se remaria à Jean, sire de Rabodanges, capitaine de Gravelines, et mourut à Chauni en Picardie, l'an 1487. Son corps fut porté à Blois, pour y être inhumé, dans l'église des Cordeliers. Celui de Charles, son premier époux, reposait aussi dans l'église de Saint-Sauveur de la même ville. L'an 1504 (V. S.), le comte de Dunois, grand-chambellan de France, les fit transporter l'un et l'autre, le 21 Février, aux Célestins de Paris.

1466. LOUIS II D'ORLÉANS-VALOIS, né à Blois le 27 juin 1462, succéda, sous la garde-noble de sa mère, au duc Charles, son père, dans les duchés de Valois et d'Orléans, ainsi que dans les autres domaines de sa maison. Sa jeunesse fut bouillante et orageuse. Indocile envers les maîtres qui voulaient lui former l'esprit et le cœur, il ne montra d'inclination et d'ardeur que pour les exercices du corps, convenables à sa naissance, et bientôt il y excella. La princesse Jeanne, fille du roi Louis XI, lui avait été destinée pour épouse presque en venant au monde. Lorsqu'elle fut nubile, le roi pressa le mariage qui n'était nullement du goût du duc d'Orléans. Mais il fallut obéir à un monarque absolu auquel on ne résistait pas impunément. Les deux époux reçurent la bénédiction nuptiale, le 8 septembre 1476, des mains de l'évêque d'Orléans. L'éloignement du duc pour cette alliance était si grand, qu'il ne put le dissimuler au moment de la cérémonie. Interrogé par le prélat s'il consentait d'épouser Jeanne de France : *Hélas! répondit-il, monseigneur d'Orléans, mon ami, que ferai-je? Je ne saurois résister : j'aimerois mieux être mort que de faillir à le faire; car vous connoissez à qui j'ai affaire. Il m'est forcé, et il n'y a remède.* Après la mort de Louis XI, le duc d'Orléans prétendit, comme premier prince du sang, manier les rênes de l'état pendant l'espèce de minorité du roi Charles VIII. Le duc de Bourbon formait la même prétention. Mais la dame de Beaujeu, sœur du jeune monarque, l'emporta. Pour consoler Louis de cette préférence, elle lui fit donner, le 9 octobre 1483, des lettres de gouverneur de Paris, de l'Ile de France, de Brie, de Champagne, etc., avec d'amples pouvoirs. Mais Louis trouvait trop de disproportion entre ces gouvernements particuliers et celui de tout le royaume, pour se contenter d'un pareil dédommagement. François II, duc de Bretagne, instruit de son mécontentement (1), lui écrit pour l'engager à venir

---

(1) Wassebourg (*Ant. Belg.* fol. 630) donne une autre cause de cette retraite précipitée du duc d'Orléans. « Davantage, dit-il, nous trouvons, et l'ay
» ouy réciter à mon père se disant présent, qu'environ ce tems un jour le duc
» d'Orléans estant à Paris jouait à la paulme à Nesle ou entre les deux halles

le trouver. Louis se rend à Nantes où était le duc, accompagné de René, duc d'Alençon, et du comte de Dunois. La régente, à qui le séjour de Louis en Bretagne faisait ombrage, le fait sommer de se rendre aux états assemblés à Tours au mois de janvier 1484 (N. S.). Le 30 mai suivant, ce prince assista au sacre de Charles VIII, où il représenta le duc de Bourgogne. Après la cérémonie il revint à Paris avec la cour. Mais le roi étant parti sur la fin de septembre pour Montargis, Louis reste dans la capitale, dont il s'étudie à mettre les habitants dans ses intérêts, tandis que le comte de Dunois négocie pour lui avec le duc de Bretagne. Cependant la dame de Beaujeu, qui éclairait ses démarches, prenait des mesures pour le faire arrêter. Elle ramène le roi le 5 février 1485, à Paris. Le duc d'Orléans instruit du dessein formé contre lui, prend la fuite et se retire à Verneuil, dans le Perche, auprès de René, duc d'Alençon. Peu de tems après il y reçoit un secours de deux cent cinquante lances, et de quelques archers, qui lui est envoyé par le duc de Bretagne, conformément au traité conclu, le 23 novembre 1484, avec le comte de Dunois. Mais, trop faible avec ce renfort pour résister aux forces du roi, il prend le parti de se rendre à Évreux, où la cour était pour lors, et de se réconcilier avec elle. De là il accompagne le monarque à Rouen, où il assiste au lit de justice, que Charles tint en son échiquier, le 27 avril 1485. Pendant ce séjour, Louis s'abouche avec le duc de Bourbon ; ils s'unissent d'intérêt, et forment ensemble un plan de conspiration contre le gouvernement. La cour ayant repris ensuite la route de Paris, Louis s'échappe et se retire à Blois. Dans la crainte qu'il ne se rende maître d'Orléans, chef-lieu de son apanage, la dame de Beaujeu y vient elle-même pour maintenir les habitants dans la fidélité qu'ils doivent au roi. Louis éclate alors, et s'empare de Beaugenci. Mais les troupes du roi étant venues presque aussitôt l'y assiéger, il fait son accommodement avec la cour. Tranquille et soumis en apparence pendant l'espace d'environ dix-huit mois,

---

» (car je n'ay retenu le lieu), en la présence de plusieurs Seigneurs et Dames,
» où estoit Madame de Beaujeu, et fut question d'un coup de paulme qui fut
» demandé aux assistans, duquel Madame de Beaujeu jugea contre le duc d'Or-
» léans, dont il se despita, et, en cholere, dit qu'elle avait menty, avec
» quelque parole mal sonnante, dont la Dame fort courroucée, s'écria à Mon-
» sieur de Lorraine estant présent et jouant : Hà, cousin, me laissez-vous ainsy
» injurier ? Et alors ledict duc de Lorraine bailla un grand soufflet audict duc
» d'Orléans ; sur quoi les Princes assistans se leverent et les séparerent. Et dès-
» lors ledict duc d'Orléans prit grosse haine contre ledict duc de Lorraine, et
» ladicte Dame contre ledict duc d'Orléans.... Or dès-lors Madame de Beau-
» jeu avoit ordonné qu'il fût prins au corps, de quoi adverti se retira en di-
» ligence en Bretagne ».

il fut de presque tous les voyages du roi. Mais sur la fin de 1486, le monarque s'étant rendu à Tours, Louis se retire à Blois, et de là part, le 11 janvier 1487, pour la Bretagne, où il arrive le 19 au soir. On ne répétera pas ici ce qui a été dit ici sur le roi Charles VIII, de la guerre qui fut la suite de cette retraite, et de l'emprisonnement du duc d'Orléans, par où la guerre se termina. Remis en liberté, Louis fut envoyé, l'an 1494, pour commander la flotte française qui croisait dans la mer de Gênes. Il remporta sur Frédéric, frère du roi de Naples, divers avantages qui l'obligèrent à s'en retourner. Mais attaqué ensuite de la fièvre quarte, Louis fut contraint d'abandonner la flotte, et revint joindre le roi dans Asti, où ce monarque lui même était malade. Cette ville était du domaine de Louis. La santé du roi s'étant rétablie, il part d'Asti, le 6 octobre, pour traverser l'Italie, laissant au duc d'Orléans, dont la fièvre continuait, le soin de défendre la place. Louis, s'imaginant que le tems était venu de faire revivre ses droits sur le duché de Milan, en prend alors le titre. L'an 1495, ayant reçu de nouvelles troupes que le duc de Bourbon envoyait en Italie, il s'en sert pour faire le siége de Novare, dont il se rend maître en peu de tems. Mais Ludovic Sforce, étant venu l'y assiéger, réduit en peu de tems la place aux abois, faute de vivres. Le roi Charles VIII était cependant en route pour retourner en France. Vainqueur à la journée de Fornoue, et recevant de nouvelles troupes de Suisse, il était en état de marcher à la délivrance de Novare, et de livrer un nouveau combat. Mais au lieu de prendre ce parti, voulant se rendre en France, il aima mieux signer, le 18 juillet, un mauvais traité de paix avec les Vénitiens et le duc de Milan; au moyen de quoi la garnison de Novare eut la liberté de se retirer. Le roi Charles étant mort le 7 avril 1498, le duc d'Orléans lui succède sous le nom de Louis XII, et réunit le Valois, ainsi que ses autres domaines, à la couronne.

Après avoir gardé l'espace de dix mois le duché de Valois, Louis le cède en apanage à François, comte d'Angoulême, son plus proche parent, par lettres données au château du Verger, dans le mois de février 1499 (N. S.), et enregistrées au parlement le 26 avril suivant. Elles portent que le prince apanagé tiendra le duché de Valois à foi et hommage du roi et de la couronne de France, pour en jouir lui et ses hoirs mâles, avec pouvoir de conférer les offices et bénéfices qui en dépendent. François alors quitte le titre de comte d'Angoulême, pour prendre celui de duc de Valois, qu'il conserva jusqu'au tems où il monta sur le trône. On ne changea rien aux armes du jeune prince : il continua de porter l'écu d'Angoulême, qui est celui d'Orléans ou Valois moderne, au lambel de trois pièces, chargées chacune d'un croissant d'azur. Le château de Villers-Cotterets est son ouvrage. Ce prince, après son avénement à la couronne, conserva le domaine et la seigneurie du duché de Valois, jusqu'au 28 décembre 1516. (M. l'abbé Carlier, *Hist. de Valois*, T. II, p. 544.) Par ses lettres du 18 février 1515, il nomma gouverneur du Valois et de l'île de France Charles de Bourbon, duc de Vendôme, qui en jouit jusqu'à la fin de l'an 1519, et eut pour successeur François de Bourbon, son frère, comte de Saint-Pol. (*Ibid.*)

Le 28 décembre 1516, le roi transmit, par une déclaration, à JEANNE D'ORLÉANS, sa tante, comtesse de Taillebourg, le titre et les revenus du duché de Valois. Elle était fille de Jean, comte d'Angoulême, et femme de Charles de Béthisi, comte de Taillebourg. Sa jouissance de ce duché ne fut pas longue. « Je » trouve, dit M. l'abbé Carlier, un titre du mois de juillet 1517, » qui suppose que le roi avait repris le titre et le gouvernement » du duché de Valois. » (*Ibid.*, *p.* 546.)

L'an 1530, le roi, par lettres datées du 4 mars 1529 (V. S.), donna le duché de Valois à MARIE DE LUXEMBOURG, en échange des châtellenies de Lille et de Gravelines, et d'autres terres situées en Flandre, à faculté de rachat, et à condition que la justice ordinaire serait rendue au nom du roi, que les sceaux, le tabellionage et les greffes seraient tenus et exercés comme dans les domaines royaux, que les charges cependant seraient à la nomination de cette dame. Elle était veuve alors de François, comte de Vendôme, mort en 1495. Marie étant morte le premier avril 1546 (V. S.), le duché de Valois rentra dans la main du roi.

Le roi Charles IX, par lettres patentes du 14 mai 1562, fit don à la reine CATHERINE DE MÉDICIS, sa mère, à titre de douaire, du duché de Valois, du Bourbonnais, du comté de Meaux, et de quelques autres terres.

Le roi Henri III, à la demande de Catherine de Médicis, sa mère, transporta, par lettres données à Fontainebleau, le 18 juillet 1582, le duché de Valois avec les comtés de Senlis, de Clermont en Beauvaisis et d'Etampes, à MARGUERITE, reine de Navarre, sa sœur, en échange des comtés de Querci et de Gaure, et de quelques terres de l'Agénois, qu'elle avait reçues le 18 mars 1578.

Le roi Louis XIII, pour ramener GASTON, son frère, qui,

par mécontentement, s'étant retiré à Joinville, se disposait à passer chez l'étranger, ajouta, par lettres patentes du mois de janvier 1630, à son apanage le duché de Valois, pour être tenu en pairie par lui et par ses descendants mâles légitimes. Ce fut à sa demande que ce monarque, par son édit du mois de janvier 1638, créa un siége présidial et une chancellerie présidiale dans la ville de Crépi, capitale du Valois. Gaston fonda, l'an 1644, dans cette même ville, un couvent de capucins. Ce prince étant mort à Blois, le 2 février 1660, sans laisser de postérité masculine de ses deux mariages, ses apanages retournèrent à la couronne. Ils furent donnés, l'année suivante, par lettres patentes du 10 mars, à Philippe, frère unique du roi Louis XIV. Elles portent que les apanages en question seront possédés par le prince et ses hoirs mâles seulement; que le roi se réserve les foi et hommages-liges, droits de ressort et de souveraineté, la garde des églises cathédrales et autres fondations royales et privilégiées, comme aussi la connaissance des cas royaux, et de ceux dont les officiers royaux ont coutume de connaître par prévention. Le 2 du mois d'avril suivant, le roi, par une déclaration donnée à Paris, accorda à Philippe, son frère, le privilége de nommer à tous les bénéfices royaux de ses apanages, excepté les évêchés. La postérité de ce prince est demeurée en jouissance de ces apanages jusqu'à l'époque de la révolution.

CHRONOLOGIE HISTORIQUE

DES

SIRES, ou BARONS, DE COUCI.

Couci, en latin *Codiciacus*, *Cociacum*, *Coceium*, et *Cocceium*, est un nom commun à une ville et un village du Laounais, distants l'un de l'autre d'un quart de lieue, entre Soissons, Laon et Noyon. La ville, située sur une montagne, était autrefois défendue par un château, dont il reste une tour remarquable par sa hauteur qui est de cent soixante-douze pieds, et sa circonférence qui en a trois cent cinq. Elle était entourée, à quelque distance, d'une forte muraille beaucoup moins haute, qui avait dix-huit pieds d'épaisseur. On sent bien qu'avant l'invention de la poudre, il devait être impossible de forcer et la muraille et la tour, qui se protégeaient réciproquement. Le cardinal Mazarin fit sauter la muraille en 1652, et la tour a été fendue du haut en bas par le grand tremblement de terre du 18 septembre 1692. Mais elle ne subsiste pas moins comme un monument extraordinaire de l'industrie humaine et de la magnificence des anciens sires de Couci. Cette terre a toujours été regardée comme une des plus anciennes et des principales baronnies du royaume. « Item est vrai, dit un ancien monument,
» qu'entre les autres la baronie de Coucy, qui est composée de
» trois châtellenies, Coucy, la Fère et Marle, est une des plus
» anciennes et plus notables baronies du royaume; item que
» ladicte baronie de Coucy est tenue en foy et hommage du roy
» nostre sire et de sa couronne, et si noblement, que le sei-
» gneur et baron n'est tenu faire foy et hommage sinon à la
» personne du roy proprement ». (Du Chesne, *Histoire de la
M. de Guines*, p. 672.)

La seigneurie de Couci était originairement une de ces pairies du royaume qui, comme les grands duchés et comtés, ne devaient cette prérogative éminente qu'à leur mouvance immédiate du trône. Les sires de Couci n'ont porté généralement que le titre de baron, qui fut synonyme de pair jusque bien après saint Louis. Il s'établit ensuite entre la baronnie et la pairie, une distinction qui finit par priver peu à peu de la dignité de pair les Couci-Guines, issus des autres par femmes, et leurs successeurs dans la baronnie de Couci.

Le village de Couci, plus ancien que la ville, avait été donné par Clovis à l'église de Reims. Herbert II, comte de Vermandois, ayant obtenu du roi Raoul et du pape Jean X l'archevêché de Reims pour Hugues, son fils, âgé seulement de cinq ans, prit en main l'administration de tous les revenus de cette église, et demeura aussi possesseur de la terre de Couci. Après sa mort, elle tomba entre les mains de Bernard, seigneur de Senlis, son parent. Hugues le Grand, comte de Paris, et Thibaut *le Tricheur*, comte de Blois, la possédèrent depuis en commun, mais fort peu de tems; Artaud, compétiteur de Hugues, fils d'Herbert, pour le siége de Reims, les ayant contraints de la lui remettre en 949. Thibaut rentra, l'année suivante, dans la ville et le château de Couci, au moyen des intelligences qu'il avait pratiquées avec la garnison. Celui-ci transmit à Eudes, son fils, la sirerie de Couci avec le comté de Blois, à la charge d'un surcens (1) de soixante sous envers l'église de Reims, suivant le traité qu'il avait fait avec l'archevêque Odolric. Ce droit fut transporté depuis par ce prélat à l'abbaye de Saint-Remi, qui en a été servie jusque vers la fin du quinzième siècle, comme divers actes le justifient. Mais la terre

---

(1) Ce cens n'emportait aucune mouvance féodale ou autre envers l'abbaye de Saint-Rémi. Ce ne fut que l'équivalent d'une indemnité permanente accordée à l'église de Reims comme prix de la cession qu'elle faisait, et par conséquent semblable à ces anciennes redevances qu'on payait aux églises sous la seconde race, pour celles de leurs terres que nos rois donnaient à titre de précaires aux laïques pour les tenir immédiatement d'eux et de leur couronne, de même que les autres fiefs immédiats. Cela est prouvé particulièrement pour Couci, par une foule d'actes et de faits qui constatent son immédiateté effective dans tous les tems postérieurs à l'accord de 965, et surtout par une charte de 1116, rapportée dans l'histoire de la Maison de Guines par du Chesne (p. 324) sous l'an 1118 (il fallait mettre 1116.) On y voit que, quoique les prédécesseurs d'Enguerand, alors sire de Couci, eussent toujours payé le cens, ce Seigneur l'avait toujours refusé, mais qu'après de longs et ruineux débats il promettait de le payer. C'eût été le cas, sans doute, de parler aussi d'une mouvance quelconque de la terre de Couci, à raison du cens envers l'abbaye de Saint-Remi, si elle avait seulement fondé la moindre prétention à cet égard. Mais il n'y a pas un seul mot qui tende à le faire croire. Ainsi toutes les convenances comme toutes les preuves de fait, démontrent que la terre de Couci ne cessa point d'être immédiate par l'accord de 965, et qu'en cessant de faire partie d'une baronnie ecclésiastique, elle devint aussitôt une baronnie laïque, distincte, séparée, et parfaitement égale en dignités et en prérogatives à toutes les autres baronnies immédiates du royaume, quoique son étendue et sa puissance ne fussent pas comparables à celles des grands duchés et comtés.

de Couci ne passa pas aux descendants d'Eudes. Divers chevaliers, presque tous inconnus, s'en emparèrent, et en jouirent successivement jusqu'après le milieu du onzième siècle, qu'elle tomba dans une maison ancienne qui la conserva pendant deux siècles, et s'illustra par des actions éclatantes, les unes bonnes, les autres mauvaises, les unes vraies, les autres en partie fabuleuses.

ENGUERAND Ier.

ENGUERAND Ier, surnommé de la Fère, parce qu'il faisait apparemment son principal séjour en ce lieu, seigneur de Boves d'où sa maison tirait son nom, était, en 1085, comte d'Amiens, dont il devint possesseur après Gui et Yves, qui avaient succédé au B. H. Simon depuis sa retraite à l'abbaye de Saint-Claude. Il jouissait en 1086 de la sirerie de Couci, qu'il tenait de Dreux, son père, que les anciens monuments surnomment indifféremment *de Boves* et *de Couci*. Dreux était fils de Hugues, peut-être gendre d'Albéric, sire de Couci, et fondateur en 1076 de l'abbaye de Nogent, voisine de ce lieu. Celui-ci s'étant présenté, le 3 décembre de l'an 1059, avec Mathilde sa mère, Adèle sa femme, et quelques-uns des plus distingués de ses vassaux, *cum aliquot optimatibus suis*, à Helinand, évêque de Laon, obtint de lui l'affranchissement de l'église (paroissiale) de Nogent-sous-Couci, le prélat se réservant le droit de conférer *curam animarum*. (*Cart. de l'Abb. de Nogent*, fol. 19, r°.) Albéric, l'an 1071, fut un des seigneurs qui souscrivirent avec plusieurs prélats le diplôme du roi Philippe Ier, par lequel ce prince, à la prière de l'évêque Helinand, confirma à l'église de Laon la jouissance de ce que les rois ses prédécesseurs lui avaient accordé aux villages de Vaux et de Saint-Marcel, ainsi que les droits d'étalage sur le marché de Laon. (*Archiv. de l'Eglise de Laon.*) Albéric était apparemment né de Léon ou Lion, sire de Couci, à qui un ancien roman donne neuf pieds de hauteur, et qui fut tué par Renaud ou Réginaire, évêque de Liége, à la bataille donnée, le 15 novembre 1037, près de Bar-le-Duc, par Gothelon, duc de Lorraine Ier, contre Eudes II, comte de Champagne, qui disputait à l'empereur Conrad II le royaume de Bourgogne :

> Lion, qui de Couchy tenoit tout le terral,
> Qui fu de neuf pis gran, un bras eut trop mortal.
> Ces Loherains détranche tiestes, jambes et musweals.
> L'Evesque Reginaire noblement soy demaine,
> De sa mache assena Lion le Capitaine.

Revenons à Enguerand. Ade, sa femme, fille de Létard de Rouci, lui apporta en dot la terre de Marle et vraisemblablement aussi celle de la Fère; du moins est-il certain qu'elle lui appartenait du côté de sa femme. L'an 1095, il renouvela, en faveur de l'abbaye de Nogent-sous-Couci, les donations faites par Albéric, et y en ajouta de nouvelles, sans avoir recours à d'autre suzerain qu'au roi pour faire autoriser ce jeu de fief. Il en obtint, comme Albéric, la confirmation par un diplôme de Philippe Ier, (Du Plessis, *Histoire de Couci*, pr. p. 131.) Ade, par sa conduite licencieuse, donna de violents soupçons de sa fidélité à son époux. Ils allèrent si loin, qu'Enguerand refusa de reconnaître pour son fils Thomas qu'elle mit au monde, et pensa à le déshériter. Ade étant morte, Enguerand prit une seconde alliance avec Sibylle, fille de Roger, comte de Château-Porcien, et femme de Godefroi, comte de Namur, qui était encore vivant. Sibylle était pour lors au château de Tour en Porcien, où elle s'était retirée, tandis que Godefroi était à la guerre. Ennuyée de la longue absence de son mari, elle consentit à l'offre qu'Enguerand lui fit de lui en tenir lieu, et passa dans les bras de ce seigneur, qui la retint pour épouse, et s'empara du comté de Château-Porcien, dont son père l'avait fait héritière au préjudice de ses enfants du premier lit. Ceci arriva sur la fin du onzième siècle. Le comte de Namur, à son retour, ayant vainement réclamé sa femme, déclara la guerre au sire de Couci. Elle se fit avec fureur de part et d'autre, jusque là, dit Guibert de Nogent, auteur contemporain, que, des deux côtés, quiconque avait le malheur d'être pris était ou pendu, ou privé de la vue, ou mutilé par les pieds. Mais Enguerand se défendit avec tant de valeur, que son rival fut obligé d'abandonner la partie et de laisser sa femme entre les bras du ravisseur. Le sire de Couci n'avait plus à craindre que les foudres de l'église. Pour les parer, il engagea l'évêque de Laon, son cousin, nommé comme lui, à l'absoudre de son crime et à réhabiliter son mariage.

L'an 1113, Enguerand s'oppose à la charte de commune que le roi Louis le Gros avait accordée aux habitants d'Amiens du consentement de Godefroi, leur évêque. On en vint aux armes. Les bourgeois, appuyés de Thomas, fils d'Enguerand, brouillé alors avec son père, furent d'abord vainqueurs; mais le père et le fils s'étant réconciliés, unirent leurs forces contre les Amiénois, qu'ils maltraitèrent cruellement. Le roi Louis le Gros étant venu au secours de la ville d'Amiens au commencement de l'an 1115, tenta inutilement l'assaut de la citadelle, qui tenait pour Enguerand; il convertit alors le siège en blocus, après quoi il partit, appelé ailleurs par des affaires plus pressantes. Enguerand mourut, dans un âge avancé, vers le milieu ou la fin de l'année suivante, laissant d'Ade, sa première femme, Thomas, qui suit ; et de Sibylle, la seconde, une fille qui épousa un nommé Gui, à qui Sibylle, dont il était l'amant, fit accorder par son époux la garde de la terre de Couci. Tout ce que nous venons de rapporter est presque entièrement tiré de Guibert de Nogent, qui n'épargne à Enguerand aucune des épithètes odieuses. Suger au contraire le qualifie d'homme vénérable et rempli d'honneur, *vir venerabilis et honorificus egregiè.*

THOMAS DE MARLE.

1116. THOMAS, fils d'Enguerand et son successeur en la baronnie de Couci, jouissait, depuis la mort d'Ade, sa mère, de la seigneurie de Marle, dont le surnom lui resta. Il était fameux dès lors par un grand nombre d'actions, pour la plupart atroces et plus dignes d'un brigand que d'un véritable chevalier. Ses premières armes, qu'il fit à la Terre-Sainte, où il se rendit à la suite de Hugues le Grand, frère du roi Philippe Ier, furent celles qui lui firent le plus d'honneur. Il était de retour de cette expédition l'an 1100 ou 1101 au plus tard. Ce fut vers ce tems qu'il perdit IDE, sa femme, fille de Baudouin II, comte de Hainaut, de laquelle il était, suivant Ruteau, le deuxième mari. (Elle avait épousé, dit-il, en premières noces Gui, seigneur de Chièvres.) Maître du château de Montaigu dans le Laonnois, par un second mariage qu'il contracta bientôt après avec la fille du comte Roger, Thomas s'en fit une place d'armes, d'où il faisait main-basse impunément sur le menu peuple et sur toute la noblesse du voisinage. Ses violences déterminèrent plusieurs chevaliers à former contre lui une ligue, à la tête de laquelle se mit Enguerand, son père, qui le haïssait mortellement, à cause de ses déportemens, et parce qu'il ne le regardait pas, ainsi qu'on l'a dit, comme son fils. L'an 1104 ou environ, ils vinrent l'assiéger dans le château de Montaigu. Thomas, ne se trouvant pas assez fort pour tenir tête à tant de braves gens, sort la nuit de la place, et vient implorer le secours de Louis le Gros, roi désigné des Français, qui gouvernait déjà par lui-même. Louis, à l'instigation de ses courtisans, que Thomas avait gagnés par ses présens, se prête à ses désirs, et lui amène sept cents hommes de cheval. A la vue de l'héritier de la couronne, les assiégeants sont déconcertés ; et après lui avoir fait d'inutiles remontrances sur le droit de représailles qu'ils exerçaient, ils prennent le parti de la soumission, et lèvent le siége. Thomas peu de tems après fut privé de la possession du château de Montaigu par la nécessité où la raison de parenté le mit de se séparer de celle qui le lui avait apporté en dot ; mais il fut dédommagé de cette perte par une troisième alliance qu'il contracta avec Melisende, fille et héritière de Gui, seigneur de Créci et de Nogent. Il continua ses brigandages dans ces deux places.

L'an 1112, les assassins de Gaudri, évêque de Laon, se voyant poursuivis par le roi Louis le Gros, eurent recours à Thomas, qui leur ouvrit un asile dans ses châteaux. L'année suivante, il porta du secours, comme on l'a dit, aux habitants d'Amiens révoltés contre son père ; et s'étant ensuite réconcilié avec lui, il tourna ses armes contre eux. Le mal qu'il leur fit répondit à la férocité de son caractère. Mais, ayant été blessé dangereusement au mois de novembre 1114, dans une surprise, par Guermond, vidame de l'évêque d'Amiens, il fut obligé d'abandonner la partie et d'aller se faire panser au château de Marle. Cet accident ne fut pas le seul qu'il essuya; les évêques de la métropole de Reims et de deux autres provinces, assemblés le 6 décembre de la même année à Beauvais, le frappèrent d'anathème, et le déclarèrent en même tems dégradé de l'ordre de la chevalerie et privé de tous ses honneurs, comme infâme, scélérat, et ennemi du nom chrétien. Ils firent plus, ils engagèrent le roi Louis le Gros à venir à l'appui de leurs censures. Le roi, dans le carême suivant, prit Nogent et Créci, qu'il fit raser.

Thomas, devenu, l'an 1116, sire de Couci et de Boves, et comte d'Amiens par la mort de son père, se crut en état de braver son souverain; mais il se trompa. Louis le Gros, dont les troupes tenaient bloquée depuis deux ans la citadelle d'Amiens, étant venu l'attaquer en personne sur la fin de cette année ou au commencement de la suivante, l'emporta d'assaut, la fit démolir, et rendit à la maison de Vermandois, dans la personne d'Adélaïde, veuve de Hugues le Grand, son oncle, le comté d'Amiens, auquel celle de Couci avait néanmoins aussi des droits par une suite de la succession du B. H. Simon. Thomas, atterré par ce coup de vigueur, et craignant de se voir entièrement dépouillé, vint se jeter aux pieds du monarque, acheta son pardon par de grandes sommes, et promit de réparer les torts qu'il avait faits aux ecclésiastiques. Mais la suite de sa vie fit voir que ces soumissions n'étaient que l'effet de la nécessité. Le comté d'Amiens étant tombé par mariage à Charles de Danemarck, il lui déclara la guerre pour le recouvrer, et se joignit à Guillaume d'Ypres, compétiteur de Charles, pour lui faire manquer le comté de Flandre, que la protection du roi lui fit obtenir la même année. Repoussé et battu par Charles, il cessa à la fin de l'inquiéter. Mais, après la mort de ce prince, Guillaume Cliton lui ayant succédé, il prit le parti des concurrents de ce dernier, uniquement parce que sa promotion était l'ouvrage du roi. L'an 1128, s'étant brouillé (l'on ne sait pour quel sujet) avec Henri, comte de Chaumont en Vexin et frère de Raoul *le Vaillant*, comte de Vermandois, il mit fin à la querelle en le faisant assassiner. Ce forfait fut de près suivi d'un autre. Des marchands avaient obtenu un sauf-conduit, signé de lui, pour passer librement sur ses terres; mais, par la plus noire perfidie, il les fit arrêter à leur passage, les dépouilla de leurs effets et les mit en prison. Le roi Louis le Gros, apprenant cette atrocité, monte à cheval, accompagné du comte de Vermandois, et suivi d'une armée qu'il mène droit au château de Couci. Thomas, en se tenant renfermé dans la place, qui passait pour imprenable, eût pu vraisemblablement triompher des efforts du prince; mais la Providence permit qu'il fît une sortie, dans laquelle il fut blessé mortellement par le comte Raoul, qui satisfit par là son ressentiment personnel en vengeant la mort de son frère. Thomas fut présenté au roi, qui ordonna de le transporter à Laon, où il mourut sans avoir donné presque aucune marque de repentir, et sans même avoir voulu rendre les marchands qu'il tenait en prison. (Suger.) Guillaume de Nangis met sa mort en 1128. Mais Robert du Mont et la chronique de Saint-Médard de Soissons la reculent de deux années et la placent en 1130. C'est le sentiment que du Chesne, messieurs de Sainte-Marthe et nos meilleurs historiens ont suivi. Thomas laissa de sa première épouse une fille, nommée Ide comme elle, et Basilie, suivant Albéric, femme d'Alard, seigneur de Chimai, que du Chesne, trompé par l'identité de nom, donne pour époux à la mère au lieu de la fille. De sa troisième femme (morte l'an 1147 au plus tôt) Thomas eut deux fils: Enguerand, qui suit, et Robert, seigneur de Boves, que son mariage avec Béatrix, fille de Hugues II, comte de Saint-Pol, fit comte d'Amiens, mort au siége d'Acre en 1191; et une fille, mariée à Hugues, seigneur de Gournai en Normandie, après avoir été promise à Adelesme, fils d'Adam, châtelain d'Amiens.

ENGUERAND II.

1130. ENGUERAND II, fils aîné de Thomas, lui succéda dans les seigneuries de Couci, de la Fère, de Marle, de Créci, de Vervins, de Fontaines et d'autres lieux, conservant de plus la directe sur la terre de Boves, échue en partage à Robert, son frère puîné. (Cette terre relève encore aujourd'hui de celle de Couci.) La première chose qu'il fit lorsqu'il se vit possesseur de ces domaines, fut de restituer aux églises les biens dont son père les avait dépouillées. On a des actes de ces restitutions, datés de l'an 1131. Il en fit plusieurs autres dans la suite. Cependant le roi et le comte de Vermandois, qui avaient poursuivi le père à mort, continuèrent la guerre contre le fils. L'an 1152, ils assiégèrent la Fère depuis le 7 mai jusqu'au 9 juillet. Mais, n'ayant pu forcer la place, ils songèrent à la paix; et le sceau de cette paix fut le mariage d'Enguerand avec AGNÈS, ou ADE, fille de Raoul de Baugenci et de Mahaut, cousine germaine du roi et sœur du comte de Vermandois. Enguerand partit, l'an 1147, à la suite du roi Louis le Jeune pour la Terre-Sainte. On croit qu'il mourut dans cette expédition; du moins aucun monument ne prouve qu'il en soit revenu. Il laissa de son mariage deux fils : Raoul, qui suit; et Enguerand, mort au plus tard en 1174.

RAOUL Ier, DIT DE MARLE.

1148 ou environ. RAOUL, fils aîné d'Enguerand II et son successeur dans la sirerie de Couci, comme dans la plupart de ses autres terres, fut surnommé DE MARLE, à cause du séjour ordinaire qu'il faisait en cette ville. L'an 1154, Robert de Boves, son oncle paternel, non moins avare et presque aussi cruel que Thomas de Marle, s'empara de ses châteaux et de ceux qui appartenaient au jeune Enguerand, son frère. Cette usurpation ne paraît pas néanmoins avoir eu de suite. (*Tabul. Fusniac.*) Raoul accompagna, l'an 1183, le roi Pilippe Auguste dans la guerre qu'il fit au comte de Flandre, et dont lui-même était en partie l'auteur par ses conseils.

En 1185, Roger, évêque de Laon, de qui relevait en partie la seigneurie de la Fère, en céda la directe au roi Pilippe Auguste; et le sire de Couci, par ce moyen, qui le mettait dans la mouvance immédiate du roi, tint cette terre en baronnie ou pairie du royaume. On voit aussi par une pièce de l'an 1187, rapportée dans l'histoire de la maison de Guines (p. 550), que pendant la guerre du roi contre le comte de Flandre, ce prélat avait forcé Raoul de lui faire hommage pour Marle et Vervins, mais que Philippe Auguste ne voulut faire la paix qu'à condition que cet hommage serait rendu à sa couronne comme auparavant; ce qui prouve que cette terre était originairement immédiate comme celle de Couci.

Raoul, après avoir fait son testament, s'embarqua, l'an 1190, avec le monarque pour la Terre-Sainte. Etant sur le point de partir, il s'était accommodé provisionnellement, au mois de juin de la même année, avec l'église de Laon touchant les droits de main-morte qu'elle prétendait à Couci, à Marle et à la Fère, et sur d'autres droits qui étaient en litige entre eux. (*Tabular. Eccles. Laudun.*, fol. 278, r°) Il mourut l'année suivante au siége d'Acre. (*Albéric.*) L'abbé Velli raconte qu'un chevalier, chargé par le testament de Raoul de porter son cœur en France à la dame de Fayel, rencontra sur le pont du château le mari de la dame, qui, l'ayant fait fouiller, lui trouva le fatal présent. « Le » malheureux époux, ajoute-t-il, transporté de rage, imagina » de faire mettre le cœur en ragoût pour être servi sur la table » de sa femme ; elle en mangea beaucoup. Alors le cruel époux » lui découvrit le secret. La dame, saisie d'horreur, jura qu'a- » près une nourriture si chère, si précieuse, elle n'en prendrait » jamais d'autre, et mourut peu de jours après. » Cette aventure, en la supposant vraie, regarde Renaud Ier, châtelain de Couci, et non point Raoul, auquel on ne l'a sans doute attribuée que parce qu'étant plus fameux par sa naissance et par ses actions, il rendait le fait encore plus intéressant. Les châtelains de Couci étaient, comme tous les autres châtelains, de grands officiers du baron, chargés de la garde du château, où ils exerçaient aussi une sorte de juridiction. Ils ont formé deux branches princi- pales, savoir, celle des châtelains de Couci dont était Renaud, et celle des seigneurs de Torote, châtelains de Noyon ; sur quoi voyez le *Mémoire de M. de Belloi*, et une *Histoire des châtelains de Couci*, imprimée in-4° vers 1780. Le roman des amours du châtelain de Couci et de la dame de Fayel existe parmi les manuscrits français de la bibliothèque du roi, n° 195, où la plupart des chansons de cet amant sont rapportées.

Raoul avait épousé, 1° AGNÈS, dite *la Boiteuse*, seconde fille de Baudouin IV, comte de Hainaut, morte en 1173. Elle fut enterrée à l'abbaye de Nogent-sous-Couci, à laquelle, dans son testament, elle avait fait un legs de cent sous, ce qui occa- siona un procès entre cette abbaye et celle de Saint-Vincent de Laon. Cette dernière prétendait que mal-à-propos les religieux de Nogent avaient accordé la sépulture à la dame de Couci, attendu qu'elle était leur vassale (à cause de Créci); à quoi ceux- ci opposaient qu'elle était leur paroissienne. Après de longs débats, Roger, évêque de Laon, s'étant associé les évêques de Soissons et Senlis, rendit, l'an 1177, son jugement arbitral, par lequel il adjugea la moitié du legs à l'abbaye de Saint-Vin- cent. (Il eût mieux fait d'adjuger le tout aux pauvres.) Nous avons sous les yeux cette pièce en original. Raoul épousa en secondes noces ALIX, fille de Robert Ier, comte de Dreux, vi- vante encore en 1217. Du premier lit, sortirent trois filles : Yolande, mariée, en 1184, à Robert II, comte de Dreux ; Isabelle, appelée Mélisende par du Chesne, femme ; 1° de Raoul, comte de Rouci ; 2° de Henri IV, comte de Grand-Pré ; et Ade, mariée à Thierri, seigneur de Beures en Flandre. Les enfants du second lit sont Enguerand, qui suit ; Thomas, qui eut en partage les seigneuries de Vervins, de Fontaines et de Landousies, et dont la branche subsiste encore dans messieurs de Couci-Polecourt. Raoul, qui embrassa l'état ecclésiastique, fut le troisième fils du sire de Couci. Robert, le quatrième, eut la seigneurie de Pinon, et épousa Élisabeth, vicomtesse de Mareuil-sur-Marne. (*Archiv. de S. Remi de Reims.*) Il était maréchal de France en 1226 (*Mèm. sur les Pairs, par Lancelot, Paris*, 1720, pp. 33—34), et fut aussi chef d'une branche qui est éteinte. Agnès, fille de Raoul, épousa Gilles, châtelain de Bapaume, à qui elle apporta seize cents livres de revenu, à prendre sur les terres de Marle et de Créci.

ENGUERAND III, dit LE GRAND.

1191. ENGUERAND III, fils aîné de Raoul et d'Alix de France, succéda à son père dans presque toutes ses terres en vertu du testament qu'il avait fait avant son départ pour la Terre-Sainte. Il eut de plus dans sa mouvance les parts de ses frères puînés, quoiqu'ils les tinssent en baronnie ou pairie du royaume ; et cela suivant un usage qui subsistait encore du tems de saint Louis, dont les établissements portaient que *baronie ne départ mie entre frères, si le père ne a fait partie*, ajoutant plus bas que *nul ne tient de baronie se il ne part de baronie par partie de frérage ou s'il n'a le don du roi.* (*Ord. du L. Tome I*, pp. 126—284.) Enguerand mérita le surnom de GRAND, qui lui fut donné, soit pour ses grandes alliances, soit pour le grand rôle qu'il joua sur le théâtre du monde, soit enfin pour les grandes qualités qui brillaient en lui, quoiqu'obscurcies quelquefois par de grands défauts. Il fut de toutes les guerres qui se firent de son tems en France, en Flandre et en Angleterre. Ce fut lui qui fit bâtir à Couci le château et la tour, dont on a parlé au commencement de cet article. Il agrandit, embellit et fortifia la ville ; il releva les châteaux de Marle et de la Fère, augmenta le parc et la maison de Folembrai, fit construire un hôtel à Paris, près de Saint-Jean-en-Grève, et laissa d'autres marques de son goût et de sa magnificence. La baronnie de Couci, quoique formant un pays distinct du Vermandois, se gouvernait en grande partie suivant les coutumes de ce comté dont elle est limitrophe. Enguerand fit quelques changements à ces usages, ou revêtit de son autorité ceux qui s'étaient introduits sous ses prédécesseurs. C'est ce qu'on nomme aujourd'hui la *Coutume de Couci.*

L'an 1200 ou environ, mécontent de l'archevêque de Reims et de son chapitre (on ignore pour quel sujet), Enguerand se ligua avec le comte de Réthel et le seigneur de Rosoi, et tous trois firent ensemble des courses très-funestes sur les terres de cette église. Les chanoines eurent en vain recours à la protection du roi Philippe Auguste. *Je ne puis faire autre chose pour vous*, leur répondit-il, *que de prier le seigneur de Couci de ne point vous inquiéter :* réponse qui faisait allusion à celle que les chanoines avaient faite quelque tems auparavant à ce prince, en lui disant, lorsqu'il leur demanda du secours contre les Anglais, *qu'ils ne pouvaient faire autre chose que de prier Dieu pour la prospérité de ses armes.*

L'an 1203, Enguerand, de même que plusieurs autres barons et dames, adressa au roi Philippe Auguste une lettre par laquelle il l'invitait à ne faire ni paix ni trêve avec le roi d'Angleterre, par contrainte du pape ou des cardinaux. Il lui promettait secours en cas de violence, et de ne point s'accorder sans lui avec le pape. (*Inv. des Chart. Cab. des Ord.*, T. X.)

Enguerand se croisa, l'an 1209, contre les Albigeois, et l'année suivante, il alla renforcer avec ses troupes l'armée du comte de Montfort. Certains mots confus d'une ancienne chronique donnent lieu de penser que les rivaux de sa gloire et de sa puissance lui dressèrent dans cette expédition des embûches dont il ne fut préservé que par une singulière protection du ciel.

L'an 1214, Enguerand fut un des seigneurs français qui contribuèrent le plus, par leur valeur et leur habileté, au gain de la bataille de Bouvines. De retour en ses terres, il prit querelle avec l'église de Laon, et poussa les choses au point qu'il réduisit les chanoines à la dernière misère, et fit jeter le doyen dans un cachot. Toutes les églises de la province de Reims s'intéressèrent pour les persécutés, et ne purent néanmoins venir à bout de fléchir le persécuteur. Il partit, l'an 1216, pour l'Angleterre avec Louis, prince héréditaire de France, que les barons anglais avaient appelé pour remplacer le roi Jean-Sans-Terre, qu'ils avaient déposé. Pendant son absence, le pape Honorius, doublement irrité contre lui, et pour le traitement qu'il avait fait à l'église de Laon, et pour avoir conseillé au prince Louis l'expédition d'Angleterre, ce pape, dis-je, par ces deux motifs, frappa d'excommunication le sire de Couci. Enguerand demeura sous l'anathème jusqu'en 1219, qu'il fut absout des censures, après s'être engagé à ne plus toucher aux terres de l'église de Laon.

Au mois de janvier 1225 (V. S.), Enguerand et ses deux frères, Thomas et Robert, furent du nombre des grands du royaume qui conseillèrent au roi Louis VIII de faire la guerre aux Albigeois. (*Inv. des Chartes*, T. VIII, *Cab. des Ordres.*) Il y suivit ce prince; et se trouvant, au mois de novembre 1226, près de sa personne, dans sa dernière maladie, à Montpensier, il lui prêta, avec d'autres pairs, le serment de reconnaître après sa mort son fils aîné pour roi. Le sire de Couci fut ensuite convoqué avec les pairs pour le sacre du jeune monarque. (Lancelot, pp. 33—34.) On sait d'ailleurs qu'Enguerand fut un des premiers à offrir son bras à la reine Blanche, mère de saint Louis et régente du royaume. Mais, l'an 1228, il eut le malheur de se laisser entraîner dans la ligue des seigneurs mécontents de la régente. Il n'est pas vrai néanmoins, comme plusieurs modernes l'avancent, que son dessein fût de supplanter saint Louis, ni que les conjurés eussent fait une pareille proposition. On ne voit en effet aucun monument, aucun historien du tems, qui ait constaté ou affirmé le projet de cette étrange révolution. Le fait est d'ailleurs raconté d'une manière encore moins vraisemblable que le fait même. (Voyez le *Mémoire cité de M. de Belloi.*) La régente ayant en moins de deux ans dissipé la conjuration formée contre elle, le sire de Couci rentra, comme ses complices, et peut-être plus tôt qu'eux, dans le devoir. Vers ce tems, saint Louis, tenant sa cour à Meaux, fit, au mois de décembre 1230, un réglement sur les Juifs. Enguerand le ratifia, de même que les autres pairs, dans la forme d'usage alors, que voici : *Ego Engeran. de Cociaco eadem volui, consului et juravi.* (Lancelot, pag. 39.) Le retour du sire de Couci fut sincère ; et le roi, comptant sur sa fidélité, le manda, l'an 1236, à Saint-Germain-en-Laye, pour le servir de sa personne et de ses troupes contre le comte de Champagne. Il fut appelé de même, l'an 1242, à Chinon pour y délibérer dans une cour plénière sur les moyens de réduire le comte de la Marche, qui s'était ligué avec le roi d'Angleterre. Etant de retour dans ses terres, il mourut cette même année ou la suivante par un accident bien singulier. En passant à gué une petite rivière près de Gersi, à une lieue de Vervins, son cheval le jeta à la renverse ; la violence du mouvement ayant fait sortir son épée du fourreau, Enguerand tomba sur la pointe qui lui passa au travers du corps. Il alla expirer à Gersi, d'où il fut transporté à l'abbaye de Foigni pour y être inhumé. Nous avons de lui deux chartes qu'il est à propos de rapporter ici. La première est un accord fait au mois d'août 1225 avec Thomas de Vervins, son frère, touchant les différents qu'ils avaient au sujet du village de Landousies. (*Cart. de S. Médard de Soissons*, fol. 64.) Par la seconde, datée du mois de septembre 1227, Enguerand reconnaît n'avoir d'autres droits sur la vicomté de Morsain, que vingt-cinq sous de rente, et la punition des voleurs après qu'ils auront été condamnés par la justice de Saint-Médard. (*Ibid.* fol. 104.) Il avait épousé, 1°, vers l'an 1202, Eustachie, sœur et héritière de Raoul et de Jean Ier, comtes de Rouci, dont le premier s'était allié à Isabeau, sœur d'Enguerand. Eustachie et

Enguerand s'étant séparés peu de tems après, celui-ci épousa en secondes noces MATHILDE, ou MAHAUT, fille de Henri le Lion, duc de Saxe, sœur de l'empereur Otton IV, petite-fille de Henri II, roi d'Angleterre, et veuve de Geofroi III, comte du Perche. Cette alliance, bien plus illustre que la précédente, ne contribua pas peu à relever l'éclat de sa maison. Il prit aussitôt le titre de *comte du Perche*, quoiqu'il ne prétendit rien à ce comté. Mais c'était alors un usage assez commun parmi les seigneurs de prendre les titres des terres dont ils avaient épousé les douairières. C'est ainsi que Robert de Dreux, frère du roi Louis le Jeune, prit le même titre, parce qu'il avait épousé la veuve de Rotrou II. Mathilde étant morte sans postérité l'an 1210, Enguerand prit en troisièmes noces MARIE, fille de Jean, seigneur de Montmirel en Brie, lequel, s'étant fait moine à Long-Pont, y mourut, l'an 1217, en odeur de sainteté. Marie apporta pour sa dot la terre de Condé en Brie, et recueillit ensuite toute la succession de sa maison, c'est-à-dire, les seigneuries de Montmirel, d'Oisi dans le Cambresis, de Crevecœur, de la Ferté-Ancoul (aujourd'hui la Ferté-sous-Jouarre), de la Ferté-Gaucher, et d'autres belles terres avec la vicomté de Meaux et la châtellenie de Cambrai. Enguerand laissa de cette femme trois fils et deux filles. Les fils sont Raoul et Enguerand, qui lui succédèrent l'un après l'autre; Jean, seigneur de Chimai, qui suivit le roi saint Louis avec son père, en 1242, contre le comte de la Marche, et qui, deux ans après, mena quelques troupes au roi d'Ecosse, son beau-frère, contre le roi d'Angleterre : faible secours qui fut bientôt dissipé. Marie, l'aînée des filles d'Enguerand, épousa, 1°, l'an 1239, Alexandre II, roi d'Ecosse; 2° Jean de Brienne, dit d'Acre, grand-boutillier de France, puîné de Jean de Brienne, roi de Jérusalem. Alix, cadette de Marie, devint femme d'Arnoul III, comte de Guines, dont les enfants unirent, comme on le verra, la succession de Couci à celle de Guines. Marie de Montmirel, mère de ces enfants, vivait encore en 1271, et fut enterrée à Long-Pont auprès de son père. La vraie devise d'Enguerand III, que les modernes ont altérée, était :

> Je ne suis Roi ne Duc, Prince ne Comte aussi;
> Je suis le Sire de Couci.

Devise, dit M. de Belloi, fière et modeste, qui annonce une grandeur sans faste et peu jalouse des titres. Cependant Gauthier, dans la vie de Charles le Bon, comte de Flandre, qualifie Thomas de Marle, comte de Couci.

RAOUL II.

1242 ou 1243. Raoul II, fils aîné d'Enguerand III et son successeur dans la sirerie de Couci et dans la plupart de ses autres terres, ne tient sa place dans l'histoire, dit dom Duplessis, que par la seule action qui termina glorieusement sa vie. Ayant accompagné le roi saint Louis dans son premier voyage d'outremer, il fut tué le 9 de février 1250, à la Massoure, après avoir fait des prodiges de valeur pour soutenir et sauver Robert, comte d'Artois, que sa bravoure avait emporté trop loin. Il avait épousé Philippète, troisième fille de Simon de Dammartin, comte de Ponthieu, et veuve de Raoul d'Issoudun, comte d'Eu, de laquelle il ne laissa point d'enfants. Philippète se remaria en troisièmes noces à Otton III, comte de Gueldre, et mourut en 1268.

ENGUERAND IV.

1250. Enguerand IV succéda dans la terre de Couci et les autres domaines de sa maison à Raoul, son frère. L'an 1256, il se signala par un trait digne de Thomas de Marle. Trois jeunes gentilshommes flamands, apprenaient le français à l'abbaye de Saint-Nicolas-aux-Bois, dans le diocèse de Laon; ayant été trouvés dans sa forêt de Couci avec arcs et flèches, mais *sanz chiens et sanz autres engins par quoi ils peussent prendre bestes sauvages*, il les fit arrêter et pendre sans aucune forme de procès. L'abbé de Saint-Nicolas, et quelques femmes parentes de ces jeunes gens, portèrent leurs plaintes au roi saint Louis, de cette exécution. Sur quoi *li benoiez rois fist apeler ledit Enjorran* (Enguerand), *seigneur de Couci, devant lui, puis qu'il ot fête enqueste soufisant, et si comme l'en la devoit fère quant à tel fêt; et lor il le fist arester par ses chevaliers et par ses serganz, et mener au Louvre et metre en prison, et estre illecques tenu en une chambre sans ferz. Et comme li dit Enjorran... fust ainsi retenu, un jour li benoiez rois fist ledit seigneur de Couci amener devant lui, avecques lequel vindrent li rois de Navarre, li dus de Bourgoigne, li cuens de Bar, li cuens de Sessons... et aussi comme touz les autres barons du royaume. A la parfin il fut proposé de la partie dudit monseigneur de Couci devant le benoiez roy, que il se vouloit conseillier, et lors il se trest à part, et touz ces nobles hommes devant diz avecques lui... et quant il orent esté longuement à conseil, il revindrent devant li beneoit roy; et proposa devant lui monseigneur Jehan de Thorote pour ledit monseigneur Enjorran... que il ne devoit pas ni vouloit soumetre soi à enqueste en tel cas, comme telle en-*

queste touchast sa personne, s'enneur et son héritage, et que il estoit prest de défendre soi par bataille ; et noia (nia) plainement que il n'avoit mie pendu ni commandé à pendre les Jouvenciax desus diz. Et lidiz et les dites femmes étoient illecques.. qui requeroient justice. Et comme li benoiez rois ot entendu diligaument le conseil dudit monseigneur Enjorran... il respondi que ès fez des poures, des églises, ne des personnes dont on doit avoir pitié, l'en ne devoit pas einsi aler avant par loy de bataille... Et tout fust-il einsi que plusieurs proiassent le benoiez roy pour ledit monseigneur de Couci : non pourqueant oncques pour ce li sainz roys ne volt leurs prières oir... Et à la parfin par le conseil de ces conseilliers condempna ledit monseigneur de Couci en douze mille livres parisis (1), laquelle somme d'argent il envoya en Acre pour despendre en l'aide de la Terre-Sainte(2). Et pour ce ne laissa il pas que il le ne condempnast à ce que il perdist le bois elquel les diz jouvenciax avoient esté penduz. Avecques ce il le condempna que il feist fère trois chapellenies perpetueles et les douast, pour les ames des penduz. Et li osta encore toute haute justice de bois et de viviers. (*Vie de saint Louis*, édition du Louvre, pp. 379-380.) Telle est en précis la relation que le confesseur de la reine Marguerite fait de cet événement. Il en est peu de plus intéressants, puisque ce fut l'un des premiers coups portés à l'usage atroce du combat judiciaire. Saint Louis, maître de la personne d'Enguerand, mais contrarié par l'opposition des pairs qui ne voulurent point juger sur l'enquête, y déploya une fermeté qui, jointe à l'importance de la cause, rendit cette action très frappante dans la vie de ce prince; en conséquence elle fut l'un des objets de la procédure faite en 1282 et 1283 pour sa canonisation. Or, ce sont les actes de cette procédure que le confesseur dit (p. 292) lui avoir été remis; qu'il a transcrits et publiés à la prière de madame Blanche, fille du saint roi. Il est donc préférable à Guillaume de Nangis, qui, dans ses annales du règne de saint Louis (p. 254), dit qu'Enguerand, dans le procès dont il s'agit, ayant demandé *à estre jugiés par les pers de France, selonc la coustume de baronie, il fu prouvé*...

---

(1) La livre numéraire, du tems de saint Louis, reviendrait aujourd'hui à 17 liv. 13 s. 3 d. $\frac{132}{174}$; car le marc d'argent mounayé valait 58 s., et était à 11 deniers 12 grains d'aloi : ainsi 12 mille livres parisis, ou 15 mille livres tournois, sont égales à 264,987 liv. 8 s. 6 d.

(2) Nangis dit au contraire que cette amende, qu'il n'évalue qu'à dix mille livres, fut employée à faire *la Maison-Dieu de Pontoise, les escoles et le dortouer aux Freres prescheurs de Paris, et tout le monstier entierement aux Freres Mineurs*.

par le registre de la court de France, que li sire de Coucy ne tenoit pas sa terre en baronie ; car la terre de Bove, ajoute-t-il, et la terre de Gournay, qui emportoient la seignourie et la dignité de baronie, furent desseurés (démembrés) des parties de la terre de Coucy par partie (partage) de fraternité ; et pour ce fu dit au signieur de Coucy que il ne tenoit pas en baronie sa terre. Ainsi comme ces chouses estoient en tele manière alléguiées devant le roy Loys, il fit prendre et saisir le segnieur de Coucy, non par ses barons ne par ses chevaliers, mais par ses serjans d'armes, et le fit mestre en prison en la tour dou Louvre. Le partage dont parle ici Nangis est celui que firent, vers l'an 1130, Enguerand II, sire de Couci, Robert, auteur de la branche de Boves, son frère puîné, et leur sœur, des biens de la succession de Thomas de Marle, leur père. Or il est faux que la baronnie de Boves, qui était elle-même avant ce partage une pairie séparée, eût jamais fait partie de la terre de Couci, non plus que Marle, autre baronnie venue par alliance dans cette maison. Il est également faux que la terre de Boves ait emporté la seigneurie sur celle de Couci, dont elle relève encore aujourd'hui en vertu du même partage, qui, loin de rien ôter à la baronnie de Couci, y ajouta cette mouvance de plus. A ces preuves incontestables et à celles que nous avons déjà données sur ce droit de pairie, nous en joignons une dernière qui prouve que le procès de 1256 ne changea rien à cet égard. C'est une déclaration du roi Philippe le Bel, confirmative de celle qu'il avait rendue en 1291, sur le droit d'amortir, dans laquelle est une liste des pairs désignés tels, auxquels ce droit appartient, et le sire de Couci y est compris. (Brussel, p. 668.)

Enguerand, quelque tems après le jugement de cette affaire, en eut encore une autre du même genre avec la même abbaye de Saint-Nicolas-aux-Bois. Deux domestiques de ce monastère, qui avaient le plus crié contre lui dans celle des trois gentilshommes, furent assassinés par ses gens. L'Abbé s'en prit à lui et voulut avoir justice de ce nouvel attentat. Pour se tirer de ce mauvais pas, il céda un canton de bois, l'an 1261, aux religieux, et l'affaire fut assoupie. (Duplessis, *Hist. de Couci*, p. 71.) L'an 1263 ou environ, il fut dédommagé de ces pertes par la riche succession que Marie de Montmirel, sa mère, lui laissa en mourant. Il en vendit une partie, en 1272, à Gui de Dampierre, comte de Flandre, savoir, Crevecœur, Arlieux, et la châtellenie de Cambrai, qui passèrent depuis au roi par acquisition. Enguerand était alors marié avec Marguerite, fille d'Otton III, comte de Gueldre. L'ayant perdue sans en avoir eu d'enfants, il se remaria, l'an 1288, avec Jeanne, fille aînée de Robert de Béthune, comte de Flandre ; et cette alliance ayant été stérile, ses neveux furent reconnus pour ses héritiers. Mais il les fit long-tems attendre, n'étant mort que le 20 mars de l'an 1311. Il fut enterré à Long-Pont auprès de sa mère. Après sa mort, Jeanne, sa femme, princesse d'un grand mérite, retourna en Flandre ; et comme elle avait le génie propre aux affaires, elle prit beaucoup de part aux guerres qui se rallumèrent de son tems entre les Français et les Flamands. Dans ses dernières années elle se retira au monastère du Sauvoir, près de Laon, et y mourut abbesse le 15 octobre 1333.

ENGUERAND V.

1311. ENGUERAND V, *chef de la seconde race des sires de Couci*, fils d'Arnoul III, comte de Guines, et d'Alix, fille d'Enguerand III, sire de Couci, devint le successeur de son oncle Enguerand IV, dans la sirerie de Couci et les seigneuries de Marle, de la Fère, d'Oisi, de Montmirel, de Condé en Brie, etc., le reste de cet héritage ayant été partagé entre ses frères. (*Voy*. Arnoul III, *comte de Guines*.) Il avait été élevé à la cour d'Alexandre III, roi d'Ecosse, son cousin-germain, qui lui avait fait épouser, avant l'an 1285, une de ses parentes, nommée CHRÉTIENNE DE BAILLEUL, nièce de Jean de Bailleul, qui fut le successeur de ce même Alexandre III. Enguerand V, retint toute sa vie le nom et les armes de Guines ; mais sa postérité reprit ceux de Couci, qu'elle a gardés jusqu'à la dernière héritière de cette maison. La seule action mémorable qu'on trouve de lui, c'est qu'il fut du nombre des seigneurs qui, l'an 1318, prirent ouvertement, l'épée à la main, le parti de Mahaut, comtesse d'Artois, contre Robert, son neveu, qui lui disputait ce comté. Il vivait encore en 1321, et mourut peu de tems après, laissant de son mariage, Guillaume, qui suit ; Enguerand, vicomte de Meaux, seigneur de Condé en Brie, de la Ferté-sous-Jouarre, de Trêmes, etc. ; et Robert, chantre de l'église de Cambrai. Enguerand V fut enterré à Prémontré.

GUILLAUME.

1321 ou 1322. GUILLAUME, fils aîné d'Enguerand V, avait épousé, dès l'an 1311, ISABELLE, fille de Gui IV (et non III), de Châtillon, comte de Saint-Pol ; et en faveur de son mariage, son père l'avait mis en possession de la sirerie de Couci, dont il prit aussitôt le titre. Enguerand lui donna en même tems la terre d'Oisi, sur laquelle fut assigné le douaire de son épouse, en attendant qu'elle pût le prendre sur la seigneurie d'Havrincourt, dont jouissait alors Jeanne de Flandre, veuve d'Enguerand IV

Cette même année, Jeanne de Guines, comtesse d'Eu, disputa au baron Enguerand, et à Guillaume, son fils, la possession des terres de Couci, d'Oisi et de quelques autres, qu'elle prétendait lui appartenir du chef de Baudouin de Guines, son père, châtelain de Bourbourg, fils aîné d'Arnoul III, comte de Guines. Les prétentions de cette dame donnèrent lieu à un grand procès, qui ne fut entièrement terminé qu'au mois de décembre 1329, par le roi Philippe de Valois. Guillaume, par l'arrêt qui fut prononcé à ce sujet, fut maintenu dans la jouissance de la terre de Couci. Vers le même tems, Alix, dame de Malines, sœur de Baudouin de Guines et d'Enguerand, étant morte, la même comtesse et le sire de Couci se disputèrent encore cette succession. Mais, en 1331, cette dame, le connétable de France, son fils, et Blanche de Guines, sa sœur, y renoncèrent en faveur de Guillaume. Celui-ci mourut vers l'an 1335, et fut enterré à l'abbaye de Prémontré, auprès de son père. De son mariage il laissa six enfants : Enguerand, qui suit; Jean, châtelain d'Havrincourt, mort sans lignée; Raoul, seigneur de Montmirel, qui hérita de Jean, son frère, de Marie, sa sœur, de Robert, son oncle paternel, et de Jacques de Saint-Pol, son oncle maternel, les terres d'Havrincourt, de la Ferté-Gaucher, d'Encre, de Romeni-sur-Marne. Raoul épousa Jeanne, fille de Jean d'Harcourt et de Blanche de Ponthieu, et fut auteur de la branche des seigneurs de Montmirel, dont les mâles s'éteignirent en 1424 par la mort de Raoul de Couci, leur second fils, qui avait été évêque de Metz en 1387, et était alors, depuis 1415, évêque-comte de Noyon, pair de France; Aubert, seigneur de Dronai, près de Montmirel; Marie, dame de Romeni; et Isabelle, dont on ne sait rien. Isabeau, mère de ces enfants, vivait encore en 1351.

ENGUERAND VI.

1335 ou environ. ENGUERAND VI, fils aîné de Guillaume, lui succéda dans la sirerie de Couci et dans les terres de Marle, la Fère, Oisi, etc. Le roi Philippe de Valois lui fit épouser, l'an 1338, CATHERINE D'AUTRICHE, fille du duc Léopold, et de Catherine de Savoie, petite fille de l'empereur Albert Ier, et arrière-petite-fille de Rodolfe Ier, aussi empereur. L'année suivante, Edouard III, roi d'Angleterre, qui causa tant de maux à la France, ayant levé le siège de Cambrai par où il avait ouvert la campagne du côté des Pays-Bas, attaqua le château d'Oisi avec quinze cents hommes. Mais il échoua devant cette place par la brave résistance de ceux qui la tenaient pour Enguerand. Il se vengea néanmoins bientôt après sur les villes et châteaux de Marle, de Saint-Gobin et Créci-sur-Serre où il mit le feu.

Enguerand fut un des seigneurs de France qui prirent le plus de part aux guerres qui s'y élevèrent de son tems. En 1340, il alla joindre le roi pour se trouver à la bataille qu'on devait livrer à Edouard, dans la vue de délivrer Tournai qu'il tenait assiégé. En 1343, 1345 et 1346, il était à la suite de Jean, duc de Normandie, et héritier présomptif de la couronne, dans la guerre qu'il fit pour soutenir Charles de Blois contre Jean de Montfort, son compétiteur au duché de Bretagne. Il se trouva au siége d'Angoulême qui fut pris sur les Anglais le 2 février 1346. Mais sa mort suivit d'assez près cet événement, et arriva au plus tard au commencement de l'an 1347. Il ne laissa de son maria ge u'un fils qui suit. (Du Chesne, Duplessis.)

ENGUERAND VII.

1346 ou 1347. ENGUERAND VII, fils unique d'Enguerand VI, devint seul héritier de ses biens sous la tutelle de sa mère, laquelle, s'étant remariée, l'an 1348 ou 1349, à Conrad de Hardeeck, mourut cette dernière année, avec son époux, de la peste qui ravageait alors la France, l'Angleterre et l'Allemagne. Enguerand, devenu majeur, servit le roi son maître avec tout le zèle qu'on devait attendre d'un seigneur de sa naissance. Le roi Jean ayant été pris, en 1356, à la bataille de Poitiers, il fut du nombre des seigneurs français qui furent donnés en otage, l'an 1360, aux Anglais en conséquence du traité fait pour la délivrance du monarque. Il acquit en Angleterre l'estime et l'affection du roi Edouard III, qui, pour se l'attacher, lui rendit la liberté, et lui fit épouser sa fille ISABELLE, à laquelle il donna pour dot la baronnie de Bedfort avec d'autres terres. Enguerand en possédait déjà plusieurs en Angleterre, qui lui venaient de Chrétienne de Bailleul, femme d'Enguerand V, son bisaïeul. L'an 1367, son beau-père paya de ses deniers le comté de Soissons qui lui avait été cédé par Gui de Blois, l'un des otages envoyés en Angleterre pour assurer la rançon du roi Jean. (*Voyez* Enguerand, *comte de Soissons*). Comblé de bienfaits et d'honneurs de la part d'un roi puissant qui avait voulu lui appartenir de si près, il revint en France, et reçut à Paris, au mois d'avril 1368, le duc de Clarence, son beau-frère, qui allait à Milan épouser la fille de Galéas Visconti. La guerre s'étant rallumée peu de tems après entre la France et l'Angleterre, Enguerand se trouva fort embarrassé sur le parti qu'il avait à prendre. D'un côté sujet, allié et vassal par sa naissance du roi de France; de l'autre vassal et gendre du roi d'Angleterre, il se faisait un crime de tirer l'épée contre l'un ou contre l'autre. Pour se tirer d'embarras, il prit le parti de passer en Italie avec la permission de Charles V : il y servit utilement les papes Urbain V et Grégoire XI contre les Visconlis. Le bruit de ses exploits engagea le roi Charles V à le rappeler ; et pour le déterminer au retour, ce monarque lui envoya, l'an 1374, le bâton de maréchal de France.

De retour en France, l'an 1375, Enguerand lève une armée qu'il mène en Allemagne pour faire valoir ses droits sur les biens allodiaux de la maison d'Autriche, qu'il prétendait lui appartenir du chef de Catherine, sa mère. Ces alleus, situés, pour la plupart, dans l'Alsace, le Brisgaw et l'Argow, étaient, ainsi que toute la succession de la maison d'Autriche, entre les mains d'Albert III et de Léopold III, son frère, neveux de Catherine et cousins du sire de Couci. Depuis la trêve conclue entre la France et l'Angleterre, les troupes du fameux partisan, Arnaud de Cervole, dit l'Archiprêtre, vivaient en France aux dépens du pays et y commettaient mille désordres. Enguerand les enrôle sous ses drapeaux avec la permission du roi Charles V, qui lui prête pour son expédition une somme de 40000 livres (1). Plusieurs seigneurs français du premier rang, se joignent au sire de Couci. Avant de se mettre en marche, il prévient de son dessein, par un manifeste du 23 septembre de cette année, les villes impériales d'Alsace, les assurant qu'il n'a nulle envie de leur faire tort, ni à l'empereur, mais seulement d'arracher de vive force son patrimoine à ceux qui le retiennent aux dépens de la justice. Les troupes de l'Archiprêtre s'étant assemblées devant Metz, arrivent dans le mois d'octobre dans l'Alsace, où elles répandent la terreur et commettent mille désordres. Enguerand étant venu se mettre à leur tête avec quinze cents lances, rétablit la dicipline dans cette armée. Le duc d'Autriche, Léopold, ne demeure cependant pas oisif : il fait alliance avec plusieurs cantons suisses pour repousser l'ennemi. De l'Alsace et du Sundgaw, les troupes d'Enguerand, après la Saint-Martin, passent dans l'Argow, ruinent Wallembourg, et franchissent la montagne d'Havenstein, dont le passage aurait pu être disputé par une poignée de soldats ; elles forcent ensuite le détroit de *la Clus*, autre passage important dans le canton de Soleure. Couci investit lui-même la ville de Buren, appartenante au comte de Nidau, qui est tué d'une flèche

---

(1) En 1375, l'argent monnayé était à 6 liv. le marc, et à 11 den. 6 gr. d'aloi ; donc 40,000 liv. de ce tems-là produisent 6666 marcs 5 onces 2 gros 2 d., qui, à raison de 50 l. 2 s. 4 d. 1/8 le marc, donnent un total de 334,114 liv. 11 s. 8 d.

en regardant par une fenêtre du château. L'Archiprêtre détruit la ville d'Altreux avec plusieurs châteaux, et fait des courses dans tout l'Argow. Mais trois mille de ses gens, qu'on nommait les Anglais, sont défaits à Buttisholz par six cents braves du pays. Le jour et le lendemain de Noel, les Bernois font essuyer aux Anglais deux nouveaux échecs. Le sire de Couci est obligé par ces revers de retourner en Alsace, où il prend la petite ville de Walweiler. Enfin, le 15 janvier 1376, il fait la paix avec les ducs d'Autriche, qui lui cèdent les villes et seigneuries de Nidau et de Buren, au moyen de quoi il renonce à ses prétentions, congédie ses troupes et reprend la route de la France.

Édouard III, beau-père d'Enguerand, étant mort, l'an 1377, il s'attacha uniquement au service de la France ; et pour rompre ses liaisons avec l'Angleterre, il permit à sa femme d'y retourner avec Philippote, la seconde de ses filles, ne gardant avec lui que Marie, qui était l'ainée : il renvoya même au nouveau roi l'ordre de la Jarretière, en lui déclarant que ses derniers services seraient pour le roi et le pays qui avait eu ses premiers sermens. Philippote, sa fille cadette, épousa quelque tems après Robert de Veer, duc d'Irlande et comte d'Oxford, qui la répudia ensuite du vivant même d'Enguerand VII pour épouser une demoiselle de la reine.

Enguerand n'était pas moins versé dans le manége de la politique que dans le métier des armes. Le roi Charles en fit l'expérience dans plusieurs négociations importantes qu'il lui confia. La guerre s'étant renouvelée, il alla joindre à Bergerac l'armée victorieuse du duc d'Anjou. Charles V le fit passer de là en Normandie pour réduire les places qui obéissaient au roi de Navarre. Il prit Bayeux, Carentan, Moulineaux, Conches et Passi ; Evreux lui ouvrit ses portes. Le connétable du Guesclin étant mort l'an 1380, Charles V jeta les yeux sur le sire de Couci pour le remplacer. Celui-ci, par un trait de générosité tout-à-fait rare, préféra le salut de l'état à cette brillante dignité. Le roi venait de confisquer la Bretagne sur le duc Jean de Montfort : pour conserver cette province, il fallait faire choix d'un homme qui connût parfaitement les Bretons, et qui en fût lui-même connu ; ce fut pour cette raison qu'Enguerand persuada au roi de conférer l'épée de connétable à Olivier de Clisson. Charles, par une espèce de dédommagement, donna à Couci le gouvernement de Picardie. Enguerand, dans cette province, signala sa valeur contre les Anglais, et n'eut pas dans la suite à se plaindre qu'elle eût été méconnue à la cour. Après la mort de Charles V, Louis, duc d'Anjou, régent du royaume, lui donna, par lettres du 27 septembre 1380, le château et la châtellenie de Mortagne-sur-l'Escaut, pour récompense des services que l'état avait reçus de lui et de ceux qu'il en attendait encore. (*Rec. de Colbert*, vol. 35, fol. 5.) Enguerand signa, le 15 janvier suivant, au nom du roi Charles VI, un traité de paix avec le duc de Bretagne. La même année, le soulèvement des Parisiens, occasioné par les impôts, ayant obligé la cour de se retirer à Meaux, Enguerand fut envoyé vers les rebelles pour les engager à rentrer dans le devoir. Il y réussit par la douceur et la sagesse de ses remontrances, et amena les Parisiens au point de consentir à payer chaque semaine la somme de dix mille livres au roi. (Froissart.) Mais les suggestions des esprits séditieux, firent évanouir, après son départ, ces bonnes dispositions. Enguerand servit utilement l'état les deux années suivantes dans la guerre contre les Flamands et les Anglais. Le sire de Couci, apprenant, l'an 1384, la détresse où le duc d'Anjou se trouvait dans le royaume de Naples, dont il avait entrepris la conquête, lui mène un corps de troupes, que Laurent Buonincontro fait monter à quinze mille chevaux, et que d'autres réduisent à moitié. Mais à peine a-t-il passé les Alpes, qu'il reçoit la nouvelle de la mort de ce prince, arrivée le 20 ou le 21 septembre de la même année. De retour en France, Enguerand fut revêtu de la charge de grand-boutillier ; et quelque tems après le roi le nomma, avec le connétable et le maréchal de Sancerre, pour commander l'armée destinée à l'expédition d'Angleterre.

Le sire de Couci, l'an 1387, engagea le duc de Bretagne à faire satisfaction au roi pour avoir arrêté prisonnier le connétable de Clisson. Il marcha, l'an 1388, à la tête de quelques troupes contre le duc de Gueldre, qui avait eu la hardiesse de défier le roi ; mais le duc évita la guerre par sa soumission. Cette année, le sire de Couci perdit les seigneuries de Buren et de Nidau. Les Bernois se plaignant que la garnison établie à Buren par le duc d'Autriche, comme protecteur de la seigneurie, les incommodait, voulurent y mettre le feu. Les Fribourgeois, qui avaient des hypothèques sur Buren, s'y opposèrent. On en vint aux armes de part et d'autre, et les Bernois, ayant emporté d'assaut la ville et le château de Buren, les réduisirent en cendres le 12 avril 1388. Les vainqueurs, le 7 mai suivant, allèrent mettre le siége devant Nidau, prirent d'assaut, le 19 du même mois, la ville qu'ils brûlèrent, et contraignirent par famine le château à se rendre le 21 du mois suivant. La guerre continua cette année entre Fribourg et Berne. Le sire de Couci envoya au secours des Fribourgeois deux cents lances, commandées par Jean de Roye, son connétable (car les sires de Couci avaient depuis long-tems, à l'imitation des ducs et des comtes, des officiers pareils à ceux du roi.) Mais, le 9 d'août, ces troupes étrangères quittèrent Fribourg et retournèrent en France. Le traité de paix qui se fit l'année suivante entre la maison d'Autriche et les Bernois assura la possession de Buren et de Nidau à ces derniers.

Enguérand ayant accompagné, l'an 1389, le roi Charles VI dans son voyage d'Avignon, fut engagé par la veuve du duc d'Anjou à conduire son fils en Espagne, où il allait épouser une des filles de Jean Ier, roi d'Aragon. L'année suivante, il fut nommé pour marcher à la suite du duc de Bourbon au secours des Génois contre les Mahométans d'Afrique. Cette expédition fut assez heureuse : elle l'eût été encore davantage, selon Froissart, si le sire de Couci avait eu le commandement de l'armée. (*Voy.* Louis II, *duc de Bourbon.*) Le même Froissart parlant de cette expédition rapporte un trait qui montre le bon sens d'Enguerand, et peint bien en même tems le caractère de nos anciens preux. Pendant que notre armée faisait le siége d'une ville, que cet écrivain nomme *Africa*, il arriva qu'un sarrasin, qu'il appelle Agadinquor, accompagné d'un truchement, s'approcha du quartier où campait un écuyer nommé Affrenal. Après avoir disputé quelque tems sur la religion sans pouvoir s'accorder, les deux champions convinrent de remettre la décision de cette affaire au combat de vingt chevaliers choisis dans les deux armées, dix sarrasins et dix chrétiens, combat qui devait se donner quatre heures après. Affrenal revient en diligence au camp, et ayant rencontré d'abord Gui et Guillaume de la Trémoïlle, il leur raconte le défi du sarrasin. *Dirent les deux frères, de grand voulonté. Affrenal parles aux autres, car nous serons du nombre des dix.* L'écuyer eut bientôt complété les huit autres, au grand déplaisir de ceux qui n'en entendirent parler qu'après. *Plust à Dieu, faisoient plusieurs, que je fusse du nombre des dix. Toute manière de gens dedans l'ost s'en tenoient réjouis.* Il n'y eut que le sire de Couci qui osa blâmer l'entreprise. Il apporta beaucoup de raisons pour la dissuader, et s'éleva surtout contre le défaut de subordination qui régnait dans nos armées, comme s'il était libre, disait-il, à des particuliers d'accepter de pareils défis, où l'honneur de la nation pouvait être compromis. Affrenal, ajoutait-il, devait répondre au sarrasin qui le défiait d'armes : *Je ne suis pas chef de l'ost, mais je suis le moindre. Venez sous mon sauf-conduit; je vous menerai vers monseigneur le duc de Bourbon et les seigneurs du conseil de l'ost où l'on vous écoutera avec plaisir. Telle défiance d'armes,* adjouta Couci, *ne se doit point passer fors par grands traités et délibération de bon conseil ; et quand les armes eussent esté accordées des nôtres, on eût sçu véritablement quels gens se fussent combattus, par nom et par surnom, de nom et d'armes ; et aussi nous eussions advisé les nostres à notre entente pour nostre honneur et proufit.* Ce discours du sire de Couci fit impression, et plusieurs du conseil se rangèrent à son avis. Mais Philippe d'Artois et Philippe de Bar remontrèrent que *puisque les armes étaient entreprises, trop grand blasme seroit de les briser, et que au nom de Dieu et de Nostre-Dame on laissast convenir les chevaliers et les écuyers.* Cet avis fut suivi, et les dix champions, *bien appareillés, ayant messire Guy de la Trémouille en chef tout devant,* se rendirent à l'heure convenue au lieu indiqué. Mais aucun sarrasin ne comparut.

L'an 1395, sur la résolution que les Génois avaient prise de se donner au roi ou à quelque prince du sang, Enguerand se rendit à Gênes pour ménager les intérêts du duc d'Orléans, prit possession de Savone au nom de ce prince, et fit rentrer la ville d'Asti dans le devoir. A peine fut-il de retour, qu'il fallut se préparer à une autre expédition. Philippe le Hardi, duc de Bourgogne, voulant envoyer en Hongrie, Jean, comte de Nevers, son fils, à la tête d'une armée considérable contre les Turcs, crut ne pouvoir mieux faire que de confier ce jeune prince au sire de Couci. Sur la proposition qu'il lui en fit, Enguerand, aussi modeste que brave, s'excusa d'abord en disant que l'armée ayant à sa tête le comte d'Eu, connétable, et Jacques de Bourbon, comte de la Marche, n'avait pas besoin d'autres chefs. *A donc, respondit le duc, et dist: sire de Coucy, vous avez trop plus vu que ces deux n'ont, et sçavez trop mieux où l'on doit aller par le pays, que nos cousins d'Eu et de la Marche ne font. Chargez-vous donc de ce dont vous estes requis et nous vous en prions. Monseigneur, respondit le sire Coucy, vostre prière m'est commandement ; et je le feray, puisqu'il vous plaist, à l'ayde et conduite de messire Guy de la Trémoille et de messire Guillaume, son frère, et de l'admiral de France, messire Jehan de Vienne. De cette response eurent le duc et la duchesse grand joye.* (Froissart.) Enguerand se mit en marche dans le mois de mai 1396 avec l'armée composée de près de deux mille seigneurs, suivis presque tous de l'élite de leurs vassaux. Arrivé sur les lieux, il se distingua en différentes rencontres, et surtout dans une où il tailla en pièces un corps de quinze ou vingt mille Turcs. Lorsque la bataille de Nicopoli fut décidée, il appuya fortement l'avis du roi de Hongrie, qui voulait qu'on plaçât les Hongrois à l'avant-garde (c'est ainsi qu'on nommait alors la première ligne), par ce qu'ils étaient accoutumés à la manière de combattre des Turcs. Malheureusement le plus grand nombre ne l'écouta point, et il fut obligé de céder. *Sire de Coucy,* lui dit l'amiral de Vienne qui pensait comme lui, *là où la vérité et la raison ne peut estre ouye, il faut qu'outre-cuidance regne ; et puisque le comte d'Eu* (connétable), *se veut combattre, il faut que nous le suivions.* L'événement fut tel que les plus sages l'avaient prévu. La journée de Nicopoli, du 28 septembre 1396, sera mémorable à jamais par la perte que la France y fit de la fleur de sa noblesse. Enguerand fut du nombre des prisonniers, et conduit à Burse en Bithynie où il mourut le 18 février 1397. Son cœur, rapporté en France, fut placé aux Célestins de Soissons, qu'il avait fondés en 1390 (1). M. de Belloi qualifie Enguerand VII d'homme très-éloquent, grand négociateur et grand guerrier, et tout ce qui vient d'être dit sur son sujet, justifie parfaitement cet éloge. ISABELLE, fille de Jean, duc de Lorraine, qu'il avait épousée en secondes noces l'an 1380, lui avait donné une fille nommée comme elle, qui fut mariée après la mort de son père à Philippe de Bourgogne, comte de Nevers. La mère se remaria, l'an 1399, à Etienne, duc de Bavière père d'Isabeau, femme du roi Charles VI, si fameuse par les maux qu'elle attira sur la France. Enguerand VII est le dernier de sa maison qui ait possédé la sirerie de Couci. Après sa mort, Marie, sa fille, veuve de Henri de Bar, fils aîné de Robert, duc de Bar, qu'elle avait épousé en 1383, et perdu à la bataille de Nicopoli, se porta pour héritière de toutes ses terres et s'en mit en possession. Mais Isabelle, sa sœur du second lit, lui demanda partage, et lui intenta procès à ce sujet. Cependant Louis Ier, duc d'Orléans, sollicitait et pressait Marie de lui vendre la sirerie de Couci, devenue l'une des plus belles et des plus puissantes baronnies du royaume, ayant dans sa dépendance cent cinquante bourgs ou villages, outre les châteaux, les forêts et les étangs qui en faisaient partie. Enfin, à force de menaces et de poursuites, le duc obtint ce qu'il demandait. Par contrat du 15 novembre 1400, Marie lui vendit la sirerie de Couci, c'est-à-dire Couci, Ham, Folembrai, Saint-Aubin, la Fère, Saint-Gobin, le Chastelier, Saint-Lambert, Marle, Aci et Gerci, le tout pour la somme de 400 mille livres; c'était le double de ce qu'il avait acheté le comté de Blois. Marie ne toucha qu'une partie de son argent, et mourut en 1405 (non sans quelque soupçon de poison), laissant un fils nommé Robert de Bar. Celui-ci voulant se mettre en possession de la succession de son aïeul, fut traversé par Isabelle, sa tante, qui renouvela le procès qu'elle avait intenté à sa sœur et au duc d'Orléans. Enfin, par arrêt du 11 août 1408, la moitié de Couci, de Marle, de la Fère et d'Origni, avec le quart

---

(1) Il y avait fait placer à cette époque deux grands tableaux contenant son portrait et celui d'Isabelle, sa première femme, où chacun est représenté de grandeur colossale. Enguerand y est armé de toutes pièces, tenant un bâton de commandement à la main. On y voit l'écu de ses armes écartelées d'Autriche. Ces tableaux, d'un fort beau dessin et bien conservés, ont le mérite d'avoir été faits à l'époque de la peinture à l'huile. M. de Bourdeille, évêque de Soissons, les envoya à MM. de Couci, lors de la suppression des Célestins.

de Montcornet et de Pinon et la cinquième partie de Ham, fut adjugée à Isabelle. Mais cette dame étant morte l'an 1411, et Marguerite, sa fille unique, six mois après elle, la portion de la succession d'Enguerand VII, que le duc d'Orléans n'avait point achetée, revint toute entière à Robert de Bar. De celui-ci elle passa dans la maison de Luxembourg, puis dans celle de Bourbon, et fut enfin réunie au domaine de la couronne lorsque Henri IV monta sur le trône. L'autre partie, celle que Marie de Couci avait vendue au duc d'Orléans, faisait dès-lors partie du domaine, depuis que Louis II, duc d'Orléans avait succédé, sous le nom de Louis XII, au roi Charles VIII. Ainsi toute la succession d'Enguerand VII retourna au roi à deux différentes reprises. Depuis ce tems la sirerie de Couci n'a plus été demembrée de la couronne : elle a seulement fait quelquefois partie des apanages de nos princes. C'est sous ce titre qu'elle a autrefois appartenu à Claude de France, fille de Louis XII, ensuite à François de Valois, fils de Charles, bâtard de Charles IX; enfin à Philippe de France, duc d'Orléans, frère de Louis XIV, dont les descendants en sont demeurés possesseurs jusqu'à la révolution.

BRANCHE DE COUCI-VERVINS.

THOMAS II DE COUCI, second fils de Raoul Ier, sire de Couci, et d'Alix de Dreux, eut, par le testament de son père, fait en 1190, les terres de Vervins (*Verbinum*) et de Fontaines, dont il fit hommage à son frère Enguerand à cause de son château de Marle dont ces terres étaient démembrées. Quoique par là devenues arrière-fiefs du roi, il les tint en baronnie et pairie du royaume suivant l'usage d'alors, rappelé dans les établissements de saint Louis en ces termes : *Nus ne tient de baronie, se il ne part de baronie par partie de frérage, ou s'il ne l'a de don du roy.* (*Ordon. du Louv.*, T. I, p. 284.) Il épousa, vers l'an 1212, MAHAUT, fille de Hugues II, comte de Réthel, et mourut avant le mois de novembre 1253, laissant un fils, qui suit, et quatre filles : Yolande, femme d'Arnoul, seigneur de Mortagne et châtelain de Tournai; Félicité, mariée à Baudouin d'Avènes, seigneur de Beaumont en Hainaut; Agnès, épouse de Gobert, comte d'Aspremont; et Elisende, abbesse de Notre-Dame de la Paix.

THOMAS III DE COUCI, fils de Thomas II, et son successeur à Vervins, épousa 1° ISABEAU, fille d'Arnoul VII, comte de Loss, dont il n'eut point d'enfants ; 2° MARGUERITE, fille du vidame d'Amiens, dont il eut deux fils, Thomas, qui suit, et Jean, sire de Boomont, marié avec Catherine de saint Leu, et chef de la branche de Couci-Boomont, dont on ne connaît d'actes que jusqu'en 1345, avec une fille, Marie, femme de Gauthier de Thorote. Le père de ces enfants fut un des chefs de l'armée que le roi Charles d'Anjou Ier envoya en Sicile contre Courrars Caboce. (Naugis, *Ann. du règne de saint Louis*, p. 268.) Du Chesne met sa mort avant l'an 1276.

Thomas IV, fils aîné de Thomas III, auquel il succéda dans la sirerie de Vervins, mourut en 1285, au retour de l'expédition d'Aragon, où il avait suivi le roi Philippe le Hardi. D'Aelide, son épouse, fille de Gérard de Sottinghien, il laissa deux fils, Thomas, tué, l'an 1302, à la bataille de Courtrai, et Jean, qui suit.

Jean Ier, second fils de Thomas IV, continua la lignée de Couci-Vervins. Il était mort ainsi que N. de Trie, sa femme, quelque tems avant le 16 mars 1326. (*Archiv. d'Elan*, cot. H.) Il laissa un fils, qui suit, et une fille, nommée Alix (*Archiv. de Foigni*), mariée, le 11 février 1342, à Jacques, seigneur d'Heilli (*Factum de Chavonges*), à qui elle porta en dot la terre de Chavonges, aujourd'hui Cheveuges.

Thomas V, fils de Jean Ier, et son successeur à Vervins, était encore vivant le 5 mars 1387, suivant un arrêt du parlement, où il est nommé. De N., sa femme, il laissa un fils, qui suit.

Renaud, ou Regnaud, fils de Thomas V, lui succéda dans la baronnie de Vervins. Sa branche, tant que l'aînée subsista, portait dans ses armes une bande d'or de droite à gauche, pour brisure. Mais Enguerand VII, sire de Couci, étant mort en 1397, Renaud reprit les armes pleines de Couci. On en juge par plusieurs sceaux de lui, qui se trouvent au cabinet des ordres. Il était mort avant le 20 juin 1455, suivant un arrêt de ce jour, où il est dit père d'Enguerand, qui suit.

Enguerand III, fils de Renaud, sire de Vervins, et de Guillemette de Nouviant, épousa Marie de la Bove, héritière de la terre de Poilcourt, et finit ses jours avant le 21 juin 1478, laissant deux fils, Charles et Raoul. Le premier mourut sans enfants.

Raoul, second fils d'Enguerand III, épousa, 1° le 14 mai 1485, Marie de Hans, fille de Henri de Hans, et de Jac-

queline de Ghistelles, dont il n'eut point d'enfants; 2° HÉLÈNE
DE LA CHAPELLE, qui lui donna Jacques, qui suit; Jean, abbé
de Bonne-Fontaine, Raoul, auteur de la branche de Poilecourt,
qui viendra ci-après; Robert, abbé de Saint-Michel en Thiérache, avec deux filles; Madeleine, femme de Pierre de Belle-
forière; et Marie, morte peu après son père, dont le testament
date du 13 décembre 1515.

JACQUES DE COUCI-VERVINS, fils aîné de Raoul, servit en
qualité d'archer de la compagnie de Charles de Bourbon, duc
de Vendôme, l'an 1515, à la bataille de Marignan, et combattit, l'an 1524, à celle de Pavie, parmi les hommes d'armes
d'Oudard du Biez, depuis maréchal de France, qui le fit son
lieutenant, en 1536, et lui donna pour épouse ISABELLE, sa fille,
le 7 septembre de l'année suivante. Le roi François Ier ayant
ravitaillé Landrecies, en 1543, le donna pour successeur à la
Lande et d'Essé, qui depuis le commencement du siége y avaient
eu le commandement, dont l'excès des fatigues ne leur permettait plus de soutenir le poids. Ayant réussi à délivrer la place,
il fut chargé, l'an 1544, de la défense de Boulogne, dont
Henri VIII, roi d'Angleterre, faisait le siége en personne. Après
avoir soutenu pendant six semaines les efforts de l'ennemi et
repoussé un assaut général donné le 11 septembre par quatre
brèches, manquant de poudre, il se détermine enfin, le 14 septembre, de l'avis du conseil de guerre, à capituler. La condition était de se rendre au bout de quelques jours, si l'on n'était
pas secouru. Le lendemain un violent orage ayant dévasté le
camp anglais, les bourgeois demandent qu'on les mène à l'ennemi. Vervins, fidèle à sa parole, les arrête, et rend la place
au jour convenu. Etant sorti avec les honneurs de la guerre, il
rencontra, avec surprise, l'armée française, commandée par le
dauphin. L'espérance lui revient. Il proposa de profiter des travaux mêmes de l'Anglais, pour le chasser de sa conquête. Le
projet paraissant sûr, il est suivi. L'attaque se fait de nuit; mais,
par l'erreur de quelques troupes, elle manque, et Boulogne reste
aux Anglais. Pendant la suite du règne de François Ier, ni le
maréchal du Biez, ni son gendre, ne sont inquiétés. Mais
Henri II, étant monté sur le trône, changea tout-à-coup de dispositions à l'égard du maréchal de Biez, qui l'avait armé chevalier, et qu'il appelait son père. Ses favoris, jaloux de la fortune
de ce seigneur et surtout du gouvernement de Picardie, dont il
était revêtu, déterminèrent le monarque à le faire arrêter avec
son gendre, comme coupables, l'un et l'autre, de trahison dans
l'affaire de Boulogne. On nomma une commission pour les juger; et par un arrêt, dont l'iniquité est démontrée par M. de

Belloi, Vervins fut condamné, au mois de juin 1549, à perdre la tête, ce qui fut exécuté. L'arrêt de son beau-père ne fut prononcé que le 3 août 1551, et portait la même peine. Mais le roi en suspendit l'exécution, et fit conduire le maréchal au château de Loches, d'où ayant été tiré au bout de quelque tems, il vint mourir de chagrin à Paris au mois de juin 1553.

Jacques II de Couci-Vervins, fils de Jacques Ier, eut pour tuteur Raoul, son oncle, mort en 1561. Les biens de son père avaient été donnés, en novembre 1549, à la duchesse de Guise, Antoinette de Bourbon, qui, le 9 août 1550, lui restitua seulement la terre de Chemeri, tandis qu'elle rendit à Claude, sa sœur, tout ce qui avait été confisqué dans celle de Vervins. Cependant on voit qu'en 1565, Jacques avait aussi une partie de la seigneurie de Vervins. Ce fut de concert avec cette princesse qu'il obtint, le 24 mars 1576 (V. S.), la réhabilitation de la mémoire de son père et du maréchal, son aïeul, par lettres du roi Henri III, qui furent enregistrées au parlement. En conséquence, il leur fit faire, le 14 juin suivant, des obsèques magnifiques auxquelles assista un héraut d'armes par commandement exprès du roi. On y vit aussi un représentant du roi de Navarre, comme parent. (*Recueil original des cérémonies de cette réhabilit.*) Jacques II vécut jusqu'en 1585. Il avait épousé Antoinette d'Ognies, fille de Louis, comte de Chaulnes, dont il laissa Jean, et trois filles : Guillemette, mariée après l'an 1591, 1° à Louis de Mailli, seigneur de Rumenil, 2° à Philippe de Croï, dont elle eut Philippe-François, tige des ducs d'Havré; Louise, morte fille en 1591; et Isabeau, qui épousa, 1° Roger de Comminges, auteur des marquis de Vervins, éteints dans le dernier siècle, 2° René du c, marquis de Vardes, dont elle n'eut point d'enfants. Par son testament, fait le 11 mars 1585, Jacques II avait institué pour unique héritier Jean, son fils, ne dotant ses filles qu'en argent malgré les coutumes, auxquelles il dérogea d'après les systèmes qu'on lui avait suggérés. Mais ce testament n'eut point d'effet. Jean mourut peu de tems après son père, laissant à ses trois sœurs cette succession que Jacques II avait acquise, comme de nouveau, par ses longues épargnes.

SEIGNEURS DE COUCI-POILCOURT.

La terre de Poilcourt ou Polecourt, sur la rivière de Vetourne, près de son confluent avec la rivière d'Aisne, à quatre lieues Sud-Ouest de Réthel, échut, comme on l'a dit, à Enguerand III, sire de Couci-Vervins, par son mariage avec Marie de la Bove.

Raoul, deuxième fils d'Enguerand, la transmit à Jean, son second fils, lequel étant devenu abbé de Bonne-Fontaine, céda Poilcourt, par acte du 14 novembre 1538, à Raoul, son frère. Celui-ci servait dès l'année 1514 dans la compagnie de Robert de la Marck, seigneur de Fleuranges. (*Cab. des Ordres.*) Il fut gentilhomme de la chambre du roi François Ier, et disgracié sous le règne suivant, lors de la décapitation de Jacques, son frère aîné; il disposa, en 1553, de quelques biens acquis pendant son mariage, et mourut en mars 1561. De N., sa femme, il eut un fils, qui suit.

Louis, fils de Raoul, servait, en 1552, 1553 et 1554, dans la compagnie de Robert de la Marck, fils de Robert de la Marck, sous lequel son père avait servi. (*Cabinet des Ordres.*) Il transigea, avant le 4 septembre 1565, avec Robert et Jean, ses oncles, sur la succession de Raoul, son père, qui avait eu la tutelle de Jacques II, alors seigneur de Vervins. (*Greffe de Laon.*) Raoul lui avait donné, avant 1561, la terre de Poilcourt en le mariant à Marie, fille de Jean de Bézannes, seigneur de Condé, dont il eut un fils, qui suit. Il mourut peu après l'an 1602.

Jacques de Couci-Poilcourt, successeur de Louis, son père, fut capitaine de trois cents hommes de pied. Il eut d'Anne de la Bruyère, sa femme, deux fils qui lui survécurent, Benjamin, qui suit, et François, dont la postérité s'éteignit en 1762 dans la personne de Philippe de Couci, son petit-fils, brigadier des armées du roi.

Benjamin épousa, 1°, le 15 août 1624, Marguerite de Courtil, morte sans enfants en 1628, 2° Louise de Vandières. Il était mort le 11 avril 1645, laissant de sa seconde femme, décédée avant lui, trois fils : François, qui suit; Jacques, religieux augustin; et Guillaume, dont la postérité mâle est éteinte.

François de Couci-Poilcourt épousa, le 4 juillet 1661, Anne de Hezeques. Il mourut avant le 19 décembre 1671, laissant de son mariage deux fils : Claude-Louis, mort sans enfants le 9 septembre 1702, des blessures qu'il avait reçues huit jours auparavant à la défense de Landau; Henri, qui suit, et Charlotte, morte sans alliance.

DES SIRES, OU BARONS, DE COUCI.

HENRI DE COUCI-POILCOURT, né le 12 janvier 1670, entra au service en 1687, fut fait colonel en 1710, après la défense de Douai, se retira brigadier en 1720, et mourut, le 25 février 1733, au château d'Escordal, des suites des nombreuses et grièves blessures qu'il avait reçues, laissant de MARIE-CHARLOTTE DU BOIS, sa femme, fille de Nicolas du Bois, seigneur d'Escordal, trois fils : Charles-Nicolas, qui suit; Nicolas-Louis, mort, en 1734, des suites d'un coup de feu; Jean-François, actuellement (1783) prieur-mage de Saint-Antonin; et une fille, morte sans postérité.

CHARLES-NICOLAS, l'aîné des fils de Henri de Couci-Poilcourt, né le 6 février 1715, a fait les guerres de 1733 et de 1741. Il a épousé, le 4 janvier 1743, ANNE-MARIE-HENRIETTE, fille de Jean du Bois, seigneur d'Escordal, dont il a eu quinze enfants, réduits par mort à six, trois fils et trois filles : François-Charles, qui suit; Jean-Charles, aumônier de la reine, né le 25 septembre 1746, évêque de la Rochelle, puis archevêque de Reims; Philippe-Louis, né le 27 août 1752. Des trois filles, les deux premières, Angélique-Aimée et Marie Françoise, sont chanoinesses de Sainte-Aldegonde de Maubeuge, et Anne-Gabrielle-Marguerite-Thérèse, la troisième, l'est de Sainte-Remfroie de Denain.

FRANÇOIS-CHARLES, né le 5 août 1745, a fait en Allemagne les campagnes de 1758—1762. Le roi, pour favoriser son établissement, lui accorda, par brevet du 4 janvier 1783, une pension avec assurance de douaire, *en considération des services que sa maison illustre, alliée à celle de France, n'a cessé de rendre à sa majesté et aux rois ses prédécesseurs.* Il a épousé, le 3 février suivant, LOUISE-ELISABETH, fille de défunt Joachim de Dreux-Brezé, grand-maître des cérémonies de France, et de Louise-Jeanne-Marie de Courtarvel de Pezé, dont il a une fille, Alix-Enguerande-Charlotte-Louise, née le 10 décembre 1783.

En donnant la suite des sires de Couci depuis que cette baronnie est sortie de leur maison, nous avons dérogé à la loi que nous nous étions imposée pour les grands feudataires du royaume. C'est une exception que nous avons jugé devoir faire en faveur d'une maison qu'on avait crue éteinte sur la foi d'un écrivain du seizième siècle, ignorant, pour ne rien dire de plus; mais dont l'existence persévérante de mâle en mâle jusqu'à nos jours est prouvée par une foule de monuments déposés au cabinet des ordres, et vérifiés après le plus sérieux examen par le généalogiste de ces ordres.

CHRONOLOGIE HISTORIQUE

DES

COMTES DE SOISSONS.

Le Soissonnais, *civitas Suessionum*, aujourd'hui renfermé dans un espace d'environ treize lieues de longueur sur huit de largeur, entre le Noyonnois, la Champagne, le Laonnais et le Valois, avait originairement des limites beaucoup plus reculées. Borné au Couchant par les terres des Vermandois et des Bellovaques, et par une partie de celles des Parisiens et des peuples appelés depuis *Meldi* (ce sont ceux du diocèse de Meaux), il s'étendait du côté du Midi au-delà de la Marne, et touchait à l'extrémité du pays des Senonais; la cité des Rémois, dans laquelle était comprise, sinon la totalité, du moins une partie du Laonnais, lui servait de frontière à l'Orient; et enfin du côté du Nord, il confinait au pays des Nerviens; ce qui donnait une longueur de vingt-quatre lieues sur neuf de largeur. Ce petit état comprenait douze villes, dont il n'est pas facile de marquer la position, pas même celle de la capitale, appelée dans les anciens géographes, tantôt *Noviodunum*, tantôt *Augusta Suessionum*. Les Rémois du tems de César regardaient les Soissonnais comme leurs frères, étant unis avec eux par les liens du sang, par les mêmes lois, par la même forme de gouvernement. Cependant les Soissonnais avaient un roi particulier. C'était Galba, lorsque César entra dans les Gaules. Il avait succédé à Divitiac, qui avait passé en Angleterre, où il s'était établi après avoir fait la conquête de la côte méridionale de cette île. Galba n'avait point dégénéré de la valeur de son devancier. Résolu de maintenir la liberté de son pays, il se mit à la tête de la confédération que firent tous les Belges, à l'exception des Rémois, pour s'opposer à l'invasion des Romains. Bientôt il eut une armée d'environ cent soixante mille hommes, dont la cinquième partie était tirée du Soissonnais; ce qui doit faire juger de sa population. Il s'en fallait bien que César eût des forces aussi considérables; mais son habileté et la discipline qui régnait dans son armée suppléèrent au nombre. Par des marches savantes et des attaques imprévues, il trompa les alliés, leur fit perdre beaucoup de monde, et jeta parmi eux l'épouvante et la désunion. Malgré les efforts que fit Galba pour les retenir sous ses drapeaux, ils abandonnèrent la campagne, retournèrent chacun chez eux; et forcèrent par leur retraite ce général d'aller se renfermer dans sa capitale. César ne tarda pas à venir l'y assiéger. La place fit d'abord une assez vigoureuse résistance; mais lorsqu'elle vit les machines qu'on préparait pour lui donner l'assaut, elle prit le parti de se rendre, après quoi tout le reste plia devant les Romains. César, devenu maître de la Gaule belgique, réunit sous une même cité les Soissonnais aux Rémois, et les déclara également libres, c'est-à-dire, exempts des impôts et de la plupart des charges publiques; et comme Reims passait pour la métropole de la Belgique, Soissons tint le second rang dans cette partie des Gaules : de là vient en partie le titre de premier suffragant, dont jouit encore l'évêque de Soissons dans la province ecclésiastique de Reims; à quoi l'on peut ajouter que la lumière de l'évangile fut apportée dans l'une et l'autre villes environ le même tems, c'est-à-dire, vers le commencement du troisième siècle. Sixte, premier évêque de Reims, ordonna Sinice premier évêque de Soissons.

Les Soissonnais demeurèrent constamment fidèles aux Romains parmi les révolutions que l'empire de ces maîtres du monde éprouva dans les Gaules. Classicus et Civilis, qui firent soulever une grande partie des Belges, tandis que Galba, Otton et Vitellius se disputaient l'empire, ne purent entrainer les Soissonnais dans leur révolte. Lors même que les Barbares vinrent de toutes parts inonder les Gaules, Soissons conserva le même attachement pour les Romains. Elle tint ses portes fermées aux Vandales et aux Huns, qui n'osèrent entreprendre de les forcer. Lorsque ces deux torrents furent passés, elle reprit un nouveau lustre en devenant la résidence du préfet des Gaules. Ce fut Egidius ou Gilon, successeur du patrice Aëtius, qui en fit le chef-lieu de son département. Il fortifia cette ville de manière que ni Clodion ni Childéric, rois des Francs, n'osèrent l'attaquer. Grégoire de Tours donne à Egidius le titre de roi. Il en exerçait en effet l'autorité sur les Gaulois, qui n'avaient point encore subi le joug des Barbares : les Francs eux-mêmes lui déférèrent ce titre en le substituant à leur roi Childéric, qu'ils avaient chassé. Egidius, à la vérité, ne mit pas assez de modération dans son gouvernement pour faire oublier le prince qu'il remplaçait : les Francs, bientôt las de son despotisme, rappelèrent Childéric; mais Egidius resta maître, comme auparavant, des Gaulois-Romains, et suspendit par son habileté, la ruine entière de l'Empire romain dans les Gaules. Son fils, Siagrius, qui lui succéda vers l'an 463, marcha sur ses traces.

Il arrêta les progrès de Childéric; mais sa valeur échoua contre celle de Clovis, qui remplaça Childéric, son père, sur le trône des Francs. Battu par ce prince en bataille rangée, l'an 481, près de Soissons, et obligé d'aller chercher une retraite chez les Visigoths, il laissa le sort des Gaulois-Romains à la merci du vainqueur, qui, l'ayant redemandé lui-même au roi des Visigoths, éteignit dans son sang la domination des Romains dans les Gaules.

Dans le partage que Clovis fit de sa monarchie à ses enfants, Soissons devint la capitale du royaume de Clotaire; celui-ci ayant ensuite recueilli toute la succession de Clovis, fit en faveur de ses enfants une nouvelle division des Gaules, et assigna le royaume de Soissons à Chilpéric. Clotaire II, fils de ce dernier, hérita de lui, et régna ensuite sur toute la France après la défaite des rois d'Austrasie et de Bourgogne.

L'an 752, le maire Pepin le Bref fut sacré roi de France, au mois de mars, à Soissons par saint Boniface, archevêque de Mayence. Carloman, son second fils, roi d'Austrasie, fut pareillement sacré dans cette même ville, le même jour que Charles, son aîné, roi de Neustrie, le fut à Noyon, c'est-à-dire, le 9 octobre 768.

« L'origine du comté de Soissons, dit M. d'Aguesseau, est » aussi ancienne que celle des ducs et des comtes dans le royaume ». Le Soissonnais avait été même décoré du titre de duché sous la première race de nos rois. Grégoire de Tours (l. 9, c. 9) dit en effet que Ranchin, duc de Soissons, ayant été tué par ordre du roi Childebert, ce prince envoya en sa place un seigneur, nommé Magnoald, avec la même qualité de duc: *In locum Ranchingi Magnoaldis dirigitur dux.* Il est inutile d'avertir que ces ducs et comtes étaient de simples officiers destituables au gré de leur maître: il n'y en avait pas d'autres sous la première et la seconde races jusqu'à l'établissement des fiefs.

GUI.

Le premier comte feudataire de Soissons est Gui, fils d'Herbert III, comte de Vermandois, et non d'Herbert II, père d'Albert Ier. Le comté de Soissons lui échut par son mariage avec Adélaïde, fille de Giselbert, gouverneur du Soissonnais. Il fit un voyage à Rome, l'an 969, avec Adalberon, archevêque de Reims. Le roi Hugues Capet ayant offert, l'an 988, l'archevêché de Reims à Arnoul, fils naturel du roi Lothaire, pour le détacher du parti du duc Charles son oncle, Gui se rendit caution de la fidélité d'Arnoul avec Gilbert, comte de Rouci, et Brunon, évêque de Langres, frère de ce dernier. Mais cet engagement pensa leur être funeste à tous les trois : Arnoul, l'année suivante, ayant violé sa parole en introduisant son oncle dans Reims, peu s'en fallut que le roi ne les fît mourir. On ignore combien de tems Gui survécut à cet événement. L'obituaire de l'église de Soissons, dont il était bienfaiteur, met sa mort au 13 juin, sans marquer l'année.

Adélaïde, après la mort de Gui, son époux, se remaria à NOTCHER, comte de Bar-sur-Aube, qui devint par cette alliance comte de Soissons. L'obituaire de Saint-Jean-des-Vignes place la mort d'Adélaïde au 31 mars. De son premier mariage, elle laissa un fils, qui suit.

RENAUD Ier.

RENAUD Ier, fils de Gui et d'Adélaïde, succéda à sa mère dans le comté de Soissons l'an 1047 au plus tard. Etant tombé dans la disgrâce de Henri Ier, roi de France, il fut assiégé par ce monarque dans sa forteresse, appelée *la Tour des Comtes*. Henri, l'ayant emportée l'an 1057, la fit démolir. Renaud mourut pendant ce siége, le premier avril, laissant d'ADÉLAÏDE DE ROUCI, sa femme, un fils nommé Gui, qui mourut environ quinze jours après lui, sans alliance, et une fille qui demeura en la garde du roi Henri.

GUILLAUME BUSAC.

1058. GUILLAUME, dit BUSAC, fils de Guillaume Ier, comte d'Eu, et de Lesceline de Harcourt, comtesse d'Hyesmes, s'étant révolté contre Guillaume le Bâtard, duc de Normandie, son cousin, fut obligé de sortir du pays, et vint chercher un asile à la cour de Henri Ier, roi de France. Ce prince lui fit épouser, l'an 1058, ADÉLAÏDE, fille de Renaud, comte de Soissons, et lui donna ce comté avec les autres biens de Renaud. Guillaume assista, l'an 1059, au sacre du roi Philippe Ier. Ce comte, ainsi que la plupart de ses égaux, n'était pas exempt de rapacité. Il voulut étendre son domaine aux dépens de l'abbaye de Saint-Médard de Soissons, et commença par établir des coutumes sur le lieu de Saint-Médard et sur le bourg de Croui. L'abbé Renaud en ayant porté ses plaintes à la cour, le jeune roi, Philippe Ier, se rendit, l'an 1065, à Soissons, et tint dans l'église de Saint-Médard un plaid dans lequel il condamna le comte Guillaume à se désister de son entreprise. L'arrêt rendu à cette occasion est important pour fixer le tems où Philippe sortit de tutelle. La chose était alors toute récente. *Exeunte me*, dit Philippe, *de Flandrensium comitts Balduini Mundiburdio.* (*Cartul. S. Me-*

dardi, fol. 122, v°.) Guillaume, malgré cette condamnation, n'en fut pas moins attaché au roi Philippe. Il suivit ce prince dans ses guerres contre les ducs de Normandie, et y donna des preuves de sa valeur. Celle qui commença l'an 1098, fut la dernière où il se trouva. Il mourut la même année ou la suivante. Adélaïde, qui lui survécut, le fit père de Jean, qui suit; de Manassès, élu évêque de Cambrai par le peuple, sans le consentement du clergé, l'an 1092, puis transféré à Soissons en 1103; de Renaud, qui viendra ci-après; de Rantrude, femme d'Ives, seigneur de Nesle, tige de la branche de sa maison, qui dans la suite posséda le comté de Soissons; de Lithuise, femme de Geoffroi III, seigneur de Donzi; d'Agnès, mariée à Hervé de Montmorenci, seigneur de Marli, grand-boutillier de France; et d'Adélaïde, alliée à Gauthier Ier, comte de Brienne. (Albéric.)

JEAN Ier.

1099. JEAN Ier, fils et successeur de Guillaume au comté de Soissons, n'est bien connu que par le portrait que nous a tracé de lui et de sa mère, Guibert de Nogent, auteur contemporain, dans l'histoire de sa propre vie (l. 3, c. 15); et voici comme il le dépeint : « Quoique fort habile dans le métier des
» armes, le comte Jean cultivait néanmoins la paix avec soin,
» mais uniquement pour son propre intérêt; car, marchant sur
» les traces de ses ancêtres, il causa de grands dommages à
» l'église de Soissons. Entre les hauts faits de sa mère, il ne
» faut pas omettre qu'elle fit un jour arracher la langue et les
» yeux à un diacre. Voilà ce que lui fit oser un parricide qu'elle
» avait auparavant commis : je veux parler de la mort de son
» frère, qu'elle fit empoisonner par le ministère d'un juif, pour
» avoir le comté de Soissons. Mais la vengeance divine ne laissa
» pas ces forfaits impunis ; car le juif périt d'un coup de ton-
» nerre, et la comtesse, après avoir bien soupé un jour de car-
» naval, fut frappée la nuit d'une paralysie qui lui ôta l'usage
» de la parole et la conduisit au tombeau dans l'octave de Pâques.
» Or, il y eut entre elle et ses deux fils, le comte Jean et l'évê-
» que Manassès, je ne dirai pas du refroidissement, mais une
» haine mortelle. Je me souviens qu'aux funérailles de sa mère,
» le comte, après m'avoir raconté les traits que je viens de rap-
» porter, m'ajouta : Que puis-je donner maintenant pour elle,
» puisqu'elle n'a jamais fait aucune aumône de son vivant?
» Enfin, le comte, à qui on pouvait dire avec vérité, *Ton père*
» *était Amorrhéen et ta mère Héthéenne*, non seulement imita
» l'un et l'autre, mais les surpassa en méchanceté. Il était si
» porté pour la doctrine perfide des Juifs, que ce que la crainte

» les empêchait de dire contre le sauveur, il avait la hardiesse
» de le proférer. Mais pour bien connaître l'extravagance de ses
» discours, on n'a qu'à lire le livre que j'ai écrit contre lui à la
» prière du doyen Bernard. (C'est son traité contre les Juifs.)
» Cet homme néanmoins, qui se plaisait à élever les Juifs au-
» dessus des Chrétiens, était regardé comme un insensé par
» les Juifs même, qui le voyaient pratiquer notre religion tandis
» qu'il approuvait la leur. Et certes aux fêtes de Noël, de la
» Passion, de Pâques, etc., il se montrait si dévot, qu'on
» avait peine à se persuader qu'il fût un infidèle ». Guibert,
après avoir rapporté ensuite plusieurs traits de son irréligion et
de sa lubricité, finit par dire qu'il mourut comme il avait
vécu. Sa mort est rapportée au 24 septembre dans le nécrologe de l'église de Soissons. Mais les anciens monuments ne
fournissent aucune lumière sur l'année où elle arriva. Ce qui
est certain, c'est que tous les modernes se trompent en la plaçant vers l'an 1131, puisque Guibert de Nogent mourut lui-
même en 1124, et qu'il n'écrivit pas cette année l'histoire de
sa vie, d'où nous avons tiré celle du comte Jean. En supposant
que cet écrit fut composé vers l'an 1120 (car ce fut un des derniers de Guibert), ce ne sera pas trop s'éloigner de la vérité
que de mettre la mort du comte Jean vers l'an 1118. Son corps
fut inhumé au prieuré de Coinci, près de l'évêque Manassès,
son frère, décédé le premier mars 1109. (N. S.) Il avait épousé
ADELINE, fille de Nevelon, seigneur de Pierrepont, avec laquelle
il vécut fort mal. Cette dame, à qui il faisait mille infidélités,
ayant été soupçonnée par lui d'user de représailles, offrit de se
justifier par le fer chaud, ou par le combat d'un champion qui
se battrait pour elle. Il est parlé de cette affaire dans la lettre
cent quatre-vingts d'Ives de Chartres, écrite au comte Jean, pour lui
remontrer que la loi de Dieu ne permet pas ces sortes d'épreuves.
Ces remontrances firent leur effet. Content des offres de son
épouse, le comte lui rendit la justice qui lui était due. Adeline
lui survécut plusieurs années. On ignore si le comte Jean eut
des enfants de son mariage ; mais il est certain, par Albéric,
qu'il n'en laissa point.

RENAUD II.

1118 ou environ. RENAUD II, frère, et non fils, du comte
Jean, lui succéda en bas âge sous la tutelle de sa mère. L'an
1131, le roi Louis le Gros établit une commune à Soissons du
consentement de l'évêque Goslen ou Joslen de Vergi, sans demander celui du comte. On infère de là que l'autorité des comtes
de Soissons était bien moindre que celle des autres comtes, dans

les terres desquels le roi n'eût pas osé faire une pareille entreprise sans leur aveu. (Brussel, *Nou. Ex. des Fiefs*, T. I, p. 178.) Cela est fort probable; car il est certain d'ailleurs que l'évêque de Soissons ne reconnaissait point d'autre seigneur que le roi, et ne dépendait en aucune façon du comte. Il faut en dire autant de l'abbé de Saint-Médard de Soissons. Renaud ayant usurpé, l'an 1132, l'église de Torni, appartenante au prieuré de Saint-Paul, membre de l'abbaye de la Seauve en Guienne, l'évêque Joslen, après des remontrances inutiles sur cette usurpation, le retrancha de la communion des fidèles. Le comte demeura deux ans dans les liens de l'excommunication. Honteux enfin de cet état, il revint à résipiscence, et fit un accommodement entre les mains de son évêque avec l'abbaye de la Seauve, au moyen de quoi les censures furent levées. C'est ce que nous apprend Joslen lui-même dans une charte donnée à ce sujet l'an 1134, (Mabil. *Ann.* T. VI; *App.* p. 664, col. 2.) La conversion de Renaud fut sincère, si l'on en juge par les libéralités qu'il fit en 1138 et 1140 à l'abbaye de Saint-Yved de Braine. La dernière de ces deux années, il fut attaqué de la lèpre, et, pour comble de disgrâce, la suivante il perdit son fils unique. Alors ayant fait ajourner tous ses héritiers présomptifs en présence de Goslen, son évêque, il leur fit part du dessein où il était de disposer de son vivant en faveur de l'un d'entre eux du comté de Soissons, de peur que sa succession après sa mort n'occasionât des contestations. Mais la désignation qu'il fit ensuite d'Ives de Nesle pour son successeur, ne fut pas reçue sans contradiction. Des amis communs vinrent à bout néanmoins de ménager un accommodement, dont la condition essentielle fut que Geoffroi de Donzi, Gauthier de Brienne, et Gui de Dampierre, céderaient tous leurs droits sur le comté de Soissons à Ives de Nesle, moyennant une certaine somme d'argent. Alors Ives, dit la charte ou notice, dont nous donnons l'extrait, offrit l'hommage-lige suivant la nature du fief. L'évêque refusa d'abord de le recevoir, à cause de l'absence de Mathieu de Montmorenci, un des héritiers présomptifs; mais comme l'on jugea qu'il n'était pas nécessaire de l'attendre, l'évêque reçut enfin Ives de Nesle à l'hommage-lige. Il restait encore une formalité à remplir: c'était de payer le *plaid*, ou relief, à l'arbitrage du seigneur, conformément à l'usage du royaume, qui ne permettait pas aux vassaux, sans cela, de recueillir les fiefs qui leur étaient échus en succession collatérale. Ives de Nesle pria l'évêque d'abonner ce droit, moyennant une rente de soixante livres par an et de dix muids de sel, à prendre sur le minage de Soissons. L'évêque y consentit; et outre les otages ou cautions qu'Ives donna au prélat pour sûreté de cette convention, le roi Louis le Jeune voulut bien lui-même y intervenir comme garant de ce traité. C'est ce que ce prince nous apprend lui-même par son diplôme qui subsiste en original dans les archives de la cathédrale de Soissons (*layette* 93), et où l'on voit encore la courroie de parchemin blanc à laquelle était attaché le sceau qui n'existe plus. La date porte l'an 1140 (suivant le vieux style), quatrième du règne de Louis, qui, ayant commencé au mois d'août 1140, courait encore jusqu'à ce mois dans l'an 1141. M. d'Aguesseau (T. VI, p. 219) rejète ces deux actes, comme fabriqués par l'évêque Goslen, pour s'attribuer au préjudice du roi la mouvance du comté de Soissons. Sauf le respect dû aux lumières de l'illustre chef de la magistrature, nous avouerons de bonne foi que nous n'avons pu reconnaître dans le diplôme de Louis le Jeune aucun caractère de fausseté. Nous dirons de plus que les éloges donnés à la vertu de Goslen par ses contemporains ne s'accordent nullement avec le crime de faussaire qu'on lui impute. Les historiens du Soissonnais rapportent la mort du comte Renaud à l'an 1146. Sa femme, nommée BATHILDE, suivant une charte du même Goslen (Mabil. *ibid.*), s'étant retirée à l'abbaye de Notre-Dame de Soissons, lorsqu'il était à l'agonie, y finit ses jours, selon l'obituaire de cette maison, le 28 juin; on ne marque point en quelle année.

IVES DE NESLE, DIT LE VIEUX.

1146. IVES DE NESLE, petit-fils de Guillaume de Busac par Ramentrude sa mère, femme d'Ives, et non Raoul, seigneur de Nesle et cousin germain de Renaud, lui succéda de la manière qu'on vient de rapporter. Il avait, suivant sa relation, deux frères puînés, Raoul et Dreux. L'an 1147, il fit hommage à Goslen son évêque, et lui donna un acte par lequel il reconnaissait tout ce qui s'était passé, comme nous l'avons rapporté, au sujet de la succession du comte Renaud; à quoi il ajoute que pour le plaid de l'évêque, il s'engage à lui donner et à ses successeurs à perpétuité tous les ans, sur les revenus de la portion du comté qui relevait de l'évêché, quatre muids et demi de sel et dix livres en argent, monnaie de Soissons; renonce de plus, comme avait fait avant lui le comte Renaud, à l'usage *sacrilège* où étaient ses prédécesseurs de piller la maison de l'évêque après sa mort; et pour caution de ses engagements, il donne, outre ses deux frères, Raoul et Dreux, la personne du roi Louis le Jeune, présent à cet acte, et Raoul (comte) de Péronne (ou de Vermandois). Il nomme ensuite quatre témoins, savoir le même Raoul; Albéric de Roye, Thierri, fils de Galeran, et Jean le Turc, et finit en disant qu'il a prié l'évêque, pour donner plus de force à cet acte, d'y apposer son sceau. C'est le seul sceau dont il fasse mention, et très-probablement celui dont le lacs en parchemin est encore attaché à la pièce. (*Arch. de la C. de Soissons*, ibid.) Il semble néanmoins que le sceau d'Ives de Nesle, qui s'obligeait lui seul, était bien plus nécessaire que celui de l'évêque. C'est la réflexion très-sensée de M. d'Aguesseau. (*Ibid.*) Mais en admettant l'induction qu'il en tire contre la sincérité de l'acte, le *vénérable* Goslen, qui serait le fabricateur de la pièce, ne doit plus être à nos yeux qu'un insigne faussaire, et peut-être le plus hardi qui eût existé jusqu'alors. Demeurons-en là, et poursuivons l'histoire d'Ives de Nesle. L'an 1147, il partit pour la croisade, à la suite du roi Louis le Jeune. Les écrivains du tems font l'éloge de la conduite qu'il tint dans cette expédition. De retour en France, il s'attacha au comte de Flandre, Thierri d'Alsace, et à Raoul le Vaillant, comte de Vermandois. Ce dernier l'ayant institué par son testament, l'an 1152, tuteur de ses enfants, il défendit leurs domaines contre les seigneurs voisins qui voulaient les usurper.

L'an 1155, le roi Louis le Jeune tint à Soissons, le 10 juin, une grande assemblée de prélats et de barons, dans laquelle il rendit une célèbre ordonnance, pour interdire pendant dix ans les guerres privées entre les seigneurs français. Il est dit, dans le préambule de cette ordonnance, qu'elle fut dressée avec le bon plaisir de ceux qui composaient ce parlement : *Ex quorum beneplacito ordinavimus*; et le comte Ives était de ce nombre. (Du Chesne, *Hist. Fran.*, T. IV, p. 583.) Il faut observer à ce sujet que nos rois faisaient alors deux sortes de statuts ou ordonnances, pour la police et pour l'administration de la justice. Les unes étaient observées sur les seules terres de leur domaine, et ils les faisaient de leur seule autorité, parce que leurs seuls vassaux étaient tenus de les exécuter. Les autres avaient force de loi dans tout le royaume, parce que les ducs et les comtes, ou les avaient faites de concert avec le monarque, ou les avaient ensuite adoptées. Cet usage subsistait encore du tems de saint Louis. Ce monarque ayant défendu les duels, le prieur de Saint-Pierre le-Moûtier s'opposa à l'exécution de cette loi, dans les terres soumises à sa haute justice, et son opposition fut jugée valable, par un arrêt du parlement, tenu à la Chandeleur de l'an 1260. Cet arrêt, rendu sur l'opposition d'un aussi petit seigneur que l'était le prieur de Saint-Pierre-le-Moûtier, prouve, d'une manière décisive, la thèse que nous venons d'établir. Revenons au comte de Soissons. L'an 1161, il confirma la fondation, faite par le comte Renaud, son cousin, de l'abbaye des chanoines réguliers de Saint-Léger de Soissons.

Le comte Ives était considéré de l'empereur Frédéric Ier, et parait avoir été en commerce de lettres avec lui. Ce prince ayant réduit et détruit la ville de Milan, au mois de mars de l'an 1162, lui écrivit pour lui faire part de cette expédition. Dans sa lettre, publiée par D. d'Acheri, et dont nous avons rendu compte à l'article des empereurs d'Allemagne, Frédéric lui déclare qu'il le compte au nombre de ses meilleurs amis. Ives mourut l'an 1178, suivant Gilbert de Mons, sans laisser d'enfants de ses deux femmes, ISABEAU, dont on ignore l'origine, et YOLANDE, fille de Baudouin IV, comte de Hainaut, laquelle se remaria depuis à Hugues IV, comte de Saint-Pol. Baudouin d'Avênes, dans sa chronique, dit du comte Ives le Vieux, qu'il surpassait tous les barons de son tems, en prudence et en générosité.

CONON.

1178. CONON ou CONAN, seigneur de Pierre-Pont, fils de Raoul de Nesle, deuxième du nom, châtelain de Bruges, et de Gertrude, fille de Lambert, comte en Liégeois, suivant Hérimanne de Tournai (n° 34), succéda dans le comté de Soissons et dans les seigneuries de Nesle et de Falvi, à Ives, son oncle paternel, qui l'avait institué son héritier, par son testament, fait dès l'an 1157, et ratifié par le roi Louis le Jeune, comme suzerain immédiat du Soisonnais. Sa mère n'était rien moins qu'un modèle de vertu. Une ancienne généalogie des comtes de Hainaut, insérée dans le septième tome du Spicilége, porte qu'Evrard Raduel, petit-fils par sa mère de Baudouin II, comte de Hainaut, admit dans son lit, du vivant de sa femme, la mère de Conan, de Jean et de Raoul, comtes de Soissons, et qu'il en eut un fils, nommé Baudouin, qui devint seigneur de Mortagne et châtelain de Tournai. L'an 1180, de concert avec sa femme, Conon fit un accord avec l'abbaye de Saint-Médard, portant que leurs hommes respectifs ne pourraient, sans permission de leur seigneur, passer de la terre de l'un dans celle de l'autre. Cela était du droit commun, ces hommes étant, à ce qu'il paraît, des serfs attachés à la glèbe. (*Cartul. de S. Médard*, fol. 50, r°.) Conan mourut la même année, avant Pâques, selon Gilbert de Mons; car c'est ainsi qu'il faut entendre, l'an 1179, que ce chroniqueur donne pour l'époque de sa mort. D'AGATHE DE PIERRE-FONS, son épouse, qui lui survécut, il ne laissa point d'enfants. Elle était fille de

Dreux II, seigneur de Pierre-Fons, et héritière de Nevelon, son frère, mort sans lignée.

RAOUL.

1180. RAOUL DE NESLE, troisième du nom, dit LE BON, succéda dans le comté de Soissons et dans les autres biens de sa maison, à Conon, son frère, excepté en la terre de Nesle et en la châtellenie de Bruges, qui furent le partage de Jean, son frère. Etant parti, l'an 1190, pour la Terre-Sainte, avec le roi Philippe Auguste, il se distingua au siége d'Acre. Ce monarque, à son retour, l'employa dans les affaires les plus importantes du royaume. La valeur et la science politique ne furent pas les seules qualités qui distinguèrent Raoul. Il était outre cela, l'un des meilleurs poètes français de son tems, avec Thibaut, comte de Champagne. Raoul, en cultivant les lettres, ne négligeait pas les droits de son comté. Il eut avec Jacques de Basoches, évêque de Soissons, touchant les limites de leur juridiction respective, des contestations assez longues, qui furent enfin terminées, l'an 1225, par jugement arbitral de l'évêque de Laon. (*Trés. des Ch.*, coffre 216, lias., 9.) Il assista, l'an 1227, à la dédicace de l'église abbatiale de Long-Pont, qui se fit en présence du roi saint Louis, et eut l'honneur de servir ce prince au festin qui suivit la cérémonie. Ce comte mourut le 4 janvier de l'an 1237 (N. S.), et fut enterré dans le chapitre de l'abbaye de Long-Pont, dont il était bienfaiteur. Plusieurs églises du Soissonnais reçurent des marques de sa libéralité. Il avait épousé, 1° avant l'an 1184, ALIX, fille de Robert de France, comte de Dreux, déjà veuve de trois maris, et morte avant l'an 1210, après lui avoir donné Gertrude, femme, 1° de Jean, comte de Beaumont-sur-Oise, 2° de Mathieu II de Montmorenci, connétable de France; Aliénor, mariée à Etienne de Sancerre, seigneur de Châtillon-sur-Loing, grand-boutillier de France, dont elle fut la première femme; et une autre fille. Raoul épousa en secondes noces, l'an 1210 au plus tard, YOLANDE, fille de Geoffroi IV, sire de Joinville, morte en 1223, sans enfants. ADE, sa troisième femme, fille de Henri IV, comte de Grand-Pré (morte le 4 décembre 1239), lui donna Jean qui suit; et Raoul, sire ou vicomte de Cœuvres, qui accompagna le roi saint Louis dans son premier voyage d'outre-mer. On donne au comte Raoul pour quatrième femme, N., comtesse d'Hangest, qui le fit père d'Yolande, femme de Bernard V, sire de Moreuil, dont est issue la maison de Soissons-Moreuil. La comtesse Alix fut inhumée auprès de son époux dans le chapitre de Long-Pont, où l'on

voit son épitaphe rapportée par dom Martenne (*Voy. lit.*
p. 11) en ces termes :

>A. Comitissa pia *de Soissons* quæ jaces hîc,
>Regno felici tecum sit virgo Maria,
>Mater egenorum, multorum plena bonorum ;
>Heu ! laus horum cibus est vermiculorum.

JEAN II.

1237. JEAN II DE NESLE, dit LE BON et LE BEGUE, chevalier, fils aîné de Raoul, lui succéda au comté de Soissons, qu'il gouvernait depuis plusieurs années avec lui. Il avait assisté, l'an 1230, au jugement des pairs, rendu contre Pierre Mauclerc, son cousin, duc de Bretagne ; et quatre ans après, celui-ci ayant fait sa paix dans la ville d'Angers avec le roi saint Louis, le duc de Bourgogne, Hugues IV, et Jean de Soissons, se portèrent pour garants de sa fidélité. L'an 1231, Jean de Soissons ayant établi des garennes dans la terre de Buci-le-Long, et en d'autres appartenantes à la cathédrale de Soissons, s'attira de la part du chapitre une excommunication pour n'avoir pas voulu renoncer à cette entreprise. Comme il ne tenait compte de l'anathème lancé contre lui, cette compagnie le fit confirmer, au mois de septembre 1232, par trois commissaires apostoliques, savoir, Guimond, doyen de Meaux, Geoffroi, archidiacre de Brie, et Simon de Luzanci, chanoine aussi de Meaux. Ce réaggravat ne servit qu'à irriter le coupable. Ne gardant plus aucune mesure, il fit main basse sur tout ce qui appartenait à l'église de Soissons, hommes, chevaux, et autres effets ; il porta même la main sur un des chanoines, qu'il mit en prison. Le roi saint Louis, informé de ces violences, donna ordre à ses baillis de les réprimer. Jean de Soissons voyant l'orage prêt à fondre sur lui, commença de rentrer en lui-même, et proposa à ses parties de s'en remettre au jugement du métropolitain (Henri de Dreux, archevêque de Reims) ; ce qui fut accepté. Par son jugement, rendu au mois de juin 1233, le prélat condamna Jean de Soissons à se désister de ses prétentions sur les terres du chapitre, restituer ce qu'il lui avait enlevé, relâcher ses hommes qu'il tenait en prison ; et pour avoir eu la témérité d'y mettre un chanoine, il fut dit qu'au jour qu'on lui indiquerait, il viendrait à la cathédrale nu-pieds, en chemise et en braies, tenant un paquet de verges entre ses bras, et qu'en cet état il marcherait à la suite de la procession, au retour de laquelle il présenterait ses verges au doyen pour recevoir de lui la discipline. La même pénitence fut enjointe à ceux qui l'avaient aidé à prendre le chanoine. (*Archiv. de l'église de Sois. layette* 93, *lias*. 4.) Ce châtiment lui fut salutaire, et le rendit plus circonspect dans ses démarches.

L'an 1240, le comte Jean fut présent dans Saumur, le 25 juin, à l'assemblée des barons, où saint Louis donna le comté de Poitiers à son frère Alphonse, après l'avoir fait chevalier. On remarque qu'au festin qui se donna dans cette occasion, le comte de Soissons eut l'honneur de servir le roi, comme Raoul, son père, avait fait à la dédicace de l'église de Long-Pont. Il suivit ce monarque, l'an 1242, dans la guerre qu'il fit au comte de la Marche. L'an 1248, il fut du voyage d'outre-mer; et fut accompagné, dans cette expédition, de Raoul, sire de Cœuvres, son frère, et de plusieurs de ses vassaux. Ayant débarqué en Egypte avec le roi saint Louis l'année suivante, il se distingua dans toutes les occasions contre les Infidèles. Le sire de Joinville, qui était mari de sa cousine, raconte plusieurs faits d'armes, par lesquels ils se distingua dans cette expédition; et dans ce récit on voit qu'ils joignaient, l'un et l'autre, l'enjouement et la valeur. A l'affaire de la Massoure, comme ils gardaient ensemble un pont sur un bras du Nil, ils se virent tout-à-coup assaillis par un gros de Turcs. Après les avoir repoussés, le comte dit à Joinville : *Sénéchal, laissons crier et braire cette quenaille. Et par la quoiffe-Dieu, ainsi qu'il juroit, encore parlerons-nous, vous et moy, de cette journée en chambre devant des dames.* Mais à la fin il fut fait prisonnier par les Musulmans avec le saint roi et toute l'armée chrétienne. L'an 1250, après sa délivrance, il s'excusa d'accompagner le roi en Palestine. Le monarque admit ses excuses, et lui permit de partir. Il s'embarqua donc le 27 mai avec les comtes de Flandre et de Bretagne pour retourner en France. Rendu à son royaume, saint Louis employa le comte de Soissons en plusieurs affaires importantes. Ce fut un des seigneurs que le monarque chargea du soin de tenir les plaids de la porte, c'est-à-dire, d'entendre les plaintes de ses sujets et de recevoir leurs requêtes. *Car de coutume*, dit le sire de Joinville, *après ce que les sires de Neelles et le bon seigneur de Soissons, moy et aultres de ses prouches avyons esté à la messe, il falloit que nous allisions oir les pletz de la porte, que maintenant on appelle les requestes du palais à Paris. Et quant li bon roy estoit au matin venu du Moustier, il nous envoyoit quérir, et nous demandoit comment tout se portoit, et s'il y en avoit nul qu'on ne peust despescher sans luy. Et quant il en y avoit aucuns, nouz le lui disions. Et alors les envoyoit quérir, et leur demandoit à quoi il tenoit qu'ilz n'avoient agréable l'offre de ses gents, et tantost les contentoit, et mettoit en raison et en droicture.* Charles d'Anjou, frère de saint Louis, ayant entrepris la conquête du royaume de Sicile, le comte de Soissons fut des premiers à se joindre avec un corps de ses troupes à l'armée que la comtesse Béatrix, femme de Charles, lui amena, l'an 1265, devant Rome. Il eut part sans doute à la grande victoire que ce prince remporta le 26 février de l'année suivante, sur Mainfroi, son rival, qui périt dans la mêlée. (*Nouv. Hist. de Prov.*, T. III, p. 17.) L'an 1269, se disposant à partir avec le saint roi pour l'expédition d'Afrique, le comte Jean fit son testament le 2 avril. Il mourut avant la fin de l'année suivante. Mais on ne peut dire positivement s'il accompagna le roi jusqu'à Tunis, ou s'il mourut en chemin. Quoi qu'il en soit, il laissa de MARIE, sa première femme, fille et héritière de Roger, seigneur de Chimai (morte avant 1240), Jean, qui suit; Raoul, mort sans lignée; Eléonore, femme de Renaud de Thouars, seigneur de Tifauges, avec deux autres filles. MAHAUT, sa seconde femme, fille de Sulpice III, seigneur d'Amboise, de Montrichard, etc., ne lui donna point d'enfants, et mourut avant lui.

JEAN III.

1270. JEAN III DE NESLE, seigneur de Chimai, successeur de Jean II, son père, au comté de Soissons, mourut en 1284, et fut enterré à l'abbaye de Long-Pont. Du vivant de son père, il avait accompagné Charles d'Anjou à la conquête du royaume de Naples. L'an 1272 (N. S.), par sa charte du mois de février, il ratifia, avec quelques modifications, les lettres de franchise accordées aux habitants de Buci, Troni, Margival, Croi, Cuffiers, Pommiers, Villeneuve, Aile et dépendances. (*Ordonn.*, T. XI, p. 411.) Il avait épousé avant 1268 MARGUERITE, fille d'Amauri VI, comte de Montfort (morte après l'an 1288), dont il eut Jean, qui suit; Raoul, vicomte d'Hostel; Jean, dit Antherre, prévôt de l'église de Reims; et Marie femme d'Eustache de Conflans.

JEAN IV.

1284. JEAN IV DE NESLE, seigneur de Chimai du vivant de Jean III, son père, lui succéda au comté de Soissons. Sa mort arriva vers la fin de 1289. Il avait épousé avant 1281, MARGUERITE, fille puînée de Hugues, seigneur de Rumigni, l'un des plus puissants seigneurs de son tems, et dont la fille aînée, Elisabeth, avait épousé Thibaut II, duc de Lorraine. Jean laissa de son mariage deux fils, Jean et Hugues qui suivent.

JEAN V.

1289 ou environ. JEAN V, né l'an 1281, succéda, sous la tutelle de Raoul, vicomte d'Hostel, son oncle, à Jean IV, son père, dans le comté de Soissons et la seigneurie de Chimai. Il mourut vers la fin de 1297 sans alliance, n'étant encore que damoiseau.

HUGUES.

1297 ou environ. HUGUES DE NESLE, frère de Jean V, lui succéda au comté de Soissons, et dans la seigneurie de Chimai, l'an 1298 au plus tard. L'an 1302, il servit en l'ost de Flandre avec deux chevaliers et vingt-cinq écuyers. Il mourut l'an 1306, laissant de JEANNE, son épouse, fille aînée de Renaud, seigneur d'Argies en Picardie, une fille unique, qui suit. La comtesse Jeanne se remaria à Jean de Clermont, baron de Charolais, petit-fils de saint Louis, puis à Hugues de Châtillon, seigneur de Leuze, et mourut l'an 1334, dix-huit ans après son second époux, décédé l'an 1316, comme il se disposait à partir pour la Terre-Sainte. (Nic. Triveth.)

MARGUERITE ET JEAN DE HAINAUT.

1306. MARGUERITE, fille posthume et unique de Hugues de Nesle, lui succéda au comté de Soissons et dans la seigneurie de Chimai. Elle épousa, l'an 1316, JEAN DE HAINAUT, seigneur de Beaumont, de Valenciennes, etc., frère de Guillaume le Bon, comte de Hainaut et de Hollande. Dormai place ce mariage vers l'an 1325. Cette année, les bourgeois de Soissons, accablés par les amendes auxquelles ils avaient été condamnés par le parlement au sujet des procès qu'ils avaient avec les chanoines de la cathédrale, pour raison des droits respectifs de la commune et du chapitre, prirent le parti de renoncer à leur privilège et de demander au roi, Charles le Bel, un prévôt royal au lieu du maire qui était à la tête de la commune. Charles leur accorda ce qu'ils désiraient, par ses lettres données à Saint-Christophe en Hallate le 4 novembre 1325 ; lettres par lesquelles il est dit que la prévôté de Soissons ressortira, non à celle de Laon, mais au bailliage de Vermandois.

Le comte Jean conduisit, l'an 1327, en Angleterre, Philippe, sa nièce, pour épouser le roi Edouard III. C'était le troisième voyage qu'il faisait en ce royaume. L'an 1328, il fit merveille pour la France à la bataille de Cassel, où le comte son frère eût été tué ou fait prisonnier sans les efforts héroïques qu'il fit pour le sauver. Mais, l'an 1337, il se déclara pour l'Angleterre dans l'assemblée de Hall, où plusieurs seigneurs de l'empire s'étaient rendus à l'invitation d'Edouard III. S'étant rendu, l'année suivante, le 1er de septembre, avec ces mêmes confédérés à Malines, il signa avec eux le cartel de défi qu'ils envoyèrent au roi de France. Son dévouement pour le parti qu'il avait pris étouffa dans son cœur jusqu'aux sentiments de la nature. Jeanne, sa fille, avait épousé Louis de Châtillon, fils de Gui, comte de Blois, qui demeura fidèle au roi de France. Le comte de Soissons, au lieu d'épargner la ville de Guise, qui appartenait à son gendre et où sa fille était renfermée, déchargea toute sa fureur sur cette place et ses dépendances, brûla la ville, fit abattre les moulins qui l'avoisinaient, et ravagea tous les environs. La trêve que la comtesse douairière de Hainaut ménagea, l'an 1340, entre les deux couronnes, ayant suspendu les hostilités, le comte de Blois profita de cet armistice pour travailler à ramener le comte de Soissons, son beau-frère, dans le parti de son légitime souverain. Il y réussit, et depuis ce tems, le comte Jean servit le roi Philippe de Valois avec autant d'ardeur qu'il en avait montré pour les intérêts d'Edouard III. On le vit à la funeste journée de Créci, en 1346, arracher de la mêlée le roi son maître, lorsque tout était désespéré, l'accompagner, lui cinquième, jusqu'au château de Broyes, et de là, avec un peu plus de compagnie, jusqu'à la ville d'Amiens : « Service, dit judicieusement Dormai, qui, en tirant le roi du dan- » ger de la mort ou de la prison, empêcha la perte du royaume ». Jean de Hainaut n'avait point servi l'année précédente avec le même bonheur le comte Guillaume, son neveu dans son expédition contre les Frisons révoltés. La flotte qu'il commandait avec lui ayant été séparée par les vents, il aborda le premier, et n'écoutant que son courage, il attaqua les rebelles avant que son neveu l'eût joint avec le reste de la flotte. Guillaume étant arrivé comme son oncle les poursuivait, imita son imprudence ; et, sans attendre que toutes ses troupes eussent débarqué, il courut la campagne, le fer et le feu à la main, n'étant soutenu que de cinq cents hommes. Sa témérité eut le sort qu'elle méritait ; il tomba dans une embuscade où il périt. Son armée fut ensuite battue avec perte de trois mille sept cents hommes ; et Jean de Hainaut ne regagna qu'à grande peine ses vaisseaux avec ceux qui avaient échappé au carnage. Celui-ci n'était plus alors comte de Soissons. De concert avec sa femme, il avait cédé ce comté, l'an 1344, à sa fille et à son gendre. Marguerite, sa femme, termina ses jours en 1350. Il lui survécut près de sept ans, étant mort le 11 mars 1357. (N. S.). Son corps fut enterré aux Cordeliers de Valenciennes.

JEANNE et LOUIS DE CHATILLON.

1344. JEANNE, fille unique de Jean de Hainaut et de Marguerite de Nesle, leur succéda dans le comté de Soissons et la seigneurie de Chimai, par la cession qu'ils lui en firent en 1344. Elle était mariée pour lors depuis plusieurs années à LOUIS DE CHATILLON, qui devint comte de Blois en 1342. Jeanne communiqua le titre de comte de Soissons à son époux, qui n'en jouit pas longtems, ayant été tué, le 26 août 1346, à la bataille de Créci. De son mariage il laissa trois fils, Louis, Jean et Gui. Jeanne, sa veuve, eut la tutelle de ces trois enfants avec Guillaume le Riche, comte de Namur, à qui elle se remaria. Cette princesse étant morte l'an 1350, la garde-noble de ses trois enfants passa au duc de Bretagne, Charles de Blois, leur oncle maternel.

GUI.

L'an 1361, GUI, par le partage qu'il fit au mois de juin avec ses frères, devint comte de Soissons, seigneur de Chimai, d'Argies, de Clari et de Catheu. Louis, son aîné, ayant été choisi pour être l'un des otages que le roi Jean donna au roi d'Angleterre pour obtenir sa liberté, Gui consentit à prendre sa place, et d'aller en Angleterre au lieu de lui, à condition qu'il payerait sa dépense tant que l'otage durerait. Il paraît qu'en partant, Gui remit le comté de Soissons à Louis. Du moins il est certain que Louis ajouta à ses qualités celle de comte de Soissons, et qu'il rendit même hommage de ce comté au roi. Mais, l'an 1366, par acte du 13 juillet, Louis se dessaisit du comté de Soissons en faveur de Gui, qui était encore alors retenu en Angleterre. L'année suivante, ennuyé de sa longue captivité, Gui, pour obtenir sa liberté, vendit son comté de Soissons à Enguerand de Couci, que la même disgrâce avait conduit en Angleterre, mais qui, plus fortuné que lui, ayant eu le bonheur de plaire à la fille du roi Edouard, fut enfin choisi pour être le gendre de celui auquel il avait été donné en otage. L'acte de vente fut passé le 5 juillet 1367. Gui dans la suite devint comte de Blois et héritier de plusieurs autres terres, qui le rendirent un des plus puissants seigneurs de France. (Voy. *les comtes de Blois.*)

ENGUERAND DE COUCI.

1367. ENGUERAND, sire de Couci, VIIe du nom, devint comte de Soissons par la vente que lui fit de ce comté Gui de Châtillon, et par la libéralité d'Edouard, roi d'Angleterre, qui en paya le prix.

Ce comté fut la dot d'Isabelle, fille de ce prince, qu'Enguerand épousa, et tint lieu d'une rente de quatre mille livres, qu'Edouard lui avait promise par son contrat de mariage. Enguerand fit fortifier et agrandir le château de Soissons, de manière qu'il tenait en bride les bourgeois, et présentait un aspect redoutable aux étrangers. Nous avons donné ailleurs le détail des exploits par lesquels il signala sa valeur et son habileté dans le métier des armes. Il mourut, le 18 février 1397, à Burse en Bithynie, après la bataille de Nicopoli, où il avait été fait prisonnier. De son mariage avec Isabelle d'Angleterre, il laissa deux filles, Marie, qui suit; et Philippe, femme du duc d'Irlande. D'Isabelle de Lorraine, sa seconde femme, il eut une autre fille, nommée comme sa mère. (*Voy.* Enguerand VII, *sire de Couci*).

MARIE DE COUCI.

1397. Marie, fille aînée d'Enguerand et d'Isabelle d'Angleterre, se porta pour leur unique héritière, et se mit en possession de toutes leurs terres. Elle était veuve pour lors de Henri de Bar, marquis de Pont, fils aîné de Robert, comte de Bar, qu'elle avait épousé l'an 1383, et qui fut tué, l'an 1396, à la bataille de Nicopoli. L'an 1400, Marie vendit pour quatre cent mille livres, par contrat du 15 novembre, à Louis, duc d'Orléans, les seigneuries de Couci, de Marle et de la Fère. Isabelle de Lorraine, veuve d'Enguerand, comme ayant la garde-noble d'Isabelle, sa fille, prétendit que cette vente était nulle, parce qu'une portion de ces terres devait appartenir à sa fille, et qu'elle-même devait en avoir la moitié ou du moins le tiers. Le duc d'Orléans, troublé dans la jouissance de son acquisition, intenta contre Marie une demande en garantie. Ce fut pour faire cesser cette demande, et pour dédommager le duc de la perte qu'il faisait par l'éviction d'une partie des seigneuries de Couci, de la Fère et de Marle, que Marie lui céda, l'an 1404, le 13 mai, tout ce qu'elle avait ou pourrait avoir par la *succession d'aucunes de ses sœurs* au comté de Soissons et en la seigneurie de Ham, etc. Mais le procès ne fut point terminé par là. Marie finit ses jours l'an 1405 (N. S.), laissant un fils, qui suit. (Voy. *les sires de Couci.*)

ROBERT DE BAR.

1405. Robert de Bar, fils de Henri de Bar et de Marie de Couci, eut à soutenir le procès qu'Isabelle, sa tante, avait intenté à sa mère, et qui se poursuivait toujours. Il fut jugé définitivement, comme on l'a dit ci-devant, le 11 août 1408, en faveur d'Isabelle, qui eut la moitié de la baronnie de Couci et de ses dépendances. A l'égard du comté de Soissons, il resta tout entier à Charles, fils et successeur de Louis, duc d'Orléans. Mais ce prince, se trouvant hors d'état d'achever le paiement de la somme qu'il devait pour l'acquisition de ce comté, fut obligé de transiger, en 1412, avec Robert de Bar, et de lui rétrocéder la moitié par indivis du comté de Soissons. La portion de Charles passa, l'an 1466, à Louis, son fils, lequel étant monté sur le trône de France après la mort du roi Charles VIII, elle fut réunie de droit au domaine de la couronne; mais elle ne le fut pas de fait, parce que ce prince déclara que son intention était qu'elle fût administrée séparément. En effet, il la donna peu de tems après à Claude, sa fille, qui épousa François Ier. Cette princesse étant morte l'an 1524, la moitié par indivis du comté de Soissons tomba entre les mains de Henri II, sous lequel elle fut enfin réunie de fait au domaine du roi.

Revenons à Robert de Bar, possesseur de l'autre moitié indivise du comté de Soissons. Trois ans avant la transaction dont on vient de parler, il en avait fait une autre (le 8 avril 1409) avec Edouard de Bar, marquis de Pont, fils aîné de Robert, duc de Bar, par laquelle il devint possesseur des seigneuries de Marle, d'Oisi, de Warneton, de Bourbourg, de Dunkerque, etc. Le roi Charles VI, qui l'estimait, érigea en sa faveur, par lettres du mois d'août 1413, la baronnie de Marle en comté. Ce prince lui conféra de plus la charge de grand-boutillier. Vers le même tems, Soissons subit le sort de la plupart des villes de Picardie, dont le duc de Bourgogne s'empara pour y mettre garnison. Charles VI étant entré, l'an 1414, dans cette province pour la réduire, commença par le siége de Soissons, qu'il emporta d'assaut le 20 ou le 21 mai. La ville fut livrée au pillage; et Enguerand de Bournonville, l'un des commandants de la place, eut la tête tranchée, ainsi que plusieurs autres officiers, pour expier la mort du bâtard de Bourbon, qui avait été tué à ce siége. L'an 1415, le comte Robert combattit pour la France à la bataille d'Azincourt, où il périt le 25 octobre, avec deux de ses oncles, laissant de Jeanne de Béthune, son épouse, fille aînée de Robert de Béthune, vicomte de Meaux, une fille, qui suit. La comtesse Jeanne ayant survécu à son mari, se remaria à Jean de Luxembourg, comte de Ligni, et mourut sur la fin de 1459.

JEANNE DE BAR et LOUIS DE LUXEMBOURG.

1415. Jeanne, fille unique de Robert de Bar, lui succéda aux comtés de Soissons et de Marle, ainsi qu'à ses autres domaines. Elle épousa, l'an 1435, au château de Bohain, le 16 juillet, Louis de Luxembourg, comte de Saint-Pol, de Brienne et de

Ligni, connétable de France. Jeanne mourut l'an 1462, et son mari fut décapité le 19 décembre 1475. (*Voyez* Louis, *comte de Saint-Pol*.)

JEAN DE LUXEMBOURG.

1475. JEAN DE LUXEMBOURG, fils aîné de Louis de Luxembourg, prit les titres de comte de Soissons, de Marle et de Saint-Pol, après la mort de son père. Mais il ne jouit point de ces domaines, tant à raison de la confiscation que le roi Louis XI en avait faite, que parce qu'il était dans l'armée du duc de Bourgogne. L'an 1476, il fut tué, le 22 juin, à la bataille de Morat, que le duc perdit contre les Suisses.

PIERRE DE LUXEMBOURG.

1476. PIERRE, appelé comte de Brienne du vivant de Jean, son frère, hérita de ses titres, et n'eut rien de plus en France. Il mourut au château d'Enghien, le 25 octobre 1482, laissant deux filles, dont l'aînée, qui suit. (*Voyez* Pierre, *comte de Saint-Pol*.)

MARIE DE LUXEMBOURG.

1482. MARIE, fille aînée de Pierre de Luxembourg, obtint du roi Charles VIII une déclaration datée d'Ancenis au mois de juillet 1487, en vertu de laquelle elle et sa sœur Françoise furent rétablies dans leurs biens paternels et maternels. Marie eut pour sa part les comtés de Soissons, de Marle et de Saint-Pol; la vicomté de Meaux, les seigneuries d'Enghien, de Bourbourg, de Dunkerque, et d'autres domaines qu'elle porta dans la maison de Bourbon-Vendôme, par son mariage avec FRANÇOIS DE BOURBON, comte de Vendôme, son second mari. Ce prince finit ses jours le 3 octobre 1495, et Marie termina les siens le premier avril 1547. (N. S.) (*Voyez les comtes et ducs de Vendôme*.)

JEAN DE BOURBON.

1547. JEAN, cinquième fils de Charles de Bourbon, premier duc de Vendôme, et de Françoise d'Alençon, né au château de la Fère, le 6 juillet 1528, succéda, l'an 1547, à Marie de Luxembourg, son aïeule, dans le comté de Soissons. Il accompagna le roi Henri II dans le voyage qu'il fit sur les frontières d'Allemagne. S'étant jeté dans Metz, l'an 1552, il servit à la défense de cette ville, assiégée par les Impériaux avec les plus grands efforts. L'an 1555, il fut un des chefs qui commandèrent au siége d'Ulpiano dans le Piémont, commencé vers la fin d'août, et achevé par la réduction de la place dans le mois suivant. Il combattit, le 10 août 1557, à la journée de Saint-Quentin, et y périt d'un coup de pistolet. Il avait épousé, six semaines auparavant, MARIE DE BOURBON, duchesse d'Estouteville, comtesse de Saint-Pol, fille de François de Bourbon Ier, comte de Saint-Pol, et d'Adrienne, duchesse d'Estouteville, dont il n'eut point d'enfants.

LOUIS DE BOURBON.

1557. LOUIS DE BOURBON, Ier du nom, prince de Condé, septième fils de Charles de Bourbon, duc de Vendôme, né à Vendôme, le 7 mai 1530, succéda, l'an 1557, à Jean, son frère, dans le comté de Soissons. Il fit ses premières armes dans l'expédition du roi Henri II, pour le recouvrement de la ville de Boulogne, qui revint à la France le 13 avril 1550. L'année suivante, il accompagna ce prince dans le voyage qu'il fit sur la frontière d'Allemagne, pour soutenir les princes de l'Empire ligués contre Charles-Quint. A son retour, il se renferma dans Metz avec plusieurs seigneurs, et eut part à la belle défense que fit cette ville contre la puissante armée de l'empereur, qui, étant venu, l'an 1552, l'assiéger en personne, fut obligé d'en lever le siége. L'an 1553, au mois de juin, il défit une partie des troupes de Philibert de Savoie, prince de Piémont, avant la réduction de Terouenne. Louis s'étant joint, le 12 août suivant, au connétable de Montmorenci, ils battent, près de la Somme, le duc d'Arschot, qui commandait environ neuf mille hommes, et le font prisonnier. L'an 1555, au mois de septembre, Louis se signale à l'assaut d'Ulpiano dans le Piémont, et parvient au grade de colonel de la cavalerie légère. Il combattit vaillamment, le 10 août 1557, à la bataille de Saint-Quentin, et recueillit à la Fère les débris de notre armée. Il servit, dans la campagne suivante, aux siéges de Calais et de Thionville. Jusqu'alors il avait fait profession de la religion catholique; mais, après la mort de Henri II, divers mécontentements, les uns publics, les autres secrets, le jetèrent dans le parti des Huguenots. On l'accusa d'avoir été le chef muet de la conjuration d'Amboise, et il fut arrêté, pour ce sujet, à Orléans. Il y était en danger de perdre la vie; mais la mort du roi François II changea la face des affaires. Le roi Charles IX, à son avénement au trône, lui rendit la liberté. Condé voulut ensuite être lavé de l'accusation dont on l'avait noirci. La chose fut aisée. Personne n'osant plus se déclarer sa partie, il obtint, le 18 décembre 1560, un jugement de la cour des pairs, qui le déclarait innocent. Les Huguenots s'étant révoltés en corps pour la première fois, en 1562, l'élurent pour leur chef dans une assemblée tenue, le 11 avril, à Orléans. Condé soutint ce choix par ses vertus guerrières et par sa haine contre les Guises, les ennemis les plus terribles des Huguenots, et les objets particuliers de sa jalousie. Au mois de juillet, il reprit Blois, que le duc de Guise avait enlevé aux Protestants. Mais, le 19 décembre, il fut battu et fait prisonnier à la bataille de Dreux. Délivré de prison par le traité de paix publié au camp d'Orléans le 11 mars 1563, il engagea la reine-mère à faire le siége du Hâvre, occupé par les Anglais. La valeur et l'habileté qu'il fit paraître dans cette expédition, sous les ordres du connétable, et en présence du roi, que la reine y avait amené, contribuèrent le plus à la reddition de la place. L'an 1566, voyant le connétable déterminé à se démettre, il ambitionna cette place, mais eut pour concurrent le duc d'Anjou, qui le menaça, s'il continuait d'y penser, *de le rendre aussi petit compagnon qu'il vouloit faire du grand.* (Brantôme.) Ces paroles, suivant l'écrivain qui les rapporte, achevèrent de le précipiter dans la révolte; disposition où l'avait déjà mis la crainte où il était que la reine-mère ne s'entendît avec l'Espagne pour détruire les Huguenots. Ceux-ci, qu'il avait soulevés, forment, en 1567, le projet de le faire roi de France. Ce fut dans cette vue qu'ils firent frapper des monnaies, ou, si l'on veut, des médailles, ayant d'un côté la tête du prince de Condé, et de l'autre, l'écu de France, avec cette inscription: Ludovicus XIII, Dei gratia Francorum rex primus christianus. Le Blanc (*Tr. hist. des monn. de Fr.*) assure avoir vu une de ces pièces entre les mains d'un orfèvre de Londres. Autre projet du prince de Condé et de ses partisans, peut-être une suite du précédent. Il concerte avec eux d'enlever le roi sur la route de Monceaux à Paris. La cour, avertie du complot, prend ses mesures pour le faire échouer. Le roi se met en route le 29 septembre 1567, avant la pointe du jour; et la valeur des Suisses, rangés en bataille autour de sa personne, le sauve des embûches de ses ennemis. Ce coup manqué, le prince tente le blocus de Paris. Le connétable ayant levé une armée, lui présente la bataille, le 10 novembre, dans la plaine de Saint-Denis. Le prince l'accepte, quoiqu'avec des forces très-inégales. Il est battu, mais il se retire sans être poursuivi. Son armée étant presque ruinée, il obtient un renfort du comte palatin du Rhin, et va le joindre sur les confins de la Lorraine, au mois de janvier 1568. Vers la fin de février, il vient mettre le siége devant Chartres. Le 23 mars, on fait une paix feinte, appelée *la petite paix*, à raison de sa courte durée. Le 25 août, le prince et l'amiral, informés qu'on veut les enlever dans Noyers, où ils s'étaient rencontrés, se sauvent à la Rochelle. Pour faire subsister ses troupes, Louis vend tous les biens ecclésiastiques des pays dont il s'est rendu maitre. Cette ressource n'étant point encore suffisante, il obtient de la reine d'Angleterre de l'argent et des munitions de guerre. Les princes protestants d'Allemagne viennent à son secours, et Wolfgand, duc des Deux-Ponts, lui amène, l'an 1569, un corps de troupes. Le 13 mars de la même année, Condé arrive au secours de l'amiral en Poitou. Forcé par le duc d'Anjou à donner bataille près de Jarnac en Angoumois, il reçoit avant l'action une blessure considérable à la jambe d'un coup de pied que lui donne le cheval du comte de la Rochefoucauld, n'en combat pas avec moins d'ardeur et de présence d'esprit. Mais, investi par un gros des ennemis, il est obligé de se rendre prisonnier. Le baron de Montesquiou arrive sur ces entrefaites, et de sang froid lui casse la tête d'un coup de pistolet. Ainsi périt Louis de Condé, dans sa trente-neuvième année, prince à qui la nature, dans un petit corps assez mal fait, avait donné toutes les qualités qui font les héros. L'ambition et le dépit de se voir contraint de plier sous la maison de Guise, plutôt que le motif de la religion, le jetèrent dans la révolte, et le livrèrent au parti huguenot; la défiance qu'il conçut de la reine-mère et de ses ennemis toujours puissants, l'y maintint. Il eut enfin le malheur de mourir les armes à la main contre son roi, après mille belles actions qu'il avait faites avant et durant ces troubles. (Daniel.) Il avait épousé, 1°, le 22 juin 1551, ELÉONORE DE ROYE, fille aînée et héritière de Charles, sire de Roye et de Muret, comte de Rouci, et de Madeleine de Mailli, dame de Conti (morte à Condé en Brie, le 23 juillet 1563), dont il eut Henri de Bourbon, prince de Condé; Charles, mort enfant; François, prince de Conti; Charles, cardinal-archevêque de Rouen; et quatre autres enfants morts jeunes. Louis Ier épousa en secondes noces, l'an 1565, FRANÇOISE D'ORLÉANS, fille de François d'Orléans, marquis de Rothelin, qui le fit père de Charles, qui suit, et de deux autres enfants morts en bas âge, et mourut, le 11 juin 1601, dans l'hôtel de Soissons à Paris.

CHARLES DE BOURBON.

1569. CHARLES, fils de Louis de Bourbon Ier, prince de Condé, et de Françoise d'Orléans, né à Nogent-le-Rotrou, le 3 novembre 1566, succéda à son père dans le comté de Soissons et en d'autres seigneuries. Il fut élevé par les soins du cardinal de Bourbon, son oncle, et passa sa jeunesse à la cour du roi

Henri III, qui l'associa, l'an 1585, à l'ordre du Saint-Esprit. Peu de tems après, mécontent de la cour, il se retira et alla joindre le roi de Navarre. L'an 1587, il combattit avec ce prince, le 20 octobre, à la bataille de Coutras. Avant l'action, le roi lui avait dit et au prince de Condé, son frère : *Souvenez-vous que vous êtes du sang des Bourbons ; et, vive Dieu ! je vous ferai voir que je suis votre aîné.* A quoi ils répondirent : *Nous vous montrerons que vous avez de bons cadets.* Ils tinrent parole. Le comte de Soissons, après le gain de cette bataille, suivit en Navarre le roi vainqueur, dont il demanda la sœur en mariage. N'ayant pu l'obtenir, il revint en France, et fit son accommodement avec la cour. Mais comme il pouvait être accusé d'avoir encouru les censures pour ses liaisons avec un prince hérétique, on lui conseilla de demander son absolution à Rome. Le pape l'accorda à la sollicitation du roi, qui donna des lettres-patentes par lesquelles Sa Majesté certifiait l'absolution du comte, et déclarait que ce prince n'était pas dans le cas de ceux que l'édit d'union appelait *fauteurs d'hérétiques.* C'était pendant la tenue des états de Blois, où le comte assistait en 1588, que ces lettres furent données. Le jour qu'on les porta au parlement pour y être enregistrées, un misérable tailleur, suivi d'une foule de mutins, arrêta les magistrats, et leur défendit de procéder à l'enregistrement, *au nom et de la part de dix mille des meilleurs catholiques de Paris.* Le roi Henri III, qui était à Blois, ne tarda pas à le savoir ; et déjà il était informé que, dans une chambre des états, l'on avait proposé de faire déclarer le comte de Soissons incapable de succéder à la couronne, comme fauteur d'hérétiques, et que cette proposition avait été rejetée par les autres députés. (De Thou, l. 92.) Chargé, l'an 1589, du commandement de l'armée royale envoyée en Bretagne, le comte de Soissons eut le malheur d'être fait prisonnier à Château-Giron par le duc de Mercœur, et fut mené, avec le comte d'Avaugour, à Nantes, d'où il se sauva par l'adresse de ses domestiques. Au mois de novembre de la même année, le roi Henri IV, auquel il avait amené des troupes pour secourir Dieppe, le nomma grand-maître de France. Il commanda la cavalerie, en 1590, au siége de Dieppe. Il servit utilement, l'année suivante, au siége de Chartres, et, en 1592, à celui de Rouen. Il assista, le 27 février 1594, au sacre du roi, où il représenta le duc de Normandie. L'an 1600, il eut le commandement de l'armée qui fut envoyée contre le duc de Savoie. L'année suivante, il fut nommé gouverneur du Dauphiné. Le comte de Soissons ne crut pas cette récompense proportionnée à ses services ; il tenta de plus d'obtenir du roi une imposition de quinze sous sur chaque ballot de toile qui entrait dans le royaume, ou qui en sortait, disant qu'il n'en tirerait que dix mille écus. Mais Sulli ayant soutenu qu'elle en produirait près de trois cent mille, elle fut refusée. (Thomas, *Éloge de Sulli*.)

L'an 1610, après l'assassinat du roi Henri IV, le comte arrive à Paris le 17 mai, et fait grand bruit de ce qu'on a déféré la régence à la reine, sans l'avoir attendu. On l'apaise, en lui donnant une pension de cinquante mille écus, avec le gouvernement de Normandie. Ennemi du duc de Sulli, surintendant des finances, il forme le projet de l'assassiner, et en fait part au duc d'Épernon, qui refusa de s'y prêter. Le 17 octobre de la même année, au sacre de Louis XIII, il représenta le duc de Guienne. Ce prince mourut le premier novembre 1612, à Blandi en Brie, laissant d'ANNE, comtesse de Montafié, qu'il avait épousée le 17 décembre 1601 (morte le 17 juin 1644), Louis, qui suit ; Louise, femme de Henri d'Orléans, deuxième du nom, duc de Longueville ; et Marie, femme de Thomas-François de Savoie, prince de Carignan. Sous le gouvernement de ce prince, le roi Henri IV établit à Soissons, par un édit donné à Lyon, dans le mois de septembre 1595, un bailliage provincial avec un siége présidial, et, dans le mois de novembre suivant, un bureau des finances. Charles et sa femme furent enterrés à la chartreuse de Gaillon.

LOUIS DE BOURBON.

1612. LOUIS DE BOURBON II, né à Paris le 11 mai 1604, succéda, l'an 1612, à Charles, son père, dans le comté de Soissons, ainsi que dans la dignité de grand-maître de France, et le gouvernement de Dauphiné. Mécontent de la cour, il la quitta le 27 juin 1620, et va se rendre, avec la comtesse, son épouse, auprès de la reine-mère à Angers. Il prit congé d'elle la même année, lorsqu'elle eut fait sa paix avec le roi son fils, et revint à la cour. L'an 1622, le 17 avril, il signala sa valeur au combat du canal de Rié en Poitou, dont le passage, disputé par Soubise, l'un des chefs des Huguenots, fut forcé par le roi, à la tête de sa cavalerie, après avoir taillé en pièces plus de quatre mille hommes des ennemis.

L'an 1626, le roi, partant pour la Bretagne, dans le dessein d'étouffer une conspiration qui se formait dans cette province, laissa le comte de Soissons à Paris, pour présider au conseil. Il accompagna, l'an 1628, ce monarque au siége de la Rochelle ; et, l'an 1630, il fut de son expédition d'Italie, pour secourir le duc de Mantoue. Il fut pourvu, l'an 1631, du gouvernement de Champagne et de Brie. Pour augmenter ses revenus, le roi, la même année, lui conféra l'abbaye de Saint-Ouen de Rouen, avec quatre autres, dont les bulles, par un jeu concerté avec la cour de Rome, furent expédiées sous le nom de l'aumônier de la comtesse, sa mère.

L'an 1636, le 31 mai et le 1er juin, le comte de Soissons défit, près d'Yvoi, un corps de deux mille cosaques, et le poussa jusqu'à Luxembourg. Le 19 novembre suivant, il reprit, après un mois et demi de siége, la ville de Corbie, dont les Espagnols s'étaient rendus maîtres le 15 août précédent. Ce fut pendant ce siége que le duc d'Orléans et le comte de Soissons se concertèrent pour faire poignarder le cardinal de Richelieu. L'exécution devait s'en faire dans la ville d'Amiens, chez le roi lui-même, au sortir du conseil; et deux hommes bien déterminés, Montrésor et Saint-Ibal, s'en étaient chargés. Mais le duc, soit faiblesse, soit religion, se retira brusquement au moment qu'il devait donner le signal; et Richelieu, sans le savoir, échappa au danger d'une mort inévitable. Le complot ne pouvant être long-tems ignoré, les deux princes quittèrent subitement la cour. Le comte prit la route de Sedan, où le duc de Bouillon lui avait ouvert un asile. Il y demeura l'espace de quatre ans. Ennuyé de cette retraite, il passa, l'an 1641, au service des Espagnols, et alla se joindre au général Lamboi. Le 6 juillet de la même année, il livra la bataille de la Marfée, près de Sedan, aux troupes françaises commandées par le maréchal de Châtillon : il y fut vainqueur; mais en voulant poursuivre sa victoire avec trop d'ardeur, il fut tué par un gendarme de Monsieur, dit-on, qui lui appliqua le pistolet sur la visière (1). Son corps fut porté à la

---

(1) « Etant à Sedan, dit l'abbé de Longuerue, j'allai à Doncheri voir le
» champ de bataille où fut tué le dernier comte de Soissons. On me montra
» une côte assez roide; et des anciens, qui avaient été de ce tems-là, me
» dirent que le comte, ayant entendu tirer sur le haut, piqua pour y aller.
» On lui cria qu'il n'y allât pas. On eut beau crier, il piqua des deux. Ses
» gens le suivirent; mais comme il était mieux monté qu'eux, il y arriva
» avant eux, et ils le trouvèrent tué. Voyez comment trouver là des assassins
» apostés par le cardinal de Richelieu ».

On raconte de ce Prince que, jouant un jour aux cartes, il aperçut, dans un miroir qui était vis-à-vis de lui, un filou qui, par derrière, lui coupait adroitement le cordon de son chapeau qui était orné de pierreries. L'ayant laissé faire, il se lève comme ayant un besoin; il prie le filou de tenir son jeu en attendant qu'il revienne. Il descend à la cuisine, prend le couperet le mieux affilé, le met sous son habit et rentre dans la salle du jeu. Le filou, dès qu'il reparaît, n'a rien de plus pressé que de lui rendre sa place. « Ne vous
» pressez pas, Monsieur, lui dit le Prince, je suis bien aise de voir comme
» va mon jeu ». L'autre continue de jouer. Le Prince, quelques moments après, saisit une de ses oreilles, et d'un seul coup de son instrument la lui coupe. « Monsieur, lui dit-il, quand vous m'aurez rendu mon cordon, je vous ren-
» drai votre oreille ». Le Prince eût agi plus noblement en se contentant de faire une réprimande au filou.

chartreuse de Gaillon auprès de ceux de ses père et mère et de Charles de Bourbon, son aïeul. Il n'avait point été marié; mais il laissa un fils naturel qui prit les titres de comte de Dunois et de prince de Neuchâtel en Suisse, et mourut le 8 février 1703, ayant eu d'Angélique de Montmorenci-Luxembourg, son épouse, deux filles : Léontine-Jacqueline, femme de Charles-Philippe d'Albert, duc de Luynes; et Marie-Anne-Charlotte, morte dans le célibat en 1711.

MARIE DE BOURBON,

et THOMAS-FRANÇOIS DE SAVOIE-CARIGNAN.

1641. MARIE DE BOURBON, seconde fille de Charles de Bourbon, née le 3 mai 1606, entra dans l'abbaye de Fontevraut, où elle prit l'habit le 3 avril 1610, à l'âge de quatre ans, et obtint quelque tems après des bulles de coadjutrice de l'abbesse, Louise de Bourbon-Lavedan. Mais n'ayant point fait profession, elle quitta cette maison en 1624, et fut mariée, le 6 janvier 1625, à THOMAS-FRANÇOIS DE SAVOIE, prince de Carignan, tige de sa branche et dernier fils de Charles-Emmanuel, duc de Savoie, né le 21 décembre 1596, avec lequel elle succéda à Louis II, son frère, dans le comté de Soissons. Le prince Thomas servit en France avec distinction jusqu'en 1634 : mais alors, mécontent du cardinal de Richelieu, il passa au service du roi d'Espagne, qui lui donna le commandement de ses troupes dans les Pays-Bas. Ce fut lui qui, par ordre de la cour de Vienne, enleva, le 26 mars 1635, l'électeur de Treves, allié de la France, et l'emmena prisonnier à Bruxelles. (Le Père d'Avrigni, que nous suivons pour la date, attribue cette prise au comte d'Emden, gouverneur de Luxembourg.) La bataille d'Avein, dans le Luxembourg, gagnée sur lui, le 20 mai de la même année, par les maréchaux de Châtillon et de Brezé, ne l'empêcha pas d'avancer en Picardie, et de s'y rendre maître de quelques places dont la plus importante fut Corbie, prise le 15 août 1636, le treizième jour de siége. La mort du duc de Savoie, son frère, l'ayant rappelé, l'an 1638, en Piémont, il y disputa la régence de l'Etat, pendant la minorité de ses neveux, à la duchesse sa belle-sœur, et rechercha l'appui de l'Espagne pour soutenir sa prétention. La guerre civile, qu'il excita par là, fut terminée, en 1642, par l'accommodement qu'il fit, le 14 juin de cette année, avec la duchesse, et par sa réconciliation avec la France, qui le déclara général de ses armées en Italie. Revêtu de cet emploi, il commença par chasser les Espagnols du Piémont où il les avait introduits. En 1654, il fut pourvu de la charge de grand-maître de France, dont on avait privé le prince de Condé, faisant alors la guerre à sa patrie avec les armes de l'Espagne. L'an 1655, le prince Thomas échoua devant Pavie, dont il fut obligé de lever le siége, le 15 septembre, après cinquante jours de tranchée ouverte. On attribua cet échec à la mésintelligence qui se glissa entre lui et le duc de Modène, qui partageait le commandement avec lui dans cette expédition. Une maladie qu'il en remporta le conduisit au tombeau le 22 janvier de l'année suivante. Il fut enterré à l'église de Saint-Jean de Turin, dans la sépulture de ses ancêtres. De son mariage, il laissa trois fils, Emmanuel-Philibert-Amé, prince de Carignan, qui a continué la branche de ce nom en Savoie; Eugène-Maurice, qui suit; et un troisième mort six mois après son père. La princesse, mère de ces enfants, termina ses jours à Paris le 3 juin 1692.

EUGÈNE-MAURICE DE SAVOIE.

1656. EUGÈNE-MAURICE, second fils de Thomas-François de Savoie et de Marie de Bourbon, né le 3 mai 1635, succéda au comté de Soissons du chef de sa mère. S'étant attaché à la France, il la servit avec gloire dans ses armées. L'an 1657, il épousa DONA OLYMPIA MANCINI, nièce du cardinal Mazarin. Ses services, appuyés par ce ministre, lui firent obtenir la charge de colonel-général des Suisses et Grisons avec le gouvernement de Champagne et de Brie. L'an 1662, le roi érigea en duché, sous le nom de Carignan, la terre d'Yvoi dans le Luxembourg, dont il lui avait fait présent l'année précédente. Eugène-Maurice suivit Louis XIV en 1667 et 1668 dans la campagne de Flandre et à la conquête de la Franche-Comté. Par un privilége spécial, il parvint, en 1672, au grade de lieutenant-général des armées du roi sans avoir passé par ceux de brigadier et de maréchal de camp. Il servit dans cette campagne sous les ordres de sa majesté et prit Tongres, Orsoi, Rhinsberg, et plusieurs autres places. Il se trouva au fameux passage du Rhin, à la prise de Doesbourg, de Nimègue, etc. Le roi le nomma pour servir la campagne suivante dans l'armée de M. de Turenne. Mais il mourut le 7 juin 1673, laissant de son mariage Louis-Thomas-Amédée, qui suit; Philippe, chevalier de Malte, mort l'an 1695; Louis-Jules, mort au siége de Vienne en 1683; Emmanuel, comte de Dreux, mort en 1676; Eugène-François, si connu sous le nom de prince Eugène par les victoires qui ont immortalisé son nom, mort à Vienne en 1736 (1); et deux autres fils, avec

---

(1) Quoique notre dessein ne soit pas de tracer ici l'abrégé de la vie de ce prince, nous ne pouvons néanmoins nous dispenser d'en marquer les princi-

trois filles. La princesse Olympia leur mère, s'étant retirée à Bruxelles en 1680 par mécontentement, y mourut le 10 octobre 1708.

LOUIS-THOMAS-AMÉDÉE DE SAVOIE.

1673. LOUIS-THOMAS-AMÉDÉE, né le 15 décembre 1658, et fils aîné du prince Eugène-Maurice, lui succéda au comté de Soissons. Après avoir servi la France en qualité de maréchal de camp, il se laissa engager, l'an 1695, par le duc de Savoie à passer au service de l'empereur. L'an 1702, étant au siége de Landau, il y reçut deux blessures au bras, qui obligèrent de le lui couper. Il mourut neuf jours après cette opération, le 14 août, laissant de son mariage avec URANIE DE LA CROPTE-BEAUVAIS, Emmanuel, qui suit, et d'autres enfants.

---

paux événements. Né à Paris le 18 octobre 1663, il fut destiné à l'état ecclésiastique sous le nom d'abbé de Carignan. Pour soutenir son rang il sollicita, mais en vain, une abbaye ou un emploi militaire. Piqué du refus qu'il essuya, il se rendit, l'an 1683, auprès de la princesse, sa mère, à Bruxelles, et de là il alla joindre les princes de Conti, que le danger de Vienne, assiégée par les Turcs, appelait à son secours. Louvois, apprenant sa sortie de France, dit qu'il n'y rentrerait jamais. *J'y rentrerai*, dit le prince, *malgré Louvois*. Louis XIV, qui n'avait pas meilleure opinion de lui que son ministre, témoigna le même mépris pour sa personne, lorsqu'on lui rapporta qu'il s'était attaché au service de l'empereur, qui lui avait donné de l'emploi dans ses armées. *Que vous en semble?* dit-il aux assistants : *N'ai-je pas fait une grande perte?* Il l'apprit bien par la suite. Envoyé en Italie pour défendre ce pays contre les Français, Eugène se comporta avec tant de valeur et d'habileté, qu'il obtint, l'an 1697, le commandement de l'armée impériale. D'Italie ayant été rappelé pour s'opposer aux Turcs, il les contraignit, par la grande victoire qu'il remporta sur eux le 1er septembre 1697, près de Zeuta sur la Teisse, et d'autres succès éclatants qui suivirent, à conclure la paix, ou plutôt renouveler la trève le 26 janvier 1699. La guerre de la succession à la monarchie d'Espagne le ramena, l'an 1701, en Italie, où ses succès furent balancés d'abord par le maréchal de Catinat. Mais il eut ensuite meilleure composition du maréchal de Villeroi, substitué à ce général. Il le surprit dans Crémone le 1er février 1701, et le fit prisonnier. Mais la bravoure des Français l'obligea de se retirer avec sa proie. Il trouva un rival plus digne de lui dans le duc de Vendôme, envoyé pour remplacer Villeroi. Il fallait l'habileté du prince Eugène pour faire une aussi belle retraite qu'il la fit après la bataille de Luzzara, qu'il avait engagée le 15 août 1702. Étant retourné à Vienne après avoir mis ordre aux affaires de l'empereur en Italie, il partagea, le 15 août 1704, avec le duc de Marlborough, la gloire de la fameuse bataille d'Hochstedt, gagnée sur les Français par les alliés. Le siége de Turin, formé par les Français avec des forces incroyables, fournit une nouvelle occasion au prince Eugène de déployer ses talents militaires. Vainqueur après un combat de trois heures, il délivra la place le 7 septembre 1706. Le gain de la bataille de Malplaquet, dans les Pays-Bas, le 11 août 1709, ne fut pas moins honorable à ce héros et à Marlbo-

EMMANUEL DE SAVOIE.

1702. EMMANUEL DE SAVOIE, né le 8 décembre 1697, fut le successeur de Louis-Thomas-Amédée, son père, dans le comté de Soissons, ou plutôt au titre de ce comté. L'empereur, au service duquel il s'attacha, le fit lieutenant-général-feldt-maréchal de ses armées, colonel d'un régiment de cuirassiers et gouverneur d'Anvers. Il mourut le 28 décembre 1729, laissant de son épouse, ANNE-THÉRÈSE DE LICHTENSTEIN, un fils, qui suit.

EUGÈNE-JEAN-FRANÇOIS DE SAVOIE.

1729. EUGÈNE-JEAN-FRANÇOIS, né le 23 septembre 1714, fils unique d'Emmanuel et son successeur au titre de comte de Soissons, ainsi que dans la charge de colonel d'un régiment de cuirassiers de l'empereur, mourut sans alliance le 24 novembre 1734. Ainsi finit la branche des comtes de Soissons de la maison de Savoie.

---

rough son collègue. Après avoir battu cent mille Turcs, le 16 août 1717, devant Belgrade, et remporté sur eux d'autres avantages considérables, il les contraignit à signer la paix, le 21 juillet 1718, à Passarowitz. Dans les treize années suivantes, placé à la tête du Conseil impérial, il donnait le loisir qui lui restait à l'étude des beaux arts, qu'il aimait passionnément, sans négliger celle de la religion, dont il démêla les véritables intérêts au milieu des troubles qui régnaient même dans l'église catholique. La guerre de 1733 le remit à la tête des armées, où le poids de l'âge ne laissa plus voir en lui que l'ombre du grand Eugène. Une apoplexie enfin le ravit au monde, le 27 avril 1736, à Vienne. Les vertus morales, civiles, politiques et militaires, rendront éternellement sa mémoire précieuse à la postérité. Il fut surtout regretté des soldats, dont il était le père, par l'attention qu'il avait à ménager leur sang, et à les soulager dans leurs besoins. Ajoutons à son éloge, que Louis XIV disait que c'était le plus généreux de ses ennemis.

CHRONOLOGIE HISTORIQUE

DES

COMTÉS DE ROUCI.

Rouci (1), nommé en latin par Frodoard *Roceium*, et par d'autres *Rauciacum* et *Ruciacum*, est le chef-lieu du comté de ce nom, à quatre lieues de Reims, au diocèse de Laon, relevant du comté de Champagne, dont il était l'une des sept pairies. Il était possédé, l'an 940, par RENAUD, ou RAGENOLDE, comte de Reims, que Marlot, l'abbé de Longuerue et l'illustre M. d'Aguesseau, font sans fondement, à ce qu'il nous paraît, fils d'Herbert II, comte de Vermandois. Fidèle au roi Louis d'outre-mer, il prit sa défense contre Hugues le Grand, duc de France, et contre Herbert III, comte de Vermandois, et Robert, comte de Troyes. Les hostilités qui s'exercèrent de part et d'autre, furent plutôt des actes de brigandage que les exploits d'une guerre faite dans les règles. L'an 944, tandis que les troupes du roi dévastent les terres de l'archevêché de Reims, occupé par Hugues, fils d'Herbert, tandis que celles d'Herbert pillent l'abbaye de Saint-Crépin de Soissons, Renaud de son côté pille l'abbaye de Saint-Médard de la même ville. (Frodoard.) Ces hostilités ayant été suspendues, Renaud, impatient de s'enrichir et de s'agrandir, tourne ses armes d'un autre côté. L'an 945, il surprend la ville de Sens pendant l'absence du comte Fromond, lequel, étant revenu en diligence, la reprend, le 29 juillet, par une autre surprise. (Bouquet.) L'an 947, Renaud marche au secours d'Artaud, concurrent de l'archevêque Hugues, qu'il avait chassé de Reims, contre Hervé, qui avait construit sur la Marne un château, d'où il faisait des courses fréquentes sur les terres du prélat. Renaud ayant mis en fuite les troupes d'Hervé, celui-ci les ramena au combat, mais il y périt, et son cadavre fut porté en triomphe à Reims. Son rival

---

(1) Rouci est un bourg d'environ deux cents feux dont dépendent Mézi, Pontavair, Berri-au-Bac, Bouffigneux, Guyencourt, la Ville-aux-Bois, Pierre-Pont, etc.

ayant bâti, l'an 948, une forteresse à Rouci, Hugues le Grand vint l'investir avant qu'elle fût achevée; mais il ne put s'en rendre maître. (*Ibid.*) Renaud fut plus heureux à l'attaque de la forteresse de Châtillon-sur-Marne; il l'emporta par escalade, au grand regret des ennemis, à qui elle servait de retraite. La paix s'étant faite, l'an 950, entre le monarque et le duc de France, par la médiation de Conrad, duc de Lorraine, de Hugues le Noir, et des évêques Adalberon et Fulbert, Renaud fut compris dans le traité, et se réconcilia avec Hugues le Grand. (Bouquet, T. VIII, p. 306.) Mais la guerre s'étant renouvelée deux ans après, Hugues le Grand vint avec le duc de Lorraine attaquer le château de Mareuil, que l'archevêque Artaud et Renaud avaient fait construire sur la Marne. Ayant forcé la place, non sans une perte considérable des leurs, ils la livrèrent aux flammes, et s'en retournèrent. Le roi, l'archevêque Artaud et Renaud, la firent aussitôt rebâtir, et y mirent une garnison plus forte que la précédente; de là ils passèrent sur le territoire de Vitri, dont le seigneur, nommé Gauthier, avait abandonné le parti du roi pour se jeter dans celui du comte Herbert. Ne pouvant se rendre maîtres du château, ils en firent élever un autre vis-à-vis, afin de tenir en bride ceux qui l'occupaient. Renaud, l'an 954, traite avec Herbert, qui lui rend, moyennant la restitution de quelques places, le château de Rouci dont il s'était emparé. Mais peu de tems après, les gens de Renaud enlèvent de nuit, par escalade, à Herbert le château de Montfelix sur la Marne, qu'il est ensuite obligé de rendre pour d'autres prises qu'on lui avait faites. Hugues le Grand ayant mené le jeune roi Lothaire, l'an 955, en Aquitaine, pour s'emparer de ce duché, sur Guillaume Tête-d'Etoupe, Renaud fut de cette expédition, et fit le siége du château de Sainte-Radegonde, près de Poitiers, qu'il prit et réduisit en cendres. Renaud n'était point délicat sur les moyens de s'enrichir. Certaines terres de l'église de Reims se trouvant à sa bienséance, il les envahit, l'an 966; et, sur le refus qu'il fit de les restituer, l'archevêque Odalric prit le parti de l'excommunier. Renaud se vengea de cet affront par le pillage et l'incendie de plusieurs autres domaines de l'archevêché. Tout ceci est exactement tiré de l'histoire et de la chronique de Frodoard. Le comte de Rouci dans la suite eut la guerre avec Renaud III et Lambert Ier, comtes de Hainaut. Il périt dans une bataille qu'il leur livra le 15 mars 973, et fut enterré à Saint-Remi de Reims. ALBÉRADE, son épouse, fille du roi Louis d'outre-mer (Bouquet, T. VIII, p. 214), lui donna Gilbert, qui suit; Brunon, évêque de Langres, depuis l'an 980 jusqu'en 1016; Ermentrude, femme, 1° d'Albéric II, comte de Mâcon,

2° d'Otte-Guillaume, comte de Bourgogne; et N., mariée à Fromond Ier, comte de Sens.

GILBERT.

973. GILBERT, ou GISLEBERT, fut le successeur de Renaud, son père, dans le comté de Rouci, auquel il joignit la seigneurie de Marle. Il souscrivit, le 25 mai 974, avec l'archevêque Adalberon, et les comtes de Réthel et de Vermandois, un diplôme du roi Lothaire, par lequel ce prince défendait à tout comte, vicomte, et autres personnes séculières, de tenir des plaids dans les dépendances de l'abbaye de Saint-Thierri, voulant que l'exercice de la justice dans ces lieux fût entièrement dans la main de l'abbé régulier, sauf toutefois l'honneur dû à l'archevêque de Reims. (Bouq., T. IX, p. 635.) L'an 989, il courut risque de perdre la vie, ainsi que le comte de Soissons, pour s'être rendus cautions, l'un et l'autre, de la fidélité d'Arnoul, archevêque de Reims, envers Hugues Capet, que ce prélat trahit en livrant sa ville au duc Charles, son oncle. Il vivait encore après l'an 990. Nous avons en effet un acte, sans date à la vérité, par lequel on voit que Lambert, abbé de Saint-Vincent de Laon (successeur de Berland, mort au mois de janvier 990), et sa communauté, ayant acquis du chevalier Adon un domaine situé dans le territoire de Chamouille (*terram in Calmugia sitam*), pour la vie seulement du comte Gilbert, dont il était vassal, le reprirent ensuite de ce même Adon, pour la vie de trois de ses héritiers, après la mort desquels il devait retourner au fief dudit comte Gilbert. (*Tabular. Sancti Vincentii Laudun.*) Le nécrologe de Saint-Remi de Reims nous apprend que Gilbert fut inhumé le 19 avril. Ce fut proprement le premier laïque qui prit le titre de comte de Reims, depuis l'établissement des fiefs. Il laissa deux fils, Ebles, qui suit, et Létard, seigneur de Marle, père d'Ade, femme d'Enguerand Ier, sire de Couci. Gilbert fut aussi père d'Yvette, ou Jutte, que Marlot fait, sans preuve, femme de Manassès II, comte de Réthel, grand-père de Baudouin du Bourg, roi de Jérusalem.

EBLES Ier.

EBLES Ier, fils aîné de Gilbert, lui succéda dans les comtés de Reims et de Rouci avec BÉATRIX, son épouse, fille de Rainier IV, comte de Hainaut, et d'Hedwige ou Hadwige, sœur du roi Robert. Albéric de Trois-Fontaines dit qu'après la mort d'Arnoul, archevêque de Reims, qu'il place en 1023 (d'autres la mettent en 1021), Ebles (étant veuf sans doute) trouva

moyen, tout laïque qu'il était, de lui succéder, en offrant pour appât aux électeurs la réunion du comté de Reims à cette église. Baudri, dans la chronique de Cambrai, lui associe pour complice de ses intrigues Adalberon ou Azzelin, évêque de Laon, le confident de ses secrets, dit-il, et le coopérateur de toutes ses manœuvres. « Ce fut lui (Adalberon), ajoute-t-il,
» qui, par ses discours séduisans, fit approuver au roi l'élec-
» tion d'un homme qui n'avait aucune règle dans sa conduite,
» nulle connoissance des lettres, à l'exception de quelques syl-
» logismes, dont il se servoit pour en imposer aux simples et
» aux ignorans. C'étoit néanmoins sous l'apparence d'homme
» lettré qu'Ebles visoit depuis long-temps à cette haute dignité,
» fortifiant son espérance par l'argent qu'il tiroit de ses usures,
» et qu'il répandoit adroitement pour acquérir des suffrages ».
Il dit ensuite que l'évêque de Soissons, Gui d'Amiens, appelé pour l'ordonner et le sacrer, le refusa d'abord, et qu'il n'y consentit à la fin que malgré lui. Il est vrai que Gui témoigna du scrupule d'avoir prêté son ministère à cette œuvre; mais ce ne fut point pour les causes qu'allègue Baudri. L'unique fondement de sa peine était qu'Ebles, contre les canons, avait été tiré de l'état laïque. C'est ce que nous apprenons d'une lettre que Fulbert, évêque de Chartres, lui écrivit pour le tranquilliser. « Je ne vois pas, lui dit-il, que vous ayez beaucoup à craindre
» pour cette ordination, s'il est vrai, comme la renommée le
» publie, que le sujet ait fait profession du christianisme dès
» son enfance, qu'il ait le sens droit, qu'il soit versé dans les
» saintes lettres, qu'il ait toujours été sobre, chaste, ami de
» la paix, charitable, qu'il soit d'une réputation saine et entière,
» et qu'enfin il ait été librement élu par le clergé et le peuple
» de Reims : car de grands hommes, comme vous le savez fort
» bien, tels qu'Ambroise de Milan, Germain d'Auxerre, et
» d'autres, après avoir vécu comme celui-ci dans l'état laïque,
» sont devenus de saints prélats. » Dans le portrait que l'évêque de Chartres fait ici d'Ebles, les couleurs sont bien différentes, comme on le voit, de celles dont Baudri le dépeint. A l'égard de l'année de son ordination, D. Mabillon (*Annal. B.*, T. IV, p. 280) prouve qu'elle se rapporte à l'an 1021, par un acte des chanoines de Reims, daté de l'an 1025, la cinquième année de l'épiscopat d'Ebles. L'an 1027, Ebles, le jour de la Pentecôte, couronne le roi Henri Ier, du vivant de Robert son père. Il finit ses jours le 11 mai 1033, selon le nécrologe de Reims et la chronique de Mouson. Il laissa deux filles, Alix, qui suit, et Avoie, mariée à Geofroi, seigneur de Florines et de Rumigni. Marlot et MM. de Sainte-Marthe, pensent que Béatrix, femme d'Ebles, loin d'être morte avant son épiscopat, lui survécut, et

épousa en secondes noces Manassès le Chauve, vidame de Reims, qu'elle fit père d'un fils de même nom que lui, et qui devint archevêque de Reims. Mais Fulcoins, sous-diacre de Meaux, qui fit l'épitaphe de la mère de l'archevêque Manassès, nomme Adélaïde, et non Béatrix, la femme du vidame Manassès. (*Gall. Chr.*, T. IX, col. 70.)

HILDUIN et ALIX.

1033. HILDUIN, comte de Montdidier, quatrième du nom, seigneur de Rameru, d'Arcis et de Breteuil, succéda, du chef d'ALIX ou ADÉLAÏDE, sa femme, fille aînée d'Ebles, dans le comté de Rouci à l'archevêque Ebles, son beau-père. L'an 1059, il assista, le 23 mai, au couronnement du roi Philippe Ier. On ne sait point d'autres événements de sa vie, sinon qu'il fonda le prieuré de Rouci, en 1060, pour l'abbaye de Marmoutier. Le père Anselme, d'après Marlot, met sa mort vers l'an 1063. De son mariage il laissa Ebles, qui suit; André, seigneur de Rameru; Félicie, femme de Sanche Ier, roi d'Aragon; Béatrix, mariée à Geofroi II, comte du Perche; Marguerite, femme de Hugues, comte de Clermont en Beauvaisis; Hermentrude, dite Héliarde par un autre écrivain, quatrième fille d'Hilduin, épousa Thibaut, comte de Resnel; la cinquième, nommée Ade, fut mariée, 1° à Godefroi, seigneur de Guise, 2° à Wautier de Aath; 3° à Thierri d'Avesnes; la sixième, appelée Adèle, épousa, suivant Heriman de Laon, Ernulphe, comte de Waren; la septième, Adélaïde, fut recherchée par Falcon, ou Faucon, fils de Renaud Ier, comte de Bourgogne, et refusée par son père, qui avait juré de ne jamais avoir pour gendre un Bourguignon. Or, il arriva, dit un écrivain du douzième siècle, que le roi Philippe Ier envoya en ambassade à Rome le comte Hilduin avec Helinand, évêque de Laon. Falcon les ayant épiés à leur retour, comme ils traversaient le comté de Bourgogne, où il possédait la terre de Serre, près de Besançon, les arrêta et les retint prisonniers jusqu'à ce qu'Hilduin eût promis de lui donner sa fille en mariage. Alors il les relâcha, les combla d'honneurs, et les renvoya chargés de présents. Hilduin, rendu chez lui, fit partir sa fille pour aller épouser Falcon, et de ce mariage vint, entr'autres enfants, Barthélemi, évêque de Laon. (Heriman, *de Mirac. B. M. Laudun.* p. 529.)

EBLES II.

1063 ou environ. EBLES II, successeur d'Hilduin, son père, dans les comtés de Rouci et de Montdidier, marcha plusieurs fois au secours des rois d'Espagne contre les Sarrasins, à la sollicitation des papes Alexandre II et Grégoire VII. Ce ne fut pas avec peu de monde qu'il fit ces expéditions, mais avec des armées, dit Suger, telles qu'en pouvait lever et soudoyer un roi. Quoique les historiens espagnols ne fassent point mention de ses exploits, on ne peut guère douter qu'il n'ait remporté de grands avantages sur les infidèles. Mais il prétendait moins travailler pour le compte des rois d'Espagne que pour le sien propre. Nous avons une lettre de Grégoire VII, écrite le 21 août 1074 et adressée à tous les grands d'Espagne, par laquelle il leur déclare qu'Ebles, comte de Rouci, souhaitant retirer des mains des païens (Musulmans), les terres qu'ils avaient enlevées aux chrétiens, il avait fait un traité avec sa sainteté, qui lui avait donné ces terres à condition de les tenir du saint siége, et sous un tribut annuel, payable aux papes à perpétuité. Grégoire les exhorte à soutenir le comte de tout leur pouvoir, avec assurance qu'en le faisant ils mériteront les faveurs du ciel et du saint siége ; puis il ajoute que si quelqu'un d'eux veut entrer séparément dans les terres occupées par les infidèles, et y faire des conquêtes, il le peut, mais aux mêmes charges que le comte de Rouci; sans quoi il le leur défend, étant plus avantageux à l'église, dit-il, que les biens qui lui appartiennent soient possédés par les infidèles, que de les voir occupés par ses enfants à leur perte. (Du Chesne, T. IV, p. 207.) Sans examiner ici ce qu'il y a d'étrange dans cette lettre par rapport aux prétentions du pape, on y voit que Grégoire entrait parfaitement dans les vues du comte de Rouci, et ne négligeait rien pour les seconder. Ce pape comptait beaucoup sur le retour d'Ebles et sur son zèle pour l'honneur et les intérêts du saint siége. Nous voyons qu'en 1080, après avoir déposé Manassès, archevêque de Reims, il écrivit, le 27 décembre de la même année, au comte de Rouci pour l'engager à chasser ce prélat de son siége. Ebles déféra aux désirs du pape. Il contraignit Manassès à déguerpir, et favorisa l'élection de Renaud de Bellai, qui lui fut substitué; mais il effaça dans la suite le prix de ce service par les violences qu'il exerça avec Guichard, son fils, contre l'église de Reims. L'archevêque Renaud, après avoir long-tems souffert ses déprédations, prit enfin le parti de recourir au prince Louis le Gros, roi désigné des Français, pour les faire cesser. Louis, toujours prêt à voler à la défense des opprimés, et surtout des églises, rassembla le plus de troupes qu'il put, et vint fondre sur les terres du comte de Rouci et des barons qui s'étaient associés à ses brigandages. La guerre fut vive de part et d'autre. Ce n'étaient chaque jour qu'escarmouches ou combats. L'ardeur du prince était telle, dit Suger, qu'il ne se permettait du repos que le vendredi et le dimanche. A la fin il vint à bout de réduire le comte et ses partisans. Ils demandèrent pardon, promirent non-seulement de laisser en repos l'église de Reims, mais de réparer les dommages qu'ils lui avaient causés, et donnèrent des otages pour sûreté de leur parole ; après quoi Louis s'en retourna. Ebles, ne cessant d'être tyran, fut à son tour obligé de tourner ses armes contre un autre tyran de ses voisins qui était le fléau de tout le pays. Nous voulons parler du fameux Thomas de Marle, lequel ayant obtenu par son mariage avec Ide de Hainaut le château de Montaigu dans le Laonnois, faisait de là des courses sur les terres des environs, et y semait la terreur et la désolation. Enguerand de Couci, père de Thomas, s'arma lui-même pour le réprimer ; et ayant appelé le comte de Rouci à son aide, ils allèrent ensemble l'assiéger dans son château de Montaigu. Thomas, se voyant près d'être forcé, s'échappa secrètement, et alla implorer le secours de Louis le Gros. L'arrivée de ce prince à la tête de sept cents chevaliers en imposa aux assiégeants, qui, n'osant tirer l'épée contre l'héritier de la couronne, entrèrent en accommodement et levèrent le siége. Cet événement est de l'an 1104. Ainsi le père Anselme se trompe en plaçant la mort d'Ebles en l'an 1100. Nous ne pouvons toutefois marquer précisément l'année où elle arriva. De son mariage avec Sibylle, fille de Robert Guiscard, duc de la Pouille, morte après l'an 1090, Ebles eut Hugues, qui suit ; Guichard ou Guiscard, qui eut part, comme on l'a dit, à ses premières expéditions, et mourut avant lui ; Thomas de Rouci ; et trois filles, dont la deuxième, Mamélie, épousa 1° Hugues, seigneur du Puiset et comte de Japha ; 2° Albert, fils d'Albert III, comte de Namur.

HUGUES, dit CHOLET.

1104 au plus tôt. Hugues, dit Cholet, fut le successeur d'Ebles, son père, au comté de Rouci. Levolde, son vicomte, s'étant avisé, l'an 1129, d'imposer une taille insolite sur le village de Trigni, appartenant à l'abbaye de Saint-Thierri, Guillaume, abbé de ce monastère, prit la défense de ses vassaux. Alors Levolde appela le comte de Rouci à son secours ; et tous deux, étant venus, escortés de leurs gens, à Trigni, massacrèrent trois des principaux habitants, en blessèrent plusieurs autres, et en emmenèrent trente-huit dans les prisons, après avoir ruiné le village et en avoir tiré une somme de deux cents livres. L'abbé s'étant plaint de ces violences à Renaud de Martigné, archevêque de Reims, ce prélat renvoya la connaissance de cette affaire à Barthélemi, évêque de Laon, comme diocésain de Trigni. Mais le comte et le vicomte récusèrent ce tribunal, prétendant qu'il était incompétent en matière féodale ; sur quoi les évêques de la province s'étant assemblés à Reims, fulminèrent contre eux une sentence d'excommunication. Ce coup fit son effet. Le comte, étant venu trouver le pape Innocent II à Laon, où il était pour lors, fit satisfaction en sa présence à l'abbé de Saint-Thierri, demanda son absolution, et l'obtint. Nous tirons ces détails d'une relation de Barthélemi, évêque de Laon, rapportée dans *l'Appendix* du VIe tome des Annales bénédictines, p. 655, et datée de l'an de J. C. 1129, *Ind.* VIII, *la vingt-deuxième année du roi Louis VI, la première du roi Philippe son fils, la cinquième de l'épiscopat de l'archevêque Renaud*. Ces dates s'accordent parfaitement en prenant celle de l'incarnation suivant l'ancien style. Mais comment le pape Innocent II, élu le 15 février 1130, (N. S.), à Rome, pouvait-il se trouver à Laon avant le 14 avril de cette année, auquel commençait la deuxième année du roi Philippe? Chose d'autant moins possible que ce pape écrivit d'Avignon, le 24 mars précédent, un bref à Guillaume, seigneur de Montpellier (Gariel, *Séries épisc. Magalon.*, p. 170.), et qu'il n'arriva au Puy en Velai que dans le mois suivant. (Vaissette, T. II, p. 405.) Don Mabillon donne cependant cette pièce pour authentique. (*Annal. Bened.* T. VI, *App.*, p. 654.) Voilà un problême difficile à résoudre, et nous avouons franchement qu'il passe nos lumières. Quoi qu'il en soit, Hugues Cholet, bien changé depuis son excommunication, fonda, l'an 1147, l'abbaye de Val-le-Roi, et ensuite le prieuré d'Evergnicourt. Hugues, cette même année, confirma la vente qu'Ebles, fils et héritier de Lévolde, avait faite de la vicomté de Trigni à l'abbaye de Saint-Thierri. (*Arch. de Saint-Thierri.*) Il fit don, vers le même tems, de la dîme de Maisi à l'église de Cuissi. (*Annal. Præmonstr., pr.* col. 69.) Le père Anselme met la mort du comte Hugues vers l'an 1160. Elle serait effectivement au plus tôt de cette année, s'il était vivant lorque l'archevêque Samson donna une charte par laquelle il confirmait certaines immunités accordées par Hugues, comte de Rouci, à l'abbaye de Saint-Thierri, dans le village de Luternai, etc., l'an 1160, indiction VIII, la vingt-quatrième année du règne de Louis et la vingt-unième de l'épiscopat de Samson. (*Arch. de Saint-Thierri.*) Mais cette confirmation peut avoir été faite après la mort de Hugues, à la demande des intéressés, quoique la charte ne le dise pas. Ce comte avait épousé, 1° AVELINE; 2° RICHILDE, fille de Frédéric, duc de Suabe, et petite-fille, par Agnès, sa mère, de l'empereur Henri IV. Du premier lit il eut Ade, femme de Gaucher II, fils de Henri Ier, seigneur de Châtillon; du second sortirent Robert, qui suit; Ebles; Hugues, seigneur de Toéni, et d'autres enfants.

ROBERT GUISCARD.

1160 ou environ. ROBERT, surnommé GUISCARD, ou WICHARD, fils aîné de Hugues, lui avait succédé, ou lui était associé dès l'an 1158. La chronique de Mouzon nous apprend en effet que cette année Samson, archevêque de Reims, fit la guerre à Guiscard, comte de Rouci : *Anno* MCLVIII, dit-elle, *bellum inter Samsonem archiepiscopum Remensem et Guiscardum comitem de Roceio.* (*Spicil. in-fol.*, T. II, p. 572.) C'est tout ce qu'elle marque sur cet événement. Guiscard fit, l'an 1170, le voyage de la Terre-Sainte, et avant de l'entreprendre il fit restitution du bien d'autrui qu'il retenait injustement. Marlot cite de lui une charte, par laquelle il restitue à l'abbaye de Saint-Remi une rente de vingt sous, que son père avait léguée à cette église pour entretenir une lampe devant le corps de saint Rémi, et qu'il avait refusé jusqu'alors d'acquitter. L'an 1178, il approuva, comme suzerain, la vente que Baudouin de Marçais fit à l'église de Laon de tout ce qu'il possédait à Glane, tant en fief qu'en alleu. (*Cartul. de la cathéd. de Laon*, fol. 271, r°.) L'historien déjà cité met sa mort en 1180. D'ELISABETH DE MAREUIL, sa femme, veuve de Robert, seigneur de Montaigu, il eut trois fils, Raoul et Jean, qui lui succédèrent l'un après l'autre ; Henri, qui ne vivait plus en 1196 ; et plusieurs filles, dont Eustachie, l'aînée, hérita de de ses frères. Elisabeth, leur mère, vivait encore en 1207, et prenait après la mort de son mari le titre de dame de Neuchâtel-sur-Aîne, comme on le voit par diverses chartes.

RAOUL.

1180 ou environ. RAOUL, fils aîné de Robert Guiscard, et son successeur au comté de Rouci, mourut, en 1196, sans laisser d'enfants de MÉLISENDE ou ISABELLE, sa femme, fille de Raoul Ier, sire de Couci, laquelle se remaria depuis à Henri IV, comte de Grand-Pré.

JEAN Ier.

1196. JEAN, frère de Raoul, lui succéda au comté de Rouci. Il mourut l'an 1200, sans laisser de postérité de sa femme BÉATRIX, comtesse de Mareuil, fille de Gauthier, seigneur de Vignori. Mais il eut d'une maîtresse un fils naturel, nommé Hugues, auquel il donna la terre de Proviseux, dépendante de celle de Neuchâtel-sur-Aîne.

EUSTACHIE.

1200. EUSTACHIE, sœur des comtes Raoul et Jean, devint comtesse de Rouci, en 1200, après la mort du dernier. Elle épousa, 1° vers l'an 1202, Enguerand III, sire de Couci, dont elle se sépara peu de tems après; 2° Robert, sire de Pierre-Pont, dont elle eut un fils, qui suit; et deux filles, Adélaïde et Elisabeth, femme de Robert de Couci, seigneur de Pinon. Eustachie mourut l'an 1212 au plus tard. On ignore l'année de la mort de son dernier époux. (*Hist. généal. de la Maison de Rouci.*)

JEAN II.

1212 au plus tard. JEAN II, fils de Robert de Pierre-Pont, successeur d'Eustachie, sa mère, au comté de Rouci, et de son père à la seigneurie de Pierre-Pont et à la vicomté de Mareuil, prenait les titres de ces domaines en 1212, comme on le voit par une charte datée de Château-Thierri au mois de septembre de cette année, par où il reconnaît tenir en fief-lige les deux premiers de Blanche, comtesse de Champagne, avouant qu'il n'a que la directe de Mareuil, dont la propriété appartient à Robert de Couci, son beau-frère, (*Cartul. de Champ.*, fol. 172.) Ce comte se distingua par sa prudence et sa valeur. Il accompagna, l'an 1217, à la tête de dix chevaliers, le prince Louis, fils du roi Philippe-Auguste, dans son expédition d'Angleterre. L'an 1236, il fut du nombre des seigneurs qui se rendirent cautions des clauses du traité de mariage de la fille de Thibaut, roi de Navarre, avec le fils du duc de Bretagne. Il alla en Flandre, l'an 1251, au secours de la comtesse Marguerite, et y mourut la même année. Il avait épousé, 1° ISABELLE, fille de Robert II, comte de Dreux, dont il fut séparé, l'an 1235, pour cause de parenté; 2° MARIE, fille de Simon de Dammartin, comte d'Aumale et de Ponthieu, dont il laissa Jean, qui suit, et une fille. Marie, leur mère, vivait encore en 1279. (*Hist. généal. de la Maison de Rouci.*)

JEAN III.

1251. JEAN III, fils aîné de Jean II et son successeur, mourut en 1284, et fut inhumé à l'abbaye de Val-le-Roi ou de la Valroy, dont il est regardé comme le fondateur, à raison des grands biens qu'il lui fit. Il avait épousé ISABELLE, fille de Bérard, dit le Grand, sire de Mercœur, dont il eut un fils, qui suit. Elle a sa sépulture auprès de son époux.

JEAN IV.

1284. JEAN IV, successeur de Jean III, son père, au comté de Rouci, *fut navré*, *l'an* 1304, dit une ancienne chronique, *dans une bataille et déconfiture où le roi Philippe le Bel estoit présent*. (*Mss. de Dupuy*, n. 387.) Cette bataille est celle de Mons-en-Puelles, que gagna Philippe le Bel, après y avoir couru les plus grands risques. Le comte Jean en rapporta des blessures dont il mourut à Braine peu de jours après son retour. L'abbaye de Val-le-Roi fut le lieu de sa sépulture. Il avait épousé JEANNE, fille de Robert IV, comte de Dreux, qui lui apporta en dot le comté de Braine. De ce mariage il laissa un fils, qui suit, avec deux filles, Béatrix, qui fut dame de la Suze par donation de Béatrix de Montfort, son aïeule, et devint la seconde femme d'Amauri III, sire de Craon et de Sablé; et Marie, qui prit alliance avec Jean II, sire de Château-Villain. Jeanne de Dreux survécut à son époux, et se remaria à Jean de Bar, seigneur de Puisaie, fils de Thibaut II, comte de Bar-le-duc. Elle fit son testament le 1er octobre 1314, et mourut peu de jours après.

JEAN V.

1304. JEAN V succéda tranquillement à Jean IV, son père, dans le comté de Rouci. Mais celui de Braine lui fut long-tems disputé par Robert V, comte de Dreux, son parent. Enfin ce dernier lui en fit cession par accommodement en 1323. Le comte Jean V fut un des plus vaillants chevaliers de son tems. Il en donna surtout des preuves sous le règne de Philippe de Valois. Il accompagna ce prince, l'an 1338, dans son camp de Buironfosse en Picardie. Il marcha en Hainaut, l'an 1340, avec le duc de Normandie. L'an 1346, il fut un des chefs de notre armée à la bataille de Créci, donnée le 26 août, et l'une des victimes de cette funeste journée. Son corps, trouvé parmi les morts, fut porté à l'abbaye de Val-le-Roi, pour y être inhumé auprès de ses ancêtres. De MARGUERITE DE BEAUMEZ, son épouse, dame de Blazon et de Mirebeau, veuve de Jean de Rouville, sire de Milli en Gâtinois, et fille de Thibaut, dit *le Grand*, seigneur de Beaumez et autres lieux, il laissa Robert, qui suit ; Simon qui fut d'abord comte de Braine, puis de Rouci ; Hugues, seigneur de Pierre-Pont, mort sans lignée ; François qui servit à la guerre sous l'amiral Jean de Vienne ; Béatrix, femme de Louis II, comte de Sancerre ; Jeanne, femme de Charles de Montmorenci, grand-pannetier, et depuis maréchal de France. La comtesse Marguerite mourut en 1368. Elle eut sa sépulture à côté de son époux dans l'abbaye de Val-le-Roi.

ROBERT II.

1346. ROBERT II, fils aîné de Jean V, devint comte de Rouci et seigneur de Mirebeau après la mort de son père. En 1347, il eut ordre de faire le siége de Beaumont sur le seigneur de Vervins. Il fut pris en 1356 à la bataille de Poitiers, et l'année suivante il se racheta. L'an 1358, la garnison de Vailli, commandée par un capitaine anglais, nommé Rabigeois Duri, surprend le château de Rouci pendant les fêtes de Noël, en l'absence du comte, et fait prisonnières la comtesse et sa fille. Il en coûta pour leur rançon douze mille florins d'or à Robert, qui se retira ensuite à Laon. Peu de tems après, les Anglais, qui étaient en garnison à Rouci, surprirent encore Sissonne, appartenant au comte. Ayant rassemblé quarante hommes d'armes de ses gens, auxquels ses amis en joignirent cent autres, il sortit de Laon accompagné du comte de Porcéan et des seigneurs de Carenci et de Montigni. Un parti d'Anglais se trouve sur sa route, entre Savigni et Val-le-Roi. Il y eut alors un combat sanglant, dans lequel Robert fut blessé et fait prisonnier avec les seigneurs de Carenci et de Montigni. Jean de Craon, archevêque de Reims, touché de ce malheur, leva un corps de troupes avec lequel il vint assiéger le château de Rouci, dont il se rendit maître par composition après un siége de cinq semaines. La capitulation fut signée par les comtes de Braine et de Porcéan ; mais elle fut mal observée par la milice, qui ne put laisser impunies les cruautés que les Anglais de cette garnison avaient exercées dans le pays. L'archevêque et les comtes eurent peine à sauver la vie à Hennequin, gouverneur de la place, qui vit égorger tous ses soldats, malgré les chefs, contre les termes de la capitulation. Sissonne fut repris ensuite par Robert, qui avait recouvré sa liberté. Il eut la satisfaction d'y faire prisonnier son chambellan, qui avait livré cette place aux Anglais. Le traître fut écorché vif, puis décapité à Laon. (Froissart.) L'an 1362, Robert fut chargé de conduire Isabelle de France à Galéas Visconti duc de Milan, son époux. La même année, il succéda à Jean II de Melun, seigneur de Tancarville, dans la charge de souverain maître et réformateur des eaux et forêts, dont il ne jouit que deux ans. Louis de Flandre, fils de Jean, marquis de Namur, lui ayant enlevé sa fille unique, Isabelle, pour l'épouser, cet événement lui causa un chagrin si vif et si profond, qu'il en mourut en 1364. MARIE D'ENGHIEN, sa femme, vivait encore au mois de novembre 1378. (*Hist. généal. de la Maison de Rouci.*)

LOUIS DE FLANDRE et ISABELLE.

1364. LOUIS DE FLANDRE, septième fils de Jean Ier, marquis de Namur, ayant épousé, par contrat du 17 mars 1364, passé en présence du connétable de Fienne, ISABELLE, fille unique de Robert, comte de Rouci, après l'avoir enlevée de son consentement, succéda avec elle à son beau-père. Mais Isabelle, après quatorze ans de mariage, s'étant dégoûtée de son époux, entreprit de faire casser cette alliance; et pour y réussir, elle accusa Louis d'impuissance. L'affaire ayant été portée à Rome, fut renvoyée devant le cardinal de Nismes, qui, par sa sentence rendue l'an 1378, déclara le mariage bon et valide. Isabelle avait eu pour solliciteur dans cette cause Pierre de Craon, qui sans doute ne prenait pas en main ses intérêts sans de bonnes raisons. Ce seigneur, la voyant renvoyée à son mari, lui conseilla, pour se venger, de vendre son comté de Rouci à Louis Ier, comte d'Anjou, à la cour duquel il était très-puissant. Isabelle, avant que ses querelles n'éclatassent avec Louis de Flandre, avait déjà, de concert avec lui, aliéné à ce prince sa terre de Mirebeau en Poitou. Elle suivit le conseil du sire de Craon, et la vente du comté de Rouci se fit le 3 novembre 1379, pour la somme de quarante mille francs d'or (526,095 liv. 4 s. 9 d. de notre monnaie actuelle.) Mais Simon, comte de Braine, oncle paternel d'Isabelle, revendiqua ce comté, prétendant qu'elle n'avait pas le pouvoir d'en disposer. Nous ne voyons pas ce que devint Isabelle depuis ce tems-là. A l'égard de Louis de Flandre, il mourut en 1386, avant le 18 août, jour auquel ses frères transigèrent sur sa succession. (Anselme.)

SIMON.

1385. SIMON, comte de Braine, deuxième fils de Jean V, rentra, l'an 1385, par arrêt du parlement, dans le comté de Rouci. Ce seigneur s'était acquis dès-lors, par sa valeur et la sagesse de sa conduite une estime universelle. Voici les principaux traits de sa vie. En 1358, le dauphin Charles, pendant la captivité du roi Jean son père, ayant assemblé à Provins les députés de Champagne pour délibérer avec eux sur les besoins de l'état, le comte de Braine porta la parole au nom de la compagnie, et assura le prince de la disposition où elle était de seconder ses vues. Mais comme on ne put convenir sur la nature des aides que les circonstances rendaient nécessaires, le comte demanda au dauphin qu'il fût permis de tenir à Vertus une seconde assemblée sur ce sujet. Ce fut au mois de février de cette année que le fameux Marcel, prévôt des marchands, fit assassiner, dans l'appartement du dauphin et à ses yeux, Robert de Clermont, maréchal de France, et Jean de Conflans, maréchal de Champagne. Simon, ami particulier de ce dernier, engagea dans la suite le dauphin à rendre solennellement justice à sa mémoire. Le traité de Bretigni, conclu le 8 mai 1360, portait, entre autres articles, qu'avant que le roi sortît d'Angleterre pour revenir en France, le dauphin-régent fournirait un nombre d'otages tirés de la principale noblesse du royaume. Le comte de Braine, puis de Rouci, fut de ce nombre, et partit en conséquence pour l'Angleterre, d'où il revint en 1362. L'an 1371 (V. S.), le roi Charles V, qui avait éprouvé la fidélité, l'intelligence et le zèle du comte de Braine en diverses rencontres, le nomma, par lettres du 10 janvier, conseiller-général sur le fait des aides, et l'envoya, dit un auteur du tems, *en certaines parties de son royaume pour besognes secretes concernant son honneur*, avec douze francs par jour pour ses appointements. Ce monarque, dans son testament, qu'il fit au mois d'octobre 1374, choisit le comte de Braine pour être du conseil de son fils pendant sa minorité. L'année suivante, il assista, le 21 mai, au parlement, où Charles ratifia son ordonnance touchant la majorité des rois. L'an 1381, sous le jeune roi Charles VI, il fut député avec l'archevêque de Rouen pour aller traiter avec les Anglais à Boulogne. Il retira, l'an 1385, le comté de Rouci des mains de Louis, duc d'Anjou. Il fut, l'an 1388, de l'expédition du roi contre le duc de Gueldre. Sa compagnie était de deux bacheliers et de quatorze écuyers. Ce comte mourut la nuit du mardi au mercredi (V. S.), 19 février 1392, au château du Bois-les-Rouci, et fut inhumé à Saint-Ived de Braine, laissant de MARIE DE CHATILLON, sa femme, décédée le 11 avril 1396, et enterrée auprès de lui, Hugues, qui suit; Jean de Rouci, évêque de Laon; Simon, seigneur de Pontarci; et deux filles, Marie, femme de Jacques d'Enghien, seigneur de Faignoles, et Marguerite, mariée, 1° à Gaucher, seigneur de Nanteuil-la-Fosse; 2° à Robert de Couci, seigneur de Pinon; 3° à Hugues, seigneur de Clari. (*Mss. de Dupuy*, n°. 387.)

HUGUES II.

1393. HUGUES II, fils et successeur de Simon aux comtés de Rouci et de Braine, ne survécut pas trois ans à son père, étant mort le 26 octobre 1395, suivant son épitaphe que l'on voit encore dans l'église de Saint-Ived de Braine, où il fut inhumé.

Blanche de Couci, sa femme, morte le 24 février 1438 (N. S.), et enterrée au même lieu, lui donna Jean, qui suit; Hugues, seigneur de Pierre-Pont, mort le 18 août 1412, sans avoir été marié; Marguerite, femme de Thomas III, marquis de Saluces; Blanche, femme de Louis de Bourbon, comte de Vendôme; et deux autres filles. (*Mss. de Dupuy.*)

JEAN VI.

1395. Jean VI, fils aîné de Hugues II, né l'an 1388, lui succéda dans les comtés de Rouci et de Braine, sous la tutelle de Jean de Rouci, évêque de Laon, son oncle, qui rendit hommage au roi pour lui le 22 décembre 1395. Trois ans après, ce prélat le fiança, par contrat du 25 mai 1398, avec Elisabeth, fille du fameux Jean de Montaigu, vidame de Laon, grand-maître de la maison du roi et surintendant des finances. Le 14 août 1402, le comte ayant atteint l'âge de quatorze ans, ratifia ce contrat. L'an 1403, il accompagna le connétable d'Albret dans la guerre de Guienne, avec le seigneur de Montaigu, son beau-père, dont le connétable était aussi gendre. L'an 1405, il obtint arrêt du 16 décembre, qui condamnait le duc d'Anjou à lui laisser la jouissance libre de Rouci, dont il s'était mis en possession. Après la disgrâce du seigneur de Montaigu, la persécution des Bourguignons s'étendit jusqu'au comte Jean, son gendre. Le bailli de Vermandois et le prévôt de Laon, à la tête de quelques paysans qu'ils avaient ramassés, assiégèrent le comte dans Rouci; et comme il n'avait pu prévoir cette insulte, il fut contraint de se rendre. On le tint prisonnier avec son frère Hugues, seigneur de Pierre Pont, dans la tour de Laon, depuis le 11 novembre 1411 jusqu'au 17 janvier suivant. L'an 1413, il accompagna le roi au siége de Laon; et, l'an 1415, il fut l'un des chefs de l'armée royale à la funeste bataille d'Azincourt, donnée le 25 octobre. Il y périt à la tête de cent hommes d'armes qu'il commandait. Son corps ne put être reconnu entre les morts qu'à une cicatrice au bras gauche, qui lui tenait ce bras plus court que l'autre. Il fut rapporté à Braine et inhumé auprès de Hugues, son fils, mort en 1412. Sa veuve, dont il ne laissa qu'une fille, qui suit, s'étant remariée à Pierre de Bourbon, seigneur de Préaux, mourut l'an 1429, et fut enterrée à Marcoussi.

JEANNE DE ROUCI
et ROBERT (III) DE SAREBRUCHE.

1415. Jeanne, fille unique de Jean VI, porta les comtés de Rouci et de Braine avec la terre de Montaigu en Laonais dans la maison de Sarebruche ou Saarbruck, par son mariage contracté vers l'an 1417 avec ROBERT DE SAREBRUCHE, sire ou damoiseau de Commerci. Cette maison tirait son origine de Simon de Montbéliard, qui épousa, vers le milieu du treizième siècle, Mahaut, fille et héritière de Simon II, damoiseau de Sarebruche. Robert fut un seigneur inquiet et turbulent. De tems immémorial les fils des prêtres concubinaires appartenaient aux ducs de Lorraine. La ville de Toul ayant donné asile à quelques-uns de ces bâtards fugitifs, le duc Charles II, après les avoir inutilement répétés, lui déclara la guerre, et vint mettre le siége devant cette ville. Robert et plusieurs gentilshommes entrèrent dans cette querelle, et donnèrent du secours aux Toulois, qui d'abord remportèrent quelques avantages sur les Lorrains. Mais le comte de Vaudemont ayant joint ses troupes à celles du duc, les bourgeois furent obligés à demander la paix. Ceci est de l'an 1420. Robert, sept ans après, se brouilla de gaîté de cœur avec cette même ville de Toul; et par une de ces fanfaronnades fort communes parmi la noblesse en ces tems-là, il vint avec vingt cavaliers défier les bourgeois de Toul au combat. Ce défi lui réussit mal. Les Toulois, par stratagême, le firent prisonnier avec sa petite troupe; puis, l'ayant mis à rebours sur son cheval, ils l'introduisirent dans la ville, où il fut reçu avec des huées qui le couvrirent de confusion : il lui en coûta quinze cents livres, (103,02 liv. 8 s. 9 d.) monnaie courante, pour sa rançon. Robert quelque tems après voulut prendre sa revanche, et il y échoua. Il commanda, l'an 1431, l'arrière-garde du duc René à la bataille de Bullegnéville, donnée, le 4 juillet, contre Antoine, comte de Vaudemont, qui disputait la Lorraine à René. Les plus sages de l'armée de ce dernier avaient été d'avis de ne pas hasarder le combat, attendu la difficulté qu'il y aurait à forcer l'ennemi dans ses retranchements. Mais Robert, ne faisant attention qu'à la supériorité des troupes de René, soutint que la défaite d'Antoine était infaillible. *Il n'y en a pas pour nos pages*, disait-il avec plusieurs jeunes seigneurs; *nous les forcerons au premier choc*. Cet avis prévalut; mais on se trouva mal de l'avoir suivi. L'armée du duc fut défaite et ce prince fait prisonnier. On accusa Robert d'avoir manqué de courage en cette occasion, et, au lieu de secourir à tems l'avant-garde, d'avoir lâchement pris la fuite. (Calmet.) L'an 1434, des seigneurs de Metz revenant d'un tournoi célébré le 11 mai à Pont-à-Mousson, Robert s'avise de les faire arrêter par ses gens, qu'il avait placés en embuscade dans un bois, et les retient prisonniers au nombre de treize. Ce trait de perfidie était d'autant plus noir, que Robert était pensionnaire de la ville de Metz, et qu'*il avait juré*, dit une ancienne chronique, *et promis d'être loyaux et féable pour ceulx de Metz*. Le duc René, à qui la ville de Metz porta ses plaintes de cet attentat, vint avec les Messins pour en tirer vengeance, et assiégea le château de Commerci. Robert était sur le point d'y être forcé, lorsqu'Artus de Richemont, connétable de France, étant arrivé à Châlons-sur-Marne, manda le duc René et Robert pour les accommoder. Robert promit tout ce qu'on voulut; mais les assiégeants ayant mis le feu, en se retirant, à quelques maisons de la place, il refusa de signer le traité. Il fut enfin contraint de le faire peu de tems après avoir renouvelé les hostilités. Le siége avait commencé le 8 septembre, et le traité fut signé le 13 décembre suivant. L'an 1436, Robert, en revenant de la Terre-Sainte, se rend au concile de Bâle. Mais, au sortir de cette ville, il est pris, lui cinquième, par les gens du sire de la Loupe, que son père avait fait autrefois prisonnier et conduit au château de Guiperi. Délivré au mois d'août de la même année, il est remis entre les mains du duc René, qui ne lui rend la liberté que le 23 novembre suivant, fête de Saint-Clément. (*Chronique de Metz.*) L'an 1439, après la mort de Guillaume, seigneur de Château-Villain, il s'empare, le 17 décembre, de cette terre, sous prétexte d'un don que le défunt lui en avait fait. Bernard, frère de Guillaume, poursuit Robert au criminel. Le procès fut de longue durée : on ignore quand et comment il finit. L'an 1441, Robert, dit l'ancienne chronique versifiée de Metz,

> Sans aultre débat ny querelle,
> Recommença guerre nouvelle
> A ceulx de Metz et du pays :
> Car toujours les avait haïs.
> Et les Messains, pour eulx venger
> De leurs ennemis estrangers,
> Meirent leurs soldats aux champs
> Qu'en brief les furent approcheans.
> Sans les hommes de petit pris,
> Trois Gentilshommes furent pris,
> Qu'ils amenèrent en la cité,
> Par leurs beaux dicts ne furent quittés.
> Il y avoit (chose toute certaine)
> De Lorraine deux Capitaines ;
> Et l'aultre qu'estoit le tier,
> C'estoit le bastard d'Arentier.

La même année 1441, le comte Robert, obtint de Philippe le Bon, duc de Bourgogne, par l'entremise du roi Charles VII, la restitution de sa terre de Montaigu, dont il avait tâché de surprendre le château l'année précédente. Mais le duc ne rendit la place qu'après l'avoir fait démolir. Robert ayant voulu la relever, le duc fit raser ce qui était déjà sorti de terre. Robert, l'an 1443, suivit le dauphin au siége de Dieppe, où il fit preuve de valeur. L'année de sa mort n'est pas certaine : tout ce qu'on peut assurer, c'est qu'on n'aperçoit plus de traces de son existence depuis le 30 mars 1460. Son tombeau se voit encore à la collégiale de Commerci. Jeanne de Rouci, sa femme, termina ses jours le 4 septembre 1459, laissant deux fils, Jean, qui suit, et Amé, comte de Braine, et damoiseau de Commerci, avec deux filles, Marie, femme de Charles de Melun, sire d'Antoing, vicomte de Gand, dit *le Chevalier doré* (c'est ainsi qu'on nommait ceux qui avaient l'ordre du roi), et Jeanne, mariée à Christophe de Barbançon.

JEAN DE SAREBRUCHE.

1459. JEAN DE SAREBRUCHE, fils aîné de Robert, succéda à Jeanne, sa mère, au comté de Rouci, en vertu de la donation qu'elle lui en fit le 11 mars 1459, à condition de porter le nom et les armes de Rouci. Ce fut un des braves qui se distinguèrent pour la défense du royaume sous le règne de Charles VII. La Guienne, où il accompagna le comte de Dunois, fut le théâtre principal de ses exploits. Il y combattit contre les Anglais, et ne contribua pas médiocrement à les chasser de ce pays. Le grand attachement qu'il avait marqué pour le roi Charles VII, ne fut pas une recommandation pour lui auprès de Louis XI, fils et successeur de ce monarque. Des ennemis achevèrent de le perdre dans l'esprit de Louis, qui le fit enfermer dans le château de Loches, où il était encore en 1477. Remis en liberté, soit avant, soit après la mort de ce prince, il assista aux états de Tours, convoqués, en 1483, par le roi Charles VIII. Il mourut au château de Montaigu en Laonois, le 19 juin 1497, et fut inhumé à Montmirel, sans laisser d'enfants de CATHERINE D'ORLÉANS, fille de Jean, bâtard d'Orléans, comte de Dunois et de Longueville, qu'il avait épousée le 16 mars 1468; mais il eut deux enfants naturels, Louis, tige des seigneurs de Sissonne, et Marguerite, femme de Jacques de l'Epine, seigneur de Vêle.

ROBERT II (IV) DE SAREBRUCHE.

1497. ROBERT DE SAREBRUCHE, fils unique d'Amé de Sarebruche, comte de Braine et damoiseau de Commerci, succéda à Jean, son oncle, dans le comté de Rouci. Autant le roi Louis XI avait-il marqué d'aversion pour le comte Jean, autant s'était-il montré favorable à son neveu, qu'il fit successivement gouverneur de l'Ile de France, de Champagne et de Bourgogne. Robert prouva qu'il était digne de ces emplois par sa bonne conduite et sa valeur. En 1477, après la mort de Charles le Téméraire, duc de Bourgogne, il contribua à la réduction de plusieurs places de ce duché qui refusaient de passer sous la domination de la France. La ville de Beaune était de ce nombre. Robert s'étant joint à Charles d'Amboise, seigneur de Chaumont, son beau-père, fit avec lui le siège de cette place, qui se rendit au bout de cinq semaines. L'année suivante, il fit tête, en Champagne, à l'archiduc Maximilien, qui voulait pénétrer dans cette province par la Flandre; et après l'avoir repoussé, il entra dans la Franche-Comté, qu'il mit sous l'obéissance du roi. La suite de ses actions est demeurée dans l'oubli. Il mourut, le 1er septembre 1504, dans son hôtel de Rouci, rue du Petit-Saint-Antoine, à Paris, et fut inhumé à Saint-Ived de Braine. De MARIE D'AMBOISE, qu'il avait épousée le 5 février 1487 (V. S.), il laissa un fils, qui suit; Philippette, damoiselle de Commerci, dame de Louvois et d'autres terres, femme de Charles de Silli; Catherine, qui viendra ci-après; et Guillemette, comtesse de Braine, mariée à Robert de la Marck, duc de Bouillon, seigneur de Fleurange et maréchal de France. (*Mss. de Dupuy*, n° 387.)

AMÉ DE SAREBRUCHE.

1504. AMÉ DE SAREBRUCHE, successeur de Robert, son père, aux comtés de Rouci et de Braine, à la seigneurie de Commerci et à ses autres domaines, né le 20 octobre 1495, suivit en Italie le roi François Ier, qui le fit chevalier, l'an 1515, à la bataille de Marignan. Il servit ensuite sous le duc de Vendôme, en Picardie, à la tête d'une compagnie de cent lances. Les Anglais étant venus assiéger Ham, le comte Amé s'y renferma et défendit vaillamment la place, dont ils furent obligés de lever le siége. Le roi, pour sa récompense, lui donna le gouvernement de l'Ile de France. Mais, se sentant incommodé de la pierre, il se fit porter à Paris, où il mourut, le 19 novembre 1525, sans laisser d'enfants de RENÉE DE LA MARCK, qu'il avait épousée le 18 juillet 1520. Ses trois sœurs partagèrent sa succession avec sa veuve.

CATHERINE DE SAREBRUCHE.

1525. CATHERINE DE SAREBRUCHE eut, dans le partage qu'elle fit avec ses sœurs de la succession du comte Amé, leur frère, le comté de Rouci avec les terres de Pierre-Pont, de Nisy-le-Comte, de Coulommiers en Brie, et le vidamé de Laon. Elle était veuve alors d'Antoine de Roye, tué, le 13 septembre de l'an 1515, à la bataille de Marignan, dont elle eut un fils, nommé Charles, né le 14 janvier 1516. Charles fut gentilhomme ordinaire de la chambre du roi, et eut l'administration de toutes les terres données à la reine Eléonore d'Autriche, seconde femme de François Ier. Il mourut un vendredi 23 janvier de l'an 1551, laissant de MADELEINE, fille et héritière de Ferri de Mailli, seigneur de Conti, qu'il avait épousée en 1528, deux filles, Eléonore, dame de Roye, de Conti, etc., et Charlotte, qui suit.

CHARLOTTE DE ROYE.

1551. CHARLOTTE DE ROYE, née à Muret, en 1537, porta le comté de Rouci, la seigneurie de Pierre-Pont, et d'autres terres, à François III de la Rochefoucauld, fils de François II, comte de la Rochefoucauld, et d'Anne de Polignac, qu'elle épousa l'an 1557.

CHRONOLOGIE HISTORIQUE

DES

PRINCES DE SEDAN, puis DUCS DE BOUILLON.

La seigneurie de Sedan, sur la Meuse, entre Mouson et Doncheri, est originairement un fief de l'abbaye de Mouson et un arrière-fief de l'église de Reims, qui, ayant été donné à des avoués puissants, devint entre leurs mains une principauté. Sedan ne commence à se montrer dans les chartes qu'en 1259. Cette année, Thomas de Beaumez, archevêque de Reims, et Henri de Gueldre, évêque de Liége, firent un traité pour l'administration des fiefs qu'ils possédaient en commun, dans lequel Sedan, qui n'était qu'un village, est compris. L'abbé de Mouson ne paraît point dans cet acte, parce que les deux prélats ne traitaient que de leurs droits, laissant à leurs feudataires ceux qui leur appartenaient; ce qui est évident par l'article du traité où ils conviennent que leurs feudataires mettront des juges aux lieux où ils ont droit d'en mettre. (Marlot, *Métrop. Rem.*, T. II, liv. III.) Dès-lors Sedan était hors des mains de l'abbé de Mouson, ou du moins il en sortit peu de tems après. On voit en effet qu'en 1289 Gérard de Jausse, chevalier, seigneur de Sedan et de Balan, s'étant rendu au chapitre de l'abbaye de Mouson, y fit hommage à l'abbé Bertrand pour les villes et fiefs de Sedan et de Balan, qu'il déclare expressément relever de cette abbaye, comme l'acte qu'elle conserve de cet hommage en fait foi. Mais dans la suite Sedan devint un arrière-fief de la couronne, depuis que, par traité du 16 juillet 1379, le roi Charles V eut acquis les droits de l'archevêque de Reims sur cette seigneurie pour les réunir au domaine. De la maison de Jausse, Sedan passa à Jean de Barbançon, seigneur de Bossu, en 1381. Sedan, par sa position et par le château qu'on y avait élevé, faisait dès-lors une place importante. Le roi Charles VI, voyant qu'il était propre à couvrir la frontière du royaume, obligea le sire de Barbançon à s'en accommoder avec lui par traité de la fin d'octobre 1389, avec promesse d'un échange qui ne lui fut délivré qu'en 1398.

En 1400, Charles VI donna Sedan à Louis, duc d'Orléans, son frère. Ce prince, ayant été assassiné le 3 novembre 1407, eut pour successeur CHARLES, duc d'Orléans, son fils. Celui-ci, par lettres du mois de février 1413, donna ou vendit la seigneurie de Sedan et la terre de Florenville à Guillaume, sire de Braquemont, qui laissa, entr'autres enfants, Louis, sire de Braquemont et de Sedan, et Marie, alliée en 1401 à Evrard de la Marck, qui suit.

ÉVRARD DE LA MARCK.

EVRARD DE LA MARCK, seigneur d'Aremberg, baron de Lumain, etc., acquit, l'an 1424, de Louis de Braquemont, son beau-frère, la terre de Sedan. A peine fut-il en possession, qu'il se vit insulté par les habitants de Réthel, partisans du duc de Bourgogne, ennemi du roi Charles VII, auquel Evrard était très-attaché. Pour se mettre en état de défense, Evrard fit fortifier Sedan, non pas en 1446, comme le marque un moderne, mais avant 1430. L'acquisition qu'il fit, en 1449, de la terre de Raucourt, augmenta l'étendue de la seigneurie de Sedan, à laquelle il l'unit. On met sa mort en 1460; mais il faut la devancer au moins de six ans, par la raison qu'on verra dans un moment. Evrard avait épousé, l'an 1410, 1°, comme on l'a dit, MARIE DE BRAQUEMONT; 2°, l'an 1422, AGNÈS, fille et unique héritière de Jean, seigneur de Rochefort en Ardennes. Du premier lit il eut Jean, qui suit; un autre fils, mort sans lignée; et une fille. Du second lit sortirent Louis, comte de Rochefort, et deux autres fils.

JEAN DE LA MARCK.

1454 au plus tôt. JEAN DE LA MARCK, fils aîné d'Evrard et son successeur dans la seigneurie de Sedan, ainsi que dans celles d'Aremberg, de Lumain, de Braquemont, d'Agimont et de Neuchâtel, fit l'objet de ses premiers soins d'achever la citadelle que son père avait commencée à Sedan. Mais, au mois de janvier 1455 (N. S.), le gouverneur de Mouson vint se présenter, dans l'absence de Jean de la Marck, pour mettre garnison dans Sedan, comme une dépendance de son gouvernement. Des officiers du seigneur lui en ayant refusé la porte, il y entra de force, saisit la place au nom du roi, et y mit des officiers royaux pour y administrer la justice. Jean de la Marck eut recours au roi pour obtenir main-levée de cette saisie, et représenta *que la ville et seigneurie de Sedan étoient situées dans la seigneurie et gouvernement de Mouson; qu'elles étoient tenues et mou-*

*vantes en foi et hommage de l'église de N. D. de Mouson, à
cause de laquelle lui et ses prédécesseurs seigneurs de Sedan
ont accoutumé de bailler aveus et dénombremens.... même
auparavant qu'il y eût au lieu où est assise la forteresse dudit
Sedan aucune fortification.* Il exposait ensuite que cette forteresse avait été faite par ordre du roi et pour la défense du pays.
On apprend tout ce détail des lettres que le roi fit expédier,
par lesquelles il donne main-levée à Jean de la Marck, et lui
permet d'achever les fortifications de Sedan, *à condition de
prêter serment pour lui et ses successeurs, seigneurs de Sedan,
au gouverneur de Mouson; qu'ils ne feront, pour le moyen
de leur ville de Sedan, aucun tort à la ville et aux habitans de
Mouson, et autres sujets de Sa Majesté; que de plus ils livre-
ront au roi et à ses successeurs rois, ou à leurs gens, leur ville
et forteresse de Sedan, à grande et à petite force, toutes les
fois qu'ils en seront requis.* Ces lettres de Charles VII sont datées
de Saint-Pourçain au mois de novembre 1455. Du vivant de
son père, Jean de la Marck était déjà chambellan de France, et
il avait acquis, l'an 1449, la seigneurie de Raucourt, qu'il unit
depuis à celle de Sedan. Il mourut l'an 1480, laissant d'AGNÈS DE
WIRNEMBOURG, son épouse, Evrard, qui continua la postérité
des comtes d'Aremberg; Robert, qui suit; Guillaume, dit *le
Sanglier des Ardennes*, tige des seigneurs de Lumain; Louis,
seigneur de Florenville, et deux autres fils.

ROBERT Ier DE LA MARCK.

1480. ROBERT Ier DE LA MARCK joignit à la principauté de
Sedan, qu'il hérita de Jean, son père, les seigneuries de Fleuranges et de Jamets, qui lui vinrent par son mariage avec JEANNE,
fille et unique héritière de Colart, ou Nicolas de Marlei. L'an
1482, Guillaume de la Marck s'étant rendu le maître dans Liége,
après en avoir tué l'évêque Louis de Bourbon, contraint le
chapitre de nommer Robert, son frère, gouverneur, ou châtelain de Bouillon (1). Guillaume se fit hypothéquer à lui-même
le duché de Bouillon, l'an 1484 (N. S.), pour une somme de
trente mille livres (2), qu'il prétendait lui être due pour les frais

---

(1) Ce duché, qui des mains du fameux Godefroi de Bouillon passa, l'an
1096, à l'église de Liége de la manière qu'on le dira sur les ducs de la basse
Lorraine, a pour chef-lieu la ville qui lui donne son nom, située dans le pays
de Luxembourg, sur la rivière de Semoi, entre Mouson et Sedan, avec un
château que la nature et l'art ont également fortifié. Neuf lieues carrées ou environ forment toute l'étendue de ce duché.

(2) L'argent monnayé, c'est-à-dire, le gros d'argent, était à 11 deniers (2

des guerres qu'il avait faites au nom de l'église de Liége, et à la tête de ses troupes. Guillaume ayant été massacré l'année suivante par l'ordre de Jean de Horn, évêque de Liége, Robert se mit en devoir de venger sa mort, et commença une guerre sanglante, dont il ne vit pas la fin. Il périt, l'an 1489, au siége d'Yvoi. De son mariage il laissa Robert, qui suit; Evrard, évêque de Liége; Claude, mariée, l'an 1470, à Louis de Lenoncourt; et Bonne, qui épousa, l'an 1475, Pierre de Baudoche. (*Voyez* Jean de Horn, *évêque de Liége*.)

ROBERT II DE LA MARCK.

1489. ROBERT II DE LA MARCK, fils aîné de Robert Ier, et son successeur dans la seigneurie de Sedan et le gouvernement de Bouillon, fut nommé *le grand Sanglier des Ardennes*, parce que ses terres étaient situées dans ce canton, et qu'il faisait autant de ravage dans les environs que les sangliers en font dans les campagnes. Il continua la guerre commencée par son père contre l'évêque de Liége. Elle fut terminée, l'an 1492, par la médiation du roi de France. On accorda une amnistie aux Liégeois qui avaient porté les armes en cette guerre contre leur évêque; et, pour étouffer toute semence de division entre les maisons de Horn et de la Marck, les trois états des pays de Liége, duché de Bouillon, et comté de Loos, s'obligèrent de payer à celle de la Marck la somme de cinquante mille florins du Rhin dans le cours de huit années, à termes égaux. Ceux du Luxembourg, sous la conduite du marquis de Bade, leur gouverneur, s'étant emparés du château de Bouillon l'an 1495, et y ayant mis le feu, Robert y fut rétabli l'année suivante par un traité conclu, le 27 décembre, entre lui et l'archiduc Maximilien. Alors il prétendit l'occuper, non plus à titre de gouverneur, mais par droit de réserve, quoiqu'il n'eût pas été engagé à Robert, son père, mais à Guillaume, son oncle, qui avait laissé des enfants. Robert II servit avantageusement le roi Louis XII dans ses guerres d'Italie. Il y fit preuve, non-seulement de valeur, mais aussi d'industrie, par l'invention d'une espèce de parc de bois, composé d'échelles entrelacées les unes dans les autres, pour servir de barricades à la tête du camp. L'an 1513, il commanda les bandes noires à la journée de Novarre, où il soutint l'effort des Suisses, avec

---

grains d'aloi, et de la taille de 69 au marc, qui valait 9 liv. 9 sous 9 deniers; ainsi 30,000 liv. devaient peser 3,162 marcs 1 gros 2 deniers 6 grains, qui à raison de 51 liv. 4 sous 7 deniers cinq douzièmes le marc, produisent aujourd'hui 161,993 liv. 9 s. 7 den.

beaucoup de courage, le matin du 6 juin. Après l'action, apprenant que ses deux fils aînés étaient restés blessés dans un fossé au milieu des ennemis, il fendit les bataillons avec sa compagnie d'hommes d'armes, et les tira de danger, chargeant l'un sur son cheval, et l'autre sur celui d'un de ses gens. Cependant, malgré ces actes de valeur, Fleuranges, son fils, avoue dans ses mémoires qu'après le premier choc, *s'il fust demeuré en son estat, comme il lui étoit ordonné* (par le général Louis de la Trémoïlle), *la bataille n'eust pas été perdue.* Après cette défaite, où nous ne perdîmes, suivant le même Fleuranges, que deux mille hommes, et non pas huit à dix, comme d'autres l'assurent, Robert et ses enfants eurent ordre d'emmener les restes de notre armée en Picardie, où l'on en avait grand besoin. Le roi François Ier ayant succédé, l'an 1515, à Louis XII, renouvela l'alliance que son prédécesseur avait contractée avec la maison de la Marck. Mais, en 1518, sous prétexte de quelques désordres arrivés sur la frontière de Champagne, ce monarque réduisit à moitié la compagnie de cent hommes d'armes, commandée par Robert de la Marck. Les pensions de celui-ci, qui se montaient à quinze mille livres par an (1), étaient d'ailleurs fort mal payées : double sujet de mécontentement, dont Charles-Quint, roi d'Espagne, étant instruit, fit offrir à Robert une compagnie de vieilles ordonnances des Pays-Bas, avec vingt mille livres d'appointements, que les meilleures villes du Brabant se chargèrent de payer. Robert accepta d'autant plus facilement ces offres, qu'il y fut porté par Evrard, son frère, également mécontent du roi de France, pour lui avoir fait manquer le chapeau de cardinal. Mais il eut bientôt lieu de se repentir d'avoir violé la foi qu'il avait jurée au roi François Ier. Le seigneur d'Aymeries ayant appelé d'un jugement rendu contre lui par les pairs de Bouillon, l'Empereur reçut cet appel au préjudice de la justice souveraine que Robert prétendait avoir dans ce duché. Cette injure affecta si vivement Robert, qu'il fit sa paix, le 14 février 1421 (N. S.), avec le roi de France, promettant de le servir envers et contre tous. Il poussa même le ressentiment contre l'Empereur, jusqu'à lui déclarer la guerre en forme à Worms, en pleine diète, par le ministère d'un héraut. Cette témérité fut punie par son propre

---

(1) Au commencement du règne de François Ier l'argent monnayé, qu'on appelait testons, était à 11 deniers 18 grains d'aloi, et de la taille de 25 et demi au marc, qui valait 12 livres 15 sous; par conséquent 15,000 livres font 1176 marcs 3 onces 6 gros 8 grains, qui à raison de 52 liv. 6 sous 10 deniers dix-sept vingt-quatrièmes le marc, produiraient de notre monnaie actuelle, 61,581 livres 17 sous 10 deniers.

frère, l'évêque de Liége, qui le poursuivit et lui enleva toutes ses places, à l'exception de Sedan. Il était menacé d'une ruine entière, sans la guerre qui se fit entre Charles-Quint et François Ier. Robert mourut vers la fin de novembre 1536. On peut juger de la religion de Robert II de la Marck, par le trait suivant, que Brantôme rapporte : « Il avait pris, dit-il, pour
» devise, ou patrone, sainte Marguerite, que l'on peint avec
» un dragon à ses pieds, représentant celui qui voulait la dévo-
» rer en sa prison; et ce dragon représentait le diable. Et offrant
» deux chandelles à cette sainte, il en vouait une à elle et
» l'autre à monsieur le diable, avec ces mots : *Si Dieu ne me*
» *veut aider, le diable ne me sauroit manquer.* Devise certes
» fort étrange et bizarre, qui est pareille à celle de Virgile,
» introduisant Junon, parlant par ces mots païens : *Flectere si*
» *nequeo Superos, Acheronta movebo.* » Il avait épousé, l'an 1491, CATHERINE, fille de Philippe de Croï, comte de Chimai, dont il eut Robert, qui suit; Guillaume, seigneur de Jamets, mort, en 1529, sans lignée; Jean, seigneur de Jamets; trois autres fils et deux filles. (*Voyez* Evrard de la Marck, *évêque de Liége.*)

ROBERT III DE LA MARCK.

1536. ROBERT III DE LA MARCK, seigneur de Fleuranges, fils aîné de Robert II, et son successeur dans la seigneurie de Sedan, et ses prétentions sur le duché de Bouillon, né l'an 1492 ou 1493, avait une réputation faite long-temps avant la mort de son père. Outre la journée de Novarre, où il reçut quarante-six blessures l'an 1513, il demeura prisonnier, l'an 1525, à celle de Pavie, d'où il fut conduit à l'Ecluse en Flandre. Elevé dans le goût des belles-lettres, il employa le tems de sa captivité à composer l'histoire des choses mémorables arrivées en Italie, en France et en Allemagne depuis 1503 jusqu'en 1521, sous le titre de *Mémoires du jeune Aventureux.* On les connaît aujourd'hui sous celui de *Mémoires du Maréchal de Fleuranges* (1). « Il avait reçu, en sortant de captivité, deux faveurs signalées,
» savoir : 1° le don que le roi lui fit de la ville de Château-
» Thierri pour sa vie; 2° l'office de capitaine des gardes de sa
» majesté, lequel office était vacant par la mort de messire
» Guillaume de la Marck, fils de feu *la grande Barbe*, qui était
» son parent. » (*Mss. de Dupuy*, n° 743.) Il continua de servir la France, et mérita, par ses exploits, le bâton de maréchal, dont

---

(1) Le P. Anselme, T. VII, pag. 193, se trompe en donnant ces mémoires à Robert IV.

le roi l'honora l'an 1526. Cette faveur avait été précédée du collier de l'ordre de Saint-Michel, qu'il avait reçu dès l'an 1519. Elle fut suivie, au mois de novembre 1626, du don que le monarque lui fit de la châtellenie de Châtillon-sur-Marne. Robert avait quelques domaines en Flandre et en Artois : le roi François Ier le détermina à les céder à l'empereur Charles-Quint, et lui accorda d'autres terres en échange, par sa déclaration donnée à Lusignan, au mois d'avril 1529. (Carlier, *Hist. du Valois*, T. II, p. 551.) Robert, l'an 1536, au mois de septembre, défendit avec valeur et sauva la ville de Péronne, assiégée par le comte de Nassau, général de l'Empereur. Six semaines après, étant venu trouver le roi à Amboise, il y reçut, par un courrier, la nouvelle de la mort de son père. Il prit aussitôt la poste ; mais il fut arrêté à Longjumeau par une fièvre violente avec flux de sang, qui l'emporta au mois de décembre 1536. (*Mss. de Dupuy*, n° 337.) Ainsi, à peine eut-il succédé à son père, qu'il le suivit au tombeau. Son corps fut porté à Sedan, et son cœur à Saint-Ived de Braine. Il avait épousé GUILLEMETTE DE SARBRUCHE ou SAARBRUCK, comtesse de Braine, dame de Montaigu, de Neuchâtel, etc., troisième fille de Robert de Sarbruche, comte de Rouci et de Braine, morte en 1571, le 20 septembre, et inhumée à Saint-Ived de Braine, où l'on voit encore son tombeau.

ROBERT IV DE LA MARCK.

1536. ROBERT IV DE LA MARCK fut le successeur de Robert III, son père, dans la seigneurie de Sedan et dans ses autres domaines. Il devint, l'an 1543, capitaine des cent Suisses de la garde de nos rois, et d'une compagnie de cinquante lances. Le roi Henri II lui donna, en 1547, le bâton de maréchal de France. Ce furent les prémices des faveurs de ce prince qui monta cette année sur le trône. Depuis ce tems, Robert ne fut plus appelé que le maréchal de Bouillon. Le roi, l'an 1552, ayant résolu de reprendre Bouillon sur l'évêque de Liége, la place fut assiégée par le connétable de Montmorenci. Le gouverneur, Guillaume de Horiez, capitula le 30 juin, avec promesse d'évacuer le 5 juillet suivant. La capitulation fut acceptée par le connétable ; et le roi, qui était à Sedan, la ratifia le 2 juillet, ordonnant, dit-il, *que ledit capitaine* (de Horiez), *et autres étant dans la place, suivant ladite capitulation et leurs promesses, ayent à icelle place nous rendre et mettre ès mains de notre cousin le maréchal de la Marche, auquel nous avons donné charge de la recevoir pour nous.* (*Eccles. Leod. Juris. in Ducat. Bullion. über. explanatio.*) Ce fut ainsi que Robert IV de la Marck reçut, de la main du roi, le château de

Bouillon. Le rang de duc lui fut alors accordé en France. L'année suivante, il demeura prisonnier des Espagnols, le 18 juillet, à la prise du château de Hesdin. Il fut de là conduit au château de l'Ecluse, et traité avec la plus grande dureté par les Espagnols, sur le refus qu'il fit de passer au service du souverain des Pays-Bas. Sa rançon fut mise à soixante mille écus (1) (quelques-uns disent à cent mille écus) par la trêve conclue, le 5 février 1556 (N. S.), à Vaucelles. Mais, ayant représenté qu'il ne pouvait faire cette somme sans aliéner une partie de ses terres, pour lesquelles il ne trouverait point d'acquéreur, à moins d'être libre, on consentit de l'élargir, mais sous la condition que sa femme et sa fille viendraient prendre sa place jusqu'à ce qu'il eût rempli ses engagements. Elles y consentirent sans hésiter. Il eut à ce prix la liberté de venir se procurer de l'argent. Mais, peu de tems après sa délivrance, il mourut d'une manière qui donna lieu à de violents soupçons. « On dit (c'est Brantôme
» qui parle) qu'après avoir payé une grosse rançon, il fut livré à
» sa femme tout empoisonné, qui fut une grande charge de
» conscience. Prendre l'argent d'un homme, et puis le faire
» mourir si misérablement ! Achille rendit le corps d'Hector
» gratuitement; et celui-ci, après avoir payé rançon, fut rendu,
» non mort, mais autant valoit, puisqu'il avoit été empoisonné.
» Cela se disoit alors : grande cruauté pourtant. Il ne falloit
» douter pour lui d'autre traitement que celui-là; car l'Empereur
» vouloit trop de mal à cette maison. J'ai su pourtant de bon
» lieu, ajoute Brantôme, qu'il mourut par autre sujet que je ne
» dirai pas pour fuir scandale, et empoisonné pourtant par ses
» plus proches. » Il avait épousé à Paris, au mois de janvier 1538 (N. S.), FRANÇOISE DE BRÉZÉ, comtesse de Maulevrier, baronne de Maurie et de Sérignan, fille et héritière de Louis de Brézé, comte de Maulevrier, et de Diane de Poitiers (morte en 1574, le 14 octobre, et inhumée à Saint-Ived de Braine), dont il laissa Henri-Robert, qui suit; Charles-Robert, comte de Maulevrier, l'un des mignons de Henri III; Antoinette, femme de Henri Ier, duc de Montmorenci; Diane, femme, 1° de Jacques de Clèves, duc de Nevers; 2° de Henri de Clermont, vicomte de Tallart; 3° de Jean de Babou, comte de Sagone; Guillemette, mariée, 1° à Jean de Luxembourg, comte de Brienne; 2° à Georges de Baudemont, comte de Croissilles; Catherine, femme de Jacques de Harlai de Chanvalon; et Françoise, abbesse d'Avenai. Brantôme brouille plusieurs faits de Robert IV avec ceux de son père.

---

(1) 711,111 liv. 18 s. 3 den. de notre monnaie actuelle.

HENRI ROBERT.

1556. Henri Robert, fils aîné de Robert IV, né le 7 février 1539 (V. S.), succéda à son père dans la seigneurie de Sedan et le duché de Bouillon. Mais, l'an 1558, Philippe II, roi d'Espagne, ayant insisté, lors des conférences tenues pour parvenir au traité de Cateau-Cambresis, à ce que le château de Bouillon fût remis à l'évêque de Liége, le roi de France, Henri II, par brevet du 25 mars 1558, promit au duc de Bouillon et à la duchesse, sa mère, en les engageant à se porter au désir du roi d'Espagne, de les dédommager amplement de ce sacrifice. Robert, en conséquence, remit le château de Bouillon au roi de France, qui le rendit l'année suivante, par le quatorzième article du traité de Cateau-Cambresis, à l'évêque de Liége, avec ce qui en dépendait au-delà de la rivière de Semoi, sans préjudice toutefois des droits et actions du seigneur de Sedan et de ses descendants, tant pour raison de la propriété du duché de Bouillon, qu'à cause des sommes à eux dues par les communautés du pays de Liége, lesquels droits seraient réservés pour être jugés par des arbitres. Henri Robert manqua la récompense qui lui était promise, en se déclarant pour les religionnaires. On lui ôta même la compagnie des cent Suisses, qu'il commandait depuis l'emprisonnement de son père. L'an 1572, il engagea le roi Charles IX à lui confirmer, par lettres-patentes, le rang de duc en France, dont avait joui Robert IV, son père, à raison de la seigneurie de Bouillon. Il prenait aussi dès-lors le titre de prince de Sedan, et il est le premier qui l'ait pris. Henri Robert assista, l'an 1573, au siége de la Rochelle. Il mourut le 2 décembre de l'année suivante, « d'une fluxion, dit Brantôme,
» qui lui tomba sur les jambes, dont il en fist arrester les veines
» comme on fait à un cheval : mais il fut mal pansé, et furent
» mal arrestées; dont ce fut grand dommage; car s'il eust vescu
» grand âge, il se fust rendu encore plus grand personnage qu'il
» n'estoit. » De Françoise de Bourbon, fille de Louis II de Bourbon, duc de Montpensier, qu'il avait épousée le 7 février 1558 (V. S.), morte en 1587, il laissa Guillaume Robert, qui suit; Jean, comte de la Marck, né le 6 octobre 1564, mort sans alliance le 4 mai 1587; Henri Robert, mort jeune; et Charlotte, qui viendra ci-après.

GUILLAUME ROBERT.

1574. Guillaume Robert, fils et successeur de Henri Robert, né à Sedan, le 1er janvier 1562 (V. S.), commanda en chef, après la bataille de Contras, où il s'était distingué, l'armée du roi de Navarre contre celle des ligueurs. Mais se voyant abandonné des Suisses, qui firent leur paix sur la fin d'octobre avec le roi Henri III, et ensuite par les Reîtres, qui s'en retournèrent en Allemagne, il se retira lui-même à Genève, où il mourut de maladie ou de chagrin le 1er janvier 1588, sans avoir été marié. Par son testament, fait le 27 décembre, il institua Charlotte, sa sœur, qui suit, son héritière en tous ses biens, spécialement *en ses terres et seigneuries souveraines de Bouillon, Sedan, Jamets et Raucourt,* lui substituant, au cas qu'elle mourût sans enfants, François de Bourbon, duc de Montpensier, son oncle maternel.

CHARLOTTE DE LA MARCK, ET HENRI DE LA TOUR.

1588. CHARLOTTE DE LA MARCK, née le 5 novembre 1574, hérita de tous les biens de Guillaume Robert, son frère. L'an 1591, elle épousa, le 15 octobre, HENRI DE LA TOUR D'AUVERGNE, vicomte de Turenne, fils de François III de la Tour, vicomte de Turenne, et d'Eléonore de Montmorenci. Ce fut le roi Henri IV, qui fit cette alliance par inclination pour Henri de la Tour. Il se rendit même à Sedan pour assister au mariage. Ce prince s'étant retiré après avoir vu coucher la mariée, et le vicomte l'ayant conduit à son appartement, lui dit: « Sire, votre majesté m'a
» fait aujourd'hui beaucoup d'honneur; je veux lui en témoigner
» ma reconnaissance : je la prie de m'excuser et de n'être pas
» inquiète si je ne couche sous le même toit pour veiller à la sû-
» reté de sa personne ; j'y ai mis bon ordre ». Le roi lui demanda de quoi il s'agissait. « Sire, lui répondit-il, vous le sau-
» rez demain matin ; je n'ai pas le tems de vous le dire ». Il part aussitôt avec un corps de troupes qu'il avait préparé, se rend maître de la ville de Stenai, et vient en apporter la nouvelle au roi à son lever. « Ventre-saint-gris, lui dit ce prince, je ferais
» souvent de semblables mariages, et je serais bientôt maître de
» mon royaume si les nouveaux mariés me faisaient de pareils
» présents de noces. Mais en attendant allons à nos affaires ». Aussitôt il monte à cheval, se met à la tête de ses troupes, et va faire le siége de Rouen. (Vie de Henri IV.) Charlotte apporta en dot à son époux les souverainetés de Sedan et de Raucourt, avec ses droits sur le duché de Bouillon. Le roi, l'an 1592, le 9 mars, honora du bâton de maréchal Henri de la Tour ; et depuis ce tems il fut appelé le maréchal-duc de Bouillon. L'an 1593, il défit, le 14 octobre, près de Beaumont en Argonne, le duc de Lorraine, et reçut dans le combat deux coups d'épée,

dont il fut légèrement blessé. Il prit ensuite Dun-sur-Meuse, se trouva au siège de Laon en 1594, et se rendit maître d'Yvoi et d'autres places. Il perdit, le 15 mai 1594, Charlotte, sa femme, sans en avoir eu d'enfants. Par son testament, fait le 10 avril précédent, elle avait donné à son époux les terres souveraines de Bouillon, Sedan, Raucourt, et autres qu'elle possédait au pays de droit écrit, laissant toutes celles qu'elle possédait en France au comte de Maulevrier, son oncle. Cette donation souffrit de grandes difficultés de la part du duc de Montpensier et du comte de Maulevrier. Le premier revendiquait la succession de Charlotte en vertu de la substitution faite à son profit par le testament du duc Guillaume Robert. Le second prétendait, comme le plus proche du sang, devoir succéder à tous les biens de sa nièce. Henri de la Tour transigea, le 24 octobre 1594, avec le duc de Montpensier, qui renonça au bénéfice de la substitution moyennant des terres que Henri lui céda de son patrimoine en Auvergne. Cette transaction fut suivie d'une autre du 25 août 1601, entre le duc de Bouillon et le comte de Maulevrier, lequel, au moyen d'une pension de 50 mille livres (1) que lui assura le duc, transporta à celui-ci tous ses droits sur le duché de Bouillon et les souverainetés de Sedan et de Raucourt. Le roi Henri IV était intervenu dans la première de ces deux transactions, et s'y était désisté de toutes les prétentions qu'il pouvait avoir sur la souveraineté de Bouillon. Il avait aussi favorisé la seconde. Mais la conduite que Henri de la Tour tint depuis, ne répondit pas aux bontés de ce prince à son égard. L'an 1602, il fut violemment soupçonné d'avoir trempé dans la conspiration du maréchal de Biron, et d'avoir excité des mouvements dans le royaume. Henri IV eut avec lui des explications très-vives sur ce sujet à Blois et à Poitiers. Le peu de respect et de soumission qu'il montra pour lors au roi, confirma sa majesté dans ses soupçons; et le voyage que le duc fit peu de tems après dans le Limousin, où était le foyer des conspirations, acheva d'irriter Henri IV. Ce monarque cependant, qui ne pouvait s'empêcher de l'aimer malgré ses écarts, voulut bien encore le faire inviter à la cour, avec promesse de l'écouter dans ses justifications s'il en avait à produire, ou de lui pardonner s'il faisait l'aveu de ses torts. Le ma-

---

(1) L'argent monnayé, c'est-à-dire le quart d'écu, était à 11 deniers d'aloi, et de la taille de 25 un cinquième au marc, qui valait 18 liv. 18 sous; ainsi 50,000 liv. font 2645 marcs 4 onces 12 grains, qui, à 49 liv. 11 sous 11 den. cinq sixièmes le marc, produiraient aujourd'hui 129,638 liv. 16 sous 3 den.

réchal-duc, au lieu de se rendre à une invitation si généreuse, porta ridiculement sa cause à la chambre de Castres, tribunal établi pour les protestants, mais incompétent dans l'affaire dont il s'agissait. Après quoi, ne voyant plus de sûreté pour lui dans le royaume, il prit la fuite au commencement de l'an 1605, et se retira d'abord à Genève ; de là il passa chez l'électeur palatin Frédéric IV, sous prétexte de rendre visite à l'électrice, sa belle-sœur, qu'il n'avait jamais vue. Frédéric écrivit en sa faveur au roi, qui, par sa réponse du 17 mars, promit d'oublier le passé, *pourvu*, disait-il, *que dans deux mois il se rende à la cour pour répondre devant nous aux accusations intentées contre luy. Il n'y a personne*, ajoutait-il, *qui s'intéresse plus à sa gloire que moy, et qui soit plus disposé à défendre son innocence contre les calomnies de ses ennemis.* Mais le duc ne déféra point à ces ordres, disant qu'il ne voulait point se livrer à la merci de ses ennemis, qui prévaudraient aisément sur l'esprit du roi. Il continua de résider à Heidelberg. Son séjour y fut d'environ trois ans, pendant lesquels l'électeur et les autres princes protestants d'Allemagne, de concert avec ses amis de France et ses parents, ne cessèrent de travailler à sa réconciliation avec le roi. Elle ne dépendait en quelque sorte que de lui-même : Henri IV n'attendait que sa soumission pour lui pardonner. Il obtint enfin ce qu'il désirait et qu'il avait droit d'attendre. Le duc vint le trouver le 6 avril 1606. S'étant jeté à ses pieds, il lui remit sa principauté de Sedan. Henri IV n'eut pas de peine à lui pardonner, et lui rendit même Sedan au bout d'un mois. Mais depuis ce tems, prévoyant mieux qu'auparavant l'abus qu'il pouvait faire de ses grands talents, le roi fut toujours soigneux de le tenir en bride. Après la mort de Henri IV, le maréchal de Bouillon s'occupa des moyens de se rendre nécessaire, et donna de l'ombrage à la régente. Cette princesse le fit rechercher et lui donna de l'emploi, mais pas assez, ou de trop peu d'importance, au gré de son ambition. De retour d'une ambassade extraordinaire dont il avait été chargé pour l'Angleterre, il forma un parti de mécontents, sous prétexte du mauvais gouvernement de l'état. Il ménagea cette affaire avec tant de dextérité, qu'il en fut toujours le maître et le médiateur. Il fut l'ennemi du maréchal d'Ancre, parce qu'il le trouvait trop puissant, travailla long-tems à sa ruine, et à la fin y réussit. La révolution arrivée dans le ministère n'ayant point rempli ses espérances, il se tourna du côté de la reine-mère, arrêtée à Blois, et la fit résoudre à se servir du duc d'Epernon pour sortir de captivité. Il roulait d'autres projets dans sa tête, lorsqu'il fut attaqué à Sedan d'une maladie qui l'emporta, le 25 mars de l'an 1623, à l'âge de soixante-sept ans et demi. Après la mort de Charlotte, sa première femme, il avait épousé en secondes noces, par contrat du 16 avril 1595, ISABELLE DE NASSAU, fille puînée de Guillaume, prince d'Orange (morte en 1642), dont il eut Frédéric-Maurice, qui suit ; Henri, dit le vicomte de Turenne, né le 11 septembre 1611, le héros de son siècle (1) ; Marie, femme de Henri de la Trémoille, duc de Thouars ; et d'autres enfants. (*Voy*. Henri de la Tour, *vicomte de Turenne*.

FRÉDÉRIC-MAURICE DE LA TOUR.

1623. FRÉDÉRIC-MAURICE DE LA TOUR, né à Sedan le 22 octobre 1605, fils aîné de Henri de la Tour et son successeur au duché de Bouillon, principautés de Sedan, Jamets et Raucourt; vicomte de Turenne, comte de Montfort, etc., fit ses premières armes sous Maurice et Henri-Frédéric de Nassau, princes d'Orange, ses oncles maternels. Il marcha sur les traces de ces grands capitaines, et acquit en peu de tems une grande réputation. Il contribua, l'an 1629, à la prise de Bois-le-Duc, et en 1632, à celle de Maëstricht, dont il fut établi gouverneur. Il défendit cette place en 1634 contre les forces réunies de l'Empire et de l'Espagne. L'année suivante, Louis XIII, ayant envoyé une puissante armée dans le Brabant, donna le commandement de la cavalerie au duc de Bouillon. L'an 1637, il fit profession de la religion catholique. Vers le même tems il donna retraite dans Sedan au comte de Soissons, à qui le roi permit d'y rester l'espace de quatre ans. Il embrassa, l'an 1641, le parti de ce comte, déterminé à faire la guerre à la France pour contraindre le roi à renvoyer son ministre. Il commanda avec lui à la bataille de la Marfée, donnée le 6 juillet de cette année, et retint sous ses drapeaux la victoire prête à échapper après la mort de ce prince. Mais peu de tems après il rentra au service de Louis XIII, qui le fit lieutenant-général de l'armée d'Italie. Il partit au mois de janvier 1642; mais, accusé d'avoir trempé dans la conspiration de Cinq-Mars, il fut arrêté, le 25 juin, par le comte du Plessis-Praslin dans Casal, d'où il fut ensuite transféré au château de Pierre-Encise. Au mois de septembre suivant, apprenant la condamnation de Cinq-Mars, et craignant un semblable sort pour lui-même, il fit offrir au roi sa principauté de Sedan et celle de Raucourt, par une lettre qu'il écrivit au cardinal de Richelieu, qui était pour lors à Lyon. Richelieu, en quittant cette ville, le 12 septembre, jour de l'exécution de Cinq-Mars, laissa l'abbé Mazarin pour traiter avec le duc. L'accommodement fut conclu en trois jours. Mazarin partit ensuite pour aller au nom du roi prendre possession de Sedan, qui lui fut livré, le 29 septembre, par la duchesse, après quoi

elle se retira avec ses enfants à Turenne. Le duc obtint des lettres d'abolition le même jour ou le lendemain; et, le 4 octobre suivant, il sortit de prison avec espérance de rentrer dans Sedan sous un autre ministère. Il tenta en effet, après la mort de Louis XIII, de recouvrer cette principauté par la voie de la négociation; mais le cardinal Mazarin s'y opposa, et la reine régente, quoique fortement sollicitée, fut inflexible à cet égard. On ne refusa cependant point au duc les dédommagements qu'on lui avait promis; mais il furent remis à un autre tems. L'an 1644, il se retira mécontent de la cour, et passa en Italie au service du pape, dont il commanda les troupes. De retour en France, il se jeta dans le parti des princes pendant les troubles de Paris et de Bordeaux. Enfin, le 10 mars 1651, il fit son accommodement avec la cour. Ce fut alors que, par traité d'échange(1), le roi lui donna les comtés d'Auvergne, d'Evreux, les duchés de Château-Thierri et d'Albret, avec d'autres terres d'un revenu considérable, pour la propriété de Sedan. (Voy. *la fin de l'article des comtes d'Auvergne*.) Il obtint aussi rang de prince étranger à la cour tant pour lui que pour sa postérité. Le duc de Bouillon mourut à Pontoise le 9 août de l'année suivante, « au moment, dit l'au-
» teur des mémoires de la princesse Palatine, où il allait remplir
» la place de surintendant des finances. Le cardinal (Mazarin),
» ajoute-t-il, n'en avoit aucun ombrage; mais un esprit aussi su-
» périeur que celui du duc de Bouillon, dans un poste qui lui eût
» donné autant d'autorité, joint à l'éclat de son nom et à ses
» prétentions, ne pouvoit que préparer au ministre beaucoup
» d'embarras. » Ce prince fut enterré à l'abbaye de Saint-Taurin d'Evreux. Il avait renouvelé, dès l'an 1640, le procès contre l'église et les états de Liége, touchant la propriété du duché de Bouillon et les créances qu'il avait à exercer contre elle et les états du pays. Enfin, le 3 septembre de l'an 1641, on fit sur le second point une transaction par laquelle on réduisit toutes ces créances à la somme de 150,000 florins. C'est sur ce seul objet que porte l'acte, parce que l'évêque de Liége, ni les états ne voulurent entrer dans aucune explication sur le premier point concernant la propriété du duché. Frédéric-Maurice avait épousé, l'an 1634, ELISABETH-FEBRONIE, fille de Frédéric, comte de

---

(1) M. Expilli prétend que cet échange avait été conclu dès l'an 1642, mais que le contrat n'en fut signé qu'en 1651. Il y est dit que les *terres d'Albret et de Château-Thierri passèrent entre les mains du seigneur de Bouillon et de ses descendans mâles et femelles avec tous les titres et dignités...... pour avoir leur effet du jour de leurs premières créations.*

Berg, gouverneur de Frise (morte le 9 août 1657), dont il laissa Godefroi-Maurice, qui suit; Frédéric-Maurice de la Tour, comte d'Auvergne; Emmanuel-Théodose, cardinal, doyen du sacré collége, grand-aumônier de France, mort à Rome le 7 mars 1715; Constantin-Ignace, chevalier de Malte, mort, le 5 octobre 1670, des blessures qu'il avait reçues deux jours auparavant dans un combat singulier; Henri-Ignace, aussi chevalier de Malte, mort dans un combat singulier à Colmar le 20 février 1675; et cinq filles.

GODEFROI-MAURICE DE LA TOUR.

1652. Godefroi-Maurice, né le 21 juin 1641, devint, après la mort de Frédéric-Maurice, son père, duc de Bouillon, d'Albret et de Château-Thierri, comte d'Evreux, de Beaumont le Roger, etc. L'an 1658, il fut revêtu de la charge de grand-chambellan de France, dont il prêta le serment au mois d'avril de cette année. Après avoir fait quelques campagnes en France, il fut du nombre des seigneurs français qui passèrent en Hongrie à la tête d'un corps de six mille hommes pour secourir l'empereur contre les Turcs. Montécuculli, général des Impériaux, ayant battu les Turcs, le 1er août de l'an 1664, à Saint-Gothard, le duc de Bouillon eut part à cette victoire. De retour en France, il se trouva à la prise de Tournai le 24 juin 1667, à celle de Douai le 6 juillet suivant, à celle de Lille le 27 août d'après. Il accompagna le roi, l'an 1668, à la conquête de Franche-Comté; l'an 1672, à celle de Hollande; l'an 1673, à la prise de Maëstricht; et l'an 1674, à celle de Besançon. Le duc de Créqui s'étant rendu maître, le 30 septembre 1676, pour le roi, du château de Bouillon, sur l'évêque de Liége, Godefroi-Maurice l'obtint avec ses dépendances par arrêt du conseil d'état de France du 1er mai 1678, et fut maintenu dans ce duché par l'article 28 du traité de paix de Nimègue, conclu dans la même année. En vain l'évêque et le chapitre de Liége firent leurs protestations, le 18 février de l'année suivante, contre cet article; en vain ils les renouvelèrent contre l'article de la paix de Riswick, qui rappelle le traité de Nimégue et le maintient dans sa force : le duché de Bouillon est resté entre les mains de l'aîné de la maison de la Tour. Godefroi-Maurice finit ses jours le 25 juillet 1721, et fut inhumé à Saint-Taurin d'Evreux. Il avait épousé, le 20 avril 1662, Marie-Anne Mancini, nièce du cardinal Mazarin, morte le 21 juin 1714, dont il laissa Emmanuel-Théodose, qui suit; Frédéric-Jules, prince d'Auvergne; Henri-Louis, comte d'Evreux; et plusieurs filles.

EMMANUEL-THÉODOSE.

1721. EMMANUEL-THÉODOSE, second fils de Godefroi-Maurice, et son successeur dans les duchés de Bouillon, de Château-Thierri et d'Albret, dans le comté d'Evreux, la vicomté de Turenne, etc., et dans la charge de grand-chambellan de France, né l'an 1668, fut engagé dans l'état ecclésiastique jusqu'à la mort de Louis, son frère aîné, qui fut blessé mortellement, le 3 août 1692, au combat de Steinkerque, et expira le lendemain à Enghien. Alors il changea d'état, et se mit à la tête de sa maison. Il mourut la nuit du 16 au 17 avril 1730, âgé de soixante-trois ans. Il avait épousé, 1°, le 1er avril 1696, MARIE-VICTOIRE-ARMANDE DE LA TRÉMOILLE (décédée le 5 mars 1717); 2°, le 4 juillet 1718, LOUISE - FRANÇOISE - ANGÉLIQUE LE TELLIER DE BARBEZIEUX, morte en couches le 4 juillet 1719; 3°, le 16 mai 1720, ANNE-MARIE-CHRISTINE DE SIMIANE, morte en couches le 8 août 1722; 4° LOUISE-HENRIETTE-FRANÇOISE DE LORRAINE-GUISE. Du premier lit il eut Frédéric-Maurice-Casimir, prince de Turenne, né le 24 octobre 1702, mort le 1er octobre 1723; Charles-Godefroi, qui suit; un troisième fils, mort enfant; Armande, femme de Louis de Melun, duc de Joyeuse; Marie-Victoire-Hortense, née le 27 décembre 1704, mariée, au mois de février 1725, à Charles-Armand-René, duc de la Trémoille; et deux autres filles, mortes jeunes et sans alliance. Du second lit sortit Godefroi-Géraud, duc de Château-Thierri, mort jeune en 1732; du troisième lit, Anne-Marie-Louise, née au mois d'août 1722, mariée, le 28 décembre 1734, à Charles de Rohan, prince de Soubise, morte le 19 septembre 1739. Du quatrième lit est née, le 20 décembre 1728, Charlotte-Sophie, mariée, le 3 avril 1745, à Charles-Just de Beauvau, prince d'Empire, grand d'Espagne de la première classe, etc.

CHARLES-GODEFROI.

1730. CHARLES-GODEFROI, né le 11 juillet 1706, succéda, l'an 1730, à Emmanuel-Théodose, son père, dans le duché de Bouillon, la vicomté de Turenne, le duché d'Albret, etc., ainsi que dans la charge de grand chambellan de France. Dans la guerre contre l'empereur, il fit les campagnes sur le Rhin en 1733 et 1734. Il vendit, l'an 1738, au roi, la vicomté de Turenne. Il mourut à Montaler, le 24 octobre 1771. Il avait épousé, par dispense du pape, le 1er avril 1724, MARIE-CHARLOTTE SOBIESKA, veuve du prince de Turenne, son frère aîné, dont il a laissé

Godefroi-Charles-Henri, qui suit; et Louise-Henriette-Jeanne, femme d'Hercule-Mériadec de Rohan-Guémenée.

GODEFROI-CHARLES-HENRI.

1771. Godefroi-Charles-Henri, fils de Charles-Godefroi, né le 5 janvier 1728, fait colonel-général de la cavalerie en 1740, grand-chambellan en survivance l'an 1748, et maréchal des camps la même année, fit sa première campagne en 1744 dans l'armée du maréchal de Saxe, combattit, l'an 1745, aux journées de Fontenoi, de Raucoux et de Lawfeld, commanda la cavalerie en 1748 et 1757, et succéda, l'an 1771, à son père dans le duché de Bouillon et les autres terres de sa maison. Il a épousé, le 27 novembre 1743, Louise-Henriette-Gabrielle, fille de Louis, prince de Lorraine, sire de Pons. De ce mariage sont issus Jacques-Léopold-Charles-Godefroi, né le 15 janvier 1746, fait colonel, en février 1757, du régiment de Bouillon, par le duc, son aïeul, pour demeurer dans sa maison; Charles-Godefroi-Louis, né le 22 septembre 1749, chevalier de Malte; et deux autres enfants morts en bas âge.

CHRONOLOGIE HISTORIQUE

DES

COMTES DE PONTHIEU.

Le Ponthieu, *Pontivus pagus*, dont Abbeville est aujourd'hui la capitale, faisait anciennement partie du pays des Morins. Sa longueur s'étend présentement depuis la rivière de Canche, qui le sépare du Boulonnais jusqu'à la Somme, qui le sépare du Vimeu. Il avait autrefois des limites beaucoup plus reculées; et, sous les premiers rois carlovingiens, il comprenait le Boulonnais, le Vimeu, le Ternois, Guines, Ardres, et autres pays le long de la mer. Il paraît même que le Vimeu lui demeura annexé tant qu'il eut ses comtes particuliers.

L'érection du comté de Ponthieu date au moins du septième siècle; et, ce qui suprendra bien des publicistes, il était dès-lors héréditaire. Nous en avons la preuve dans la chronique de Saint-Bertin, dressée par Iperius. Cet écrivain rapporte que Walbert, comte de Ponthieu, de Ternois et d'Arques, par succession paternelle, fit don à saint Bertin (qui se démit de son abbaye en 696) d'une grande partie de son héritage, savoir, du comté d'Arques, avec toutes ses dépendances : *Walbertus successione paterná Pontivensis, Ternensis et Arkensis comes.... magnam hæreditatis suæ partem Deo et B. obtulit Bertino, Arkensem scilicet villam et comitatum cum omnibus appenditiis suis.* (Marten., *Anecd.*, T. I, col. 468.) C'est en vertu de cette donation que les abbés de Saint-Bertin ont toujours pris le titre de comtes d'Arques.

Depuis Walbert (1), nous trouvons un vide d'environ un siècle dans la suite des comtes de Ponthieu.

---

(1) Ce Walbert est le même sans doute que saint Wambert, dont la vie, écrite en 1073 par un moine de Gand, porte que : *Erat tunc temporis (an 670) in præfata regione quidam Wambertus non infimus comitum, cui cum divitiis par erat meritum.* Ce Wambert fonda plusieurs églises : *Quas*, dit son historien, *tam ex propriis juris prædio nuncupato Rentica* (Renti, sur les limites de l'Artois) *constructas venerantur omnes et colunt.* (Surius, *ad diem V Februar.*)

ANGILBERT.

Angilbert, gendre de Charlemagne, dont il avait épousé une des filles, nommée Berthe (Mab. *Ann. Bened.*, l. 29, n°. 44; Bouquet, T. VI, p. 661), fut établi par ce prince, duc ou gouverneur de Ponthieu, ou, pour user des expressions d'Hariulfe, duc de la côte maritime : *Cui etiam, ad augmentum Palatini honoris, totius maritimæ terræ ducatus commissus est.* L'an 791, il se retira dans l'abbaye de Centule, ou de Saint-Riquier, sans quitter néanmoins son gouvernement, et, l'an 793, il devint abbé de ce monastère. Il y mourut le 18 février de l'an 814, laissant de son mariage deux fils, Nithard et Harnid. (*Chron. Centul.*)

NITHARD.

814. Nithard, successeur de saint Angilbert, son père, dans le gouvernement des côtes maritimes, demeura fidèle à l'empereur Louis le Débonnaire, dans la révolte des enfants de ce prince, et prit également le parti de Charles le Chauve dans les guerres que ses frères lui suscitèrent. Dégoûté du monde après un long usage, il imita son père dans sa retraite, et garda comme lui son gouvernement. Après la mort de Louis, oncle de Charles le Chauve et abbé de Saint-Riquier, il fut élu pour le remplacer. Il occupa cette place peu de tems, ayant été tué, l'an 853, en s'opposant aux incursions des Normands. Nithard est auteur de quatre livres de l'histoire de son tems, qu'il composa par ordre de Charles le Chauve. Ils commencent en 815 et finissent en 844. (*Chron. Centul.*)

RODOLPHE.

853. Rodolphe, oncle maternel de Charles le Chauve, ayant succédé à Nithard au duché des côtes de Ponthieu, lui succéda pareillement au titre d'abbé : *A fratribus Centulensibus*, dit Hariulfe, *quorum sodalis in proposito erat, abbas eligitur; quique cùm hoc officio, regis precatu, functus fuisset, ejusdem regis Caroli, sui scilicet nepotis, dono et prece comitatum maritimæ provinciæ suscepit.* Il mourut avant l'an 859, le 6 janvier, suivant le nécrologe de Saint-Riquier.

HELGAUD Ier.

859 au plus tard. Helgaud Ier, moine de Saint-Riquier, après avoir été marié, comme l'atteste Hariulfe, succéda à Rodolphe

dans toutes ses dignités. Les uns prétendent qu'il était fils de Nithard, d'autres qu'il était petit-fils d'Harnid, son frère. L'an 859, il donna aux vassaux du Ponthieu des lois qui s'observaient encore au douzième siècle, selon le témoignage d'Hariulfe. Il ne vivait plus en 864. (*Gall. Christ.*, T. IX.) Helgaud laissa un fils, qui suit; et une fille nommée Berthe, femme d'Hernequin, en faveur duquel il détacha le Boulonnais du Ponthieu, pour en faire un comté particulier. (*Chron. Centul.*)

HERLUIN Ier.

864 au plus tard. HERLUIN Ier, fils d'Helgaud, eut après lui le gouvernement des côtes maritimes, mais non l'abbaye de Saint-Riquier dont ce département commença dès-lors d'être séparé. On ignore combien de tems il le garda : mais il était remplacé en 878.

HELGAUD II.

878 au plus tard. HELGAUD II, successeur, et peut-être fils d'Herluin, fit entourer de murs le bourg de Montreuil, et le rendit une place forte, au moyen d'un château qu'il y fit bâtir. Quelques-uns le regardent comme le fondateur de l'abbaye de Saint-Salve, ou Sauve, de Montreuil ; mais D. Mabillon pense qu'elle est beaucoup plus ancienne. Helgaud, l'an 925, se laissa entraîner par Herbert, comte de Vermandois, dans le parti du roi Raoul, contre le duc de Normandie. Cet engagement lui devint funeste. L'année suivante, ayant voulu forcer avec le roi et le comte Herbert un corps de Normands retranchés dans un bois au pays d'Artois, il fut tué dans l'attaque, et le roi y ayant reçu une blessure, eut peine à se sauver avec le comte de Vermandois. Helgaud laissa trois fils : Herluin, qui suit ; Lambert, qui fut tué, l'an 945, en voulant venger la mort de son frère aîné ; et Evrard, seigneur de Ham. Depuis Helgaud II, les comtes de Ponthieu sont plus ordinairement appelés comtes de Montreuil dans les anciennes chroniques.

HERLUIN II.

926. HERLUIN II, fils aîné d'Helgaud, lui succéda sous le titre de comte de Montreuil. Il était marié alors ; et ayant quitté sa femme légitime pour en épouser une autre, il fut pour ce sujet excommunié. Il obtint son absolution, l'an 927, au concile de Trôli, après avoir repris sa première femme et renvoyé la seconde. L'an 929, il eut quelques démêlés avec Hugues le Grand,

comte de Paris, et Herbert, comte de Vermandois, qui vinrent assiéger le château de Montreuil. Ils firent la paix ensuite; mais elle fut de courte durée. Herluin se déclara de nouveau l'ennemi d'Herbert à l'occasion de son frère Evrard, que celui-ci avait emprisonné. Les gens d'Arnoul, comte de Flandre, étant venus faire le dégât, l'an 939, dans le Ponthieu, Herluin tomba sur eux et les tailla en pièces. Arnoul, par l'ordre duquel ces déprédations s'étaient faites, prit le parti de ses gens, se rendit maître du château de Montreuil par trahison, et ayant fait prisonniers la femme et les enfants d'Herluin, il les envoya en Angleterre, au roi Adelstan, son ami, pour les garder et les retenir en prison. Herluin, après avoir vainement imploré le secours de Hugues le Grand, son suzerain, et du roi Louis d'Outre-mer, s'adressa au duc de Normandie (Guillaume Longue-épée), lequel étant venu avec une puissante armée devant Montreuil, emporta la place d'assaut et la rendit à Herluin. L'an 945, le roi Louis d'Outre-mer s'étant emparé de Rouen après l'assassinat de Guillaume Longue-épée, commis par l'ordre d'Arnoul, en confia la garde au comte de Montreuil, qui l'avait accompagné dans cette expédition. Peu de tems après, Herluin livra une bataille au comte de Flandre, dont les gens ravageaient son pays, et la gagna. Parmi les prisonniers qu'il fit, se rencontra le meurtrier du duc de Normandie, qui est nommé Fauce dans le roman du Rou. Herluin le fit mourir; et lui ayant coupé les deux mains, il les envoya à Rouen. Les deux comtes se réconcilièrent l'année suivante (944), par la médiation du roi. Ce monarque, voulant reconnaître les services d'Herluin, lui donna le château et le comté d'Amiens, qu'il venait d'enlever à Eudes de Vermandois. Herluin accompagna, l'an 945, le roi Louis d'Outre-mer au siége de Reims, qu'il avait entrepris pour rétablir sur son siége l'archevêque Artaut. La même année, dans l'entrevue que Louis d'Outre-mer eut avec Harald, ou Aigrold, roi de Danemarck, près de Saint-Sauveur-sur-Dive en Normandie, Herluin, qui était du cortége de son prince, y fut massacré avec Lambert, son frère, et dix-huit autres comtes, par un danois qui lui reprocha d'avoir été l'occasion du meurtre de Guillaume Longue-épée, et d'avoir été ingrat envers lui en se joignant aux ennemis de son fils. Le lieu où se fit ce massacre fut nommé depuis *le Gué d'Herluin*. (*Voy*. Arnoul le Vieux, *comte de Flandre*, et Guillaume Longue-épée, *duc de Normandie*.)

ROGER, ou ROTGAIRE.

945. ROGER ou ROTGAIRE, fils d'Herluin, lui succéda au comté de Montreuil, après avoir été retiré de sa prison d'Angleterre par les soins du roi Louis d'Outre-mer. L'an 947, ce prince, mécon-

tent de lui, pour avoir souffert que Hugues le Grand eût établi dans Amiens un évêque à sa dévotion, vint avec Arnoul, comte de Flandre, l'assiéger dans le château de Montreuil; mais ce fut sans succès. Arnoul revint devant cette place l'an 948, et à la fin il s'en rendit maître ainsi que de tout le Ponthieu, selon la chronique de Saint-Riquier. L'année suivante, Arnoul prit encore le château d'Amiens, que les habitants lui livrèrent en haine de Roger et de Thibaut, leur évêque, qu'il protégeait. Mais Hugues le Grand, étant venu au secours du prince de Montreuil, son vassal, qu'il avait négligé jusqu'alors, l'aida à reprendre la principale tour d'Amiens. Il est vraisemblable qu'il l'aida aussi à recouvrer une partie de son comté. Arnoul vint de nouveau, l'an 957, assiéger le château d'Amiens, qui fut vigoureusement défendu par Roger; dont on ne sait plus rien depuis cet événement. Mais il parait qu'il mourut dépouillé du comté d'Amiens.

GUILLAUME Ier.

957 au plus tôt. GUILLAUME Ier, qu'on croit fils de Roger, lui succéda au comté de Montreuil. Le désir de recouvrer sa capitale, qui était entre les mains du comte de Flandre, lui mit les armes à la main. Le roi Lothaire vint à son secours et l'aida à reprendre Montreuil sur le comte Arnoul le jeune en 965. Ce premier avantage fut suivi de la conquête du Boulonnais, et des territoires de Guînes et de Saint-Pol. On n'a pu découvrir jusqu'à présent l'année de la mort de Guillaume. Lambert d'Ardres, dans sa chronique, lui donne quatre fils : Hilduin, qui suit ; Arnoul, ou Ernicule, qui eut le comté de Boulogne ; Hugues, qui devint comte de Saint-Pol ; et N., qui eut pour son partage la seigneurie d'Ardres : mais Sifroy, capitaine danois, la lui ayant, dit-on, enlevée, Guillaume, pour le dédommager, lui procura la terre de Saint-Valeri, en le mariant avec la fille et héritière de Bernard Ier, seigneur de ce pays. Tout cela est néanmoins fort incertain, et nous ne pouvons garantir que les deux premiers fils de Guillaume. (Voy. *les comtes de Saint-Pol et les comtes de Guines*.) Guillaume laissa aussi une fille, Elisabeth, abbesse de Sainte-Austreberthe de Montreuil.

HILDUIN.

HILDUIN, ou HAUDOUIN, appelé aussi GILDUIN, et GUILAIN, fils aîné de Guillaume, devint son successeur au comté de Montreuil. Il ajouta à cet héritage, suivant M. Carlier, les comtés de Breteuil et de Clermont en Beauvaisis ; ce qui n'est point prouvé. L'an 981, le 3 juin, il était dans la compagnie de Hugues Capet lorsqu'il reçut les corps de saint Valeri et de saint Riquier. Hugues les avait retirés des mains d'Arnoul II, comte de Flandre, qui les avait emportés, l'an 948, après avoir fait la conquête du Ponthieu. On ne connait point d'époque plus récente de la vie d'Hilduin. Il laissa de N..., sa femme, deux fils, Hugues, qui suit, et Hilduin, ou Haudouin, seigneur de Rameru, de Breteuil et de Nanteuil, qui de son nom fut appelé Nanteuil-Haudouin.

HUGUES Ier.

HUGUES Ier, successeur d'Hilduin, son père, au comté de Montreuil, mérita, par son attachement et ses services, l'estime et la confiance de Hugues Capet. Ce prince n'étant encore que comte de Paris et duc de France, lui fit épouser GISELLE, sa fille et lui donna le gouvernement du château qu'il avait fait construire à Abbeville, après avoir retiré ce lieu des mains des religieux de Saint-Riquier. Hugues Ier, suivant Hariulfe, porta toujours le titre d'avoué de Saint-Riquier (parce que Hugues Capet l'avait établi défenseur de cette abbaye), sans jamais prendre celui de comte. Il étendit encore son domaine par la conquête qu'il fit d'Encre et de Dommart, où il fit bâtir des forteresses. La chronique de Saint-Riquier ajoute qu'il subjugua tous les seigneurs des environs qui n'avaient point de châteaux pour se défendre, et s'empara ainsi de toute la province. On ignore l'année de sa mort. Herbert, moine de Lihons en Santerre, dit qu'ayant surpris Giselle, sa femme, en adultère avec Gothelon, seigneur de Gonnicourt et de Gonnelieu, chevalier vaillant, de belle taille et d'une figure agréable, il se saisit de son épée et lui en perça le cœur. Il ajoute que la comtesse voulut s'excuser en alléguant la violence que Gothelon lui avait faite, mais que ce fut en vain, et que son mari la fit mourir quelque tems après de poison. Quoi qu'il en soit, il laissa de son mariage Enguerand, qui suit, et Gui, abbé de Forest-Moutiers.

ENGUERAND Ier.

ENGUERAND Ier, nommé ISAMBART par le continuateur de l'histoire de Bede, fils aîné de Hugues, et son successeur, ne porta au commencement que le titre d'avoué de Saint-Riquier, comme son père. Etant entré en guerre, l'an 1033, avec Baudouin, comte de Boulogne, il le tua, s'empara du Boulonais, épousa la veuve du défunt, ADÉLAÏDE DE GAND, et prit alors le titre de comte de Ponthieu. Du tems de Robert Ier, duc de Normandie dit Orderic Vital, c'est-à-dire, entre l'an 1028 et l'an 1035, Gilbert, comte de Brionne (petit-fils du duc Richard Ier) s'avisa d faire une expédition dans le Vimeu à la tête de trois mille hommes. Mais il fut, ajoute-t-il, si bien accueilli par le comte Enguerand, qu'il ne ramena qu'une très-petite partie de sa troupe, et même toute couverte de blessures, le reste ayant été pris ou tué dans le combat qu'Enguerand lui livra. Ce fut en cette occasion qu'Herluin, chevalier normand, étant en risque de perdre la vie, fit vœu, s'il échappait au danger, de renoncer au monde et de se retirer dans un monastère ; ce qu'il exécuta en faisant bâtir le célèbre monastère du Bec, dont il fut le premier abbé. Gilbert Crépin, dans la vie d'Herluin, a touché quelque chose de cette guerre; mais il ne dit pas qu'elle se fit dans le Vimeu, ni même qu'elle ait occasioné la conversion d'Herluin.

L'an 1044, Henri Ier, roi de France, étant venu dans le Ponthieu, Enguerand obtint de lui l'abbaye de Saint-Riquier pour Foulques, son fils, moine de ce lieu, du vivant et à l'insu de l'abbé Angelram qui était paralytique. Angelram fut très-mécontent qu'on disposât ainsi de son abbaye sans son aveu. S'étant fait transporter auprès du roi, il fit tant par ses remontrances, qu'il l'engagea à révoquer cette concession illégitime. Le comte Enguerand vivait encore à la fin de l'an 1045, puisque dans la chronique d'Hariulfe, il est dit qu'après la mort d'Angelram, arrivée le 9 décembre de cette année, il fit nommer Foulques, son fils, à l'abbaye de Forest-Moutiers. Outre ce fils, il laissa Hugues, qui suit, et Gui, successeur de Foulques II, évêque d'Amiens.

HUGUES II.

1046. HUGUES II, successeur d'Enguerand, son père, au comté de Ponthieu, termina ses jours le 20 novembre 1052, et fut enterré dans l'église de Saint-Riquier, à laquelle il avait fait du bien. Il laissa deux fils, Enguerand et Gui, qui suivent, avec une fille, N..., mariée à Guillaume de Talou, comte d'Arques, fils puîné de Richard II, duc de Normandie.

ENGUERAND II.

1052. ENGUERAND II succéda à Hugues, son père, dans le comté de Ponthieu; mais ce fut pour peu de tems. L'an 1053, Guillaume de Talou s'étant soulevé contre Guillaume le Bâtard, duc de Normandie, son neveu, celui-ci vint l'assiéger dans son château d'Arques, où il s'était fortifié. Enguerand ne crut pas devoir manquer au premier dans cette occasion périlleuse. Il engagea le roi de France (Henri Ier) à venir à son secours. Mais s'étant avancé lui-même inconsidérément avec ses gens pour entrer dans la place, il fut vivement attaqué par les troupes du duc, qui le renversèrent mort et firent prisonnier Hugues Bardoul, seigneur de Pitiviers en Beauce, l'un des plus vaillants hommes du royaume. Cet échec fit prendre au roi le parti de la retraite. Guillaume de Talou, réduit à ses propres forces trop inégales contre celles de son neveu, rendit la place, et alla chercher avec sa femme un asile auprès d'Eustache, comte de Boulogne, où il finit ses jours, dépouillé de tous ses domaines. Un ancien auteur, parlant du comte Enguerand, dit qu'il était également célèbre par sa valeur et sa noblesse: *Nobilitate notus ac fortitudine.* (*Apud Chesn. Script. Norm.*, p. 185.) Orderic Vital l'appelle aussi un rude chevalier, *Miles asperrimus.*

GUI Ier.

1053. Gui Ier, frère et successeur d'Enguerand II, voulant venger sa mort, entra, l'an 1054, dans la ligue du roi Henri et de Geofroi Martel contre le duc de Normandie. Il s'en trouva mal. L'année suivante, il fut pris au combat de Mortemer, donné avant le carême, et conduit prisonnier à Bayeux. La paix ayant été faite l'an 1056, il recouvra sa liberté avec son patrimoine, après avoir fait hommage au duc de Normandie, et s'être engagé à marcher tous les ans à son service, lorsqu'il l'ordonnerait, à la tête de cent chevaliers. Le duc, en le renvoyant, le combla même de présents pour gage de son amitié et pour mériter la sienne. (Orderic Vital, l. VII.) L'an 1059, Gui assista, le 23 mai, au sacre du roi Philippe Ier. L'année suivante, il souscrivit la charte de la fondation du monastère de Saint-Martin des Champs, faite par le roi Henri. Ce fut un des courtisans les plus assidus à la cour du roi Philippe, comme le prouvent un grand nombre de diplômes de ce prince, qu'il souscrivit.

L'an 1062, Harald, fils de Godwin, comte de Kent et beau-frère de saint Edouard, roi d'Angleterre, s'étant embarqué pour se rendre à la cour de Guillaume le Bâtard, duc de Normandie, dans la vue, dit Walter d'Hemingfort, d'en retirer son frère et son neveu, qui étaient en otage chez ce prince, fut jeté par la tempête sur les côtes de Ponthieu, où il échoua. Arrivé à terre, les sujets de Gui l'arrêtèrent et le menèrent à leur seigneur, qui le retint prisonnier et le mit aux fers. *Car telle étoit la coutume barbare du Ponthieu*, dit Guillaume de Malmesburi, *que ceux qui avoient évité le naufrage sur ses côtes, se trouvoient exposés à un nouveau danger sur ses terres.* Du reste, cet usage qu'on appelait droit de Lagan, *jus Lagani*, n'était point particulier au Ponthieu. Depuis l'embouchure de la Somme jusqu'à celle du Rhin, tous les seigneurs étaient en possession de saisir et de s'approprier les hommes et les effets des vaisseaux qui venaient échouer sur leurs côtes. (Du Cange, *Gloss. voce Lagan.*) Mais Harald ayant trouvé moyen d'informer de son état le duc de Normandie, celui-ci le redemanda impérieusement à Gui, qui le lui amena dans la ville d'Eu. Le duc, pour le dédommager de la rançon qu'il comptait extorquer d'Harald, lui donna une belle terre sur la rivière d'Eaune au pays de Caux. Du reste, Gui fut un prince équitable et bienfaisant envers ses sujets. Il abolit, en 1074, plusieurs des mauvaises coutumes que ses prédécesseurs avaient établies à leur profit dans le Ponthieu. Il fonda, l'an 1075, le prieuré de Saint-Pierre d'Abbeville. L'an 1077, après que Simon, comte de Valois, du Vexin et d'Amiens, eut renoncé au monde pour se retirer à l'abbaye de Saint-Claude, Gui s'empara, dit-on, d'une partie du comté d'Amiens par droit de bienséance ; car on ne voit pas qu'il en ait eu d'autres. (Voyez *les comtes de Valois*.)

L'an 1097 ou environ, Gui fit la cérémonie, le samedi après la Pentecôte, d'armer chevalier, dans Abbeville, le prince Louis, fils du roi Philippe Ier. C'est ce qu'il nous apprend lui-même dans une lettre qu'il écrivit à Lambert, évêque d'Arras, pour l'inviter à cette fête. (Baluze, *Miscel.*, T. V, p. 310.) Gui avait donné, on ne sait en quelle année, à l'abbaye de Saint-Josse, patron du Ponthieu, pour obtenir du ciel la conservation de sa fille Agnès, *tres aquatias*, trois marées, une à Etaples et deux à Vaben. (On entend ici par *aquatias*, que nous rendons par marées, le droit de pêcher le poisson que chaque marée amène sur la côte.) A ce don, par une charte de l'an 1100, Gui ajouta cinq autres marées à Vaben. Vers le même tems, il donna une autre charte pour affranchir, envers lui et ses successeurs, de toute servitude les étrangers établis ou qui s'établiraient au village de Rue, dépendant de cette abbaye. (*Cartul. S. Judoci.*) Malbranq place la mort du comte Gui au 13 octobre de l'an 1101 ; mais du Cange, convenant du jour, prétend que cet événement est de l'année précédente, attendu que Robert, gendre de Gui, se trouve qualifié comte de Ponthieu au mois de septembre 1101. Ade, sa femme, morte avant lui, ne laissa que la fille dont on vient de parler. Un fils qu'il avait eu d'elle, nommé Ives, et qu'il s'était associé dans le gouvernement, ne lui survécut pas. Nous ne devons point finir l'article de Gui sans éclaircir une difficulté qui se rencontre à son sujet dans le nécrologe de l'église d'Amiens. On y lit que Gui, fils du comte Enguerand Ier, évêque d'Amiens, décédé, suivant Hariulfe, l'an 1074, devint comte de Ponthieu par droit de succession. *XI Cal. Decemb.*, porte-t-il, *obitus Guidonis hujus Ecclesiæ præsulis egregii.... cui cum obvenisset jure hæreditario Comitatus Pontivi, dedit Capitulo hujus Ecclesiæ XII molendina*, etc. Il y a apparence, suivant la remarque de M. du Cange, que celui qui a dressé ce nécrologe, ayant su que, du tems de Gui, évêque d'Amiens, il y avait eu un Gui, comte de Ponthieu, aura confondu l'un avec l'autre d'autant plus aisément qu'ils étaient de la même famille. On voit encore aujourd'hui le tombeau du comte Gui dans l'église de Saint-Pierre d'Abbeville.

AGNÈS et ROBERT DE BELLÊME.

1100 ou 1101. AGNÈS, fille unique et héritière de Gui, porta le comté de Ponthieu dans la maison des comtes d'Alençon, de la race de Montgomeri, par son mariage contracté long-tems avant la mort de son père avec ROBERT II, comte d'Alençon et de Bellême. Robert s'étant brouillé, l'an 1102, avec Henri Ier, roi d'Angleterre, fut chassé de ce pays et privé du comté de Shrewsburi, dont il avait hérité, l'an 1098, par la mort de Hugues, son frère, décédé sans enfants. Robert, homme violen et débauché, traita fort durement sa femme, jusqu'à la faire emprisonner au château de Bellême. Après être restée long-tems dans cette prison, elle trouva moyen de s'échapper, et se retira d'abord chez la comtesse de Chartres, d'où elle retourna dans le Ponthieu, où elle passa le reste de ses jours. Guillaume, qui suit, fut l'unique fruit de son mariage. On ignore l'année de la mort d'Agnès. (*Voyez* Robert II, *comte de Bellême et d'Alençon.*)

GUILLAUME II, dit TALVAS.

GUILLAUME II, dit TALVAS, comte d'Alençon après Robert son père, succéda (l'on ne sait en quelle année) à sa mère Agnès dans le comté de Ponthieu. Il mourut le 29 juin 1172. Robert du Mont, qui met sa mort en 1171, lui donne pour première femme N..., fille d'Hélie, frère de Henri II, roi d'Angleterre; mais il ne dit pas si elle lui donna des enfants. D'HÉLÈNE, ou ALIX, dite aussi ELUTE, sa seconde épouse, fille d'Eudes Ier, duc de Bourgogne, et veuve en premières noces de Bertrand, comte de Toulouse, il eut, entr'autres enfants, Gui, qui suit. (*Voyez* Guillaume III, *comte d'Alençon.*)

GUI II.

Gui II fut comte de Ponthieu du vivant de son père, et mourut à Ephèse, l'an 1147, en allant à la Terre-Sainte avec le roi Louis le Jeune. Guillaume de Tyr, qui le qualifie comte de Ponthieu, dit qu'il était illustre par sa valeur, par son expérience t par ses autres vertus. L'auteur des gestes de Louis VII, qui ne lui donne que la qualité de chevalier, assure qu'il emporta au tombeau les regrets du monarque et de toute l'armée. Il laissa d'IDE, ou BÉATRIX DE SAINT-POL, sa femme (encore vivante en 1180), Jean, qui suit; Gui, seigneur de Noyelles; et Agnès, abbesse de Sainte-Austreberthe de Montreuil. (*Voyez* Guillaume III, *comte d'Alençon.*)

JEAN I.

1147. JEAN Ier, fils de Gui II, succéda à son père, au comté de Ponthieu, du vivant de Guillaume, son aïeul. A peine fut-il en possession de ce comté, qu'il eut une guerre à soutenir contre Bernard, seigneur de Saint-Valeri, sur ce qu'il avait fortifié le Crotoi, placé vis-à-vis le château de Saint-Valeri. Le comte d'ailleurs ne pouvait souffrir que Bernard eût fait des places fortes de Dommart, de Berneuil et de Bernaville, parce que c'étaient autant de retraites pour les pillards et les incendiaires. Après différentes hostilités, le roi Louis le Jeune interposa son autorité pour accorder les parties, et les ajourna à déduire leurs moyens devant son conseil. L'affaire se trouva si embrouillée, qu'il fut ordonné qu'elle se déciderait par le duel. L'abbé de Corbie, dont relevaient les terres de Dommart, de Berneuil et de Bernaville, obtint du roi que le duel s'exécuterait dans sa cour abbatiale, les duels étant une dépendance de la haute justice. Le jour arrêté, les parties s'y rendirent, et présentèrent leurs champions, montés sur des chevaux et armés de toutes pièces. Mais avant qu'ils descendissent au champ de bataille, le comte et des amis communs vinrent à bout de pacifier la querelle par un traité, où il fut dit que le château de Crotoi demeurerait au comte, et ceux de Dommart, Berneuil et Bernaville au seigneur de Saint-Valeri. Cet accord est du mois de mai 1150. La charte de cet établissement est souscrite par Ide, mère du comte; et il y prend, à l'imitation de ses prédécesseurs, le titre d'abbé de Saint-Vulfran, comme les comtes de Vermandois prenaient celui d'abbés de Saint-Quentin. (*Archives de l'hôtel-de-ville d'Abbeville.*)

Le comte Jean, l'an 1166, consentit avec son oncle, Jean d'Alençon, à la cession que son aïeul, Guillaume, fit au roi d'Angleterre, Henri II, des châteaux d'Alençon et de la Roche-Mabile, pour y mettre garnison de troupes normandes et anglaises. Mais, l'an 1168, il se brouilla avec ce prince à l'occasion suivante: Henri étant en guerre avec le roi de France, Louis le Jeune, et la plupart de ses vassaux français, engagea Mathieu, comte de Boulogne, son cousin, à venir à son secours avec ses troupes. Mais Jean, comte de Ponthieu, lui ayant refusé le passage sur ses terres, il fut obligé de prendre la route de la mer. Piqué de ce refus, l'anglais entra dans le Vimeu dépendant du Ponthieu, et y assouvit sa vengeance en brûlant plus de quarante villages. Le roi de France brûla par représailles le château de Chesnebrun en Normandie. Henri mit le feu à celui de Brezolles et à celui de Château-Neuf en Thimerais. Une partie du Perche se ressentit aussi de sa férocité.

L'an 1173, le comte de Ponthieu fut un des seigneurs français qui embrassèrent le parti du jeune Henri au Court-Mantel, révolté contre le roi d'Angleterre, son père. (*Bened. Petroburg.*) Mais on ignore ce qu'il fit pour la défense de cette cause aussi déplorable qu'injuste.

L'an 1184, le comte Jean accorda, le 9 juin, le droit de commune aux habitants d'Abbeville. M. Fleuri dit (*Histoire du Droit français*) qu'il ne fit que confirmer ce droit, accordé, l'an 1130, par le comte Guillaume, son père, ou plutôt son aïeul. Il partit, l'an 1190, pour la Terre-Sainte avec le roi Philippe Auguste, et mourut au siège d'Acre l'année suivante. Son corps fut rapporté en France et inhumé à l'abbaye de Saint-Josse-aux-Bois, de l'ordre des Prémontrés. Il avait épousé, 1° Mahaut, dont la maison n'est pas connue; 2° N...., fille de Bernard de Saint-Valeri, dont il se sépara pour cause ou sous prétexte de parenté avec sa première femme; ce qui le compromit avec l'évêque d'Amiens, qui en écrivit au pape Alexandre III, et, sur sa réponse, menaça le comte d'excommunication pour ce divorce; 3° Béatrix, fille d'Anselme, comte de Saint-Pol. Son époux, qu'elle accompagna en Palestine, laissa d'elle Guillaume, qui suit; un autre fils qu'on ne nomme pas, Adèle, mariée à Thomas de Saint-Valeri, seigneur de Dommart; et Marguerite, femme d'Enguerand, seigneur de Péquigni. On raconte d'Adèle une étrange aventure, et qui a bien l'air d'un roman. Cette dame, dit-on, et son époux, voyageant ensemble, furent arrêtés par des voleurs, qui, les ayant dépouillés l'un et l'autre, emportèrent Adèle dans une forêt où ils assouvirent sur elle leur brutale lubricité. Le père d'Adèle, ajoute-t-on, instruit quelque tems après de ce malheur par son gendre, engage sa fille à une partie de promenade sur la mer. Déjà l'on était à trois lieues de la côte, lorsque le comte de Ponthieu se levant tout-à-coup : « Dame de Dommart, dit-il à sa fille d'une voix » terrible, il faut maintenant que votre mort efface la vergo- » gne que votre malheur apporte à notre race. » Des matelots la saisissent à l'instant, l'enferment dans un tonneau, et la précipitent dans la mer. Heureusement un vaisseau flamand, qui vient à passer, aperçoit ce tonneau ; l'équipage l'attire à bord, l'ouvre, et y trouve, avec la plus grande surprise, Adèle mourante, qui déclare sa condition. Elle va rejoindre son mari, dont le château n'était pas éloigné. Il pleurait sa mort; elle se jète entre ses bras. On devine aisément combien cette scène fut attendrissante.

GUILLAUME III.

1191. GUILLAUME III, né l'an 1179 au plus tôt, succéda à Jean, son père, dans le comté de Ponthieu, sous la tutelle vraisemblablement de Gui, son oncle. L'an 1195, par traité passé le 20 août à Mantes, il devint l'époux de la princesse ALIX, sœur du roi Philippe Auguste, la même qui avait été accordée, l'an 1174, avec Richard, depuis roi d'Angleterre. On sait que le roi Henri II, père de Richard, avait fait élever Alix depuis ce tems à sa cour, mais que Richard, étant monté sur le trône, lui fit l'affront de la répudier, en épousant, au lieu d'elle, en 1190, la princesse de Navarre, et qu'il refusa pendant cinq ans, depuis cet événement, de la rendre au roi son frère avec sa dot, qui consistait, suivant du Puy, dans la ville de Saint-Riquier et la terre de Rue-Villiers-Saint-Valeri. (*Droits du Roy*, p. 941.)

L'an 1202, le 7 juin, Guillaume accorda aux bourgeois de Dourlens une commune, nommée dans le pays la Waskie (en latin *Wasketa*), qui fut confirmée, l'an 1221, par le roi Philippe Auguste. (*Ordonnance du Louvre*, T. XI, p. 313.) Le comte Guillaume, s'étant croisé contre les Albigeois, se rendit, l'an 1209, avec le comte de Dreux, les évêques de Chartres et de Beauvais, suivis d'un grand nombre de pèlerins, au camp de Simon de Montfort, qui assiégeait pour lors le château de Thermes. Ce secours, dans la détresse où Simon était, lui venait fort à propos. Mais il vit bientôt ses espérances frustrées par la retraite inopinée des chefs, que ni ses remontrances, ni les prières de la comtesse sa femme ne purent engager à rester au moins jusqu'à la fin de quarante jours marqués par les légats pour obtenir l'indulgence de la croisade. (*Abbas Vallis Sernaii*, c. 41.) Une terreur panique s'était saisie des deux prélats et des deux comtes, qui ne remportèrent que de la honte de cette expédition. Guillaume répara cette faute par la valeur avec laquelle il combattit, l'an 1214, avec ses vassaux pour la France à la fameuse bataille de Bouvines, quoique Simon de Dammartin, son gendre, fût du parti contraire. Guillaume le Breton le compte parmi les braves qui se distinguèrent à cette journée, et dit :

Pontivi comitem comitantur in arma Pohevi,
Qui generosus avis, longè generosior alti
Sanguinis existit uxore sorore Philippi
Magnanimi Regis, Richardi quæ fuit uxor.
Quam fratri intactam Richardus reddidit olim,
Navarræ Regis ut filia nuberet illi.

Nous remarquerons en passant que, par le terme *Pohevi*, le poète entend ceux qui, dans notre vieux langage, sont appelés *Pohiers*, c'est-à-dire, les Picards : car quoique originairement il ne fût affecté qu'à ceux de Poix et des environs, cependant il s'étendit à tous les habitants de l'Amiénois et du Vimeu. Une circonstance qu'omet Guillaume le Breton et qui est suppléée par Gilles de Roye, c'est que, dans la déroute des ennemis, le roi envoya le comte de Ponthieu avec cinquante chevaliers, contre un escadron de Brabançons qui tenaient encore ferme sur le champ de bataille : ordre qu'il exécuta avec tant de valeur et d'habileté, qu'il tailla ce corps en pièces, et revint avec les étendards qu'il lui avait enlevés.

Guillaume marcha de nouveau, l'an 1215, contre les Albigeois à la suite du prince Louis, fils du roi Philippe Auguste. Ce comte finit ses jours au plus tard l'an 1221, comme le prouve une charte de Robert, comte de Dreux, et d'Eléonore, sa femme, du mois de novembre de cette année, par laquelle ils quittent le fief de Buire au roi ou à celui qu'il investira du comté de Ponthieu, ayant saisi ce comté après la mort du comte Guillaume, dont le gendre, Simon, avait encouru la disgrâce de sa majesté. Le jour de son décès est marqué au 4 octobre dans le nécrologe de l'église d'Amiens. De son mariage avec la princesse Alix, Guillaume n'eut qu'une fille, qui suit. Du Chesne se trompe en lui donnant pour seconde fille Philippette ; elle était sa petite-fille, comme on le verra ci-après. D'autres modernes sont également dans l'erreur en le faisant père d'un fils qu'ils nomment Jean, et que les uns disent avoir été tué à la journée de Bouvines, tandis que d'autres le font vivre jusqu'en 1220. Aucune charte expédiée du tems de Guillaume ne fait mention de ce fils, quoique dans plusieurs il soit parlé de Marie, sa fille. Le comte Guillaume était zélé pour le bon ordre, et fit observer une exacte police dans ses domaines tant qu'il vécut. Il se plaignit au pape, l'an 1220, du clergé de Ponthieu qui négligeait les fonctions de son état pour s'adonner au commerce. Le pape ordonna d'admonêter par trois fois ces clercs marchands, et de les punir s'ils ne changeaient de conduite.

MARIE, SIMON DE DAMMARTIN et MATHIEU DE MONTMORENCI.

1221. MARIE, fille unique de Guillaume III, lui succéda au comté de Ponthieu. Elle était mariée, depuis l'an 1208, à SIMON DE DAMMARTIN, comte d'Aumale, lequel ayant suivi le parti de Ferrand, comte de Flandre, contre le roi Philippe-

Auguste, avait été proscrit pour ce sujet l'an 1214, après quoi il s'était retiré en Angleterre. Philippe-Auguste ne borna point là sa vengeance; il mit sous sa main, non-seulement les terres de Simon, mais encore celles de sa femme, c'est-à-dire, le comté de Ponthieu, faisant en cette occasion, usage de son droit dans toute la rigueur. Telle était en effet la loi en France : les biens propres de la femme répondaient pour la révolte du mari coupable de lèse-majesté. Marie, pour recouvrer une partie de son héritage, céda l'autre au roi Louis VIII. Saint-Riquier, Dourlens, la terre d'Avène et ses dépendances, dont elle fit le sacrifice, furent séparés du Ponthieu, et réunis au bailliage d'Amiens. Cet accommodement est du mois de juin 1225. Marie, de plus, renonça aux prétentions qu'elle avait au comté d'Alençon, qui était alors entre les mains du roi. Cet accord se fit de la manière la plus solennelle, en présence de l'archevêque de Tours, des évêques de Clermont et de Beauvais; de Guérin, évêque de Senlis et chancelier de France; de Philippe, comte de Boulogne; de Robert de Courtenai, grand-boutillier de France; de Barthelemi de Roye, grand-chambellan; de Mathieu de Montmorenci, connétable de France; d'Etienne de Sancerre; d'Archambaut de Bourbon; et d'autres personnes distinguées, tant ecclésiastiques que laïques. Marie, dans les lettres-patentes qu'elle donna pour ratifier ce traité, dit ces paroles remarquables: *Le roi monseigneur, ému de pitié, a bien voulu rendre capables de succéder à mes fiefs mes fils et mes filles nés et à naître de mon mari et de moi, voulant et accordant que mes fils et mes filles succedent, comme les héritiers légitimes, à tous les biens dont je jouirai et serai saisie à l'heure de ma mort.* (*Registre des chartes*, cot. 3, vol. 3.) Marie avait inutilement tâché de faire comprendre Simon, son époux, dans son accommodement. Louis VIII fut inexorable sur cet article. La grâce de ce proscrit était réservée au plus saint de nos rois. Marie l'obtint donc enfin du roi saint Louis, par lettres données à Saint-Germain-en-Laye, au mois de mars 1230 (V. S.), sous diverses conditions qu'elles énoncent, et dont les principales sont : 1° qu'il ratifiera le traité fait avec sa femme en 1225; 2° qu'il n'élevera dans le Ponthieu aucune nouvelle forteresse, ni ne fortifiera celles qui sont déjà élevées, sans le consentement du roi; 3° qu'il ne donnera ses filles en mariage à aucun ennemi déclaré du roi, et que, même, il ne les mariera que de son agrément; 4° qu'il obligera les chevaliers et les communes du Ponthieu à cautionner ces engagements: après quoi Simon fut reçu à rendre hommage-lige de toutes les terres qui avaient été laissées à la comtesse, sa femme. Le trésor des chartes conserve encore (layette *Securitates*, tit. 93.) les obligations des communes et des chevaliers du Ponthieu à ce sujet. Elles sont toutes de l'an 1230.

L'an 1235, Simon fut de l'assemblée des seigneurs que le roi saint Louis tint à Saint-Denis, touchant la complainte des barons, faite dans le mois de septembre, au pape Grégoire IX, contre les entreprises que faisaient les prélats, sous prétexte de leur juridiction. (Du Tillet, *des Rangs*, p. 31.) Mais, cette même année, Simon, oubliant une des conditions auxquelles il avait obtenu son rappel en France, se laissa engager à fiancer, sans avoir pris l'agrément du roi de France, Jeanne, sa fille aînée, au roi d'Angleterre, Henri III, qui l'épousa même par procureur. Saint Louis, instruit de cette infidélité, menaça le comte de son indignation, et le contraignit par là à rompre cette alliance, quoiqu'autorisée par le pape, qui en avait garanti l'accomplissement. (Matth. Paris.) Simon finit ses jours le 21 septembre 1239. Marie, sa veuve, se remaria, l'an 1243, à MATHIEU DE MONTMORENCI, seigneur d'Attichi, fils puîné de Mathieu II de Montmorenci, connétable de France. L'an 1244, le comte Mathieu et sa femme, étant au mois de novembre à Argenteuil, près de Paris, firent avec Robert de France, comte d'Artois, un traité par lequel ils vendirent à ce prince tous les fiefs, c'est-à-dire, les seigneuries et hommages des terres que tenaient d'eux le comte de Saint-Pol, le vicomte de Pont-de-Remi, et d'autres seigneurs; toutes lesquelles terres étaient situées vers la rivière d'Authie. (Locrius, *Chron. Belg.*) L'an 1247, ils terminèrent, au mois de septembre, par le jugement arbitral de deux chevaliers, rendu à Saint-Valeri, la contestation qu'ils avaient avec Jean, comte de Dreux, en qualité de seigneur de Saint-Valeri, au sujet de leurs seigneuries et justice.

La comtesse Marie devint une seconde fois veuve, en 1250, par la mort du comte Mathieu, dont elle n'eut point d'enfants. Elle mourut elle-même l'année suivante à Abbeville, laissant du premier lit trois filles : Jeanne, qui suit; Philippette, mariée, 1° à Raoul III, comte d'Eu et de Guines; 2° à Raoul II, sire de Couci; 3° à Otton III, comte de Gueldre; et Marie, femme de Jean II, comte de Rouci. Le comte Simon et Marie avaient peut-être eu aussi des fils, comme on pourrait l'induire d'un acte du mois de juillet 1225, où ils promettent de ne point marier leurs fils ni leurs filles que du consentement du roi. (*Voyez* Simon, *comte d'Aumale.*)

JEANNE.

1251. JEANNE, fille de Marie et de Simon de Dammartin,

leur succéda aux comtés de Ponthieu et d'Aumale. Elle était mariée, depuis 1237, à Ferdinand III, dit le Saint, roi de Castille et de Léon, après que saint Louis eut fait rompre son mariage projeté avec le roi d'Angleterre. Étant restée veuve le 30 mai 1252, elle revint en France avec le prince Ferdinand, son fils aîné, et arriva, le 31 octobre 1253, à Abbeville. Elle se remaria, l'an 1260, à JEAN DE NESLE, troisième du nom, seigneur de Falvi sur Somme, veuf pour lors de Béatrix, fille de Guillaume II, comte de Joigni, sa première femme. Jean de Nesle était singulièrement estimé du roi saint Louis. Lorsque ce monarque se disposa au voyage d'Afrique, voulant pourvoir à l'état du royaume, il choisit, comme l'on sait, pour le gouverner en son absence, Mathieu de Vendôme, abbé de Saint-Denis, et Simon de Nesle. Mais au cas qu'ils vinssent à décéder, il substitua au premier l'évêque d'Evreux, et au second, Jean de Nesle, par ses lettres du mois de mars 1269. (V. S.)

Jean de Nesle accompagna, l'an 1272, le roi Philippe le Hardi dans son expédition contre le comte de Foix. Avant de s'engager dans cette guerre, le monarque avait exigé de tous les barons, chevaliers et écuyers de son royaume, qui devaient servir dans ses guerres à raison de leurs fiefs relevant nûment de la couronne, une déclaration du service dont ils étaient tenus chacun en particulier. Le comte de Ponthieu donna la sienne en cette occasion, et déclara que, quoiqu'il ne fût obligé de servir sa majesté qu'avec cinq chevaliers l'espace de quarante jours, cependant il se trouverait au mandement du roi avec le nombre de douze, dont il y en aurait trois à bannières, savoir : Jean de Nesle, son fils ; le vidame de Péquigni, et Guillaume, seigneur de Poix. (*Chamb. des comptes, reg. noster, fol.* 193.) Au retour de cette expédition, le comte Jean et sa femme présentèrent une requête au roi, par laquelle ils répétaient une somme de cinq mille livres parisis, que Jeanne avait payée au roi saint Louis pour le droit de rachat du comté de Ponthieu ; somme qu'ils prétendaient avoir été injustement exigée, attendu que Jeanne avait hérité de ce comté du chef de sa mère, et que les fiefs du Ponthieu, venant en ligne directe, sont exempts du droit de rachat. Après quelques contestations, le roi, par accommodement fait à Paris, *le samedi d'après la Saint-Nicolas d'hiver*, paya la somme de mille livres tournois à la comtesse, au moyen de quoi elle se désista de sa demande. (Du Chêne, *hist. de la M. de Béthune, pr.*, p. 169.) En conséquence de ce traité, le roi délivra au comte et à la comtesse ses lettres, par lesquelles il déclarait que le rachat de la terre de Ponthieu était dû suivant la coutume de France, mais non suivant celle de Ponthieu. (*Trésor des Chartes.*) La comtesse-reine Jeanne finit ses jours à Abbeville, le 16 mars 1279, et fut enterrée à l'abbaye de Valroi, dans une chapelle séparée qu'elle avait fait bâtir un an avant sa mort. On doute si elle eut des enfants de Jean de Nesle. Du Chêne (*ibid.*, p. 276.) croit cependant que Jeanne de Nesle, dite de Falvi, fille de Jean de Nesle, et femme de Guillaume de Béthune, surnommé de Locres, était issue du mariage de la comtesse-reine Jeanne et de Jean de Nesle. L'épitaphe de cette dame, dit-il, qui se voyait au monastère des Dunes, près de Furnes, avant qu'il eût été ruiné, portait qu'elle était fille du comte de Ponthieu. Or, Jean de Nesle, ajoute-t-il, quitta ce titre après la mort de la comtesse-reine, son épouse, et ne garda que celui de seigneur de Falvi. Mais on peut l'arrêter ici, en lui prouvant que depuis ce tems Jean de Nesle, en divers actes, est qualifié comte de Ponthieu, particulièrement dans un arrêt rendu par le roi Philippe le Hardi, contre Charles, roi de Sicile, son oncle, au sujet du comté de Poitiers. Il est cependant vrai que ce titre ne fut qu'honorifique sans aucune réalité. La comtesse Jeanne avait eu de son premier époux trois fils morts avant elle, et une fille, qui suit. La ville d'Abbeville conserve précieusement le souvenir de la comtesse Jeanne et de son second époux. L'an 1266 (et non pas 1279, comme le marque un moderne), ils donnèrent un diplôme par lequel ils confirmaient, avec serment, tous les privilèges des Abbevillois, et ordonnaient que tous leurs successeurs, en prenant possession du Ponthieu, prêteraient le même serment, tête nue, aux maire et échevins dans la salle de l'hôtel-de-ville; ce qui s'est toujours exécuté jusqu'à la réunion du Ponthieu au domaine de la couronne. (*Voyez* Jeanne, *comtesse d'Aumale*.)

ÉLÉONORE et ÉDOUARD Ier, Roi d'Angleterre.

1279. ÉLÉONORE, nommée ISABELLE par quelques-uns, fille de Ferdinand III, roi de Castille, et de Jeanne de Ponthieu, femme d'Edouard Ier, roi d'Angleterre, succéda à sa mère dans le comté de Ponthieu, à l'exclusion de Jean de Castille-Ponthieu, petit-fils du roi Ferdinand III et de Jeanne, par Ferdinand, son père, lesquels néanmoins se qualifièrent comtes de Ponthieu. La raison de cette exclusion fut que la représentation n'était point admise dans le Ponthieu; mais parce qu'elle avait lieu dans le pays d'Aumale et dans les autres domaines de la maison de Ponthieu, Jean fut mis en possession, sans difficulté, du comté d'Aumale et des seigneuries de Noyelles-sur-mer et d'Epernon. Pour parvenir à cet arrangement, Edouard, à la nouvelle de la mort de sa belle-mère, avait passé la mer avec sa femme, et s'était rendu, vers l'Ascension, dans la ville d'Amiens, où le roi

Philippe le Hardi l'attendait avec sa cour, qui était alors très-nombreuse. On fit à cette entrevue divers traités, en vertu desquels le roi Philippe céda à Edouard l'Agénois, le Limousin, le Périgord, la Saintonge et le Ponthieu, dont ce dernier lui fit hommage. On traita ensuite du droit de rachat pour le Ponthieu, qui fut arrêté à la somme de six mille livres, payable en trois termes. Les deux rois s'étant séparés, Edouard se rendit à Abbeville, pour prendre possession du Ponthieu, et y recevoir les hommages du maïeur, des échevins et de toute la communauté de la ville. Mais il était de règle aussi, comme on l'a dit plus haut, que le nouveau comte de Ponthieu jurât personnellement sur les saints évangiles la confirmation des priviléges, us et coutumes d'Abbeville. Par respect pour la dignité royale dont Edouard était revêtu, les habitants consentirent que, quoique présent, il fît le serment par procureur ; sur quoi ce prince leur fit délivrer des lettres-patentes datées d'Abbeville le 6 juin 1279. (*Trésor des chartes*, *layette* Ponthieu.) A peine Edouard et la reine son épouse furent-ils en possession du Ponthieu, qu'ils donnèrent leurs soins pour en éclaircir les droits et en augmenter le domaine par de nouvelles acquisitions. Leurs mouvements à cet égard les commirent avec la commune de Montreuil, qu'ils prétendaient soumettre à leur justice. Le différent fut porté au parlement de France, qui jugea, par arrêt du mois d'août 1286, que la commune de Montreuil, les bourgeois qui la composaient, et leurs biens, étaient exempts de la juridiction des comtes de Ponthieu, et ressortissaient au bailliage d'Amiens. Edouard et sa femme acquirent, l'an 1289, de Jean de Nesle, sire de Falvi, tous les hommages, cens et rentes, et en général tout le droit qu'il pouvait avoir au comté de Ponthieu, comme époux de la reine de Castille, sa femme (*Trésor des ch.*, *layette* Ponthieu); ce qui dément l'opinion de ceux qui mettent sa mort en 1281. On le voit même sous le titre de comte de Ponthieu dans le rôle de ceux qui furent *semons* ou sommés de se trouver dans la ville d'Arras à la quinzaine de la mi-août 1289, par lettres du roi Philippe le Bel, données à Saint-Germain-en-Laye le 8 du même mois. (Du Chêne, *pr. de l'hist. des ducs de Bourg.*, p. 146.) (*Voy.* Edouard Ier, roi *d'Angleterre.*)

Pour revenir à Eléonore, elle mourut à Herdeby, au comté de Lincoln, le 29 novembre 1290, et fut inhumée à Westminster, aux pieds de Henri III, son beau-père, sous une tombe de marbre, avec une statue de bronze doré, et l'épitaphe suivante :

Nobilis Hispani jacet hîc soror inclyta Regis,
Eximii consors Alienora thori.

Edwardi primi Wallorum Principis uxor,
　　Cui pater Henricus tertius Anglus erat.
Hanc ille uxorem gnato petit : omine Princeps
　　Legati munus suscipit ipse bono.
Alfonso patri placuit felix hymenæus,
　　Germanam Edwardo nec sine dote dedit.
Dos præclara fuit, nec tali indigna marito :
　　Pontivo Princeps munere dives erat.
Fœmina consilio prudens, pia, prole beata,
　　Auxit amicitiis, auxit honore virum.

EDOUARD II.

1290. Edouard II, fils d'Edouard Ier, roi d'Angleterre, et d'Eléonore de Ponthieu, fut reconnu successeur de sa mère à ce comté par le roi son père. En conséquence, le monarque dépêcha vers le roi Philippe le Bel, le 25 avril 1291, Geofroi de Joinville et Gaillard de Bagneux, ses procureurs, avec plein pouvoir de prêter en son nom le serment de fidélité pour la terre de Ponthieu, dont le bail lui appartenait à cause de la minorité de son fils. Mais le comte d'Aumale, se disant le plus proche héritier dans la ligne d'où procédait le comté de Ponthieu, intervint et forma opposition à l'hommage de l'Anglais. Le procès demeura en suspens jusqu'en 1299, qu'il fut décidé par la cour des pairs en faveur d'Edouard. Durant la litispendance, le Ponthieu demeura dans la main du roi de France, qui le fit administrer par ses officiers, et en perçut les fruits; ce qui dura jusqu'à la fête de Saint-Pierre (29 juin) 1299, que ce comté fut rendu à Edouard, sans doute après qu'il eut été admis à l'hommage. (*Reg. de la ch. des comptes de Paris.*) Ce monarque étant mort le 7 juillet de l'an 1307, son fils et son successeur, Edouard II, vint au mois de janvier suivant à Boulogne, où il rendit hommage du Ponthieu au roi de France, et épousa, le 25 du même mois, Isabelle, fille de Philippe le Bel, à laquelle il assigna deux mille livres de pension sur le comté de Ponthieu. Les officiers anglais, qui régissaient ce comté, firent des entreprises sur la terre de Saint-Valeri, appartenante à Robert, comte de Dreux, qui, usant de représailles, en fit autant sur le Ponthieu. Pour accorder les parties, on fit un compromis au mois d'août 1310, entre les mains de Jean de Lannois, sénéchal du Ponthieu, et des seigneurs de Péquigni, de Poix et de Mareuil. Isabelle et son époux assistèrent au jugement de ces arbitres, et s'y soumirent. Edouard ayant fait, l'an 1213, son entrée dans Montreuil, les habitants, peu affectionnés à la domination anglaise, lui refusèrent le serment de fidélité. Il porta ses plaintes de cette espèce de révolte au roi Philippe le Bel, son beau-père. Philippe écrivit au bailli d'Amiens de sommer les maire et échevins de Montreuil de satisfaire sur ce point le roi d'Angleterre, à moins qu'ils n'eussent des raisons pertinentes pour s'en dispenser. (*Trés. des ch. lay. Ponthieu*, tit. 36.)

Le Ponthieu rentra, l'an 1319, dans la main du roi Philippe le Long, par la saisie qu'il en fit faire, ainsi que des autres terres qu'Édouard possédait en-deçà de la mer, et cela faute de l'hommage qu'il devait en rendre. Édouard se rendit enfin dans la ville d'Amiens, où, s'étant acquitté de ce devoir, il obtint main-levée de la saisie. Charles le Bel ayant succédé à Philippe le Long, envoya aussitôt des ambassadeurs à Édouard, pour le sommer de venir lui rendre les mêmes devoirs. Hugues Spenser et le chancelier Robert de Baldocke, qui gouvernaient le royaume, voulant empêcher le roi de passer la mer, firent leurs efforts pour engager les ambassadeurs à ne point lui notifier l'objet de leur mission. Ceux-ci, en prenant congé d'Édouard, pour ne pas manquer entièrement à leur devoir, se contentèrent de lui dire, par forme de conseil, qu'il devait venir dans un certain tems rendre hommage à leur maître, et ne laissèrent pas néanmoins de dresser un procès-verbal de sommation, comme si elle eût été faite dans les formes. (Walsingham, *ad ann.* 1323.) Le terme expiré, Charles de Valois, ennemi mortel des Anglais, alla, de l'aveu du roi, son neveu, saisir l'Agénois et le Ponthieu. Mais étant arrivé à la Réole en Guienne, il conclut avec Edmond, comte de Kent, frère du roi d'Angleterre, une trêve, en attendant que les deux rois pussent traiter de la paix. La reine Isabelle, sœur de Charles, se chargea de la négociation, et vint pour cet effet en France, l'an 1325, avec des ambassadeurs que le roi, son époux, lui avait joints. Dans le traité de paix qu'elle conclut, il fut dit que les deux rois se verraient à Beauvais dans la mi-août prochaine, que l'anglais y rendrait l'hommage qu'il devait au roi de France, et que, jusqu'à ce qu'il eût rempli ce devoir, la saisie féodale de ses terres de France subsisterait. Édouard ratifia ce traité le 13 juin; mais ne pouvant se résoudre à prêter l'hommage en personne, il aima mieux céder toutes ses terres de France à Édouard, son fils. C'étaient les Spenser père et fils, par les conseils desquels il se gouvernait, qui lui firent prendre ce parti. N'osant ni accompagner leur maître en France à cause de la grande haine que leur portait Isabelle, sa femme, ni demeurer en Angleterre sans lui, par la crainte de la vengeance du peuple et des grands dont ils étaient détestés, ils sacrifièrent à leurs intérêts ceux de ce prince, en lui conseillant de se dépouiller d'une partie de ses domaines. Édouard fit donc expédier, le 2 septembre 1325, ses lettres-patentes contenant la donation qu'il faisait à son fils de la

Guienne et du Ponthieu, avec cette condition que, si ce jeune prince venait à mourir avant lui, toutes ces terres lui retourneraient. Mais Edouard le fils, n'étant pas encore majeur, était inhabile à rendre hommage. Pour lever cette difficulté, le roi, son père, lui délivra des lettres d'émancipation, qu'il supplia le monarque français d'agréer. Le jeune prince s'étant embarqué à Douvres le jeudi après la Nativité de Notre-Dame, débarqua dans le Ponthieu, où la reine sa mère vint le recevoir; de là il se rendit à Paris, et, le 24 septembre, il prêta l'hommage, pour lequel il était venu, en présence de tous les grands du royaume.

EDOUARD III.

1325. EDOUARD III fut investi du Ponthieu et de la Guienne par le roi Charles le Bel, après l'hommage qu'il lui en rendit, à la charge toutefois de faire apparoir l'acte de son émancipation dans le terme de la Saint-André prochaine. L'an 1327, il monta sur le trône d'Angleterre après la mort tragique de son père, arrivée le 21 septembre. Philippe de Valois, ayant succédé, l'année suivante, au roi Charles le Bel, députa les sires d'Ancenis et de Beausault au roi d'Angleterre pour le sommer de venir lui rendre l'hommage accoutumé de la Guienne et du Ponthieu. Edouard fit d'abord quelques difficultés. Il n'en fallut pas davantage à Philippe pour saisir ses terres de France, et le faire ajourner à la cour des pairs. Edouard, craignant les suites de cet ajournement, se rendit à Amiens, pour satisfaire le roi de France. Il y trouva une cour si nombreuse et si brillante, qu'à son retour il dit à Philippe de Hainaut, sa femme, qui lui demandait des nouvelles de cette entrevue : « Je ne crois pas » qu'il y ait au monde un roi qui surpasse celui de France, ou » même qui l'égale, en grandeur et en magnificence. » Le séjour d'Edouard à Amiens fut de quinze jours. On y contesta d'abord sur la forme de l'hommage. Le roi de France prétendait qu'il devait être lige. Edouard soutenant le contraire, on convint à la fin qu'il se ferait en termes généraux, en attendant qu'on pût en déterminer la qualité par les chartes; après quoi le monarque anglais, s'étant rendu à l'église cathédrale d'Amiens, fit, le 6 juin 1329, l'hommage au roi de France, debout et ceint de son épée, *non de bouche et de paroles tant seulement*, comme le prétend Froissart, mais par un acte authentique qui se conserve encore dans le trésor des chartes. Edouard eut des démêlés avec les bourgeois d'Abbeville, à l'occasion d'un gouverneur qu'il voulut leur donner. Il en eut aussi avec le comte de Saint-

Pol, le seigneur de Saint-Valeri, et d'autres voisins, sur les fiefs desquels il voulait anticiper. Mais, l'an 1336, le Ponthieu rentra dans la main de Philippe de Valois, par la saisie que ce prince en fit faire après que la guerre eut été déclarée entre ce prince et le roi d'Angleterre.

JACQUES DE BOURBON.

L'an 1350 (V. S.), JACQUES DE BOURBON, fils puîné de Louis Ier, duc de Bourbon, fut pourvu du comté de Ponthieu par lettres du roi Jean, données, le 7 février, à Lyon, en considération de sa haute naissance, et pour récompense des services signalés qu'il avait rendus à l'état. Mais les assignations dont Philippe de Valois avait chargé ce comté, diminuaient fort le prix de ce don, et le réduisaient à fort peu de valeur. Il paraît même que les lettres du roi Jean ne furent qu'une confirmation du don que le roi son père avait déjà fait de ce même comté à Jacques de Bourbon. Froissart en effet lui donne le titre de comte de Ponthieu du vivant de Philippe de Valois; et du Cange dit avoir vu dans quelques mémoires que Jacques de Bourbon se qualifiait comte de Ponthieu dès l'an 1347. Il cite, à cette occasion, des lettres de confirmation, données par ce prince le 26 juillet de cette année, pour l'acquisition d'une maison située près la Porte-Comtesse d'Abbeville.

EDOUARD III, *pour la deuxième fois.*

L'an 1360, Edouard III rentre en possession du Ponthieu par le traité de Brétigni, qui le lui abandonnait ainsi que la Guienne et autres pays pour les tenir désormais en toute souveraineté, comme voisins du roi et du royaume de France, sans aucune subordination de vassalité à l'égard de ce royaume et de son souverain. Le roi Jean, à son retour de Londres, passa par Abbeville, où, pendant le séjour qu'il y fit, il donna des lettres d'abolition à ceux qui avaient abattu les châteaux d'Hiermont, de Long, d'Eaucourt, de Mareuil, de Mauton, de Doucat, et autres forteresses qui étaient aux environs d'Abbeville, de crainte que les ennemis de la France ne s'en prévalussent pour les incommoder. Arrivé à Paris, Jacques de Bourbon se dessaisit entre ses mains du Ponthieu, et à l'instant le roi fit expédier, le 12 avril 1361, ses lettres adressées au clergé, aux nobles et à toutes les communautés du Ponthieu, leur mandant qu'en conséquence du traité conclu avec le roi d'Angleterre, ils eussent à lui rendre obéissance comme à leur seigneur, lui faire hommage et rendre tous les services et *vasselages* qu'ils avaient accoutumé de rendre à Jacques de Bourbou, dernier comte de Ponthieu. Sa majesté commit en même tems., par d'autres lettres, Raoul de Rainval, grand-panetier de France, et le bailli d'Amiens ou son lieutenant, pour mettre le roi d'Angleterre en possession de ce comté ; ce qui fut exécuté, le 7 mai suivant, dans Abbeville. Au mois de juillet de la même année, le roi de France manda à Jean d'Artois, comte d'Eu, d'entrer en la foi et hommage du roi d'Angleterre pour les châteaux et fiefs de Cayeux, d'Avênes, de Huppi et de Vergier, au cas qu'ils fussent tenus du comté de Ponthieu. Il y eut dans la suite plusieurs contestations au sujet de la mouvance de ces châteaux entre le roi Charles V et le roi Edouard, qui soutenait qu'ils lui devaient être délivrés suivant le traité de paix, comme dépendants du Ponthieu. On nomma respectivement des commissaires pour connaître de ce différent et le décider. Mais celui qui survint entre les deux rois touchant la ville de Montreuil, fut d'une plus grande conséquence. Charles mettait en avant qu'il avait un château de son propre domaine à Montreuil ; qu'il avait bailli, prévôt et sergents dans la ville ; que le ressort du siége de Montreuil tant en villes, églises, que seigneuries, s'étendait jusqu'à la rivière d'Authie ; qu'il avait droit de régale sur l'abbaye de Saint-Sauve ; qu'il avait pareil droit sur l'église de Sainte-Austreberthe ; enfin que le roi d'Angleterre n'avait à Montreuil que la justice vicomtière, quoiqu'il y prétendît toute justice et souveraineté. Edouard produisit vingt-neuf pièces pour justifier que les comtes de Ponthieu, ses prédécesseurs, avaient joui de la même autorité dans Montreuil comme dans le reste du Ponthieu. L'affaire mise en compromis fut débattue en 1367 et l'année suivante. Mais la guerre qui survint entre les deux couronnes au commencement de 1369, changea la face des affaires. Edouard se croyait affermi dans la possession de toutes les terres qui lui avaient été délaissées, lorsqu'il s'y vit troublé tout-à-coup par un incident imprévu. Les seigneurs de Guienne, de Gascogne, d'Albret, de Cominges, etc., excédés par les exactions du prince de Galles, engagèrent, à force de remontrances, le roi Charles V à recevoir leur appel à la cour des pairs. Charles, avant de faire citer le prince anglais, avait écrit secrètement de Melun, le 19 mai 1368, aux habitants d'Abbeville, de Calais et de Guines, pour sonder leurs dispositions. Sur les assurances qu'ils lui donnèrent de leur attachement à la France ; il fit sommer, le 25 janvier suivant, le prince de Galles à comparaître en personne devant la cour des pairs. Son refus devint le signal de la guerre. Le roi, son père, ne doutant point que le Ponthieu ne fût le premier attaqué, donna ordre au sire de Perci et à trois autres chevaliers de partir incessamment avec des troupes pour aller au secours de cette province. Mais comme ils étaient près de s'embarquer à Douvres, ils apprirent que Gui, comte de Saint-Pol, et Hugues de Châtillon, sire de Dampierre, grand-maître des arbalétriers, étaient entrés avec cent vingt lances dans Abbeville, dont ils avaient trouvé les portes ouvertes. Le dernier était chargé d'une commission du roi, datée du 23 avril 1369, pour prendre et mettre réellement et de fait en la main de sa majesté toutes les villes et tous les châteaux du Ponthieu, d'en ôter les officiers du roi d'Angleterre, et d'y en établir d'autres au nom de sa majesté. Le sire de Dampierre, après avoir fait lecture de sa commission, le 30 avril, aux maïeur et échevins d'Abbeville, se saisit de la personne de Nicolas de Louvain, sénéchal du pays pour le roi d'Angleterre, et de celle de son receveur, qu'il fit l'un et l'autre prisonniers. On fit aussi main-basse sur tous les effets appartenants aux Anglais. De là le comte de Saint-Pol et son collègue se rendirent à Saint-Valeri, au Crotoi et à Rue, où ils firent les mêmes opérations qu'à Abbeville. Le comte de Saint-Pol apprenant que les Anglais s'étaient retranchés à Pont-de-Remi, vint avec ses troupes attaquer la place, et la prit de force après avoir tué plusieurs anglais. Il fit ensuite le siége du château de Noyelles, qui se rendit par composition, après quoi tout le Ponthieu fut soumis. Charles V, enchanté de la grande fidélité des habitants du Ponthieu, et particulièrement des bourgeois d'Abbeville, leur donna des marques de sa reconnaissance en confirmant et augmentant leurs priviléges et franchises. Sur leur demande il promit, par une déclaration particulière du mois de mai 1369, de ne jamais aliéner, pour quelque chose que ce fût, ni le Ponthieu ni la ville d'Abbeville. Cependant, au préjudice de cette déclaration, le roi Charles VI, en traitant, le 30 juin 1406, du mariage du prince Jean, son fils, depuis dauphin, avec Jacqueline de Hainaut, lui assigna une partie de son apanage sur le Ponthieu. Mais les habitants d'Abbeville lui ayant fait des remontrances à ce sujet, il donna au mois de mars 1411 (V. S.), des lettres par lesquelles il révoquait les aliénations ou transports qu'il pourrait avoir faits à ses enfants ou autres pour leur apanage, mariage ou autrement, au préjudice des priviléges du Ponthieu. (*Reg. de la ch. des comtes de Paris*, cote G., fol. 195.) Toutefois on voit des lettres de l'année suivante, par lesquelles ce prince accorde au prince Jean le Ponthieu pour le tenir en pairie, et pour la sûreté du douaire de la princesse Jacqueline, sa femme. Le jeune prince étant mort le 5 avril 1417 (N. S.), sa veuve demeura en jouissance du Ponthieu, même depuis qu'il fut rentré sous la puissance des Anglais. On voit en effet des lettres du roi d'Angleterre, Henri VI, datée du 1er février 1424 (V. S.), par lesquelles il donne à cette princesse, alors remariée à Jean, duc de Brabant, les revenus du Ponthieu, pour en jouir durant le cours de son douaire. (*Reg. de la ch. des comptes de Paris*, cote I, fol. 57-60.) Cependant le dauphin Charles prenait le titre de comte de Ponthieu depuis la mort de son frère. Parvenu à la couronne sous le nom de Charles VII, il reconquit le Ponthieu sur l'Anglais, avec la plus grande partie de ses autres états. Mais en 1435, par le traité de paix, il fut contraint de l'engager, avec toutes les villes situées sur la Somme, à Philippe le Bon, duc de Bourgogne, pour 400 mille écus (1), dont le payement ne se fit qu'après sa mort. Ce fut Louis XI, son successeur, qui, l'an 1463, s'acquitta de cette somme envers le duc. S'étant rendu à cet effet en Picardie, il fit son entrée solennelle à Abbeville, et de là il alla trouver le duc à Hesdin, où il lui fit compter la somme convenue, après quoi les villes engagées furent restituées à ce monarque. Mais à peine Louis était-il en possession de ces places, qu'il se vit dans la nécessité de les engager encore une fois pour la même somme au comte de Charolais pour sa vie, par le traité qui se fit à Conflans le 5 octobre 1465. Le comte fit, le 2 mai de l'année suivante, sa première entrée dans Abbeville, où il reçut à la porte les serments de fidélité des maïeur, échevins et bourgeois, et fit ensuite le sien de garder fidèlement les droits de l'église, du roi et de la ville. Pendant son séjour il changea les officiers municipaux, et nomma capitaine de la ville Jean d'Auxi, son premier chambellan, par ses lettres du 16 mai. Cette précaution ne lui suffit pas. Comme il avait remarqué dans les habitants une grande inclination pour le roi, il fit élever à l'embouchure de la Somme un château pour les tenir en bride. Le comte avait alors succédé à Philippe, son père, dans le duché de Bourgogne. Le Ponthieu lui demeura soumis jusqu'à sa mort, arrivée le 5 janvier 1477. Les habitants d'Abbeville, ayant appris cette nouvelle, chassèrent aussitôt la garnison bourguignonne et se déclarèrent sujets du roi. Ce monarque de son côté ne tarda point d'envoyer le grand-maître des arbalétriers, Jean d'Etouteville, sire de Torci, pour reprendre en son nom toutes les places de la Somme. Il fut reçu avec acclamations, le 17 janvier dans Abbeville.

L'an 1583, le roi Henri III donna le Ponthieu à sa sœur naturelle, DIANE, en échange de la ville de Châtelleraut, dont elle

---

(1) C'étaient des écus d'or; car il n'y en avait pas d'autres avant la fin du règne de Louis XIII, ou avant l'an 1641. Or l'écu en 1435, suivant Le Blanc, était d'or fin et de la taille de 70 au marc. Ainsi 400 mille écus étaient égaux à cinq mille sept cents quatorze marcs et deux septièmes, qui, à raison de 828 liv. 12 s. le marc, font 4 millions 734 mille 857 liv. 2 s. 10 d. de notre monnaie actuelle.

jouissait auparavant, pour le tenir sa vie durant. Cette princesse était fille du roi Henri II et d'une piémontaise nommée Philippe le Duc. Elle avait d'abord épousé, l'an 1553, Horace Farnèse, duc de Castro, qui fut tué la même année au siége d'Hesdin. Elle se remaria enfin, l'an 1557, à François, duc de Montmorenci, maréchal de France, qu'elle perdit le 6 mai 1579, sans en avoir eu d'enfants. Diane lui survécut jusqu'au 11 janvier 1619, époque de sa mort. Par son testament, elle institua son héritier François de Valois, comte d'Alais, son petit-neveu, auquel elle substitua Louis, son frère, petit-fils de Charles de Valois, comte d'Auvergne.

CHARLES DE VALOIS, fils naturel du roi Charles IX et de Marie Touchet, né au château de Fayet en Dauphiné, le 25 janvier 1572, selon du Cange, et le 28 avril de l'année suivante, suivant le père Anselme, obtint du roi Louis XIII le duché d'Angoulême et le comté de Ponthieu, malgré la promesse que le roi Henri IV avait faite aux habitants d'Abbeville et à la sénéchaussée de Ponthieu par lettres du mois d'avril 1594, qu'après le décès de Diane de Valois, ils demeureraient inséparablement unis à la couronne sans pouvoir en être démembrés sous quelque prétexte que ce fût. Les habitants du Ponthieu députèrent au roi pour lui faire leurs remontrances touchant l'inaliénabilité de ce comté. Mais on les paya de belles paroles, et Charles garda le Ponthieu jusqu'à sa mort, arrivée le 24 septembre 1650. (Voy. *les ducs d'Angoulême.*)

1650. LOUIS DE VALOIS, fils de Charles de Valois et de Charlotte de Montmorenci, né l'an 1596, à Clermont en Auvergne, fut dévoué dès son enfance à l'état ecclésiastique, pourvu en conséquence des abbayes de Saint-Allire de Clermont et de la Chaise-Dieu, puis nommé, en 1612, à l'évêché d'Agde. Mais Henri, son aîné, comte de Lauraguais, étant tombé en démence, et François, son puîné, étant mort en 1622, il prit le titre de comte d'Alais que portait ce dernier. Il suivit alors le parti des armes sans quitter ses bénéfices. Etant passé, l'an 1625, avec notre armée en Italie, il donna des preuves de sa valeur au siége de Montalban et en d'autres occasions. De retour en France, il alla servir, en 1628, au siége de la Rochelle, et, l'année suivante, à l'attaque de Privas. Il eut de l'emploi dans la guerre de Lorraine en 1635, et s'y distingua de manière que le roi, pour le récompenser de ses services, l'éleva, l'an 1637, au grade de colonel-général de la cavalerie légère, et lui donna le gouvernement de Provence. Il succéda, l'an 1650, à son père, dans les duchés d'Angoulême et les comtés d'Auvergne et de Ponthieu. Il mourut le 13 novembre 1653, laissant d'Henriette de la Guiche, sa femme, veuve de Jacques de Matignon, comte de Thorigni (morte le 22 mai 1682), une fille, qui suit.

1653. Marie-Françoise, fille de Louis de Valois, née le 27 mars 1631, mariée, le 3 novembre 1649, à Louis de Lorraine, duc de Joyeuse, grand-chambellan de France, succéda, par lettres-patentes du 19 juillet 1653, à son père, dans le comté de Ponthieu, comme dans le duché d'Angoulême et les comtés d'Alais et de Lauraguais. Devenue veuve, l'année suivante par la mort de son époux, arrivée le 27 septembre, à la suite d'une blessure qu'il avait reçue devant Arras; elle tomba dans un état d'imbécillité qui la fit renfermer à l'abbaye d'Essei près d'Alençon, où elle mourut le 4 mai 1696, laissant un fils, qui suit.

1654. Louis-Joseph de Lorraine, duc de Guise et prince de Joinville, né à Toulon au mois d'août 1650, de Louis de Lorraine, duc de Joyeuse, et de Marie Françoise de Valois, fut pourvu du duché d'Angoulême et du comté de Ponthieu par lettres-patentes données à la Fère le 30 septembre 1654. Il mourut de la petite vérole le 30 juillet 1671, laissant un fils âgé d'un an, François-Joseph, qui mourut le 16 mars 1675. (Voy. *les sires et princes de Joinville*.)

Il y a apparence que ce ne fut qu'après la mort de Marie-Françoise de Valois, femme de Louis de Lorraine, duc de Joyeuse, que le Ponthieu fut irrévocablement uni à la couronne, puisque, par lettres-patentes, elle en avait la jouissance pour sa vie.

CHRONOLOGIE HISTORIQUE

DES

COMTES DE BOULOGNE.

Le Boulonnais, compris anciennement dans le pays des Morins et depuis dans le Ponthieu jusqu'après le milieu du ıxe siècle, forme aujourd'hui dans la basse Picardie une étendue de douze lieues en longueur sur huit de largeur, entre le comté de Guines, l'Artois, le Ponthieu et l'Océan.

On convient maintenant que Boulogne, sa capitale, est le *Gesoriacum* des anciens. Le nom de *Bononia*, changé depuis par altération en celui de *Bolonia*, ne paraît lui avoir été donné que vers la fin du ııɪe siècle de l'église. Le plus ancien auteur qui ait identifié Gesoriac avec Boulogne est le rhéteur Eumenius Pacatus. Dans le panégyrique de l'empereur Constance Chlore, parlant d'une expédition de ce prince contre le tyran Carausius et les écumeurs de mer, il fait mention d'une estacade au moyen de laquelle il les avait empêchés de sortir du port de Gesoriac dont ils s'étaient saisis ; et dans le panégyrique de Constantin, fils de Chlore, il dit, en rappelant cette même action, que c'était au port de Boulogne, qu'elle s'était passée : *Exercitum illum qui Bononiensis oppidi littus insederat, terrâ pariter ac mari sepsit.* L'auteur anonyme d'une vie du même Constantin, publiée par Henri de Valois à la suite de son Ammien Marcellin, est encore plus formel, en prenant indifféremment Gesoriac et Boulogne dans un même texte ; c'est en parlant de la célérité avec laquelle Constantin traversa l'Italie et les Alpes, et se rendit auprès de son père à Boulogne, nommé Gesoriac, dit-il, par les Gaulois, pour se soustraire aux embûches qui lui étaient dressées à la cour de Dioclétien : *Qui ut Severum per Italiam transiens vitaret, summâ festinatione, veredis post se truncatis, Alpes transgressus ad patrem Constantium venit apud* Bononiam *quam* Galli *priùs* Gesoriacum *vocabant.* Ce qui donna occasion de substituer à *Gesoriacum* le nom de *Bononia*, c'est, suivant l'opinion la plus probable, l'établissement d'une colonie italienne, tirée de Bologne la grasse.

Gesoriac étant un des ports les plus fréquentés de la Gaule belgique, Caligula, dans le tems qu'il était sur les lieux, feignant de vouloir s'embarquer avec une flotte pour la Grande-Bretagne, y fit construire un phare qui s'est conservé jusque vers le milieu du dernier siècle, sous le nom de *Tour d'ordre*, en latin *Turris ardens*, et par corruption *Turris ordans ou odrans*.

Cette tour, bâtie sur la falaise qui commandait le port, était octogone, et chacun de ses côtés avait environ vingt-cinq pieds. Douze espèces de galeries, ménagées extérieurement dans l'épaisseur du mur, la rétrécissaient graduellement jusqu'au sommet, où l'on allumait pendant la nuit, des feux pour servir de guide aux vaisseaux qui naviguaient dans la Manche.

Plusieurs modernes ont prétendu que le port de Boulogne est le *portus Iccius*, où César s'embarqua deux fois pour passer dans la Grande-Bretagne. Mais nous préférons le sentiment de M. d'Anville, qui pense que ce port est Wit-Sand ou Wissan, à trois lieues de Guines, vers l'occident.

Le Boulonnais n'a eu des limites fixes et déterminées qu'après avoir été détaché du Ponthieu pour former un comté particulier.

HERNEQUIN.

HERNEQUIN, neveu de Baudouin le Chauve, comte de Flandre, fut établi comte de Boulogne par Helgaud Ier, comte de Ponthieu, dont il avait épousé la fille, nommée BERTHE. Il fit hommage, à Baudouin, son oncle, de la terre de Merk, ou Marc, qu'il possédait entre Guines et Gravelines; *et c'est le premier hommage*, dit une ancienne chronique, *que oncques, comte de Boulogne feit au comte de Flandre, sans plus de la terre de Merk: ne plus ne moins*, ajoute-t-elle, *n'est tenu par droit le comte de Boulogne tenir par anchiseure dudit comte de Flandre que Merqué.* L'an 882, les Normands, sous la conduite de Gormond et d'Isembert, rénégat français, ayant fait une descente au port de Wimeru, à une lieue de Boulogne, le comte Hernequin marcha contre eux, et fut battu. Mais au lieu de se retirer à Boulogne, il passa la rivière de Lianne et ensuite la Canche. Les barbares cependant prirent Boulogne, où ils exercèrent des cruautés inouies, et de là marchant vers la Somme, ils y joignirent d'autres bandes des leurs qui avaient abordé par l'embouchure de cette rivière. Hernequin, avec d'autres seigneurs voisins, leur ayant livré un nouveau combat, y fut blessé à mort, et alla expirer à l'abbaye de Samer, où Berthe, sa femme, s'était retirée.

REGNIER.

882. REGNIER, dit aussi RAGINAIRE ou VAGINAIRE, fils d'Hernequin, lui succéda au comté de Boulogne. Il avait été élevé à la cour de Baudouin Ier, comte de Flandre ; et la liberté dont il y avait joui avait dégénéré en licence. Il en revint avec des mœurs fort dépravées, que l'exemple d'ADÉLAÏDE, dame très-vertueuse, qu'il avait épousée par les soins de Baudouin, ne put corriger. Regnier fut un prince féroce, qui ne prenait conseil que de son caprice, et ne suivait d'autres lois que celles de son intérêt et de sa cupidité. Les seigneurs de Tournehem, de Lens, d'Amiens, ses vassaux, les autres nobles qui relevaient de lui, et les roturiers de ses terres, qui commençaient à réparer leur fortune après la retraite des Normands, furent les principaux objets de son avarice. Il en exigea des droits excessifs, dont il poursuivit le payement avec une telle violence, que plusieurs prirent le parti de la fuite pour mettre leur vie en sûreté. Herfrid, baron d'Ardres, ayant voulu prendre la défense des opprimés, Regnier alla un jour chez lui et l'assassina. La veuve d'Herfrid ne laissa pas impunie la mort de son mari. Ayant assemblé ses gens, elle attendit le comte dans une embuscade la veille de Noel, comme il revenait de la chasse, et le fit poignarder au milieu de ses chiens. Cet événement est antérieur à l'an 900.

ERKENGER.

ERKENGER, que quelques-uns donnent pour fils de Regnier, fut son successeur au comté de Boulogne. L'historien moderne de Calais prétend qu'il ne fut que gouverneur amovible de ce pays sous la dépendance de Baudouin le Chauve, comte de Flandre, à qui le roi Charles le Simple, dit-il, avait confié le comté de Boulogne, après l'avoir confisqué sur le comte Regnier en punition de l'assassinat du baron d'Ardres. C'est en effet ce que nous apprend Iperius dans sa chronique de Saint-Bertin. Cependant Erkenger est appelé comte de Boulogne dans la vie de saint Bertulfe de Renti, où il est dit qu'il était illustre par son extraction et sa puissance : *Bononiensium comes fuit Erkergarius genere et potentiâ non parùm egregius.* (Bouquet, T. IX, p. 133.) De son tems le Boulonnais fut exposé à de fréquentes incursions des Normands. Témoin des miracles qui s'opéraient au tombeau de saint Bertulfe à Renti, Erkenger fit transporter son corps à Boulogne, afin que la présence d'un patron si puissant servit de sauve-garde à cette ville contre les incursions des barbares. Boulogne, est-il dit dans la même vie, était dès-lors une cité libre et fortifiée; elle était de plus consacrée par un siége épiscopal : *Sede insuper episcopali consecrata* (*ibid*); ce qui veut dire seulement que l'évêque diocésain résidait tantôt à Terrouenne, tantôt à Boulogne, comme l'expliquent Bollandus et D. Mabillon. Erkenger suivit d'abord le parti du roi Charles le Simple; mais, l'an 896, Herbert, comte de Vermandois, l'entraîna avec lui dans celui d'Eudes, rival de Charles. On ignore l'année de sa mort.

BAUDOUIN LE CHAUVE.

BAUDOUIN LE CHAUVE, comte de Flandre, administra par lui-même le comté de Boulogne après la mort d'Erkenger. Ce prince mourut l'an 918. (Voy. *les comtes de Flandre*.)

ADOLFE.

918. ADOLFE, ou ADALOLFE, deuxième fils de Baudouin le Chauve, eut pour son partage, après la mort de son père, la terre de Boulogne et le Ternois, qui fit depuis le comté de Saint-Pol. Il fut de plus abbé de Sithin ou de Saint-Bertin, et mourut sans lignée, le 13 novembre 933, suivant la chronique de cette maison, où il fut enterré. (Bouquet, T. IX, p. 78.)

ARNOUL.

933. ARNOUL, comte de Flandre, hérita du comté de Boulogne et du Ternois après la mort d'Adalolfe, son frère. (Bouquet, *ibid.*, p. 133.) Il eut aussi l'abbaye de Saint-Bertin, dont il se démit, l'an 944, en faveur de Gérard, abbé de Brogne. (*Gall. Chr.*, T. III, col. 492.) Mais il garda la terre de Guines, qui en dépendait, et se l'appropria. Arnoul étant mort l'an 965 (V. S.), Guillaume, comte de Ponthieu, assisté du roi Lothaire, se rendit maître du Boulonnais, qui devint le partage d'un de ses fils, qui suit.

ERNICULE.

965. ERNICULE, ou le petit ARNOUL, fut mis en possession par Guillaume, son père, du comté de Boulogne, séparé des comtés de Saint-Pol et de Guines. Il s'y maintint malgré les efforts que fit le danois Sifroid pour le déposséder. (Voy. *les comtes de Ponthieu*.) On voit une charte de Saint-Pierre de Gand, qu'il

signa l'an 972; mais on ne trouve plus de traces de son existence depuis ce tems-là. Lambert d'Ardres lui donne une fille, Mathilde, femme d'Ardolphe, comte de Guines, avec deux fils, Ernulphe et Eustache, morts vraisemblablement avant lui, et inhumés l'un et l'autre, suivant le même auteur, à l'abbaye de Samer.

GUI, A LA BARBE BLANCHE.

Gui, a la Barbe Blanche, fut le successeur d'Ernicule, dont il était peut-être fils. Malbrancq dit au contraire qu'il était son père; mais il ne donne aucune preuve de cette opinion. Gui fit du bien à l'abbaye de Samer, où il eut sa sépulture, comme ses prédécesseurs. L'ancienne généalogie des comtes de Boulogne, composée sous le règne de saint Louis, lui donne trois fils et deux filles. Le premier est Baudouin, qui suit; le second, Hugues, à qui son père, dit l'écrit cité, donna le comté de Saint-Pol (ce qui est contredit par Lambert d'Ardes, qui fait Hugues premier comte de Saint-Pol, fils de Roger, lequel eut pour bisaïeul Guillaume Ier, comte de Ponthieu); le troisième fils est Guillaume, comte de Guines, ou plutôt de Marck, selon Malbrancq. L'aînée des deux filles de Gui se nommait Alix, ou Adélaïde : son père, en la mariant à un comte de Hollande, lui donna la terre de Varenne. La seconde, Béatrix, épousa le comte de Frise, à qui elle porta en dot la terre de Terrouenne. Telle fut la famille de Gui, suivant la généalogie dont nous venons de parler. (Du Chêne, *Généal. de la M. de Guines*, pr., p. 5.)

BAUDOUIN II.

Baudouin II, fils de Gui et son successeur au comté de Boulogne, fut tué, l'an 1033, dans un combat, par Enguerand, comte de Ponthieu, qui se rendit ensuite maître du Boulonnais. (*Hariulf. Chr. S. Richarii*, l. 4, c. 12.) Il avait épousé Adélaïde de Gand, dont il laissa deux fils, Eustache et Baudouin. (*Voy. les comtes de Ponthieu.*)

EUSTACHE Ier.

1046. Eustache Ier, dit a l'œil, fils de Baudouin II, comte de Boulogne, rentra dans l'héritage de ses pères, l'an 1046, après la mort d'Enguerand. Il avait épousé Mahaut, fille de Lambert le Barbu, comte de Louvain, et petite-fille, par Gerberge sa mère, de Charles, duc de la basse Lorraine, et frère du roi Lothaire. Eustache mourut vers l'an 1049, laissant de son mariage Eustache, qui suit; Godefroi, évêque de Paris; Lambert, seigneur de Lens, mort en 1054 dans un combat que le comte de Flandre livra aux troupes de l'empereur Henri III; et Gerberge, femme de Frédéric Ier, duc de la basse Lorraine.

EUSTACHE II.

1049 ou environ. EUSTACHE II, surnommé AUX GRENONS, parce qu'il portait de grandes moustaches, devint le successeur d'Eustache Ier son père, au comté de Boulogne. Il épousa, l'an 1050, GODA ou GODOIA, fille d'Ethelred II, roi d'Angleterre, et veuve de Gauthier, comte de Mantes, dont elle avait un fils, qui était alors comte d'Herfort. L'an 1051, au mois de septembre, il passe la mer avec quelques vaisseaux pour aller rendre visite à Édouard, roi d'Angleterre, son beau-frère. Au retour, un de ses gens tue un habitant de Cantorberi qui refusait de le loger. Ce meurtre est aussitôt vengé par un autre bourgeois, qui met à mort l'étranger. Le peuple s'attroupe, on en vient aux armes de part et d'autre; le comte et les siens massacrent plusieurs habitants, sans distinction d'âge ni de sexe. Mais, accablé par la foule et obligé de fuir, Eustache rebrousse chemin et va se réfugier auprès du roi, qui était alors à Glavorne. Le comte Godwin reçoit ordre d'aller châtier les habitants de Cantorberi. Mais, bien loin d'obéir, il lève une armée avec ses fils, et envoie demander au monarque Eustache et ses gens, avec menace de faire la guerre si on ne lui accorde sa demande. Edouard, embarrassé d'abord sur le parti qu'il doit prendre, ranime son courage en voyant arriver les troupes de trois comtes qui viennent à son secours. Il refuse de livrer aucun de ceux que Godwin avait demandés. Il oblige même ce rebelle à licencier ses troupes, et le condamne lui et ses fils à l'exil. C'est ainsi que Roger de Hoveden raconte l'aventure : récit un peu différent de celui de M. Hume.

L'an 1053, Eustache ouvrit un asile dans ses terres à Guillaume d'Arques, qui vint se réfugier chez lui avec toute sa famille, après avoir été dépouillé de ses terres par le duc Guillaume le Bâtard. Il succéda, l'an 1054, à Lambert, son frère, comte de Lens en Artois, qui fut tué à Lille sans laisser de postérité. Depuis ce tems le comté de Lens resta dans la maison de Boulogne. (*Balder. Chron. Camerac.*, L. 3, c. 78.) Eustache, vers le même tems, perdit sa femme; du moins il est certain qu'il était veuf, lorsqu'en 1056 il reconduisit à Rome le pape Victor II, qui venait de tenir un concile à Cologne. En revenant d'Italie, le comte de Boulogne passa par la basse Lorraine; et s'étant arrêté à Bouillon, lieu de la résidence du duc Godefroi le Barbu, son parent, il lui demanda IDE, sa fille en mariage.

L'ayant obtenue avec le château de Bouillon pour sa dot, il l'épousa dans le mois de décembre 1057 (et non 1059), à Cambrai. (Bouquet, T. XI, p. 584.) L'an 1066, il se joignit aux seigneurs français qui accompagnèrent Guillaume, duc de Normandie, dans son expédition d'Angleterre, et combattit pour lui à la bataille d'Hastings, dont le succès le fit entrer en possession de ce royaume. Eustache y reçut un coup de hache entre les épaules, qui le mit hors de combat. La plaie ne fut ni mortelle ni en pure perte pour lui. Elle lui devint aussi utile que glorieuse par les largesses que le vainqueur lui fit, soit en dignités, soit en domaines; et le tout, dit Ordéric Vital, aux dépens des Anglais naturels, qu'on dépouillait pour enrichir des étrangers. La reconnaissance d'Eustache envers son bienfaiteur ne fut pas de longue durée. Etant venu à Boulogne, il se brouilla, l'année suivante, à la sollicitation du roi de France, avec Guillaume, et travailla à lui enlever la couronne qu'il avait contribué à lui procurer. Tandis que ce prince est en Normandie, Eustache pratique des intelligences avec les Anglais du comté de Kent. Assuré de leur secours, il s'embarque avec des troupes pour l'Angleterre à dessein de surprendre la ville de Douvres. Mais la garnison, qui était sur ses gardes, le reçut si mal, qu'il eut à peine le tems de regagner ses vaisseaux avec une partie de ses gens, dont plusieurs furent taillés en pièces. Eustache, quelque tems après, fit sa paix avec le roi d'Angleterre; il recouvra même l'amitié de ce monarque, qui lui donna plusieurs nouveaux domaines en Angleterre.

Le comte Eustache II fut libéral envers l'église collégiale de Lens en Artois, fondée par ses ancêtres; ce qui prouve qu'une partie au moins de l'Artois était de son domaine. Nous avons sous les yeux deux chartes: l'une de ce comte, par laquelle il accorde divers fonds et divers privilèges à cette église; l'autre de Lietbert, évêque de Cambrai, qui confirme la donation d'Eustache à sa demande et avec le consentement d'Arnoul, comte de Flandre. L'an 1071, il se déclara pour Richilde et Baudouin, son fils, comte de Flandre, contre Robert le Frison, leur compétiteur. Il leur mena des troupes, et combattit pour eux, à la journée de Montcassel, le 20 février 1071, dans laquelle il fit prisonnier Robert le Frison, suivant Meyer, en le poursuivant jusqu'à Saint-Omer. Ce dernier ayant été relâché, le fit prisonnier à son tour, la même année, à la bataille de Broqueroie. La captivité du comte de Boulogne fut courte. Godefroi, son frère, chancelier de France et évêque de Paris, obtint sa délivrance, en payant sa rançon. Robert, pour se faire un allié d'Eustache, lui céda la forêt de Bethlo avec le château de Sperli. (Meyer.) Eustache entra, l'an 1088, dans la ligue formée par

Odon ou Eudes, évêque de Bayeux, et plusieurs seigneurs normands, pour mettre le duc Robert sur le trône d'Angleterre, que Guillaume le Roux, son cadet, lui avait enlevé. Ils passent la mer, s'emparent de Rochester et de plusieurs châteaux du pays de Kent. Mais Guillaume, étant survenu en diligence, les poursuivit de place en place; et, les ayant enfin assiégés dans Rochester, il les obligea en peu de tems d'évacuer le pays et de repasser la mer avec ignominie.

Eustache mourut au plus tôt l'an 1093, et non pas en 1065, comme le marque un moderne, ni en 1080, comme le prétend un autre; et fut enterré à Lens. On ignore s'il eut des enfants de Gode, sa première femme. D'Ide, la seconde, morte en odeur de sainteté le 13 août 1113, et enterrée à Saint-Wast d'Arras, il laissa Godefroi, créé marquis d'Anvers, par l'empereur Henri IV, après la mort de Godefroi le Bossu, arrivée en l'an 1076, puis duc de Bouillon et de la basse Lorraine, et enfin élu roi de Jérusalem l'an 1099; Eustache, qui suit; Baudouin, comte d'Edesse, et ensuite roi de Jérusalem après son frère. Ce sont les seuls enfants qu'Ide, suivant l'auteur de sa vie, écrite avant l'an 1125, eut de son mariage avec Eustache II. Elle-même ne nomme que ces trois fils dans une charte de l'an 1096, publiée par le Mire. (*Opp. Diplom.*, T. I, p. 76.) Guillaume de Tyr cependant, suivi par l'auteur de la chronique de Saint-Médard et par Guillaume de Nangis, met parmi les chefs de la première croisade (L. 9, c. 22), un Guillaume, qu'il dit expressément frère de Godefroi de Bouillon, et par conséquent fils d'Eustache. Mais il a pu se tromper; de même que Boémond Ier, prince d'Antioche, paraît s'être mépris, lorsque dans une lettre à Roger, son frère, rapportée par Baronius (*ad an.* 1098, n° XIV), il donne à ce même Godefroi un frère nommé Hugues: *Godofridus*, dit-il, *et Hugo Bollionii fratres*. Si ces deux enfants du comte Eustache II sont réels, il faut dire qu'il les eut de Gode, sa première femme. Mais Ordéric Vital tombe dans une erreur visible en mettant au nombre des enfants d'Eustache II, Adélaïde, ou Agnès, femme de l'empereur Henri IV, et une autre fille, qu'il nomme Ide, mariée, dit-il, à Conon, comte en Allemagne.

EUSTACHE III.

1093 au plus tôt. Eustache III, fils d'Eustache II, lui succéda au comté de Boulogne. L'an 1096, il accompagna à la première croisade, non pas Godefroi son frère, mais, selon les annales de Wavelai, Robert, comte de Flandre, avec lequel il prit sa route par l'Italie après avoir joint Hugues le Grand, frère du roi de France, Robert, duc de Normandie, et Etienne, comte de Blois ; ils passèrent ensemble dans la Pouille, et de là se rendirent à la Terre-Sainte. De retour dans l'automne de l'an 1100, le comte de Boulogne embrassa le parti du duc de Normandie contre le roi Henri son frère, auquel il redemandait la couronne d'Angleterre. La paix s'étant faite, l'année suivante, entre ces deux princes, Eustache fut rétabli dans ses domaines d'Angleterre, dont Henri l'avait dépouillé. (*Chron. Saxon.*) Eustache n'était point encore marié. L'an 1102, il épousa Marie, fille de Malcome III, roi d'Ecosse, et sœur de Mathilde, femme du monarque anglais. Le pape Pascal lui écrivit de Terracine (le 27 février 1103), pour le prier de laisser Lambert, évêque d'Arras, en pleine jouissance de quelques églises qu'il ne lui avait restituées qu'à certaines conditions. L'an 1105, de concert avec sa femme et Ide, sa mère, il signala sa libéralité envers l'abbaye de Cluni, par le don qu'il lui fit de tout ce qui lui appartenait aux villages de Rumilli et de Bierdes, comme il en avait joui ou dû jouir, autorisant ses chevaliers à disposer au profit de cette abbaye de tout ou partie des bénéfices qu'ils tenaient de lui. Pour cimenter cette donation, il eut soin de la faire confirmer par Jean, évêque de Terrouenne. (*Archiv. de Cluni.*) Ce ne fut pas la seule église qui eut part à sa munificence. Il fit aussi, l'année suivante, à la collégiale de Lens, des dons considérables, qu'il eut également soin de faire confirmer par l'évêque d'Arras. Il est remarquable que dans la charte de confirmation il est nommé comte de Lens ainsi que de Boulogne. Il eut guerre, l'an 1114 ou environ, avec le seigneur de Nesle, qu'il prit dans un combat et mit en prison. Celui-ci, ayant trouvé moyen de s'évader, se réfugia dans l'église cathédrale d'Arras, dont l'évêque Lambert écrivit en sa faveur une lettre commune au comte de Boulogne et au comte de Flandre, qui se trouvaient pour lors ensemble à Lens. Il demandait au premier la liberté du fugitif, et au second la sûreté pour le même en passant sur ses terres. Nous avons cette lettre (Baluze, *Miscell.*, T. V, p. 350) ; mais nous ignorons l'effet qu'elle produisit.

L'an 1115, selon Mathieu de Westminster, Eustache perd Marie sa femme. Après la mort de Baudouin, son frère, il fut mis, l'an 1118, sur les rangs pour lui succéder au royaume de Jérusalem. L'ayant appris à Boulogne par des députés que ses partisans lui envoyèrent, il partit aussitôt pour la Terre-Sainte. Mais la longueur du chemin qu'il lui fallut faire pour y arriver, fit que les seigneurs de la Palestine, impatients d'avoir un chef qui remédiât aux besoins pressants du pays, en choisirent un autre, qui fut Baudoin du Bourg. Eustache était en Calabre lorsqu'il apprit cette nouvelle. Ses amis lui conseillant de continuer sa route pour faire casser cette élection, il répondit généreusement : *A Dieu ne plaise que j'aille exciter du trouble dans une terre où J. C. a versé son sang pour nous réconcilier avec son père.!* Ainsi, loin de suivre leur avis, il revint sur ses pas. Quelques années après, il quitta le monde, et alla se faire religieux de l'ordre de Cluni, au prieuré de Rumilli, dans le Boulonnais. Il vivait encore en 1125, comme le prouve une charte par laquelle, étant à l'extrémité, il confirma cette année, du consentement de Mahaut, sa fille, et du comte Etienne, son gendre, la donation qu'il avait faite, de concert avec sa femme, au monastère de Rumilli, d'une rente de dix livres, à prendre sur la terre de Frobingue, qu'il avait en Angleterre (*Bibl. Sebus.* p. 30) : sur quoi il est à remarquer qu'en parlant de sa femme, il dit, *cum alia uxore mea* ; d'où Guicheron conclut qu'Eustache eut de Marie d'Ecosse un fils nommé Raoul, mort jeune, et Mahaut, dont on vient de parler, femme d'Etienne, qui suit.

ÉTIENNE.

1125 au plus tard. ÉTIENNE, troisième fils d'Étienne, comte de Blois, devint le successeur d'Eustache au comté de Boulogne, en vertu de son mariage avec MAHAUT, ou MATHILDE, fille de ce dernier. Cette alliance fut l'ouvrage de Henri Ier, son oncle, roi d'Angleterre. Persuadé qu'il fortifiait sa maison par l'agrandissement d'Etienne, ce monarque prit plaisir à l'enrichir. Aux grands biens que la maison de Boulogne possédait en Angleterre depuis la conquête des Normands, il ajouta en faveur d'Etienne, les vastes domaines qu'il avait confisqués en 1102 sur Robert Mallet, et le comté de Mortain, dont il avait pareillement dépouillé le comte Guillaume, après la bataille de Tinchebrai, où celui-ci avait été fait prisonnier par Etienne lui-même. Le roi d'Angleterre n'eut pas à se repentir, tant qu'il vécut, des faveurs qu'il avait accumulées sur la tête de son neveu. Etienne signala sa reconnaissance en marquant, dans toutes les occasions, le plus grand attachement à son oncle. Il fut le premier à jurer fidélité à l'impératrice Mathilde, lorsque Henri, son père, l'eut déclarée son héritière au trône d'Angleterre et au duché de Normandie. Mais l'an 1135, après la mort de ce prince, il leva le masque et envahit ce même trône qu'il avait reconnu devoir appartenir à Mathilde. L'an 1150 au plus tard, il céda, du consentement de son épouse, le comté de Boulogne au prince Eustache, son fils. (Voy. *les rois d'Angleterre*).

EUSTACHE IV.

1150 au plus tard. EUSTACHE IV, fils d'Etienne et de Mahaut, et leur successeur au comté de Boulogne, avait fait hommage de la Normandie, en 1137, au roi Louis le Gros, et épousé, au mois de février de l'an 1140, CONSTANCE, fille de ce monarque. Le roi son père, l'ayant armé chevalier en 1140, il s'était jeté sur les terres des partisans de l'impératrice Mathilde et les avait dévastées. En 1151, il fit une expédition pour le roi son beau-père, et s'avança jusqu'au château d'Arques. Étant revenu, l'année suivante, dans cette province, il y fit quelques exploits dont il fut récompensé par le don de Neumarché. Le roi son père l'ayant proposé la même année aux Anglais pour son collègue, essuya un refus de la part des évêques. Eustache l'accompagna, l'année suivante, au siége de Malmesburi. Mais, la même année, s'étant trouvé au traité de paix qu'Etienne fit avec Henri, en le reconnaissant pour son successeur, il s'y opposa hautement, et dans sa fureur, il alla ravager les terres de saint Edmond, aux environs de Cambridge. (*Chron. Saxon. Guillel. Neubridg. Robert. de Monte Append. ad Sigebert. Henric. Huntind.*) Il meurt la même année 1153, en se mettant à table, le 10 ou le 11 août, à l'âge de vingt-huit ans, sans postérité. (*Voyez* Etienne, *roi d'Angleterre; et* Geofroi, *comte d'Anjou.*) Après la mort d'Eustache, Constance, sa veuve, se remaria avec Raimond V, comte de Toulouse.

GUILLAUME II.

1153. GUILLAUME II, deuxième fils du roi Etienne, succéda, par la volonté de son père, à Eustache, son frère, dans le comté de Boulogne comme dans celui de Mortain et les autres domaines de sa maison, situés en-deçà de la mer, mais non pas dans l'espérance de parvenir au trône d'Angleterre. Etienne la lui fit perdre, en reconnaissant, par traité du 6 novembre 1153, Henri, duc de Normandie et comte d'Anjou, pour son fils adoptif, et l'héritier légitime du royaume qu'il possédait. Ce prince fit plus; il obligea son fils, Guillaume, à faire hommage à Henri de tout ce qu'il tenait dans la Normandie et l'Anjou. (*Henric. Huntind. Guillel. Neubrig. Gervas. Dorob.*) Ce ne fut pas sans une extrême répugnance que Guillaume s'acquitta de ce devoir, et consentit à se voir déchu de ses prétentions au royaume d'Angleterre. En vain, pour le consoler, Henri se chargea de sa tutelle (car il était encore mineur), et le fit chevalier avec les cérémonies accoutumées, et sénéchal d'Angleterre, suivant la chronique d'Afflighem. Son ressentiment n'en fut pas moins vif. Gervais de Cantorberi raconte que, la paix étant cimentée en Angleterre par le traité dont on vient de parler, le roi Etienne et son fils accompagnèrent, dans le carême de l'an 1154, Henri qui s'en retournait en France ; mais que, Guillaume ayant formé le complot avec Thierri, comte de Flandre, qui était aussi du voyage, de l'assassiner sur la route, le coup manqua par une chute de cheval que fit Guillaume ; ce qui obligea de le porter, ayant la jambe cassée, à Cantorberi. Il paraît néanmoins que Guillaume se réconcilia dans la suite avec Henri, puisque, l'an 1159, il fut de son expédition dans le Toulousain. D. Vaissette dit qu'il mourut devant Toulouse, et Raoul de *Diceto* dit que ce fut en revenant chez lui. D'autres mettent la mort de Guillaume au mois d'août de l'année suivante. Ce prince ne laissa point de postérité d'Isabelle, fille et héritière de Guillaume, comte de Varennes et de Surrei, que le roi Henri lui avait fait épouser.

MARIE et MATHIEU d'ALSACE.

1159 ou 1160. Marie, sœur de Guillaume, était abbesse de Ramsei en Angleterre, lorsque son frère mourut. Mathieu d'Alsace, fils puîné de Thierri d'Alsace, comte de Flandre, l'étant allé trouver dans son monastère, l'engagea par le conseil de Henri II, roi d'Angleterre, à lui donner sa main au préjudice de ses vœux. Les deux époux, de retour à Boulogne, prirent possession du comté, et s'y maintinrent malgré l'excommunication que l'archevêque de Reims et l'évêque de Terrouenne lancèrent contre eux. Mathieu, l'an 1161, eut la guerre avec son père au sujet du château de Lens, qu'il prétendait lui appartenir : mais bientôt il fut obligé de mettre bas les armes sans avoir rien obtenu. (*Auctar Affligh.*)

L'an 1164, informé par le roi d'Angleterre que saint Thomas de Cantorberi, pour se soustraire à ses persécutions, avait pris la fuite et devait passer en France, Mathieu se prépare à l'arrêter à son débarquement : mais la Providence préserva le prélat de ses embûches. (*Math. Westmonast.*) Ce comte fut, l'an 1165, de l'expédition de Philippe, comte de Flandre, son frère, contre Florent, comte de Hollande.

Mathieu s'étant brouillé, l'an 1167, avec le roi d'Angleterre au sujet du comté de Mortain, qu'il revendiquait comme faisant partie de la succession du roi Etienne, se ligua contre lui avec le roi de France. Henri venait alors d'essuyer un rude échec dans un combat de ses troupes contre Pierre de Courtenai, frère du monarque français. Pour être en état de prendre sa revanche, il fit venir d'Angleterre un corps de troupes considérable. Mais le comte de Boulogne étant venu subitement attaquer ce renfort avec peu de monde, le mit en déroute, et fit prisonniers quelques-uns des chefs. Cette victoire étendit au loin sa réputation. (Lambert Waterlos. *Chron. manus.*) Il fit plus; aidé par le comte de Flandre, son frère, il équipa une flotte de six cents voiles, avec laquelle il alla faire une descente en Angleterre, espérant que l'absence du roi lui faciliterait le succès de cette expédition. Son débarquement, à la vérité, répandit la terreur dans le pays; mais Richard de Luci, grand-justicier du royaume, étant venu à sa rencontre avec un corps de troupes, l'obligea de remonter en diligence sur ses vaisseaux. (*Gervas. Dorobern*). C'était toujours beaucoup pour un comte de Boulogne d'avoir fait trembler une île si puissante et si redoutable. Le roi d'Angleterre s'empressa de regagner un capitaine aussi vaillant, et il y réussit en donnant ou promettant de donner au comte un dédommagement en argent pour le comté de Mortain. Mathieu se mit alors en marche avec ses troupes pour aller joindre ce prince. Mais, le comte de Ponthieu lui ayant refusé le passage sur ses terres, il fut obligé de prendre sa route par mer. La même année, Mathieu se vit inquiété par une personne du premier rang, et puissamment appuyée, au sujet du comté de Boulogne. C'était la princesse Constance, sœur du roi Louis le Jeune, et femme répudiée de Raimond V, comte de Toulouse. Retirée pour lors à Paris, et n'ayant pas de quoi soutenir son rang, elle fit solliciter le pape Alexandre III, de lui faire restituer le comté de Boulogne, qu'Eustache, son premier mari, lui avait constitué pour son douaire. Le pape prit avec chaleur les intérêts de Constance. Il écrivit, le 27 août 1168, de Bénévent, où il était alors, aux évêques de Soissons, d'Amiens et de Laon; leur ordonnant de faire tous leurs efforts auprès de Mathieu et de Marie, sa femme, pour les engager à rendre le comté de Boulogne à cette princesse. « En cas de refus pour cette restitution, renouvelez, » disait-il, l'excommunication déjà prononcée contr'eux pour le » mariage illicite qu'ils ont contracté ». Dans une autre lettre qu'il écrivit à l'archevêque de Reims, Henri, frère de Constance, qui l'avait sollicité en faveur de sa sœur, il lui mandait de ne rien négliger pour obliger les personnes qui avaient été présentes à la constitution de son douaire, de rendre témoignage à la vérité. (Vaissette.) Mathieu brava néanmoins ce nouvel orage, et se maintint dans la possession du comté de Boulogne.

L'an 1169 ou 1170, la comtesse Marie, touchée de repentir, se sépare de son mari, et se retire au monastère de Sainte-Austreberthe de Montreuil, où elle mourut en 1180, ou 1182. Après sa retraite, Mathieu épousa, l'an 1170, ÉLÉONORE, fille de Raoul,

comte de Vermandois, et veuve, 1° de Geofroi, comte d'Ostrevand, 2° de Guillaume IV, comte de Nevers. L'année suivante, il fonda la ville d'Étaples. L'an 1173, il se déclara, avec le comte de Flandre, son frère, pour le prince Henri le Jeune, révolté contre le roi d'Angleterre, Henri II, son père. Les deux comtes, ayant amené sur la fin de juin des troupes au prince rebelle, vont faire avec lui le siége d'Aumale, dont ils se rendent maîtres par la perfidie du comte même d'Aumale. De-là ils marchent à Driencourt, qu'ils prennent de la même manière. Ils tournent ensuite du côté d'Arques : mais sur la route, le comte Mathieu, dit Raoul de *Diceto*, est blessé à mort par un certain marquis, le jour de saint-Jacques (25 juillet); événement, ajoute ce chroniqueur, qui fut visiblement l'effet de la vengeance divine. « Car, dit-il, cinq ans auparavant, le même jour de saint-
» Jacques, Mathieu avait juré fidélité au roi père (le vieux Henri),
» en touchant les saintes reliques, et spécialement un bras de
» saint-Jacques, qui était là présent ». D'autres disent que Mathieu fut tué au siége de Driencourt. Quoi qu'il en soit, il fut inhumé à l'abbaye de saint-Josse, et laissa, de son mariage avec l'abbesse Marie, deux filles, Ide, qui suit, et Mathilde, femme de Henri Ier, duc de Brabant. Ces deux filles avaient été légitimées par le pape. Du second lit, Mathieu laissa une fille dont le sort est ignoré. Éléonore, veuve de Mathieu d'Alsace, se remaria pour la quatrième fois à Mathieu III, comte de Beaumont. Mathieu d'Alsace est qualifié par Gilbert de Mons, *Miles ad modum pulcher et probus et donis largissimus*.

IDE, MATHIEU II, GÉRARD DE GUELDRE, BERTHOLD DE ZERINGHEN, et RENAUD DE DAMMARTIN.

1173. IDE, fille aînée de Mathieu d'Alsace, lui succéda au comté de Boulogne, sous la garde-noble de Philippe d'Alsace, comte de Flandre, son oncle. Ce prince lui fit d'abord épouser MATHIEU, dont on ignore le surnom et l'origine; puis, après la mort de celui-ci, vers l'an 1180, GÉRARD III, comte de Gueldre. Étant encore devenue veuve l'an 1183, elle épousa en troisièmes noces BERTHOLD IV, duc de Zeringhen, qu'elle perdit en 1186, sans en avoir eu d'enfants, non plus que de ses deux précédents maris. Ide fut ensuite recherchée par Renaud, comte de Dammartin, qui venait de répudier Mahaut de Châtillon, sa femme, pour l'épouser, et par Arnoul, baron d'Ardres et depuis comte de Guines. Ide ayant donné sa parole au second, Renaud, d'intelligence avec le roi Philippe Auguste, la fit enlever et conduire en Lorraine. Le baron d'Ardres, sur la nouvelle qu'elle lui donna de son enlèvement, se mit en route pour venir la délivrer; mais Renaud, informé par la comtesse elle-même, qu'il avait su regagner, de la marche de son rival, le fit arrêter à Verdun, et enfermer sous la garde d'Albert, évêque élu de cette ville. Pour recouvrer sa liberté, le prisonnier fut obligé de renoncer à la main de la comtesse, que Renaud épousa ensuite sans contradiction. Renaud, l'an 1191, rendit hommage au roi Philippe Auguste pour le comté de Boulogne, (*Trés. des Ch. layette Boulogne, pièce I.*) le P. le Quien se trompe donc en plaçant le mariage de Renaud et d'Ide en 1193. Ce fut vers cette dernière année, suivant la conjecture très-probable de M. de Bréquigni, que Renaud et son épouse établirent des lois municipales et des coutumes à Calais.

L'an 1197, Renaud étant à la cour de Philippe Auguste, à Compiègne, y prend querelle, en présence du monarque, avec Hugues IV, comte de Saint-Pol. Celui-ci applique à Renaud sur le visage un coup de poing si rude, qu'il fait jaillir le sang. A l'instant le comte de Boulogne tire son coutelas pour en frapper son adversaire; mais le roi et les barons s'étant mis entre deux, les séparent. Renaud ayant quitté la cour en colère, le roi lui fait dire de s'en rapporter à lui sur la réparation de l'injure qui lui avait été faite. « J'y consens, répond le comte de Boulogne, » pourvu que le roi fasse remonter à ma tête le sang qui en est » découlé ». Renaud après cela continue sa route, se rend auprès du comte de Guines, et l'ayant mis dans ses intérêts, ils vont ensemble trouver Baudouin, comte de Flandre, auquel ils font hommage de leurs comtés, sans égard pour le traité d'Arras, qui les mettait sous la mouvance immédiate de la France. Le roi Philippe Auguste, apprenant cette félonie, se met en marche pour la punir. Mais la paix se fait, l'an 1199, par le traité de Péronne. Cette même année, Renaud et le comte de Flandre, chacun avec leurs femmes, suivant Raoul de *Diceto*, prennent ensemble la croix pour la Terre-Sainte. Mais Renaud ne tint compte de cet engagement, malgré les ordres que donna le pape Innocent III de le contraindre par la voie des censures à s'acquitter de son vœu.

Renaud, l'an 1204, au mois de décembre, cède le château et la châtellenie de Mortemer au roi Philippe Auguste, qui lui donna en échange le château et la châtellenie de Domfront en Passais avec la forêt d'Andenne. (*Rec. de Colbert*, vol. 3, p. 679.) Renaud était cependant en différent avec Henri le guerroyeur, duc de Brabant, qui ayant épousé Mathilde, sœur cadette d'Ide sa femme, répétait sa portion du comté de Boulogne et des autres biens de Mathieu d'Alsace, père de ces deux princesses. L'an 1205 (N. S.), ils font ensemble à Vernon, au mois de février, en présence du roi, un traité par lequel Henri cède à Renaud toutes ses prétentions sur le comté de Boulogne, moyennant une rente annuelle de 600 livres, que celui-ci s'engage à lui payer. A l'égard des terres situées en Angleterre, sur lesquelles les femmes du duc et du comte avaient des droits, il fut convenu qu'ils travailleraient à frais communs pour les recouvrer ; mais que, si l'un des deux faisait une expédition dans ce pays sans l'autre, le fruit qu'il pourrait en tirer lui appartiendrait à lui seul. (*Butkens*, pr. p. 56.) La même année, vingt-trois seigneurs de Normandie, le comte Renaud à leur tête, s'étant assemblés le dimanche après l'octave de la Toussaint (13 novembre) à Rouen, s'engagent par serment à défendre contre les entreprises du clergé, les droits dont ils étaient en possession sous les règnes de Henri II et de Richard Ier. (Du Chesne, *Script. Norm.*, pp. 1059-1060).

Le roi Philippe Auguste avait cependant des sujets de défiance à l'égard du comte de Boulogne. L'an 1211 ou 1212, ce monarque, instruit de ses liaisons avec Ferrand, nouveau comte de Flandre, le fait sommer de lui livrer, pour gage de sa fidélité, ses châteaux, et cela conformément à un acte de l'an 1196, par lequel il s'était obligé à servir le roi envers et contre tous, en donnant pour garantie de sa promesse le comté de Boulogne avec l'hommage du comté de Saint-Pol qui en relevait. Renaud le refuse ; et en conséquence le roi confisque, l'an 1212, le comté de Boulogne pour cause de félonie. Renaud, plus irrité qu'effrayé de ce coup de vigueur, va trouver Otton IV, roi de Germanie, et l'excite contre la France. De là il passe en Angleterre auprès du roi Jean, qu'il engage facilement dans ses vues. Ferrand, comte de Flandre, y était déjà entré, si ce n'était pas lui-même qui l'avait déterminé à la révolte. Renaud revient le trouver pour concerter avec lui les opérations de la guerre.

L'an 1213, le roi de France et le prince Louis, son fils, après avoir subjugué une partie de la Flandre, tombent sur le comté de Boulogne, dont ils font en peu de tems la conquête en l'absence de Renaud, qui s'était réfugié chez le comte de Bar, son parent. (Naugis.) Mais après leur départ, les deux comtes, Ferrand et Renaud, avec leurs alliés, se jettent à leur tour sur le comté de Guines, d'où ils emmènent prisonnière la comtesse Béatrix. (*Voy.* Arnoul II, *comte de Guines.*) La ligue du comte de Flandre se fortifie par les soins de Renaud. Il y fait entrer plusieurs princes, tant des vassaux de l'Empire que de ceux de la France. Le roi d'Angleterre lui ayant donné le commandement de sa flotte, il attaqua celle de France qui avait mouillé à Dam, lui coula à fond cent vaisseaux, et en prit trois cents. Ayant ensuite fait mettre pied à terre aux Anglais, il forma le siège de

Dam. Mais Philippe Auguste étant survenu, tailla en pièces trois mille hommes des ennemis, et délivra la place. (*R. S. Mariani Chronol.*)

L'an 1214, l'armée des confédérés fut défaite le 27 juillet, à la fameuse bataille de Bouvines. Renaud y fut pris, après avoir fait des prodiges de valeur et renversé Philippe Auguste: peu s'en fallut même que ce monarque ne pérît dans l'action; car ayant été foulé aux pieds des chevaux il ne dut son salut qu'à la bonté de son armure et à la valeur de ses chevaliers, qui vinrent à bout de le dégager. Bapaume fut le lieu où Renaud fut d'abord envoyé prisonnier. Mais sur ce qu'on apprit qu'il négociait de là avec Otton pour l'engager à continuer la guerre, le roi se le fit amener. L'entrevue fut terrible pour le comte de Boulogne. Philippe Auguste lui reprocha publiquement sa perfidie et son ingratitude; après quoi il le fit charger de chaînes, et conduire prisonnier au château de Péronne, où il mourut de désespoir, l'an 1227, vers le tems de Pâques, suivant Albéric. D'autres, avec moins de probabilité, mettent sa mort en 1224. Mais l'historien moderne de Calais se trompe évidemment, et se contredit même en la plaçant en 1216. Pendant sa captivité, ce fut le prince Louis, fils aîné de France, qui gouverna le Boulonnais. (*Chron. Andr.*) Renaud avait l'âme vraiment guerrière: heureux s'il eût fait un usage plus légitime de sa valeur! La ville d'Ambleteuse, dont le port était connu dès le tems des Romains, lui doit son rétablissement. Ce comte était d'une taille des plus avantageuses. Voulant néanmoins, à la bataille de Bouvines, paraître plus grand qu'il n'était, il avait ajouté à son heaume, suivant Guillaume le Breton, des cornes faites de côtes de baleine pour en imposer davantage à l'ennemi.

>Cornua conus agit, superasque eduxit in auras
>E costis assumpta nigris, quas faucis in antro
>Branchia balenæ Britici colit incola ponti;
>Ut qui magnus erat, magnæ superaddita moli
>Majorem faceret phantastica pompa videri.

Dès l'an 1201, au mois d'août, Philippe Hurepel, fils de Philippe Auguste et d'Agnès de Méranie, ayant à peine un an, avait été accordé avec Mahaut, fille de ce comte et d'Ide. (Baluze, *Hist. d'Auv. pr.*, p. 98.) Il y eut dans la suite plusieurs actes relatifs à ce mariage, dont le plus remarquable est celui du mois de mai 1210, par lequel Renaud donne à Philippe, son gendre futur, pour tenir lieu d'autres conventions précédemment faites au sujet de son mariage, toutes les possessions qu'il a *in Caleto*, à la réserve de Lillebonne et d'Alysy. On a cru que, par ces mots *in Caleto*, il désignait la ville de Calais; mais on s'est mépris: c'est le pays de Caux, où Lillebonne et Alysy sont situés. Le roi fit célébrer le mariage au mois d'août 1216 ; du consentement de la comtesse Ide, qui s'était retirée en Flandre après l'emprisonnement de son mari. Ide mourut la même année dans un monastère d'Ipres, d'où elle fut transportée dans la principale église de Boulogne. Cette comtesse avait hérité de l'affection de ses ancêtres pour l'ordre de Cluni, comme le prouve la charte sans date par laquelle elle confirme à cet ordre le droit de péage qu'ils lui avaient accordé, et prend sous sa garde et protection les sujets et les biens qui lui appartiennent dans le Boulonnais : *Ut sint*, dit-elle, *in custodia et conductu meo et potentia comitatus Boloniæ in perpetuum, sicut corpus meum et res meæ*. Parmi les témoins qui sont dénommés dans cet acte, on voit un Henri, oncle de la comtesse, *Henrico avunculo meo*. (*Archiv. de Cluni*.) (*Voy*. Renaud, *comte de Dammartin*.)

PHILIPPE, DIT HUREPEL.

1224. PHILIPPE, dit HUREPEL, c'est-à-dire RUDEPEAU, comte de Mortain et de Clermont en Beauvaisis, né l'an 1200, prit le titre de comte de Boulogne et de Dammartin après son mariage célébré, comme on l'a dit, en 1216 (1) avec Mahaut. Mais il ne fut investi de ces comtés, ainsi que de celui d'Aumale, qu'en 1225, au mois de février (V. S.), par lettres du roi Louis VIII, son frère. Philippe accompagna, l'an 1226, ce monarque dans son expédition contre les Albigeois. La même année, après la mort

---

(1) Ce mariage est néanmoins rapporté à l'an 1214 dans la généalogie en vers des Comtes de Dammartin, composée vers le milieu du xve siècle, dont le premier qui l'a citée rejette l'autorité sur ce point, pour adopter la date que nous suivons d'après Meyer, les annales de Flandre, la généalogie versifiée des Comtes de Boulogne, le P. Labbe et le P. Anselme. Elle fait parler ainsi Renaud :

Comte de Dammartin, de Boulogne et Montreuil,
Je ne mourus jamais que je ne visse à l'œil
Mahaud, ma fille, mariée à mon veuil.
Comte fu de Varenne et aussi fu d'Aumale.
Je n'eus que celle fille, et n'eus point d'hoir mâle :
Mais Dieu-Donné Philippe à ma fille donna
Son fils nommé Philippe, et tout me perdonna.
Et cela m'avint l'an mil deux cens et quatorze ;
La Chronique en fait foi, et n'y met point de gloze.

Loin de lui pardonner, le roi Philippe Auguste et Louis VIII, son successeur, retinrent le comte Renaud dans la captivité tant qu'ils vécurent. (*Le Conservateur, Juillet*, 1757, pp. 101-102.)

de Louis VIII, il assista au sacre de Louis IX, son neveu, où il porta l'épée royale pour terminer le débat des comtesses de Champagne et de Flandre, qui se disputaient ce droit en l'absence de leurs maris.

Philippe dévorait en secret le dépit qu'il avait de voir entre les mains de Blanche la régence qu'il croyait lui appartenir par le droit de sa naissance; mais il n'osa éclater tant que vécut Renaud, son beau-père. On ne retenait en effet celui-ci en prison que pour assurer à son gendre la paisible possession de ses domaines, qu'il n'eût pas manqué de revendiquer, s'il eût été mis en liberté. Cependant Philippe travaillait à se ménager une communication avec l'Angleterre, soit pour en tirer du secours, soit pour y trouver un asile en cas de besoin. C'est dans cette vue qu'il fit entourer de murs épais et fortifier de bonnes tours, l'an 1227, le bourg de Calais, qui jusqu'alors était resté ouvert et sans défense, quoique depuis long-tems célèbre par la pêche du hareng. Ces travaux, dont il dissimulait le motif, ne donnèrent aucun ombrage à la cour. Mais après la mort de Renaud, le comte Philippe n'ayant plus les mêmes raisons de ménager la régente, fit éclore le dessein qu'il avait de la supplanter. Pour y réussir, il concerta, l'an 1228, avec plusieurs seigneurs, le projet d'enlever le roi, lorsque d'Orléans, où il était alors, il reviendrait à Paris. Instruits du complot sur la route par Thibaut, comte de Champagne, le monarque et sa mère en donnent avis aux Parisiens, et se jettent dans Montlhéri. Les habitants de la capitale volent au secours de leur souverain, et le ramènent en triomphe dans leurs murs aux yeux des rebelles consternés. Ce coup manqué, Philippe, quelque tems après, fit une nouvelle tentative qui n'eut pas un meilleur succès. L'an 1229, pour se venger de Thibaut, contre lequel il était le plus irrité pour n'avoir pas épousé la fille du duc de Bretagne, Philippe se mit à la tête des partisans de la reine de Chypre, qui lui disputait le comté de Champagne. Les confédérés, dont le nombre était augmenté, s'étant rassemblés près de Saint-Florentin, dans le Tonnerois, entrent après la quinzaine de Saint-Jean (*post quindenam Sancti-Joannis*) dans la Champagne, qu'ils parcourent le fer et la torche à la main, publiant, afin de rendre Thibaut odieux, qu'il est auteur de la mort du roi Louis VIII. Plusieurs des vassaux de Champagne, trompés par ce bruit calomnieux, se joignent aux confédérés. Thibaut est à la veille de perdre sa capitale, malgré la brave défense du gouverneur, Simon de Joinville, père de l'historien qui nous sert ici de guide. Le roi et la reine-mère arrivent à propos pour le secourir. En vain les confédérés font-ils prier le monarque de ne se point mêler de leur querelle; Louis, tout jeune qu'il est, les étonne par la fermeté de sa réponse, et les oblige à se retirer.

Il les harcèle même et les poursuit jusqu'à Laigne, dans le Tonnerois. (*Voy*. Thibaut IV, *comte de Champagne.*) La régente cependant faisait faire une irruption dans le Boulonais par le comte de Flandre. Philippe, rappelé chez lui par cette diversion, y trouve la plupart de ses places envahies ou saccagées par l'ennemi. Les fortifications de Calais, qu'il venait d'élever, sont menacées d'être détruites. Mais des médiateurs engagent le comte de Flandre à faire la paix au moyen de quinze cents marcs, et vingt muids de vin, qui lui sont offerts. (*Chron. Andr.*) Philippe fit dans le même tems son accommodement avec le comte de Champagne, et prépara celui de Mathieu, duc de Lorraine, et de Henri, comte de Bar, qui se faisaient la guerre, appuyés jusqu'alors, le premier par Thibaut, et le second par Philippe. Nous avons les lettres du comte de Boulogne, datées du mois de septembre 1230, par lesquelles il déclare qu'il a fait la paix avec le comte de Champagne par la médiation de leurs amis communs; que le comte de Bar et le duc de Lorraine se sont soumis à leur arbitrage pour les différents qui étaient entr'eux, et qu'au cas qu'ils ne pussent les terminer, ils s'en rapporteront à la décision de la reine-mère. (*Mss. de Fontanieu.*) Philippe aide le roi, la même année, à repousser les Anglais, qui avaient fait une descente en Basse-Bretagne. Ce prince et l'archevêque de Reims, munis des pleins pouvoirs du roi, concluent, l'année suivante, au camp devant Saint-Aubin, dans le mois de juillet, une trêve de trois ans avec le duc de Bretagne et le comte de Glocester, traitant au nom du roi d'Angleterre. (*Trésor des Ch.* cote Britania, 14-24.) Au milieu de ces occupations, Philippe ne laissait pas de faire travailler à l'embellissement et aux fortifications de la ville de Boulogne par de nouveaux murs dont il la fit environner dans une enceinte à la vérité plus étroite, mais plus régulière, et par un château qu'on voit encore à l'extrémité de la ville, au levant. La date de ces ouvrages est marquée sur une pierre qui est au-dessus de la porte du pont-levis de ce château. On y lit cette inscription : *Philippe fieux le roi Philippe, cuens de Boulogne, fit faire ce castel comme est, l'an de l'incarnation* 1231, *auquel an Simon de Villiers fut créé premier sénéchal.*

Le comte Philippe s'étant rendu, l'an 1234, avec Mahaut, sa femme, à Corbie, d'autres disent à Noyon, pour un tournoi, qu'il avait lui-même indiqué, y fut témoin de la passion que la comtesse témoigna pendant les joutes pour Florent, comte de Hollande, le seigneur le mieux fait et le plus adroit de la troupe. Transporté de jalousie, il se fait armer, descend dans l'arène; et, après s'être abouché avec le sire de Nesle et les autres Français, il attaque le comte à leur tête. Florent, qui croit que c'est une suite des jeux, se laisse renfermer dans un coin où Philippe le perce de sa lance. Le comte de Clèves venge sur-le-champ la mort de Florent, son frère d'armes, sur l'assassin ; et les Allemands, s'étant rassemblés, facilitent sa retraite. (*Anc. Chron. rimée de Holl.*) La chronique d'André, qui est du tems, ne convient pas de ce récit, et dit au contraire que Philippe, à ce qu'on croit, mourut de poison : *Nobilis Comes Philippus, gloriosi Regis Philippi filius, qui, sicut creditur, potionatus obiit.* (*Voyez* Florent IV, *comte de Hollande.*) L'auteur de cet ouvrage fait un grand éloge de la prudence du comte Philippe, de sa magnificence, et du soin qu'il eut d'élever, dans ses places, de nouvelles fortifications et de réparer les anciennes. On voit, par ce qui vient d'être raconté, les modifications qu'on doit mettre à ces louanges. Il laissa de MAHAUT, sa femme, qui lui survécut long-tems, un fils nommé Albéric, qui, à ce qu'on croit, passa en Angleterre, où il s'établit (*Voyez* Mahaut, *comtesse de Dammartin*), et une fille nommée Jeanne, que sa mère, par contrat du mois de décembre de l'an 1236, maria à Gaucher de Châtillon, quatrième du nom, qui devint l'un des fameux guerriers de son tems. Nous avons le traité de Hugues de Châtillon, comte de Saint-Pol et de Blois, père de Gaucher, fait avec Mahaut au mois de décembre 1236, portant qu'elle jouira toute sa vie, comme de son propre héritage, des comtés de Clermont, d'Aumont et de Lillebonne, pour lesquels elle plaidait à la cour du roi, prétendant qu'ils lui appartenaient par droit de succession. Hugues s'engagea par cet acte, sous peine d'excommunication, à le faire ratifier aux fiancés, lorsqu'ils seraient en âge de le faire. (*Mss. de Camps.*) Jeanne mourut sans enfants l'an 1251, un an après son mari, qui fut tué en Egypte. (Voyez *les comtes de Clermont en Beauvaisis.*) Cependant le roi saint Louis, craignant que les principales places du Boulonais ne devinssent la proie des Anglais sous le gouvernement faible de Mahaut, engagea cette comtesse à lui en céder pour dix ans la garde, sans préjudice des revenus qu'il lui laissa en entier, avec tout ce qui en dépendait. Mahaut n'était pas encore remariée. L'an 1238 (et non pas 1241), du consentement du roi son fils, la reine-mère lui fit épouser Alfonse, son neveu, frère de Sanche II, roi de Portugal, et de Ferrand, comte de Flandre. Dans le même tems ce monarque ayant érigé l'Artois en comté, mit dans sa mouvance celui de Boulogne, qui ne fut plus désormais qu'un arrière-fief de la couronne. Alfonse était destiné à une plus haute fortune que celle d'un comte de Boulogne. L'an 1245, à la demande des Portugais, il retourne en Portugal pour administrer ce royaume qui dépérissait entre les mains de son frère. Il ne lui restait plus qu'un pas à faire pour arriver au trône, et il y arrive enfin. L'an 1248, il est proclamé roi de Portugal après la mort de Sanche, et change bientôt après d'inclination. L'année suivante ou environ, épris des attraits de BÉATRIX DE CUSANGE, fille naturelle d'Alfonse X, roi de Castille, il la prend pour sa femme, et lui donne en dot le royaume des Algarves. Mahaut, à cette nouvelle, part de Boulogne, où elle était restée, pour aller rejoindre son mari. Mais Alfonse, apprenant qu'elle est arrivée sur les côtes de Galice, lui envoie faire défense d'avancer, et l'oblige à s'en retourner. Ce prince néanmoins continua de prendre le titre de comte de Boulogne en le joignant à celui de roi de Portugal, quoiqu'il eût répudié celle de qui il le tenait. (*Voyez* Alfonse III, *roi de Portugal*.) Mahaut termina ses jours dans le deuil à Boulogne le 14 du mois de janvier 1260 (N. S.) suivant l'opinion commune. Mais du Cange prouve contre Justel qu'elle décéda le 14 janvier 1258 (N. S.); et à ces preuves on peut ajouter l'autorité de la chronique de Savigni, qui met en la même année cet événement. L'église de Boulogne fut le lieu de sa sépulture : son anniversaire s'y célèbre tous les ans au 14 janvier; et, jusques vers le milieu de ce siècle, l'usage était de faire durant le service aux assistants pauvres une distribution de pain et de harengs saurs, qu'elle avait fondée. Cette aumône s'appelait *la partie Mahaut*. La généalogie en vers des comtes de Dammartin semble dire qu'elle laissa d'Alfonse de Portugal une fille, qui porta le comté de Dammartin dans la maison de Trie. Cette fille, si cela était, y eût également porté le comté de Boulogne. Cependant, après la mort de Mahaut, sa succession pour ce comté se trouva dévolue à ses deux cousines, Marie, veuve de l'empereur Otton IV, et Alix, femme en troisièmes noces d'Arnoul de Wesemael en Brabant, toutes deux nées de Henri Ier, duc de Brabant, et de Mahaut, fille de Mathieu de Flandre, et de Marie, comtesse de Boulogne. Henri III, duc de Brabant, leur neveu, fut exclus, parce que la représentation n'a pas lieu dans le Boulonnais. Henri n'en convenait pas; mais elles lui cédèrent, Marie en 1258, et Alix en 1260, leurs droits sur le comté de Boulogne. Henri néanmoins fut inquiété dans la possesion de cet héritage par deux concurrents, savoir; Mathilde, sa sœur, femme, 1° de Robert de France, comte d'Artois, puis de Gui de Châtillon, comte de Saint-Pol, et par son cousin Robert VI, comte d'Auvergne, fils d'Alix et de Guillaume X, comte d'Auvergne. Henri fit la cession de ses droits au dernier moyennant la somme de quarante mille livres, et celui-ci s'accommoda avec Mathilde en lui cédant les villes de Calais, de Merk, d'Esperleque, et quelques autres lieux. C'est ainsi que le comté de Boulogne passa dans la maison d'Auvergne. (*Pour la suite des comtes de Boulogne, voyez les comtes d'Auvergne.*)

CHRONOLOGIE HISTORIQUE

DES

COMTES D'ARTOIS.

L'Artois, ancienne patrie des Atrébates et d'une partie des Morins et des Oromansaques, ou plutôt Oromarsaques, a pour bornes la Flandre au Septentrion, le Hainaut à l'Orient, la Picardie au Midi et au Couchant. Ses deux principales rivières sont la Canche et la Lys. Dans la division qui se fit des Gaules sous Honorius, l'Artois fut attribué à la seconde Belgique. Ce fut une des premières conquêtes des Francs dans les Gaules ; et l'on ne voit point que nos rois l'aient donné en bénéfice avant Charles le Chauve. Ce prince, l'an 863, l'unit à la Flandre pour servir de dot à Judith sa fille, lorsqu'il consentit à son mariage avec Baudouin, surnommé Bras de fer. L'Artois revint, l'an 1180, au domaine de la couronne par le don que Philippe d'Alsace, comte de Flandre, en fit à sa nièce, Isabelle, en la mariant au roi Philippe Auguste. Mais cette donation, qui ne devait avoir son effet qu'après la mort du donateur, souffrit de grandes difficultés lorsque le moment de l'exécuter fut arrivé, d'abord par l'opposition de Mathilde, veuve de Philippe d'Alsace, qui réclamait l'Artois comme son douaire, ensuite par celle de Baudouin IX, comte de Flandre, à qui le monarque fut obligé de céder, l'an 1200, les villes d'Aire et de Saint-Omer pour avoir le reste de l'Artois. Ce démembrement ne dura pas long-tems ; et, l'an 1211, par le traité fait à Pont-à-Vendin le 24 février, entre Philippe Auguste et Jeanne, comtesse de Flange, autorisée de Ferrand son époux, ces deux villes rentrèrent dans la main du roi. Mais l'Artois ne resta uni au domaine, comme on va le voir, que l'espace d'environ vingt-six ans.

ROBERT Ier, DIT LE BON ET LE VAILLANT.

1237. Robert Ier, deuxième des fils du roi Louis VIII qui lui survécurent, et de la reine Blanche, né au mois de septembre 1216, eut en apanage, par le testament de son père, les villes d'Arras, de Saint-Omer, d'Aire, d'Hesdin et de Lens pour être tenues en fief de la couronne. Cependant Robert ne fut mis en possession de cet apanage par le roi saint Louis qu'en 1237. Les lettres-patentes expédiées à ce sujet, en date du 7 juin de cette année, nomment simplement l'Artois *terram Atrebasii*; mais cette terre fut érigée, l'année suivante, en comté, selon Guillaume de Nangis. Du Tillet ajoute que saint Louis y attacha les hommages de Boulogne, Guines et Saint - Pol. Ce fut alors que Robert prit le titre de comte. Le roi son frère lui accorda de plus une pension viagère de vingt livres (1) par jour en faveur de sa chevalerie. Le nouveau comte se fit une belle réputation par la sagesse avec laquelle il gouverna son peuple. L'an 1239, les légats du pape et plusieurs princes d'Allemagne ayant offert la couronne impériale au roi saint Louis pour le comte Robert, les états du royaume répondirent qu'il suffisait à M. le comte Robert d'être le frère du roi de France, qui était le plus grand prince de la terre, et conclurent à refuser généreusement l'offre faite pour Robert; ce qui ne souffrit aucune opposition de sa part. L'an 1246, il présida au jugement des différents d'entre les enfants du premier lit de Marguerite, comtesse de Flandre, et ceux qu'elle avait eus du second lit. Il suivit, l'an 1248, le roi son frère en Egypte, et eut part à la victoire que ce prince remporta, le 4 juin 1249, sur les Sarrasins, près de Damiète, ainsi qu'à la prise de cette ville, plus opulente et mieux fortifiée qu'aucune de l'Europe. Telle fut la frayeur que ces premiers succès inspirèrent au soudan d'Egypte, malade alors et à l'extrémité, que, pour les engager à se retirer, il fit offrir à saint Louis de restituer tout ce qu'avaient autrefois possédé les rois de Jérusalem, de rendre la liberté à tous les Chrétiens captifs, de payer de grosses sommes d'argent pour les frais de la guerre, et de lui laisser Damiète avec ses environs. Ces offres remplissant le vœu des Croisés, flattèrent le conseil que saint Louis assembla pour en délibérer. On était disposé à les accepter; mais le légat et le comte d'Artois les firent rejeter, en remontrant l'inutilité de traiter avec un moribond incapable de les effectuer. Il ne fut plus question alors que de savoir de quel côté on porterait la guerre. Il y eut sur cela deux opinions. Les uns proposaient d'aller faire le siége d'Alexandrie; et c'était le sentiment du comte de Bretagne, fondé sur ce que cette ville avait un bon port où l'on pourrait mettre en sûreté la flotte et tirer aisément des vivres, soit de la Palestine, soit des autres endroits de la Méditerranée. Le comte d'Artois fut d'avis au

---

(1) Somme qui reviendrait aujourd'hui à 353 liv. 6 s. 4 d. de notre monnaie courante.

contraire d'aller droit au Caire, capitale de l'Egypte, disant que *qui voulait occire le serpent, il lui devait premier écraser la tête.* Cette opinion, qui n'était pas la plus sage, prévalut; et l'armée s'étant mise en marche le 20 novembre 1249, arriva en peu de jours devant le Caire, dont elle n'était séparée que par un bras du Nil. Comme les Croisés n'avaient pour le passer ni radeaux ni barques, ils entreprirent d'élever une chaussée : travail que les flèches et le feu grégeois lancés par les ennemis, et la violence des eaux, rendirent inutile. Nos troupes, désespérées, étaient prêtes à s'en retourner, lorsqu'un Bédouin vint indiquer un gué. Le comte d'Artois demande à passer le premier. Le roi s'y oppose, connaissant l'impétuosité fougueuse de son courage. *Je vous jure sur les saints évangiles,* lui dit le comte, *de ne rien entreprendre qu'après votre passage.* La permission accordée, il passe le gué avec deux mille chevaux. Mais au lieu de se retrancher sur l'autre bord du fleuve, tant pour le défendre que pour favoriser le passage de l'armée, il s'avance, il se précipite, il fond sur un corps d'ennemis qui campait à une lieue de là, et le poursuit jusque dans la ville de Massoure et au-delà. Repoussé dans la ville par les Infidèles, qui, à la vue du petit nombre de sa troupe, avaient fait volte face, il y périt, avec trois cents chevaliers, sous une grêle de flèches, de pierres et de madriers, qu'on leur jetait des fenêtres et des toits. Cet événement est du 8 janvier 1250. (Joinville, *édit. du L.* p. 47.)

MAHAUT ou MATHILDE, comtesse d'Artois, apprit la mort de son époux à Damiète, où le comte de Poitiers l'avait amenée de France avec sa femme. (Velli.) Mahaut était fille aînée de Henri II, duc de Brabant. Elle avait épousé Robert en 1237 (1), et de leur alliance sortirent un fils, qui suit, et Blanche, mariée, 1° à Henri Ier, roi de Navarre et comte de Champagne, 2° à Edmond d'Angleterre, comte de Lancastre. Mahaut convola en secondes noces avec Gui III, comte de Saint-Pol.

Le comte Robert joignait à la valeur des mœurs pures, et surtout la chasteté, vertu bien rare alors parmi les Croisés, dont les débauches énormes étaient un vrai supplice pour le roi saint Louis. Cependant Mathieu Paris raconte une aventure qui ne fait pas honneur à la probité de Robert, si elle est telle que cet historien

---

(1) Albéric de Trois-Fontaines, parlant des réjouissances qui se firent aux noces de Robert, dit : *Ibi, sicut dicitur, usque ad centum quadraginta milites, et illi qui dicuntur ministelli in spectaculis vanitatis multa ibi fecerunt, sicut ille qui in equo super chordam in aere equitavit, et sicut illi qui duos boves de scarlata vestitos equitabant, cornicantes ad singula fercula quæ apponebantur.* (*Ad an.* 1237.)

la rapporte. Guillaume Longue-épée, dit-il, seigneur anglais, du nombre des Croisés, et l'un des plus braves, s'était emparé, avec ses gens, d'un fort voisin d'Alexandrie, où s'étaient renfermées les femmes des principaux Sarrasins avec leurs trésors. Encouragé par ce succès, qui lui procura autant de renommée que de fortune, il pense à augmenter l'une et l'autre par quelque nouvel exploit. Bientôt on lui apprend qu'une caravane s'achemine vers Alexandrie pour la foire, avec une faible escorte. Il tombe sur elle, et l'enlève avec tout son équipage et ses marchandises, qui étaient d'un prix infini, sans avoir perdu d'autre monde dans l'attaque qu'un chevalier et huit sergents. Mais un revers subit et inattendu lui fait perdre le fruit de sa victoire. Les Français, jaloux de cette seconde capture, ainsi que de la première, volent à sa rencontre, le comte Robert à leur tête, et lui arrachent sa proie, sans lui en rien laisser. Guillaume va trouver le roi saint Louis, pour lui demander justice. Le monarque s'excuse sur la nécessité où les conjonctures le mettent de ménager les chefs de son armée. Robert, sur ces entrefaites, survient avec eux, plaide sa cause, et réduit toute sa justification à dire que Guillaume a violé la discipline militaire, en se séparant du corps de l'armée sans permission, et s'appropriant un butin qui devait être partagé entre tous : le roi garde le silence là-dessus. Guillaume, indigné, se retire, et passe en Palestine, où il communique aux Chrétiens du pays son ressentiment contre les Français. Tel est en substance le récit de Mathieu Paris, l'un des historiens anglais les moins favorables à notre nation. Vraisemblablement il n'est pas plus croyable sur cet article, que lorsqu'il dit que Robert se noya dans le Nil, en fuyant devant les Sarrasins. Le comte Robert Ier orna son écu des armes de France, chargées au chef d'un lambel à trois pièces de gueules, et de neuf châteaux d'argent, à cause des neuf châtellenies d'Artois.

ROBERT II, DIT L'ILLUSTRE ET LE NOBLE.

1250. ROBERT II, fils du comte Robert Ier, naquit environ sept mois après le décès de son père. Il eut pour tuteur Gui de Châtillon, comte de Saint-Pol, son beau-père. Dès qu'il fut en âge de porter les armes, il se distingua par sa valeur. Le roi saint Louis, son oncle, l'arma chevalier le 26 mai 1267. Trois ans après, il fut de l'expédition de ce prince en Afrique, où il remporta plusieurs avantages sur les Infidèles. Mais il eut la douleur d'y voir expirer le saint monarque, qu'il aimait aussi tendrement qu'il en était aimé. Etant parti, l'an 1275, par ordre du roi Philippe le Hardi, pour aller réduire les Navarrois révoltés contre la reine Blanche, veuve de Henri Ier, il s'assura de Pampelune, et rétablit le calme dans le pays. L'an 1282, il passa dans le royaume de Sicile, pour secourir le roi Charles Ier, son oncle, après les vêpres siciliennes. Charles Ier étant mort l'an 1285, Robert gouverna, l'espace de cinq ans, le royaume de Sicile, durant la prison du roi Charles II. L'an 1287, le 23 juin, il perdit une grande bataille navale sur les côtes de Sicile, contre Roger Doria, amiral de la flotte des rebelles. (Villani.) Il revint en France, l'an 1289, vers le mois de septembre, après la trêve faite entre le roi Charles II et son rival. Envoyé, l'an 1296, en Guienne contre les Anglais, avec d'assez grandes forces, il reprend toutes les places dont ils s'étaient rendus maîtres, leur défait un corps de cinq à six mille hommes, et échoue devant le château de Bourg, qu'il avait fait assiéger par le sire de Sullⁱ. Il revient l'année suivante en Flandre, où il est joint par Philippe son fils, et par la noblesse de son comté. Il prend Béthune, et remporte, au Pont-à-Vendin, près de Furnes, le 13 août, une victoire éclatante sur le comte de Flandre. Le comte de Juliers, général de l'armée ennemie, et plusieurs autres seigneurs faits prisonniers dans le combat, furent conduits à Paris, précédés de l'étendard du comte d'Artois, qu'on portait devant eux, comme en triomphe. Le roi, pour lors, créa pair de France Robert, ou, pour mieux dire, érigea le comté d'Artois en pairie, par lettres du mois de septembre suivant.

Les querelles de la France et de l'Angleterre duraient toujours. Le pape Boniface VIII voulut les faire cesser, en se portant pour arbitre entre les deux puissances. Mais il fit pencher la balance en faveur de la dernière avec une partialité que le comte d'Artois ne laissa pas impunie. A la lecture qui fut faite par l'évêque de Durham, en plein conseil, de son jugement rendu le 28 juin 1298, Robert se lève, arrache la bulle des mains du prélat, la déchire et la jette au feu, jurant que le roi ne souscrira jamais aux conditions honteuses que le pape lui impose, et ne recevra la loi de personne. Voilà ce que racontent Gilles de Roye et Meyer. M. Sponde pense néanmoins que ce trait du comte d'Artois regarde plutôt d'autres lettres du pape contre le roi Philippe le Bel, qui lui furent apportées, l'an 1301, par l'archidiacre de Narbonne, n'étant pas vraisemblable, dit-il, que Robert ait commis deux fois un pareil acte de vivacité. Quoi qu'il en soit, on ne voit point que, soit dans l'un, soit dans l'autre cas, le monarque en ait témoigné du mécontentement. Nommé, l'an 1302, général de l'armée française envoyée contre les Flamands soulevés de nouveau, Robert livre, le 11 juillet, la bataille de Courtrai, qu'il perd avec la vie, après avoir été percé de trente coups de pique. Malgré sa valeur, il fut peu regretté, parce qu'il avait engagé cette funeste bataille contre le sentiment du connétable de Nesle, qui, voyant les ennemis retranchés dans un camp fortifié de toutes parts, jugea qu'il était plus facile et plus sûr de les y affamer que de vouloir les y forcer. Le comte ayant taxé cet avis de trahison, comme si le connétable, dont le fils était gendre du comte de Flandre, eût voulu épargner ce dernier : *Je ne suis pas un traître*, répondit froidement de Nesle : *suivez-moi seulement ; je vous mènerai si avant, que nous n'en reviendrons ni l'un ni l'autre.* L'événement vérifia les vues et la prédiction du connétable. (*Voyez* Gui de Dampierre, *comte de Flandre.*) Robert avait épousé 1°, l'an 1262, AMICIE DE COURTENAI, morte à Rome en 1275 ; 2°, l'an 1277, AGNÈS, fille d'Archambaud IX, sire de Bourbon, décédée sans enfants l'an 1283 ; 3°, l'an 1298, MARGUERITE, fille de Jean d'Avênes, comte de Hainaut, morte sans enfants le 18 octobre 1342. Du premier lit il eut Philippe, seigneur de Conches, de Domfront, et de Mehun-sur-Yèvre, par sa mère, marié, l'an 1280, avec Blanche de Bretagne, fille de Jean, comte de Richemont, et mort, le 11 septembre 1298, des blessures qu'il avait reçues à la bataille de Pont-à-Vendin, et Mahaut, qui suit.

MAHAUT et OTTON.

1302. MAHAUT, fille de Robert II, et femme d'OTTON IV, comte de Bourgogne, succéda, dans le comté d'Artois, à son père. Robert, son neveu, fils de Philippe, son frère, né l'an 1287, prétendit à ce comté, et intenta procès à sa tante pour l'obtenir. La loi des apanages, qui en excluait les femmes, jointe à celle de la pairie, honneur réservé dès-lors aux seuls mâles, semblait décider la querelle en faveur de Robert. Cependant il fut débouté de sa demande, l'an 1309, par un jugement des pairs de France, où Mahaut elle-même opina comme les autres ; jugement fondé sur ce que la représentation n'a pas lieu dans le comté d'Artois, et que les filles y succèdent en ligne directe aux fiefs comme aux autres biens, par préférence aux mâles collatéraux. Ce jugement devint, pour l'avenir, comme une loi générale dans le royaume, et fit évanouir la distinction des fiefs masculins et des fiefs féminins. Tous furent réduits, comme par une convention tacite et universelle, à la seconde espèce ; ce qui facilita merveilleusement, au moyen des alliances, la réunion des grands fiefs au domaine de la couronne. Robert d'Artois se plaignit hautement de ses juges, qu'il accusa de partialité. Le roi Philippe le Bel, pour l'apaiser et l'indemniser, lui donna le comté de Beaumont. Robert ne fut point content de ce dédommagement ; et il revint à la charge sous le règne de Philippe le Long. Mais

ce fut alors les armes à la main qu'il poursuivit son droit. La noblesse et le peuple d'Artois se déclarèrent pour lui, tant sa cause paraissait juste ou favorable. « La seule ville de Saint-
» Omer lui ferma ses portes, et demanda *si le roi l'avoit reçu*
» *à comte*. Les députés de Robert ayant répondu qu'ils n'en
» savoient rien, *adonc*, répondirent ceux de la ville, *nous ne*
» *sommes mie faiseurs de comtes. Mais si le roy l'eust reçu*
» *à comte, nous l'aimissions autant qu'un autre....* Philippe le
» Long, qui régnait alors, s'arma pour Mahaut, qui était sa
» belle-mère. Robert succomba, il fut même obligé de se cons-
» tituer prisonnier au Châtelet ; on le réconcilia comme on put
» avec sa tante, qui resta en possession, conformément à un
» nouvel arrêt du mois de mars 1318. » (*Encyclop. méthod.*)
Robert dévora son chagrin dans le silence jusqu'au règne de Philippe de Valois. Ce prince, dont il avait épousé la sœur, fut touché de son infortune. Mais n'osant donner atteinte aux arrêts qui privaient son beau-frère du comté d'Artois, il érigea, pour le consoler, son comté de Beaumont-le-Roger en pairie, par lettres du mois de janvier 1328. (V. S.) Cette faveur, ajoutée à ce qu'il avait déjà reçu, lui parut insuffisante au prix de la succession qu'il réclamait. Il demanda la révision du procès ; et comme il lui fallait de nouveaux moyens, il eut recours à la fraude pour s'en procurer. Avec le secours de Jeanne de Divion, femme de Pierre de Broye, gentilhomme, il fabriqua quatre lettres et d'autres pièces qui prouvaient que Robert II, son aïeul, avait fait donation du comté d'Artois à Philippe son père, que le roi Philippe le Bel avait confirmé cette donation, et que Mahaut y avait consenti. Il produisit outre cela cinquante-cinq témoins, qui furent entendus, et attestèrent les mêmes faits. Mahaut mourut, dans ces entrefaites, d'une manière qui ne parut pas naturelle, le 27 octobre 1329, laissant d'Otton IV, comte de Bourgogne, son époux, entre autres enfants, Jeanne, qui suit. Mahaut avait assisté au sacre du roi Philippe le Long, son gendre, et y avait soutenu la couronne sur la tête du monarque avec les autres pairs ; ce qui était sans exemple. Elle avait aussi pris séance au parlement en qualité de pair, dans le jugement rendu, l'an 1315, contre Robert de Béthune, comte de Flandre. Le gouvernement de cette princesse, gouvernée elle-même par Thierri d'Irechon, de prévôt d'Aire, fait évêque d'Arras, ne satisfit point les Artésiens. Après avoir long-tems murmuré sur les atteintes qu'elle donnait aux lois et coutumes du pays, ils se soulevèrent l'an 1316 ; et sans la diligence que Philippe le Long fit pour les réprimer, Robert d'Artois, qui s'était venu mettre à leur tête, serait demeuré maître du pays. (*Voy.* Otton IV, *comte de Bourgogne.*)

JEANNE Iere.

1329. JEANNE Iere, fille d'Otton IV et de Mahaut, et veuve du roi Philippe le Long, succéda dans le comté d'Artois à sa mère par une adjudication provisionnelle, qui lui fut accordée le 22 novembre 1329. Elle mourut le 21 janvier 1330 (N. S.), et sa mort donna lieu aux mêmes soupçons que celle de sa mère.

JEANNE II ET EUDES.

1330. JEANNE II, fille aînée du roi Philippe le Long et de la reine Jeanne, et mariée depuis le 18 juin 1318 avec EUDES IV, duc de Bourgogne, se mit en possession du comté d'Artois après la mort de sa mère. Le roi Philippe de Valois lui accorda, le 30 août 1220, des lettres royaux, qui l'admirent à faire hommage de ce comté avec le duc son époux. Après avoir rempli ce devoir, Jeanne fit assigner le comte de Beaumont à déduire les moyens sur lesquels il fondait sa prétention sur l'Artois. Ce fut alors que Robert produisit les quatre lettres dont on a parlé. Jeanne et son époux s'inscrivent en faux contre ces pièces, dont le roi se saisit. Jeanne de Divion, accusée d'avoir eu part à leur fabrication, fut arrêtée ; elle avoua tout, et nomma ses complices. Ceux-ci interrogés, déclarèrent n'avoir agi qu'à l'instigation du comte de Beaumont. Arrêt de la cour des pairs qui prononce que les lettres sont fausses, ordonne qu'elles soient lacérées, et condamne La Divion à être brûlée vive, ce qui fut exécuté le 6 octobre 1331. Robert d'Artois, ajourné personnellement, laisse prendre quatre défauts contre lui ; et enfin, le 19 mars 1332 (N. S.), la cour des pairs le condamne au bannissement perpétuel et déclare tous ses biens confisqués. Robert n'avait pas attendu cet arrêt pour s'expatrier ; il s'était retiré d'abord à Namur, puis en Brabant, d'où il passa, l'an 1334, en Angleterre auprès d'Edouard III, qu'il engagea à disputer la couronne de France à Philippe de Valois. Ce prince écrivit en vain au monarque anglais et au sénéchal de Gascogne pour demander que Robert d'Artois fût renvoyé en France sous bonne et sûre garde ; il ne reçut pas même de réponse. Robert alors fut déclaré ennemi du roi et de l'état par lettres du 7 mars 1337 (V. S.). Ce nouveau jugement ne servit qu'à l'affermir dans le parti qu'il avait embrassé. Il suivit Edouard dans la descente qu'il fit aux Pays-Bas. Ayant assiégé Saint-Omer, il fut battu sous les murs de la place, le 26 juillet 1340, et obligé de lever le siége. Il commanda ensuite l'armée navale qu'Edouard envoya sur les côtes de Bretagne, et s'empara de la ville de Vannes. Mais bientôt ayant été assiégé par les Français dans cette place, il reçut tant de coups en la défendant, qu'étant retourné à Londres, il y mourut de ses blessures l'an 1342. Sa femme, complice d'une partie de ses crimes, avait été enfermée, l'an 1334, par ordre du roi Philippe de Valois, son frère, au château Gaillard (et non à Chinon), et finit ses jours le 9 juillet 1363. Elle avait eu de son mariage, contracté l'an 1318, Jean, comte d'Eu ; Jacques et Robert, tous deux enfermés d'abord au château de Noviex où ils étaient en 1342, puis au château Gaillard ; Charles, comte de Longueville ; Louis, mort jeune ; et Catherine, femme de Jean de Penthièvre, comte d'Aumale. (Anselme.)

La plupart des historiens prétendent que la duchesse Jeanne remit, en 1335, le comté d'Artois à Philippe, son fils. Mais il y a bien peu d'apparence que cette princesse s'en soit dessaisie en faveur d'un enfant de douze ans. Si Philippe a donc porté le titre de comte d'Artois, ce ne peut être que comme héritier présomptif de sa mère ; on ne le qualifie pas cependant ainsi en 1337 dans le traité de son mariage avec Jeanne d'Auvergne, où il est simplement nommé *Philippe de Bourgogne*, tandis que par cet acte, le duc et la duchesse, ses père et mère, prennent, parmi leurs titres, celui de comte et de comtesse d'Artois, que celui-ci garda jusqu'à sa mort arrivée l'an 1347. (*Voy.* Eudes IV, duc de Bourgogne.)

PHILIPPE, dit DE ROUVRE.

1347. PHILIPPE, fils de Philippe de Bourgogne et de Jeanne d'Auvergne, succéda à Jeanne, son aïeule, dans le comté d'Artois après le décès de cette princesse. Celui d'Eudes IV, son aïeul, lui donna le duché de Bourgogne en 1350 (N. S.), et son mariage avec Marguerite, comtesse de Flandre, le fit héritier présomptif de la Flandre en 1357. L'an 1360, il devint comte d'Auvergne par la mort de sa mère. Ce prince mourut sans enfants le 20 novembre 1361. (Voy. *les ducs et les comtes de Bourgogne, les comtes de Flandre et ceux d'Auvergne.*

MARGUERITE.

1361. MARGUERITE, fille du roi Philippe le Long et veuve de Louis I*er*, comte de Flandre, succéda dans le comté d'Artois et dans celui de Bourgogne à Philippe de Rouvre, son petit-neveu. Cette princesse était d'une sévérité qui ne lui concilia pas le cœur de ses sujets. L'an 1375, elle fit brûler la dame de Bours, village situé dans l'Artois, entre Saint-Pol et Pernes, pour avoir fait poignarder un *escuyer en son moustier de sa paroche, en un di-*

manche à la messe, entre les bras dou prestre auquel il alla se réfugier quand il vit ses ennemis, et dessous la casule, et fut bleciés ledict prestre, et l'autel et aournemens furent ensanglantés. (Jean de Guise, Chron. manuscrite.) Marguerite eut de grandes altercations avec la ville d'Arras, dont elle voulait restreindre les priviléges. Les ordonnances que ses officiers rendirent à ce sujet, furent éludées par des appels. Les Arrageois se soulevèrent, et la comtesse, excédée de leur insolence, se retira en Flandre auprès du comte son fils. Apprenant de là que les troubles continuaient dans la ville, elle fait enlever, par des gens apostés, Gérard du Moulin-d'or, conseiller-pensionnaire d'Arras, avec plusieurs membres du conseil municipal, qu'on nommait des vingt-quatre, et les fait amener dans les prisons du Pavillon, près de Gand. Non contente de ce coup d'autorité, la comtesse et son fils envoient des troupes faire le dégât aux environs d'Arras; ils furent si bien servis, que la ville leur fit une députation pour demander grâce et se remettre à leur discrétion. On ne voit pas quelles furent les conditions de l'accommodement; seulement on sait que les prisonniers furent rendus, à l'exception de Gérard du Moulin-d'or, qui était mort de froid en prison. Cependant le roi Charles V n'apprit pas sans indignation les voies de fait employées par la comtesse d'Artois et le comte de Flandre, ses vassaux, dans des contestations qui étaient pendantes à son parlement. L'une et l'autre se hâtèrent de prévenir les effets de son ressentiment, en demandant des lettres de rémission, qui leur furent expédiées le 16 mars 1378. (V. S.) (*Rec. de l'abbé de Camps*, vol. 2, p. 431.) La comtesse Marguerite finit ses jours le 9 mai 1382. (*Voyez* Louis Ier, *comte de Flandre.*

LOUIS DE MALE.

1382. LOUIS DE MALE, comte de Flandre, succéda dans le comté d'Artois à Marguerite sa mère, et mourut le 9 janvier 1384. (N. S.) (Voy. *les comtes de Flandre.*)

MARGUERITE II.

1384. MARGUERITE II, fille de Louis de Male, et femme de Philippe le Hardi, duc de Bourgogne, devint après la mort de son père comtesse d'Artois comme de Flandre. Elle mourut le 16 mars 1405 (N. S.), laissant héritier de tous ses états Jean, son fils, duc de Bourgogne par son père. Depuis ce tems le comté d'Artois demeura réuni au duché de Bourgogne jusqu'à la mort du duc Charles le Téméraire. Il en fut alors démembré et porté, avec la Flandre et la Franche-Comté, dans la maison d'Autriche, par le mariage de Marie de Bourgogne avec l'archiduc Maximilien, mais à la charge de l'hommage envers la France. Par le traité de Cambrai, conclu l'an 1529, le roi François I**er** fut obligé de renoncer à toute souveraineté sur l'Artois et la Flandre. Mais l'Artois revint à la France par les traités des Pyrénées (7 novembre 1659), et de Nimègue (17 septembre 1678.) Il sert à présent de titre à Charles-Philippe de France, frère de Louis XVIII.

COMTES D'HESDIN.

Hesdin, *Hesdinum*, ville de l'Artois, bâtie anciennement sur les bords de la Canche, détruite par Charles-Quint en 1553, et rebâtie, l'année suivante, à une lieue plus bas, par Philibert-Emmanuel, duc de Savoie, au lieu dit le Mesnil, avait, sur la fin du Xe siècle, des comtes qui faisaient partie des douze pairs du comté de Flandre. (*Marcantius, Flandria descripta*, liv. 4, *et de rebus Flander.* p. 9.)

Alulfe, comte d'Hesdin, fut choisi pour avoué du monastère de Saint-Guingalais, depuis nommé de Saint-Sauve, de Montreuil-sur-mer, l'an 1000, indiction XIII, troisième année du règne de Robert, par l'abbé Raimeric, suivant la charte que celui-ci fit expédier alors, qu'Alulfe lui-même souscrivit, et à laquelle il apposa son sceau de cire blanchâtre, qu'on voit encore aujourd'hui pendant à un lac de parchemin : ce qui dément ceux qui prétendent que les seigneurs particuliers n'avaient point de sceau qui leur fût propre avant le XIIe siècle. Alulfe y est représenté à cheval. La charte a été transcrite dans le *Gallia Christiana*, T. X, col. 283.

Gauthier, ou Wauthier, fils et successeur d'Alulfe, assista, l'an 1065, aux états tenus à Corbie par le roi Philippe I**er**, et y souscrivit un diplôme de ce prince, en faveur de l'abbaye d'Hasnon. (Du Chesne, *Maison de Béthune, preuv.* p. 9.) Dans un autre acte de la même année, le châtelain de Cambrai, renouvelant à son évêque la foi et hommage, lui promet une réparation solennelle des manquements où il était tombé à son égard, et lui offre pour sûreté seize otages, dont Gauthier, fils d'Alulfe, est le second.

(Carpentier, *Hist. de Cambrai*, pr. p 9.) Gauthier eut deux fils, Enguerand, qui suit, et Gérard, dont est issue Adélaïde d'Hesdin, mariée à Guillaume de Bournonville. (Christin. *Jurisp. heroica de jure Belgarum*, p. 68.)

ENGUERAND, fils aîné de Gauthier, auquel il succéda dans le comté d'Hesdin, donna la dernière main, en 1079, au rétablissement commencé par son père de l'abbaye d'Auchi-les-Moines, anciennement occupée par des filles qu'un seigneur, nommé Adasquare, y avait mises au commencement du huitième siècle. *Chart. orig. d'Auchi; Gallia Chris.* T. X. col. 1598.) Il fonda lui-même en 1094, de l'agrément de Robert II, comte de Flandre, le prieuré de Saint-George, près d'Hesdin, où il mit des religieux tirés de l'abbaye d'Anchin. (*Cart. S. Georgii.*) Il ne laissa point d'enfants de sa femme nommée MATHILDE. Il est inhumé dans le chœur d'Auchi, où il est représenté sur sa tombe avec un casque en tête, le bouclier à la main, et l'inscription suivante gravée autour de son buste : *Quinto Idus novembris obiit Ingelramnus comes*; et le long des bords de la tombe, on lit : *Hic jacet Ingelramnus comes, qui hanc ecclesiam Alciacensem, ab exercitu Wermondi et Ysimbardi destructam restauravit, anno Verbi Inc. MLXXII.*

GAUTHIER II, neveu d'Enguerand, et vraisemblablement fils de Gérard, remplaça son oncle dans le comté d'Hesdin, dont il fut dépouillé peu de tems après. Il l'avait mérité par la conduite tyrannique qu'il avait tenue envers l'abbaye d'Auchi. Baudoin à la Hache, comte de Flandre, auquel il eut recours dans sa disgrâce, le rétablit l'an 1112, après lui avoir fait promettre de laisser ce monastère en paisible jouissance des biens qu'il avait reçus de ses ancêtres. Baudoin retint pour lui la garde d'Auchi, et châtia une deuxième fois Gauthier pour s'être joint à ses ennemis. Mais sous le gouvernement de Charles le Bon, successeur de Baudoin, Gauthier revint à son caractère inquiet et turbulent, et se ligua contre ce prince avec Clémence, douairière de Flandre, et les comtes de Boulogne, de Saint-Pol, de Louvain et de Hainaut. Charles s'étant saisi de lui, le priva du comté d'Hesdin. (*Chron. de Fland. mss. du roi*, n°. 10196; Butkens, *Trophées de Brabant*, p. 97.) Sensible au malheur de ce vassal infidèle, Charles voulut bien, peu de tems après, lui accorder quelques revenus pour vivre. (*Galterus Archid. vita Caroli Boni.*) Gauthier mourut l'an 1126 au plus tard. On ignore le nom de sa femme et ceux de ses enfants, s'il en eut.

ANSELME, après la déposition de Gauthier II, posséda le comté d'Hesdin conjointement avec Charles le Bon, *avoué et défenseur infatigable de l'abbaye d'Auchi ;* ce sont les termes de ce prince dans une charte originale de l'an 1126, où il assure à ce monastère la possession d'une terre, sur laquelle Mahaut, veuve d'Enguerand, avait bâti une maison dont Gauthier II s'était emparé. (*Charte orig.*) Anselme souscrivit, l'année suivante, une charte rapportée par du Chesne parmi les preuves de la maison de Béthune, page 20. On n'a pas d'autres lumières sur ce comte.

BERNARD, comte d'Hesdin, MATHILDE, sa femme, et Gui, leur fils, transigèrent, en 1148, avec Eustache, abbé de Saint-Sauve, qui reconnut et leur garantit la possession des droits dont avaient joui au village de Cavron, les comtes d'Hesdin, Enguerand et Gauthier. (*Chart. origin. étant aux arch. de Saint-Sauve.*)

GUI, fils de Bernard et de Mathilde, étant mort, on ne sait en quelle année, sans postérité, le comté d'Hesdin fut éteint et réuni à la Flandre. La ville d'Hesdin obtint des comtes de Flandre le droit de commune; mais une sédition dans laquelle un officier du comte Philippe d'Alsace fut tué par les bourgeois, lui fit perdre en 1179, ce privilége, qui fut transporté à la ville d'Aire après qu'on eut précipité d'une tour les auteurs du meurtre. (*Andreæ Marchian. Chron. de Regib. Franc.*)

Hesdin, l'année suivante, ainsi que plusieurs villes de l'Artois, fit la dot d'Isabelle de Hainaut, nièce de Philippe d'Alsace, lorsqu'elle épousa le roi Philippe Auguste. Cette ville qui est aujourd'hui considérable, est le chef-lieu d'un bailliage composé de 90 paroisses et d'environ vingt mille habitants. (M. Expilli, 1762.)

CHRONOLOGIE HISTORIQUE

DES

COMTES DE SAINT-POL.

Le comté de Saint-Pol, comme on écrivait dans les bas tems, situé dans le Ternois, entre l'Artois et la Picardie, et mouvant, non du comté de Boulogne ni du comté d'Artois, comme le prétendent quelques modernes, mais du comté de Flandre, tire son nom de sa capitale, qui, dans son origine, était une forteresse composée de deux châteaux très-élevés et séparés par un fossé large et profond. Son étendue est de quinze lieues, et trois cent soixante villages ressortissent à sa jurisdiction.

ROGER.

Roger, dont l'origine n'est point certaine, est celui auquel on doit remonter pour avoir une suite non interrompue des comtes de Saint-Pol. La première trace de son existence se rencontre, suivant le P. Turpin, dans une charte de l'an 1023, par laquelle Warin, évêque de Beauvais, établit une confraternité entre les chanoines de sa cathédrale et les moines de Saint-Wast d'Arras. L'un des souscripteurs s'y nomme à la vérité Roger, mais il ne prend point la qualité de comte. (Miræus, *Diplom. Belg.*, T. I, p. 150.) On ne saurait également se méprendre sur le Roger qui donna, l'an 1031, l'abbaye de Blangis à celle de Fécam pour y mettre la réforme, puisque, dans la charte qu'il fit expédier à ce sujet, il se nomme lui-même comte de Saint-Pol. (Turpin, p. 26; Martenne, *Anecd.*, T. I, col. 155; *Gall. Chr. no.*, T. XI, col. 207.) On y voit aussi dénommés sa femme, Hadwide, et ses deux fils, Manassès et Robert. Roger, ayant usurpé sur l'abbaye de Saint-Bertin la terre de Heuchin (*de Hirliaco*), à deux lieues de Saint-Pol, y exerçait une tyrannie si insupportable, que la plupart des colons, pour s'y soustraire, avaient pris la fuite. Touché de repentir ensuite, il fit, l'an 1051, avec l'abbé Boyon ou Bayon, un traité d'accommodement par lequel on lui laissa pour sa vie la jouissance de la moitié de cette terre, à condition qu'après sa mort elle retournerait toute entière à l'abbaye de Saint-Bertin. Dans cet acte, il est dit formellement que Roger tenait son comté de Baudouin (de Lille), comte de Flandre : *Comitatum et cætera forensia jura idem comes Rodgerius in beneficio tenebat de seniore nostro comite Balduino.* Manassès est le seul des fils de Roger dont le nom soit exprimé dans les souscriptions ; ce qui donne lieu de croire que Robert, son autre fils, n'existait plus. On peut en dire autant d'Hadwide, sa femme, attendu qu'elle n'est point nommée dans cette charte. (*Cartul. de Saint-Bertin*, T. IX, fol. 126.) Le P. Turpin, d'après le nécrologe de la collégiale de Saint-Pol et d'autres monuments qu'il ne rapporte point, met la mort du comte Roger au 15 juin 1067. Il paraît que Manassès, son fils aîné, l'avait précédé au tombeau, puisque ce fut un autre de ses fils qui lui succéda. Roger avait fondé dans son château de Saint-Pol l'église de Saint-Sauveur que plusieurs de ses successeurs enrichirent. (Du Chesne, *Maison de Châtillon*, p. 52.)

HUGUES Ier.

1067. HUGUES, surnommé CANDAVÈNE, *Candens avena*, par les uns, et CHAMP-D'AVÈNE, *Campus avenæ*, par les autres, fils de Roger et son successeur au comté de Saint-Pol, n'en jouit que l'espace d'environ trois ans, étant mort vers l'an 1070. Il avait épousé, l'an 1060, CLÉMENCE, dont il eut trois fils, Gui, Hugues et Eustache. (*Lambert. Ardens. Chron.*)

GUI Ier

1070. GUI Ier, fils de Hugues Ier, lui succéda sous la tutelle de Clémence, sa mère. Cette dame s'étant remariée avec ARNOUL, baron d'Ardres, l'un des plus grands capitaines de son tems, associa ce nouvel époux à la régence du comté de Saint-Pol, qu'il défendit avec valeur contre les attaques de ses voisins. Après la mort de Clémence, arrivée l'an 1078 au plus tard, Arnoul se retira dans sa baronnie d'Ardres, et laissa le gouvernement du comté à Gui, son beau-fils. Nous avons une lettre du pape Grégoire VII, écrite, le 25 novembre de cette année, aux trois frères, Gui, Hugues et Eustache, qu'il qualifie tous trois du titre de comtes de Saint-Pol, touchant le village de Resèque, en latin *Reseca*, que les chanoines de Saint-Pol, appuyés de leur autorité, avaient usurpé sur ceux de Saint-Omer, suivant les allégations de ces derniers. Cette contestation ayant déjà été agitée dans plusieurs conciles sans avoir pu y être terminée, Grégoire enjoint aux trois frères de se représenter dans quarante jours devant le légat Hugues de Die pour déduire leurs moyens, et répondre à ceux de leurs adversaires. On reconnaît dans cette lettre le style ordinaire de ce pape, c'est-à-dire, qu'elle est pleine de hauteur et de menaces. L'affaire toutefois ne finit qu'en 1094, sous le successeur de Gui, par une transaction qui maintint le chapitre de Saint-Pol dans la jouissance de l'objet du procès, moyennant le cens annuel d'un marc d'argent payable au chapitre de Saint-Omer. (Turpin, *Annal. Com. S. Pauli*, p. 44.) Le comte Gui mourut, l'an 1083, sans avoir été marié. (Lambert, *Hist. Domin. Ard.*)

HUGUES II.

1083. HUGUES II DE CHAMP-D'AVÈNE fut le successeur de Gui, son frère, au comté de Saint-Pol. Ayant accompagné avec Enguerand, son fils, l'an 1096, Robert, duc de Normandie, à la croisade, il se distingua au siége d'Antioche, et monta des premiers à l'assaut de Jérusalem. Mais, entre ces deux événements, il perdit son fils, qui fut tué devant Marra. (*Albert. Aquens.*) A son retour, il prit les armes pour le comte de Hainaut contre Robert, comte de Flandre. Il eut aussi la guerre avec Baudouin *à la Hache*, successeur de Robert, qui lui enleva, l'an 1115, le château d'Encre, dont il fit présent à Charles de Danemarck, son cousin, et, l'an 1117, celui de Saint-Pol. Mais peu de tems après il lui rendit ce dernier à la prière du comte de Boulogne. Après la mort de Baudouin, le comte de Saint-Pol entra dans la ligue formée par la veuve de Robert le Jérosolimitain, pour exclure du comté de Flandre Charles de Danemarck, et le faire tomber à Guillaume d'Ipres. Charles triompha de tous les confédérés; et étant entré dans le comté de Saint-Pol, il en rasa toutes les forteresses et contraignit le comte à lui demander la paix. (Bouquet, T. XIII, p. 337.) Elle lui fut accordée, dit Meyer, à condition de rentrer dans la mouvance de la Flandre dont ses prédécesseurs s'étaient affranchis. Hugues mourut l'an 1130, ou 1131 (et non pas 1126), ayant eu d'ÉLISENDE, sa première femme, Hugues, qui suit, et Enguerand, tué, comme on l'a dit, devant Marra en Palestine. De MARGUERITE DE CLERMONT, comtesse d'Amiens, sa seconde femme, veuve de Charles le Bon, comte de Flandre, il eut deux fils, Raoul et Gui, morts avant lui. Du Cange (*Hist. manuscrite d'Amiens*) pense que de ce même lit sortit Béatrix, que d'autres attribuent au premier, et qui, étant devenue héritière du comté d'Amiens, le reporta dans la maison de Boves en épousant Robert, second fils de Thomas de Marle. Marguerite, après la mort de Hugues, convola en troisièmes noces. Les modernes prétendent que ce fut avec Thierri d'Alsace, comte de Flandre, qu'elle les contracta ; mais du Cange soutient que son troisième mari fut Baudouin d'Encre, dont elle eut, dit-il, une fille, qui fut mère de Gauthier, seigneur d'Heilli (*ibid.*); et il a pour lui un généalogiste du tems de Philippe Auguste. (Bouquet, T. XIII, p. 415.)

HUGUES III.

1130 ou 1131. HUGUES III, successeur de Hugues II, son père, fit une guerre très-vive aux Colletons, établis sur les bords de la rivière d'Authie dans le Ponthieu. Vainqueur en diverses rencontres, il obligea ses ennemis à se réfugier dans la ville de Saint-Riquier, qui était alors une des mieux fortifiées du royaume. Hugues vint mettre le siége devant cette place ; et l'ayant emportée d'assaut le 28 juillet 1131, il y mit tout à feu et à sang, ainsi que dans l'abbaye, massacrant tout ce qui tombait sous sa main, sans distinction d'âge, de sexe et d'état, brûlant les lieux saints comme les profanes. Le feu grégeois fut employé dans cette funeste expédition ; et l'on rapporte qu'un moine, en ayant été atteint pendant qu'il célébrait la grand'messe, fut brûlé vif au milieu des saints mystères. (*Chron. Centul. min.*) L'abbé Anscher alla se plaindre de ces violences au pape Innocent II, qui tenait pour lors un concile à Reims. Mais l'anathème dont cette assemblée frappa le comte Hugues, loin de lui toucher le cœur, ne servit qu'à l'endurcir. De Saint-Riquier, si l'on en croit le P. Turpin, les Colletons s'étaient sauvés chez Robert, comte de Ponthieu, qui leur avait donné retraite. Hugues, ajoute cet écrivain, pour se venger de cet acte d'humanité, tendit à Robert une embuscade, et le tua comme il revenait de la chasse. Mais ce récit non seulement n'est appuyé d'aucune preuve ; il est de plus formellement démenti par ce que les anciens monuments nous apprennent de Robert de Bellême, qui est le comte de Ponthieu dont il s'agit ici. (*Voyez* Robert II, *comte de Bellême et d'Alençon*, et Robert, *comte de Ponthieu*.) Nous ne pouvons ajouter plus de foi à ce que dit encore de son chef le même auteur, que Hugues III mit le comble à ses violences en poignardant à l'autel un prêtre pour avoir déclamé contre sa tyrannie. Ce qui est certain, c'est que le roi Louis le Gros, sur les plaintes qui lui furent portées par les églises que Hugues III opprimait, était dans la disposition de marcher contre lui pour le réprimer, comme on le voit par une lettre du roi Louis le Gros à l'évêque d'Arras, dans laquelle il témoigne être déterminé à ne rien négliger pour arrêter et punir la fureur du comte de Saint-Pol. (Baluze, *Miscell.*, T. V, p. 445.) Hugues prévint le coup en rentrant en lui-même et se soumettant à la pénitence. Pour obtenir son absolution, il s'adressa au pape Innocent II, qui lui enjoignit de fonder un monastère pour réparer le mal qu'il avait fait. Il fonda en conséquence, l'an 1137, l'abbaye de Cercamp, *Carus-Campus*, sur la Canche, dans laquelle il plaça, l'an 1141, une colonie de Cisterciens, qu'il avait été lui-même chercher à Pontigni, au diocèse d'Auxerre. (*Gall. Chr.*, T. IX, col. 156.) La conversion de Hugues ne le fit pas renoncer au métier des armes. L'an 1140, il fit une ligue avec le comte de Hainaut contre Thierri d'Alsace, comte de Flandre. Mais étant venus l'attaquer, les deux comtes furent vigoureusement repoussés par celui-ci, lequel, étant entré sur leurs terres, prit sur eux divers châteaux qu'il rasa, et s'en retourna chargé de dépouilles. (*Chron. Elnon.*) Hugues mourut l'année suivante, laissant de Béatrix, son épouse, cinq fils et trois filles. Les fils sont Ingelram, qui suit; Hugues, mort sans alliance; Anselme, qui continua la postérité; Raoul et Gui : les filles, Angélique, ou Angéline, femme d'Anselme de Housdain; Adélaïde, femme de Robert le Roux, sire de Béthune; et Béatrix, femme de Robert, quatrième fils de Raoul Ier, sire de Couci. La mère de ces enfants fut inhumée à Cercamp.

INGELRAM.

1141. INGELRAM, ou ENGUERAND, fils aîné de Hugues III et son successeur, mourut l'an 1150, peu après avoir épousé IDE, fille de Nicolas d'Avène : son frère, Hugues, l'avait précédé de quelques jours au tombeau. (Du Chesne, *M. de Châtillon*.)

ANSELME.

1150. ANSELME, deuxième frère d'Ingelram, lui succéda, et mourut l'an 1174, laissant d'EUSTACHE DE CHAMPAGNE, son épouse, Hugues, qui suit; Ingelram, père, suivant quelques-uns, d'Hugues de Beauval; Gui, sénéchal de Ponthieu, et Béatrix, femme de Jean, comte de Ponthieu. Anselme possédait héréditairement les prébendes de Saint-Gervais d'Encre. Averti de cet abus, il les remit, en 1154, à Thierri, évêque d'Amiens. (Du Chesne, *ibid.*)

HUGUES IV.

1174. HUGUES IV, fils aîné d'Anselme et son successeur au comté de Saint-Pol, mérita l'estime et la reconnaissance du roi Philippe Auguste, par les services qu'il lui rendit dans les premières années de son règne. Nous ne les connaissons point en détail ; mais on peut juger de leur importance par la récompense que Hugues en reçut du monarque. Elle consistait dans le don que Philippe Auguste lui fit des terres de Pont-Sainte-Maxence, de Verneuil et de Pontpoint, pour lui et ses héritiers, *propter fidele servitium*. La charte de cette concession est datée de Dun-le-Roi l'an 1194. (*Cartul. de Phil. Aug.*, fol. 94, r°.) Il avait accompagné, quatre ans auparavant, le comte de Flandre en Orient, et s'était distingué au siége d'Acre. Etant parti au mois d'avril 1202, pour une nouvelle croisade, il se laissa engager comme les autres Croisés, par les Vénitiens, à faire le siége de Zara. Après la prise de cette place, il s'embarqua avec l'armée victorieuse pour Constantinople, et paya de sa personne à l'assaut de cette ville, qui fut emportée le 12 avril de l'an 1204. Cette expédition ayant fait passer l'empire grec aux Latins, Baudouin, nouvel empereur, donna l'épée de connétable au comte de Saint-Pol, qui la porta au couronnement de ce prince. Nous avons la relation qu'il envoya de cette croisade au duc de Brabant, son ami. Elle est bien circonstanciée, et finit ainsi : *Si quis Deo vult.... servire et nomen habere clarum et conspicuum, tollat crucem, et sequatur Dominum, ut veniat ad torneamentum Domini ad quod ab ipso Domino invitatur.* (Du Chesne, *Hist. Fr.*, T. V, p. 275.) Il écrivit une autre lettre, sur le même sujet, à son ami Renaud, ou Robert de Balve, qui n'a point encore été imprimée, et dont nous avons l'original sous les yeux. L'empereur Baudouin, non content de la dignité qu'il avait conférée à Hugues, lui fit encore présent de Didimotique, ville forte et opulente de Thrace, avec son territoire. Mais il n'en jouit pas long-tems : la goutte, à laquelle il était sujet, l'emporta sur la fin de l'an 1205. On lui fit des obsèques magnifiques à Constantinople ; mais son corps fut rapporté en France, et inhumé dans l'abbaye de Cercamp, à la demande des religieux. Le comte Hugues était zélé pour l'observation de la justice : Villehardouin en rapporte l'exemple suivant. A la prise de Constantinople, il avait défendu de rien divertir du butin que l'on ferait, mais de mettre tout en commun. Un chevalier du comté de Saint-Pol fut convaincu d'avoir contrevenu à cette défense ; Hugues le fit pendre sans miséricorde avec l'écusson de ses armes attaché au cou pour plus grande ignominie. Hugues IV fut le dernier comte de la maison de Champ-d'Avêne, n'ayant laissé de sa femme, YOLANDE, fille de Baudouin IV, comte de Hainaut, et veuve d'Ives, comte de Soissons, que deux filles, Elisabeth, qui suit, et Eustachie, mariée à Jean de Nesle, châtelain de Bruges, après avoir été fiancée à Arnoul II, comte de Guignes. Roger de Hoveden donne à Hugues, pour

XII. 49

première femme, IDE, fille de Mathieu d'Alsace, comte de Bourogne, laquelle, dit-il, se sépara de lui pour épouser Renaud, comte de Dammartin. Mais on voit ailleurs qu'Ide était veuve de Berthold V, duc de Zéringhen, lorsqu'elle épousa Renaud.

ÉLISABETH ET GAUTHIER, ou GAUCHER DE CHATILLON.

1205. ÉLISABETH, fille aînée de Hugues IV et femme de GAUTHIER, ou GAUCHER, fils de Gui II de Châtillon-sur-Marne, qu'elle avait épousé l'an 1196, succéda à son père avec son mari, qui commença la seconde race des comtes de Saint-Pol. Gauthier était le troisième du nom de sa maison. L'an 1189, il avait pris la croix avec le roi Philippe Auguste, dont il était cousin germain par sa mère, Alix de France, fille de Robert Ier, comte de Dreux, frère du roi Louis VII. Étant parti en la compagnie du monarque, il s'était signalé au siége d'Acre, où il avait perdu Gui, son frère. A son retour il avait été nommé, l'an 1193, sénéchal de Bourgogne par le duc Eudes III, et peu de tems après grand-boutillier de Champagne par le comte Thibaut. Il aida Philippe Auguste, l'an 1203 et l'an 1204, à faire la conquête de la Normandie. L'an 1209, étant à une cour plénière que le roi tenait à Compiègne aux fêtes de la Pentecôte, il s'y croisa contre les Albigeois avec plusieurs autres seigneurs, *lesquels*, dit la chronique de Flandre, *mirent leurs croix devant le pis pour la différence d'outre-mer*. Après la prise de Carcassonne, événement du 15 août de cette année, les chefs de la croisade lui offrirent, au refus du duc de Bourgogne et du comte de Nevers, la seigneurie de tout le pays qu'ils avaient conquis. Mais Gauthier eut, comme ces deux princes, la générosité de la refuser. A son retour, il reçut du roi Philippe Auguste le commandement de l'armée que ce monarque envoyait en Bretagne, où des rebelles faisaient le dégât aux environs du château du Guesclin, dont ils s'étaient rendus maîtres. Gauthier prit cette place d'assaut, et la remit au nom du roi à Juhel, seigneur de Mayenne, qui l'accompagnait dans cette expédition.

Le roi, l'an 1215, fit partir Gauthier de Châtillon et Guérin, évêque de Senlis, avec une nouvelle armée, pour aller reprendre la ville de Tournai, que le comte de Flandre avait surprise par le conseil de Gandulfe, seigneur de Mortagne-sur-l'Escaut. Les deux généraux, ayant réduit la place, firent le dégât sur les terres du traître Gandulfe, tandis que le roi Philippe, avec une autre armée, faisait la conquête de Calais.

d'Ipres, de Bruges et de Gand. Gauthier, l'année suivante, commanda l'arrière-garde de l'armée française à la bataille de Bouvines, donnée le 27 juillet contre l'empereur Otton IV, comte de Flandre et les princes leurs confédérés. Ce n'était pas toutefois sans quelque défiance de sa fidélité qu'on lui avait donné ce commandement. Il savait lui-même qu'on avait tâché de le desservir dans l'esprit du roi. Lorsque ce fut à lui à donner, il dit au chevalier Guérin, qui faisait l'office de maréchal de bataille : *On me soupçonne d'être d'intelligence avec les ennemis ; vous allez voir comme je suis bon traître.* A ces mots il part de la main, et tombe avec furie sur un corps de Flamands qui était devant lui. *Gauthier de Châtillon*, dit une ancienne version de Rigord, *tant ferit et chapela, et lui et les siens à destre et à senestre, qu'il tresperça tout outre la tourbe de ses ennemis; et puis se resery dedens d'autre part, et les aclost ou milieu de la bataille.* Néanmoins il pensa périr dans la mêlée en voulant arracher un de ses chevaliers des mains des ennemis. Il y réussit, mais ce ne fut qu'après avoir reçu douze coups de lance, qui cependant *ne le porent trebuscher ne lui ne le cheval.* Toujours avide de gloire, il se croisa de nouveau, l'an 1215, contre les Albigeois, et accompagna le prince Louis de France dans cette expédition. On voit qu'il en était de retour sur la fin de cette année, par sa souscription apposée à un jugement rendu à la cour de Blanche, comtesse de Champagne, contre certaines prétentions de l'abbé de Vauluisant, au diocèse de Sens. (Turpin, p. 109.) On le voit, en 1216, assis, quoique non pair de France, au nombre des juges assemblés pour décider la contestation entre la comtesse Blanche, mère et tutrice de Thibaut le Posthume, et Philippine, tante de ce prince, sur la propriété du comté de Champagne. L'an 1219 (N. S.), au mois de février, le roi Philippe Auguste récompensa libéralement ses services par le don qu'il lui fit de la terre de Torigni en Normandie. (*Ibid.* p. 110.) Peu de tems après, Gauthier, pour la troisième fois, se croisa contre les Albigeois, et encore à la suite du prince Louis. Il fit merveille au siége de Marmande en Agénois. La place ayant été obligée de se rendre à discrétion, l'évêque de Saintes voulut engager le prince Louis à faire égorger la garnison; mais le duc de Bretagne et le comte de Saint-Pol s'opposèrent à cette barbarie. Ils ne purent néanmoins empêcher que les troupes victorieuses, étant entrées dans la ville après la retraite de la garnison, ne fissent main-basse sur les habitants. De retour chez lui, le comte Gauthier mourut au mois d'octobre de la même année, emportant dans le tombeau la gloire d'avoir été le plus franc et le plus vaillant chevalier de son tems. De sa femme, qui se remaria, après treize ans de viduité, à Jean de Béthune, et mourut sans enfants du second lit en 1233, avant le mois d'avril, il eut Hugues, seigneur de Troissi et de Créci, sénéchal de Champagne, et dans la suite comte de Saint-Pol et de Blois ; Gui, qui suit ; Eustachie, femme de Daniel de Béthune, avoué d'Artois; et Élisabeth, mariée à Aubert de Haugest, seigneur de Genlis. Du Chesne (*Histoire de Châtillon*, p. 55) a publié une charte de Gauthier de Châtillon de l'an 1206, laquelle est scellée de son sceau et de celui de sa femme. Or, on voit par le dernier que les dames prenaient alors le surnom de leurs maris, et scellaient de leurs armes.

GUI II.

1219. GUI II, successeur de Gauthier de Châtillon, son père, dans le comté de Saint-Pol, eut de plus la ville de Pont-Sainte-Maxence et quelques autres terres qu'il partagea avec Hugues, son frère. Il épousa, l'an 1223, AGNÈS, fille de Mahaut, comtesse de Nevers, et d'Hervé IV, baron de Donzi, de Gien, de Saint-Aignan et du Perche-Gouet. Agnès avait d'abord été destinée au prince Philippe, fils aîné de Louis de France (depuis, le roi Louis VIII) : mariage qui n'eut pas lieu par la mort de Philippe, arrivée l'an 1218. Avant d'épouser Agnès, Gui et Hugues, son frère, passèrent un traité avec le roi Philippe Auguste, par lequel ils lui cédèrent la ville de Pont-Sainte-Maxence avec ses droits et appartenances, au moyen de quoi ce monarque leur remit le droit de rachat qui lui était dû pour le comté de Nevers. (Du Chesne, *Histoire de la maison de Châtillon*, p. 70.) Gui et Hugues, dès le tems de leur père, étaient en état de guerre avec le comte de Champagne, auquel ils refusaient le service pour les terres qu'ils tenaient de lui. Enfin l'an 1224, par lettres du mois de mai, ils consentirent de s'en rapporter à des arbitres touchant les dégâts qu'ils avaient faits en Champagne, reconnaissant d'avance qu'ils étaient hommes-liges de ce comté, jurant de remettre au comte Thibaut leurs forteresses à grande et à petite force, et s'obligeant à le défendre envers et contre tous, excepté le roi de France, l'évêque de Paris et le comte de Nevers ; à quoi le comte Gui ajouta qu'au cas que le comté de Nevers lui échût, il le reprendrait du comte de Champagne pour ce qui en relevait de lui. (*Liber principum*, fol. 341 et 342.) Gui se croisa, l'an 1226, contre les Albigeois, et se trouva la même année au siége d'Avignon, où il donna des preuves éclatantes de sa valeur. Il y fut tué d'un coup de pierre lancée d'un mangonneau vers la mi-août, emportant dans le tombeau les regrets du roi Louis VIII, qui était à ce siége. Son corps, par ordre de ce prince, fut mis dans un cercueil de plomb, et porté au prieuré de Longueau, près de Châtillon. Il eut d'Agnès, sa femme, décédée l'an 1224, Gaucher, baron de Donzi, de Saint-Aignan, du Perche-Gouet, etc., qui fut tué en Egypte, l'an 1250, à l'âge de vingt-six ans, sans laisser d'enfants de sa femme, Jeanne, fille de Philippe Hurepel, comte de Clermont en Beauvaisis et de Boulogne; et Yolande, mariée avec Archambaud X, sire de Bourbon.

HUGUES V.

1226. HUGUES, fils aîné, comme il le déclare lui-même dans plusieurs de ses chartes, de Gauthier de Châtillon et d'Elisabeth, sénéchal de Champagne et seigneur de Troissi et de Créci, prétendit succéder à Gui, son frère, dans le comté de Saint-Pol, à l'exclusion de Gaucher, fils de ce dernier. La raison sur laquelle il fondait cette exclusion, était qu'Elisabeth, mère de Gui et de Hugues, vivait encore, et que la représentation n'a point lieu dans la coutume d'Artois, qui régit le comté de Saint-Pol. L'affaire demeura en souffrance l'espace d'environ deux ans, pendant lesquels Hugues s'abstint de prendre le titre de comte de Saint-Pol. C'est ce que l'on voit par ses chartes, et spécialement par celle qu'il donna, au mois de juillet 1227, pour confirmer la commune de Saint-Pol, accordée par son aieul : *Ego*, dit-il en tête, *Hugo de Castellione, filius comitis S. Pauli.* (Turpin, p. 122.) Enfin, l'an 1228, son droit étant éclairci, Hugues commença à se qualifier comte de Saint-Pol. Le roi Louis VIII ayant laissé en mourant l'héritier du trône en bas âge, Hugues entra dans la confédération de plusieurs grands du royaume contre la régence de la reine Blanche. Il assista, l'an 1229, Philippe, comte de Boulogne, dans l'irruption qu'il fit sur les terres de Thibaut, comte de Champagne, partisan de cette princesse. Mais Thibaut et Ferrand, comte de Flandre, son allié, vinrent par représailles faire le dégât dans le comté de Saint-Pol. Ils ne le firent pas néanmoins impunément; car la chronique d'Andre rapporte que Ferrand étant venu attaquer le château de Frevanche dans le Ternois, fut si bien reçu, que presque toute sa troupe fut taillée en pièces, et lui-même n'échappa que par la fuite. Hugues cependant fut obligé, l'année suivante, de faire sa paix avec la régente. L'an 1230, il devint comte de Blois par son mariage avec MARIE, fille de Gauthier d'Avène et de Marguerite, comtesse de Blois. Il fut, l'an 1234, de l'expédition du roi saint Louis en Bretagne. L'an 1235, il reçut de l'empereur Frédéric II une lettre par laquelle ce prince lui mandait de venir le trouver au jour et au lieu que ses messages lui indiqueraient, pour lui faire cortége à son entrée à Lyon, où nous sommes résolus, disait-il, de nous rendre, afin de nous laver, devant le concile, des infamies que le pape nous impute. (Turpin, *ibid.* p. 130.) On ignore de quel droit l'empereur citait auprès de sa personne le comte de Saint-Pol, qui n'était nullement son vassal. Quoi qu'il en soit, le voyage n'eut point lieu et l'empereur ne comparut point au concile. Le sire de Joinville, parlant des seigneurs qui accompagnèrent, en 1241, le roi saint Louis dans son expédition contre les comtes de la Marche, met de ce nombre le comte de Saint-Pol, et dit qu'il fut du grand festin que ce monarque donna en passant à Saumur : *Et si servait à la Royne le conte de Bouloigne........ et le bon conte de Saint-Pol.*

Hugues, l'an 1247, fut l'un des quatre seigneurs que la noblesse de France choisit pour chefs de la confédération qu'elle forma pour se défendre contre les atteintes que le clergé portait à sa juridiction. (*Voyez* Hugues IV, *duc de Bourgogne.*) La même année, Hugues prend la croix pour la Terre-Sainte avec les trois frères de saint Louis et plusieurs autres princes et grands du royaume. Il fit pour cette expédition les plus magnifiques préparatifs, de manière qu'il « n'en parut point, suivant Ma-
» thieu-Paris, de plus noble en toute l'armée française, ni de
» plus puissant que lui. Car il assembla, ajoute-t-il, cinquante
» chevaliers portant bannières, tous braves gens et habiles dans
» l'art militaire, dont il était le chef ; il fit équiper dans le
» royaume d'Ecosse, un navire admirable pour partir avec les
» Boulonnais, les Flamands et ceux qu'on nomme vulgairement
» d'Avalterre. » Mais étant sur le point de son départ, il tomba malade et mourut le 9 avril 1248. Un chroniqueur le confond avec Gui, son prédécesseur, en disant qu'il fut tué d'un coup de pierre devant Avignon. Il fut enterré dans l'abbaye de Pont-aux-Dames, diocèse de Meaux, qu'il avait fondée, l'an 1226, avec sa seconde femme. Ceci est tiré de du Chesne, suivi par le père Turpin. Cependant Joinville raconte qu'après l'affaire de la Massoure, du 8 février 1250, étant allé trouver le roi, il vit *Monseigneur Jehan de Waleri, qui vint à li et li dit :* « *Sire,*
» *Monseigneur de Chastillon vous prie que vous li donnez*
» *l'arriere-garde ; et li Roy,* ajoute-t-il, *si fist moult volen-*
» *tiers, et puis se mist en chemin* ». Si c'est de Hugues de Châtillon que parle Joinville, comme le pensent les derniers éditeurs de cet historien, il avait donc accompagné le monarque en Egypte ; et s'il est vrai qu'il fut enterré à Pont-aux-Dames, il était donc revenu de ce pays-là, ou bien son corps en fut rapporté. Quoi qu'il en soit, Hugues avait épousé en premières noces N. de Bar, fille de Thibaut Ier, comte de Bar-le-Duc,

après le décès de laquelle il se remaria, l'an 1225, avec Marie d'Avênes, fille unique et héritière de Gauthier, seigneur d'Avênes et d'autres lieux situés aux Pays-Bas, et de Marguerite, comtesse de Blois. Il épousa en troisièmes noces, l'an 1241 au plutôt, Mahaut, fille d'Arnoul II, comte de Guines. Du second lit (le premier et le troisième furent stériles) sortirent Jean de Châtillon, comte de Blois, seigneur d'Avênes et d'autres lieux; Gui, qui suit; Gauthier, quatrième du nom, seigneur de Châtillon, de Créci, etc.; Hugues de Châtillon, deuxième du nom: Philippine de Châtillon, femme de Thierri de Clèves (et non d'Otton III, comte de Gueldre); et Elisabeth, femme de Gérard le Grand, dit *le Diable*. (Du Chesne, *Hist. de la M. de Châtillon*, L. 3.) A ces enfants, le père Turpin ajoute Béatrix, femme de Guillaume de Dampierre, fils aîné de Guillaume de Dampierre et Marguerite II, comtesse de Flandre. Il apporte en preuve une donation de Gui, qui suit, faite l'an 1284 *ad supplicationem et requestam dilectæ sororis nostræ Beatricis Dominæ de Curtraco, dudum uxoris nobilis viri Willelmi Comitis Flandriæ* (p. 133.)

GUI III.

Gui III succéda dans le comté de Saint-Pol à Hugues son père, ainsi que dans la terre d'Encre et autres lieux, en vertu de son testament fait en 1246, qui portait ainsi: *Guioz mes fiz aura le comté de Saint-Pol et la terre d'Encre, et toute ma terre qui est entre la rivière de Somme et la mer.* Jean, comte de Blois, frère aîné de Gui, retint les armes pures de sa maison, qui sont de gueules à trois pals de vair, et obligea Gui d'y ajouter un lambel d'azur à cinq échancrures; ce qui fait encore aujourd'hui les armoiries de la ville de Saint-Pol. Après la mort de Robert de France, comte d'Artois, tué, l'an 1250, à la bataille de la Massoure, Gui épousa Mahaut de Brabant, veuve de ce prince: mariage qui le mit en alliance avec les plus puissants rois et princes de l'Europe. Ce fut du chef de sa femme, qu'après la mort de Mahaut, comtesse de Boulogne, veuve de Philippe Hurepel, comte de Clermont, et celle de Jeanne leur fille, il prétendit au comté de Boulogne. Mais il fut débouté de sa demande par arrêt de l'an 1259. (Voy. *les comtes de Boulogne.*) Il fonda, l'an 1265, de concert avec son épouse, un riche hôpital à Saint-Pol. L'an 1270, il fit le voyage d'outre-mer avec le roi saint Louis, ayant à sa suite trente chevaliers, pour l'entretien desquels le roi lui fournit douze mille livres. En 1276, il fut de l'expédition du roi Philippe le Hardi en Aragon. A son retour, l'an 1277, au mois de mars, le comte de Blois, son frère, lui fit cession de tout ce qu'il possédait en Brabant. (Martenne, *Thes. Anecd.*, T. 1, col. 1136.) Gui marcha, l'an 1288, au secours de Jean Ier, duc de Brabant, neveu de sa femme, contre Renaud, comte de Gueldre, sur lequel il répétait le duché de Limbourg. Il commanda l'armée du duc à la bataille de Voëringen, donnée le 5 juin de cette année, et lui procura une victoire complète par la mort du comte de Luxembourg, cessionnaire de Renaud, qui périt dans la mêlée, et par la prise de ce même Renaud et de l'archevêque de Cologne, qui était venu à son secours. Le comte Gui perdit, le 29 septembre suivant, Mahaut, son épouse, et finit lui-même ses jours le 12 mars 1289. (N. S.) Les deux époux furent inhumés à l'abbaye de Cercamp. De leur mariage sortirent Hugues, qui suit ; Gui, qui lui succéda ; Jacques, seigneur de Leuze et de Condé, lieutenant-général pour le roi au pays de Flandre ; Béatrix, femme de Jean de Brienne, comte d'Eu ; et Jeanne, mariée à Guillaume de Chauvigni, seigneur de Châteauroux. Nicolas Spécialis, dans son histoire de Sicile, fait mourir, en 1285, le comte de Saint-Pol devant Roses en Catalogne ; et voici en substance comme il raconte la chose. Le roi Philippe le Hardi, apprenant que l'amiral Roger Doria avait fait une descente en Catalogne et commencé le siège de Roses, envoya contre lui le comte de Saint-Pol à la tête de six mille chevaux. Doria se servit d'un stratagême pour faire périr ces troupes. Ayant fait creuser des chaussetrapes depuis le rivage de la mer en allant vers la place, il attira au combat les Français, qui, le voyant fuir presque aussitôt vers ses galères, le poursuivirent et tombèrent dans le piége qui leur était préparé. Alors l'ennemi, revenant sur ses pas, les massacre tous sans distinction de capitaines et de soldats. Le comte de Saint-Pol eut la main droite emportée d'un coup de sabre et en mourut. Sa famille racheta son corps dans la suite pour le prix de sept cents marcs d'argent. Il est à remarquer que l'historien ne dit pas le nom de ce comte de Saint-Pol ; et il y a de l'apparence qu'il a seulement voulu parler de quelque seigneur de cette maison, auquel il aura donné improprement le titre de comte.

HUGUES VI.

1289. Hugues VI, fils aîné de Gui III et son successeur au comté de Saint-Pol, avait épousé, du vivant de son père, Béatrix, fille de Gui de Dampierre, comte de Flandre. Il acquit, l'an 1290, de Jeanne de Châtillon, sa cousine, pour la somme de neuf mille livres les terres d'Avênes, de Landrécies, de Guise, de Novion en Thiérache, d'Encre et de Créci. L'an 1292 (N. S.), au mois de janvier, il succéda à la même dans le comté de Blois.

Mais comme ses frères, Gui et Jacques, avaient aussi leur part à cet héritage, pour les dédommager il céda le comté de Saint-Pol au premier et les terres de Leuze et de Condé au second. Cet accommodement fut fait à Boulogne le jour de Pâques 1292, par jugement de Robert, comte d'Auvergne et de Boulogne, comme suzerain en cette dernière qualité du comté de Saint-Pol, dont la mouvance avait alors changé. (Voy. *les comtes de Blois.*) Hugues, pendant qu'il jouissait du comté de Saint-Pol, fit travailler à un roman dont il existait une copie manuscrite dans la bibliothèque de M. de Thou, sous ce titre : *Ici encomenche li histoire de Kanor et de ses frères, liquel furent fils à noble Cassiodorus, empereur de Constantinople et de Rome; lequel fut engenré en l'empereis Fastige ki fille feu à l'empereur Physens.* L'auteur entame ainsi son discours : *Ha diex, si souffisamment ai esté requis de noble prince Huon de Chastillion, conte de Saint-Pol, par lequel je ne me pourroye mie tenir que,* etc.

GUI IV.

1292. GUI IV, seigneur d'Encre, devenu comte de Saint-Pol par la cession de Hugues VI, son frère, épousa, l'an 1292, MARIE, fille de Jean II, duc de Bretagne. Peu de tems après, le roi Philippe le Bel, dont il était proche parent, le nomma grand-bouteiller de France. Il accompagna ce prince, l'an 1297, dans son expédition de Flandre. Il se trouva au siège de Lille, commencé le 23 juin de la même année; et à quatre lieues de là défit les ennemis, secondé par Raoul de Nesle, connétable de France, et par Jacques, son frère, maréchal de l'armée. Il aida aussi Robert II, comte d'Artois, à prendre Calais, Bergues et Bourbourg. Sur la fin de la même année, il fut du nombre des plénipotentiaires nommés par Philippe, pour traiter de la paix avec le roi d'Angleterre. Le résultat des conférences tenues à ce sujet ne fut qu'une trêve d'un an, pendant laquelle Gui fut député au pape Boniface VIII pour lui remontrer le bon droit que le roi de France avait dans sa querelle avec celui d'Angleterre. Gui, l'an 1299, fut chargé d'une nouvelle ambassade auprès de l'empereur Albert d'Autriche, pour conclure un traité d'alliance entre l'Empire et la France. L'an 1302, il retourna en Flandre par ordre du roi, qui lui donna le commandement d'une partie de ses troupes. Quelques historiens l'accusent d'avoir tourné le dos à la bataille de Courtrai, donnée le 11 juillet 1302, et d'avoir laissé Robert d'Artois, général de notre armée, à la discrétion des ennemis. Le roi n'en était rien moins que persuadé, puisque six jours après cette malheureuse journée il lui envoya des lettres de général pour remplacer Robert d'Artois. Gui s'acquitta digncment de cet emploi dans toutes les occasions, surtout à la bataille de Mons-en-Puelles, livrée le 8 août 1304, dans laquelle il eut la gloire d'avoir sauvé le roi Philippe; en quoi il fut aidé par les comtes d'Evreux, de Valois et de Dammartin. Il assista, l'an 1308, aux noces d'Isabelle de France et d'Edouard II, roi d'Angleterre, qui furent célébrées à Boulogne, et où se trouvèrent quatre rois et trois reines. Le roi Louis Hutin lui donna, l'an 1314, la ville et prévôté de Dourlens avec deux mille livres de rente pour l'aider à vaquer aux affaires de l'état. Ce prince, par son testament fait au mois de juin 1316, le nomma son exécuteur testamentaire. Philippe le Long, successeur du roi Louis, hérita de son estime et de sa confiance envers le comte de Saint-Pol. Mais Gui n'en jouit pas long-tems; étant mort le 6 avril 1317. Il fut inhumé à Cercamp sous une tombe de marbre, élevée de cinq pieds, sur laquelle on voit sa statue et celle de sa femme, décédée le 5 mai 1339. Une tache dans la vie du comte Gui, c'est qu'il fut un des promoteurs de la condamnation d'Enguerrand de Marigni. De son mariage il eut Jean, qui suit; Jacques, seigneur d'Encre; Mahaut, mariée, au mois de juin 1308, à Charles de France, comte de Valois; Isabelle, alliée à Guillaume, sire de Couci; Béatrix, femme de Jean de Flandre, vicomte de Châteaudun; Marie, femme d'Aymar de Valence, de la maison de Lusignan; Eléonore, femme de Jean Malet, issu des comtes d'Alençon, seigneur de Graville, de Séez et de Bernai; Jeanne, mariée à Miles de Noyers, seigneur de Maizi; et deux autres filles. Le comte Gui jouissait du droit de faire battre monnaie noire et blanche. Le père Turpin rapporte le bail qu'il fit, l'an 1306, à Jehannin Tadin de Lucques, pour *faire et ouvrer de la monnoie par tout le comté de Saint-Pol pendant le cours de dix-huit mois*. L'empreinte de cette monnaie était une croix avec une fleur de lys à chaque angle, et dans le contour ces mots: *Guido comes*; sur le revers, une gerbe d'avoine, ancien emblème des comtés de Saint-Pol, avec ces mots dans le contour: *Moneta S. Poli*.

JEAN DE CHATILLON.

1317. JEAN DE CHATILLON, successeur de Gui, son père, au comté de Saint-Pol et en la vicomté de Dourlens, fut employé au maniement des finances et en diverses négociations sous le roi Philippe de Valois. Il accompagna ce prince, en 1340, dans son expédition de Flandre. L'histoire depuis ce tems ne fait plus mention de lui, et l'on ignore le tems précis de sa mort, qui devança l'an 1344. On fait l'éloge de sa piété. De JEANNE DE FIENNES, son épouse, fille de Jean et d'Isabelle de Luxembourg, il eut

Gui, qui suit, et Mahaut, qui remplaça Gui. (Du Chesne, *Maison de Châtillon*.)

GUI V.

1344 au plus tard. Gui V. succéda en bas âge à Jean, son père, sous la tutelle de Jeanne, sa mère, qui, s'étant remariée avec Jean de Landas, partagea cette fonction avec lui. Étant en âge de porter les armes, il accompagna le connétable, Robert de Fiennes, son oncle, dans plusieurs entreprises qu'il fit durant la captivité du roi Jean. Il se distingua, au mois de septembre 1358, à la défense d'Amiens, que les Navarrois voulaient surprendre au moyen des intelligences qu'ils y avaient, et dont ils avaient déjà pris un des faubourgs avec une partie de la ville. *Moult acquirent*, dit Froissart, *le connestable de France et le jeune comte de Saint-Pol, grant grace parmi le pays de Picardie, du secours qu'ils avoient fait à ceux d'Amiens*. Gui pour sa récompense ayant été fait lieutenant de roi en Picardie, Vermandois et Beauvaisis, destitua, le 30 novembre de la même année, les maire, prévôt et échevins d'Amiens, comme suspects d'attachement au roi de Navarre, et en fit élire d'autres à leurs places. (*Cartul. de l'Hôtel-de-Ville d'Amiens*.) L'an 1360, Gui ayant été du nombre des otages envoyés en Angleterre pour la délivrance du roi, il y mourut la même année sans laisser d'enfants de JEANNE DE LUXEMBOURG, sa femme.

MAHAUT et GUI VI.

1360. MAHAUT, sœur de Gui V, lui succéda au comté de Saint-Pol avec GUI DE LUXEMBOURG, châtelain de Lille, qu'elle avait épousé vers l'an 1354 ; mariage qui fit passer le comté de Saint-Pol dans la maison de Luxembourg. Gui, qui est le VIe de son nom parmi les comtes de Saint-Pol, servit d'otage comme son prédécesseur pour la délivrance du roi Jean, et en cette qualité fut conduit en Angleterre. L'an 1364, par lettres données à Paris dans le mois d'octobre, le roi Charles V le gratifia d'une rente de quatre cents livrées de terre à prendre sur la seigneurie de Crèvecœur en Cambrésis. (*Rec. de Colbert*, vol. 29, fol. 151.) Il fut créé, l'an 1367, comte de Ligni en Barrois par lettres du roi Charles V, données au mois de septembre. La guerre s'étant rallumée, l'an 1369, entre la France et l'Angleterre, il fut envoyé par le roi Charles V avec Hugues de Châtillon pour mettre le Ponthieu sous la main de sa majesté. Ils n'éprouvèrent de résistance qu'à Pont-de-Remi. La place fut emportée de force, après quoi tout se soumit. (Voy. *les comtes de Ponthieu*.) Gui continua de signaler sa valeur, comme il avait fait jusqu'alors en différentes occasions, dont la dernière fut la bataille de Baës-wieder, donnée le 22 août 1371, entre Wenceslas, duc de Brabant, son parent, et le duc de Juliers. Il y perdit la vie en combattant pour le premier. Une ancienne chronique de Brabant, écrite en langue vulgaire, raconte que Gui ayant été trouvé encore vivant parmi les morts, un soldat l'acheva, quoiqu'il se fit connaître en criant, *Simpol! Simpol!* et se vanta ensuite de cette barbarie comme d'une belle action; mais qu'il eut bientôt lieu de s'en repentir, le général, pour sa récompense, l'ayant fait pendre. Gui laissa de Mahaut, son épouse (morte en 1378), Waleran, qui suit; Robert, mort jeune; Jean, seigneur de Beaurevoir, qui continua sa ligne masculine; Pierre, qui devint évêque de Metz, puis cardinal, mourut à l'âge de dix-huit ans en odeur de sainteté, l'an 1387, et fut canonisé par Clément VII; André, qui fut évêque de Cambrai; Marguerite, mariée 1° à Pierre d'Enghien, comte de Liche, 2° à Jean de Werchin, sénéchal de Hainaut; Marie, femme, 1° de Jean de Condé, seigneur de Moriammez, 2° de Simon, comte de Salm; et Jeanne, dont il sera parlé ci-après.

WALERAN.

1371. Waleran succéda en bas âge, avec le consentement et sous la tutelle de sa mère, à Gui, son père, dans le comté de Saint-Pol, le comté de Ligni, la châtellenie de Lille et la seigneurie de Bouchain. Tout jeune qu'il était, il avait accompagné son père dans son expédition du Ponthieu, et avait été fait chevalier au siége de Pont-de-Remi. Il s'était trouvé ensuite à la bataille de Baëswieder, où il avait été fait prisonnier par Gilbert, sire de Viane, qui de sa rançon fit bâtir à Viane une tour qui fut nommée de Saint-Pol, et par corruption Simpol. (*Pontanus.*) L'an 1374, étant en Picardie pour le service du roi, il tomba entre les mains du parti anglais, et fut conduit en Angleterre. Il offrit une grosse rançon pour sa délivrance: mais le roi d'Angleterre la refusa, et proposa au roi de France de l'échanger avec le captal de Buch, alors prisonnier de guerre à Paris. Le roi Charles V étant résolu de ne pas relâcher ce général, le plus habile et presque le seul grand capitaine qui fût alors parmi les Anglais, le comte de Saint-Pol demeura en Angleterre, mais avec une grande liberté. C'était, dit le père Daniel, un seigneur bien fait, adroit à tous les exercices du corps et dans le maniement des armes, enjoué dans la conversation, et qui, par tous ces beaux endroits, mérita de plaire beaucoup à la princesse Mathilde de Courtenai (appelée Jeanne par Walsingham), sœur utérine du roi Richard II. Elle était elle-même une des plus belles personnes de l'Europe. Le comte répondit à ses inclinations. La haute naissance de Waleran et les grands biens qu'il possédait, en faisaient un parti qui n'était pas indigne de Mathilde. Le mariage fut conclu, et la rançon du comte réglée à cent mille francs (1), dont on devait lui remettre la moitié quand il épouserait la princesse. On lui donna la liberté de passer en France pour mettre ordre à ses affaires, et rapporter dans l'année les cent mille francs. Mais à son arrivée en France, l'an 1379, on lui fit un crime à la cour de ce qu'étant vassal de la couronne, il avait traité de mariage avec une princesse anglaise sans la permission du roi (2). On prétendit même avoir des preuves qu'il s'était engagé à livrer au roi d'Angleterre quelques-unes des forteresses qu'il avait aux Pays-Bas. Le comte, s'apercevant qu'il n'y avait point de sûreté pour lui en France, s'échappa secrètement et retourna en Angleterre, où le mariage se fit à Windsor dans l'octave de Pâques de l'an 1380, selon Thomas Walsingham. Quelque tems après, il repassa la mer; mais n'osant paraître sur les terres du roi, qui avait fait saisir ses châteaux, il se retira dans le domaine du comte de Moriammez, son beau-frère, et y resta jusqu'à la mort de Charles V. Dès que ce monarque eut fermé les yeux, Waleran fit solliciter sa grâce auprès de son successeur, et l'obtint par le crédit des princes. Mais non content de son rétablissement, il voulut satisfaire sa vengeance en cherchant à perdre celui à qui il attribuait la longue durée de sa disgrâce. C'était Bureau de la Rivière, premier chambellan, ministre et favori du feu roi. Il l'accusa d'intelligence avec les Anglais, et s'offrit d'en fournir la preuve. L'accusation fit impression sur l'esprit du roi, qui dépouilla la Rivière de sa charge. Mais Clisson, qui était redevable à l'accusé de l'épée de connétable, les ducs de Bourgogne et de Berri, et d'autres seigneurs, parlèrent si efficacement en sa faveur, que peu de tems après il fut rétabli.

---

(1) Les francs étaient d'or fin, et de la taille de 63 au marc; ainsi 120,000 devaient peser 1904 marcs seize vingt-unièmes; et à raison de 828 liv. 12 sous le marc, produiraient aujourd'hui un million cinq cents soixante-dix-huit mille deux cent quatre-vingt-cinq livres quatorze sous trois deniers.

(2) Si l'on en croit l'auteur ingénieux des portraits des rois de France (T. II, p. 149), saint Louis, après la victoire de Taillebourg, fit un édit dans une assemblée générale, par lequel il était défendu aux seigneurs français d'épouser des filles étrangères sans la permission du souverain. « Par un » autre édit, ajoute-t-il, il fut statué que ceux qui avaient des fiefs en » France et en Angleterre, choisiroient auquel des deux rois ils vouloient » rendre hommage, et qu'ils ne pourroient plus les conserver en même tems ». On ne connaît point de recueil des ordonnances de nos rois où se rencontrent ces deux édits.

L'an 1391, après avoir inutilement répété des sommes que son père avait prêtées à Wenceslas, roi de Bohême, son parent, depuis empereur, Waleran entre à main armée, pour se faire justice, dans le Luxembourg, où il brûle cent vingt villages. Mais le comte de Castiniac, étant venu à sa rencontre, le bat et le chasse du pays avec une si grande perte, qu'il ne fut pas tenté d'y revenir. Waleran, l'année suivante, accompagna le roi Charles VI dans sa malheureuse expédition de Bretagne. Il était, selon Froissart, du nombre de ceux qui blâmaient cette entreprise, et il avisa, avec les seigneurs qui pensaient comme lui, aux moyens de la rompre. S'étant rendu, l'an 1396, à Londres, en qualité d'ambassadeur, pour y traiter de la paix, il engagea le roi Richard à venir conférer avec le roi de France entre Ardes et Calais. Le 30 décembre de la même année, il fut nommé gouverneur de la république de Gênes, qui s'était donnée à la France. Il se rendit, le 18 mars suivant, en ce pays; mais il y fit peu de séjour, la peste, qui suivit de près son arrivée, l'ayant obligé d'en sortir. Un moderne prétend que les mécontentements occasionés par ses galanteries furent la véritable cause de sa retraite. L'an 1398, pour venger la mort de son père, tué à la bataille de Baësweider, il va se mettre avec trois cents chevaux à la tête des Brabançons ligués avec les Liégeois dans la guerre que ceux-ci faisaient au duc de Gueldre et de Juliers. Il les conduit sur le territoire de cette dernière ville, qu'il oblige à se racheter du pillage et de l'incendie, moyennant une grosse somme.

L'an 1401, au mois d'août, Waleran arrive à Leulinghen, près de Calais, pour recevoir la reine Isabelle de France, veuve de Richard II, roi d'Angleterre, que les Anglais renvoyaient au roi Charles VI, son père. Il fut revêtu, l'an 1402, de la charge de grand-maître des eaux et forêts, l'une des principales de la couronne. La déposition du roi Richard II, suivie d'une mort tragique, excita le comte de Saint-Pol, son beau-frère, à la vengeance. Après avoir envoyé au nouveau monarque anglais un cartel de défi, daté du 10 février 1402 (V. S.), il alla faire une descente dans l'île de Wight, d'où il fut repoussé par les habitants. Mais, à son retour, il se donna la satisfaction de faire planter de nuit, à la porte de Calais, une grande potence où il fit pendre en effigie, avec les armes renversées, le comte de Sommerset, frère du roi Henri IV, et gouverneur de la place. La France était alors en trêve avec l'Angleterre. Lorsque celle-ci demanda raison de ces hostilités et de ces insultes, le ministère français se contenta de les désavouer. Les Anglais ravagèrent le Boulonnais et les autres terres voisines de Calais, sous prétexte que les terres du comte de Saint-Pol y étaient situées. Pour ne

pas violer la trêve, on laissa le soin à Waleran de se défendre.
Cette guerre dura deux ans, et finit par un notable échec que le
comte de Saint-Pol reçut. L'an 1408, il marcha au secours de
l'évêque de Liége contre ses sujets révoltés, et contribua à la
victoire remportée sur eux par ce prélat dans la plaine d'Othey,
le 22 septembre de la même année. Il fut nommé, l'an 1409,
avec les comtes de la Marche et de Vendôme, pour travailler au
rétablissement des finances, qui étaient dans la plus grande
confusion. Mais les travaux de ces censeurs et réformateurs de l'état
n'aboutirent qu'à la ruine des financiers, qui furent dépouillés,
et le peuple ne fut point soulagé.

L'an 1410, le duc de Bourgogne, dont le comte de Saint-
Pol était partisan, le fit nommer, le 29 octobre, gouverneur
de Paris, à la place du duc de Berri, qu'on avait dépouillé de
cette charge. Ce fut Waleran qui, l'année suivante, forma dans
la capitale cette fameuse milice bourgeoise, composée de cinq
cents bouchers ou écorcheurs, commandés par les Goix, les
Saint-Yons et les Thibberts, propriétaires de la grande boucherie
de Paris. L'histoire n'a pas oublié les excès auxquels ces furieux
se portèrent, et dont le récit fait horreur. L'an 1412 (N. S.),
ce même duc de Bourgogne, ayant fait ôter la charge de connétable à Charles d'Albret, la fit encore donner à Waleran, qui
en fit hommage-lige au roi le 5 mars; car les grands offices
étaient encore alors tenus en fiefs. (Brussel, p. 632.) Waleran,
le 10 mai suivant, battit l'armée des Armagnacs en Basse-Normandie, près du château de Saint-Rémi-au-Plain, dont elle
s'efforçait de faire lever le siége, après quoi il prit la ville et le
château de Domfront. (Monstrelet.) Le duc de Bourgogne
ayant été contraint, l'an 1413, de se retirer de Paris, cette
disgrâce entraîna celle du comte de Saint-Pol, à qui le roi fit
redemander l'épée de connétable, pour la rendre à Charles
d'Albret. Waleran, par le conseil du duc de Bourgogne, la refusa, et envoya le comte de Conversan, son neveu, vers le
roi, pour lui faire agréer ses excuses. Néanmoins il ne voulut
point prendre les armes pour l'un ni pour l'autre parti. L'an
1415 (et non 1413, comme le marque le P. Anselme), Waleran
étant au château d'Ivoi dans le Luxembourg, dont Antoine,
duc de Brabant, son gendre, l'avait fait gouverneur, il y tomba
malade, et y mourut le 19 avril, sans laisser d'enfants de ses
deux femmes, dont la seconde, BONNE, fille de Robert, duc de
Bar, lui avait apporté en dot la seigneurie de Nogent-le-Rotrou
(*Mss. de Coislin*, n° 155), mourut l'an 1402. Il avait eu de la
première, Jeanne, châtelaine de Lille, mariée, l'an 1402, à
Antoine de Bourgogne, duc de Brabant, morte le 12 août 1407.
Agnès de Brie, sa maîtresse, le fit aussi père d'un bâtard nommé

Jean Hennequin, célèbre dans l'histoire du quinzième siècle, et mort l'an 1466. (Vignier, Sainte-Marthe, Moréri.)

PHILIPPE DE BOURGOGNE.

1415. PHILIPPE, second fils d'Antoine, duc de Brabant, et de Jeanne de Luxembourg, fille unique de Waleran, né le 25 juillet 1404, succéda à son aïeul maternel dans le comté de Saint-Pol et dans celui de Ligni, sous la tutelle de Jean, duc de Bourgogne, frère de son père. Il fut du nombre des seigneurs qui signèrent, le 30 juin 1419, pour le duc son oncle, à Poilli-le-Fort, entre Melun et Corbeil, le traité conclu par ce prince avec le dauphin, pour rétablir le calme dans l'état. La même année, le roi Charles VI, partant de Paris sur la fin de novembre pour aller s'opposer aux Anglais, nomme Philippe gouverneur ou capitaine de la ville en son absence. Mais, au mois de décembre de l'année suivante, le roi d'Angleterre, maître de Paris, lui ôta cet emploi pour le donner au duc de Clarence. (*Voyez* Charles VI.) L'an 1421, appelé par la noblesse de Brabant, mécontente de la conduite du duc Jean, son frère, il se rend dans ce pays pour en prendre la régence. Jean de Bavière, qui aspirait au même emploi, lui cède la place, et fait une paix simulée avec lui; mais il travaille sous main à le supplanter dans l'esprit du duc, et y réussit. De retour en ses terres au bout de dix-huit mois, Philippe est renvoyé, l'an 1423, en Brabant, avec le bâtard de Saint-Pol, par Philippe, duc de Bourgogne, son cousin, pour secourir son frère, à qui le duc de Glocestre disputait ses états les armes à la main. La dévotion aux lieux où s'est opérée notre rédemption, s'étant emparée de son esprit, il se rend, l'an 1427, à Rome, pour consulter le pape sur le dessein qu'il a de les aller visiter. Le pape n'est pas d'avis qu'il entreprenne un si long pèlerinage. Il retourne sur ses pas, et dans la route il apprend la mort de Jean, duc de Brabant, son frère, décédé, le 17 avril, sans enfants. A cette nouvelle, il part en diligence pour Louvain, où il est inauguré duc de Brabant dans le mois suivant. (*Voyez les ducs de Brabant.*) Philippe ne jouit pas long-temps de cette succession, étant mort lui-même sans alliance le 4 août 1430, selon les historiens, ou le 15 octobre 1429, suivant un registre du parlement. On crut qu'il avait été empoisonné; mais, à l'ouverture de son corps, on lui trouva un abcès dans le foie.

JEANNE.

1429. JEANNE, fille de Gui de Luxembourg et de Mahaut de

Châtillon, comte et comtesse de Saint-Pol, et sœur du comte Waleran, se mit en possession, après la mort de Philippe, de tout ce qui lui avait appartenu du côté maternel, et notamment des comtés de Saint-Pol et de Ligni, où elle plaça des gouverneurs en son nom. Ses neveux ne formèrent aucun obstacle à sa prise de possession, parce que la représentation, comme on l'a déjà remarqué ci-devant, n'a point lieu dans la coutume d'Artois et les pays qu'elle régit. Mais comme elle était avancée en âge, et n'était point mariée, bientôt après elle fit donation de tous ces domaines à Jean de Luxembourg, son neveu, petit-fils, par Jean son père, de Gui et de Mahaut, pour en jouir après son décès. Ce moment ne tarda pas d'arriver. Mais Pierre, frère aîné de Jean, réclama contre la donation, prétendant que son cadet n'avait pu être avantagé avant lui. Jean, pour appaiser son frère, lui céda le comté de Saint-Pol, et la bonne intelligence par là fut rétablie entre eux.

PIERRE Ier.

1431 ou environ. PIERRE Ier, comte de Conversan et de Brienne, fait chevalier de la Toison d'or à la création de cet ordre au mois de janvier 1430, prit possession du comté de Saint-Pol, que Jean, son frère, lui avait cédé. L'an 1433, le duc de Betfort, son gendre, soi-disant régent du royaume de France, lui donna la conduite d'un corps d'armée pour aller reprendre Saint-Valeri en Ponthieu sur les Français, qui venaient de l'emporter par escalade. Il réussit dans cette expédition ; la place lui ouvrit ses portes après trois semaines de siège. Mais il mourut de la peste à Rambures le 31 août de la même année. Pierre avait épousé MARGUERITE DE BAUX D'ANDRIA (morte en 1469), dont il eut Louis, qui suit ; Thibault, duquel sont descendus les seigneurs de Fiennes et les vicomtes de Martigues; Jacques, seigneur de Richebourg ; et deux autres fils; Jacqueline, mariée, en 1433, à Jean d'Angleterre, duc de Betfort, puis à Richard Donderville, seigneur de Rivières ; Isabelle, femme de Charles Ier, comte du Maine ; Catherine, troisième femme d'Artus de Bretagne, comte de Richemont.

LOUIS.

1433. LOUIS, fils aîné de Pierre de Luxembourg, lui succéda, à l'âge de quinze ans, dans le comté de Saint-Pol et dans celui de Conversan, dans la châtellenie de Lille, et autres domaines, sous la tutelle de Jean de Luxembourg, comte de Ligni, son oncle. Conduit par son tuteur, grand partisan des Anglais, il entra, l'an 1434, dans le Laonnais avec cinq mille combattants, et mit tout à feu et à sang jusqu'aux portes de Laon. On fit, dans un combat qui se livra près cette de ville, plusieurs prisonniers qui furent massacrés. Le comte de Ligni en fit tuer quelques-uns par son neveu, *lequel*, dit Monstrelet, *y prenoit grand plaisir* : c'était vraisemblablement pour l'accoutumer au carnage. Quel plan d'éducation ! s'écrie judicieusement M. Villaret. L'an 1435, il se trouva avec ce même tuteur à la célèbre assemblée d'Arras, et tous deux, par attachement pour les Anglais, refusèrent de jurer le traité qui y fut conclu entre le roi Charles VII et le duc de Bourgogne. Le roi, l'an 1440, faisant emmener l'artillerie de Tournai à Paris, les gens du comte de Saint-Pol eurent la témérité d'enlever ce convoi. La Hire, Chabannes et Rohaut, reçurent ordre à cette nouvelle d'entrer sur les terres du comte, qu'ils ravagèrent. La comtesse-douairière de Saint-Pol étant venue trouver le monarque à Laon, fit la paix de son fils, à condition qu'il ferait hommage et serment de fidélité au roi, tant pour ses terres que pour celles qu'il tenait par la comtesse sa femme, et lui remettrait pour garant de sa foi la ville de Marle. Le comte s'étant rendu à la cour pour s'acquitter de cet engagement, y reçut un favorable accueil. Dès-lors il rompit ses liaisons avec l'Angleterre, et travailla efficacement à délivrer entièrement la France de sa tyrannie. Ce fut lui qui acheva de chasser les Anglais de la Normandie, par la prise d'Harfleur, qui capitula le 24 décembre 1449. Il y entra, le premier janvier suivant, accompagnant le roi, sous les ordres duquel il en avait fait le siége. Froissart rapporte que le chanfrein (armure de la tête) de son cheval de bataille était estimé trente mille écus. Plusieurs villes des autres provinces, avec le secours qu'il y porta, secouèrent le joug de ces dangereux ennemis. Il marcha, l'an 1452, au secours du duc de Bourgogne contre les Gantois révoltés. Son attachement à ce prince le fit entrer, l'an 1463, dans la ligue qui avait pour prétexte le bien public, d'où elle tira son nom. La même année, le roi Louis XI étant à Tournai, le comte de Saint-Pol, après bien des délais, vint lui faire hommage des terres qu'il tenait de la couronne. Le roi, dans cette rencontre, fit tout son possible pour l'attirer à son service et le détacher de celui de Charles, comte de Charolais, auquel il était entièrement dévoué; mais il ne put rien gagner.

L'an 1465, le comte de Saint-Pol, à la tête de trois cents hommes d'armes, de quatre cents archers et de plusieurs seigneurs, va joindre l'armée de la ligue, dont il commanda l'avant-garde à la bataille de Montlhéri, donnée le 16 juillet. Louis, voulant gagner à quelque prix que ce fût le comte de

Saint-Pol, lui donna, le 5 octobre suivant, l'épée de connétable; et pour ôter au comte de Charolais toute méfiance à cet égard, il feignit d'accorder à son favori cet honneur en sa considération. Le comte de Saint-Pol, attaché au roi par sa place, continua de se ménager avec le comte de Charolais jusqu'à la mort du vieux duc de Bourgogne, Philippe le Bon. On le vit même servir dans l'armée de ce prince contre les Liégeois, comme son feudataire, à raison des terres qu'il possédait en Picardie et aux Pays-Bas. Mais Charles étant devenu duc de Bourgogne, le connétable se déclara hautement pour le roi dans les démêlés de ce monarque avec le duc. L'an 1470, au mois de décembre, il enlève à ce dernier, sans coup férir, la ville de Saint-Quentin, qu'il garda pour lui; et au commencement de l'année suivante, il engage par ses émissaires la ville d'Amiens à se donner au roi. Mais comme il trouvait son avantage à continuer la guerre, il traversa sous main les projets d'accommodement qui furent proposés.

L'an 1474, le roi et le duc, s'apercevant que le connétable trahissait également leurs intérêts dans la vue de se rendre indépendant de l'un et de l'autre, se concertent pour le perdre. La chose fut conclue par les ambassadeurs des deux princes aux conférences de Bouvines, où, par traité signé de part et d'autre, les deux princes convinrent de déclarer à son de trompe le connétable, leur ennemi commun, criminel de lèse-majesté, coupable de félonie, promettant que celui des deux qui le ferait arrêter le premier, le ferait mourir huit jours après ou le rendrait à l'autre pour en faire brieve justice. Mais le roi n'ayant pas voulu ratifier le traité, les signatures furent rendues par les ambassadeurs de Bourgogne. Le connétable, instruit de l'orage qui le menaçait, demande une entrevue avec le roi pour se justifier. Elle est accordée. On convient d'un pont sur une petite rivière entre la Fère et Noyon pour le rendez-vous. Le connétable y vient accompagné de trois cents hommes d'armes, et a la hardiesse de faire mettre une barrière entre le roi et lui. Il parle pour sa défense en peu de mots. Le roi lui promet d'oublier le passé, après quoi l'on se sépare. Mais l'insolence avec laquelle le connétable avait paru devant son maître, laissa une profonde plaie dans le cœur de ce monarque. Le connétable, qui connaissait le caractère vindicatif du roi, chercha son salut dans l'intrigue et la fourberie. Il engage le roi d'Angleterre, Edouard IV, son neveu, à faire une descente en Picardie, et lui promet le secours du duc de Bourgogne, qu'il détermine en effet à seconder cette entreprise. Mais la chose n'eut pas le succès qu'il espérait. Louis XI s'accommode avec le roi d'Angleterre, à qui le duc de Bourgogne avait manqué de parole, et l'engage à s'en retourner. Le connétable, voyant ce coup manqué, dépêche au roi son secrétaire pour lui persuader qu'il est ennemi du duc. La conversation est rendue à ce dernier, qui jure la perte du connétable. Entrevue du roi et du duc à Soleure dans le Luxembourg le 13 septembre 1475. Ils y signent un traité par lequel ils promettent de se livrer réciproquement leurs ennemis communs, à la tête desquels ils mettent le connétable. Celui-ci demeurait cantonné à Saint-Quentin, dont il avait fait sa place d'armes. Le roi marche contre cette ville, où le connétable ne juge pas à propos de l'attendre. Il se réfugie sur les terres du duc, après lui avoir promis de lui remettre toutes ses places de Picardie, et arrive à Mons. Le duc, occupé pour lors au siège de Nanci, donne ordre de l'arrêter; puis, sur les instances du roi, il le fait remettre, par son chancelier Hugonet, entre les mains du bâtard de Bourbon. Le connétable, amené à Paris, est enfermé, le 27 novembre 1475, à la Bastille. On instruit son procès, et par arrêt du parlement, rendu le 19 décembre suivant, il est condamné à perdre la tête en place de Grève: supplice qu'il souffrit avec beaucoup de constance et de résignation. Telle fut la fin de cet homme en qui tout était grand, dit le P. Daniel, l'esprit, le courage, l'habileté dans la guerre, la naissance, les honneurs, les richesses, l'ambition. Son corps fut enterré aux Cordeliers. Le roi céda au duc de Bourgogne, comme on en était convenu, les villes de Saint-Quentin, de Ham, de Bohain, avec les trésors du connétable, et hérita pour sa part des terres que ce malheureux seigneur possédait en France; mais ensuite il les donna, pour la plupart, au maréchal de Gié. Louis de Luxembourg avait épousé, 1°, le 16 juillet 1455, à Bohain, JEANNE DE BAR, comtesse de Soissons, vicomtesse de Meaux, fille unique de Robert de Bar, morte en 1462; 2°, l'an 1466, le premier août, MARIE, fille de Louis, duc de Savoie, sœur de la reine Charlotte, femme de Louis XI, décédée l'an 1475, quelques mois avant son époux. Du premier lit il eut Jean, comte de Soissons et de Marle, tué dans l'armée du duc de Bourgogne, le 22 juin 1476, à la bataille de Morat; Pierre, qui suit; Antoine, qui portait le titre de comte de Rouci quoiqu'il n'eût pas la terre, et tige des comtes de Brienne; Charles, évêque de Laon; Jacqueline, femme de Philippe, sire de Croï et comte de Porcien; Hélène, mariée à Janus, comte de Genève; Philippe, abbesse de Moncel. Du second lit vinrent Louis, comte de Ligni, Prince d'Andrie et grand-chambellan de France, mort le 31 décembre 1503; et Jeanne, religieuse.

PIERRE II.

Pierre II, second fils de Louis de Luxembourg, fut appelé comte de Brienne du vivant de Jean, son aîné. Mais après la mort de celui-ci, qui fut tué, comme on l'a dit, à la bataille de Morat, il prit les titres de comte de Saint-Pol, de Marle, de Soissons, etc.; titres qui furent sans réalité, Pierre n'ayant jamais joui des domaines de son père situés en France, tant à cause de la confiscation, que parce qu'il était au service du duc de Bourgogne. Pierre étant à Gand, l'an 1477, après la mort du duc de Bourgogne, contribua beaucoup à soulever les Gantois contre le chancelier Hugonet, et à le faire condamner à mort. Le motif qui le fit agir en cette occasion, fut le ressentiment de la mort de son père, dont Hugonet avait été cause en exécutant trop précipitamment l'ordre que le duc de Bourgogne lui avait envoyé de le livrer aux commissaires de Louis XI; ordre qu'il avait révoqué trois heures après. La même année 1477, la princesse Marie, fille et héritière du duc Charles, cède et transporte, par acte du 20 août, aux enfants du connétable *tous droits, causes et actions que le feu duc son Père et elle pourroient avoir, soit à titre de confiscation, ou à titre de dons et transport du roi auparavant ou depuis le trépas de M. Louis de Luxembourg en la comté de Saint-Pol, en toutes les autres terres et seigneuries qui appartinrent audit Louis de Luxembourg.* (Pavillon, *notes sur l'hist. de Luxembourg par Vignier.*) Pierre mourut au château d'Enghien le 25 octobre 1482. De Marguerite, sa femme, fille de Louis, duc de Savoie, sœur aînée de Marie, sa belle-mère, et veuve de Jean IV Paléologue, marquis de Montferrat, décédée le 3 mars 1483, il eut trois fils morts jeunes; Marie, qui suit; Françoise, dame d'Enghien, femme de Philippe de Clèves, comte de Ravestein. Pierre II et sa femme sont enterrés à Cercamp.

MARIE DE LUXEMBOURG.

1482. Marie, fille aînée de Pierre II de Luxembourg, prit le titre de comtesse de Saint-Pol, de Soissons, etc. après la mort de son père. Elle était mariée pour lors à Jacques de Savoie, comte de Romont, son oncle, lequel mourut le 30 janvier 1486. Marie et Françoise, sa sœur, obtinrent du roi Charles VIII, l'an 1487, une déclaration datée d'Amiens, au mois de juillet, portant qu'elles rentreraient dans tous les biens de leurs aïeux paternels et maternels, comme aussi dans ceux de leurs oncles:

déclaration qui fut homologuée au parlement, malgré les oppositions de ceux qui possédaient ces biens, le 10 février 1488 (N. S.). Marie eut dans sa part les comtés de Saint-Pol, de Soissons, de Marle, la vicomté de Meaux, et d'autres domaines qu'elle porta dans la maison de Bourbon-Vendôme par son mariage avec François de Bourbon, comte de Vendôme. Elle perdit son époux le 3 octobre 1495, et mourut elle-même le premier août 1546 (N. S.). (Voy. *les comtes et les ducs de Vendôme*.)

FRANÇOIS DE BOURBON II.

1495. FRANÇOIS DE BOURBON, IIe du nom, 3e fils de François de Bourbon, comte de Vendôme, et de Marie de Luxembourg, comtesse de Saint-Pol, de Soissons, etc., né à Ham en Picardie le 6 octobre 1491, porta le titre de comte de Saint-Pol après la mort de son père. Il accompagna, l'an 1515, le roi François Ier dans son expédition d'Italie, et combattit, le 13 et le 14 septembre, à la fameuse bataille de Marignan. L'an 1521, étant à Romorentin avec la cour, le sort le fait roi de la fève dans une partie faite avec ses amis la veille des Rois. François Ier, l'ayant appris, envoie défier le nouveau roi. La maison du comte est assiégée. On attaque et on se défend avec des boules de neige, des pommes et des œufs. Le jeu s'échauffant, l'un des assiégés lance par la fenêtre une bûche enflammée qui tombe sur la tête du roi et le renverse sans connaissance. On veut rechercher l'imprudent qui a fait le coup ; le roi ne le permet pas : *C'est moi*, dit-il, *qui ai fait la folie ; il est juste que je la boive*. Il revint de cet accident dont il ne témoigna aucun ressentiment au comte de Saint-Pol. Ce dernier, l'an 1522, secourut la ville de Mézières assiégée par le comte de Nassau, fit rentrer Mouzon et Bapaume sous l'obéissance du roi, et défit, l'an 1523, l'arrière-garde de l'armée anglaise au combat du Pas en Artois. Etant retourné en Italie avec le roi, l'an 1524, il sauva les débris de l'armée française à la retraite de Rebec, et les ramena en France. Ayant repassé encore les Alpes l'année suivante, il fut pris à la bataille de Pavie, et eut ensuite l'adresse de se sauver. Voici comme on raconte son aventure : Un coup de pique l'ayant renversé par terre à côté du roi, il perdait tout son sang, et paraissait mort : un Espagnol, le rencontrant en cet état, voulut lui couper le doigt pour avoir son anneau. La douleur réveilla ses sens, et le fit crier. L'ennemi le chargea sur son cheval, le conduisit à Pavie, et le fit si bien traiter, qu'il en revint. Le comte, qui n'avait point engagé sa parole, prit le parti de s'en retourner lorsqu'il fut guéri.

François de Bourbon fut pourvu, l'an 1527, du gouvernement du Dauphiné. Nommé, l'an 1528, par le roi pour commander l'armée française d'Italie, il prit d'assaut Pavie le 19 septembre, et saccagea cette place en mémoire de la défaite et de la prison de François Ier. Le 2 mai de l'année suivante, il se rendit maître de Mortare; mais, le 23 juin, il fut surpris à Landriano par Antoine de Leves, qui le fit prisonnier. Les Lansquenets et les Italiens l'avaient abandonné dans ce péril, et sa cavalerie s'était sauvée à Pavie avec l'avant-garde. Sa liberté lui fut rendue trois mois après par le traité conclu le 5 août à Cambrai. L'an 1534, par contrat du 9 février, il promit sa main à ADRIENNE, fille unique et seule héritière de Jean III, sire d'Estouteville. En considération de cette future alliance, le roi François Ier érigea la seigneurie d'Estouteville en duché, par lettres du mois d'août de la même année. Une des clauses du contrat de mariage portait que le comte François de Bourbon prendrait le nom, le cri et les armes d'Estouteville. Il y satisfit, et fut appelé le duc d'Estouteville, dont les armes furent écartelées dans son écu avec celles de Bourbon. Le roi, l'an 1536, ayant déclaré la guerre au duc de Savoie, il fut envoyé contre lui, et réduisit presque tout son pays sous la domination de la France. Le comté de Saint-Pol était cependant entre les mains de l'empereur, qui s'en était saisi comme d'un fief mouvant, selon lui, du comté de Boulogne dont il était maître.

L'an 1537, au mois d'avril, le roi François Ier traita d'échange avec le comte François et lui donna le comté de Montfort-l'Amauri pour celui de Saint-Pol. L'ayant en son pouvoir, il fit travailler en diligence aux fortifications du chef-lieu. Mais avant qu'elles fussent achevées, un détachement des impériaux, sous la conduite du comte de Rœux, vint les détruire, passa la garnison au fil de l'épée, et mit le feu à la ville, qui fut long-tems à se relever de ce malheur. La guerre s'étant renouvelée, l'an 1542, entre la France et l'empereur, le comte François suivit le dauphin chargé du commandement de l'armée qui fut envoyée en Picardie et dans le Luxembourg. Le secours qu'il donna, l'an 1543, à la ville de Landrecies, secours qui n'empêcha pas qu'elle ne fût prise, est le seul exploit connu de lui dans les deux campagnes qu'il fit avec ce prince.

L'an 1544, le comte d'Enghien, général de notre armée en Italie, disposé à livrer la bataille de Cérisoles, députa le brave Montluc, alors officier subalterne, à la cour, pour en demander la permission. Le comte de Saint-Pol, appelé au conseil que le roi tint à ce sujet, combattit vivement le discours que fit Montluc, aussi présent, pour appuyer cette demande : les raisons de Montluc l'emportèrent. Le comte, au sortir du conseil, dit à ce guerrier : *Fou, enragé que tu es, tu vas être cause du plus grand bien ou du plus grand mal qui puisse arriver au roi.* Montluc, qui était gascon, lui répond : *Monsieur, soyez en repos, et assurez-vous que la première nouvelle que vous recevrez, c'est que nous les aurons fricassés et en mangerons si nous voulons.* L'événement vérifia cette prédiction. La paix s'étant faite à Crépi le 18 septembre de la même année, le comté de Saint-Pol fut rendu, par un des articles du traité, à François de Bourbon pour en jouir comme il faisait avant la guerre. Ce prince mourut, le premier septembre 1545, à Cotignan près de Reims, et fut enterré à l'abbaye de Vallemont en Normandie. Le roi pleura en lui un frère et un compagnon d'armes ; il le regretta d'autant plus, que l'amitié qui les unissait depuis quarante ans n'avait jamais éprouvé la moindre altération. Sa femme lui survécut environ quinze ans, étant morte à Trie le 15 décembre 1560. De leur mariage sortirent François, qui suit ; Jeanne, morte en bas âge ; et Marie, qui viendra ci-après.

FRANÇOIS DE BOURBON III.

1545. FRANÇOIS III, né au château de Hambie en Normandie, le 14 janvier 1636 (N. S.), de François de Bourbon II et d'Adrienne d'Estouteville, succéda au comté de Saint-Pol, et fut pourvu du gouvernement du Dauphiné, après le décès de son père. Le 22 mai 1546, il confirma, par les lettres patentes données en son nom, les priviléges de la ville de Saint-Pol, dont les titres avaient péri, l'an 1537, dans le désastre qui l'avait ruinée. La mort l'enleva le 4 octobre suivant dans sa dixième année. Il est inhumé auprès de son père à l'abbaye de Vallemont. Pendant le peu de temps qu'il survécut à son père, l'empereur Charles-Quint, exerçant toujours les droits de souveraineté sur le comté de Saint-Pol, nomma sénéchal de ce pays Jean de Longueval, seigneur de Vaux et gouverneur d'Artois.

MARIE DE BOURBON, JEAN DE BOURBON, FRANÇOIS DE CLÈVES, LÉONOR D'ORLÉANS.

1546. MARIE, née à la Fère le 30 mai 1539, succéda, l'an 1546, sous la tutelle d'Adrienne d'Estouteville, sa mère, à François de Bourbon, son frère, au comté de Saint-Pol, ou plutôt au titre de ce comté ; car durant treize ans elle n'eut rien de plus, l'empereur, comme on l'a dit, s'étant approprié l'utile de la terre de Saint-Pol. Le roi de France, Henri II, reprit cependant, l'an 1550, le comté de Monfort-l'Amauri, malgré la réclamation de Marie de Bourbon et de sa mère. Enfin, l'an 1559, dans les conférences tenues pour la paix entre la France et l'Espagne, il fut réglé le 3 avril ce qui suit : *La dame Adrienne d'Etouteville (c'était toujours elle qui était regardée comme propriétaire) reprendra le comté de Saint-Paul du roy catholique pour en jouir comme ses prédécesseurs avant la guerre, et spécialement comme ils en jouissoient avant l'échange fait dudict comté de Saint-Paul avec celuy de Montfort en l'an 1536 (V. S.); et quant au droit de reprise que le roy de France prétend lui appartenir, ses actions luy demeureront réservées, comme aussi au roy catholique, pour s'en servir respectivement; et pour ce députeront dans six mois et nommeront des arbitres. Pendant le procès les parties demeureront ès droits et en la même possession en laquelle ils ont été dès le dernier traité de Crépy jusqu'à la rupture de la paix en 1551. Le roy catholique ne pourra se servir de la reprise que la dame de Touteville luy fera, ni le roy très-chrétien d'aultre que ladicte dame peut lui avoir faict. Et sera tenu en surséance, ladicte dame faisant reprise avantageuse quant au payement des droits seigneuriaux et de reliefs, jusqu'à ce que (le différend vuidé) on voye s'ils seront dûs ou non.* Adrienne en vertu de cet arrêté, fut sommée de la part du roi catholique, de reprendre de sa majesté le comté de Saint-Pol. Elle satisfit à cet ordre par son procureur Maximilien de Melun, vicomte de Gand; après quoi elle demanda la jouissance de ses revenus à la duchesse de Parme, gouvernante des Pays-Bas; ce qui lui fut accordé. Marie de Bourbon, l'an 1560, après le décès d'Adrienne, se mit en possession du comté de Saint-Pol. Elle était mariée pour lors en secondes noces, par contrat du 2 octobre 1560, à François de Clèves, deuxième du nom, duc de Nevers, qu'elle perdit le 10 janvier 1563 (N. S.). Le 2 juillet de la même année, elle se remaria à Léonor d'Orléans, duc de Longueville, qui mourut à Blois au mois d'août 1573, et fut inhumé à Châteaudun. Jean de Bourbon, comte de Soissons, son premier mari et son cousin germain, qu'elle avait épousé le 14 juin 1557, n'avait pas été deux mois avec elle, ayant été tué le 10 août suivant à la journée de Saint-Quentin. Ces trois époux joignirent le titre de duc d'Estouteville à celui de comte de Saint-Pol. Marie finit ses jours le 7 avril 1601, et eut sa sépulture à l'abbaye de Vallemont, laissant de son troisième mariage, Henri d'Orléans, duc de Longueville; François, qui suit; et quatre filles.

FRANÇOIS D'ORLÉANS.

1601. FRANÇOIS D'ORLÉANS, second fils de Léonor d'Orléans, uc de Longueville, et de Marie de Bourbon, succéda, l'an 1601, à sa mère dans le comté de Saint-Pol. Il porta aussi le titre de duc de Fronsac, qui lui fut conféré au mois de janvier 1608, et jouissait des gouvernements d'Orléans, de Blois et de Tours. L'an 1621, par pouvoir du 12 juin, il commanda l'armée de l'Orléanais et du Blaisois contre les calvinistes. Ces rebelles s'étaient fortifiés dans Jargeau ; le comte de Saint-Pol eut ordre de les en déloger. La garnison capitula le 22 mai 1622 ; et, sur la promesse qu'elle fit de sortir le lendemain, le comte congédia une partie de ses troupes. Deux cents calvinistes, profitant de cette imprudence, se glissèrent dans Jargeau, et refusèrent de tenir la capitulation. Mais les habitants, instruits que le comte faisait venir du canon d'Orléans, remirent la place comme ils en étaient convenus. (M. Pinard.) « François d'Orléans, avec
» de l'esprit et beaucoup de bravoure, n'avait aucune ardeur
» pour la gloire. Son indifférence naturelle sur les petites choses
» étouffait en lui tout amour-propre ; il ne pensait pas plus aux
» batailles où il s'était distingué qu'aux parties de chasse qu'il
» avait faites. *Le 7 octobre 1631, il est mort,* disait-on, *tout*
» *doucement sans rien dire comme il avait vécu sans rien faire,*
» apparemment par comparaison avec son frère (le duc de Lon-
» gueville). Il ne laissa point d'enfants de son mariage avec
» ANNE DE CAUMONT, marquise de Fronsac. Le fils qu'il en avait
» eu, Léonor d'Orléans, duc de Fronsac, avait été tué à l'âge
» de dix-sept ans (le 3 septembre) en 1622, au siége de Mont-
» pellier. Cette Anne de Caumont avait d'abord été fiancée à
» Claude d'Escars, prince de Carenci, qui fut tué en duel par
» Biron, son rival ». (Sainte-Foix.) Elle mourut en 1642.

HENRI D'ORLÉANS.

1631. HENRI D'ORLÉANS, fils de Henri Ier, duc de Longueville et d'Estouteville, né le 27 avril 1595, succéda, l'an 1631, à François d'Orléans, son oncle, au comté de Saint-Pol. Il était revêtu depuis la mort de son père, arrivée deux jours avant sa naissance, des duchés de Longueville et d'Estouteville, ainsi que de la principauté de Neufchâtel en Suisse, et des comtés de Dunois, de Chaumont et de Tancarville. Après s'être distingué dans la guerre contre l'Espagne, pendant laquelle son comté de Saint-Pol retomba sous cette puissance, il fût mis à la tête des pléni-potentiaires, nommés, l'an 1644, pour traiter de la paix de Munster. Ayant embrassé depuis le parti de la Fronde, il fut arrêté, le 18 janvier 1650, avec les princes de Condé et de Conti, conduit avec eux, d'abord à Vincennes, puis à Marcoussi, et enfin au Hâvre. Délivré avec eux, le 13 février 1651, il revint à la cour, où sa conduite paisible et soumise lui mérita de nouvelles faveurs. Au lieu du gouvernement de Picardie dont il était pourvu, le roi lui donna celui de Normandie. L'an 1653, ce monarque, par ses lettres-patentes, déclara qu'il reconnaissait Henri, duc de Longueville, pour prince du sang, voulant que lui et ses descendants en mariage légitime fussent reconnus pour tels comme issus de la maison d'Orléans, et eussent rang à la cour après les autres princes de son sang. Léonor, aïeul de Henri, avait obtenu du roi Charles IX de semblables lettres au mois de septembre 1571. Mais ni les unes ni les autres ne furent enregistrées. Henri mourut à Rouen, dont il était gouverneur, ainsi que de toute la Normandie, le 11 mai 1663. Son corps fut transporté à la Sainte-Chapelle de Châteaudun, et son cœur aux Célestins de Paris. Il avait épousé, 1° Louise de Bourbon, fille de Charles, comte de Soissons (morte le 9 septembre 1637), dont il eut deux fils, décédés en bas âge, et une fille, Marie, qui viendra ci-après. Anne-Geneviève, fille de Henri de Bourbon-Condé, fut la seconde femme du duc de Longueville, qu'elle épousa le 2 juin 1642. On sait le rôle que joua cette princesse dans la cabale de la Fronde, où elle entraîna son mari, et la pénitence éclatante qu'elle en fit jusqu'à sa mort, arrivée le 15 août 1679, à Paris, dans le couvent des Carmélites du faubourg Saint-Jacques. C'était le lieu de sa retraite depuis plusieurs années, après avoir été obligée de quitter le séjour de Port-royal-des-Champs. Elle eut de son mariage deux fils, Charles-Louis, et Charles-Paris, qui suit, avec une fille morte en bas âge.

CHARLES-PARIS.

Charles-Paris, fils puîné de Henri d'Orléans et d'Anne-Geneviève de Bourbon, né dans l'hôtel-de-ville de Paris, la nuit du 28 au 29 janvier 1649, devint, par la cession de son frère aîné, duc de Longueville et d'Estouteville, comte de Saint-Pol, et prince de Neuchâtel, sous la garde-noble de sa mère. Doué d'un naturel excellent, et élevé avec le plus grand soin, il donna dès sa plus tendre jeunesse les plus belles espérances. A l'âge de dix-huit ans il accompagna le roi, l'an 1667, à sa campagne de Flandre, et eut part à la prise des villes de Tournai, Douai et Lille. L'année suivante, il fut aussi de l'expédition que le monarque fit en Franche-Comté. Les Turcs faisaient alors le siége de Candie. Le duc de Longueville partit à la tête de 100 gentilshommes pour aller au secours de cette place. Il y fit preuve de sa valeur en diverses attaques. Mais les forces et l'obstination des Turcs prévalurent sur les efforts de tous les braves qui entreprirent de leur faire lever le siége. L'an 1672, il fut de la première campagne de Hollande, et passa le Rhin à la nage avec la cavalerie française. Mais, par une imprudence pardonnable à son âge, ayant attaqué au sortir de ce fleuve, un corps des ennemis retranché à Tolhus, il y fut tué le dimanche, 12 juin, dans le tems qu'on travaillait à l'élever sur le trône vacant de Pologne, et qu'il était près de l'emporter sur son compétiteur, Michel Wiecnowiecki. N'ayant point été marié, il laissa un fils naturel, Charles-Louis d'Orléans, qui fut tué, l'an 1688, au siége de Philisbourg.

CHARLES-LOUIS.

1672. CHARLES-LOUIS, né le 12 janvier 1646, de Henri d'Orléans-Longueville et d'Anne-Geneviève de Bourbon, fut dévoué, l'an 1669, à l'état ecclésiastique. Il avait fait l'abandon de son patrimoine, à quelques réserves près, en faveur de Charles-Paris, son frère puîné; après quoi il s'était retiré dans l'abbaye de Saint-George, près de Rouen, avec une tête dérangée, dont la solitude ne rétablit point les organes. Il mourut dans cette retraite l'an 1694, et en lui, fut éteinte la maison d'Orléans-Longueville.

MARIE D'ORLÉANS-LONGUEVILLE.

1694. MARIE, née le 5 mars 1625, de Henri d'Orléans-Longueville, et de Louise de Bourbon, mariée le 22 mai 1657, à Henri II de Savoie. duc de Nemours, mort le 4 janvier 1659, sans enfants, sucééda, l'an 1694, à Charles-Louis, son frère, appelé l'abbé de Longueville, dans le comté de Saint-Pol et ses autres domaines qu'il avait hérités de Charles-Paris, son frère, et dont la régie avait été commise à des curateurs. Marie ne garda point le comté de Saint-Pol. Elle le vendit, par contrats des 15 et 17 novembre 1705, à Élisabeth de Lorraine-Lillebonne, veuve de Louis Ier de Melun, prince d'Epinoi dans l'Artois. Cette vente occasionna un long débat entre les fermiers des domaines du Boulonnais et ceux de l'Artois pour les droits de relief; les uns soutenant que le comté de Saint-Pol relevait de Boulogne, les autres prétendant qu'il était mouvant de l'Artois, comme étant dans *la gouvernance* d'Arras. Le procès fut à la fin terminé, par arrêt du conseil du mois de janvier 1787, en faveur des derniers. La duchesse Marie finit ses jours à Paris le 16 juin 1707, à l'âge de quatre-vingt-trois ans, et fut inhumée aux Carmélites de la rue Chapon.

LOUIS II DE MELUN.

1707. LOUIS, fils aîné de Louis de Melun, prince d'Epinoi, et d'Elisabeth de Lorraine-Lillebonne, né l'an 1695, succéda à sa mère dans le comté de Saint-Pol, et à son père dans la principauté d'Epinoi, la vicomté de Joyeuse et autres domaines. Le roi Louis XIV, par lettres du mois d'octobre 1714, érigea la vicomté de Joyeuse en duché-pairie. Le nouveau duc de Joyeuse epousa, l'an 1716, ARMANDE, fille d'Emmanuel-Théodose de Bouillon, duc d'Albret, morte en couches le 13 avril de l'année suivante. Un accident non moins funeste termina les jours de son époux. Étant à la chasse, l'an 1724, il fut blessé par un cerf le 27 juillet, et mourut le 31, de sa blessure.

CHARLES DE ROHAN-SOUBISE.

1724. CHARLES DE ROHAN, prince de Soubise et d'Epinoi, duc de Rohan-Rohan, pair et maréchal de France, né, le 16 juillet 1716, de Louis-François-Jules de Rohan-Soubise, et d'Anne-Julie-Adélaïde de Melun, sœur de Louis, comte de Saint-Pol et prince d'Épinoi, a succédé à son oncle maternel dans tous les domaines de sa maison. Il a épousé, 1° le 29 décembre 1734, ANNE-MARIE-LOUISE DE LA TOUR D'AUVERGNE, morte le 17 septembre 1739, fille d'Emmanuel-Théodose, souverain de Bouillon; 2°, le 3 novembre 1741, ANNE-THÉRÈSE DE SAVOIE-CARIGNAN, morte le 5 avril 1745, fille de Victor-Amédée, prince de Carignan; 3° le 24 décembre 1745, ANNE-VICTOIRE-MARIE-CHRISTINE DE HESSE-RHOTENBOURG, fille de Joseph, landgrave de Hesse-Rhinfels. Il a eu pour enfants ;

Du premier lit :

1° N.... nommé le *comte de Saint-Pol*, né le 12 septembre 1739, mort le 25 mai 1742;
2° Charlotte-Godefride-Élisabeth, née le 7 octobre 1737, mariée le 3 mai 1753, à Louis-Joseph de Bourbon, prince de Condé, morte le 4 mars 1760 ;

Du second lit :

3° Victoire-Armande-Josephe, née le 28 décembre 1743, mariée le 15 janvier 1761, à Henri-Louis-Marie, prince de Rohan-Guéménée.

CHRONOLOGIE HISTORIQUE

DES

COMTES DE GUINES.

Guines, ou Ghisnes (en latin *Ghisnæ*), ville de Picardie située à deux lieues de la mer et environ autant de Calais au nord-est, a donné son nom à un comté qui comprenait autrefois les villes d'Ardres, d'Hardewic, de Brédenarde, et de Tornehen avec le port de Witsan, et dont relevaient douze baronnies avec autant de pairies. Les sentiments des anciens et des modernes sont partagés sur l'origine des comtes de Guines. Voici ce qui nous a paru de plus probable après un sérieux examen.

SIFRID.

965. Sifrid, ou Sifroid, prince danois, suivant la chronique de Saint-Bertin, et non français d'extraction, comme le prétend Lambert d'Ardres, doit passer pour le premier comte propriétaire de Guines. Cette terre appartenait originairement à l'abbaye de Saint-Sithiu ou Saint-Bertin. Nous en avons la preuve dans la charte ou pancarte donnée, l'an 877, par Charles le Chauve pour confirmer toutes les possessions de cette abbaye. L'historien moderne de Calais forme contre l'authenticité de cette pièce des objections qu'on peut résoudre avec les premières notions de la science diplomatique. La terre de Guines tomba depuis (on ne sait comment) dans le domaine des comtes de Flandre. Guillaume Ier, comte de Ponthieu, dans la guerre qu'il eut, en 965, avec Arnoul II, dit le Jeune, comte de Flandre, lui ayant enlevé les pays du Boulonnais, de Guines et de Saint-Pol, ce dernier appela à son secours les Danois, qui vinrent en troupes sous la conduite de Canut, frère du roi de Danemarck, et de Sifrid, son cousin. Leur expédition fut assez heureuse. Ils remirent Arnoul en possession d'une partie des terres que le comte de Ponthieu lui avait enlevées. Arnoul, pour reconnaître ce service, donna la terre de Guines à Sifrid, et lui fit épouser Elstrude, sa sœur, dont il eut Adolphe, qui suit. Ce mariage était nécessaire, parce qu'il avait été précédé, suivant Lambert

d'Ardres et Ipérius, d'un commerce de Sifrid avec Elstrude. Ces deux écrivains disent qu'il finit par se pendre pour se soustraire au ressentiment d'Arnoul, qui n'apprit qu'après coup le déshonneur de sa sœur. Du Chesne met sa mort en 965.

ADOLPHE.

ADOLPHE, ou ARDOLPHE, fils de Sifrid, né vers l'an 966, après la mort de son père, fut pourvu du comté de Guines, presque au moment de sa naissance, par Arnoul II, comte de Flandre, son oncle maternel, qui le fit élever à sa cour. A ce comté Arnoul ajouta la terre de Brédenarde, et fit épouser depuis à son neveu MAHAUT, fille, suivant Lambert d'Ardres, d'Ernicule, comte de Boulogne. Adolphe, selon le même écrivain, fit entourer d'un double fossé le château de Guines, nommé la Cuve, à cause de sa figure, que son père avait commencé. Il vivait encore en 996; en mourant, il laissa un fils, qui suit.

RAOUL.

RAOUL, fils d'Adolphe et son successeur, épousa, l'an 1000 au plus tôt, ROSELLA, fille d'un comte de Saint-Pol, suivant la chronique de Saint-Bertin. Mauvais économe, il devint un tyran par une suite de ses prodigalités. Entre les impositions dont il chargea ses sujets, on remarque une capitation d'un denier annuel sans distinction d'âge, de sexe, ni de condition, de quatre deniers pour les noces, et de pareille somme pour la sépulture. La crainte des révoltes lui fit introduire une autre servitude qu'on nomma *Colvékerlie*, ou *Massuerie*, par laquelle il était défendu aux paysans de porter d'autres armes que des massues ; ce qui les fit nommer *Colvékerliens* ou *Massuiers*. Raoul satisfit la haine de ses sujets par une fin tragique, sans qu'ils y eussent participé. Etant allé à un tournoi qui se célébrait à Paris, il y reçut deux blessures dont il mourut avant l'an 1036. Ipérius dit qu'ayant été renversé de son cheval, les chiens le mirent en pièces, et que le cadavre fut ensuite jeté dans la Seine, où jamais on ne put le retrouver. De son mariage Raoul laissa plusieurs enfants.

EUSTACHE.

EUSTACHE, fils aîné de Raoul, lui succéda au comté de Guines, dont il fit hommage à Baudouin le Barbu, comte de Flandre. Lambert d'Ardres fait l'éloge de sa valeur, de sa bonté envers ses sujets, et de son zèle pour la justice. Il épousa SUSANNE, fille de Siger de Gramines, dont il eut trois fils et deux filles. Les fils sont, Baudouin, Guillaume et Ramelin; les filles, Adèle et Béatrix. Eustache vivait encore en 1052. On ignore l'année de sa mort. (Du Chesne, *Hist. de la M. de Guines*, p. 13, et *pr.*, p. 10.)

BAUDOUIN Ier.

BAUDOUIN Ier, comte d'Ardres, fils aîné d'Eustache, lui succéda au comté de Guines l'an 1065 au plus tard; car on voit son nom et sa qualité de comte de Guines parmi les témoins d'une charte donnée à Corbie cette année par le roi Philippe Ier en faveur de l'abbaye d'Hasnon. (Bouquet, T. XI, p. 114.) L'histoire donne une idée avantageuse de sa valeur, de son savoir et de la régularité de ses mœurs. Il embrassa, l'an 1070, le parti de Robert le Frison contre Richilde et son fils dans la guerre qu'ils se faisaient au sujet de la Flandre. Il combattit pour le premier, l'année suivante, aux journées de Montcassel et de Broqueroies. L'an 1084, il fit le pèlerinage de Saint-Jacques en Galice avec Enguerand, seigneur de Lillers. Baudouin étant tombé malade à l'abbaye de Charroux en revenant, le bon traitement qu'on lui fit dans cette maison, et la régularité qu'il y remarqua, l'engagèrent à demander, après son rétablissement, à l'abbé Pierre II une partie de ses moines pour les établir dans un monastère qu'il avait dessein de fonder à son retour. Enguerand fit la même demande pour lui. L'abbé consentit à l'une et à l'autre; et telle fut l'origine du monastère d'Andre ou d'Andernes, fondé par Baudouin dans le voisinage de Guines, et de celui de Ham, près de Lillers, par Enguerand. (Ipérius) ADÈLE-CHRÉTIENNE, femme de Baudouin, fut enterrée dans le premier l'année suivante 1085; et lui-même étant mort vers l'an 1091, y eut aussi sa sépulture. Ce fut dans la suite celle de plusieurs comtes de Guines. Baudouin eut une guerre de plume et d'épée avec Arnoul Ier, seigneur d'Ardres, au sujet de cette terre qu'il prétendait relever de son comté. Mais Arnoul, dit Lambert d'Ardres, lui opposa à la fin, par le conseil de son fils, un ennemi avec lequel il n'osa se mesurer. Ce fut Robert II, comte de Flandre, à qui il remit son donjon et ses alleux pour les reprendre en fief de lui. Ceci dut arriver pendant le voyage de Robert le Frison, père de Robert II, à la Terre-Sainte. Baudouin eut de son mariage Manassès, qui suit; Foulques, qui, ayant été à la Terre-Sainte, devint comte de Baruth; Gui, qu'un moderne, trompé par Lambert d'Ardres, fait comte de Forès, en vertu d'un prétendu mariage de ce seigneur avec une fille de Guillaume III, comte de Forès; Hugues, archidiacre de Terrouenne; Adèle ou

Alix, femme de Geofroi II, seigneur de Semur en Brionnais (et non en Auxois); et Gisle, mariée à Wennemar, châtelain de Gand, et qualifié par Lambert d'Ardres, *vir viribus inclytus et genere.*

MANASSÈS.

1091 ou environ, MANASSÈS, dit ROBERT, à cause de Robert le Frison, comte de Flandre, dont il était filleul, succéda au comte Baudouin son père. Héritier de ses vertus, il se rendit célèbre non seulement en France et dans les Pays-Bas, mais en Angleterre, où étant passé, il fut bien accueilli du roi Guillaume le Roux. Ce prince lui fit épouser EMME, fille de Robert, seigneur de Tancarville, chambellan de Normandie, et veuve d'Odon de Folkestone en Angleterre. Emme ne céda point en douceur ni en piété à son époux. Ce fut à sa prière qu'il abolit la massuerie, ou colvékerlie, ainsi que la capitation que le comte Raoul, son prédécesseur, avait établie, comme on l'a dit, sur tous ses sujets, et dont les seigneurs de Ham jouissaient par inféodation. Manassès, ayant fait venir le seigneur de Ham, racheta de lui ce droit en lui donnant des fonds de terre en échange. (*Lambert. Ard.*) Ce comte eut la guerre avec Arnoul II, baron d'Ardres, parce qu'à l'exemple de son père il avait porté au comte de Flandre l'hommage qu'il devait pour sa terre au comte de Guines. Arnoul, assiégé par Manassès dans la ville d'Ardres, et près de se voir forcé dans le donjon où il s'était retiré, fit une sortie si vigoureuse, qu'il repoussa l'ennemi et le mena battant jusqu'à Guines. S'étant réconciliés ensuite, ils firent ensemble, l'an 1096, le voyage de la Terre-Sainte. Manassès et son épouse fondèrent, l'an 1117, l'abbaye de Saint-Léonard, pour des filles, dans un faubourg de Guines. L'an 1137, Manassès, se voyant accablé d'années et d'infirmités, se fit porter à l'abbaye d'Andre, où il mourut peu de jours après y avoir pris l'habit religieux. Sa femme imita son exemple, et finit ses jours chez les religieuses de Saint-Léonard. De leur mariage ils avaient eu deux filles: Sibylle, dite Rose, qu'ils marièrent avec Henri de Gand, châtelain de Bourbourg, fils de Demar, ou Themar, qui fut assassiné, le 2 mars 1127, avec Charles le Bon, comte de Flandre; et Ade, femme de Pierre de Maule, décédée sans enfants avant son père. Sibylle, après avoir mis au monde une fille nommée Béatrix, mourut avant ses père et mère des suites de ses couches. Henri, son époux, prit une seconde alliance avec Béatrix de Gand, de la branche des seigneurs d'Alost. Le comte Manassès avant son mariage, suivant Lambert d'Ardres, avait eu d'une demoiselle, originaire de Guines, une fille nommée Adélaïde, laquelle, ayant été mariée avec Eustache de Balinghen, lui donna cinq fils et une fille; puis, étant devenue veuve, elle prit une seconde alliance avec Daniel, frère de Siger II, châtelain de Gand. Le même auteur dit que Manassès était d'une taille gigantesque, et d'une force proportionnée à sa taille, mais d'une figure d'ailleurs si agréable, qu'il suffisait de l'envisager pour l'aimer. (Du Chesne, *Hist. de la M. de Guines*, L. 1.)

BÉATRIX.

1137. BÉATRIX DE BOURBOURG, fille de Henri de Gand et de Sibylle de Guines, succéda dans le comté de Guines à Manassès, son aïeul maternel, avec ALBÉRIC SANGLIER, seigneur anglais fort puissant, qu'il lui avait donné pour époux. De grandes infirmités que celui-ci avait remarquées en elle, dont la principale était la pierre, ou la gravelle, l'avaient porté à la quitter pour retourner en son pays. La nouvelle de la mort de Manassès le rappela dans le comté de Guines. Mais, après en avoir pris possession et fait hommage à Thierri d'Alsace, comte de Flandre, il repassa la mer, laissant son épouse auprès du châtelain de Bourbourg, et sa terre à la garde du seigneur de Ham. Cependant il avait un concurrent secret pour cette succession dans la personne d'Arnoul, seigneur de Tornehen, fils de Wennemar, châtelain de Gand, et de Gisle, sœur de Manassès. Arnoul, profitant de son absence, fit une confédération à l'aide de laquelle il se rendit maître du comté de Guines. En vain les partisans de Béatrix pressèrent son époux par divers messages à venir à son secours: il fut sourd à leurs sollicitations, et resta tranquille à la cour d'Etienne, roi d'Angleterre, où il était en grande considération. Henri de Gand, père de Béatrix, voyant l'indifférence d'Albéric pour recouvrer l'héritage de sa femme, promit sa fille à Baudouin, s'il voulait s'engager à retirer des mains d'Arnoul le comté de Guines. L'offre acceptée, Henri fait casser le mariage d'Albéric avec Béatrix, et la donne à Baudouin. Mais Béatrix mourut peu de jours après cette seconde alliance (l'an 1142 au plus tard), et fut enterrée au monastère de Sainte-Marie de la Capelle, sans laisser de postérité. (*Lamb. Ard.; Du Chesne, ibid.*)

ARNOUL Ier.

1142 au plus tard. ARNOUL Ier, seigneur de Tornehen, d'usurpateur du comté de Guines en devint légitime héritier après la mort de Béatrix. Il eut néanmoins pour concurrent Geofroi III, seigneur de Sémur en Brionnais, lequel prétendait à ce comté comme fils d'Alix, sœur aînée de Manassès, dont Gisle, mère d'Arnoul, n'était que sœur cadette. Mais Alix était morte depuis long-tems, au lieu que Gisle était encore vivante; ce qui donnait l'exclusion à Geofroi, la représentation n'ayant pas lieu dans le pays. Geofroi se rendit après quelques contestations, et laissa Arnoul paisible possesseur du comté de Guines. Arnoul se distingua par plusieurs actions de valeur, dont le détail n'est point venu jusqu'à nous; c'est ce qui l'a fait qualifier, par Lambert d'Ardres, *très-vaillant chevalier entre tous les chevaliers de son tems*. Pusieurs églises le comptent aussi parmi leurs bienfaiteurs. Un des priviléges qu'il leur accorda, fut que leurs hommes en passant par ses terres ne paieraient ni péages ni impôts. (L'usage des seigneurs était alors, et dura long-tems, de rançonner tous ceux qui voyageaient sur leur territoire. (Ce comte étant allé en Angleterre, y fut attaqué à Newton d'une maladie dont il mourut l'an 1169. Son corps fut apporté, comme il l'avait ordonné par son testament, à l'hôpital de Guines, auquel il avait légué ses armes, ses chevaux, ses chiens et ses oiseaux de chasse. De MAHAUT DE SAINT-OMER, son épouse, il eut Baudouin, qui suit; Guillaume, qui épousa Flaudrine de Saint-Pol; Manassès; Siger, qui continua la suite des châtelains de Gand, et en reprit le nom que son père avait quitté; Arnoul, mort jeune; Marguerite, femme, 1° d'Eustache de Fiennes, 2° de Roger, châtelain de Courtrai; et sept autres filles. (Du Chesne, *ibid.*, L. 2.)

BAUDOUIN II.

1169. BAUDOUIN II, fils aîné d'Arnoul Ier, et né du vivant du comte Manassès, son grand-oncle, qui le tint sur les fonts de baptême, succéda à son père dans le comté de Guines. Il était marié dès-lors à CHRÉTIENNE, fille unique d'Arnoul, seigneur d'Ardres, dont les possesseurs avaient presque toujours eu de vifs démêlés avec les comtes de Guines. L'exactitude avec laquelle il fit rendre la justice, lui mérita le titre glorieux de *juste juge et de justicier admirable*. L'an 1170, il reçut avec grande distinction saint Thomas, archevêque de Cantorberi, qui passa par le comté de Guines en retournant de son exil. Baudouin, dans sa jeunesse, avait été armé chevalier par ce prélat, et conservait une singulière vénération pour sa personne. Ayant perdu sa femme le 2 juillet 1177, il en conçut un chagrin dont il pensa mourir. Depuis ce tems il s'adonna spécialement à l'étude. Lambert d'Ardres dit que, sans avoir appris les lettres dans son jeune âge, il fit de grands progrès dans la philosophie et les saintes écritures. Des hommes savants, qu'il attira chez lui, suppléèrent au défaut de sa première éducation, en lui expliquant les meilleurs livres. Landri Valanis, entr'autres, traduisit en sa faveur, de latin en roman, le Cantique des Cantiques avec les évangiles des dimanches, et des homélies relatives des pères. Maître Geofroi lui mit en la même langue une partie de la physique d'Aristote; et Simon de Boulogne fit pareillement une traduction de Solin, qu'il eut l'honneur de lui présenter. Enfin, ce comte faisait un si grand cas de la littérature, qu'il forma une bibliothéque considérable, dont il confia le soin à maître Hesard de Hesdin. On rapporte que Gauthier *Silens*, autrement dit *Sileaticus*, composa pour Baudouin un livre intitulé de son nom, *le Silence*, ou *le Roman du silence*, dont le comte le récompensa libéralement en chevaux, en habits et en autres présents. Il reçut très-magnifiquement, l'an 1178, dans son château d'Ardres, Guillaume de Champagne, archevêque de Reims, qui venait de visiter le tombeau de saint Thomas de Cantorberi. Lambert d'Ardres, faisant la description du repas que le comte donna au prélat, dit que les Français ayant demandé de l'eau pour tempérer la force des vins grecs qu'on leur servait, les valets, en guise d'eau, leur versaient de l'excellent vin d'Auxerre, *Autissidoricum vinum pretiosissimum* (c'était par conséquent du vin blanc); de quoi le prélat s'étant aperçu, demanda à son hôte, sans marquer sa défiance, un verre de cette eau. Le comte, alors, s'étant levé, va droit au buffet, renverse et casse toutes les cruches d'eau, feignant d'être ivre. « Cette gentillesse, ajoute Lambert, divertit ce » grave personnage, et mérita au comte le pardon de la super-» cherie qu'il avait faite aux convives. » Telles étaient les mœurs du tems.

L'an 1179, Baudouin accompagna le roi Louis le Jeune à ce même tombeau. Il était alors attaché aux intérêts de la France; mais dans les guerres qui s'élevèrent depuis entre le roi Philippe Auguste et le comte de Flandre, il tint constamment le parti de ce dernier. Son pays souffrit de cet attachement, par les ravages qu'y firent les troupes françaises. L'an 1185, il fut compris dans le traité de paix que le comte de Flandre fit avec le monarque français. Mais cette paix, ouvrage de la nécessité pour lui, ne l'attacha pas davantage aux intérêts de la France. L'an 1198, le comte de Guines et Renaud de Dammartin, comte de Boulogne, s'étant liés ensemble, après avoir été long-tems ennemis, se retirèrent par-devers le comte de Flandre, et lui renouvelèrent l'hommage de leurs comtés. Philippe Auguste, instruit de cette nouvelle félonie, se mit en devoir de la punir; et, étant marché contre ces rebelles, il les réduisit à demander la paix. Pour l'obtenir, un des préliminaires fut qu'ils se reconnaîtraient vassaux immédiats du roi de France, suivant le traité d'Arras, fait avec le comte de Flandre en 1181. On dressa, sur ce pied, le nouveau traité de paix, qui fut signé à Péronne aux fêtes de Noel 1199. Mais la soumission du comte de Guines ne fut encore qu'un acte forcé, qui ne changea pas son aversion pour la France. L'an 1203, une nouvelle levée de bouclier du comte Baudouin, rappela Philippe Auguste sur ses terres, dont ce prince fit la conquête avec rapidité. Le comte, poussé à bout, fut obligé de venir se rendre prisonnier à Paris avec ses deux fils, Gilles et Siger. Sa captivité fut d'environ deux ans, et ayant promis d'être plus fidèle, le roi lui rendit sa terre avec la liberté l'an 1205. Il ne jouit pas long-tems de cet avantage; une maladie, qu'il avait contractée dans sa prison, le conduisit au tombeau le 2 janvier de l'année suivante (N. S.). A ses funérailles assistèrent trente-trois enfants qu'il avait eu tant de CHRÉTIENNE, son épouse (morte le 2 juillet 1177), que de ses maîtresses : car tout amateur qu'il était des lettres, il n'en fut pas plus réglé dans ses mœurs. Les principaux de ses enfants légitimes sont Arnoul, qui suit; Gilles et Siger, qui avaient tenu compagnie à leur père dans sa prison; et Baudouin, dont il sera parlé ci-après. (Du Chesne, *ibid.*, L. 2.)

ARNOUL II.

1206. ARNOUL II, baron d'Ardres, fils aîné de Baudouin et de Chrétienne, leur succéda au comté de Guines. Son père l'avait armé lui-même chevalier à la Pentecôte de l'an 1181, après l'avoir rappelé de la Cour de Flandre, où il avait reçu son éducation. Arnoul avait ensuite employé deux ans à parcourir les pays étrangers, afin de voir les tournois et les autres combats qui s'y faisaient. A son retour, il eut dessein d'épouser Ide, comtesse de Boulogne, et veuve pour lors de Berthold de Zéringhen, son troisième mari. Cette dame le désirait elle-même; mais Renaud de Dammartin l'enleva dans ce tems, et, l'ayant emmenée en Lorraine, il la contraignit de lui donner sa main. Arnoul, informé secrètement par la comtesse de la violence qu'on lui avait faite, vint en Lorraine pour la délivrer. Mais Renaud, l'ayant fait surprendre par ses gens, le fit prisonnier, et le mit sous la garde d'Albert, évêque élu de Verdun. Arnoul, quelques mois après, recouvra sa liberté par la médiation de l'archevêque de Reims. De retour chez le comte Baudouin son père, qui vivait encore, il fiança Eustachie, filles de Hugues IV, comte de Saint-Pol, et renonça ensuite à cette alliance pour épouser BÉATRIX, sœur et héritière de Henri II, châtelain de Bourbourg, la personne la plus accomplie de son siècle, si l'on en croit Lambert d'Ardres. Béatrix lui apporta aussi la terre d'Alost, dont elle avait hérité du chef de son aïeul. Arnoul, s'étant réconcilié depuis avec Renaud, entra dans la ligue que ce dernier et Baudouin, père d'Arnoul, firent avec le comte de Flandre contre le roi de France.

L'an 1209, Arnoul, comte de Guines depuis trois ans, se brouille de nouveau avec Renaud, au sujet des limites de leurs comtés. Le roi Philippe Auguste vient au secours de celui-ci, enlève au comte de Guines diverses places, et laisse en partant des garnisons qui désolèrent le pays, dit la chronique d'Andre, pendant l'espace d'un an.

L'an 1211, le comte Arnoul, ayant fait sa paix, avec le roi de France, lui rend hommage, ainsi qu'au prince Louis son fils, du comté de Guines. Cette démarche irrita contre lui Ferrand, comte de Flandre, qui se prétendait suzerain de Guines, sans égard pour le traité fait à Péronne en 1199. Ferrand s'étant fortifié de l'alliance du roi d'Angleterre, d'Otton IV, roi de Germanie, du comte de Boulogne, de Simon de Dammartin son frère, et d'autres seigneurs, vint, l'an 1212, avec une partie de ses alliés dans le comté de Guines, qu'ils ravagèrent pendant un an, et d'où ils emmenèrent la comtesse Béatrix en Flandre. Les Anglais qui étaient dans leur armée rasèrent le château de Guines, pour se venger des droits que le comte exigeait d'eux lorsqu'ils passaient sur ses terres. Arnoul, qui s'était réfugié à la cour de France, eut la satifaction de voir tous ses ennemis défaits et pris prisonniers la plupart, l'an 1214, à la célèbre bataille de Bouvines, où il combattit dans l'armée de Philippe Auguste. Six ans auparavant (l'an 1208), le roi d'Angleterre ayant chassé de son royaume les moines de Cantorberi, le comte de Guines était venu au-devant d'eux comme ils étaient entrés sur ses terres au nombre de quatre-vingts, et après les avoir régalés dans son château de Tornehen, leur avoir fourni des chevaux pour les conduire à Saint-Omer. Arrivés en cette ville, la communauté de Saint-Bertin vint les recevoir processionnellement dans la place publique. C'était, dit la chronique d'Andre, un spectacle qui tirait des larmes à tous les assistants, que de voir un couvent venir ainsi à la rencontre d'un autre, et les cœurs, de part et d'autre, manifester leur charité réciproque par les baisers de paix les plus tendres et les plus affectueux. Après avoir emmené chez eux ces exilés, et les y avoir gardés plusieurs jours, les religieux de Saint-Bertin voulurent les engager à y fixer leur séjour. Mais Geofroi, prieur de Cantorberi, craignant qu'une si grande multitude ne fût à charge en restant dans le même lieu, ne consentit à y demeurer que huitième, et envoya les autres en divers monastères de France, où ils furent reçus avec joie, et traités avec toute sorte d'humanité pendant les six ans que dura leur exil.

Le comte Arnoul, l'an 1215, suivit le prince Louis de France dans son expédition contre les Albigeois, et, l'année suivante, il l'accompagna dans celle d'Angleterre. Il obtint, l'an 1217, de gré ou de force, la délivrance de Béatrix, sa femme, que la comtesse de Flandre retenait toujours auprès d'elle. Il alla de nouveau, l'an 1219, combattre les Albigeois en Languedoc. Etant de retour l'année suivante, il mourut et fut enterré dans l'église d'Ardres. De son mariage il eut quatre fils, qui lui survécurent, et cinq filles, dont Mahaut, la troisième, épousa Hugues de Châtillon, comte de Saint-Pol. (*Voyez* Ide, *comtesse de Boulogne.*)

BAUDOUIN III.

1220. BAUDOUIN III, fils aîné d'Arnoul II, lui succéda au comté de Guines, à la châtellenie de Bourbourg et à la seigneurie d'Ardres, à l'âge de vingt-deux ans. Peu de tems après il épousa MAHAUT, fille de Guillaume, seigneur de Fiennes et Tingri, et d'Agnès, sœur de Renaud et de Simon de Dammartin. Le douaire de Béatrix, mère de Baudouin, occasionna de grandes contestations entre elle et son fils. Cette princesse mourut au mois d'août 1224 à Bourbourg.

Baudouin de Guines, surnommé le Clerc, oncle du comte de Guines, ayant été assassiné, l'an 1229, par quelques gentilshommes, son neveu se mit en devoir de venger sa mort. On prit les armes de part et d'autre, et tout le pays allait expier ce meurtre par le saccagement dont il était menacé. Marie, comtesse de Ponthieu, se rendit médiatrice, et ménagea un accommodement par lequel il fut réglé que les assassins iraient expier leur crime à la Terre-Sainte par un service de deux ans. (*Chron. Andr.*) Le comte Baudouin accompagna, la même année, le prince Philippe Hurepel dans l'expédition qu'il fit contre le comte de Champagne. Le roi saint-Louis ayant érigé, l'an 1238, l'Artois en comté, mit dans sa mouvance ceux de Boulogne, de Guines et de Saint-Pol, qui devinrent par là des arrière-fiefs de la couronne. (Du Tillet.) L'an 1241, Baudouin passe la mer pour aller au secours du roi d'Angleterre, Henri III, qui était en guerre avec ses barons. Chargé de la garde du château de Monmouth, il y est assiégé par le grand maréchal de la couronne. Baudouin fait une sortie sur l'ennemi, dans laquelle, après un combat sanglant, il se rend maître de la personne du maréchal. Mais, tandis qu'il emmène son prisonnier, il est renversé par terre d'un coup de flèche. Ses soldats l'emportèrent à la hâte. On le crut blessé mortellement, mais il guérit en peu de tems de sa blessure et signala sa valeur en Angleterre par d'autres exploits. Il était de retour l'année suivante à Guines. L'an 1245 (N. S.), étant au lit de la mort, il fit son testament *le Delun de la Tiphaine* (lundi après l'Epiphanie), et mourut peu de jours après. L'auteur de son épitaphe le qualifie *grand amateur de la justice, miroir de conseil et bon administrateur de sa terre*. Il eut de son mariage deux fils et deux filles.

ARNOUL III.

1245. ARNOUL III, fils aîné de Baudouin III et de Mahaut de Fiennes, leur succéda vers la mi-janvier au comté de Guines et aux seigneuries d'Ardres et de Bourbourg. Au mois de septembre suivant ou environ, Arnoul étant allé en Angleterre pour faire sa cour au roi Henri III, Roger Bigod, grand maréchal du royaume, donna ordre qu'il fût arrêté sur sa route. Le comte évita l'embuscade; mais sur les plaintes qu'il porta de cette violation du droit des gens aux cours de France et d'Angleterre, Roger Bigod répondit que c'était en représailles de pareil traitement qu'Arnoul avait fait à sa suite, lorsqu'il traversait, en qualité d'ambassadeur du roi son maître, le comté de Guines pour se rendre au concile général de Lyon; ajoutant que le comte n'avait relâché ses gens et ses équipages qu'après s'être fait payer une somme exorbitante pour un droit de péage qu'il avait établi sur ses terres. Le roi saint-Louis interposa pour Arnoul sa médiation, et lui obtint un sauf-conduit pour son retour. Ce bon prince l'engagea depuis à supprimer ce péage odieux, en lui donnant un équivalent en revenus fixes. Mathieu Paris, qui rapporte l'aventure d'Arnoul sous l'an 1249, se contredit visiblement en disant qu'elle arriva bientôt après le concile de Lyon, qui se tint au mois de juillet 1245: *Contigit autem hoc cito post concilium*. Elle ne peut d'ailleurs appartenir à l'an 1249, puisque saint-Louis était alors à la Terre-Sainte.

L'an 1248, Arnoul, par un acte passé au mois de mai, reconnut devoir à Robert, comte d'Artois, quatre hommes-liges, savoir, l'un pour le comté et la forteresse de Guines, le second pour la baronnie d'Ardres, le troisième pour la châtellenie de l'Angle, et le quatrième pour la terre qu'il avait à Saint-Omer. Arnoul s'étant embarqué, l'an 1253, avec Thibaut, comte de Bar, pour aller au secours de Gui de Dampierre contre Guillaume, comte de Hollande, ils furent défaits et pris tous trois prisonniers à la bataille que Guillaume gagna sur eux, le 4 juillet, à Valcheren. Il en coûta au comte de Guines pour sa liberté, qu'il ne recouvra qu'au mois de mars suivant, vingt mille sept cents livres parisis (1), qui lui furent prêtées par les quatre bans de son comté. L'an 1283 (N. S.), accablé de dettes, il vendit, par traité du mois de février, au roi Philippe le Hardi, son comté de Guines, sans égard pour la donation qu'il en avait précédemment faite à Baudouin son fils. Arnoul survécut peu à cette vente. On ne sait s'il fut précédé ou suivi au tombeau par sa femme, ALIX, fille d'Enguerand III, seigneur de Couci, de Marle et de la Fère, et de Marie de Montmirel, de la Ferté-Arnoul, de la Ferté-Gaucher, de la vicomté de Meaux et de la châtellenie de Cambrai : toutes seigneuries qui tombèrent par la suite dans la maison de Guines. De ce mariage naquirent six enfants : Baudouin, qui suit; Enguerand, seigneur de Couci, d'Oisi et de Montmirel, qui a fait la seconde branche des seigneurs de Couci; Jean, vicomte de Meaux; et trois filles, dont l'aînée, Béatrix, mourut abbesse de Blandek, au diocèse de Terrouenne, en 1287. Tous ces enfants et leur postérité portèrent le surnom et les armes de Couci conformément à un des articles du contrat de mariage de leur mère.

BAUDOUIN IV.

1283. BAUDOUIN, fils aîné d'Arnoul III, hérita de son père la châtellenie de Bourbourg avec les seigneuries d'Ardres, d'Anderwic et de Brédenarde, et de sa mère celles de Marle, de Montmirel, etc. Il voulut aussi rentrer dans le comté de Guines, et intenta procès au roi pour ce sujet; mais il fut débouté de sa demande, par arrêt du parlement de la Toussaint 1283. Baudouin mourut l'an 1295, laissant de CATHERINE DE MONTMORENCI, qu'il avait épousée avant l'an 1282, deux filles, Jeanne, qui suit, et Blanche, morte sans alliance.

JEANNE DE GUINES et JEAN DE BRIENNE.

1295. JEANNE DE GUINES, fille aînée de Baudouin de Guines, châtelain de Bourbourg, s'étant mariée à JEAN DE BRIENNE, comte d'Eu, grand-chambrier de France, les deux époux firent une nouvelle tentative pour recouvrer par les voies juridiques le comté de Guines. Dans cette vue, ils présentèrent au roi Philippe le Bel une requête fondée sur ce qu'Arnoul III ayant donné à Baudouin son fils, père de Jeanne, les villes et châteaux

---

(1) 20,700 livres parisis ou 25,875 livres tournois, reviendraient aujourd'hui 1786 à 475,101 liv. 8 s. 9 den. de notre monnaie courante.

de Guines, d'Ardres, d'Auderwic et de Brédenarde, en faveur de son mariage, il n'avait pu depuis les aliéner. Cette requête eut son effet; et, par jugement prononcé l'an 1295, Jeanne et son mari obtinrent la délivrance du comté de Guines. » Cependant j'observe, dit M. Brussel, qu'il est encore rendu compte, en » l'année 1298, de la terre de Guines au profit du roi par le bailli « d'Amiens. » Jean de Brienne fut tué, l'an 1302, à la bataille de Courtrai, donnée le 11 juillet, laissant de sa femme un fils en bas âge, nommé Raoul, dont elle eut long-tems la garde, et Marguerite, femme de Gui II de la Trémoille, vicomte de Thouars. Jeanne recouvra d'autres biens de sa maison, et finit ses jours à Guerville, dans le comté d'Eu, l'an 1331.

RAOUL II.

1331. RAOUL II, successeur de Jean de Brienne son père, l'an 1302, au comté d'Eu, le fut de Jeanne sa mère, en 1331, dans celui de Guienne. Après la mort du connétable Gaucher de Châtillon, il parvint à cette dignité, dont il était pourvu lorsqu'en 1332, il accompagna Jean, roi de Bohême, dans son voyage d'Italie. L'an 1345 (N. S.), s'étant rendu à Paris pour les noces de Philippe de France, duc d'Orléans, il y périt, le 18 janvier, d'un coup de lance qu'il reçut dans un tournoi. De JEANNE DE MELLO, qu'il avait épousée l'an 1319, il eut un fils, qui suit, et deux filles : Jeanne mariée, 1° à Gaucher de Brienne, duc d'Athènes et connétable de France, 2° à Louis d'Evreux, comte d'Etampes; et Marie, morte sans alliance.

RAOUL III.

1345. RAOUL III, fils de Raoul II, lui succéda aux comtés d'Eu et de Guines, de même qu'à la dignité de connétable. Les Anglais, sous la conduite du roi Edouard III et de Geofroi d'Harcourt, étant descendus en Basse-Normandie, l'an 1346, et ravageant cette contrée, Raoul et le comte de Tancarville sont envoyés par le roi Philippe de Valois au secours de la ville de Caen. Les bourgeois s'étant joints à la noblesse et aux troupes que ces deux chefs avaient amenées, promettent de faire la plus brave défense. Le connétable, sur la proposition qu'ils lui font d'aller au-devant de l'ennemi qui s'approchait, les range en bataille au-delà du pont; mais, après la première décharge des Anglais, il est abandonné de cette bourgeoisie, et obligé de se rendre, ainsi que Tancarville, à un officier ennemi, nommé Thomas Holland. Quelques historiens néanmoins, pour excuser les Caennois, disent qu'ils furent trahis par leurs chefs qui étaient d'intelligence avec les Anglais. Quoi qu'il en soit, les deux généraux français furent conduits prisonniers en Angleterre, où le connétable demeura trois ans. Ils furent traités par Edouard avec des marques d'affection qui ne firent point honneur à leur captivité. Raoul obtient permission, l'an 1350, de passer en France pour traiter des moyens de payer sa rançon. Il se rend à Paris, et vient à l'hôtel de Nesle, le 16 novembre, pour faire sa cour au roi Jean. L'accueil ne fut pas tel qu'il s'en était flatté. Le monarque avait sur sa fidélité de violents soupçons, inspirés ou fomentés par Charles d'Espagne de la Cerda, jaloux de sa charge, dont il exerçait les fonctions pendant sa captivité. En conséquence, il le fait arrêter par le prévôt de Paris, et trois jours après on lui tranche la tête, devant le même hôtel, *à l'heure de matines* (1), dit une chronique manuscrite, sans forme de procès, en présence du duc de Bourbon, du comte d'Armagnac, et de quelques autres seigneurs. Le soupçon de haute trahison fut le motif de cette étonnante exécution. Raoul avait épousé CATHERINE, fille de Louis II de Savoie, seigneur de Bugei, et veuve d'Azzon Visconti, seigneur de Milan. Après la mort de son second époux, dont elle n'eut point d'enfants, elle contracta une troisième alliance avec Guillaume Ier de Flandre, comte de Namur.

Non content d'avoir fait périr Raoul sans formalités, le roi confisqua ses terres, donna le comté d'Eu à Jean d'Artois, fils de Robert, comte de Beaumont, et réunit celui de Guines au domaine de la couronne; puis il en fit don à Jeanne d'Eu, sœur de Raoul, en considération de son mariage avec Louis d'Evreux, comte d'Etampes. Mais, l'an 1352, pendant l'absence du gouverneur de Guines, celui de Calais, Aimeri de Pavie, ayant corrompu le lieutenant de la place, s'en rendit maître pour le roi d'Angleterre, à qui elle fut cédée ensuite par le traité de Brétigni (l'an 1560). Le roi Charles VI recouvra ce comté, dont il fit une nouvelle réunion à la couronne. (DuChesne, *Histoire de la M. de Guines*.) Il en fut une seconde fois démembré, et cédé, l'an 1435, par le traité d'Arras à Philippe le Bon, duc de Bourgogne. Ce prince n'en jouit pas; et peut-être les Anglais l'avaient-ils alors reconquis. Ce qui paraît certain, c'est que le roi Charles VII le reprit sur eux. Le roi Louis XI, son fils, ne fut pas plutôt monté sur le trône, qu'il fit donation du comté de Guines à Antoine de Croï pour lui et ses descendants mâles,

---

(1) Les matines se disaient alors vers le milieu de la nuit dans toutes les églises, et les laïques les plus réguliers se faisaient un devoir d'y assister.

par lettres-patentes registrées au parlement le 18 décembre 1461. Louis Ier de la Trémoille, vicomte de Thouars et prince de Talmont, fit opposition à cette donation, prétendant que le comté de Guines lui devait revenir, sur la supposition que Marguerite d'Eu, qui avait épousé, vers la fin du treizième siècle, Gui II de la Trémoille, vicomte de Thouars, était fille de Jeanne, comtesse de Guines, et sœur de Raoul II, père de celui sur lequel ce comté fut confisqué. Mais il est prouvé, dit du Chesne, par une ancienne chronique des comtes d'Eu, qu'elle était sœur de Jean II, comte d'Eu, mari de la même Jeanne. Le conseil de Louis XI, jugeant mal fondée l'opposition du sire de la Trémoille, n'y eut aucun égard. Il n'en fut pas de même de celle de Charles, comte de Charolais, qui revendiquait le comté de Guines, en vertu du traité d'Arras. Louis XI, par le traité conclu le 6 octobre 1465, à Conflans, fut obligé d'abandonner à ce prince le comté de Guines; Mais Charles, depuis son avénement au duché de Bourgogne, ayant eu de nouvelles querelles avec Louis XI, ce comté lui fut retiré, et rendu à Antoine de Croï. Après la mort de celui-ci, Philippe, son fils, lui succéda au comté de Guines, ainsi qu'à ses autres biens. Mais, s'étant depuis engagé dans le parti du duc de Bourgogne, toutes ses terres de France furent confisquées au mois de janvier 1476, et le comté de Guines fut donné à Antoine, bâtard de Philippe le Bon, duc de Bourgogne, après la mort duquel, arrivée l'an 1504, il revint à la couronne, dont il n'a plus été distrait.

CHRONOLOGIE HISTORIQUE

DES

COMTES, puis DUCS, D'AUMALE.

La ville d'Aumale, *Alba-Marla*, ou *Aumalcum*, située sur la Brêle, dans la haute Normandie, aux confins de la Picardie, est le chef-lieu d'un comté, puis duché, auquel elle a donné son nom.

EUDES.

Eudes, fils d'Etienne II, comte de Champagne, ayant été privé de la succession de son père par Thibaut III, comte de Blois, son oncle, se retira auprès de Guillaume le Bâtard, duc de Normandie. Ce prince lui fit épouser Adélaïde, sa sœur utérine, fille d'Herluin, seigneur de Conteville, et d'Harlette, sa femme. Il accompagna, l'an 1066, Guillaume à la conquête d'Angleterre. Les services qu'Eudes lui rendit furent récompensés par le don que Guillaume lui fit du comté d'Holderness, dans l'Yorckshire. D'un autre côté l'attachement qu'il eut pour Jean de Bayeux, archevêque de Rouen, lui mérita la terre d'Aumale, que ce prélat, du consentement de son chapitre, lui céda pour porter sa bannière et le servir avec dix chevaliers à la guerre. Il y avait dans cette terre un château bâti, vers l'an 1000, par un seigneur nommé Guerinfroi, qu'il plaît à D. Duplessis de qualifier comte d'Aumale; sans fondement. Ce même seigneur fonda, vers l'an 1027, au même lieu, l'abbaye d'Auchi ou d'Auxi, dite aujourd'hui d'Aumale, et ce fut vraisemblablement de lui que l'église de Rouen avait acquis cette terre. Guillaume, par considération pour Eudes, l'érigea en comté. Après la mort de ce prince, Eudes se trouva, par la situation de ses terres, dans la dépendance de deux frères ennemis, Guillaume II, roi d'Angleterre, et Robert, duc de Normandie, entre lesquels il fut obligé d'opter, quoique, suivant les lois féodales, il leur dût à l'un et à l'autre la fidélité : chose à la vérité impossible dans la conjoncture où il se rencontrait. Il préféra le service du premier à celui du second; et dans cette disposition il reçut garnison anglaise, l'an 1090, dans son château d'Aumale. Mais il ne persévéra point dans son attachement à Guillaume. Séduit par des vues d'ambition, il forma une conjuration avec Robert de Mowbrai, et d'autres seigneurs pour mettre son propre fils sur le trône d'Angleterre. Guillaume, instruit du complot avant qu'il éclatât, en prévint les suites. Eudes fut arrêté par ses ordres, l'an 1096, et confiné dans une obscure prison où il finit ses jours, laissant avec ce fils une fille, Judith, veuve alors de Walleve, ou Walters, comte de Huntington, Danois d'origine, à qui Guillaume le Conquérant avait fait trancher la tête pour crime de rebellion.

ETIENNE.

ETIENNE, fils d'Eudes de Champagne, possédait le comté d'Aumale du vivant de son père, lequel, ayant fixé son séjour en Angleterre, lui avait cédé ce qu'il avait en Normandie. L'an 1090, il suivit le parti de Guillaume le Roux lorsqu'il vint en Normandie faire la guerre au duc Robert son frère. Avec l'argent qu'il reçut de Guillaume, il agrandit et fortifia son château d'Aumale, où il logea toute la famille royale dans une visite qu'il en reçut. (Ordér. Vital.) Ce fut par l'ordre de ce monarque qu'il secourut peu de tems après Raoul de Toëni, seigneur de Conches, contre Guillaume, comte d'Evreux, sous les armes duquel il était près de succomber. Etienne se réconcilia depuis avec le duc Robert. Plusieurs seigneurs, comme on vient de le dire à l'article de son père, conspirèrent, en 1095, pour le placer sur le trône d'Angleterre, et échouèrent dans ce dessein par la diligence que fit le roi Guillaume II pour en prévenir l'exécution. Etienne, qui était pour lors en Angleterre, se réfugia dans l'abbaye de Saint-Oswi. Il y fut pris et conduit au château de Bambury, où Guillaume donna ordre qu'on lui crevât les yeux. Mais la femme et les parents du coupable obtinrent sa grâce à force de prières et de présents. Etienne après cela partit avec le duc de Normandie pour la croisade. De retour après la mort de Guillaume, il se brouilla une seconde fois avec le duc Robert, et fut un des seigneurs qui, l'an 1104, appelèrent Henri Ier, roi d'Angleterre, pour s'emparer de la Normandie. Il combattit, l'an 1106, pour ce dernier à la bataille de Tinchebrai, où Robert demeura prisonnier. Etienne conserva pour le vainqueur la fidélité qu'il lui avait vouée, jusqu'en 1118. Mais alors, gagné par sa femme, il se tourna du côté de Guillaume Cliton, fils de l'infortuné duc Robert, et travailla à le mettre en possession de la Normandie. Déjà depuis deux ans le roi Louis le Gros faisait la guerre dans ce duché pour le même objet. Etienne obligea Baudouin *à la Hache*, comte de

Flandre, l'an 1118, à venir joindre ses armes à celle du monarque français. Cette ligue ayant été dissipée après la bataille d'Eu, gagnée par Henri sur les confédérés, au mois de septembre 1118, le comte Etienne ne laissa pas de tenir bon quelque tems lui seul. Mais enfin, obligé d'abandonner la campagne, il alla se renfermer dans le château du vieux Rouen. Henri étant venu l'y assiéger, jeta vis-à-vis de la place les fondemens d'une forteresse, qu'il nomma *Male-putain*, en dérision de la femme du comte Etienne. Celui-ci n'attendit pas que l'édifice fût achevé pour se rendre. Touché de repentir il employa ses amis pour obtenir sa grâce, et y réussit l'an 1119. Mais l'an 1127, au mois de janvier, il se déclara de nouveau contre Henri, en s'unissant à la ligue formée par le roi Louis le Gros en faveur de Guillaume Cliton. Le fruit qu'il retira de ce parti fut la ruine de son château d'Aumale, que le roi d'Angleterre prit et livra aux flammes. Les places de la plupart des confédérés subirent le même sort, et la ligue s'en alla ainsi en fumée. (Ordér. Vital.) Etienne, après ce revers, partit une seconde fois pour la Terre-Sainte, où il mourut la même année 1127. HADVISE, son épouse, fille de Raoul, seigneur de Mortemer, le fit père de Guillaume, qui suit; d'Etienne et d'Enguerand, qui vivaient encore l'un et l'autre en 1150; et de quatre filles, dont la dernière, nommée Havoise, épousa 1° Guillaume de Romare, comte de Lincoln en Angleterre; 2° Pierre de Brus, seigneur en Ecosse.

GUILLAUME Ier.

1127 au plus tôt. GUILLAUME Ier, dit LE GROS, successeur d'Etienne, son père, aux comtés d'Aumale et d'Holderness, garda la fidélité au roi Henri Ier tant que ce prince vécut. Mais après sa mort il embrassa le parti d'Etienne de Blois contre l'impératrice Mathilde; à laquelle celui-ci disputait le trône d'Angleterre. L'an 1138, Etienne lui donna le commandement de l'armée qu'il envoya contre David, roi d'Ecosse, qui était entré dans le comté d'Yorck. Guillaume, au mois d'août de cette année, gagna sur ce prince la bataille de l'*Etendard*, ainsi nommée, comme on l'a dit ailleurs, d'un crucifix que les Anglais avaient élevé sur un chariot, et qu'ils conduisaient au milieu de leur armée en manière d'enseigne. Le général, pour récompense de cette victoire, eut le comté d'Yorck. Guillaume n'eut pas le même bonheur à la bataille de Lincoln, où il combattit sous les ordres du roi Etienne, le 2 février 1141, contre le comte de Gloscester, frère de Mathilde. Il y commanda avec Guillaume d'Ipres une des ailes, consistant en cavalerie flamande et bretonne. Mais au fort du combat il prit la fuite avec sa troupe, suivant Siméon de

Durham, et exposa par là le roi au danger d'être pris, qu'il ne put éviter. Il souscrivit, l'an 1153, comme témoin au traité qui se fit entre le roi d'Angleterre et Henri d'Anjou; traité par lequel Etienne reconnaissait Henri pour son successeur à la couronne d'Angleterre. Henri étant monté sur le trône l'année suivante, le comte d'Aumale et beaucoup d'autres seigneurs furent recherchés touchant les domaines du royaume, dont ils s'étaient emparés à la faveur des troubles. En vain alléguèrent-ils des lettres confirmatives d'Etienne : il leur fut répondu, dit Walter Hemingford, que les concessions d'un usurpateur ne pouvaient porter aucun préjudice à l'héritier légitime du trône. Guillaume fut donc obligé comme les autres de rendre ce qu'il avait pris au fisc. Mais il ne le fit qu'après avoir hésité long-tems; et il fallut même, dit l'auteur cité, que le roi l'allât trouver en Northumberland où il s'était retiré, pour le contraindre à prendre ce parti. Il regretta surtout le fameux château de Scarborough, qu'il avait fait bâtir dans la province d'Yorck, sur le sommet d'un rocher, et dont l'enceinte comprenait soixante arpens. (*Ibid.*) La crainte après cela le retint dans le devoir pendant plusieurs années. Il la secoua l'an 1173, et entra secrètement dans le parti du jeune roi Henri, révolté contre son père. Les comtes de Flandre et de Boulogne, autres partisans du premier, étant venus assiéger le château d'Aumale, Guillaume, de concert avec eux, leur livra lui-même la place, se rendit leur prisonnier, et leur fit ouvrir ensuite les portes de ses autres forteresses, sous prétexte de payer de cette manière sa rançon. Guillaume se réconcilia dans la suite avec le vieux Henri et lui garda la fidélité jusqu'à sa mort arrivée le 20 août 1180. Il avait fondé, l'an 1150, au comté d'Yorck, l'abbaye de Melf, pour se rédimer d'un vœu qu'il avait fait d'aller à la Terre-Sainte, et que l'incommodité de sa grosseur ne lui permettait pas d'accomplir. De Cécile, son épouse, fille de Guillaume, comte de Mowbrai, il laissa une fille, qui suit. Si l'on s'en rapporte au discours fait par le comte de Glocester à son armée avant la bataille de Lincoln, et rapporté par Henri d'Huntington, le comte d'Aumale, par ses débauches, avait donné prétexte à sa femme de l'abandonner pour se livrer à un autre comte avec lequel elle vécut dans un adultère manifeste.

HAVOISE, GUILLAUME DE MANDEVILLE, GEOFROI Ier, BAUDOUIN et GUILLAUME II.

1180. HAVOISE, ou HADWIDE, fille de Guillaume Ier, lui succéda aux comtés d'Aumale et d'Holderness, avec GUILLAUME DE MANDEVILLE ou DE MAGNEVILLE, comte d'Essex, qu'elle avait épousé le 14 janvier 1180 (N. S.). Ce seigneur faisait dès-lors sa résidence ordinaire en France ; et, l'an 1179, au retour d'un voyage à la Terre-Sainte, il avait accompagné le roi Louis le Jeune en Angleterre. (Roger d'Hoveden.) Guillaume, l'an 1184, reçut, le 7 novembre, dans son château d'Aumale, les rois de France et d'Angleterre, le comte de Flandre et les archevêques de Reims et de Cologne, qui s'y étaient rendus pour traiter de la paix entre le roi de France et le comte de Flandre, au sujet du Vermandois et de l'Amiénois ; mais l'affaire ne fut terminée que le 10 mars suivant. (Raoul de Diceto et Jean Brompton.) Guillaume, suivant Benoît de Péterborough, servit de son bras le comte de Flandre dans la guerre que cette querelle occasionna. Un certain Raoul, fils de Hugues de *Vallies*, demeurant près de Gisors, sur les terres de France, ayant outragé de paroles le comte d'Aumale, Henri de Ver, pour le venger, tua Raoul le 28 novembre 1186. Des Français regardèrent ce meurtre comme une insulte faite au roi de France, et usèrent de représailles envers un nommé Garnier, habitant de Gisors, qui était dans l'intimité du roi d'Angleterre. (*Ibid.*) Il ne paraît pas que cette affaire ait eu d'autres suites.

Guillaume étant mort, le 14 novembre 1189, à Rouen, sans enfants, Havoise se remaria la même année à Geofroi, seigneur des Forts en Normandie. Geofroi partit, peu de tems après, avec le roi Richard pour la Terre-Sainte, et y mourut, suivant Albéric, l'an 1191, étant au siége d'Acre. Des généalogistes anglais prétendent qu'il revint de cette expédition, et finit ses jours en Angleterre l'an 1194. Quoi qu'il en soit, il laissa de son mariage un fils, nommé Guillaume, qui devint dans la suite comte d'Holderness. Havoise, ayant survécu à Geofroi, convola à de troisièmes noces, et donna sa main à Baudouin, seigneur de Choques, fils de Robert V, dit le Roux, seigneur de Béthune. Ce fut Richard Ier, roi d'Angleterre, qui noua cette alliance par affection pour Baudouin : mais celui-ci ne posséda pas long-tems le comté d'Aumale. La guerre s'étant allumée entre Philippe Auguste et le roi Richard, le premier alla mettre le siége devant la ville d'Aumale, pour attirer l'Anglais hors de la Bretagne qu'il dévastait. Richard ayant appris le danger où étaient ses sujets, marcha promptement à leur secours. En arrivant à Aumale, il présenta le combat à Philippe, qui l'accepta. « On vit dans cette
» journée des prodiges de force et de valeur de part et d'autre.
» Le roi Richard ayant remarqué dans le fort de la mêlée Alain
» de Dinan, qui s'était retiré à l'écart pour raccommoder son
» casque, marcha vers lui la lance baissée. Alain le reconnut, et,
» ranimant dans ce moment toute sa haine, il courut avec fureur
» contre lui. La lance du roi se porta contre le bouclier d'Alain

» et s'y brisa ; celle d'Alain glissa sur le bouclier du roi, passa
» entre ses cuisses, et porta contre le derrière de la selle avec
» tant de roideur que le chevalier et le cheval furent renversés
» par terre. Ce seul coup eût terminé la guerre, si les Anglais
» ne fussent accourus au secours de leur prince et ne l'eussent
» remonté. Ce ne fut pas le seul affront que Richard reçut au
» siége d'Aumale ; il fut encore contraint de prendre la fuite et
» de laisser la place au pouvoir de son ennemi. Philippe ne per-
» dit aucune personne de marque dans cette action ; il fit trente
» chevaliers prisonniers, au nombre desquels se trouva Gui de
» Thouars, depuis duc de Bretagne ». (Morice, *Hist. de Bret.*,
T. I, p. 122.) Après s'être rendu maître de la place, il la ruina
au grand regret de Baudouin, qui l'avait défendue avec valeur.
L'époque de cet événement est d'autant plus remarquable, qu'elle
sert de date dans plusieurs chartes : *Facta est concessio ista*,
dit un de ces titres, *anno ab incarnatione domini* MCXCVI *eo
tempore quo Albamarla à Philippo francorum rege longâ ob-
sidione subversa est.* (*N. T. de Dipl.*, T. IV, pp. 711-712.)
Le roi donna, quatre ans après, la propriété d'Aumale à Simon
de Dammartin pour lui et ses héritiers. Depuis ce revers il ne
resta plus à Baudouin que le simple titre de comte d'Aumale,
avec lequel il mourut le 13 octobre 1211. Ce titre fut recueilli et
conservé par ses descendants, ou plutôt par ceux de GUILLAUME
DES FORTS, qu'Havoise épousa en quatrièmes noces, n'ayant eu
de Geofroi qu'une fille, qui mourut sans postérité. (Bouquet,
T. XIII, p. 57.) On les appelait en Angleterre comtes d'Albemarle ; et cette race ayant manqué, le nom d'Albemarle a été
encore un titre dont plusieurs seigneurs anglais ont été revêtus,
entr'autres le célèbre général Munck, créé duc d'Albemarle par
le roi Charles II, qu'il avait rétabli sur le trône d'Angleterre.

SIMON DE DAMMARTIN.

1200. SIMON, deuxième fils d'Albéric II, comte de Dammartin, étant revenu d'Angleterre, où il s'était sauvé avec son père
et Renaud son frère pour cause de félonie, fut pourvu du comté
d'Aumale par le roi Philippe Auguste, avec lequel les deux frères
avaient fait la paix plusieurs années auparavant. Il paraît par quelques actes que Renaud eut aussi sa part dans ce comté, ou plutôt que les deux frères le possédèrent par indivis. Philippe Auguste, quelques années après, fit épouser à Simon, MARIE, fille
et héritière de Guillaume III, comte de Ponthieu ; mais, l'an
1213, oubliant ses bienfaits, il se laissa entraîner par son frère
dans le parti de Ferrand, comte de Flandre, révolté contre le
roi de France. Ayant combattu l'année suivante, sous les dra-

peaux de la Flandre à la bataille de Bouvines, il fut proscrit par Philippe Auguste et privé de son comté, que le roi Louis VIII donna, l'an 1224 (N. S.), dans le mois de février, au prince Philippe Hurepel son frère. Marie, sa femme, ayant succédé, l'an 1225, au comté de Ponthieu, le roi Louis VIII enveloppa cette dame dans la disgrâce de son mari, en faisant confisquer le Ponthieu à son profit. Marie, par ses soumissions, engagea, la même année, le monarque à révoquer l'arrêt de confiscation; et, l'an 1230, elle obtint du roi saint Louis le rappel de son époux et son rétablissement dans le comté d'Aumale. Simon fut un des seigneurs de France qui écrivirent, l'an 1225, au pape Grégoire IX contre les entreprises des prélats de France sur la juridiction civile. Il mourut, le 21 septembre 1239, à Abbeville, laissant de son mariage quatre filles, savoir Jeanne, qui suit; Philippe, qui fut alliée, 1° à Raoul d'Issoudun, comte d'Eu, 2° à Raoul II, sire de Couci, 3° à Otton III, comte de Gueldre; et Marie, dite de Ponthieu, femme de Jean II, comte de Rouci. (*Voy.* Marie, *comtesse de Ponthieu.*)

JEANNE.

1239. JEANNE, fille aînée de Simon de Dammartin et de Marie de Ponthieu, succéda, l'an 1239, à son père dans le comté d'Aumale, et, l'an 1251, à sa mère dans celui de Ponthieu. Elle était mariée depuis l'an 1238 à FERDINAND III, roi de Castille, dit le Saint, dont elle resta veuve le 30 mai 1252, après en avoir eu Ferdinand, qui suit. (*Voyez* Jeanne, *comtesse de Ponthieu.*)

FERDINAND.

1252. FERDINAND II, dit DE PONTHIEU, fils de Ferdinand III, roi de Castille, et de Jeanne de Dammartin, devint, après la mort de son père, comte d'Aumale du chef de Simon de Dammartin, son aïeul maternel. Il fut en même tems baron de Montgomeri et de Noyelles-sur-mer. Ferdinand mourut vers l'an 1260, laissant de LAURE, son épouse, dame d'Epernon, fille d'Amauri IV, comte de Monfort (morte l'an 1270, après s'être remariée à Henri VII, comte de Grand-Pré), un fils, qui suit.

JEAN Ier.

1260. JEAN Ier, fils de Ferdinand II et de Laure, succéda, l'an 1260, à son père dans le comté d'Aumale et les baronnies de

Montgomeri et de Noyelles, et l'an 1270, à sa mère dans la seigneurie d'Epernon. Mais après le décès de Jeanne, son aïeule, arrivé le 16 mars 1279 (N. S.), le roi d'Angleterre, Edouard Ier, mari d'Eléonore, tante du comte Jean, revendiqua, au nom de sa femme, les comtés d'Aumale et de Ponthieu. L'affaire ayant été jugée, l'an 1281, au parlement de la Pentecôte; Jean fut maintenu dans le comté d'Aumale, comme étant situé en Normandie, où la représentation a lieu, et exclus de celui de Ponthieu, où cette même représentation n'est point admise. Il se fit de plus adjuger les conquêtes de son aïeule, la comtesse-reine Jeanne, en vertu du testament de cette princesse, qui les lui avait légués pour le dédommager du comté de Ponthieu, qu'elle prévoyait devoir lui échapper. Le comte Jean était brave. Il fut tué, le 11 juillet 1302, à la bataille de Courtrai, où il combattit pour la France. Il avait épousé IDE, dame de Fontaine-Guérard, fille d'Amauri II, seigneur de Meulent (morte le 16 janvier 1324), dont il eut un fils, qui suit, et une fille, nommée Laure, qui épousa Gui Mauvoisin, baron de Rosni.

JEAN II.

1302. JEAN II DE CASTILLE, ou DE PONTHIEU, succéda, l'an 1302, à Jean Ier, son père, dans le comté d'Aumale, ainsi que dans les baronnies de Montgomeri, de Noyelles, d'Epernon, et à sa mère, l'an 1325 (N. S.), dans la seigneurie de Fontaine-Guérard. Sa mort arriva vers la fin de l'an 1342. Il avait épousé, l'an 1320, Catherine, fille de Robert d'Artois, comte de Beaumont (morte en novembre 1368), dont il eut Blanche, qui suit, et Jeanne, mariée à Jean VI, comte de Vendôme. Celle-ci, après la mort de son père, prétendit lui succéder aux terres d'Epernon, de Quillebeuf, de Houlebec, de Bois-Normand, de Vernon et autres. Mais Catherine, sa mère, les revendiquait comme formant l'assignat de son douaire, sur quoi elles firent, le 25 mars, un mardi de l'an 1342 (V. S.), une transaction par laquelle Jeanne abandonnait à sa mère l'usufruit de ces terres, à la charge de réversion, après sa mort, à elle-même: ce qui fut confirmé dans le mois suivant par lettres du roi Philippe de Valois. (*Trésor des Chartes, reg.* 74, acte 199.)

BLANCHE DE CASTILLE ET JEAN D'HARCOURT.

1343. BLANCHE DE CASTILLE, fille aînée de Jean II, lui succéda au comté d'Aumale et dans la baronnie de Montgomeri, avec JEAN III, comte d'Harcourt, V^e du nom de sa maison, et vicomte de Châtelleraud, qu'elle avait épousé l'an 1340.

Jean combattit, l'an 1346, à la journée de Créci, où il fut dangereusement blessé. Ayant depuis encouru la disgrâce du roi Jean pour s'être lié avec Charles le Mauvais, roi de Navarre, il eut la tête tranchée, le 5 avril 1355, dans le château de Rouen. Blanche, sa femme, eut querelle avec Edouard III, roi d'Angleterre, devenu comte de Ponthieu par le traité de Brétigni. Ce prince, en 1364, lui enleva le château de Noyelles, qu'il prétendait être dans la mouvance de son comté. Mais la guerre ayant été déclarée, l'an 1369, entre la France et l'Angleterre, le comte de Saint-Pol, chargé par le roi Charles V de faire rentrer le Ponthieu sous l'obéissance de sa majesté, prit le château de Noyelles par composition, et le rendit à Blanche. Cette comtesse termina ses jours le 12 mai 1387, laissant de son mariage, entr'autres enfants, Jean, qui suit; Jacques, tige des seigneurs de Montgomeri; Philippe, qui fit la branche des seigneurs de Bonnétable; et Jeanne, femme de Raoul de Guines, seigneur de Montmirel. A l'abbaye d'Aumale on voit deux cloches qui passent pour les plus anciennes de la Normandie; dont l'une porte qu'elle fut *levée*, en 1379, par Blanche, comtesse d'Aumale.

JEAN III ou IV.

1387. JEAN, comte d'Harcourt, VIe du nom de sa maison, vicomte de Châtelleraud, succéda, l'an 1387, à Blanche, sa mère, dans le comté d'Aumale. Il avait été donné, l'an 1360, pour ôtage du traité de Brétigni. Il mourut le 28 février 1389 (N. S.), laissant de CATHERINE, son épouse, fille de Pierre Ier, duc de Bourbon, qu'il avait épousée le 14 octobre 1359, Jean, qui suit; Louis, archevêque de Rouen; Jeanne, mariée à Guillaume II, comte de Namur; Marie, femme de Renaud, duc de Gueldre; et d'autres enfants.

JEAN IV ou V.

1389. JEAN D'HARCOURT, VIIe du nom de sa maison, succéda, l'an 1389, à son père dans le comté d'Aumale ainsi que dans celui d'Harcourt et la vicomté de Châtelleraud. Il suivit, l'an 1390, au voyage d'Afrique, le duc de Bourbon, son oncle, qui l'avait fait chevalier au siége de Taillebourg. L'an 1415, il fut fait prisonnier à la bataille d'Azincourt. Jean mourut, le 18 décembre 1452, âgé de quatre-vingt-deux ans. Il avait épousé, par contrat du 17 mars 1389 (V. S.), MARIE, fille de Pierre II, comte d'Alençon, dont il eut Jean, qui suit; Marie, qui vient après; Jeanne, comtesse d'Harcourt; et d'autres enfants.

JEAN V ou VI.

JEAN D'HARCOURT, fils aîné de Jean VII, né en 1396, reçut de son père, vers l'an 1411, les comtés d'Aumale et de Mortain. Ce fut un des plus grands capitaines de son tems. A la valeur il joignit un caractère de franchise qui ne lui permettait pas de soupçonner dans autrui le vice opposé dont il était incapable. Mais il fut la victime de cette louable qualité. Des intérêts de famille l'ayant brouillé avec Jacques d'Harcourt, son cousin, lieutenant-général pour le roi en Picardie, celui-ci feignit ensuite de vouloir se réconcilier avec lui. Il vint sous ce prétexte, l'an 1419, le trouver dans son château d'Aumale, où il fut accueilli avec la cordialité qui convient entre parents. Mais au milieu des caresses qu'il recevait, il le fit arrêter par ses gens, et l'enferma dans une prison d'où il ne sortit qu'à la mort du perfide, arrivée au mois d'avril 1423, devant Parthenai, dont il voulait faire le siége. Peu de jours après sa délivrance, le roi Charles VII le nomma son lieutenant-général dans l'Anjou et le Maine. La même année, étant à Tours, il apprend qu'un chevalier anglais, nommé de la Pole, était sorti de Normandie avec deux mille cinq cents hommes et parcourait le Maine. Aussitôt il envoie ordre à ses troupes de venir le joindre à Laval. Il s'y rend; et, s'étant mis à leur tête, il marche à l'ennemi, qu'il rencontre à la Broussinière, près de la Gravelle, sur les confins du Maine et de la Bretagne. Il attaque cette troupe avec tant de furie, qu'il n'en échappa qu'environ cent-vingt hommes. Seize à dix-sept cents restèrent sur la place; les autres furent faits prisonniers avec leur chef. L'année suivante, il combattit à la bataille de Verneuil, donnée, le 17 août, contre son avis. Il y périt avec un grand nombre de braves, à l'âge de vingt-huit ans, n'étant point encore marié. Son père, après sa mort, reprit les comtés qu'il lui avait cédés.

MARIE.

1452. MARIE, fille aînée de Jean IV ou V, lui succéda aux comtés d'Aumale, d'Harcourt et de Mortain. Elle était veuve depuis 1447 d'Antoine de Lorraine, comte de Vaudemont, qu'elle avait épousé l'an 1417. Elle mourut, le 19 avril 1476, âgée de soixante et dix-huit ans, ayant eu de son époux, Ferri, comte de Vaudemont, mort le 31 août 1470; et d'autres enfants. (Voy. *les comtes de Vaudemont.*)

RENÉ.

1476. RENÉ, duc de Lorraine, IIe de son nom, fils de Ferri, comte de Vaudemont, succéda, l'an 1476, à Marie d'Harcourt, son aïeul, dans le comté d'Aumale comme dans ceux d'Harcourt et de Mortain. Ce prince mourut, le 10 décembre 1508, laissant de PHILIPPINE, sa seconde femme, fille d'Adolphe d'Egmond, duc de Guedre, Claude, qui suit; et d'autres enfants. (*Voyez* René II, *duc de Lorraine.*)

DUCS D'AUMALE.

CLAUDE Ier.

1508. CLAUDE Ier DE LORRAINE, né le 20 octobre 1496, cinquième fils de René II, duc de Lorraine, lui succéda au comté d'Aumale. Etant venu en France, il s'y établit après avoir obtenu des lettres de naturalisation, et fut pourvu de la charge de grand-veneur. L'an 1515, il commanda les troupes du duc de Gueldre, son oncle, à la bataille de Marignan. Il eut part, l'an 1521, à la prise de Fontarabie. Il défit les Anglais devant Hesdin, au mois de novembre 1522, et les Allemands devant Neufchâteau en Lorraine. L'an 1525, pendant la prison de François Ier, il alla joindre, avec un corps de troupes, le duc Antoine son frère, pour s'opposer aux paysans révoltés de Misnie, de Thuringe, de Suabe, et d'Alsace, qui se préparaient à pénétrer dans la Lorraine pour entrer de là sur les terres de France. Les ayant battus à Loupstein et Chenouville, ils achevèrent de les dissiper à Saverne. A la nouvelle de cet heureux succès, le parlement de Paris délibéra d'écrire aux deux frères vainqueurs pour les féliciter; tant il est peu vrai qu'on regarda en France cette expédition comme une entreprise sur l'autorité royale. Les traits suivants démentent également le récit de ceux qui ont avancé qu'à son retour le roi fut tellement irrité de la conduite de Claude de Lorraine, qu'il lui défendit de paraître en sa présence, et qu'effectivement il ne voulut jamais le voir. L'an 1527 (V. S.), ce monarque en sa considération érigea en duché la terre de Guise en Picardie, dont il était seigneur. Le roi le nomma, en 1530, pour aller avec les princes du sang au-devant de la reine Eléonore et de ses deux fils, qui revenaient d'Espagne. Il mit par ses soins, en 1536, la Champagne, dont il était gouverneur, à l'abri des incursions de l'ennemi. L'an 1537, au célèbre lit de justice, il fit les fonctions de grand-chambellan, et en cette qualité il fut assis aux pieds du roi. En 1542, la conquête du duché de Luxembourg fut en partie le fruit de son expérience et de sa valeur. Claude servit, l'année suivante, au mémorable siége de Landrecies. L'an 1544, après la prise de Château-Thierri, il pourvut à la sûreté des Parisiens alarmés, et par là il s'acquit leur affection qu'ils continuèrent à sa postérité. Il fit ériger, la même année, en marquisat, sous le nom de Mayenne, par lettres du mois de février, ses terres et baronnies de Mayenne, de Sablé et de la Ferté-Bernard. Le roi Henri II, au mois de juillet 1547, donna pareillement des lettres, datées de Reims, pour l'érection du comté d'Aumale en duché-pairie en faveur de François de Lorraine, appelé jusqu'alors Monsieur d'Aumale, pour être possédé par son frère Claude II de Lorraine, fils de Claude Ier, et ses héritiers mâles seulement. « Claude Ier, dit M. le M. de P., était grand, » bien fait, spirituel, magnifique, également galant et politique, » avait de la douceur dans la société, de la bravoure et du sang » froid à la guerre; dont il avait fait une étude particulière » dans le cabinet, ce qui était presque unique et inoui de son » tems. Ce fut lui qui fonda la fortune de ses enfants. Ils » héritèrent d'une partie de ses qualités, mais poussèrent plus » loin l'ambition ». Claude Ier mourut à Joinville le 12 avril 1550. D'ANTOINETTE, fille aînée de François de Bourbon, comte de Vendôme, qu'il avait épousée le 18 avril 1513, morte le 20 janvier 1583, il eut François dont on vient de parler, qui fut duc de Guise; Charles, cardinal de Lorraine, archevêque de Reims; Claude, qui suit; Louis, cardinal de Guise, archevêque de Sens et évêque de Metz, mort en 1578; François, chevalier de Malte, grand-prieur de France et général des galères de cette couronne; René, tige de la branche de Lorraine-Elbeuf; Marie, femme, 1° de Louis II d'Orléans, duc de Longueville, 2° de Jacques V, roi d'Ecosse; et d'autres enfants. Le roi Henri II lui fit faire à Notre-Dame de Paris des obsèques magnifiques dont la relation fut imprimée. M. de Thou n'est pas équitable en disant que les princes lorrains voulaient par là s'égaler à nos rois, comme s'ils eussent eux-mêmes déterminé cette pompe, qui d'ailleurs n'a rien de fort surprenant dans le fils d'un prince souverain qui avait porté le titre de roi, le père et le grand-père de reines d'Ecosse, l'époux de la sœur d'un premier prince du sang, le beau-père de la petite-fille de Louis XII, et le proche allié de la famille régnante.

CLAUDE II.

1550. CLAUDE II DE LORRAINE, 3ᵉ fils de Claude Iᵉʳ, né le premier août 1526, appelé d'abord le marquis de Mayenne, eut dans son partage la terre d'Aumale, dont François, son frère, avait prêté serment au roi lors de son élection en duché-pairie. La charge de grand-veneur de France fit aussi partie de son lot. L'an 1550, il fut pourvu du gouvernement de Bourgogne par lettres-patentes du 16 juin, vérifiées le 8 janvier suivant à la chambre des comptes de Dijon, après qu'il eut fait son entrée, le 31 décembre précédent, en cette ville. (*Chamb. des comptes de Dijon, livre des Étrang.*) Ce prince assista au sacre de trois de nos rois; en 1547 à celui de Henri II, où il représenta le comte de Champagne ; en 1559 à celui de François II, où il représenta le comte de Flandre; et en 1561 à celui de Charles IX, où il représenta une seconde fois le comte de Champagne. A la première de ces trois cérémonies on vit se réaliser les prétentions des princes de la maison de Lorraine établis en France, qui allaient jusqu'à s'égaler aux princes du sang, et jusqu'à vouloir confondre les rangs entre la maison royale de France et la leur. Sous prétexte de suivre l'ancien usage qui réglait les rangs entre les pairs, suivant l'ordre de leurs pairies, sans aucune exception en faveur des princes du sang, on nomma, pour représenter les anciens pairs laïques, des princes du sang et des princes lorrains dans un ordre qui plaçait quelques-uns de ceux-ci avant quelques-uns des princes du sang : tant le nouveau monarque était prévenu en faveur de la maison de Lorraine. « En 1548, Henri II fit des entrées
» solennelles et triomphantes dans les places conquises sur le
» duc de Savoie pendant le règne de François Iᵉʳ. Il était à
» cheval, précédé des seigneurs de sa cour ; le duc de Ven-
» dôme, Antoine qui n'était pas encore roi de Navarre, mar-
» chait seul en qualité de premier prince du sang. Cet ordre
» fut suivi par-tout, excepté à Chambéri. Dans cette ville,
» le duc de Vendôme, en voulant prendre son rang, fut sur-
» pris de voir le duc d'Aumale se mettre à sa gauche. *Quoi
» donc! mon compagnon*, lui dit-il, *tiendrons-nous rang ensem-
» ble ?* — *Oui, Monsieur*, répondit le duc d'Aumale, *le roi m'a
» assigné cette place comme au gouverneur de la province.*
» Il avait en effet le gouvernement du Dauphiné, auquel on
» avait annexé ceux de Savoie et de la Bresse, qui étaient
» alors sous la domination de la France. *Mais*, dit le duc de
» Vendôme, *c'est tout ce que je pourrois permettre au duc
» de Lorraine, chef de votre maison.* — *Il est vrai*, répondit

» le duc d'Aumale, *que vous avez le pas sur lui en France,*
» *mais non ailleurs; car il est souverain, et vous sujet et*
» *vassal de la couronne: M. de Lorraine ne relève que de Dieu*
» *et de son épée.* Le duc de Vendôme rentra, et la marche
» fut arrêtée. Le roi envoya dire au duc de Vendôme de re-
» prendre sa place. Vendôme, obligé d'obéir aux ordres du roi,
» se contenta de dire au duc d'Aumale: *Vous pouvez, mon*
» *compagnon, marcher sur la même ligne que moi; car si*
» *le roi avoit ordonné à un laquais de prendre le rang que*
» *vous prenez, je le souffrirois par respect pour les ordres de*
« *sa majesté.* » (*Encyclop. méthod.*)

Claude suivit les traces de ses ancêtres dans la carrière des armes. En 1552, il vint au secours de la ville de Metz, assiégée par Charles-Quint avec toutes les forces de l'Empire, et défendue par François, duc de Guise, frère de Claude, avec l'élite de la noblesse française. Albert, margrave de Brandebourg, était alors dans le pays messin à la tête de quinze à vingt mille hommes, flottant entre les deux partis, et attendant l'occasion favorable de se joindre aux Impériaux. Voyant qu'il devenait suspect à la France, il feignit de vouloir retourner en Allemagne. Le duc d'Aumale, chargé de l'observer avec un petit corps de troupes, s'en étant approché de trop près, le margrave tomba sur lui à Saint-Nicolas, et le fit prisonnier après un vigoureux combat, où le duc eut un cheval tué sous lui, et fut blessé de trois coups de pistolet. Remis en liberté, l'an 1553, il donna de nouvelles preuves de sa valeur la même année à la prise de Marienbourg, au combat de Renti l'année suivante, en Piémont, où il prit d'assaut, le 19 septembre 1555, la ville de Vulpiano, après trois semaines de siége. L'an 1556, il accompagna le duc de Guise, son frère, envoyé au secours du pape Paul IV, attaqué, au nom de l'empereur, par le duc d'Albe, vice-roi de Naples. Rappelé, l'année suivante, après la fameuse journée de Saint-Quentin, le duc de Guise lui donna une partie de son armée qu'il ramena en France par le pays des Grisons. (Brantôme.) Le duc d'Aumale eut part, en 1558, à la reprise de Calais, aux batailles de Dreux en 1562, de Saint-Denis en 1567, de Montcontour en 1569, et au siége de Saint-Jean-d'Angeli la même année. Le duc d'Aumale ne pardonna jamais à l'amiral de Coligni la mort de François, duc de Guise, son frère, dont il le regardait comme l'auteur ou le complice. Bien résolu de la venger lorsque l'occasion s'en présenterait, il refusa de se trouver, l'an 1566, à l'assemblée de Moulins, où le roi fit la réconciliation de l'amiral avec la duchesse, veuve de François de Guise, et les cardinaux de Lorraine et de Guise, frères de ce prince. Avec ces dispositions, il n'est pas surprenant qu'il ait été l'un des principaux acteurs, en 1572, de la scène affreuse de la Saint-Barthélemi, quoique ni lui ni aucun prince de sa maison n'eût eu part au conseil où elle fut ordonnée. Mais après avoir satisfait sa vengeance sur l'amiral et sur les seigneurs de son parti les plus distingués, il revint aux sentiments de générosité qui lui étaient naturels, et contribua, avec le duc Henri de Guise, son neveu, à sauver du carnage un grand nombre de personnes. C'est le témoignage que lui rend la Popelinière, écrivain protestant. Le sang de trois à quatre mille hommes versé dans cette boucherie, loin d'éteindre, comme on s'en était flatté, le flambeau de la guerre civile, ne servit qu'à le rallumer. Le duc d'Aumale suivit avec tous les princes, dans le mois de février 1573, le duc d'Anjou au fameux siége de la Rochelle. Il y trouva la mort, ayant été emporté, le 14 mars, d'un boulet de canon. Toute l'armée l'honora de ses regrets, qu'il méritait par ses grandes qualités. Il avait épousé, le 1er août 1547, LOUISE DE BRÉZÉ, fille de Louis de Brezé et de la fameuse Diane de Poitiers, dont il eut, entr'autres enfants, Charles, qui suit; et Claude, chevalier de Malte, dit le *chevalier d'Aumale*, célèbre dans l'histoire de la ligue, qu'il servit au siége de Dieppe, au combat d'Arques en 1589, et à l'attaque de Saint-Denis, qu'il voulait surprendre sur Henri IV, et où il fut tué, le 3 janvier 1591, dans sa vingt-huitième année. De six filles que le duc d'Aumale eut de son mariage, deux moururent en bas âge : les quatre autres sont Catherine, mariée, en 1569, à Nicolas de Lorraine, comte de Vaudemont, puis duc de Mercœur; Diane, femme de François de Luxembourg, duc de Pinei; Antoinette-Louise, abbesse de Notre-Dame de Soissons; et Marie, abbesse de Chelles.

CHARLES.

1573. CHARLES DE LORRAINE, né le 25 du mois de janvier 1556 (N. S.), successeur de Claude-II, son père, au duché d'Aumale ainsi que dans la charge de grand-veneur, représenta le comte de Champagne, le 13 février 1575, au sacre de Henri III. La ligue, qui était l'ouvrage de sa maison, eut en sa personne un défenseur des plus ardents et des plus obstinés. L'an 1581, par le partage qu'il fit avec Guillaume Robert, duc de Bouillon, de la succession de Diane de Poitiers, il eut la seigneurie d'Anet, que le roi Henri III érigea en principauté au mois de février 1584. Il présida, l'an 1586, avec le duc de Guise, à l'assemblée des ligueurs, tenue dans l'abbaye d'Orcamp, où l'on résolut de prendre les armes sans attendre les ordres du roi, pour empêcher les princes protestants d'Allemagne d'amener du secours aux huguenots. Entre les places dont le duc

d'Aumale s'empara, celle de Dourlens, qu'il surprit au mois de
décembre, est la plus remarquable. Il se trouva, le 27 février
1587, à la rencontre de Vimori, entre le baron d'Othnau et le
duc de Guise, où le premier perdit son bagage et beaucoup de
monde. L'an 1588, au mois de décembre, instruit que le duc
et le cardinal de Guise préparaient tout pour attenter sur la personne du roi, il en fait avertir ce monarque par la duchesse sa
femme, qu'il envoie exprès à Blois. Le duc de Mayenne donna
dans le même tems un pareil avis à Henri III par le marquis
d'Ornans, son cousin; et cependant ces deux princes, dès qu'ils
apprirent que, par la mort des coupables, Henri avait prévenu
l'attentat dont ils l'avaient averti, parurent furieux, crièrent à
l'assassinat, et arborèrent l'étendard de la révolte et de la vengeance. « Il est certain, dit M. de Saint-Foix, que le duc de Guise,
» qui ménageait le moindre bourgeois de Paris, s'était fait haïr
» de tous les princes de sa maison par le peu d'égards et de con-
» sidération qu'il leur marquait, et que le cardinal ne leur était
» pas moins insupportable par ses emportements. On ne peut
» guère douter que le duc de Mayenne, aussi ambitieux que ses
» frères, avec qui d'ailleurs il avait eu tout récemment des démê-
» lés très-vifs, n'eût espéré que, par leur mort, il deviendrait le
» chef de la ligue, et que le duc d'Aumale, de son côté, ne se
» fût flatté de la même idée ». On peut dire que l'un et l'autre
ne furent point trompés dans leurs espérances; car ils partagèrent entr'eux le commandement qu'ils ambitionnaient. L'an 1589,
la ligue des Seize déféra au duc d'Aumale le gouvernement de
Paris. Le fanatisme était alors monté au comble dans la capitale.
Loin de travailler à le réprimer, le nouveau gouverneur l'encou-
ragea par ses discours et son exemple, applaudissant à toutes les
extravagances auxquelles se livraient les Parisiens, et ne rougis-
sant pas même d'y prendre part. On le voyait aux processions
qu'ils faisaient et de jour et de nuit pour demander au ciel l'extinction de la race des Valois: et avec quelle indécence y assistait-il? Ce
prétendu défenseur de la religion, et d'autres jeunes gens, à l'imitation de leur chef, donnaient le bras à des femmes et des filles
très-immodestement vêtues, avec lesquelles ils s'amusaient à rire
et à folâtrer. *D'Aumale jetoit dans les églises, à travers une
sarbacane, des dragées musquées aux demoiselles qu'il con-
noissoit, et leur donnoit des collations dans la marche.* (Saint-
Foix.) Il est vrai que le désir de signaler sa valeur le retira bientôt de ces indignes amusements. Au mois de mai de la même année, il sortit de Paris avec un corps de troupes, et se rendit aux
portes de Senlis, qu'il assiégea. Mais le duc de Longueville,
étant venu l'attaquer le 17 du même mois, lui tua plus de deux
mille hommes, fit quatorze à quinze cents prisonniers, lui en-

leva bagage et artillerie, et l'obligea de lever le siége. On ne peut ici taire un trait qui montre bien la grandeur d'âme du duc de Longueville. Ce prince n'avait avec lui que trois à quatre mille hommes, lorsqu'il se mit en marche, sur les pressantes sollicitations du roi Henri III, pour secourir la place. Arrivé à la vue de l'ennemi, *Messieurs*, dit-il aux principaux officiers de sa petite armée, *voici M. de la Noue qui me demande mes ordres; ils sont de le proclamer notre chef et de combattre sous lui à cette journée.* La Noue, après s'être long-tems défendu, fut enfin obligé de déférer à l'ordre que son général lui donnait de le commander. Le général et le commandant eurent bien lieu de s'applaudir après l'événement, l'un de sa générosité, l'autre de son obéissance. Les assiégeants furent mis en déroute, et leur général obligé de s'enfuir jusqu'à Paris. Le 21 septembre de la même année, le duc d'Aumale et le duc de Mayenne perdirent la bataille d'Arques contre le nouveau roi Henri IV, qui leur était fort inférieur en nombre de troupes. L'an 1590, le 14 mars, le premier commanda l'aile gauche de la ligue à la bataille d'Ivri, où le roi fut encore le vainqueur. S'étant ensuite jeté dans Paris, il défendit cette ville contre le monarque, qui, le 12 mai, en ayant commencé le siége, fut obligé de le lever le 30 août suivant. L'an 1591, il fut défait, le 8 août, par le baron de Biron, avec le secours qu'il menait à Noyon. L'an 1594, le 10 août, il fut chassé d'Amiens, dont il était gouverneur, par les habitants qui se soumirent au roi. Voyant alors les affaires de la ligue désespérées, il aima mieux se tourner du côté des ennemis de la France que de faire sa paix avec Henri IV, dont il se crut méprisé, parce qu'il lui avait refusé, dit-on, le gouvernement de Picardie. Il traite avec les Espagnols, auxquels il livre quelques places qui étaient à sa disposition, malgré les représentations de son cousin le duc de Mayenne, qui avait pour principe de ne point les laisser maîtres du moindre village de France. En 1595, nous reçûmes quelques échecs du côté de la Picardie. On en rejeta la cause sur le duc d'Aumale, à qui l'on reprocha d'avoir attiré les Espagnols dans cette province. Sur cette accusation, le parlement, à la requête du procureur-général, lui fit son procès, et, après l'avoir fait trompeter et assigner à trois briefs jours, le déclara criminel de lèse-majesté au premier chef; « et » pour ce ordonna, dit le chancelier de Chiverni dans ses mé- » moires, qu'il serait tiré à quatre chevaux, et tous ses biens acquis et confisqués au roi ». En vain le premier président de Harlai demanda qu'il fût sursis à l'exécution de ce jugement jusqu'au retour du roi, qui était alors en Franche-Comté. Des esprits ardents ayant prévalu, l'arrêt fut exécuté le 24 juillet 1595, en place de Grève, sur un fantôme qui représentait le duc d'Aumale. *Cela n'eût été fait*, dit le même écrivain, *si le roi eût été pour lors à Paris, ou nous autres du conseil ; car le parlement y alla un peu trop vite, n'étant à propos de désespérer jamais des personnes de telle condition, ni leur faire paroître le mal qu'on leur veut, si tout-à-fait on ne les ruine. Et defait, le sieur d'Aumale, outré de désespoir d'un tel et extraordinaire traitement, renonçant à la France, se jeta tout entier du côté du roi d'Espagne, et alla trouver l'archiduc en Flandre, qui ne manqua de le bien recevoir, et gratifier et secourir autant qu'il put, ayant toujours depuis ce tems tiré de grands états et pensions d'Espagne en Flandre, où il a demeuré, et y a eu plus d'honneur et de repos qu'il n'eût jamais pu recevoir en France, où il fût demeuré à la miséricorde de ses créanciers, auxquels il devoit plus qu'il n'avoit vaillant, tellement que ladite confiscation s'en est allée en fumée.* Henri IV, en effet, à son retour désapprouva la conduite de son parlement à l'égard du duc d'Aumale, et fit défense de procéder à l'exécution de ce qui restait de l'arrêt par rapport à la confiscation des biens, à la démolition des châteaux et à la dégradation des enfants, etc. Il fut ordonné qu'on n'en tiendrait point registre ; et cet arrêt fut tellement regardé comme non avenu, que l'on n'en fit jamais mention dans tous les actes concernant le duché d'Aumale, comme s'il n'eût jamais été rendu. La considération dont jouissait le duc d'Aumale à la cour du roi d'Espagne et à celle de l'archiduc, ne put étouffer les justes remords que lui causa sa désertion. Le cardinal d'Ossat rapporte dans ses lettres que s'étant rencontré avec lui à Rome, ce prince lui témoigna ses regrets de ce que le procédé du parlement à son égard l'avait empêché de suivre l'exemple des autres princes de sa maison ; et il le pria, comme ajoute ce prélat, d'assurer Henri IV, de la sincérité de son repentir. Charles, duc d'Aumale, finit ses jours à Bruxelles, l'an 1631, dans la soixante-dix-septième année de son âge. Il avait épousé, le 10 novembre 1576, Marie, fille de René de Lorraine, marquis d'Elbeuf, dont il eut deux fils morts en bas âge, et une fille, qui suit. La duchesse Marie avait précédé son époux au tombeau vers l'an 1616. Il s'en fallait bien qu'elle approuvât en tout la conduite qu'il tint dans les troubles de la France. Après la mort de Henri, duc de Guise, et du cardinal de Guise son frère, elle suivit à la vérité la fortune de son mari ; mais depuis la réconciliation du roi Henri IV à l'église, il ne dépendit pas d'elle que le duc d'Aumale ne renonçât à la ligue et ne fût des premiers à rentrer dans le devoir. Elle eut le chagrin de ne pouvoir le fléchir. La résidence ordinaire de cette princesse, pendant qu'il faisait la guerre, était au château d'Anet. Ce fut là que M. de Sulli lui rendit visite, en passant, après le sacre de Henri IV, et qu'il trouva réunies, comme il le marque dans ses mémoires (édit. de 1747, n° 288), la magnificence et la misère, une maison vraiment royale, de superbes jardins, mais presque point de meubles, et le peu qu'il y en avait usé de vétusté ; des domestiques en très-petit nombre et mal vêtus ; point de bois pour se chauffer (on était alors au mois de février) ; point de provisions pour les autres besoins de la vie, et point de ressource pour s'en procurer. Telle était la situation de la plupart des grandes maisons du royaume pendant les guerres civiles ; et l'histoire de ces tems malheureux nous en a conservé plusieurs traits semblables.

ANNE DE LORRAINE.

1631. ANNE DE LORRAINE, fille de Charles, lui succéda avec son époux, HENRI DE SAVOIE, Ier du nom, duc de Nemours, deuxième fils de Jacques de Savoie, duc également de Nemours, et d'Anne d'Est, veuve de Henri, duc de Guise. Son mariage s'était fait, le 14 avril 1618, par contrat passé à Bruxelles, du consentement du roi Louis XIII et en présence de l'ambassadeur de France. Charles, père de la princesse, lui donna en dot le duché d'Aumale et le comté de Mauleyrier avec tous ses autres domaines, ne se réservant que le titre de duc d'Aumale. Il fut aussi stipulé dans le même acte que le second fils qui naîtrait de ce mariage porterait le nom et les armes de Lorraine, ce qui fut exactement observé. Le duc Henri mourut à Paris le 10 juillet 1632, et sa femme le 10 février 1638, laissant trois fils, qui suivent.

LOUIS DE SAVOIE.

1638. LOUIS DE SAVOIE, fils aîné de Henri de Savoie et d'Anne de Lorraine, succéda à sa mère dans le duché d'Aumale, comme à son père dans celui de Nemours. Il mourut à Paris le 16 septembre 1641, sans avoir été marié.

CHARLES-AMÉDÉE DE SAVOIE.

1641. CHARLES-AMÉDÉE DE SAVOIE, second fils de Henri Ier de Savoie, né le 12 avril 1624, succéda à Louis, son frère, dans les duchés d'Aumale et de Nemours. Conformément à l'une des clauses du mariage de ses père et mère, il prit le nom et les armes de Lorraine. Étant entré dans la ligue des princes, il reçut deux blessures à la main, l'an 1652, au combat de Saint-Antoine. La même année il fut tué en duel à Paris, le 30 juillet, par le duc de Beaufort, son beau-frère, laissant d'ELISABETH, fille de César, duc de Vendôme, qu'il avait épousée le 11 juillet 1643, (morte le 19 mai 1664), Marie-Jeanne, femme de Charles-Emmanuel II, duc de Savoie, et Marie-Elisabeth-Françoise, mariée à Pierre II, roi de Portugal.

HENRI II DE SAVOIE.

1652. HENRI II DE SAVOIE, troisième fils de Henri Ier, quitta l'état ecclésiastique qu'il avait embrassé, pour succéder à son frère, Charles-Amédée, dans les duchés d'Aumale et de Nemours. Il mourut à Paris le 14 janvier 1659, sans laisser de postérité de MARIE, fille de Henri II d'Orléans, duc de Longueville, qu'il avait épousée le 22 mai 1657, morte le 16 juin 1707.

MARIE-JEANNE DE SAVOIE.

1659. MARIE-JEANNE, fille de Charles-Amédée de Savoie, succéda aux duchés d'Aumale et de Nemours après la mort du duc Henri son oncle. L'an 1665, elle épousa, le 11 mai, Charles-Emmanuel II, duc de Savoie. Etant devenue veuve l'an 1675, elle vendit le duché d'Aumale à Louis-Auguste de Bourbon, prince légitimé de France. La duchesse Marie-Jeanne mourut à Turin le 15 mars 1724.

CHRONOLOGIE HISTORIQUE

DES

COMTES D'EU.

La ville d'Eu, en latin *Auga*, *Augum*, *Aucum*, *Oca* et *Alga Castrum*, est le chef-lieu d'un comté-pairie auquel elle donne le nom. On prétend qu'elle existait du tems des Romains. Mais, dans le vrai, Frodoard, écrivain du neuvième siècle, est le premier qui en ait fait mention expresse. Sa situation est dans le pays de Caux, sur la rive gauche de la Brêle, à cinq lieues ou environ nord-est de Dieppe, et à une demi-lieue de Tréport. Les annalistes anglais la nomment *One* et *Ouve*, dénomination qui paraît avoir précédé celle d'Eu, comme d'*Oüe* nous avons fait Oye. Ainsi le pays s'appelait *Ousiois* avant d'être nommé comme il l'est aujourd'hui l'*Eussiois*. Le comté d'Eu n'est composé que de cinquante paroisses; mais il est célèbre par la bonté du terroir et par le rang des seigneurs qui l'ont possédé.

GEOFROI.

Geofroi, fils naturel de Richard Ier, duc de Normandie, fut créé, l'an 996, comte d'Eu et de Brione, par le duc Richard II, son frère. Il laissa en mourant un fils, qui suit.

GILBERT.

Gilbert hérita de Geofroi, son père, le comté d'Eu avec celui de Brione. Quelque tems après s'étant brouillé avec le duc Richard, son oncle, il fut dépouillé du comté d'Eu par ce prince. Dans la suite il fut tué, sous le règne du duc Robert II, par les gens de Raoul de Vacé, fils de Robert, archevêque de Rouen. (*Radulph. de Diceto.*) Guillaume de Jumiége dit qu'il laissa deux fils, Richard et Baudouin; et Ordéric Vital ajoute que leurs gouverneurs craignant pour eux le sort de leur père, les emmenèrent en Flandre à la cour du comte Baudouin, et que le duc Robert, regardant le comté de Brione comme vacant par leur fuite, en réunit une partie à son domaine et distribua le reste à ses favoris. Mais long-tems après, poursuit-il, lorsque Guillaume le Bâtard vint en Flandre pour épouser la fille du comte Baudouin, celui-ci saisit l'occasion pour demander le rétablissement des enfants de Gilbert dans le comté de Brione. Guillaume consentit de rendre Bienfaite et Orbec à Richard, et Mole avec Sap à Baudouin, son frère. Ce dernier eut un fils nommé Robert, à qui le duc Robert, fils de Guillaume, rendit encore le bourg et le château de Brione. Mais ce prince, léger et inconstant, donna ensuite Brione à Roger de Beaumont, père de Robert, comte de Meulent, en échange d'Ivri : ce qui occasionna une guerre entre Robert, fils de Baudouin, et Robert, fils de Roger : guerre qui aboutit, l'an 1090, pour le premier, à la perte de Brione, que ses compétiteurs emportèrent d'assaut avec le secours du duc. (Or. Vit., pp. 686 et 687.)

GUILLAUME Ier.

GUILLAUME Ier, frère naturel du duc Richard II, avait été pourvu par Richard Ier, son père, du comté d'Hyême. Mais, ayant refusé par la suite d'en rendre hommage au duc son frère, il fut emmené prisonnier à la tour de Rouen, où il resta cinq ans sous la garde de Turketil d'Harcourt. Sa captivité aurait été plus longue s'il n'eût trouvé moyen de s'évader. Après avoir erré quelque tems, il vint se jeter aux pieds de son frère comme il était à la chasse. Richard non seulement lui pardonna, mais, au lieu du comté d'Hyême qu'il avait confisqué, il lui donna celui d'Eu qu'il avait ôté à son neveu Gilbert. L'église originairement collégiale de Notre-Dame d'Eu regarde Guillaume comme son fondateur. Il mourut le 4 janvier; mais on ne marque pas en quelle année. Ce comte avait épousé LESCELINE, fille de ce même Turketil, qui avait été son geolier, de laquelle il laissa trois fils : Robert, qui suit; Guillaume, dit Busac, comte d'Hyême, puis de Soissons; et Hugues, évêque de Lisieux, mort l'an 1078. Lesceline, qui survécut à son époux et mourut en 1057, est fondatrice de l'abbaye de Saint-Pierre-sur-Dive, au diocèse de Séez. Cette comtesse, dans la crainte que ce monastère ne dépérit s'il demeurait à la garde de ses fils et de leurs descendants, racheta d'eux tout le droit qu'ils y pouvaient prétendre, et le soumit au seul duc de Normandie. (*Neustria pia*, p. 498.)

ROBERT Ier.

ROBERT, fils aîné de Guillaume Ier et son successeur au comté d'Eu, servit avantageusement Guillaume le Conquérant, son cousin, dans ses différentes expéditions. Henri Ier, roi de France, étant entré, l'an 1054, en Normandie, à la tête d'une grande armée, et l'ayant divisée en deux corps, en donna l'un à Eudes, son frère, et au comte de Ponthieu, et garda l'autre auprès de sa personne. Le duc Guillaume partagea de même son armée, dont il envoya une partie contre le frère du roi sous la conduite des comtes d'Eu et de Mortemer. Ceux-ci attaquèrent les Français à Mortemer en Caux, et les battirent. (Bouquet, T. XI, pp. 46, 47, 83.) Robert accompagna, l'an 1266, Guillaume le Conquérant à la conquête de l'Angleterre, et se distingua à la bataille d'Hastings. Ses services furent récompensés par le comté de Sussex et d'autres terres que Guillaume lui donna dans le pays. Les Danois, vers l'an 1069, ayant fait une descente en Angleterre, Robert marcha contre eux avec le comte de Mortain, en tua un grand nombre, et contraignit les autres à remonter sur leurs vaisseaux. Après la mort de Guillaume le Conquérant, le comte d'Eu suivit quelque tems le parti du duc Robert. Mais rebuté de sa mollesse et de ses débauches, il se tourna, ainsi que plusieurs autres seigneurs normands, du côté de Guillaume le Roux, dont il reçut garnison dans ses châteaux. (Order. Vit., L. 8, p. 678, et L. 9, p. 772.) Le comte Robert mourut, l'an 1090 ou environ, après avoir eu de BÉATRIX, nommée aussi HÉLISENDE, sa femme, Raoul, mort avant lui, Guillaume, qui suit, et Robert. Le comte, leur père, avait fondé l'abbaye de Tréport, près de la ville d'Eu, non l'an 1036, comme le marquent plusieurs modernes d'après une copie fautive du titre de fondation; mais entre 1057 et 1066, à la prière de sa femme et par le conseil du duc Guillaume et de Maurille, archevêque de Rouen. (Mabil., *Ann. Ben.*, T. IV, p. 595.)

GUILLAUME II.

1090 ou environ, GUILLAUME II, fils de Robert, lui succéda au comté d'Eu. Il s'attacha d'abord au duc Robert. Mais, l'an 1093, ayant été gagné par les présents de Guillaume le Roux et par l'espérance qu'il lui donna de l'élever aux premières dignités, il embrassa le parti de ce prince, et lui fit serment de fidélité. C'était se rendre parjure envers le duc Robert, son suzerain. Mais il ne garda pas mieux la foi au roi d'Angleterre qu'il l'avait fait au duc de Normandie, s'il est vrai qu'il entra, l'an 1095, comme il en fut accusé, dans la conjuration formée par Robert de Mowbrai, comte de Northumberland, et d'autres seigneurs, pour mettre sur le trône d'Angleterre, Etienne, comte d'Aumale. Quoi qu'il en soit, la diligence du roi prévint l'effet du complot, et déconcerta ceux qui l'avaient tramé. Mowbrai se défendit

quelque tems dans son château de Bamburi ; mais ayant été pris dans une sortie, ses biens furent confisqués, et il fut enfermé dans le château de Windsor, où il mourut après trente ans de captivité. Le comte d'Eu nia d'avoir eu part à la conjuration ; et, pour s'en justifier, il se battit contre Geofroi Bainard, comte de Chester, son accusateur et son beau-frère, à Windsor, en présence de la cour : mais il fut vaincu dans le combat. Ce mauvais succès emportant la conviction du crime suivant le préjugé du tems, Guillaume fut condamné en conséquence à perdre la vue avec la faculté de se reproduire. Ce qui avait porté Bainard à le déférer au roi comme traître, c'était la conduite qu'il tenait envers HÉLISENDE, sa femme, sœur du premier, aux yeux de laquelle il entretenait des concubines, dont il avait des enfants. (Hoveden et Walsingham.) Le supplice du comte Guillaume est de l'an 1096, suivant la chronique Anglo-Saxonne. Le trait suivant, rapporté par Guibert de Nogent, en fournit la preuve. Après la publication de la première croisade, comme on se préparait à partir pour la Terre-Sainte, les bourgeois de Rouen, réfléchissant sur le grand nombre de juifs qui habitaient leur ville, se dirent entr'eux : « Qu'est-il besoin d'aller jusqu'en
» Orient pour attaquer les mécréants, tandis que nous avons
» parmi nous des juifs qui sont les plus grands ennemis de Jésus-
« Christ ? » Là-dessus ils prennent la résolution de les massacrer tous ; et les ayant rassemblés de force ou par adresse dans une église, ils les égorgent, n'épargnant que ceux qui consentent à se faire chrétiens. Le comte Guillaume, présent à cette scène affreuse, eut compassion d'un petit juif qui tomba entre ses mains, le sauva du carnage, et le remit à la comtesse sa mère, qui, l'ayant reçu avec plaisir, lui demanda s'il voulait être chrétien. L'enfant, qui craignait la mort, témoigna qu'il le désirait. Aussitôt on le mène à l'église, où il reçoit le baptême, et prend le nom de celui à qui il devait la vie. Guibert dit avoir appris ce fait de la comtesse elle-même ; et il ajoute qu'elle prit soin de l'éducation de ce néophyte, et lui fit apprendre le latin. Puis craignant, dit-il, que ces parents ne le pervertissent comme ils l'avaient tenté plusieurs fois, elle le plaça dans l'abbaye de Saint-Germer, où il fit profession et devint un excellent religieux. On ignore l'année de la mort du comte Guillaume. Il laissa de son mariage Henri, qui suit, et Guillaume, seigneur de Grand-Cour, brave chevalier, qui se signala dans plusieurs occasions. Ce fut lui qui, l'an 1124, s'étant trouvé avec Raoulfe de Bayeux, gouverneur d'Evreux, au combat donné contre les partisans de Guillaume Cliton, y fit prisonnier Amauri, comte d'Evreux. Mais, considérant que jamais le roi d'Angleterre ne lui rendrait la liberté, il aima mieux, en le relâchant, s'exposer à l'indigna-

tion de ce prince, à la perte de ses biens et à l'exil. On voit encore deux autres fils du comte Guillaume, l'un appelé aussi Guillaume, et l'autre nommé Robert, tous deux mentionnés dans une charte de Henri, leur aîné, donnée l'an 1109. (*Arch. de l'abbaye Saint-Lucien de Beauvais, prieuré d'Eu*, cote 1.)

HENRI Ier.

1096 au plus tôt. HENRI Ier, fils de Guillaume II, et son successeur après sa disgrâce, fut un des seigneurs normands qui, ne pouvant souffrir la vie dissolue du duc Robert, appelèrent, l'an 1104, en Normandie, le roi Henri, son frère. (Ordér. Vit., L. 11, p. 814.) Il combattit pour ce dernier, l'an 1106, à la journée de Tinchebrai, où le duc fut fait prisonnier. Dans la suite, il épousa les intérêts de Guillaume Cliton, fils de l'infortuné duc, et fit une ligue en sa faveur avec les comtes de Flandre et d'Aumale, Eustache de Breteuil, Hugues de Gournai, Richer de l'Aigle, Robert de Neubourg et d'autres seigneurs. Mais le prudent roi d'Angleterre, dit Ordéric Vital, averti à propos de l'orage qui le menaçait, trouva moyen, l'an 1118, de faire arrêter dans Rouen le comte d'Eu avec Hugues de Gournai, et ne leur rendit la liberté qu'après les avoir obligés de lui livrer leurs châteaux pour gage de leur fidélité. L'année suivante, le comte d'Eu combattit, le 20 d'août, sous les enseignes de ce prince à la journée de Brenneville, où les Français furent battus.) Ordér. Vit., L. 12, p. 853.) Au mois suivant, il eut encore part à celle d'Andeli, qui n'eut pas un succès aussi décidé pour les Anglais. Il passa, quelque tems après, à la Terre-Sainte, d'où il revint en 1121. Il paraît que depuis son retour il vécut paisible. On ne le voit pas en effet figurer dans aucune des guerres qui s'élevèrent, dans la suite de sa vie, soit entre la France et l'Angleterre, soit en Flandre. Sa mort est marquée au 12 juillet dans le nécrologe de l'abbaye de Foucamont, qu'il avait fondée en 1130, et où il est enterré. A l'égard de l'année, l'appendice imprimée de Robert du Mont place en 1139 cet événement; mais dans l'exemplaire manuscrit de ce même ouvrage, coté 4862 à la Bibliothèque du Roi, il est rapporté sous l'an 1140. Voyant le terme de ses jours approcher, il avait embrassé l'état monastique à Foucamont. De MARGUERITE, son épouse, fille de Guillaume de Champagne, sire de Sulli, le comte Henri laissa Jean, qui suit; trois autres fils, Enguerand, dont le sort n'est point connu; Hugues, archidiacre d'Excester; et Guillaume, chantre de l'église d'Yorck; avec deux filles, Béatrix et Mathilde. (Anselme.) Guillaume de Jumiége ne donne au comte Henri qu'une fille et trois fils, sans les nommer.

JEAN.

1139 ou 1140. JEAN, fils et successeur au comté d'Eu, fit de grands biens à l'abbaye de Tréport, et confirma, l'an 1149, les donations que ses prédécesseurs lui avaient faites. Mais dans la guerre du duc de Normandie contre la France, ayant pris parti pour son suzerain, il pilla le trésor de ce monastère pour entretenir les chevaliers qui étaient à son service. Étant rentré en lui-même, après que la paix eut été rendue à la Normandie, il répara le mal qu'il avait fait à l'église de Tréport par de nouvelles donations, qui furent confirmées par la comtesse son épouse, et Robert leur fils. Nous avons une lettre du comte Jean Gilduin, abbé de Saint-Victor de Paris, où l'on voit que son attachement pour l'abbaye de N. D. d'Eu lui avait attiré une affaire désagréable. C'est ce qu'il est à propos de développer pour l'intelligence de cette lettre, que sa brièveté rend obscure. Guillaume Ier, trisaïeul de ce comte, avait fondé dans la ville d'Eu, comme on l'a dit, l'église collégiale de Notre-Dame. Mais les clercs qui la desservaient, désirant mener une vie plus parfaite, embrassèrent l'état religieux l'an 1119, et convertirent leur collégiale en abbaye, avec la permission du comte Henri et de Geofroi, pour lors archevêque de Rouen. Hugues d'Amiens, successeur de Geofroi, les mit depuis sous la congrégation d'Arouaise, dont il leur fit embrasser la règle. Mais le comte Jean, qui avait approuvé cette union, changea ensuite d'avis, et substitua des chanoines réguliers de saint-Victor à ceux d'Arouaise. La noblesse et le clergé du pays firent grand bruit de cette innovation, et l'archevêque, les appuyant, en vint jusqu'à prononcer une excommunication contre le comte; sentence dont la publication se répétait chaque dimanche au prône. Le comte ne pouvant y tenir, écrivit à Gilduin qu'il eût à retirer de l'abbaye d'Eu ses chanoines, ou à consentir qu'ils se conformassent aux usages d'Arouaise; que s'il ne voulait faire ni l'un ni l'autre, non seulement lui comte ne leur donnerait aucun secours, mais ferait tout son possible pour les exterminer : *Quod si hoc non feceritis, veraciter dico quia nunquam amplius vos dilexero, sed destruam in quibus potero.* Les Victorins restèrent néanmoins en possession de l'abbaye d'Eu, et continuèrent d'y vivre sous le régime et la discipline de leur congrégation. (*Gall. Chr.*, T. XI, col. 293 et 294.) Le comte Jean, sur la fin de ses jours, se dévoua lui-même à la vie religieuse à l'exemple de son père, et se retira dans l'abbaye de Foucarmont, où il mourut l'an 1170. Le père et le fils y eurent la même sépulture au pied du sanctuaire, sous une tombe, où l'on grava l'épitaphe suivante :

Est pater Henricus, primus gregis hujus amicus;
Ejus erat natus Johannes jure vocatus.
Filius iste fuit Henrici, postea frater.
Hos Monachos genuit Domino domus hæc, pia mater.
Qui legis, absque mora pro tantis fratribus ora

Le comte Jean avait épousé ALIX, nommée, par Guibert de Nogent, HÉLISENDE, dame de Smergate, et fille de Guillaume d'Aubigni, comte d'Arondel, et dont il eut quatre fils et deux filles. Les fils dénommés dans les chartes, sont Henri, qui suit, Raoul, Guillaume et Robert.

HENRI II.

1170. HENRI, fils aîné du comte Jean et son successeur, mourut l'an 1183, et fut enterré à Foucarmont, laissant de MAHAUT, sa femme (morte en 1207), deux fils et une fille. On n'est pas assuré du parti qu'il prit dans la révolte de Henri au Court-Mantel, contre Henri II son père, roi d'Angleterre. D'un côté, Raoul *De diceto* fait entendre qu'il se déclara pour ce dernier, en disant que le jeune prince, par ressentiment, lui avait enlevé son comté dès l'an 1174; de l'autre, Robert du Mont semble dire que ce dépouillement était un jeu concerté entre eux, et que le comte d'Eu était réellement dans les intérêts du fils rebelle. C'est aussi ce qu'assure positivement Benoît de Peterborough.

Ce fut sous le gouvernement du comte Henri que Saint-Laurent, archevêque de Dublin, étant venu en France, mourut en la ville d'Eu et fut enterré, le 14 novembre 1181, dans l'église Notre-Dame. Ayant été canonisé, l'an 1216, il devint titulaire de cette église avec la Mère de Dieu.

RAOUL Ier.

1183. RAOUL Ier, fils aîné de Henri II et son successeur dans un âge assez tendre, ne survécut à son père que trois ans, étant mort en 1186, un an après Gui, son frère.

ALIX ET RAOUL II, DIT D'ISSOUDUN.

1186. ALIX, sœur de Raoul Ier, lui succéda au comté d'Eu, ainsi qu'aux seigneuries d'Arques et de Morter, avec RAOUL DE LUSIGNAN, dit d'Issoudun, son époux, seigneur de Mello, ou Merlou, dans le Beauvaisis, de Chisai, et de Sivrai en Poitou. L'attachement de Raoul au roi d'Angleterre, Henri II, son suzerain, attira dans le comté d'Eu, l'an 1188, les armes de la France. Philippe de Dreux, évêque de Beauvais et cousin du roi Philippe Auguste, prélat plus guerrier que son état ne le permettait, étant entré dans ce pays avec un corps de troupes, y brûla le village que Benoît de Peterborough nomme Blanche, et commit d'autres ravages. Il paraît que Raoul demeura constamment fidèle à Henri II et à Richard, son successeur. Mais, l'an 1200, il prit les armes pour Hugues le Brun, son frère, contre le roi Jean, qui avait enlevé à celui-ci Isabelle, sa fiancée, au moment ou à la veille de ses noces. Il changea néanmoins de parti dans la suite, se déclara pour le roi d'Angleterre, et combattit dans son armée, l'an 1214, à la bataille de Bouvines. Le roi Philippe Auguste le punit de sa félonie envers lui par la confiscation de ses terres. N'ayant plus rien en France et ne pouvant même y reparaître en sûreté, il passa en Palestine, où il se distingua par sa valeur. De là s'étant rendu en Égypte, il y mourut devant Damiette assiégée par les Croisés, au commencement de l'an 1219 au plus tard. Alix, après la mort de son époux, fit, au mois d'août de la même année, son accommodement avec Philippe Auguste. Les seigneuries d'Arques, de Driencourt, qui fut depuis appelé Neuchâtel, et de Mortemer, furent cédées au monarque, qui rendit le comté d'Eu. Alix termina ses jours le 11 septembre 1227, laissant un fils, qui suit.

RAOUL III.

1227. Raoul III, fils de Raoul d'Issoudun et d'Alix, successeur de sa mère au comté d'Eu, fut marié trois fois, 1°, l'an 1222, avec Jeanne, fille d'Eudes III, duc de Bourgogne; 2° avec Yolande, fille de Robert II, comte de Dreux; 3° avec Philippette, fille de Simon de Dammartin, comte de Ponthieu. Le second mariage produisit une fille, qui suit : les deux autres furent stériles. Philippette survécut à Raoul et se maria en secondes noces à Raoul II, sire de Couci.

MARIE D'ISSOUDUN et ALFONSE DE BRIENNE.

Marie, fille de Raoul III et son héritière, porta le comté d'Eu dans la maison de Brienne par son mariage avec Alfonse de Brienne, dit d'Acre, qui se qualifiait comte d'Eu dès l'an 1249 (du Cange *sur Joinville*, p. 92), et qu'on voit grand-chambrier de France en 1258. Alfonse était fils de Jean de Brienne, roi titulaire de Jérusalem, et de Bérengère de Castille. Il avait été amené en France avec ses frères, lorsque Baudouin de Courtenai, empereur de Constantinople, y vint demander du secours aux princes chrétiens. Il accompagna, l'an 1270, le roi saint Louis au voyage d'Afrique, et mourut devant Tunis le 25 août de cette année, le même jour que le saint roi. Son corps fut rapporté en France, et inhumé à Saint-Denis, dans la chapelle de Saint-Martin, où l'on voit encore son épitaphe. Il laissa de son mariage un fils qui suit, et Blanche abbesse de Maubuisson. Un autre fils, nommé Alfonse, qu'il avait eu de son mariage, était mort avant lui, et fut inhumé dans l'église du prieuré de Sainte-Catherine à Paris.

JEAN DE BRIENNE Ier.

1252 ou environ. JEAN DE BRIENNE Ier succéda à Marie sa mère (morte vers l'an 1252) dans le comté d'Eu. Il était pour lors avec saint Louis en Palestine ; *et là le roy*, dit Joinville, *fist le comte d'Eu chevalier, qui estoit encore ung jeune jouvencel*. Le comte Jean mourut à Clermont en Beauvaisis l'an 1294, laissant de sa femme BÉATRIX, fille de Gui III de Châtillon, comte de Saint-Pol, un fils, qui suit, et trois filles ; savoir, Isabelle, mariée à Jean II, dit de Flandre, seigneur de Dampierre ; Jeanne, femme, 1° de Raymond VII, vicomte de Turenne, 2° de Renaud de Péquigni, vidame d'Amiens ; Marguerite, femme de Gui II, vicomte de Thouars ; et Mahaut, abbesse de Maubuisson.

JEAN DE BRIENNE II.

1294. JEAN DE BRIENNE II, fils et successeur de Jean de Brienne Ier au comté d'Eu, prétendit au comté de Guines en vertu de son mariage avec JEANNE, fille et héritière de Baudouin de Guines. Dans cette vue, il reprit le procès intenté au parlement par son beau-père pour faire casser la vente faite, au mois de février 1283, par le comte Arnoul III, du comté de Guines au roi Philippe le Hardi. Ses poursuites ne furent pas vaines : il obtint, l'an 1295, un arrêt qui lui adjugea le comté qu'il revendiquait. (Voyez *les comtes de Guines*.) L'an 1302, il fut tué à la bataille de Courtrai donnée le 11 juillet, laissant de sa femme un fils en bas âge, qui suit, et une fille nommée Marie, morte jeune, dont la sépulture est à l'abbaye de Longuvilliers.

RAOUL DE BRIENNE Ier (IV).

1302. RAOUL DE BRIENNE Ier succéda, l'an 1302, à Jean II, son père, dans le comté d'Eu sous la tutelle de sa mère. La charge de connétable lui fut conférée, l'an 1330, après la mort de Gaucher de Châtillon, qui en était pourvu. Il succéda, l'an

1331, à sa mère dans le comté de Guines. Il signa, l'an 1332, un traité fait entre le roi de France et le roi de Castille pour un secours mutuel de gens de guerre. Envoyé dans la Guienne, il réduisit Blaye sous l'obéissance du roi. Un événement funeste termina Bourg et ses jours : l'an 1345 (N. S.), il fut tué, le 18 janvier, d'un coup de lance dans un tournoi qui se fit aux noces de Philippe de France. Raoul emporta dans le tombeau les regrets de tous les princes et des grands du royaume. (*Voyez* Raoul I*er*, *comte de Guines*).

RAOUL DE BRIENNE II (V).

1345. RAOUL DE BRIENNE II, appelé dans les annales manuscrites de Saint-Victor, *Radulfus de monte Fulcardi*, successeur de Raoul I*er*, son père, aux comtés de Guines et d'Eu, le remplaça de même dans la dignité de connétable. L'an 1350, le 19 novembre, il eut la tête tranchée à Paris, devant l'hôtel de Nesle, par ordre du roi Jean. En lui finit la branche des comtes d'Eu de la maison de Brienne. (*Voyez* Raoul II, *comte de Guines*.)

JEAN D'ARTOIS, DIT SANS-TERRE.

1352. JEAN D'ARTOIS, dit SANS-TERRE, parce qu'il était fils d'un père proscrit, né, l'an 1321, du fameux Robert d'Artois, comte de Beaumont, et de Jeanne de Valois, fut pourvu du comté d'Eu, le 9 avril 1352, par le roi Jean, qui l'avait confisqué sur le connétable Raoul de Brienne après son exécution. Dans les lettres-patentes qui renferment ce don fait à Jean d'Artois pour lui et ses héritiers nés en mariage légitime, le monarque, outre la retenue de l'hommage et du droit de souveraineté et de ressort, excepte la haute justice, *dont ledit Jean d'Artois ne jouira*, dit-il, *que pendant sa vie, en sorte qu'après sa mort ladite haute justice retournera à perpétuité au roi et à ses successeurs*. (*Mss. de Colbert*, vol. 493, p. 1.) Le roi lui donna de plus la garde et le gouvernement de la ville de Péronne. Mais lorsqu'il vint en prendre possession, accompagné du duc d'Orléans, il trouva les portes de la ville fermées par la mutinerie des habitants. Bientôt néanmoins il se les fit ouvrir de force, et alla s'établir dans le château. Mais pendant une absence que les affaires de l'état l'obligèrent de faire, les Péronnais se soulevèrent de nouveau, pillèrent les maisons de ceux qui lui étaient affectionnés, et assiégèrent la comtesse, sa femme, et ses enfants, dans le château. Le comte, à cette nouvelle accourut à Péronne, et par sa seule présence dissipa les mutins. Le roi, pour les châtier, supprima la commune de Péronne.

C'est ce que nous apprennent des lettres du roi Charles V, datées du 8 janvier 1368 (V. S.), par lesquelles il rétablit leur commune, et *les restitue à leur bonne fame et renommée et à leurs biens.* (*Arch. de l'Hôtel-de-Ville de Péronne*, cote 24.) La femme du comte Jean, qu'il avait épousée par contrat du 11 juillet 1352, était ISABELLE, fille de Jean Ier, vicomte de Melun, comte de Tancarville, grand-chambellan de France, veuve de Pierre de Montpensier, comte de Dreux, et dame douairière de Saint-Valeri en Caux et d'autres lieux. Par son premier contrat de mariage, Isabelle, sa mère, dame d'Antoing et d'Epinoi, lui avait assuré la somme de douze mille livres, dont elle n'était pas encore remboursée. Ce fut le sujet d'un procès qu'intenta le comte Jean à Hugues de Melun, son beau-frère, seigneur d'Antoing et d'Epinoi. Le roi Jean, ayant pris connaissance de cette contestation, engagea les parties à faire un accommodement, qu'il scella de son autorité par lettres données à Monceau, prés de Pont-Saint-Maxence, le 9 mars 1354 (V. S.). (*Rec. de Colbert*, vol. 29, fol. 85.) L'an 1356, le comte d'Eu fut pris à la bataille de Poitiers et conduit prisonnier en Angleterre. Pendant son absence, les Anglais, l'an 1357, se rendirent maîtres du château de Saint-Valeri, par la négligence de ceux à qui la garde en était confiée. Le connétable l'ayant repris, Charles, dauphin et régent du royaume, le réunit avec ses dépendances à la couronne par droit de conquête et par droit de confiscation, pour punir la comtesse d'avoir laissé prendre une place de cette importance. Mais il la rendit au comte Jean après son retour d'Angleterre, comme on le voit par ses lettres du 2 mai 1359. (*Rec. de Colbert*, vol. 27, fol. 223.) Charles, à son avénement au trône, lui fit une autre gratification en lui accordant, par lettres du mois d'août 1364, mille livres à prendre sur les forfaitures qui écherraient, *super forefacturis supervenientibus*. (*Rec. de Colbert*, vol. 28, reg. 95, acte 211.) Le comte Jean servit l'état avec gloire sous trois rois consécutifs, Jean, Charles V et Charles VI. Il accompagna ce dernier, l'an 1382, dans son expédition de Flandres, et commanda l'arrière-garde à la bataille de Rosebèque. Sa mort arriva le 6 avril, veille de Pâques de l'an 1387 (N. S.), et son inhumation se fit dans l'église de Notre-Dame d'Eu, où sa femme vint se réunir à lui dans le mois de décembre 1389. De son mariage il eut un fils aussi nommé Jean, qui mourut avant lui, à la fleur de son âge; deux autres fils, Robert et Philippe, qui suivent; et une fille, Jeanne, mariée, le 12 juillet 1365, à Simon de Thouars, qui périt le jour de ses noces dans un tournoi. Jeanne passa dans le veuvage le reste de ses jours, qu'elle termina l'an 1420 au plus tôt.

ROBERT II D'ARTOIS.

1387. ROBERT, fils et successeur de Jean d'Artois au comté d'Eu, ne survécut pas quatre mois à son père, étant mort, le 20 juillet 1387, sans alliance.

PHILIPPE D'ARTOIS.

1387. PHILIPPE, frère de Robert, lui succéda au comté d'Eu. Il avait déjà signalé sa valeur, en 1383, à la prise de Bourbourg. Il accompagna, l'an 1390, Louis II, duc de Bourbon, dans son expédition d'Afrique. L'an 1392, après que l'épée de connétable eut été ôtée, par arrêt de la cour, à Clisson, elle fut donnée à Philippe d'Artois, au refus d'Enguerand de Couci et de Gui de la Trémoille, à qui elle avait été d'abord offerte. Il s'en fallait bien que Philippe eût la capacité nécessaire pour remplir cette charge. Les ducs de Bourgogne et de Berri, en la lui procurant, consultèrent moins le bien de l'état que son intérêt propre et le leur. Le premier eut à se repentir de son choix. L'an 1396, Philippe d'Artois, ami de Sigismond, roi de Hongrie, qu'il avait connu en France, apprenant qu'il était menacé par Bajazet Ier, empereur des Turcs, détermine le roi Charles VI à lui envoyer du secours. Il partit avec le comte de Nevers, fils du duc de Bourgogne, à qui le commandement avait été donné, et avec la fleur de la noblesse française, pour aller faire la guerre aux Turcs en Hongrie. Son imprudence et sa présomption furent cause de la perte de la bataille de Nicopoli, donnée contre les Infidèles le 28 septembre de cette année. Il y resta prisonnier et fut envoyé à Burse (quelques-uns disent à Micaliso en Natolie), où il mourut le 15 juin de l'année suivante, dans le tems qu'il devait être mis en liberté. On voit son tombeau dans l'église de Notre-Dame d'Eu. Ce n'est rien moins qu'un chef-d'œuvre de l'art; mais il a cela de singulier qu'il est enfermé, dans une cage de fer, et que la figure est sans casque et sans gantelets, pour montrer que ce prince est mort en prison. Il avait épousé, par contrat passé à Paris le 27 janvier l'an 1392, MARIE, duchesse d'Auvergne, fille de Jean de France, duc de Berri, et veuve de Louis de Châtillon, comte de Dunois, dont il eut Charles, qui suit; Bonne, femme 1° de Philippe de Bourgogne, comte de Nevers, 2° de Philippe le Bon, duc de Bourgogne; et Catherine, femme de Jean de Bourbon, sire de Carenci. La mère de ces trois enfants se remaria en troisièmes noces, le 24 juin de l'an 1400, à Jean, duc de Bourbon.

CHARLES D'ARTOIS.

1397. CHARLES, fils aîné de Philippe d'Artois, devint son successeur en bas âge au comté d'Eu. Dès qu'il fut en état de porter les armes, le roi Charles VI l'établit lieutenant-général en Normandie et en Guienne. Il fut pris, l'an 1415, à la bataille d'Azincourt et conduit prisonnier en Angleterre, d'où il ne revint qu'en 1438. Il y serait demeuré encore plus long-tems sans la générosité du duc de Bourbon, son frère utérin, qui paya sa rançon. Le roi Charles VII recouvra dans sa personne un sujet des plus attachés à son service et à celui de l'état. L'an 1440, il refusa d'entrer dans la fameuse ligue des princes, connue sous le nom de la *Praguerie*, et fut le médiateur de leur réconciliation avec le roi, après qu'il eut dissipé ce parti. Le comte d'Eu suivit ce monarque en diverses expéditions, principalement dans celle qu'il fit, l'an 1449, en Normandie, où Charles d'Artois et le comte Saint-Pol, à la tête d'un corps de quatre mille hommes, prirent la ville de Neuchâtel d'Elicourt et le château par composition. Le roi Charles VII, en reconnaissance des services de Charles d'Artois, érigea, par lettres du mois d'août 1458, en pairie le comté d'Eu. Le roi Louis XI lui donna une nouvelle marque d'estime, l'an 1465, après la bataille de Montlhéri, en lui confiant le gouvernement de Paris, après l'avoir retiré à Charles de Melun, dont la fidélité commençait à lui devenir suspecte. Charles d'Artois mourut sans enfants le 25 juillet 1472 (et non pas 1469, comme le marque Vignier, ni 1471, comme porte la *Chronique Scandaleuse*.) Il avait épousé 1°, l'an 1448, JEANNE, fille unique de Philippe, seigneur de Saveuse; 2°, le 23 septembre 1454, HÉLÈNE, fille de Jean de Melun, vicomte de Gand. La Chronique Scandaleuse dit faussement qu'après la mort de Charles d'Artois le comté d'Eu fut mis en la main du roi et donné au connétable, *à la grande déplaisance de monseigneur le comte de Nevers, frère de mondit seigneur le comte d'Eu, et qui après ladite mort cuidoit jouir de ladite comté d'Eu et des autres terres dudit défunt, comme vrai héritier.*

Nous ne devons pas oublier que, pendant la captivité de Charles d'Artois, le roi d'Angleterre, Henri V, ayant fait la conquête de la Normandie, donna le comté d'Eu à Henri de Bourgchier, qui paraît l'avoir conservé jusqu'en l'an 1450, époque où les Anglais furent entièrement chassés de Normandie. Nous avons sous les yeux l'aveu et dénombrement qu'il donna, le 13 avril 1420, du comté d'Eu, tant en fiefs qu'en membres, à la chambre des comptes de Rouen. Nous avons pareillement une quittance de ce même Henri de Bourgchier, en date du 11 août 1442, par laquelle il reconnaît, en se qualifiant comte d'Eu, avoir reçu de *Pierre Bailli, receveur-général de Normandie, la somme de trois mille livres tournois, que le roi notre sire*, dit-il c'est Henri VI), *par ses lettres données le 26 juillet derrenier passé, expédiées par les trésoriers de Normandie, a ordonné nous estre payée pour aucunement nous récompenser de plusieurs services par nous rendus audit roy notre seigneur, dez le pénultième jour de mars derrenier passé includ jusqu'au vingt-neuvième jour de juing aussi derrenier passé exclud.* (Mss. de Fontanieu, vol. 1118.) Plusieurs de nos historiens n'ont pas fait mention de ce seigneur parmi les comtes d'Eu, sans doute parce qu'ils ne le regardaient pas comme légitime.

JEAN DE BOURGOGNE.

1472. JEAN DE BOURGOGNE, comte de Nevers succéda à Charles d'Artois, son oncle maternel, dans le comté d'Eu. Il mourut à Nevers le 25 septembre 1491. De son tems la ville d'Eu essuya un grand désastre dont elle n'a jamais pu se relever. Depuis long-tems elle était florissante par son commerce, et célèbre par la valeur et la hardiesse de ses armateurs. Dans la guerre que Louis XI eut avec l'Angleterre, ils enlevaient les vaisseaux de cette nation qui transportaient des troupes à Calais, et allaient même attaquer les Anglais dans leurs ports. Le roi d'Angleterre Edouard IV, dans la vue de procurer la ruine de la ville et du port d'Eu, fit courir le bruit qu'il allait faire une descente en Normandie, s'emparer de la ville d'Eu, et y passer l'hiver. Louis XI avec toute sa finesse donna dans le panneau. Pour ôter à Edouard l'envie d'effectuer sa menace, il ne vit pas de moyen plus sûr que de faire réduire la ville en cendres. Cette résolution affreuse fut exécutée, le 18 juillet 1475, par Joachim Rohaut, maréchal de France, qui pour cet effet se rendit, par ordre du roi, sur les lieux avec quatre cents lances. Le feu ayant été mis à neuf heures du matin, consuma le château et toute la ville, à l'exception des églises qui furent conservées, et de quelques maisons qu'on négligea. Ce désastre est transcrit, dit M. Expilli, dans les archives de la ville. Celles de Dieppe, de Saint-Valeri et d'Abbeville, profitèrent des débris de la ville d'Eu. (*Voy*. Jean, *comte de Nevers*.)

ENGILBERT DE CLÈVES.

1491. ENGILBERT DE CLÈVES, fils de Jean Ier, duc de Clèves, et petit-fils par sa mère, Elisabeth, de Jean de Bourgogne, succéda à son aïeul maternel dans le comté d'Eu, comme dans ceux de Nevers, de Réthel, etc. Sa mort arriva le 21 novembre 1506. (*Voy*. Engilbert, *comte de Nevers*.)

CHARLES DE CLÈVES.

1506. CHARLES, fils d'Engilbert de Clèves et son successeur

aux comtés d'Eu, de Nevers et de Réthel, mourut le 27 août 1521. (*Voy.* Charles, *comte de Nevers et de Réthel.*)

FRANÇOIS Ier DE CLÈVES.

1521. François Ier, fils et unique héritier de Charles, fit ériger en duché le comté de Nevers en 1539, mourut le 13 février 1562. (*Voy.* François Ier, *duc de Nevers.*)

FRANÇOIS II DE CLÈVES.

1562. François II, fils de François Ier et son successeur au comté d'Eu comme au duché de Nevers, mourut sans enfants le 10 janvier 1563. (*Voy.* François II, *duc de Nevers.*)

JACQUES DE CLÈVES.

1563. Jacques, frère de François II, recueillit sa succession, dont il ne jouit que jusqu'au 6 septembre 1564, époque de sa mort. (Voy. *les ducs de Nevers.*)

CATHERINE DE CLÈVES.

1564. Catherine de Clèves, sœur cadette de Jacques, née l'an 1548, partagea sa succession avec Henriette, son aînée, qui eut pour sa part le duché de Nevers avec le comté de Réthel, et laissa le comté d'Eu à Catherine. Celle-ci épousa en premières noces Antoine de Croï, prince de Porcien, qui, s'étant attaché aux Coligni, embrassa comme eux le calvinisme, et mourut sans postérité à l'âge de vingt-six ans. Voici comme sa mort est racontée dans le journal de l'Etoile. « Le prince de Porcien,
» jeune, martial et guerrier, mourut à Paris, le 15 mai 1567,
» d'une fièvre chaude, causée d'une colère mêlée d'excès, qui
» fut qu'ayant joué à la paume tout le long du jour, il fut mandé
» le soir aux Tuileries, où le roi le tint deux heures découvert
» dans le jardin, à la lune, (le tems) étant serein, et lui tint de
» rudes propos, jusqu'à le menacer de la perte de sa tête pour
» Linchamp, place frontière qu'on avait donné à entendre à
» sa majesté qu'il faisait fortifier : car, étant revenu à sa maison,
» outré de dépit, comme il avait le cœur merveilleusement grand,
» il envoya quérir du vin et en but trois quartes, et mangea trois
» platelées d'amandes vertes, et s'en alla coucher là-dessus ; *qui*
» *fut le poison qu'on dit lui avoir été baillé* ». Ces dernières paroles font allusion au libelle satyrique intitulé : *la Légende de dom Claude de Guise* (abbé de Cluni), où l'on assure qu'un nommé Saint-Barthelemi, émissaire de dom Claude, avait donné au prince de Porcien un breuvage empoisonné qui lui avait échauffé

le sang et troublé la raison. Ce jeune seigneur était ennemi déclaré de la maison de Guise, et il en donna des preuves en mourant : car comme il soupçonnait sa femme d'avoir de l'inclination pour le duc de Guise (Henri le Balafré), il la conjura de ne point l'épouser. « Je ne doute point, lui dit-il, qu'étant jeune, belle et » riche, vous ne soyez remariée après ma mort. Je vous laisse le » choix des partis ; et de tout le royaume je n'en excepte qu'un » seul homme, c'est le duc de Guise. C'est l'homme du monde » que je hais le plus ; et je vous demande en grâce que mon plus » grand ennemi ne soit pas l'héritier du plus précieux de tous mes » biens ». (Le Laboureur, *addit. aux Mém. de Castelnau*, T. I.) Malgré une demande si précise, Catherine donna sa main, au mois de septembre 1570, à ce même DUC DE GUISE. Elle avait été huguenote avec son premier mari ; elle redevint catholique après l'avoir perdu, à la sollicitation de la reine Catherine de Médicis, qui lui fit faire abjuration en la chapelle de Saint-Germain-en-Laye, et lui servit de marraine dans cette cérémonie. La conduite de la duchesse de Guise envers son deuxième époux ne fut pas à l'abri de la médisance. Saint-Mégrin, l'un des mignons de Henri III, se vanta (l'an 1578) d'avoir eu commerce avec elle. Cette insolence lui coûta la vie : quelques jours après il fut poignardé par des hommes masqués, en sortant du Louvre. On doute si ce fut par ordre du duc de Guise, ou du duc de Mayenne son frère. Le premier, si l'on en croit Varillas, l'abbé de Choisi, Bayle, et d'autres modernes, fit expier à sa femme d'une manière moins atroce le crime dont elle était accusée. Etant entré, dit-on, sur les quatre heures du matin dans la chambre où dormait la duchesse, un poignard à la main droite et une écuelle d'argent remplie d'une liqueur noirâtre à la gauche, il la réveilla, lui reprocha en peu de mots son infidélité, et lui donna le choix du poignard ou du poison préparé dans l'écuelle qu'il tenait. La duchesse n'ayant pu le fléchir pas ses prières, prit le poison, l'avala, et se mit à genoux sur son oratoire en attendant le moment qu'elle devait expirer. Une heure après, le duc étant rentré, lui dit qu'elle pouvait se recoucher et reprendre son sommeil sans crainte, la potion qu'elle avait prise n'étant autre chose qu'un excellent consommé ; après quoi il l'exhorta à se conduire avec plus de réserve à l'égard des favoris. Nous abandonnons au jugement de nos lecteurs cette anecdote, dont Bayle dit que la preuve se trouve parmi les manuscrits de M. de Mesmes. On sait par quel événement funeste la duchesse de Guise devint veuve, le 23 décembre 1588, pour la seconde fois. Elle survécut à l'assassinat de Henri de Guise jusqu'au 11 mai de l'an 1633, époque de sa mort arrivée dans la quatre-vingt-cinquième année de son âge. Elle laissa de ce prince un grand nombre d'enfants, l'aîné desquels est le seul dont nous ferons ici mention. (Voy. *pour les autres* Henri Ier de Lorraine, *prince de Joinville.*)

CHARLES DE LORRAINE.

1635. CHARLES DE LORRAINE, fils aîné de Henri Ier, duc de Guise, et de Catherine de Clèves, né le 20 août 1571, succéda, l'an 1633, à sa mère dans le comté d'Eu. Il mourut le 30 septembre 1640, laissant de HENRIETTE-CATHERINE, duchesse de Joyeuse, veuve de Henri de Bourbon, duc de Montpensier, Henri, qui suit, avec d'autres enfants. (Voyez *les princes de Joinville.*)

HENRI DE LORRAINE.

1640. HENRI II, duc de Guise, né le 4 avril 1614, succéda, dans le comté d'Eu, à Charles, son père. L'an 1660, il vendit ce comté pour la somme de deux millions cinq cent mille livres à Marie-Louise d'Orléans, fille de Gaston-Jean-Baptiste de France. Cette princesse en fit don, l'an 1682, à Louis-Auguste, légitimé de France, duc du Maine, en faveur duquel le roi Louis XIV, son père, rétablit le titre de pairie au comté d'Eu par lettres patentes du 5 mai 1694. (Voyez *les princes de Joinville.*)

CHRONOLOGIE HISTORIQUE

DES

COMTES D'ÉVREUX.

Le château d'Evreux, dont la capitale, située sur la rivière d'Iton, est nommée, dans les anciens géographes, *Mediolanum Eburovicum*, ou *Aulercorum*, et, dans les auteurs du moyen âge, *Ebroeca*, *Ebroicum*, fut érigé par Richard Ier, duc de Normandie.

ROBERT, Comte d'Evreux, de la Maison de Normandie.

989. Robert, fils de Richard Ier, duc de Normandie, et de Gonnor, sa concubine, fut nommé premier comte d'Evreux par son père, l'an 989. La même année, Richard lui procura l'archevêché de Rouen. « Ce prélat, dit Ordéric Vital, comblé de
» richesses, se livra aux affaires séculières, et ne s'abstint
» point, comme il convenoit à son caractère, des plaisirs de la
» chair; car il eut, en qualité de comte, une femme nommée
» Harleve, qui lui donna trois fils, Richard, Raoul et Guil-
» laume, entre lesquels il partagea son comté d'Evreux et ses
» autres biens patrimoniaux, suivant l'usage du siècle. Mais,
» dans sa vieillesse, revenu de ses égaremens, il fut saisi d'une
» grande frayeur à la vue de la multitude des péchés graves
» dont il était chargé. Pour les expier, il fit d'abondantes au-
» mônes, et entreprit l'édifice de sa cathédrale, qu'il avança
» beaucoup, et dont il laissa l'achèvement à ses successeurs. »
L'an 1028, étant devenu suspect, sur de faux rapports, au duc Robert, son neveu, il fut attaqué par ce prince, qui vint l'assiéger dans Evreux. Le prélat, ayant été obligé de rendre la place, se retira auprès du roi Robert, et lança de là un interdit sur la Normandie. Le duc ayant reconnu la fourberie de ceux qui l'avaient brouillé avec son oncle, le rappela, le rétablit sur son siège, et se servit de ses conseils dans la suite pour le gouvernement de son duché. Le comte-archevêque Robert mourut, l'an 1037,

avant Pâques : c'est ainsi qu'on peut concilier la chronique de Rouen, qui met sa mort en 1036, avec son épitaphe, qui la place en 1037. (*Gall. Chr.*, T. XI.) Des trois fils qu'il eut, comme on l'a dit, de sa concubine, l'aîné fut héritier de son comté ; Raoul, le second, dit *Tête d'étoupe*, ou *Tête d'âne*, fut connétable de Normandie ; et Guillaume, le troisième, passa en Pouille auprès de Robert Guiscard, qui lui fit de grands biens.

RICHARD.

1037. RICHARD, fils aîné de l'archevêque-comte Robert et d'Harléve, et successeur de son père au comté d'Evreux, fonda, vers l'an 1060, l'abbaye de Saint-Sauveur, pour des filles, à Evreux. Il accompagna, l'an 1066, le duc Guillaume le Bâtard à la conquête de l'Angleterre, et combattit sous ses drapeaux à la bataille d'Hastings. Il mourut le 13 décembre 1067, et fut enterré à l'abbaye de Fontenelle, dite de Saint-Vandrille. ADÈLE, sa première femme, veuve de Roger, seigneur de Toëni et de Conches, lui donna Guillaume, qui suit; et Agnès, troisième femme de Simon Ier, seigneur de Montfort-l'Amauri. GODÉCHILDE, sa seconde femme, le fit père de Godéchilde, abbesse du monastère de Saint-Sauveur, qu'il avait fondé, comme on l'a dit, à Evreux. Guillaume de Jumiége dit du comte Richard qu'il était également bon chrétien et bon homme de guerre.

GUILLAUME.

1067. GUILLAUME, fils de Richard, lui succéda au comté d'Evreux. Il avait combattu à côté de son père à la bataille de Hastings. Il eut part, l'an 1070, à la distribution des terres d'Angleterre que le roi Guillaume fit aux Normands qui l'avaient accompagné dans son expédition. Il revint en Normandie l'an 1073 (et non pas 1075, comme le marque un moderne), et fut un des médiateurs de la paix qui se fit entre le roi Guillaume et Foulques le Rechin à Blanchelande, touchant la propriété du comté du Maine. Peu de tems après, le monarque anglais, comme pour se dédommager du bien qu'il lui avait fait en Angleterre, lui retira le château d'Evreux, et y mit une garnison avec un commandant à ses ordres. L'an 1084, au mois de janvier, il fut pris au siége du château de Sainte-Suzanne, défendu contre ce monarque, par Hubert, vicomte du Maine. (*Ordér. Vit.*, p. 649.) Il paraît que sa captivité fut de courte durée. L'an 1087, après la mort de Guillaume le Conquérant, il se remit en possession du château d'Evreux, dont il chassa la garnison, ainsi que de

la petite ville de Dangu, au Vexin normand. Il paraît que Robert, duc de Normandie, souffrit tranquillement que Guillaume se fît ainsi justice à ses dépens par la voie des armes, et qu'il ne lui en sut point mauvais gré. Nous voyons en effet que ce comte fut un des chefs de l'armée qu'il mena cette même année dans le Maine, pour réduire cette province sous ses lois. (Ord. Vit., p. 674.) Guillaume, n'ayant point d'enfants, élevait chez lui une nièce nommée Bertrade, fille de son frère Simon de Montfort. Foulques le Rechin, comte d'Anjou, épris de la beauté de cette fille, résolut, l'an 1089, de répudier la femme qu'il avait alors, pour l'épouser. Dans ce même tems, les Manceaux ayant de nouveau tenté de secouer le joug des Normands, le duc Robert, malade pour lors, pria le comte d'Anjou de s'entremettre pour contenir les Manceaux dans le devoir. Foulques le promit au cas que Robert lui fît avoir la jeune Bertrade. Le duc en ayant fait la demande au comte d'Evreux, celui-ci répondit : « Je n'en ferai rien, à moins que vous ne me rendiez Noyon-
» sur-Andelle, Gassai, Cravant, Ecouchi, et les autres terres
» de Raoul, mon oncle paternel, qu'on surnommoit par raillerie
» *Tête d'âne*, à cause de sa chevelure, et à mon neveu, Guil-
» laume de Breteuil, le Pont-Saint-Pierre; car Robert de Gassai,
» mon cousin, fils de Raoul, m'a fait son héritier universel. »
Le duc accepta la condition, et fit rendre au comte d'Evreux les terres qu'il répétait, à l'exception d'Ecouchi que possédait Girard de Gournai, qui était de la même famille; au moyen de quoi Guillaume livra sa nièce au comte d'Anjou. (Ord. Vit., p. 681.) Le comte Guillaume eut, l'an 1090, avec Raoul de Toëni, seigneur de Conches, son frère utérin, une guerre longue et cruelle, qui fut occasionée par des paroles offensantes que leurs femmes s'étaient dites. Elle dura trois ans avec tout l'acharnement que des frères ennemis et des femmes vindicatives peuvent mettre dans leurs hostilités. Ce fut le comte d'Evreux qui l'entama. Raoul eut long-tems le dessous; mais ayant enfin obtenu des secours du roi d'Angleterre, après avoir inutilement demandé justice au duc de Normandie, il se vit en état de faire face à l'ennemi. L'an 1093, au mois de novembre, le comte d'Evreux fut obligé de lever le siége qu'il avait mis devant Conches; et, quelque tems après, étant revenu faire le dégât autour de cette place, il fut mis en fuite par les troupes de Raoul avec une perte considérable des siens. Alors la paix se fit entre les deux frères par la médiation des amis communs. Le P. Anselme se trompe, lorsqu'il dit que le comte d'Evreux fut fait prisonnier au siége de Conches. Il ne le fut point du tout dans cette guerre, comme on peut s'en convaincre par le récit qu'en fait Ordéric Vital (p. 688). Le généalogiste a confondu avec le comte d'E-

vreux, Guillaume de Breteuil, son allié, qui fut réellement fait prisonnier dans la dernière expédition. Le comte d'Evreux servit utilement le duc Robert contre le roi Guillaume, son frère, qui voulait lui enlever la ville de Rouen. S'étant réconcilié avec le monarque anglais, il fut un des chefs de l'armée que ce prince, devenu régent de Normandie pendant le voyage de son frère à la Terre-Sainte, envoya, l'an 1097, pour retirer le Vexin des mains du roi de France. L'année suivante, le roi Guillaume, après avoir fait la paix avec le comte d'Anjou, confia la garde de la ville du Mans à celui d'Evreux et au seigneur de l'Aigle. Il paraît néanmoins que, quelque tems avant la mort de ce prince, Robert, comte de Meulent, fit perdre ses bonnes grâces au comte d'Evreux, ainsi qu'à Raoul de Conches, par les mauvais offices qu'il leur rendit auprès de lui. Ils n'en demeurèrent pas toutefois moins fidèles à son service. Mais, l'an 1100, après sa fin tragique, ils se jetèrent sur la terre de Beaumont, appartenante au comte de Meulent, et y commirent tous les dégâts que l'esprit de vengeance leur suggéra.

Le roi d'Angleterre Henri étant venu, l'an 1104, en Normandie pour faire droit sur les plaintes que la plupart des seigneurs et des prélats du pays lui avaient portées contre le duc son frère, celui-ci, pour l'apaiser, lui céda le comte et le comté d'Evreux. Guillaume, apprenant qu'on disposait de lui à son insu, comme d'un bœuf ou d'un cheval, vint trouver les deux princes, pour leur en marquer son étonnement. Ravi néanmoins de sortir de la mouvance du duc Robert, il fit joyeusement hommage au monarque anglais, déclarant qu'il ne reconnaîtrait plus désormais d'autre suzerain que lui. (Ordér. Vit., pp. 782-814.) L'an 1106, il se distingua dans l'armée royale à la bataille de Tinchebrai, où l'infortuné duc Robert perdit ses états avec la liberté. D'autres services que le comte d'Evreux rendit au roi d'Angleterre, lui acquirent dans l'esprit de ce prince un haut degré de faveur. Mais l'imprudence de sa femme, aux conseils de laquelle il déférait trop aveuglément, le fit déchoir de cet état de prospérité. Superbe et envieuse, dit Ordéric Vital, elle excita son mari contre les courtisans les plus accrédités, et lui en fit autant d'ennemis. Elle fit plus, elle le poussa jusqu'à détruire le donjon que Henri avait fait élever dans Evreux. Cet attentat ne resta point impuni. Il fut banni, l'an 1112, avec confiscation de ses biens, et se retira auprès du comte d'Anjou, fils de Bertrade de Montfort, sa nièce. Rappelé et rétabli dans ses biens, l'an 1115, après quatorze mois d'exil, il essuya, quelques années depuis, un second bannissement. Il rentra encore en grâce, et mourut dans ses terres, le 18 avril 1118, sans laisser d'enfants d'HEL-

vise, son épouse, fille de Guillaume Ier, comte de Nevers, morte l'an 1114. Ordéric Vital fait ainsi le portrait de cette comtesse et celui d'Isabelle, sa belle-sœur, femme de Raoul de Conches. « Ces deux femmes, dit-il, avoient cela de commun,
» outre la beauté dont elles étoient presque également pourvues,
» qu'elles étoient l'une et l'autre fort babillardes et vindicatives,
» qu'elles maitrisoient leurs maris, fouloient leurs vassaux et
» les tenoient toujours dans la crainte. Mais il y avoit cette
» différence entre elles, qu'Helvise, adroite et diserte, étoit en
» même tems avare et cruelle; au lieu qu'Isabelle, hardie,
» enjouée, dépensière, se faisoit des partisans par ses manières
» agréables et sa générosité. Elle servit beaucoup son époux
» dans ses expéditions militaires, et paroissoit à la tête de ses
» troupes comme une autre Camille. » La comtesse Helvise, de concert avec son époux, avait commencé un monastère à Noyon-sur-Andelle, où elle fut enterrée. Le comte Guillaume choisit sa sépulture à Saint-Vandrille, auprès de son père. Après sa mort, Henri Ier, roi d'Angleterre, se saisit du comté d'Evreux, au préjudice d'Amauri de Montfort, héritier de Guillaume.

AMAURI IV DE MONTFORT, PREMIER DU NOM, COMTE D'EVREUX DE LA MAISON DE MONTFORT.

1118. AMAURI IV DE MONTFORT, fils de Simon et d'Agnès, sœur du comte Guillaume, ne souffrit pas que le roi Henri lui enlevât impunément le comté d'Evreux, qui lui revenait, à titre d'héritage, par la mort de son oncle. Ayant mis dans ses intérêts presque toute la France, dit Ordéric Vital, il assiégea la ville d'Evreux, et la prit au mois d'octobre 1118. Guillaume Pointeau lui livra ensuite la citadelle dont il avait le commandement; après quoi il se mit à piller les terres de l'église d'Evreux, pour se venger de l'évêque Audoin, qui avait dissuadé Henri de lui rendre ce comté. Le prélat, obligé de prendre la fuite, jeta un interdit sur la ville d'Evreux, et mena une vie errante l'espace d'un an, durant lequel il laissa croître sa barbe. Henri, voyant se multiplier le nombre des partisans d'Amauri, lui fait offrir de lui rendre le comté, à l'exception du château d'Evreux. Celui-ci ayant fièrement rejeté cette offre, le monarque revint, au mois d'août de l'année suivante, devant Evreux, dont il se rendit maître, après y avoir fait jeter, avec la permission de l'évêque, des feux d'artifice qui en consumèrent la plus grande partie, et surtout la cathédrale, que Henri fit depuis rebâtir; mais le château, défendu par les neveux d'Amauri, Philippe et Fleuri, tous deux fils du roi Philippe et de Bertrade, et par Richard, fils du prévôt Foulques, fit une vigoureuse résistance. Comme le roi désespérait de le forcer, le comte de Blois, son neveu, le tira d'embarras en lui amenant Amauri, qui lui remit le château de bonne grâce, au moyen de quoi la paix se fit. (Ordéric Vital.) Quelque tems après, le monarque rendit la place au comte. Mais, l'an 1123, s'étant aperçu qu'il formait une ligue avec le roi de France, et plusieurs seigneurs normands, pour rétablir Guillaume Cliton dans le duché de Normandie, il surprit, durant l'hiver, la ville et le château d'Evreux, dont il donna le commandement à Ranulfe de Bayeux, capitaine très-expérimenté. L'an 1124, Amauri s'étant mis à la tête de trois cents chevaliers pour aller délivrer le château de Vateville, assiégé par les troupes de Henri, tomba, le 26 mars, dans une embuscade avec sa troupe, dont une partie fut tuée et l'autre mise en fuite. Amauri fut du nombre des derniers; mais il fut pris, à quelque distance du champ de bataille, par Guillaume de Grand-Cour, fils du comte d'Eu, qui lui rendit généreusement la liberté au péril de sa propre fortune, et se retira avec lui sur les terres de France, pour éviter le ressentiment du roi d'Angleterre. Amauri, l'an 1126, fut de l'expédition du roi Louis le Gros contre le comte d'Auvergne.

L'an 1128, nouvelle réconciliation d'Amauri avec le roi d'Angleterre, qui lui rendit toutes ses terres et ses premiers honneurs. Amauri, l'an 1129, se brouilla avec le roi de France, au sujet d'Etienne de Garlande, sénéchal de France, oncle de sa femme, que le monarque avait disgracié; il osa même se mettre en campagne pour lui faire la guerre. Le P. Anselme dit qu'il ne prit si chaudement le parti de son oncle que pour se maintenir dans la charge de sénéchal, que celui-ci lui avait résignée contre la volonté du roi, qui avait exigé d'Etienne une démission pure et simple. Mais tout cela est avancé sans preuves. Quoi qu'il en soit, Amauri voyant que le roi d'Angleterre et Thibaut, comte de Champagne, avec lesquels il s'était ligué contre la France, ne lui donnaient que de faibles secours, abandonna la partie, et se retira dans son comté d'Evreux, où il passa le reste de ses jours dans la retraite. Amauri les termina, suivant le Brasseur, l'an 1137. Outre les exploits que nous venons de rapporter de lui, Suger, dans le livre de la dédicace de son église (page 353), nous apprend que, de concert avec le roi de France, il fit long-tems la guerre à Milon, châtelain de Chevreuse, terre mouvante, dit-il, de notre église. Il avait épousé, 1° Richilde, fille de Baudouin II, comte de Hainaut, dont il fut séparé, sous prétexte de parenté, après en avoir eu Lucienne, mariée à Hugues de Montlhéri, sire de Créci, et séné-

chal de France, fils de Gui le Rouge, comte de Rochefort ;
2° AGNÈS, fille d'Anceau de Garlande, sénéchal de France,
dont il eut Amauri et Simon, qui suivent, avec d'autres enfants.
(*Voyez* Amauri IV, *sire de Montfort.*)

AMAURI II.

1137. AMAURI II, fils aîné d'Amauri Ier, lui succéda au comté
d'Evreux comme à celui de Montfort. Sa mollesse laissa le pays
en proie aux déprédations des seigneurs voisins, et surtout de
Roger de Conches. Ce brigand fut pris par le comte de Meulent,
et jeté dans une étroite prison. Il en sortit par la médiation d'E-
tienne, roi d'Angleterre ; mais ce ne fut que pour recommencer
son premier genre de vie. Amauri mourut l'an 1143, suivant le
Brasseur, sans avoir été marié. D'autres mettent sa mort en
1140, avec plus de vraisemblance, d'après la chronique de Robert du Mont.

SIMON, DIT LE CHAUVE.

1140. SIMON, fils d'Amauri Ier, succéda aux comtés d'Evreux
et de Montfort après la mort d'Amauri II, son frère. Il fut le
troisième de son nom comte de Montfort. Une ancienne enquête, conservée au trésor des chartes (*Regist.* 135, *Let.* 180),
nous apprend le trait suivant, sans en marquer la date. « Comme
» en tems du bon comte Simon, qui eut le comté d'Evreux par
» partage des rois de France, il fut venu une si grande quantité
» de gens d'armes, ennemis du royaume, en la ville d'Evreux,
» qu'elle fut prise, et tant que ledit comte se retrahit en la tour
» du châtel d'Evreux ; et lors vinrent les bourgeois demourans
» à la porte du châtel, et la gardèrent tellement, que par eux
» ledit châtel fut sauvé. Plusieurs bourgeois y moururent de
» faim ; et quand ils étoient morts, on les mettoit aux garites,
» tout armés, pour faire signe que le châtel étoit bien garni. »
Simon, l'an 1159, remit entre les mains de Henri II, roi d'Angleterre, tous les châteaux qu'il avait en Beauce, pour y mettre
garnison ; ce qui incommoda tellement le roi Louis le Jeune,
qu'il ne pouvait aller de Paris à Orléans, ni même à Etampes.
L'an 1173, il fut fait prisonnier dans le château d'Aumale avec
le comte Guillaume, qui en était le propriétaire, par Henri au
court Mantel, fils aîné de Henri II, roi d'Angleterre, contre
lequel il était révolté. Plusieurs historiens disent que c'était un
jeu concerté entre les deux comtes et le prince anglais, dans le
parti duquel ils étaient secrètement entrés. Mais Raoul *de Diceto*
assure le contraire, et dit en preuve qu'ils furent obligés de se

racheter comme de véritables ennemis. Simon fut présent, l'an 1177, à la conférence que Henri, roi d'Angleterre, eut à Ivri, le 21 septembre, avec le roi Louis le Jeune, et souscrivit, avec plusieurs seigneurs et prélats, le traité de paix qui en fut le résultat. (Hoveden.) Il finit ses jours l'an 1181, au plus tard. Il avait épousé, 1° MAHAUT, dont on ne sait que le nom; 2° AMIETTE, fille de Robert de Beaumont, comte de Leicester (*Monastic. Anglic.*, T. I, p. 312), dont il eut Amauri, qui suit; Simon, seigneur de Montfort; Gui, seigneur de la Ferté-Alais en Beauce, et de Castres en Albigeois, tige des seigneurs de Castres, tué, le 31 janvier 1228, au siége de Varcilles, dans le comté de Foix; Bertrade, mariée, avant 1171, à Hugues, comte de Chester, morte en 1181; Perronelle, femme de Barthelemi de Roye, grand-chambrier de France; Guiburge, mariée à Gui Ier de Lévis, baron de Mirepoix.

AMAURI III.

1181. AMAURI III devint comte d'Evreux, troisième du nom, après la mort de Simon, son père. Mais il ne jouit pas du chef-lieu de ce comté, parce que son prédécesseur l'avait remis entre les mains du roi d'Angleterre. Le roi Philippe Auguste, l'an 1193, pendant la prison de Richard, roi d'Angleterre, s'étant emparé d'Evreux, cède la ville au prince Jean, frère de Richard, qui était d'intelligence avec lui, et garde le château. Jean, l'année suivante, après le retour de son frère, voulant regagner ses bonnes grâces, se rend à Evreux, invite tous les officiers de la garnison à dîner, et, pendant le repas, les fait tous égorger au nombre de plus de trois cents; puis étant tombé sur la garnison avec le secours des bourgeois, il la fait passer au fil de l'épée, fait attacher aux murs de la ville les têtes des officiers, et part ensuite pour aller offrir cette place à son frère. Celui-ci le reçoit en grâce, et se rend par là complice de son horrible perfidie. Philippe Auguste, qui faisait alors le siége de Verneuil, accourt à Evreux, prend la ville d'emblée, et la met en cendres. Il avait espéré d'y brûler le prince Jean lui-même; mais cet assassin s'était enfui aussitôt après son crime. Amauri se voyant sans enfants, céda, l'an 1200, par acte passé dans le mois de mai au Goulet, le comté d'Evreux au roi Philippe Auguste, qui en avait conquis la meilleure partie, l'année précédente, après la mort du roi Richard. Ce fut par ordre du roi Jean qu'il fit cette cession, dont il fut dédommagé par le don que ce prince lui fit du comté de Glocester; mais la mort ne lui permit pas d'en jouir long-tems. (*Monastic. Angl.*, T. I,

p. 155.) Amauri avait épousé, 1°, N., fille de Guillaume, comte de Gloçester ; 2° Mélisende, fille de Hugues de Gournai.

COMTES D'ÉVREUX

DE LA MAISON DE FRANCE.

LOUIS DE FRANCE.

Le roi Philippe le Hardi, par son testament, ayant apanagé d'une pension annuelle et perpétuelle de quinze mille livres, assignée sur des terres nobles, Louis, son fils, né de son second mariage avec Marie de Brabant, Philippe le Bel, son successeur, frère de Louis, donna, l'an 1307, à ce prince, par ses lettres du mois d'avril, le comté d'Evreux avec les seigneuries d'Etampes, de Meulent, de Gien, d'Aubigni, et d'autres, pour lui tenir lieu de cette pension. Louis s'était distingué, l'an 1304, à la bataille de Mons-en-Puelle. L'an 1315, il accompagna le roi Louis Hutin, son neveu, dans son expédition de Flandre. Le roi Philippe le Long érigea le comté d'Evreux en pairie, par lettres datées de Rennes au mois de janvier 1316 (V. S.). Le comte Louis mourut à Paris le 19 mai 1319, et fut inhumé aux Dominicains de cette ville. Ce prince avait en partage la douceur, l'affabilité, la discrétion, l'amour de la paix. Il était instruit des droits de la couronne, et ne cessa de les défendre contre les entreprises de la cour de Rome. Sa maxime était qu'un *seigneur du sang*, comme on parlait alors, n'est véritablement grand qu'à proportion qu'il est soumis à Dieu, au souverain et aux lois. Il avait épousé, l'an 1301, Marguerite, fille de Philippe d'Artois, seigneur de Conches, morte le 24 avril 1311, après lui avoir donné Philippe, qui suit ; Charles, comte d'Etampes, qui mourut le 5 septembre 1336 ; Jeanne, troisième femme du roi Charles le Bel ; Marie, femme de Jeanne III, duc de Brabant, Marguerite, mariée à Guillaume XII, comte d'Auvergne et de Boulogne.

PHILIPPE LE BON, ou LE SAGE.

1319. Philippe, né l'an 1305, succéda, l'an 1319, dans le comté d'Evreux à Louis son père. Il avait épousé, l'an 1318

(N. S.), avec dispense du pape Jean XXII, JEANNE, fille unique
du roi Louis Hutin, âgée seulement pour lors de six ans. Cette
princesse, au lieu du royaume de Navarre et du comté de Champagne et de Brie, dont elle devait hériter de son père, n'apporta
en dot que quinze mille livres de rente, assises sur le comté
d'Angoulême, avec cinquante mille livres à placer en fonds de
terre, et cela en vertu d'un traité fait, le 27 mars 1318 (N. S.),
entre le roi Philippe le Long et Eudes IV, duc de Bourgogne,
oncles, l'un paternel, l'autre maternel, de Jeanne. Il est vrai
qu'une clause du traité portait que si Philippe le Long mourait
sans enfants mâles, les comtés de Champagne et de Brie, ainsi
que le royaume de Navarre, retourneraient à la princesse Jeanne,
comme son *propre*. Mais, le cas étant arrivé le 3 janvier 1322,
Charles le Bel, successeur de Philippe le Long son frère, refusa
de rendre à Philippe d'Evreux et à Jeanne, son épouse, les
états qui devaient leur revenir. Ne pouvant lui opposer la force,
ils firent, l'an 1325, avec lui une nouvelle transaction sur le
modèle de la première. Enfin, l'an 1328, après la mort de
Charles le Bel, pendant la régence de Philippe de Valois,
ils se mirent en possession de la Navarre, dans laquelle
ils se maintinrent, du consentement de ce prince. Le comte-
roi Philippe accompagna cette même année Philippe de
Valois, devenu roi de France, dans son expédition de Flandre,
et s'y distingua tellement à la bataille de Cassel, que le
monarque français avoua qu'il lui devait la victoire. Philippe
et Jeanne firent, le 14 mars 1336, avec le roi de France
un dernier traité par lequel ils confirmaient les renonciations
que Jeanne avait faites au comté de Champagne, sous la condition de l'indemnité qui leur avait été assurée. Le comte d'Evreux
marcha, l'an 1339, au secours des villes de Cambrai et de
Tournai, assiégées par les Anglais. Il mourut, le 16 septembre
1343, à Xérès, dans l'Andalousie, laissant de son épouse
Charles, qui suit; Philippe, comte de Longueville; Louis,
comte de Beaumont-le-Roger; Jeanne, religieuse à Longchamp;
Blanche, mariée au roi Philippe de Valois; Marie, femme de
Pierre IV, roi d'Aragon; Agnès, alliée à Gaston-Phœbus III,
comte de Foix; et Jeanne, femme de Jean, vicomte de Rohan.
La reine, mère de ces enfants, mourut, le 6 octobre 1349, à
Conflans, près de Paris, et fut enterrée à Saint-Denis. Cette
princesse eut un attachement si tendre et si constant pour son
époux, qu'elle garda son cœur dans son oratoire pendant tout le
tems qu'elle lui survécut. (Voyez *les rois de Navarre et les
comtes de Champagne.*)

CHARLES, DIT LE MAUVAIS.

1343. CHARLES, né, l'an 1332, à Evreux, succéda, l'an 1343, à Philippe, son père, dans ce comté. Il apporta en naissant de bonnes et de mauvaises qualités, les unes et les autres dans un éminent degré, que le tems et les conjonctures développèrent. L'an 1349, il devint roi de Navarre par la mort de sa mère. Le mariage de Blanche, sa sœur, qui se fit la même année avec le roi Philippe de Valois, fut le lien d'une étroite union entre ces deux princes. Le monarque français étant décédé l'année suivante, Jean, son fils et son successeur, hérita de ses sentiments pour le roi de Navarre, qu'il nomma, l'an 1351, son lieutenant en Languedoc. « Il y a preuve, » dit l'historien de cette province, qu'il exerça cet emploi pen- » dant cinq mois avec une autorité presque absolue ». La France était alors divisée en *Lieutenances de Roi*, comme elle l'est aujourd'hui en gouvernements ; avec cette différence que le pouvoir d'un gouverneur de province ne ressemble en rien à celui qu'exerçaient les lieutenants de roi : ils commandaient les armées ; ils accordaient des priviléges aux villes et aux particuliers, des lettres de noblesse, de grâce, de rémission, d'état, de répit ; quelquefois même ils ordonnaient des levées de deniers dans l'étendue de leurs départements. Revêtu de cet emploi, Charles assiéga, cette même année, Montréal d'Agénois sur les Anglais, et fortifia Moissac. L'an 1353, au mois de février (et non pas 1351, comme le marque le père Anselme), le roi Jean, pour se l'attacher inviolablement, lui fit épouser, au Vivier en Brie, JEANNE sa fille aînée du premier lit. Mais, par une imprudence que la politique ne peut excuser, il corrompit presque en même tems le prix de cette faveur en donnant au connétable Charles de la Cerda le comté d'Angoulême, sur lequel était assise la rente de quinze mille livres que les rois Philippe le Long, Charles le Bel et Philippe de Valois avaient assignée à Jeanne, mère du roi de Navarre, pour indemnité du comté de Champagne. (Voyez *la fin des comtes de Champagne*.) Le Navarrois, irrité de cette préférence, fait assassiner le connétable dans son lit, le 8 janvier 1354 (N. S.), à l'Aigle, immédiatement après qu'il eut reçu l'investiture du don qui lui avait été fait. Le roi Jean, dans l'impuissance de punir cet attentat, prend le parti de le pardonner. Il fait plus : apprenant que le roi de Navarre est en voie de traiter avec les Anglais, il lui députe le cardinal de Boulogne et le duc de Bourbon pour lui proposer un remplacement en fonds de terres de la rente qu'il avait sur le comté d'Angoulême, et une assiette de la dot de sa femme. Les deux commissaires, par accord conclu le 22 février suivant à Mantes, lui délaissent au nom du roi le comté de Beaumont-le-Roger, les châtellenies de Conches et de Breteuil, le Cotentin, Pont-Audemer, et les vicomtés de Valognes, de Coutances et de Carentan, avec un échiquier ou cour souveraine, telle que la possédaient les anciens ducs de Normandie. Le roi de France témoigne son mécontentement de ce traité, où ses intérêts étaient si peu ménagés. La rupture continue entre les deux princes. Charles se retire en Navarre, d'où un second traité, signé à Valognes le 10 septembre, le rappelle en France. La concorde semblait être rétablie entre les deux rois : mais le calme était une situation violente pour l'esprit inquiet de Charles. L'an 1356, il séduit par ses insinuations le dauphin Charles, et l'entraîne dans une conspiration contre le roi son père. Elle fut découverte. Le dauphin, pour expier sa faute, dont il obtint le pardon, attire auprès de lui le roi de Navarre à Rouen, où le roi Jean, de concert avec son fils, étant venu les surprendre le 5 avril, fait arrêter le Navarrois et l'envoie prisonnier au château d'Arleux, d'où il fut ensuite transféré au châtelet de Paris. Telle fut la source de l'inimitié qui régna toujours depuis entre les deux Charles. Le roi Jean perdit lui-même sa liberté cette même année à la bataille de Poitiers, où il fut fait prisonnier. L'an 1357, pendant le gouvernement du dauphin, le Navarrois est élargi, le 8 novembre, par l'adresse du seigneur de Péquigni, et se met aussitôt à la tête des Parisiens révoltés, dont il devient l'oracle et l'idole. Il ose même faire revivre la prétention de Jeanne, sa mère, au trône de France. Les Anglais, avec lesquels, pendant sa prison, Philippe, son frère, avait négocié pour lui, flattent son ambition, et promettent de l'appuyer. Mais après avoir obligé le dauphin à sortir de Paris, il en est chassé lui-même par les chefs des factieux qu'il avait mécontentés. Il couvre de ses troupes les provinces de l'intérieur du royaume, où il avait des intelligences, assiége Paris, prend Melun, et fait enfin la paix, le 21 août 1359, par un traité qui prépare celui de Melun. (*Voyez* Jean II, *roi de France.*)

La mort de Philippe de Rouvre, duc de Bourgogne, décédé, l'an 1361, sans lignée, inspire au roi de Navarre de nouvelles prétentions, qui font revivre les vieilles querelles. Arrière-petit-fils du duc Robert II par son aïeule Marguerite, première femme de Louis Hutin, il se porte pour héritier de ce duché. Il fut prévenu par le roi Jean, qui s'en mit promptement en possession, et le fit légitimement, parce qu'étant petit-fils de ce même duc Robert, par Jeanne sa mère, sœur cadette de Marguerite, il

était plus proche d'un degré. Mais le roi de Navarre n'était point
de caractère à faire céder son intérêt à la justice. Sur les menaces qu'il fait de reprendre les armes, le roi de France consent
de soumettre leur différent à la décision du pape. Ce trait de
modération ne le désarme point. Comme on le voit prêt à
porter la guerre en Normandie, du Guesclin et Boucicaut le
devancent, s'emparent de Mantes et de Meulent, le défont ensuite à Cocherel, le 16 mai 1364, et lui enlèvent presque toutes
ses places. Aidé des Anglais et de son désespoir, il se jette sur
les provinces voisines de la Loire, et se rend maitre de la Charité. Deux reines, la veuve de Charles le Bel, sa tante, et la
veuve de Philippe de Valois, sa sœur, ménagent entre lui et
Charles V, devenu successeur du roi Jean, un accommodement
conclu le 6 mars 1365, par lequel on lui céda Montpellier avec
ses dépendances, en échange de ses domaines de Normandie,
et en attendant la décision du pape sur le duché de Bourgogne,
dont par provision le roi Jean avait investi le dernier de ses fils.
La guerre s'étant renouvelée, l'an 1370, entre la France et
l'Angleterre, le roi Edouard III attire dans son parti le roi de
Navarre, en lui promettant la restitution de la Champagne, de
la Bourgogne, et de tous les autres domaines dont on l'avait
dépouillé, ou auxquels il prétendait, avec engagement de lui
céder actuellement la vicomté de Limoges. Le traité fut signé
à Londres par le roi d'Angleterre et les ambassadeurs du roi de
Navarre le 2 décembre 1370. (Martenne, *Anecd.* T. I, col.
1534—1541.) Des difficultés menagées par le roi d'Angleterre
lui-même ayant empêché l'effet de ces conventions, le roi de
Navarre prêta l'oreille aux propositions de Charles V, qui, en
lui remettant ses domaines de Normandie et de Montpellier,
s'obligea à marier le dauphin son fils avec la princesse de Navarre. Le Navarrois vint à Paris pour ratifier ce traité. On le vit
à la cour de France spectateur oisif des coups que se portaient
les Anglais et les Français.

L'an 1378, sur des bruits vrais, ou du moins très-vraisem-
blables, de desseins formés par le roi de Navarre d'empoisonner Charles V, et d'une nouvelle alliance par lui conclue
avec l'Anglais, le roi de France fait passer des troupes en
Normandie, sous les ordres de du Guesclin, pour s'emparer des
domaines échus aux jeunes princes de Navarre par la mort de
leur mère. Charles V se sert de l'aîné de ces princes, que son
père lui avait envoyé, pour l'exécution de cette entreprise. On
le montre aux Normands à la tête de l'armée française, et ils
se rendent. Il ne reste plus au roi de Navarre que Cherbourg,
et dans son désespoir, il le cède aux Anglais. Réduit à la Navarre, il ne s'occupa plus que de bonnes œuvres, si l'on en

croit les historiens espagnols, qui se plaignent, mais à tort, de l'injustice prétendue de la cour de France envers lui. Enfin, après avoir marié Jeanne, sa fille aînée, avec Jean le Vaillant, duc de Bretagne, il mourut le premier janvier 1387. « Une
» chose remarquable, dit un moderne, c'est qu'à la cour de
» France, on commença son procès deux mois après sa mort.
» Les pairs étant assemblés, le premier huissier l'appela à la
» porte du parlement. Comme il ne se présenta personne, la
» procédure se fit en règle. Cette affaire fut appointée, et n'eut
» point de suites. On ne cherchait vraisemblablement qu'un titre
» pour confisquer les possessions du Navarrois en Normandie. »
Les enfants qu'il eut de JEANNE DE FRANCE son épouse, sont Charles, qui suit; Philippe, mort en bas âge par la faute de sa nourrice, qui le laissa tomber d'une fenêtre en jouant, Pierre en faveur duquel la terre de Mortain fut érigée en comté le 31 mai 1407 (et non le 21 de ce mois 1401, comme le marque le père Anselme) (*Mss. de Coislin*, n°. 155, fol. 204, r°.); et quatre filles. (*Voyez* Charles II, roi de Navarre.)

CHARLES II, DIT LE NOBLE.

1387. CHARLES, dit LE NOBLE, fils aîné de Charles le Mauvais, né, l'an 1361, à Evreux, employé, comme on l'a vu, par le roi Charles V pour dépouiller son père de ses domaines de France, ne participa que pour un tems à sa punition. Le roi Charles VI (et non point Charles V, comme le dit M. Villaret) lui accorda la jouissance des terres confisquées en Normandie et en Languedoc, pour les tenir sous le titre *de garde de par Monseigneur le Roi de France, des terres que souloit tenir audit Royaume, tant en Languedoïl comme en Languedoc, notredit Seigneur et père* (Charles V). L'an 1387 (N. S.), Charles d'Evreux, ayant appris en Castille, où il était à la cour du roi Jean son beau-frère, la mort de son père, se rendit à Pampelune pour faire les funérailles de ce prince et prendre possession du royaume dont il était héritier. Il retira, la même année, des mains du roi d'Angleterre la ville de Cherbourg en payant la somme de vingt-cinq mille livres, pour laquelle son père l'avait engagée à ce monarque : mais la main-mise de ses autres domaines de France tenait toujours. Enfin, l'an 1404, ne voyant aucune disposition dans le ministère de France à s'en dessaisir, il se rendit à Paris, et, par l'entremise des reines douairières, il transigea de tous ses droits avec le roi Charles VI par un traité du 9 juin de cette année, dont l'original, copié par les frères de Sainte-Marthe, existe au trésor des chartes. Par ce traité, Charles III, roi de Navarre, cède et transporte à Charles VI, roi de France, et à ses hoirs, les comtés de Champagne, Brie et Evreux, avec les seigneuries d'Avranches, Pont-Audemer, Passi, Nonancourt, Beaumont-le-Roger, Breteuil, Orbec, Carentan, Valognes, Mortain, Nogent-le-Roi, Mantes, Meulent; et Charles VI lui cède et assure pour lui et ses descendants douze mille livrées de terres sur les seigneuries de Beaufort en Champagne, Souláines, Nogent-sur-Seine, Pont, Bar-sur-Seine, Saint-Florentin, Coulommiers en Brie, Nemours, etc., à tenir en duché-pairie sous le titre de Nemours.

Charles le Noble mourut subitement, le 8 septembre 1425, à Olite en Navarre, où son corps resta comme en dépôt jusqu'en 1529, qu'il fut transporté à Pampelune et enterré le 10 mars de cette année, dans l'église de Sainte-Marie la Réale. Ce prince mérita le titre de Noble par son caractère généreux et libéral. Il fut adoré de ses sujets, et n'eut d'ennemi que Léonore, son épouse, fille de Henri II, roi de Castille. Cette princesse, qu'il avait épousée un dimanche, 27 mai 1375, s'étant brouillée avec lui, se retira en Castille, où elle ne vécut pas mieux avec le roi Henri III, son neveu. Une sédition, qu'elle y excita parmi les grands, obligea ce prince à venir l'assiéger au château de Roa et à la renvoyer au roi son mari, qui la reçut et la traita humainement, oubliant le passé. Elle finit ses jours à Pampelune le 5 mars 1416, et y fut inhumée dans l'église de Sainte-Marie la Réale. Outre les fruits de son mariage, Charles fut père de trois enfants naturels, dont l'aîné, nommé Lancelot, fut évêque de Pampelune et patriarche d'Alexandrie; Geofroi, le second, fut comte de Cortès et maréchal de Navarre, et mourut le 8 janvier 1420; Jeanne, le troisième de ces enfants, épousa, 1° Inigo Cortès de Zuniga, maréchal de Castille, de qui sortirent les comtes de Niera; 2° Louis de Beaumont, premier du nom, comte de Lerin. (Voyez *les rois de Navarre.*)

L'an 1569, le roi Charles IX donna le comté d'Evreux à François, son frère, duc d'Alençon, après la mort duquel, arrivée le 10 juin 1584, il fut réuni à la couronne. Il en fut détaché l'an 1642, et donné, avec d'autres domaines, par le roi Louis XIII à Frédéric-Maurice, duc de Bouillon, en échange de la principauté de Sedan. Mais ce monarque étant mort avant la consommation du traité, ce fut Louis XIV qui lui donna la dernière main, et le fit exécuter par ses lettres de ratification du mois d'avril 1651. Frédéric-Maurice ne jouit pas long-tems des fruits de cet échange ; car un an après il mourut, le 9 août, à Pontoise. (Voyez *les ducs de Bouillon.*)

GODEFROI-MAURICE, fils aîné de Frédéric-Maurice et son successeur dans le comté d'Evreux comme dans le duché de Bouillon, jeta, vers l'an 1686, les fondements du magnifique château de Navarre, sur la rive droite de l'Iton, à une demi-lieue sud-ouest d'Evreux. Cet édifice fut ainsi appelé du nom d'un château que Jeanne, fille de Louis Hutin, héritière du royaume de Navarre, et femme de Philippe le Sage, comte d'Evreux, avait fait construire près de cette ville. Cet ancien château ne subsiste plus. Il faudrait un livre pour décrire toutes les beautés du nouveau, et cela d'ailleurs n'entre point dans le plan de cet ouvrage.

CHRONOLOGIE HISTORIQUE

DES

COMTES, puis DUCS, DE VENDOME.

Le Vendomois, *Pagus Vindocinensis*, appelé par corruption *Pagus Vindusnisus*, dans un des capitulaires de Charles le Chauve, tire son nom de son chef-lieu, qui n'était qu'un petit château, *castellum Vindocinum*, du tems de Grégoire de Tours, le plus ancien auteur qui en ait parlé. (L. IX, c. 20.) Les limites du Vendômois sont le Perche au nord, le Blaisois à l'orient, la Touraine au midi, et le Maine ou Mayenne à l'occident. Il est compris aujourd'hui dans le diocèse de Blois, et faisait partie auparavant de celui de Chartres, dont les évêques étaient même autrefois suzerains du château de Vendôme, comme on le voit par une lettre de Fulbert, évêque de Chartres, écrite après l'an 1007, à un homme qu'il qualifie noble, et dont il ne marque le nom que par la lettre R : *Hæc à vobis exigo*, lui dit-il, *securitatem de meâ vitâ et membris et terra quam habeo..... de auxilio vestro contrâ omnes homines, salvâ fidelitate Roberti (Regis), de receptu Vindocini castri ad meum usum et meorum fidelium qui vobis assecurabunt illud.* (Bouquet, T. X, p. 447.) Les comtes d'Anjou, qui possédaient le Vendômois jusqu'à Hugues Capet, étaient donc vassaux des évêques de Chartres pour le château de Vendôme. Du reste celui à qui Fulbert écrit nous paraît être un vicomte ou un châtelain de Vendôme.

Le Vendômois, pour le spirituel, a de tout tems été partagé entre deux diocèses ; la partie qu'on a depuis nommée le bas Vendômois, a toujours été comprise dans le diocèse du Mans ; celle qu'on appelle le haut Vendômois appartenait au diocèse de Chartres avant l'érection faite en 1697 de l'évêché de Blois, auquel elle a été depuis attribuée.

BOUCHARD Ier.

Bouchard Ier, dit le Vieux, fils puîné de Foulques le Bon, comte d'Anjou et de Gerberge, sa femme, suivant D. Bouquet,

(T. X, p. 35o, n.) reçut de son père en partage les terres de Vendôme, de Montoire, de Lavardin, et d'autres, qui formèrent depuis le comté de Vendôme. Ce fut un des plus zélés partisans de Hugues Capet, duc et ensuite roi de France, avec lequel il avait été élevé. Sa probité, ses talents et ses services, lui méritèrent l'estime et la confiance de ce prince, qui le mit à la tête de son conseil. Aymon, comte de Corbeil, étant venu à mourir, le monarque fit épouser ELISABETH, sa veuve, à Bouchard; et en considération de ce mariage, il lui donna le château de Melun, et le fit comte (1) de Paris. Dom Mabillon ajoute qu'il lui conféra de plus la charge de grand-sénéchal, que le roi Lothaire avait créée en faveur de Geofroi Grisegonelle, comte d'Anjou et frère de Bouchard. Tant d'honneurs et de richesses accumulées sur sa tête ne lui corrompirent point le cœur : il n'usa de son pouvoir et de son crédit que pour faire du bien. Voyant l'abbaye de Saint-Maur-des-Fossés tombée dans le relâchement, il la demanda en commende au roi, dans le dessein d'y mettre la réforme. L'ayant obtenue, il y fit venir saint Mayeul, abbé de Cluni, avec un nombre de ses religieux, qui remplirent parfaitement les intentions du comte. Saint Mayeul, après avoir rétabli le bon ordre à Saint-Maur, prit congé de sa colonie qu'il y laissa, et retourna à Cluni. Entre les biens que donna Bouchard à Saint-Maur, il faut compter la terre de Neuilli-sur-Marne. L'acte de cette donation est du XIIIe des calendes de mai 998, et souscrit par Bouchard, Elisabeth sa femme, et Renaud leur fils. (Dubois, *Hist. Eccl. de Paris*, T. I, p. 621.) Le roi Robert, fils et successeur de Hugues Capet, hérita des sentiments de son père envers le comte Bouchard. Eudes le Champenois, depuis comte de Blois, jaloux de la faveur de ce dernier, entra sur ses terres à main armée l'an 999, et lui enleva le château de Melun par la trahi-

---

(1) On a dit ci-devant, à l'article de Hugues Capet, que ce prince, à son avénement à la couronne, y réunit le comté de Paris. Cela ne contredit pas ce que nous avançons ici d'après l'auteur de la vie du comte Bouchard (*apud du Chesne*, *Hist. franc.*, T. V, p. 116), que Hugues Capet, lui ayant fait épouser Elisabeth, le créa comte de Melun et comte de Paris, après lui avoir déjà donné le comté de Corbeil : *In quo copulæ thalamo dedit Hugo Rex sibi fideli comiti castrum Milidunum, atque jam dictum Corboilum comitatumque Parisiacæ urbis, taliterque regalis comes efficitur.* Remarquez ces mots, *regalis comes*, qui ne peuvent tomber que sur les comtés de Paris et de Melun, où l'on ne voit plus que des vicomtes depuis Hugues Capet, au lieu que jusqu'au douzième siècle on a des comtes de Corbeil, dont le domaine ne fut pas un don de Hugues Capet, mais le douaire qu'Elisabeth avait apporté à Bouchard de son premier mariage. Ces termes *regalis comes* ne signifient donc proprement qu'un vicomte qui exerçait comme lieutenant l'autorité du roi dans le Parisis.

son de Gauthier, gouverneur de la place, et de sa femme, qu'il avait corrompus par argent. (L'abbé Velli dit que le dessein d'Eudes, en s'emparant de Melun, était de se ménager une communication entre ses états de Blois et de Champagne. Mais alors Eudes n'était pas encore comte de Blois.) Bouchard, peu de tems après, reprit Melun avec le secours du roi et du duc de Normandie. Eudes, qui s'y était enfermé, trouva moyen de s'évader; mais Gauthier et sa femme furent pris et pendus comme traîtres. On en vint ensuite à une bataille, où le comte de Champagne fut entièrement défait. Bouchard, étant parvenu à un âge fort avancé, quitta la cour, et se retira dans l'abbaye de Saint-Maur-des-Fossés, où il mourut l'an 1012, suivant D. Mabillon, âgé de quatre-vingts ans. La petite chronique de Saint-Denis met sa mort en l'an 1007, et le nécrologe de l'abbaye de Vendôme en marque le jour au 26 février. Il eut de son mariage deux fils, Bouchard, vicomte de Melun, mort sans lignée avant son père, et Renaud, qui suit; avec une fille, Elisabeth, dite aussi Adèle, femme de Foulques Nerra, comte d'Anjou. Quelques-uns lui donnent pour troisième fils Gervais, qui fut évêque du Mans ; mais il est certain que Gervais était de la maison des seigneurs du château du Loir, et non de celle des comtes de Vendôme.

RENAUD.

1012. RENAUD, fils de Bouchard le Vieux, était évêque de Paris à la mort de son père, auquel il succéda dans le comté de Vendôme et la terre de Melun. Il paraît que ce prélat fit de longs et fréquents séjours à Vendôme. La forêt de Gatines occupait un grand terrain dans ce pays : il la fit défricher en grande partie, et y fonda plusieurs villages, tels que ceux de Prunai, dit autrefois Ville-l'Evêque, de Monthodon, de Villedieu, de Ferrière, etc. (*Cartul. de Vendôme*, charte 448.) Ce prélat finit ses jours, suivant la petite chronique de Saint-Denis, le 6 janvier de l'an 1016.

ADÈLE, BODON, BOUCHARD II, et FOULQUES L'OISON.

ADÈLE, seconde fille (et non pas fille unique, comme le dit Ordéric) de Foulques Nerra, comte d'Anjou, et d'Elisabeth, succéda, par le droit de sa mère, dans le comté de Vendôme, à l'évêque Renaud son oncle. Elle était mariée pour lors à BODON, ou EUDES, fils de Landri, comte de Nevers, dont elle eut quatre fils, savoir, Bouchard, qui suit; Foulques, qui viendra ensuite ; Gui, à qui on donna pour son apanage des terres situées dans le voisinage du Blaisois et de la Touraine; et Hugues, surnommé *Dublellus*, fondateur, à ce qu'on croit, de la ville de Montdoubleau, et tige de la maison de ce nom, laquelle s'est fondue dans celle des vicomtes de Châteaudun. Bodon étant mort avant sa femme (on ne sait point en quelle année), Adèle s'associa son fils aîné, BOUCHARD II, après l'avoir fait revenir d'Angers, où il était élevé sous les yeux de Foulques Nerra, son aïeul. Le décès de Bouchard II prévint encore celui d'Adèle sa mère, qui lui substitua FOULQUES, son second fils, de manière toutefois qu'elle retint pour elle la moitié du comté, et voulut que Foulques lui fût subordonné pour l'autre. Mais Foulques en usant mal avec sa mère, elle vendit, pour se venger, l'an 1031 au plus tard, à Geofroi Martel, son frère, non la moitié seulement du comté de Vendôme, comme le disent les modernes, mais ce comté tout entier : *Eique honorem Vindocini totum ex integro vendidit*. (Bouquet, T. XI, p. 31, D.)

GEOFROI MARTEL.

1031 au plus tard. GEOFROI, surnommé MARTEL à cause de sa valeur, fils de Foulques Nerra, comte d'Anjou, et d'Hildegarde, né le 14 octobre 1006 (et non 1007, comme le marque le cartulaire de Saint-Aubin d'Angers) ayant acquis d'Adèle, sa sœur, le comté de Vendôme, se rendit auprès de Henri Ier, roi de France, pour en recevoir de lui l'investiture. Foulques, son neveu, se vit ainsi dépouiller sans se mettre en devoir de défendre son héritage, ce qui lui mérita le surnom d'Oison, *Anserculus*. Geofroi n'était point sans domaine avant cette acquisition. Foulques Nerra s'étant rendu maître de Saumur, l'an 1026, lui en avait fait présent; et ce don occasiona, dit l'histoire manuscrite de Saint-Florent de Saumur, bien des révolutions parmi les habitants de cette ville; car Geofroi dépouilla les uns pour enrichir les autres, et l'abbaye même de Saint-Florent ne fut pas exempte de ses vexations. Geofroi fonda, l'an 1032, celle de la Trinité de Vendôme avec la comtesse AGNÈS, sa femme, veuve de Guillaume V, duc d'Aquitaine, qu'il avait épousée le 1er de janvier de l'année précédente. Ce mariage contraire à la discipline du tems, les deux époux étant parents dans un degré prohibé pour lors, indisposa contre Geofroi le comte Foulques son père.

L'an 1034, guerre entre Geofroi et Guillaume VI, duc d'Aquitaine. Elle avait pour objet la Saintonge, que Geofroi prétendait lui appartenir du chef de son aïeul. L'événement n'en fut point douteux. Geofroi battit le duc d'Aquitaine près de Moncontour le 20 septembre 1034, le fit prisonnier, le lia de chaînes, et l'enferma dans une prison, où il demeura trois ans et demi ou environ. Durant cette captivité, le comte et la comtesse de Vendôme exercèrent toute l'autorité ducale dans l'Aquitaine, comme il paraît par divers actes. Geofroi, l'an 1038, relâcha le duc, au mois de mars, moyennant une rançon considérable en argent, et la cession des comtés de Saintes et de Bordeaux. Le comte de Vendôme était pour lors brouillé à l'excès avec son père. Ce vieillard, indigné de la conduite insolente de son fils envers lui, ranima son courage et leva des troupes pour le mettre à la raison. Il le poursuivit avec tant de vigueur et de persévérance, qu'il le réduisit à venir lui demander pardon, une selle de cheval sur le dos. Foulques, le voyant prosterné devant lui, dit, en lui mettant le pied sur le cou: *Tu es vaincu, tu es donc enfin vaincu.* — *Oui*, répondit Geofroi, *je le suis par mon père; mais pour tout autre je suis invincible.* Cette repartie, également noble et respectueuse, jointe à la posture du suppliant, désarma le père et le réconcilia parfaitement avec son fils. (*Willelm., Malmesb.*, L. 3, p. 97.)

Geofroi Martel, l'an 1040, ayant achevé la construction de l'église de la Trinité, en fit célébrer la dédicace avec la plus grande solennité. La charte qui fut expédiée à ce sujet par ses ordres, et qu'il souscrivit avec les personnes les plus qualifiées, présentes à cette cérémonie pour en conserver le souvenir, renferme aussi la fondation de ce monastère; ce qui a fait croire faussement à plusieurs modernes qu'il n'avait été commencé qu'en 1040. Cette même année, Geofroi, de concert avec son épouse, fonda la collégiale de Saint-Georges dans l'enceinte du château de Vendôme; et depuis ce tems, le cri de guerre des comtes de Vendôme fut *saint Georges*. La mort du père de Geofroi Martel, arrivée dans ces entrefaites, lui ouvrit la succession au comté d'Anjou.

L'an 1046, Geofroi Martel et sa femme vont rendre visite au roi de Germanie, Henri III, et à la reine Agnès, son épouse, fille de la comtesse Agnès et de Guillaume V, duc d'Aquitaine, son premier mari. Dans cette entrevue qui se fit à Goslar en Saxe, le roi de Germanie, à la cour duquel Foulques l'Oison s'était retiré, parla si efficacement en sa faveur à Geofroi, qu'il l'engagea à lui rendre la moitié du comté de Vendôme. De Goslar, Geofroi et sa femme accompagnèrent le roi et la reine dans leur voyage d'Italie, et assistèrent à leur couronnement impérial, qui se fit à Rome le jour de Noël de la même année. S'étant ensuite avancés jusqu'au mont Gargan dans la Pouille, ils reprirent la route de France, rapportant de leur voyage diverses reliques dont Henri III leur avait fait présent, et entr'autres un petit vase d'une espèce de cristal, contenant, ce qu'on prétendait, une larme de Notre Seigneur. Henri tenait ce vase de Nitker, évêque de Frisingue, comme il est gravé sur la boîte d'or où ce vase est renfermé. Le comte et sa femme en firent présent à l'abbaye de Vendôme. (Mabil. *Ann.*, L. 60, n. 19.) La même année, 1047, ils fondèrent dans un faubourg de Saintes, sous l'invocation de Notre-Dame, un monastère de filles, qu'ils dotèrent richement. Entre les droits qu'ils lui accordèrent, est comprise la dîme de tous les cerfs et biches qui seront tués dans l'île d'Oléron, pour faire de leurs peaux des couvertures de livres. Permis aussi à l'abbesse d'envoyer tous les ans, dans une certaine forêt, un chasseur pour y prendre vifs un cerf et une biche, un sanglier et une laie, un chevreuil et sa femelle, un daim pareillement avec sa femelle, et deux lièvres, *ad recreandam femineam imbecillitatem*. (*Ibid.* L. 59, n. 21.) Foulques l'Oison obtint, l'an 1050, de Geofroi, le comté de Vendôme tout entier, à la réserve de l'abbaye de la Trinité, qu'il retint pour lui et ses successeurs, et moyennant l'hommage. (*Voyez* Geofroi Martel, *comte d'Anjou*.)

FOULQUES L'OISON.

1050. Foulques l'Oison, rétabli dans le comté de Vendôme, ne se comporta point avec la modération qu'il avait promis à Geofroi Martel d'observer dans sa manière de gouverner. Il viola surtout l'engagement solennel qu'il avait pris dans une assemblée de chevaliers du pays, de protéger l'abbaye de Vendôme et de respecter ses priviléges. Il y a de l'apparence qu'il n'osa la vexer du vivant de Geofroi; mais dans la suite il exerça contre elle des violences qui excitèrent de grandes plaintes, dont il ne paraît pas avoir tenu compte. Ménage dit qu'il mourut, en 1066, à Ferrières en Touraine, et le P. Anselme ajoute que ce fut le 22 novembre, fête de S. Colomban; sur quoi il cite, pour garant la chronique d'Anjou. (C'est celle de Levières, près d'Angers, comme nous l'avons vérifié.) De Pernelle ou Pétronille, fille de Guichier Ier, seigneur de Château-Renaud, morte le premier novembre 1078, suivant une charte de Vendôme, cité par du Chesne (*Hist. de Bourg.*, L. 3, p. 380.), il laissa un fils qui viendra ci-après, avec trois filles: Euphrosine, femme de Geofroi-Jourdain; Agathe, femme de Raoul, sire de Bargenci; et Agnès, mariée à Raoul, vicomte de Lude, dit Païen, parce qu'il était déjà grand lorsqu'il reçut le baptême.

GUI DE NEVERS.

1066. Gui surnommé de Nevers, prit le gouvernement du comté de Vendôme après la mort de Foulques, son frère, peudant la minorité de Bouchard, son neveu et son pupille. En sa qualité de tuteur, il se décora du titre de comte, qu'il ne quitta, soit par mort ou autrement, que vers 1075; car du Chesne (*ibid.* p. 382) cite une charte de cette année, où Bouchard *nomme Gui son prédécesseur ; et en une autre*, ajoute-t-il, *encore est fait mention de Gauthier, qui le nourrit et le gouverna pendant ses premiers ans.*

BOUCHARD III, dit LE CHAUVE.

1075. BOUCHARD III, dit LE CHAUVE, fils de Foulques l'Oison, ne paraît pour la première fois avec le titre de comte de Vendôme que le 14 janvier 1075, jour auquel il fit expédier une charte confirmative des donations que Geofroi Martel avait faites à l'abbaye de Vendôme. Le 5 mars suivant, il remit par une charte à la même abbaye, moyennant la somme de trente sous qu'il reçut, plusieurs mauvaises coutumes que ses prédécesseurs avaient établies dans ses dépendances. Bouchard mourut, suivant un titre de ce monastère, le 28 février 1085, sans laisser de postérité, et peut-être même sans avoir été marié.

EUPHROSINE et GEOFROI-JOURDAIN.

1085. EUPHROSINE, ou NIPHRAINE, sœur de Bouchard III, lui succéda au comté de Vendôme avec GEOFROI DE PREUILLY, son époux, surnommé JOURDAIN, pour le distinguer de Geofroi de Preuilly, son père, qui fut l'inventeur des tournois, ou plutôt qui en établit les règles. Celui-ci était mort dès 1067. (*Voyez* Foulques le Rechin, *comte d'Anjou.*) Geofroi Jourdain, son fils, était déjà célèbre par des actions de valeur avant d'être comte de Vendôme. Il avait combattu avec le comte de Poitiers et d'autres seigneurs contre Foulques le Rechin, comte d'Anjou, pour la délivrance de Geofroi le Barbu, que Foulques, son frère, retenait en prison. Ayant fait ensuite la paix avec Foulques, il avait tourné ses armes contre d'autres seigneurs. La même année qu'il succéda au comte Bouchard III, son beau-frère, il se ligua avec Guichier, seigneur de Château-Renaud, contre le jeune Hugues, seigneur d'Amboise et de Chaumont, pour le contraindre à lui faire hommage de la dîme de S. Cyr et à renoncer au droit de *commendise*, que les Amboisiens et les Chaumontais étaient dans l'usage de percevoir dans certaines terres du Vendômois. Il n'est pas aisé de définir en quoi consistait ce droit de commendise que percevaient ces deux villes, et du Cange, au mot *commendatitia*, en citant cet exemple, ne développe point assez sa nature. Quoi qu'il en soit, Lisoie, oncle et tuteur de Hugues, ayant appelé à son secours Robert de Roche-Corbon et Hugues d'Aluie, résista vigoureusement à ses ennemis. Il arriva même que Hugues d'Aluie se saisit de Guichier dans sa ville de Château-Renaud, et l'emmena prisonnier à Châteaux en Anjou, près de la Valière, où il le retint jusqu'à ce que la paix fût faite. (*Spicil.* T. X, p. 553.)

L'an 1090, Geofroi-Jourdain eut aussi une autre guerre, qui lui fut encore plus désavantageuse, avec Raoul, seigneur de Baugenci, (et non Lancelin du Baugé, comme le marque du Chesne); car il fut fait prisonnier par ce seigneur, avec lequel il fut ensuite obligé de s'accommoder pour sortir de prison. L'un des articles de l'accommodement fut que les cadets nobles du Vendômois, qui en ce tems là n'étaient partagés par leurs aînés que par usufruit, comme ceux d'Anjou, le seraient à l'avenir en propriété. Geofroi-Jourdain fut choisi, la même année, pour avoué par l'église de Saint-Martin de Tours. (*Chron. Turon.*) L'an 1097, et non pas vers l'an 1117, (comme le marque D. Martenne), voulant s'attribuer de nouveaux droits sur les terres de l'abbaye de Vendôme, il essuya de la part de l'abbé Geofroi des oppositions qu'il voulut surmonter par la violence. Il porta les choses au point que l'abbé, craignant pour sa vie, prit la fuite et se retira à Tours. Ives, évêque de Chartres, le vengea par une excommunication qu'il lança contre le comte. Elle fit son effet: la comtesse Euphrosine étant venue trouver l'abbé à Tours, fit avec lui, en présence de l'évêque de Chartres, un traité, par lequel elle donna sa parole, en mettant sa main dans celle de l'évêque, *fidem suam manu ad manum episcopo promisit*, que désormais il ne serait plus fait aucun tort à l'abbé, ni dans sa personne, ni dans ses biens. Six barons du Vendômois s'obligèrent par serment à maintenir cette promesse. Mais pour relever le comte des censures, il fallut qu'il vînt se présenter nu-pieds au chapitre de Vendôme, et y demander pardon à l'abbé; après quoi, dit la notice que nous copions, ayant mis quatre deniers sur sa tête, il les porta sur le grand autel avec un couteau, afin que la postérité fût instruite de ce qui s'était passé: *Quatuor etiam denarios super caput suum posuit, quos inde super altare cum quodam cultello misit, quatenus non solùm præsentes, verùm etiam homines post futuri, quàm firmiter hoc actum fuerit, pleniùs agnoscere possent.* (Martenne, *Thes. Anecd.*, T. I, p. 543.)

Geofroi, l'an 1101, fut un des chefs de cette multitude prodigieuse de Croisés qui partirent pour la Terre-Sainte sous le commandement général de Guillaume, duc d'Aquitaine, suivant les uns, ou de Hugues le Grand, frère du roi Philippe Ier, selon les autres. Il eut part aux malheurs qu'elle essuya sur la route et depuis son arrivée en Palestine. Guillaume de Tyr dit qu'il fut tué à la bataille qui se donna contre les Sarrasins le 27 mai 1102. L'auteur des gestes des seigneurs d'Amboise raconte qu'il fut seulement pris à cette journée, et qu'ayant été conduit avec les comtes de Bourgogne et de Blois, sans qu'on les connût, dans les prisons d'Ascalon, ils y furent tués à coups de flèches par la trahison d'un autre prisonnier qui, les ayant fait connaître aux Musulmans, obtint par là sa liberté. Il laissa de son mariage trois fils : Geofroi, qui suit ; Eschivard, qui continua la branche de Preuilli ; et, si l'on en croit Maan, Angebaud, archevêque de Tours ; ce qui ne paraît pas vraisemblable à Ménage. La chronique de Saint-Martin de Tours dit que Geofroi-Jourdain était gonfalonier de cette église.

GEOFROI, DIT GRISEGONELLE.

1102. GEOFROI, dit GRISEGONELLE, de la couleur de sa casaque, succéda dans le comté de Vendôme à Geofroi-Jourdain son père. L'an 1118, au mois de décembre, il combattit, pour le comte d'Anjou, à la bataille d'Alençon, gagnée par ce dernier contre le roi d'Angleterre. Après avoir battu ce prince, les vainqueurs le poursuivirent jusqu'à Séez. D'anciens monuments portent que dans cette poursuite le comte Geofroi logea dans l'abbaye d'Almenêche, d'où il emporta les corps de saint Crodegran, évêque de Séez, et de sainte Opportune, sa sœur, qu'il déposa dans l'église castrale de Vendôme. Geofroi fut injuste envers l'abbaye de Marmoutier, qu'il vexa dans ses possessions situées au comté de Vendôme. Il eut dans la suite des remords de cette conduite, et vint en faire satisfaction, l'an 1120, dans le chapitre de l'abbaye. (Mabil., *Ann.* T. VI, p. 52.) La dévotion du tems le porta, l'an 1124, à faire le pèlerinage de Saint-Jacques en Galice. Le jour de son départ est marqué dans un acte du cartulaire de l'abbaye de Vendôme (fol. 217, v°.), à l'occasion d'une contestation qu'il eut avec l'abbé Geofroi, touchant un serf nommé Etienne Popinel, que celui-ci avait mis en liberté du consentement de son chapitre. Le comte, trouvant mauvais que cela eût été fait sans sa permission, arracha la charte de manumission que Popinel portait attachée sur sa tête le jour qu'il l'obtint, afin de la rendre visible à tout le monde. Mais l'abbé Geofroi lui prouva, en présence de plusieurs témoins respectables, qu'il pouvait, sans le congé de personne, affranchir ses serfs. Ce qui arriva, dit l'acte, le jeudi de la première semaine de carême (27 février) de l'an 1124.

Geofroi, l'an 1132 ou environ, recommença la guerre avec

Sulpice de Chaumont, seigneur d'Amboise, au sujet des *Commandises*, dont ce dernier continuait de jouir, comme ses prédécesseurs, dans le comté de Vendôme. Bouchard de Saint-Amand, sénéchal du comte, étant entré à main armée sur les terres de Sulpice, donna dans une embuscade où il fut pris par ce seigneur, qui l'emmena prisonnier avec sept chevaliers au château d'Amboise. Geofroi fit ses efforts pour avoir sa revanche. Mais Sulpice étant venu l'attaquer dans ses propres foyers, le prit lui-même dans un combat avec quelques-uns des siens, et l'envoya faire compagnie à son sénéchal dans la tour d'Amboise. (*Spicil.* T. X, p. 510.) Geofroi ne recouvra la liberté qu'en promettant à Sulpice de le laisser en paisible jouissance de ses commandises.

Le comte de Vendôme fut, l'an 1136, de l'expédition que fit Geofroi Plantagenet en Normandie. Dans la même armée se trouvaient les comtes de Poitiers, de Ponthieu, et Guillaume, fils du comte de Nevers. Ordéric Vital dit que tous ces chefs commirent de si horribles dégâts dans la province, qu'on les appela, ainsi que leurs soldats, par mépris, *Hilli-becci*. Au retour de cette campagne, le comte de Vendôme entreprit le voyage de la Terre-Sainte. Mais s'étant mis en route, la mort le surprit à Saint-Gilles en Languedoc, comme il était sur le point de s'embarquer. Il avait épousé, l'an 1105, MAHAUT, fille de Hugues, vicomte de Châteaudun, et veuve de Robert, vicomte de Blois : mariage dont Ives, évêque de Chartres, tâcha de le détourner, comme on le voit par sa lettre 129, sur une fausse généalogie par laquelle il voulait lui prouver qu'il était proche parent du premier mari de Mahaut. Mais Geofroi, mieux instruit de sa parenté, ne tint compte des semonces ni des menaces du prélat. De cette alliance sortirent deux fils, Jean, qui suit ; Geofroi qui accompagna son père dans l'expédition de Normandie, dont on vient de parler ; et une fille, Marie, femme d'un seigneur de Fréteval.

JEAN Ier.

1136 au plus tôt. JEAN Ier, fils et successeur de Geofroi Grisegonelle, commença son gouvernement par reprendre la guerre que son père avait eue avec Sulpice de Chaumont, seigneur d'Amboise ; en quoi il fut aidé par Renaud, seigneur de Château-Renaud. Celui-ci avait un grief personnel contre Sulpice, en ce qu'il l'avait contraint de donner une portion de sa terre à Geofroi, son frère. Sulpice fit face à ces deux confédérés : dans un combat qu'il leur livra, il les mit en déroute, et fit prisonnier le comte de Vendôme, qu'il renferma dans le château de

Chaumont. (*Spicil.* T X, pp. 372 et 373.) L'histoire ne dit pas en quel tems il le relâcha. Jean, depuis sa délivrance, fit de grands biens à l'église collégiale de Vendôme, et donna, l'an 1147, une partie de la forêt de Gatine à l'abbaye de la Trinité. L'an 1161, il défendit vigoureusement, avec ses deux fils, Bouchard et Lancelin, son château de Vendôme, attaqué par Thibaut, comte de Blois, qui avait promis d'avance à ses soldats de leur distribuer le trésor de l'abbaye. (*Chronologie Vindocin.*)

Le comte Jean reçut à Vendôme, l'an 1170, les rois de France et d'Angleterre, qui s'y étaient rendus pour traiter de la paix. (*Bened. Petroburg.*) Il se déclara, l'an 1173, pour le roi d'Angleterre, Henri II, contre ses fils rebelles, appuyés du roi de France, et amena du secours au premier dans la Normandie, qui était devenue le théâtre de la guerre. (*Ibid.*) Pendant son absence, Bouchard, son fils aîné, prit des mesures pour empêcher son retour, et s'empara du comté de Vendôme. Mais il fut chassé lui-même, le 30 novembre de la même année, par le Roi d'Angleterre, aux enfants duquel il s'était associé. (Roger de Hoveden.) Le comte Jean fut alors rétabli dans les domaines dont son fils dénaturé l'avait dépouillé. Il y a bien de l'apparence qu'il rendit presque aussitôt ses bonnes grâces à Bouchard, puisqu'on voit que depuis ce temps celui-ci partageait le titre de comte avec son père. Le comte Jean, après avoir été le bienfaiteur de l'abbaye de Vendôme, en devint le persécuteur, au point que les religieux furent obligés de se réfugier au prieuré de Levières, près d'Angers, où ils restèrent l'espace de quatorze mois. Jean de Salisberi, évêque de Chartres, prit leur défense, et frappa le comte d'excommunication l'an 1177. Celui-ci étant allé trouver le cardinal de Saint-Chrysogon, légat en France, lui fit des soumissions au moyen desquelles il obtint, à la recommandation du roi d'Angleterre, qui était présent, son absolution. Mais à son retour, il prétendit ne s'être point obligé à tout ce que l'évêque de Chartres exigeait de lui. Comme le légat, en l'absolvant, avait resserré les droits de l'évêque diocésain, ce dernier, au lieu d'entériner la grâce, confirma sa sentence, et tint le coupable, durant l'espace de trois ans, dans les liens de l'excommunication. Cette sévérité produisit à la fin un salutaire effet. Touché de repentir, le comte Jean vint se présenter nu-pieds au chapitre, demanda pardon à l'abbé et aux moines avec promesse de réparer les torts qu'il leur avait faits, et fut ensuite (l'an 1180) absous par le prélat. (*Archiv. de Vendôme.*)

Le roi Philippe Auguste, l'an 1188, poursuivant Richard, duc d'Aquitaine, prend sur sa route le château de Vendôme, où le comte de Meulent avait mis une garnison pour le roi d'Angleterre. Ce comté, depuis Charles Martel, n'était plus qu'un arrière-fief de la couronne, et relevait immédiatement de celui d'Anjou. Philippe ne garda pas long-temps sa conquête ; car la chronique d'Anjou dit que Richard, vers la mi-août de la même année, réduisit en cendres le château de Vendôme. Si cela est, il fut bientôt rebâti, comme on le verra dans la suite.

Philippe et Richard s'étant réconciliés, l'an 1189, pour faire la guerre au roi, père du second, attirèrent le comte de Vendôme dans leur parti, ou du moins l'engagèrent à garder la neutralité. Mais comme il cheminait un jour sans armes, le vicomte de Châteaudun, partisan du roi d'Angleterre, le surprit, et le blessa si grièvement, qu'on désespéra d'abord de sa vie. Néanmoins, dit Benoît de Peterborough, il guérit parfaitement de sa blessure. Le roi de France fut d'autant plus irrité, ajoute-t-il, de cette incartade du vicomte, qu'en passant et repassant sur ses terres, il ne lui avait fait aucun dommage.

Le comte Jean entreprit, l'an 1190, le voyage de la Terre-Sainte. Il mourut au retour, l'an 1192, dans le prieuré de la Charité-sur-Loire, après y avoir pris l'habit religieux, suivant une charte de Bouchard son fils, rapportée par Ménage. (*Hist. de Sablé*, p. 45.) Ainsi Roger de Hoveden se trompe en disant qu'il mourut au siége d'Acre l'an 1190. Il avait épousé en premières noces, BERTHE, fille et héritière de Geofroi, châtelain du Puy-du-Fou, *de Podio Fagi*, dans le Poitou, laquelle, dit la chronique de Saint-Maixent, lui apporta en dot les terres que Mathilde, sa mère, avait eues de Hugues de Lusignan, son père, dans le Poitou. De ce mariage il eut Bouchard, qui suit ; Lancelin, mort avant 1188 ; Geofroi et Mahaut femme de Henri, comte de Tréguier. (Martenne, *Ampliss.* Col. T. V. col. 1152.) RICHILDE DE LAVARDIN, sa seconde femme, lui donna Jean dont on a une charte de l'an 1205, par laquelle lui et sa mère donnent à l'abbaye de Vendôme tout ce qu'ils possédaient dans le lieu et territoire de la Chartre, à condition de célébrer à perpétuité leur anniversaire ; Geofroi, seigneur de Lavardin, qui fit aussi du bien à la même abbaye, comme il est marqué dans une bulle d'Innocent III, confirmative du titre de cardinal, accordé par Alexandre II aux abbés de Vendôme, et datée du 23 décembre 1204 ; bulle qui n'a pas encore vu le jour. Barthélemi, doyen, puis archevêque de Tours, était, suivant D. Liron, un troisième fils du comte Jean et de Richilde. De ce mariage vint aussi une fille, Agnès, femme de Sulpice d'Amboise.

BOUCHARD IV.

1192. BOUCHARD IV prenait, comme on l'a dit, le titre de comte de Vendôme du vivant de Jean son père, auquel il succéda. Dans le même tems que le père maltraitait, de la manière que nous l'avons raconté, l'abbaye de Vendôme, le fils, de son côté, ne la ménageait pas plus, exigeant des droits de procuration ou de gîte dans les terres de ce monastère, imposant des tailles sur ses hommes, et lui contestant une partie de sa justice criminelle. Le roi d'Angleterre, Henri II, comme suzerain du Vendômois, en qualité de comte d'Anjou, mit fin à ces entreprises par son jugement rendu la même année que le comte Jean obtint son absolution, c'est-à-dire, l'an 1180. Il y est dit que le comte Bouchard et les comtes ses successeurs ne pourront prétendre aucun droit de gîte ni lever taille dans les terres de l'abbaye, moyennant la somme de trois mille sous, que les religieux seront tenus de lui payer dans les trois cas suivants; savoir, lorsqu'il mariera sa fille aînée, lorsqu'il fera pour la première fois le voyage de la Terre-Sainte, et lorsqu'il sera pris à la guerre, soit en la faisant pour lui-même, soit en combattant pour le comte d'Anjou. A l'égard du duel judiciaire, le monarque règle que, s'il concerne des hommes du lieu qui soient de part et d'autre vassaux de l'abbé, lui seul en connaîtra; s'il est entre un homme du comte et un homme de l'abbé, l'affaire ressortira au jugement du comte; et si la cause est de nature que la mort ou la mutilation des membres doive s'ensuivre, l'homme de l'abbé, succombant, sera renvoyé à la justice du comte. Si au contraire le vaincu n'encourt pas ces peines, alors la connaissance en appartiendra à la justice de l'abbé. Il est dit, à la fin de l'acte, que cette composition demeurera ferme et immuable au cas que le souverain pontife veuille l'approuver. Mais, par provision, le roi en fit jurer l'observation à Bouchard et à Geofroi son fils, qui étaient présents. (*Original du Chartrier de l'abbé de Vendôme.*)

L'an 1194, Robert, comte de Meulent, ou son lieutenant, à qui Richard, roi d'Angleterre, avait confié la garde de Vendôme, ferma les portes de cette place au roi Philippe Auguste. Ce prince, venant de brûler Evreux, marchait à la poursuite du roi Richard, suivant Guillaume le Breton, ou était poursuivi par l'Anglais, suivant Roger de Hoveden. Le premier de ces deux écrivains dit que Philippe Auguste força Vendôme, malgré sa triple enceinte et sa forte garnison, et qu'il y fit prisonniers soixante-deux chevaliers :

Castrum fortè nimis populosâ gente repletum....
Cui tamen haud prodest quicquam munitio ducta
Circuitu triplici, nec tantæ copia gentis,
Quin vi cogatur libito se dedere Regis.
In quo Rex Equites captos in vincula trusit
Sexaginta duos, arcem murosque tuentes,
Roberti Comitis Mellenti signa secutos.

Robert de Hoveden dit au contraire, p. 741, que Vendôme, n'étant point encore fermé de murs, reçut le roi de France dès qu'il parut. Il ajoute que, Richard, étant arrivé à son tour devant cette place, campa dans la plaine, attendant avec autant d'impatience que de sécurité la bataille que le roi de France lui avait annoncée; mais que, voyant qu'il la déclinait, il alla le surprendre, le 4 juillet, à Fréteval, d'où il l'obligea de fuir jusqu'à Châteaudun, après lui avoir enlevé ses archives et son bagage. Le dernier fait n'est malheureusement que trop véritable, et n'est contredit par aucun écrivain français. Mais sur l'état du château de Vendôme au tems de Philippe Auguste, il semble qu'on doit plutôt s'en rapporter au témoignage d'un écrivain national et contemporain qu'à celui d'un étranger. Le comte Bouchard mourut en 1202, suivant la chronique d'Anjou. Il eut d'AGATHE, dame de Lavardin, qu'il avait épousée avant l'an 1185 (morte le jour de l'Exaltation, 14 septembre, on ne sait en quelle année, mais avant son époux), Jean, père de Jean II, qui suit, et décédé, suivant le P. Anselme, l'an 1193 (Maimbourg et Ménage disent qu'il fut tué au siége d'Acre l'an 1191); Raoul, dont le sort est inconnu; Geofroi, qui vivait encore en 1206; et une fille, nommée Agnès. Ces enfants sont nommés avec leur mère dans la charte, sans date, d'une donation que Bouchard fit de la terre de Varenne au prieuré de Lavardin. (*Archiv. de Marmoutier.*)

JEAN II.

1202. JEAN II, petit-fils de Bouchard par Jean son père, devint le successeur de son aïeul au comté de Vendôme. L'an 1206, au mois de septembre (*Hist. de Sablé*, p. 47), il confirma, en présence de Geofroi, son oncle, une donation de dix livres de rente, faite au monastère de la Charité par le comte Jean Ier, qu'il appelle *abavus meus*, mon trisaïeul, confondant apparemment *abavus* avec *proavus*, bisaïeul, puisqu'il n'était que l'arrière-petit-fils du comte Jean. En effet, par d'autres chartes qu'il donna la même année et la suivante, en faveur de l'abbaye de Vendôme, il se dit petit-fils du comte Bouchard. Il mourut sans lignée, et peut-être sans avoir été marié, l'an 1207, au retour d'un pèlerinage qu'il avait fait à Saint-Jacques en Galice.

JEAN III.

1207. JEAN III, fils de Geofroi de Lavardin, suivant une charte de Saint-Georges-des-Bois, dont nous avons la copie sous les yeux, petit-fils du comte Jean Ier, fut surnommé l'ECCLÉSIASTIQUE, parce qu'il était trésorier de la capitale d'Angers et prévôt de la collégiale de Vendôme. Comme plus proche parent du comte Jean II, il fut son successeur au comté de Vendôme, et quelque tems après, il quitta le clergé pour se marier. Il confirma, l'an 1211, les donations que ses prédécesseurs avaient faites à l'abbaye de Saint-Georges-des-Bois ; et voici l'ordre où il les range dans la charte qu'il fit expédier à ce sujet : *Sicut Gofridus Grisagonella, et Joannes filius ejus et Bochardus filius Joannis, antecessores mei, dederunt.* Jean nous apprend encore dans cet acte que partie de ces donations avait été faite à la prière de Geofroi de Lavardin, son père, par le comte Bouchard : *Terram illam, quam prædictus Comes Bochardus dedit ad petitionem Gofridi Laverdini patris mei.* Il transigea, l'an 1213, au mois de septembre, avec l'église de Chartres, sur la haute justice de la prévôté de Massangis, et d'autres droits qu'elle lui contestait, et dont il se déporta, à condition qu'elle ferait à perpétuité son anniversaire, se réservant néanmoins le droit d'obliger les habitants de Massangis à venir monter la garde dans son château de Vendôme, et à le suivre dans ses expéditions militaires, pourvu qu'ils pussent revenir le soir chez eux. Cette transaction fut faite du consentement de MARIE DE CHATILLON, sa femme, sœur de Gauthier, comte de Saint-Pol. (Du Chesne, *Hist. de la M. de Châtillon*, L. 2, pr., p. 29.) L'an 1215, il fit faire une réforme dans le chapitre de la collégiale de Vendôme. Le P. Anselme dit qu'il fut de l'assemblée des grands du royaume, convoquée à Soissons par le roi Philippe Auguste pour délibérer sur la guerre contre l'Angleterre, et qu'il y fit serment avec les autres seigneurs, d'assister le monarque dans cette entreprise. Il mourut sans enfants, l'an 1218, suivant le même auteur.

JEAN IV, DIT DE MONTOIRE.

1218. JEAN IV, seigneur de Montoire, dont il conserva le nom, fut le successeur du comte Jean III, son oncle. Il était peut-être marié dès-lors avec EGLANTINE, dont on ignore la naissance. Il assista, l'an 1226, à l'assemblée que tint le roi

Louis VIII, le 28 janvier, à Paris, en présence du légat, pour son expédition contre les Albigeois. Etant entré, l'an 1232, dans la ligue formée par Amauri de Craon, et plusieurs barons de Bretagne, contre le comte Pierre Mauclerc, il fut pris dans la bataille que le comte gagna, le 3 mars de cette année, sur les confédérés, et ne recouvra sa liberté que l'année suivante. (*Chron. Britan.*, mss.) Il fut, l'an 1235, l'un des seigneurs qui écrivirent au pape contre les entreprises des prélats du royaume sur la juridiction temporelle. Il vivait encore en 1239. Le P. Daniel dit qu'il s'embarqua cette année à Marseille pour la Terre-Sainte avec les comtes de Champagne, de Bar-le-Duc, de Forès, de Nevers, de Montfort, etc. Mais Sanut ne fait point mention de lui dans la liste qu'il donne des chefs de cette croisade. S'il fut de cette expédition (ce que nous avons peine à croire, faute d'autorité), il paraît qu'il n'en revint pas. De son mariage il eut Pierre, qui suit; Geofroi, qui prit aussi le nom de Lavardin; Jean, seigneur du Plessis-Guedhou, qui forma une branche cadette; et Mathilde, femme de Hugues de Montigny, de la maison de Viévri, dans le Blaisois.

PIERRE DE MONTOIRE.

1239 au plus tôt. PIERRE, surnommé DE MONTOIRE, comme Jean IV son père, fut son successeur au comté de Vendôme. Il acheva, l'an 1247, la fondation de l'abbaye cistercienne des religieuses de la Virginité, sur les confins du Vendômois et du Maine, commencée, vers l'an 1220, par le comte Jean IV son père, et sa mère Eglantine Il accompagna, l'an 1248, saint Louis dans son premier voyage d'outre-mer, et mourut en Chypre le 29 mars 1249. (N. S.) De JEANNE (et non Gervaise), sa femme, dame de la Chartre-sur-Loir, et fille de Juhel III, seigneur de Mayenne et de Gervaise de Dinan, il eut quatre fils : Bouchard, qui suit; Jean, seigneur de Montoire; Geofroi, qui fit la branche des vidames de Chartres, princes de Chabannais, laquelle s'éteignit en la personne de François de Vendôme (1), neuvième descendant de Pierre de Montoire.

---

(1) François se rendit célèbre dans la profession des armes sous les règnes de Henri II et de François II. Il avait d'abord montré beaucoup d'attachement pour les Guises, jusque-là que, servant en Piémont sous le maréchal de Brissac, il se brouilla avec lui parce que les Guises ne l'aimaient pas. Brissac s'étant réconcilié avec eux, le vidame François quitta leur parti pour suivre celui des princes du sang. Les Guises le firent arrêter à l'occasion de la conjuration d'Amboise où il fut impliqué. Enfermé d'abord à la Bastille, il fut de là transféré au palais des Tournelles, à cause d'une maladie dont il mourut à l'âge de 38 ans,

Macé, ou Mathieu, dernier fils du comte Pierre, fut moine de la Trinité de Vendôme, et peut-être est-il le même que le célèbre Mathieu de Vendôme, abbé de Saint-Denis, et régent du royaume pendant la dernière croisade de saint Louis. Le comte Pierre eut aussi deux filles, qui se firent religieuses à l'abbaye de la Virginité.

BOUCHARD V.

1249. BOUCHARD V, que Guillaume de Nangis appelle LOUIS, soit par erreur, soit qu'il eût deux noms, chevalier, seigneur de Montoire et de Lavardin, succéda à Pierre, son père, dans le comté de Vendôme. Il fut, l'an 1254, un des chefs de l'armée que Charles d'Anjou mena dans le Hainaut pour se mettre en possession de ce comté, dont Marguerite de Flandre lui avait fait donation. L'an 1265, il se mit en marche, vers le mois d'octobre, avec plusieurs seigneurs, pour aller au secours de ce même prince, appelé par le pape Clément IV à la conquête de la Sicile. En traversant la Lombardie, ils détruisirent les châteaux des villes de Crémone et de Brescia, qui s'étaient opposées à leur passage. De là, continuant leur route, ils joignirent Charles à Rome. Ce prince, fortifié par les troupes qu'ils lui amenaient et par la valeur des chefs, entre sans délai dans la Pouille, soumet tout ce qui se rencontre sur sa route, et arrive en peu de jours devant San-Germano, qui lui ferma ses portes. Le comte de Vendôme fut celui qui se distingua le plus à l'attaque de cette place, qui fut prise par escalade, et dont la garnison s'enfuit en diligence pour aller se joindre à l'armée de Mainfroi, compétiteur de Charles, campée sous Bénévent. Bouchard n'eut pas moins de part au gain de la bataille décisive qui se donna, le 12 février 1266, entre Charles et son rival, qui périt dans l'action. (Nangis.) La suite des événements de la vie du comte Bouchard est demeurée dans l'oubli. Il ne vivait plus en 1271. MARIE DE ROYE, sa femme, veuve d'Aubert de Hangest, seigneur de Genlis, lui donna Jean qui suit, deux autres fils et une fille.

Bouchard V est vraisemblablement ce comte de Vendôme qui fit, au mois de décembre 1270, avec Charles Ier, comte d'Anjou et roi de Sicile, une transaction par laquelle il reconnaissait tenir immédiatement de ce prince, en sa qualité de comte d'Anjou,

---

le 7 décembre 1560, et non 1562, comme le marque le P. Anselme. Quelques modernes l'ont cru de la maison de Bourbon, parce qu'il vivait au tems où cette maison possédait le duché de Vendôme. *Il était illustre*, dit M. de Thou, *par sa naissance, puissant en biens, d'un courage et d'un esprit supérieur mais trop enclin au mal.*

JEAN V.

1271 au plus tard. JEAN V comte de Vendôme après la mort de Bouchard son père, alla en Pouille, l'an 1282, au secours de Charles, roi de Sicile, avec plusieurs autres seigneurs français. Au printems de l'an 1289 il passa en Aragon pour aider le roi don Jayme dans la guerre qu'il faisait aux Mahométans de l'île de Majorque.

L'an 1302 (N. S.), par arrêt du parlement de Paris, rendu le mercredi après la chaire de Saint-Pierre (28 février), le comte Jean, au nom de sa femme ELÉONORE, fille de Philippe de Montfort hérita de Jean de Montfort son beau-frère, seigneur de Castres en Languedoc, et comte de Squillace au royaume de Naples, la seigneurie de Castres, et cela au préjudice des enfants de Laure, sœur d'Eléonore, et femme de Bernard VI, comte de Comminges, par la raison que la représentation n'a pas lieu dans la coutume de Paris, qui régissait alors la terre de Castres. La comtesse Eléonore prétendit encore à la baronnie de Lombers, et à tout le Lomberois en Albigeois, comme héritière de Gui de Montfort, son grand-oncle paternel. Mais elle eut pour adversaire Hugues de Monteil-Adhémar, qui revendiquait cette succession par des raisons détaillées dans la nouvelle histoire de Languedoc, T. III, p. 159. Ce fut la matière d'un procès dont ni l'un ni l'autre ne virent la fin. Il dura près de cent ans, et pendant cet espace le Lomberois fut administré par les officiers du roi, qui l'avait mis sous sa main dès l'an 1314. Le comte Jean fit son testament le 18 mai de l'an 1315, qui fut vraisemblablement le dernier jour de sa vie. De son mariage, il eut Bouchard, qui suit; Jean, sire de Feuillet; Pierre, dont il sera parlé ci-après; et Jeanne, mariée à Henri IV de Sulli.

C'est au comte Jean V qu'on doit attribuer la division du haut et du bas Vendômois pour le civil. Il assigna pour capitale au bas Vendômois le bourg de Montoire, qui par là s'accrut et devint un lieu considérable.

BOUCHARD VI.

1315 au plus tôt. BOUCHARD VI, successeur de Jean, son père, au comté de Vendôme, et d'Eléonore, sa mère, dans la seigneurie de Castres, eut pour femme ALIX, fille puînée d'Artus II, duc de Bretagne. Pierre, son frère, étant tombé en démence, le roi lippe de Valois le nomma pour son curateur avec le chevalier Briant de Montjean. Mais quelque tems après, Bouchard se démit de cet emploi, *pour les désordonnées paroles desquelles Pierre usoit souvent contre ledit comte son frère, à cause de sa curation et gouvernement.* Le vrai motif qui animait Bouchard contre son frère, était le partage que lui demandait celui-ci dans la succession de leurs père et mère. Le roi, par ses lettres du 30 juillet 1344, ayant nommé pour nouveaux curateurs de Pierre, à la place du comte Bouchard, les chevaliers Barthélemi de Montbason, Philippe et Thibaut de Lévis, les chargea de travailler avec le sire de Montjean à terminer à l'amiable la querelle des deux frères, leurs cousins, ou, s'ils ne pouvaient y réussir, de lui en faire le rapport. Six années s'écoulèrent sans qu'on pût les amener à un accommodement. Enfin, l'an 1352 (V. S.), deux des curateurs, Barthélemi de Montbason, et Briant de Montjean, les engagèrent à signer, au mois de janvier, un jugement arbitral, par lequel ils assignaient à Pierre, pour lui et ses hoirs et successeurs, *la ville et châtellenie de Lysignhan, avecques les villes de Thorozele, Couillac et Château-Neuf, et toutes les rentes, chasteaux et forteresses, maisons, édifices, fiefs, hommages, et quelconques autres droits et appartenances et appendances à ladicte châtellenie, estant en Narbonnois, en la sénéchaussée de Carcassonne.* Mais comme le roi Philippe de Valois avait excepté les forteresses du partage qui serait fait à Pierre, les arbitres, après avoir déclaré qu'ils n'auraient pu le priver sans un préjudice notable de celles qui se trouvaient dans son lot, ajoutent: *Desquelles forteresses ledict comte ou ses gens de par lui auront la garde, selon ce que le roy notredict seigneur l'a voulu par sesdictes lettres.* Le comte, en souscrivant ce partage, se réserva la foi et hommage pour les domaines qui avaient été assignés à son frère. C'était alors le roi Jean qui occupait le trône. Ce prince confirma ce jugement par ses lettres du mois d'avril suivant. (*Regist. du Trésor des Chartes*, coté 82, acte 160.) Le comte Bouchard ne vécut pas long-tems depuis, étant mort le 26 février 1354 (N. S.) Son corps fut enterré dans l'église de Saint-Georges de Vendôme. De son mariage sortirent Jean, qui suit; trois autres fils, Pierre et Simon, dont on ne sait que les noms; Bouchard, qui forma la branche de Vendôme-Segré, dont le dernier mâle fut Pierre II, arrière-petit-fils de Bouchard VI; et deux filles, dont l'aînée, Eléonore, épousa Roger-Bernard, comte de Périgord.

JEAN VI.

1354. JEAN VI, fils aîné de Bouchard VI, devint comte de

Vendôme et seigneur de Castres après la mort de son père. Il avait, dès l'an 1343, fait preuve de valeur dans la guerre contre les Anglais, à la suite de Jean, duc de Normandie, et depuis roi de France. L'an 1345, il avait *donné et transporté*, du consentement de sa femme, *la garenne et chasse* qu'ils avaient des cerfs et sangliers dans leur forêt d'Iveline, à ce même Jean, duc de Normandie, en échange de quoi Philippe de Valois, par ses lettres du mois de juin de la même année, s'était engagé de lui fournir annuellement dix cerfs et douze sangliers pris dans la forêt de Loches. (*Réc. de Colbert*, vol. 17, p. 347.) Il fut député, l'an 1353, par ce prince avec le cardinal Gui de Boulogne et Pierre, duc de Bourbon, pour traiter avec Charles *le Mauvais*, roi de Navarre. Le roi Jean érigea, l'an 1356, en sa faveur, le 25 août, la seigneurie de Castres et ses dépendances en comté, déclarant que cette seigneurie, qui avait été régie jusqu'alors suivant les us et coutumes de Paris, le serait à l'avenir suivant les coutumes de l'Anjou. (Vaissète.) Le comte Jean, la même année, fut fait prisonnier, le 19 septembre, à la bataille de Poitiers. Il mourut à Montpellier dans le mois de février 1366, et non 1368, comme le marque le père Anselme. Son corps fut porté aux Jacobins de Castres, où il fut inhumé le 23 du même mois. JEANNE-MARIE (1), son épouse, fille de Jean II de Castille, ou de Ponthieu, comte d'Aumale, et de son chef dame d'Epernon, de Vernon, et d'autres lieux (morte le 30 mai 1376), lui donna Bouchard, qui suit; et Catherine, femme de Jean de Bourbon, comte de la Marche.

BOUCHARD VII ET JEANNE, SA FILLE.

1366. BOUCHARD VII, fils de Jean VI, lui succéda en bas âge, sous la garde-noble de Jeanne sa mère. La preuve de sa minorité à son avénement aux comtés de Vendôme et de Castres, se tire d'un acte de l'an 1365 (V. S.), par lequel Jeanne, sa mère, tran-

---

(1) Nous lui donnons ces deux noms de baptême quoique les modernes ne lui donnent que le second, et nous sommes fondés en preuves. Nous voyons en effet qu'en 1371, cette comtesse, en nommant son lieutenant au comté de Castres, Philippe de Bruyères, dit aussi de Poumiers, par lettres datées de Vendôme 1371, prend le nom de Jeanne de Ponthieu, et que Philippe, le 23 mars de l'année suivante (N. S.), donnant pour elle au roi et à ses officiers de Carcassonne le dénombrement des terres qui composent le comté de Carcassonne, elle est appelée Marie de Ponthieu : *Venen en la presentia de vous Monsieur le Sénéchal de Carcassonne.... you Philippe de Poumiers, Chevalier Senhor de Revel, Gouvernador del Contat de Castres per et en nom de Madonna Marie de Ponthieu, Comtesse de Vendosme et de Castres*, etc. (Galland, *Tr. du Franc aleu*, p. 168.)

sige sur un procès avec l'abbaye de Vendôme, *comme ayant bail de son fils Bouchard, comte de Vendosme et de Castres.* L'an 1367 au plus tôt (et non 1364, comme l'avancent les modernes), sa mère lui fit épouser ISABELLE, fille de Jacques de Bourbon, comte de la Marche, et veuve de Louis, vicomte de Beaumont au Maine. L'année suivante, étant majeur, il se rendit en Languedoc, où, le 20 avril, il rendit hommage au roi du comté de Castres entre les mains du duc d'Anjou, lieutenant-général en cette province. (Vaissète, T. IV, p. 341.) Ce prince, l'année suivante, établit, au mois de mai, les comtes de Vendôme et de l'Ile-Jourdain capitaines-généraux des *présentes guerres* (celles qu'on avait alors avec l'Angleterre), à raison de trois cents francs par mois. Les deux comtes firent cette campagne et les deux suivantes avec le connétable du Guesclin. (*Ibidem*, p. 40.) Bouchard, l'an 1371, fit son testament, dont un des articles porte que *les joyaux et les habits d'Ysabelle, ou d'Ysabeau, soient remis* à Jeanne, mère du comte, jusqu'à ce que Jeanne, sa fille unique, soit en état de s'en servir. On voit par là que Bouchard était veuf alors. Il mourut peu de jours après cet acte. La mère de Bouchard prit alors le bail et la garde de sa petite-fille qui était encore au berceau, et nomma pour gouverneur et lieutenant au comté de Castres, par lettres du 25 novembre 1371, un gentilhomme nommé Philippe de Bruyères. (Galland, *du Franc-aleu*, p. 172.) La jeune comtesse JEANNE survécut peu de tems à son père, et mourut au plus tard vers le milieu de l'an 1374.

CATHERINE et JEAN DE BOURBON.

1374 au plus tard. CATHERINE, sœur de Bouchard VII, succéda au plus tard, l'an 1374, avec JEAN DE BOURBON, comte de la Marche, son époux, à Jeanne, sa nièce, dans les comtés de Vendôme et de Castres. En effet on trouve dans les archives de l'abbaye de Vendôme une transaction que l'abbé Guillaume du Plessis fit, le 4 août 1374, avec Jean de Bourbon, comte de Vendôme, et la comtesse Catherine, son épouse, touchant la justice. (*Tabul. Vindocin.*) Ce comte mourut le 11 juin 1393, laissant de son mariage Jacques de Bourbon, comte de la Marche et de Castres; Louis, qui suit; Jean, tige des seigneurs de Carenci; Anne, mariée, 1° à Jean de Berri, seigneur de Montpensier, 2° à Louis de Bavière, dit le *Barbu*, seigneur d'Ingolstadt; Marie, femme de Jean, seigneur des Croix; et Charlotte, mariée à Jean II, roi de Chypre. La comtesse Catherine survécut dix-sept ans à son époux, et mourut le 1er avril 1412. (N. S.) Tous deux ont leur sépulture dans la collégiale de Vendôme. (*Voy. les comtes de la Marche.*)

LOUIS DE BOURBON.

1412. LOUIS DE BOURBON, second fils de Jean de Bourbon et de Catherine de Vendôme, seigneur de Montdoubleau, terre qu'il acquit, en 1406, de Charles de la Rivière et de Blanche de Trie sa femme, grand-chambellan depuis 1408, succéda, l'an 1412, à sa mère dans le comté de Vendôme. Depuis environ dix ans, il le régissait avec elle, et il en avait fait hommage, dès l'an 1403, à Louis II, comte d'Anjou et roi de Sicile. Jacques, son frère aîné, comte de la Marche, était alors retenu dans les liens par la faction des Bourguignons. A peine fut-il délivré par la paix d'Auxerre, conclue au mois de juillet 1412, que, jaloux de voir son cadet partagé si richement, il chercha les moyens de le dépouiller. Dans ce dessein il lève des troupes à la hâte, fond tout-à-coup sur le Vendômois, surprend son frère et le jette dans une affreuse prison. Louis était si généralement aimé et estimé, que les deux factions des Orléanais et des Bourguignons se réunirent pour travailler à sa délivrance. Le comte de la Marche, pendant huit mois, méprisa les prières et brava les menaces qu'on lui fit à ce sujet. A la fin cédant aux remords de sa conscience, il alla lui-même tirer son frère de prison.

Louis, pendant sa captivité, avait fait vœu de visiter en qualité de pèlerin les églises de N. D. de Chartres et de Saint-Denis en France, s'il recouvrait la liberté. Fidèle à cet engagement, il se rendit à l'une et l'autre églises, nu-pieds, en chemise, portant un cierge de cinquante livres, et suivi de cent domestiques dans le même état de pénitence et d'humiliation. De retour à la cour, il fut mis à la tête de l'ambassade que Charles VI envoya, dans le mois de septembre ou d'octobre 1413, en Aragon pour soutenir les droits d'Yolande d'Aragon, femme de Louis II, duc d'Anjou et roi de Sicile, sur la couronne d'Aragon. Mais tout ce que les ambassadeurs purent obtenir de Ferdinand de Castille, à qui elle venait d'être adjugée, ce fut une promesse d'argent pour Yolande avec le renouvellement des anciens traités d'alliance entre la France et l'Aragon. L'année suivante, Louis, par lettres du 15 novembre, fut pourvu de la charge de grand-maître (1) de l'hôtel, ou de la surintendance générale des maisons du roi, de la reine et du dauphin. Depuis, il eut les gouvernements de Champagne, de Brie et de Picardie. Son zèle pour le bien de l'état lui

---

(1) On disait alors Souverain-Maître

fit entreprendre divers voyages à Londres pour détourner Henri V, roi d'Angleterre, de porter la guerre en France. Croyant avoir fait quelques progrès sur l'esprit de ce prince, il se rendit ensuite auprès de lui à la tête d'une brillante ambassade, et lui offrit la princesse Catherine, fille de Charles VI, qu'il désirait passionnément d'épouser, avec un certain nombre de provinces. Mais ces offres ne satisfirent point l'ambitieux monarque, qui se flattait, disait-il, d'avoir la fille et le royaume de France tout entier. L'ambassade fut donc sans effet, et la guerre inévitable. Le comte de Vendôme fut aussi malheureux les armes à la main qu'il l'avait été dans les négociations. Il fut pris à la bataille d'Azincourt, l'an 1415; et conduit à la tour de Londres. Après quelques années de captivité, il traita de sa rançon avec le roi Henri V. Elle fut fixée à trois cent mille livres (2); somme exorbitante alors, qui prouvait que Henri n'avait nulle envie de relâcher ce prisonnier. Le comte, avec l'aide de ses parents et de ses amis, ne put jamais en faire que la moitié, parce que les Anglais étaient maîtres de la plupart de ses terres, ainsi que de celles des personnes qui s'intéressaient pour lui. Henri mourut, l'an 1422, avec la satisfaction de laisser dans les liens le comte de Vendôme ainsi que beaucoup d'autres seigneurs français. Louis obtint cependant des tuteurs du jeune Henri VI la permission de venir saluer son nouveau maître le roi Charles VII; après quoi il revint, selon sa promesse, en Angleterre. La régence de ce royaume montra la même inflexibilité que Henri V pour le payement de la rançon des prisonniers. Louis se voyait condamné à finir ses jours dans la captivité, lorsqu'en 1426 (et non pas 1423), étant tombé dangereusement malade, et désespéré des médecins, comme il le dit lui-même, il s'adressa à J. C., *lui promit et voua que, s'il lui plaisoit avoir pitié de luy et de la prinson où il étoit, il peust être délivré sans mort, sans désonheur de sa personne et sans perdition de sa seigneurie et héritage, en l'honneur et révérance de luy et de sa glorieuse Sainte Larme, qui en l'église de la Sainte Trinité de Vendosme repouse, il feroit et accompliroit, devant la présence d'icelle Sainte Larme, le vœu qui s'ensuit.* Voici le précis de ce vœu, qu'il serait trop long de transcrire sur la charte où il est rapporté : 1° le comte s'engage *à venir, la première année après sa délivrance, présenter, le jour du vendredi du Lazarre* (c'est celui qui précède le dimanche des Rameaux) *dans l'église de la Trinité de Vendôme, son corps tout nud avec un cierge du poids de trente-deux livres de cire, en mémoire et remembrance que quand notre Seigneur souffrit*

---

(2) Cette somme reviendrait aujourd'hui à celle de 2,001,687 liv. 10 sous

DES COMTES, PUIS DUCS, DE VENDOME.   505

mort et passion, il avoit régné en son humanité en cest monde par l'espace de trente-deux ans ; 2° il promit qu'à pareil jour, tous les ans à perpétuité, il sera fait dans la même église une procession solemnelle dans laquelle on délivrera de ses prisons de ladicte ville de Vendôme le malfaiteur que les gens de son conseil, gouverneur et officiers de sa justice, et aucuns des notables religieux de l'abbaye de la Trinité, le chevecier, chantre, et autres du chapitre de son église collégiale de monsieur Saint-George de Vendosme, diront en leur conscience avoir fait et commis le plus piteux cas rémissible ; et que, dans le cas où il n'y en aura pas de cette espèce dans les prisons de Vendôme, on soudoiera un pauvre homme pour le représenter, lequel, *nud-pieds et en petits draps* (en chemise), portera à la procession un cierge de trente-deux livres, qui brûlera ensuite devant la Sainte Larme jusqu'au jour de Pâques. Le comte Louis, après avoir fait ce vœu, recouvra la santé, et sortit de prison sur la fin de 1426 d'une manière qu'il regarda comme miraculeuse. Ce miracle consistait en ce que les Anglais le voyant dangereusement malade, et craignant de perdre la moitié de sa rançon, l'élargirent en se faisant donner caution de la somme dont il était encore redevable (1). De retour en France, les affaires de l'état, où il fut employé, ne lui permirent d'accomplir son vœu qu'en 1428. Ce fut cette année qu'il fit expédier, le 21 avril, la charte qui contient tout ce que nous venons de rapporter. (Martenne, *Anecd.*, T. I, col. 1774.) Depuis ce tems là la fondation qui en est l'objet a toujours été fidèlement exécutée au jour et en la manière qu'elle prescrit.

Louis fut, en 1429, un des seigneurs français qui contribuèrent avec la Pucelle à la levée du siége d'Orléans. Il fit, la même année, sous le duc d'Alençon, celui de Gergeau, qui fut emporté d'assaut. L'an 1430, il contraignit les Bourguignons et les Anglais, le premier novembre, à se retirer de devant Compiègne, qu'ils assiégeaient depuis six mois. On le voit, en 1435, au nombre des négociateurs du fameux traité d'Arras. L'an 1438, Louis fut chargé, avec les archevêques de Reims et de Narbonne, de conduire à la cour de Bourgogne Catherine de France, destinée pour femme à Charles, comte de Charolais. Ces seigneurs reçurent à Saint-Omer les instructions du roi Charles VII, pour traiter de la paix avec l'Angleterre. Les conférences se tinrent avec beaucoup d'appareil à Gravelines, dans le cours de l'an

---

(1) Villaret qui n'avait pas connaissance de cette charte, s'inscrit en faux (*Hist. de France*, in 4°, T. VII, p. 351) contre le récit qu'elle contient, énoncé dans l'histoire moderne de Charles VII. Mais les raisons qu'il apporte pour le combattre sont détruites par le précis fidèle qu'on en vient de faire.

1439. Isabelle de Portugal, duchesse de Bourgogne, et le cardinal de Winchester, y présidèrent. Les plénipotentiaires anglais ayant présenté leurs mémoires, dans lesquels ils ne donnaient au roi Charles VII que le titre de *Charles de Valois*, le comte de Vendôme et les ambassadeurs, ses collègues, menacèrent de se retirer, si l'on ne donnait pas à leur maître le titre qui lui appartenait. La duchesse de Bourgogne fit rectifier ce qui avait choqué les seigneurs français; mais on ne put convenir de rien dans ces conférences. (*Hist. de Bourgogne*, T. IV, p. 235.)

Louis de Bourbon entra, l'an 1440, dans la conjuration des princes, nommée *la Praguerie*. Ce parti ayant été dissipé dans la même année, le comte de Vendôme fit ses soumissions, et fut pleinement absous. Son pardon ne l'empêcha pas néanmoins de récidiver. L'an 1442, il se laissa entraîner dans une nouvelle ligue des princes, formée par le duc d'Orléans, sous le spécieux prétexte du bien de l'état. La sagesse du monarque l'ayant dissipée en peu de tems, le comte de Vendôme fut des premiers à rentrer dans le devoir. La guerre continuait toujours avec l'Angleterre. Louis part, l'an 1446, à la tête d'une ambassade solennelle pour aller traiter de la paix à Londres. Mais il ne put obtenir qu'une trêve de dix-huit mois. Il mourut à Tours le 21 décembre de la même année (et non en 1447, comme son épitaphe le porte), à l'âge d'environ soixante-dix ans. Ce prince était sage, vaillant, spirituel, et néanmoins il ne réussit ni à la guerre, ni dans les négociations. Il avait épousé, 1°, le 21 décembre 1414, BLANCHE, fille de Hugues II, comte de Rouci, qui mourut sans enfants le 22 août 1421; 2°, le 24 août 1428 (et non pas 1424), JEANNE DE LAVAL (morte le 18 décembre 1468), dont il eut Jean, qui suit, et Catherine, morte sans alliance. Une Anglaise, avec laquelle il eut un commerce à Londres, lui avait donné un fils naturel, nommé Jean, connu dans l'histoire sous le nom de *Bâtard de Vendôme*.

JEAN VII DE BOURBON.

1446. JEAN VII, et deuxième du nom DE BOURBON, successeur de Louis, son père, au comté de Vendôme, fit ses premières armes sous le célèbre bâtard Jean d'Orléans, comte de Dunois. Il se trouva aux siéges de Rouen et de Bordeaux, et fut créé chevalier à celui de Fronsac en 1451. Au sacre du roi Louis XI, il représenta le comté de Champagne. Inviolablement attaché par devoir plus que par inclination à ce monarque, il résista constamment aux sollicitations que lui firent les ducs de Berri et de Bretagne, pour l'engager dans la ligue *du bien public*. Informé que les troupes du second étaient en marche pour entrer dans le Vendômois, il fit rompre le pont de Lavardin;

ce qui obligea un détachement considérable de Bretons, qui venait pour s'y loger, de rebrousser chemin, et d'aller joindre le gros de l'armée qui séjournait à Montoire. Le comte du Maine, royaliste en apparence, était cependant à Vendôme avec les secours que le comte Jean lui avait demandés. Il en sort, la nuit du 9 au 10 juillet 1465, avec sa troupe, laissant la place entièrement dépourvue de garnison. Le lendemain, les Bretons, commandés par le duc de Berri, viennent se présenter aux portes de Vendôme, qui leur sont ouvertes à la première sommation. Le duc y séjourne deux jours, et y laisse en partant quatre cents hommes de garnison, vingt-cinq lances au château, et le reste dans la ville. (Commines.) Le comte de Vendôme, se voyant trahi par le comte du Maine, s'était retiré auprès du roi. Six jours après (16 juillet), il accompagna ce monarque à la bataille de Montlhéri. Louis XI, par une antipathie naturelle pour ce prince, ne lui tint nul compte de ses services ni de ses talents, et le laissa toujours sans emploi. Le comte Jean, la même année, le 5 novembre, eut procès avec Jacques d'Armagnac, duc de Nemours, pour le comté de la Marche. Il succomba dans cette instance, et le comté fut adjugé au duc par jugement du conseil, rendu le 21 janvier de l'année suivante. (N. S.) Il assista, l'an 1469, à l'assemblée des grands du royaume, qui se tint à Amboise, pour résoudre la guerre contre les Anglais. Le comte Jean mourut le 6 janvier 1478 (N. S.), et fut enterré dans l'église du château de Vendôme. ISABELLE DE BEAUVAU, fille et héritière de Louis de Beauvau, seigneur de la Roche-sur-Yon, qu'il avait épousée l'an 1454 (morte l'an 1475), lui donna François qui suit; Louis, tige des princes de la Roche-sur-Yon, depuis ducs de Montpensier; Jeanne, mariée à Louis de Joyeuse; Catherine, femme de Gilbert de Chabannes; une seconde Jeanne, mariée, 1° à Jean II, duc de Bourbon; 2° à Jean de la Tour, comte d'Auvergne; 3° à François de la Pause, baron de la Garde; Charlotte, femme d'Engilbert de Clèves, comte de Nevers; Renée, abbesse et réformatrice de Fontevrault; et Isabelle, abbesse de la Trinité de Caen. Le comte Jean eut aussi deux bâtards : Jacques, seigneur de Bonneval, tige des seigneurs de Ligni; et Louis, évêque d'Avranches.

FRANÇOIS DE BOURBON.

1478. FRANÇOIS, né l'an 1470, successeur du comte Jean son père, à l'âge de huit ans, représenta, l'an 1484, le comte de Toulouse au sacre de Charles VIII. Ce monarque unit en sa faveur, cette même année, au comté de Vendôme, avec exemption d'hommage envers le comte du Maine, la terre de Montdoubleau, que son aïeul, le comte Louis de Bourbon, avait acquise, en 1406, de Charles de la Rivière et de Blanche de Trie, son épouse, fille de Charles de Trie, comte de Dammartin.

Le comte de Vendôme assista, l'an 1488, au lit de justice que le roi Charles VIII tint pour faire le procès aux ducs d'Orléans et de Bretagne; et l'on doit lui reprocher comme une faiblesse de s'y être laissé précéder par deux nonces du pape. (*Mss. de Fontanieu.*) MM. de Sainte-Marthe se trompent en disant qu'il accompagna le même monarque à la conquête du royaume de Naples. Il est certain, comme l'observe Commines, que le roi le laissa en France, pour des causes qu'on ignore, en partant pour cette expédition. Mais, l'an 1495, après la bataille de Fornoue, apprenant que Charles n'attendait qu'un renfort de Suisses pour en livrer une nouvelle, il partit en poste pour aller le joindre. Il ne revint pas de ce voyage, et mourut de la dyssenterie à Verceil, le 30 octobre de cette année, à l'âge de vingt-cinq ans. *De ce trespas,* dit André de la Vigne, *le roy fut tant fasché que merveilles, ensemble toute la seigneurie de France, et non sans cause; car c'estoit un des beaux et des bons princes du monde.* Son corps fut rapporté à Vendôme et inhumé dans la collégiale de Saint-Georges. Il avait épousé, le 8 septembre 1487, MARIE DE LUXEMBOURG, veuve du comte de Romont (morte le premier avril 1546 (V. S.), avec le glorieux titre de *mère des pauvres.*) Elle lui avait apporté en dot les comtés de Saint-Pol, de Marle et de Soissons, la vicomté de Meaux, les seigneuries de la Fère, d'Enghien, de Condé, de Gravelines, etc. Ce fut elle qui fonda la verrerie de la Fère, qui est devenue la plus belle du royaume, et peut-être de l'Europe. (*Voyez* Marie, *comtesse de Saint-Pol.*) De ce mariage sortirent quatre fils et deux filles. Les fils sont : Charles, qui suit; Jacques, mort peu après sa naissance; François, comte de Saint-Pol, tige des ducs d'Estouteville; et Louis, cardinal-évêque à la fois de Laon, de Tréguier, et archevêque de Sens : les filles, Antoinette, femme de Claude de Lorraine, duc de Guise, puis d'Aumale; et Louise, abbesse de Fontevrault.

CHARLES DE BOURBON, premier duc de Vendôme.

1495. CHARLES, né le 2 juin 1489, succéda en bas âge, sous la tutelle de sa mère, au comte François, son père, dans les comtés de Vendôme, de Soissons, de Condé, dans la seigneurie de la Flèche, etc. Il accompagna le roi Louis XII en son expédition d'Italie, assista, l'an 1507, à la prise de Gênes, combattit à la bataille d'Agnadel, gagnée sur les Vénitiens en 1509, et fut créé chevalier sur le champ de bataille. Au sacre de François Ier, il représenta le comte de Flandre. Ce monarque, en reconnaissance des services de Charles, érigea le comté de Vendôme en duché-pairie, par ses lettres du mois de février 1515. (N. S.) Charles, nommé vers le même tems, ou peu auparavant, gouverneur du Valois, suivit ce prince à la conquête de Milan, et se signala à la bataille de Marignan, où il eut son cheval tué sous lui de trois coups de pistolet. Nommé gouverneur de Picardie en 1518, il rendit inutiles, par son habileté, les tentatives que le comte de Surrey, général anglais, fit sur cette province en 1522; il tint pareillement en échec, l'année suivante, le comte de Suffolck, obligea le comte de Nassau à lever le siège qu'il avait mis devant Mézières, démantela Landrecies, et prit Hesdin. Le mécontentement, la révolte et la confiscation des biens du connétable de Bourbon, son cousin, n'ébranlèrent point sa fidélité. Elle était si connue, que le roi, se disposant à partir pour l'Italie, ne fit point de difficulté de lui confier, l'an 1524, la défense de Paris, de l'Ile de France et de la Picardie. Une puissante armée des Impériaux s'étant jetée dans cette dernière province, il rendit leurs efforts inutiles, et les empêcha d'y faire aucun progrès.

Le duc de Vendôme, l'an 1525, lorsqu'on eut appris en France le malheur du roi, fait prisonnier à la bataille de Pavie, donna une marque éclatante de sa grandeur d'âme et de son amour pour le bien de l'état. Des mécontents en grand nombre, prélats, guerriers et magistrats, imputant à la duchesse, mère du monarque les calamités qu'éprouvait la nation, souffraient impatiemment que son fils, en partant, l'eût déclarée régente du royaume jusqu'à son retour. Echauffés par l'esprit de faction, ils députèrent au duc de Vendôme pour l'engager à se saisir des rênes du gouvernement, comme étant le premier prince du sang capable d'agir pendant la minorité du duc d'Alençon et l'absence du connétable de Bourbon. C'était l'exhorter, sans que peut-être ils s'en doutassent, à mettre le comble aux maux de la France, en excitant une guerre civile. Sa réponse fut bien propre à confondre ceux qui s'acquittèrent de cette odieuse commission : *Messieurs*, leur dit-il, *je vais à Lyon recevoir les ordres de madame la régente, qui m'appelle avec tous les grands du royaume pour travailler à la liberté du roi et à votre salut.* La régente, admirant avec toute la nation une réponse si généreuse, nomma le duc de Vendôme chef des conseils, et gouverna de concert avec lui. L'une de leurs premières opérations fut de racheter, aux dépens de l'état, les prisonniers qui avaient été faits à la bataille de Pavie. Ils rendirent par là de braves défenseurs à la patrie, et ranimèrent le zèle de tout le corps de la noblesse pour le service de l'état. La régente et le duc continuèrent d'agir avec la plus parfaite concorde; et l'on peut assurer que les démarches de la première, qui lui attirèrent le plus d'applaudissements, furent le fruit des sages conseils du second.

François Ier, de retour en France, sembla méconnaître les obligations qu'il avait au duc de Vendôme. Ce dernier avait épousé, le 18 mai 1513, Françoise, fille de René, duc d'Alençon. Le duc Charles, frère de cette princesse, étant mort sans postérité l'an 1525, de regret d'avoir pris la fuite à la bataille de Pavie, Françoise et Anne, sa sœur, réclamèrent son immense succession, qui, indépendamment des biens patrimoniaux, comprenait les riches possessions de la maison d'Armagnac, dont il avait hérité. « Il ne fallait en distraire que le duché » d'Alençon et le comté du Perche, réputés apanages de la cou- » ronne : encore même les deux princesses les répétèrent d'a- » bord, en prouvant que ces fiefs n'avaient jamais été réunis à » la couronne, et que par conséquent ils ne devaient pas subir « la loi des apanages. Mais on n'eut aucun égard à leur de- » mande; et par un arrêt du parlement, rendu en 1326, la du- » chesse de Vendôme, principale héritière, n'obtint que la » vicomté de Beaumont, les baronnies de la Flèche, de Sonnois, » de Frênai, de Sainte-Susanne et de Château-Gonthier. » (*Ame des Bourbons*, T. I, p. 319.)

Le duc de Vendôme, l'an 1527, après la mort du connétable de Bourbon, et tandis qu'on instruisait son procès, forma des demandes non moins justes, comme aîné de sa maison, pour être mis en possession du comté de Clermont en Beauvaisis, de celui de la Marche et de la seigneurie de Montaigut en Combraille. Mais à peine l'arrêt qui confisquait tous les biens du connétable eut-il été rendu, que le roi réunit à la couronne ceux que le duc revendiquait. La magnanimité avec laquelle il se vit évincé, ne lui permit pas de laisser échapper aucun murmure, ni de rien rabattre de son dévouement au bien de l'état. Il le fit bien paraître l'année suivante, lorsque, présidant à la fameuse assemblée tenue à Paris dans la grand'salle du palais, il porta la parole sur la somme énorme de deux millions d'écus d'or (1),

---

(1) Deux millions d'écus d'or au soleil : l'écu au soleil était à 23 carats et du poids de 64 grains trois cent vingt quatre cent vingt-septièmes; ainsi cet écu vaudrait présentement, à peu de chose près, 11 livres 3 sous 1 den. cent dix-sept cent vingt'-huitièmes; par conséquent les deux millions d'écus équivalent à 22, 315, 950 liv. 10 sous 5 den. de notre monnaie courante. Par le traité signé à Cambrai le 3 août 1529, François Ier devait payer et paya effectivement cette même somme de deux millions d'écus pour la rançon de ses deux fils.

que le roi demandait pour être donnée à Charles-Quint au lieu de la province de Bourgogne, qu'il avait promis de lui céder par le traité de Madrid. *Sire*, dit-il au roi, *la noblesse vous offre la moitié de ses biens ; si la moitié ne suffit pas, la totalité, avec nos épées et tout notre sang jusqu'à la dernière goutte : mais je ne puis m'engager que pour les gentilshommes qui sont ici et qui environnent votre trône. Qu'il plaise donc à Votre Majesté d'ordonner aux baillifs d'assembler la noblesse de leurs districts ; et j'ose lui répondre qu'il n'y a pas un seul Français, honoré du titre de gentilhomme, qui ne se fasse un devoir sacré de suivre notre exemple.* Il était bien sûr de n'être pas démenti. Le cardinal de Bourbon, frère du duc de Vendôme, donna les mêmes assurances au nom du clergé.

La France, en 1536, se trouva dans une nouvelle crise qui l'exposait à être envahie de tous côtés par ses ennemis. Le danger le plus éminent était en Picardie, où les Impériaux, commandés par les comtes de Nassau et de Rœux, exerçaient les plus affreux ravages. Le duc de Vendôme, envoyé pour défendre cette frontière, dont il était gouverneur, avec une seule légion (six mille hommes), et trois cents hommes d'armes qui n'avaient jamais fait la guerre, fit lever aux Impériaux le siége de Péronne défendue par le maréchal de Fleurange, reprit Guise dont ils s'étaient emparés, et fit échouer tous leurs projets en Picardie, quoiqu'ils fussent très-supérieurs en nombre. Il se disposait à porter la guerre, l'année suivante, dans les Pays-Bas. Mais une fièvre maligne, l'ayant surpris dans Amiens, le conduisit au tombeau le jour des Rameaux, 25 mars 1537 (N. S.), à l'âge de quarante-neuf ans. Son corps fut transporté à Vendôme et enterré dans la collégiale devant le grand autel. « Si l'histoire de France, dit l'historien de la maison de Bour-
» bon, offre des généraux plus brillants, plus habiles même que
» Vendôme, elle ne présente pas de plus grand citoyen. L'a-
» mour de l'État étant sa passion dominante, biens, santé, vie,
» jalousie et autorité du commandement, il était toujours prêt à
» tout sacrifier lorsqu'il s'agissait de le défendre ».

Ce prince avait fixé son séjour à la Fère-sur-Oise, où naquirent tous ses enfants, qui furent au nombre de treize, sept princes et six princesses. Les fils sont, Louis, mort dans l'enfance ; Antoine, qui suit ; François, comte d'Enghien, le vainqueur de Cérisoles en 1544, tué à la Roche-Guion de la chute d'un coffre que les princes en jouant lui laissèrent tomber sur la tête le 23 février 1546 ; Charles, dit le cardinal de Bourbon, archevêque de Rouen, créé roi de France par la ligue, en 1589, sous le nom de Charles X ; Jean, comte de Soissons ; Louis, qui a donné l'origine aux princes de Condé : voyez à la suite de la maison de France, où la filiation en a été rapportée ; les filles, Marie, morte de regret, dit-on, de ce que Jacques Stuard, cinquième du nom, roi d'Ecosse, à qui elle avait été fiancée, lui avait préféré Madeleine de France, fille du roi François I*er*; Marguerite, femme de François de Clèves, duc de Nevers; Madeleine, abbesse de Sainte-Croix de Poitiers; Catherine, abbesse de Notre-Dame de Soissons; Renée, abbesse de Chelles; Eléonore, abbesse de Fontevrault. Le duc de Vendôme eut aussi d'une demoiselle de Gand, nommée Nicole de Board, un fils naturel, connu sous le nom de Nicolas de Bourbon-Board, dont la postérité est éteinte. La duchesse Françoise, veuve du duc Charles, lui survécut jusqu'au 15 septembre 1550 : elle eut pour son douaire la seigneurie de la Flèche avec celle de Beaumont-le-Vicomte, que le roi François I*er*, en sa considération, érigea, l'an 1543, en duché; premier exemple d'une pareille faveur accordée aux femmes. Ce fut elle qui fit bâtir, en 1540, le château neuf de la Flèche, qui fait aujourd'hui la face de la grande cour et un des corps de logis du collége.

Le duc de Vendôme, Charles de Bourbon, devenu, l'an 1527, par la mort du connétable de Bourbon, le chef de sa maison, commença dès-lors à en porter les armes pleines, en supprimant trois lionceaux que la branche de Vendôme y avait ajoutés pour sa distinction.

ANTOINE DE BOURBON.

1537. ANTOINE, deuxième fils de Charles de Bourbon, duc de Vendôme, et de Françoise d'Alençon, né à la Fère le 22 avril 1518, succéda, l'an 1537, à son père dans le duché de Vendôme et le gouvernement de Picardie. Héritier de la valeur de ses ancêtres, il passa sa jeunesse dans les camps, et s'y distingua par son adresse dans les exercices militaires. Le roi François I*er* ayant déclaré la guerre à l'empereur en 1536, il fut chargé de défendre la Picardie, et il le fit avec succès. (*Mém. de du Bellai.*) La guerre s'étant renouvelée en 1543, lui fournit de nouvelles occasions de se distinguer, vers le même tems à peu près que le comte d'Enghien, son frère, se couvrait de gloire en Piémont par la bataille de Cérisoles, gagnée, le 14 avril 1544, sur le marquis du Guast; Antoine mit en déroute huit cents cavaliers et douze cents lansquenets, qui venaient se joindre à l'armée du roi d'Angleterre, allié de l'empereur, qui faisait le siége de Montreuil.

François I*er* avait pensé à marier le duc Antoine avec JEANNE D'ALBRET, fille unique de Henri d'Albret, roi de Navarre, aus-

sitôt qu'elle se trouva dégagée des liens forcés qu'elle avait contractés en 1541 avec le duc de Clèves. Mais, quoique les paroles fussent données, et que les deux amants en désirassent avec ardeur l'accomplissement, le père et la mère de la princesse firent des difficultés, qui tinrent le mariage en suspens durant le règne de François Ier. La principale fut occasionée par la demande que l'empereur fit de la main de Jeanne d'Albret pour Philippe son fils, veuf alors de Marie de Portugal, sa première femme, décédée le 16 juillet 1545. Charles-Quint s'obligeait à ce prix de leur restituer le royaume de Navarre. L'offre était flatteuse; mais en l'acceptant, Henri et son épouse auraient risqué de se voir dépouillés du duché d'Albret, du Béarn, des comtés de Foix et d'Armagnac, et des autres biens qu'ils tenaient dans ce royaume : « car la France n'aurait jamais souf-
» fert qu'une vassale de la couronne portât toutes ces posses-
» sions à un voisin déjà trop redoutable, et lui donnât une
» entrée libre jusques dans le cœur du royaume. Cependant le
» ressentiment pouvait les entraîner de ce côté-là; car ils avaient
» à se plaindre du gouvernement. Jean d'Albret, on le savait,
» n'avait perdu la Navarre que par son extrême attachement
» pour la France. Louis XII et ensuite François Ier s'étaient
» obligés, par des actes authentiques, à le remettre à leurs frais
» en possession de ce royaume. Après un ou deux essais, qui
» n'avaient été malheureux que parce qu'on n'avait pas voulu
» faire la dépense nécessaire, on avoit transporté le théâtre de
» la guerre en Italie, où chaque campagne coûtait plus d'argent
» qu'il n'en aurait fallu pour le recouvrement de la Navarre; et
» l'on avait fait plusieurs traités avec l'Espagne sans y faire inter-
» venir le roi détrôné, et sans y réserver ses droits ». (M. l'abbé Garnier, *Histoire de France*, T. XIII, in-4°.) Ce fut le roi Henri II qui leva ces difficultés en faisant usage de son autorité pour obtenir le consentement du roi de Navarre au mariage de sa fille avec le duc de Vendôme. Les noces furent célébrées à Moulins le 20 octobre 1548 (et non 1551), en présence des rois et reines de Navarre et de France. (Sainte-Marthe, *Gén. de la M. de Fr.*, T. II.) La reine de Navarre, soit par aversion pour le duc de Vendôme, soit par quelque autre motif qu'on ignore, n'avait signé qu'en pleurant le contrat de mariage. Le roi, son époux, fit sentir dès lors son autorité à son gendre. « L'ayant fait venir, il le reprit aigrement sur son train, sur sa
» dépense; lui annonça qu'il devait s'apprêter à lui obéir, à
» vivre autrement qu'il n'avait fait par le passé, et à réformer
» ce tas de valets et de bouches inutiles qui le rongeaient. Dès
» le lendemain des noces, il alla chez son gendre, chassa de la
» maison la plupart de ses officiers, et réduisit à moitié les gages

»de ceux qu'il conservait. Content d'obtenir ce qu'il désirait le
» plus, Antoine se garda bien, dans ce moment, de le contre-
» dire; il risquait d'autant moins, que ne devant pas vivre
» sous les yeux du vieillard, mais à la cour ou dans son gou-
» vernement de Picardie, il aurait toutes les facilités qu'il pou-
» vait désirer pour rappeler ces malheureux qu'on chassait, et
« reprendre un état de maison conforme à son rang ». (*Nouv. Hist. de Fr. ibid.*) Après la mort de ce prince, arrivée l'an 1555, le duc de Vendôme quitta son gouvernement de Picardie pour aller prendre possession des états de son beau-père. Mais le roi de France, Henri II, ne vit pas sans crainte la puissance de ce vassal de la couronne si prodigieusement augmentée. Les faibles débris de la Navarre, qui formaient à peine une ombre de royaume, n'étaient que la moindre portion de l'opulente succession qui lui était échue. La principauté de Béarn, le duché d'Albret, les comtés de Foix, de Bigorre, d'Armagnac, de Rodès, de Périgord, et la vicomté de Limoges, qui s'y trouvaient joints, étaient des objets dont la réunion dans la même main pouvait justement alarmer le monarque. Il proposa lui-même au nouveau possesseur de les lui céder en échange d'autres terres, situées dans l'intérieur du royaume. Mais Antoine de Bourbon s'excusa sagement en disant que, tenant ses états de sa femme, il ne pouvait en disposer sans son aveu. Jeanne d'Albret était bien éloignée d'entrer dans les vues du roi. Elle dissimula néanmoins le dépit qu'elles lui causaient, et pria le roi de lui permettre d'aller elle-même avec son époux porter cette proposition à ses sujets, afin d'avoir leur consentement pour être déliés de leur serment de fidélité. Henri II ne put se refuser à cette demande; mais ne doutant point du succès de son projet, il donna d'avance, par forme de dédommagement, à Antoine de Bourbon le gouvernement de Guienne, qui s'étendait alors depuis les Pyrénées jusqu'à la Loire. Il fut bien étonné lorsque, rendue en Navarre, Jeanne d'Albret lui fit savoir que rien ne serait capable de la faire consentir à l'échange proposé. Elle s'attendait bien, ainsi que son époux, à voir éclater la vengeance du monarque. Pour en prévenir les effets, ils se hâtèrent de fortifier les principales de leurs places, telles que Pau, Navarreins et Oléron. Mais d'autres soins obligèrent Henri II de renfermer en lui-même son ressentiment. Le roi de Navarre fut sans crédit à la cour de France sous ce règne, et ses intérêts furent entièrement oubliés dans le traité de paix signé le 3 avril 1559, entre la France et l'Espagne. Antoine de Bourbon était alors engagé dans l'hérésie du calvinisme, et menait avec lui à la cour un ministre, nommé David, qu'il faisait prêcher en sa présence. *La reine de Navarre*, dit Brantôme, *qui étoit jeune*,

belle et très-honnête princesse, et qui aimoit bien autant une danse qu'un sermon, ne se plaisoit point à cette nouveauté de religion, ni tant qu'on eust bien dit ; et pour ce je tiens de bon lieu, ajoute-t-il, qu'elle le remonstra un jour au roi son mari, et lui dit tout-à-trac que s'il vouloit se ruiner et faire confisquer son bien, elle ne vouloit perdre le sien, ni si peu qu'il lui estoit resté des roys, ses prédécesseurs, lesquels pour l'hérésie avoient perdu le royaume de Navarre. Hérésie, l'appelloit-elle, d'autant que le pape Jules avoit déclaré hérétiques mal-à-propos tous ceux qui iroient encontre sa sentence donnée sur la confiscation dudit royaume.

Le roi de Navarre ne fut pas en plus grand crédit à la cour de François II qu'il l'avait été à celle de Henri son père. On lui refusa, la première fois qu'il y parut, une partie des honneurs qu'on rendait aux princes du sang, et il ne fut pas même appelé au conseil où il devait assister en qualité de chef. Les Guises, maîtres alors du gouvernement, sous prétexte de lui faire honneur, mais, dans le vrai, pour l'écarter, le firent nommer, avec le cardinal son frère et le prince de la Roche-sur-Yon, pour conduire en Espagne la princesse Élisabeth au roi Philippe II, son époux. Il s'acquitta de cette commission avec toute la magnificence qu'on pouvait attendre d'un grand prince. Mais il n'en fut pas mieux accueilli à son retour. On ne répétera pas ici ce qui a été dit à l'article des rois de Navarre, du risque qu'il courut aux états d'Orléans sur l'accusation formée contre lui et le prince de Condé son frère, d'avoir tramé la conjuration d'Amboise.

Après la mort de François II, arrivée le 5 décembre 1560, le roi de Navarre disputa la régence à la reine Catherine de Médicis. Mais ni l'un ni l'autre n'en obtint le titre. Catherine en eut néanmoins la réalité ; et pour consoler Antoine, elle lui fit décerner, l'an 1561, par les états-généraux, la lieutenance-générale du royaume. Toujours attaché au calvinisme, l'un de ses premiers soins fut de procurer la tenue du fameux colloque de Poissi, dans la vue d'y faire triompher le parti qu'il avait embrassé. L'événement ne répondit pas à son attente, et il sortit du colloque mécontent des ministres qu'il y avait appelés. François d'Escars, son chambellan, s'étant aperçu de cette disposition, acheva de le décider, appuyé par le légat et l'ambassadeur d'Espagne, à rentrer dans le sein de l'église. Bien des motifs humains, on ne peut en disconvenir, entrèrent dans cette conversion. Antoine se joignit alors au triumvirat, et devint l'ennemi déclaré des calvinistes. Il chassa leurs ministres de toutes les maisons royales, quoique protégés par la reine son épouse, qu'ils étaient venus à bout de séduire. Il voulut même la contraindre d'aller à la messe ; mais ses menaces et ses mauvais traitements échouèrent contre la fierté et l'entêtement de la princesse. Elle osa même répondre à Catherine de Médicis, qui voulut se mêler de la convertir: *Madame, Si j'avais mon royaume et mon fils à la main, je les jeterais tous les deux au fond de la mer plutôt que d'aller à la messe.*

Les calvinistes s'étant emparés des principales villes du royaume, entr'autres d'Orléans et de Rouen, donnèrent occasion par leurs entreprises à la première guerre civile. Antoine de Bourbon se hâta d'aller réduire la dernière de ces deux places, afin de prévenir le secours qu'elle attendait de l'Angleterre. *En toute cette guerre*, dit Brantôme, *pour si peu de tems que ledit roy* (de Navarre) *la mena comme lieutenant-général du roy, il s'y montra fort animé, brave, vaillant, courageux, échauffé, colère, et prompt à en faire pendre, comme j'ay vu. Aussi les Huguenots le haïssoient comme un beau diable et le dépaignoient de vilaines injures: car ces messieurs savent aussi mal dire que bien dire. Le siége de Rouen se fit, où il n'épargna pas ni sa peine non plus que le moindre soldat du monde: si bien que luy s'appareillant pour aller à l'assaut, moitié mené du brave et généreux courage qu'il a toujours possédé, moitié d'ambition et d'émulation qu'il portoit de tout tems à M. de Guise, qui, en telles actions, se hasardoit toujours des plus avant, estant dans le fossé et prest à y monter, ainsy qu'il s'estoit tourné pour pisser....... il eut une grande arquebusade dans l'espaule.... dont il tomba à demy et rendit sa gorge.* La place ayant été emportée le 26 octobre, il s'y fit porter sur son lit par des Suisses à travers la brèche principale. Cependant l'incontinence ayant rendu sa plaie mortelle au jugement des médecins, il voulut être transporté en bateau à sa maison de Saint-Maur-des-Fossés. Mais, arrivé à la hauteur d'Andeli, un grand frisson dont il fut saisi ne lui permit pas de continuer sa route. Il y mourut le 17 novembre 1562, dans la quarante-cinquième année de son âge (et non pas à quarante-deux ans, comme le marque M. de Thou) (1). Ce prince, avec un courage capable d'affronter les plus grands périls, avait dans le caractère une facilité qui dégénéra en irrésolution et en faiblesse. Il avait eu de son mariage cinq enfants, dont trois moururent fort jeunes. L'un d'eux, nommé le comte de Merle,

---

(1) Les Huguenots lui firent cette plate épitaphe:
   Amis Français, le Prince ici gissant
   Vécut sans gloire et mourut en pissant.

se tua en tombant d'une fenêtre par la faute de sa nourrice. Les deux qui lui survécurent, sont Henri, qui suit, et Catherine, femme de Henri, duc. de Bar. Antoine de Bourbon eut aussi, de Louise de Rouet de la Béraudière, Charles de Bourbon, qui, ayant été légitimé, fut évêque de Comminges, de Lectoure, enfin archevêque de Rouen, et mourut au mois de juin 1610. (Voyez *les rois de Navarre.*)

HENRI DE BOURBON.

1562. HENRI, fils d'Antoine de Bourbon et de Jeanne d'Albret, né, le 13 décembre 1553, au château de Pau, appelé dès sa naissance prince de Viane, puis duc de Beaumont (c'est Beaumont-le-Vicomte dans le Maine), et ensuite prince de Béarn, fut reconnu duc de Vendôme après la mort d'Antoine, son père. Lorsque Jeanne d'Albret fut près de le mettre au monde, le roi, père de cette princesse, exigea qu'en accouchant elle chantât un cantique béarnais, lui promettant pour sa récompense une belle boîte d'or avec une chaîne pareille. La condition ayant été remplie, le roi mit la chaîne au cou de sa fille et lui donna la boîte en lui disant : *Ceci est à vous, ma fille ; mais,* ajouta-t-il en prenant l'enfant dans sa robe, *ceci est à moi.* Il l'emporta en effet dans sa chambre, où il lui frotta les lèvres avec une gousse d'ail et lui fit avaler une goutte de vin. Le jeune prince fut élevé à la manière des autres enfants du pays, vêtu simplement, nourri de gros pain et de viandes communes, marchant toujours nu-tête, et s'exerçant à gravir avec ses camarades les rochers voisins du château de Coaraze, où il passa ses premières années. Le calvinisme fut la religion que lui inspira sa mère, dans laquelle il fut confirmé par les leçons de Florent Chrétien, qu'elle lui donna pour précepteur. Dès qu'il fut en état de porter les armes, il s'attacha au prince de Condé, son oncle, et à l'amiral de Coligni, sous lesquels il apprit l'art militaire. Il y fit des progrès si rapides, qu'après la mort du premier, tué, l'an 1569, à la bataille de Jarnac, les Huguenots le reconnurent pour leur chef. Il combattit, le 3 octobre de la même année, avec l'amiral de Coligni à la bataille de Moncontour, gagnée par le duc d'Anjou. L'an 1572, il devint roi de Navarre, sous le nom de Henri III, après la mort de sa mère. Pour ne point nous répéter, nous nous abstiendrons de retracer ici ce que nous avons dit ailleurs de la suite des événements de sa vie jusqu'à son élévation sur le trône de France. Il nous suffira, par rapport au présent article, de dire qu'environ trois mois avant qu'il y parvint, Maillé-Bénehard, qu'il avait établi gouverneur de Vendôme, le trahit, l'an 1589, en livrant, le 25 avril, à Rosne, partisan du duc de Mayenne, la ville et le grand-conseil, qui s'y était retiré pour se soustraire aux fureurs de la ligue. (Du Tillet.) La même année, la couronne de France lui fut dévolue par la mort de Henri III, assassiné le 1er août, sans laisser de postérité. Sur la fin de cette année, Henri, après avoir pris Janville et Châteaudun par composition, vint se présenter devant sa ville de Vendôme, dont les habitants devenus ligueurs forcenés, ont l'insolence de lui fermer les portes ainsi que celles du château. Obligé d'en former le siége, il fait approcher quelques pièces d'artillerie. Mais le courage des assiégés ne répondit pas à leur entreprise : ils lâchèrent le pied au premier feu, et le roi entra dans la ville et le château. Le gouverneur, et un cordelier dont les prédications soutenaient les rebelles, furent pendus. Ce fut toute la vengeance qu'il tira de la félonie de ses vassaux. (*Ibid.*) L'an 1598, il donna le duché de Vendôme à l'un de ses fils naturels, qui suit.

CÉSAR.

1598. CÉSAR, fils naturel de Henri IV, roi de France, et de Gabrielle d'Etrées, duchesse de Beaufort, né au château de Couci en Picardie dans le mois de juin 1594, légitimé par lettres données à Paris au mois de janvier suivant, reçut du roi son père, par lettres du 3 avril 1598, enregistrées au parlement le 8 juillet suivant, *du très exprès commandement dudit Seigneur Roi*, le duché-pairie de Vendôme avec le rang de la première érection faite en 1514, à la charge de réversion à la couronne au défaut d'héritiers descendants de lui en ligne directe. Ce qui avait arrêté l'enregistrement de ces lettres, c'était la persuasion où le parlement était que tous les domaines qu'un prince avait apportés en montant sur le trône, étaient irrévocablement réunis de droit et de fait au domaine de la couronne. Henri IV n'en convenait pas, et ce fut ce qui lui fit si long-tems refuser son consentement à l'union de son patrimoine au fisc royal.

Le décès de la duchesse de Beaufort, arrivé le vendredi-saint (9 avril) 1599, fit passer sur la tête de César, son fils, le duché dont elle portait le nom. Le roi, père de ce jeune prince, lui fit épouser, au mois de juillet 1609, FRANÇOISE DE LORRAINE, fille unique et héritière de Philippe-Emmanuel, duc de Mercœur, et de Marie de Luxembourg, duchesse de Penthièvre. (*Voyez les ducs de Penthièvre.*) A cette faveur le monarque ajouta, dans le mois d'avril 1610, des lettres-patentes enregistrées le 30 du même mois, par lesquelles il donnait rang à César son fils immédiatement après les princes du sang. L'an 1614, la reine Marie de Médicis, régente du royaume, instruite des liaisons du duc de Vendôme avec le prince de Condé, le fit arrêter prisonnier dans le Louvre, comme il était sur le point de se rendre dans son gouvernement de Bretagne pour y exciter des troubles. Il trouva moyen bientôt après de s'évader, et se retira en Bretagne. Il se disposait à y lever des troupes; mais le parlement empêcha l'exécution de ce dessein. On négociait cependant un accommodement entre la cour et les princes. Il fut conclu, le 15 mai de cette année 1614, à Sainte-Menehould, et le duc de Vendôme y fut compris. Mais le calme que procura cette paix ne fut point durable. L'an 1616, le prince de Condé renouvela ses cabales à la cour. Le roi, s'étant assuré de sa personne, envoya Saint-Géran pour prendre le duc de Vendôme. Prévenu de cet ordre, il s'enfuit d'abord à Verneuil, ensuite à la Fère. La régente, voulant pousser à bout les factieux, fait rendre une déclaration (enregistrée le 17 janvier 1617), qui confisque et réunit au domaine les terres du duc de Vendôme avec celles des ducs de Bouillon, de Mayenne, de Nevers, et de leurs adhérents. Le duc de Vendôme devint le partisan de la reine-mère lorsqu'il n'eut plus sujet de la redouter. Sa haine s'étant tournée contre les ministres qui l'avaient contraint de s'éloigner de la cour, il combattit pour elle au Pont-de-Cé le 7 août 1620; mais il disparut au milieu de l'action. Trois jours après, son duché de Vendôme lui fut rendu par le traité que fit avec cette princesse le roi son fils. Ce monarque s'étant mis en marche, l'an 1621, pour dompter les Huguenots, le duc de Vendôme seconda les intentions de sa majesté dans son gouvernement. Après avoir désarmé ceux de Vitré, disposés à se soulever, et pris des mesures efficaces pour contenir tous les autres Protestants de Bretagne, il alla joindre Louis XIII en Poitou, l'accompagna dans les différentes provinces méridionales du royaume, et contribua beaucoup par sa vigilance et sa valeur à la réduction d'un grand nombre de villes. Il assista, l'an 1622, au lit de justice, et y prit séance, comme il avait déjà fait à celui de 1619, après les princes du sang et avant le duc d'Uzès. Mais c'était, dit le président Hénault (sur l'an 1598) en qualité de duc de Penthièvre, dont la pairie était plus ancienne que celle de Beaufort et de Vendôme. Il y a dans cette opinion un petit inconvénient; c'est qu'alors César de Vendôme n'était pas encore en possession du duché de Penthièvre; Marie, sa belle-mère, qui s'en était réservé l'usufruit avec toutes les prérogatives, n'étant morte que le 6 septembre 1623. Il ne pouvait donc, en 1622, appuyer son rang sur le duché de

Penthièvre: et en effet jamais il n'en a été question dans les contestations qui se sont élevées entre ce prince et ceux de la maison de Lorraine ou autres princes non du sang, et notamment entre lui et le duc d'Elbeuf. Celui-ci prétendait qu'entre princes, l'ancienneté de la pairie devait prévaloir au parlement, et que le duc de Vendôme ne pouvait prendre rang que de la date de la donation du duché de Vendôme et non de celle de la première érection, parce que ce duché avait été réuni à la couronne. Mais c'était une supposition gratuite que cette réunion, que le duc de Vendôme niait, et que son adversaire ne pouvait prouver. (*Mém. de M. Talon.*)

L'an 1625, César reprit, le 26 janvier, le Port-Louis, dont M. de Soubise s'était emparé six jours auparavant. Un nouvel orage s'étant élevé, l'an 1626, à la cour, le duc de Vendôme entra dans la faction opposée au gouvernement, et y entra avec tant d'ardeur, qu'avant de partir pour la Bretagne, il osa dire publiquement *qu'il ne reverroit jamais le roi qu'en peinture.* Ce discours ayant été rapporté au monarque, il se rend avec sa cour à Blois, où il fait venir le duc de Vendôme et le grand-prieur son frère. Tous deux sont arrêtés la nuit du 11 au 12 juin, et envoyés prisonniers au château d'Amboise, d'où ils sont transférés ensuite à Vincennes. Le gouvernement de Bretagne est ôté au duc, et donné, le 23 juin, au maréchal de Thémines. La duchesse de Vendôme reçoit ordre en même tems de se transporter de Bretagne au château d'Anet.

L'an 1630, le cardinal de Richelieu, cédant aux murmures du public, et aux sollicitations du comte de Soissons, rend la liberté au duc de Vendôme, mais à condition qu'il ira vivre hors du royaume. Il passe au service de la Hollande, et de là fait des voyages à Londres, où il a occasion de voir la reine-mère, Marie de Médicis, fugitive comme lui. Rappelé en France, il se retire dans ses terres sans paraître à la cour. Un nouvel orage s'élève contre lui en 1641. Il est accusé par un ermite d'avoir voulu l'engager à tuer le cardinal de Richelieu. Le roi, sur cette déposition, établit une commission pour faire le procès au duc de Vendôme. Le cardinal demande grâce pour le duc, et n'obtient qu'une suspension du jugement. Le duc était alors en Angleterre, où il s'était sauvé pendant l'instruction de son procès. Il revint lorsqu'il eut appris l'espèce de grâce que le roi lui avait faite, et renonça sincèrement aux cabales et aux intrigues de cour. La part que le duc de Beaufort, son fils, et le duc de Nemours, son gendre, prirent aux troubles qui durèrent depuis 1647 jusqu'en 1653, ne lui fit rien entreprendre contre le service du roi. L'an 1653, il fit rentrer dans le devoir les villes de Bordeaux et de Libourne, qui s'étaient révoltées. L'an 1655, le 1er octobre, il mit en fuite la flotte d'Espagne près de Barcelonne. Il mourut, l'an 1665, le 22 octobre, dans la soixante-douzième année de son âge. Il avait épousé, comme on l'a dit, en 1609, FRANÇOISE, fille et unique héritière de Philippe-Emmanuel, duc de Mercœur et de Penthièvre (1), prince de Martigues et d'Anet (morte à Paris le 8 septembre 1669, et enterrée aux Capucines), dont il eut Louis, qui suit; François, duc de Beaufort, né au mois de janvier 1616, tué à la défense de Candie le 25 juin 1669; et Élisabeth, femme de Charles-Amédée de Savoie, duc de Nemours, tué en duel à Paris le 30 juillet 1652. (Voy. *les ducs de Penthièvre.*) Le duc César fut inhumé chez les prêtres de l'Oratoire de Vendôme, pour lesquels il avait fondé le collége de cette ville.

Les prêtres de l'Oratoire, établis par ce prince, à Vendôme, ont succédé à une communauté ancienne de religieux, nommés les Frères Condonnés, *Fratres Condonati*, qui subsistait depuis plus de cinq cents ans, et dont on ne peut marquer précisément l'origine. Cette maison était exempte de la juridiction de l'Ordinaire, comme on le voit par une bulle du pape Nicolas V, de l'an 1450. La chapelle de Saint-Jacques de la Maison-Dieu de Vendôme y fut annexée l'an 1204. Les membres de cette communauté ne faisaient aucun vœu, mais ils s'engageaient par un serment à en observer les statuts. On érigea depuis en cette maison un collége gouverné par un principal et deux régents, à l'entretien desquels Jeanne d'Albret, reine de Navarre, affecta, l'an 1567, une prébende de la collégiale de Saint-Georges. Ce fut en 1623 que César, duc de Vendôme, leur substitua des prêtres de l'Oratoire, avec attribution de tous les fonds dont jouissaient la Maison-Dieu et le collége : dotation qui depuis reçut encore de nouveaux accroissements; ce qui a fait de ce collége un des mieux rentés comme un des plus florissants de l'Oratoire.

LOUIS II.

1665. Louis II, né l'an 1612, succéda au duc César, son père, dans le duché de Vendôme, et la plupart des autres domaines de ce prince. Du vivant de son père, il avait fait un personnage important dans le royaume. Il avait suivi, l'an 1630, le roi Louis XIII en Savoie. Au retour de cette expédition, étant

---

(1) Ce mariage avait été la condition secrète de l'abolition du duc de Mercœur, comme on le dira à l'article des ducs de Penthièvre. Le contrat de mariage entre César et mademoiselle de Penthièvre, âgée de six ans, fut signé au château d'Angers le 28 mars 1598.

passé en Hollande, il s'était trouvé en qualité de volontaire à plusieurs combats, et aux siéges de Corbie en 1636, de Hesdin en 1639, d'Arras en 1640. La régente Anne d'Autriche l'avait envoyé, l'an 1650, en Catalogne avec titre de vice-roi ; mais les troubles qui agitaient le royaume ne lui permirent pas de faire aucun progrès dans ce pays. Etroitement lié avec le cardinal Mazarin, dont il épousa la nièce, Laure Mancini, le 4 février 1651, il ne l'abandonna point dans sa disgrâce, et fut même lui rendre visite à Cologne, où il s'était retiré en 1651. Devenu veuf le 8 février 1657, il embrassa l'état ecclésiastique, et fut créé cardinal par Alexandre VII le 7 mars 1667. Au mois de juin de la même année, il se trouva au conclave pour l'élection de Clément IX, au nom duquel, étant de retour en France, il tint sur les fonts de baptême monseigneur le dauphin le 24 mars 1668. Il mourut, le 6 août de l'année suivante, à Aix en Provence, laissant de son mariage deux fils, Louis-Joseph, qui suit, et Philippe, grand-prieur de France, né le 23 août 1665, et mort le 24 janvier 1727. Le duc Louis II, sans avoir de qualités brillantes, honora la cour de Louis XIV par son goût pour les lettres et par les agréments de sa société.

LOUIS-JOSEPH.

1669. Louis-Joseph, né la nuit du 30 juin au 1er juillet 1654, appelé duc de Penthièvre et de Mercœur, du vivant de son père, lui succéda au duché de Vendôme après sa mort. Dévoué à la profession des armes, il fit son apprentissage en qualité de garde du corps dans la compagnie de Noailles, et de là parvint au rang de colonel, où il persévéra l'espace de sept ans. Ce fut dans cet intervalle et avec ce titre qu'il accompagna le roi, l'an 1672, dans son expédition de Hollande. Les preuves qu'il donna de ses talents militaires dans cette campagne et les suivantes, lui méritèrent, au siége de Fribourg en 1677, le grade de brigadier. Il signala sa valeur et son habileté à la prise de Luxembourg en 1684, à celle de Mons en 1691, à celle de Namur en 1692, au combat de Steinkerque donné la même année, à la bataille de la Marsaille l'année suivante. Il commandait en Provence, dont il était gouverneur depuis 1669, lorsqu'il reçut ordre en 1695 de passer en Catalogne pour y remplacer le maréchal de Noailles. Il prit Barcelonne en 1697, après avoir mis en déroute les Espagnols commandés par don François de Velasco, vice-roi de Catalogne. Le duc de Villeroi, général de notre armée d'Italie, ayant été fait prisonnier, l'an 1702, à l'affaire de Crémone, le duc de Vendôme fut envoyé pour le remplacer. Deux victoires qu'il remporta la même année, à Santa-Vittoria le 26 juillet (1), et à Luzzara le 15 août (2), après avoir fait lever aux Impériaux, le 1er de ce mois, le blocus de Mantoue, furent les présages heureux du succès de sa commission. Il chassa les Impériaux du Seraglio, s'avança dans le Trentin, et y prit plusieurs places que la défection du duc de Savoie l'obligea ensuite d'abandonner. Il désarma les troupes de ce prince le 19 août 1703, par ordre du roi, et entra sur la fin du mois suivant dans le Piémont, où il se rendit maître d'Asti et d'autres places. L'an 1704, il prit, le 21 juillet, la ville de Verceil, et le 30 septembre, le château. Verrue, dont il forma le siége le 22 octobre suivant, subit le même sort le 10 avril 1705 (3). Cette conquête fut suivie d'une victoire qu'il remporta le 16 août sur le prince Eugène à Cassano. L'an 1706, après une nouvelle victoire remportée sur le général de Reventlau, le 19 avril, à Calcinato (4), il est rappelé pour aller en Flandre, après la bataille de Ramillies, réparer les pertes de Villeroi. Mais le mauvais état d'une armée qui manquait de tout, et les contradictions qu'il éprouva, l'empêchèrent de rien faire qui fût digne de lui (5). Ayant été choisi, l'an 1710, par le roi d'Espagne pour commander ses armées, il partit, le 22 août, et trouva à son arrivée les affaires de Philippe V presque désespérées (6). Sa présence fit

---

(1) Tous les grenadiers français qui étaient de cette expédition parurent devant le roi d'Espagne, Philippe V, qui arrivait de Gênes, montés sur des chevaux des cuirassiers impériaux qu'ils avaient taillés en pièces.

(2) On chanta le *Te Deum* à Paris et à Vienne pour le succès de cette journée qui coûta trois mille hommes aux Français et le double aux Impériaux. Mais la prise de Luzzara, qui se rendit le lendemain, attesta l'avantage des premiers.

(3) Le Gouverneur de Verrue, poussé à bout, avait demandé à capituler sauf la liberté de la garnison. Sur le refus de cette condition, après avoir fait sauter la triple enceinte de la place, il se retira dans le château ; de là il lança une quantité prodigieuse de grenades, de feux d'artifice, de pots-à-feu, etc., sur l'armée, qui n'en souffrit point, étant munie de bons madriers. Cet éclat était inutile pour sa défense, et pouvait devenir meurtrier pour les Français. Le gouverneur fut obligé de se rendre le lendemain. Lorsqu'il parut devant le duc de Vendôme, ce prince lui dit : *Vous méritez la mort* (pour avoir transgressé les lois de la guerre); *mais j'aime mieux me souvenir de votre courage que de votre faute.* (Éloge du duc de Vendôme.)

(4) Le duc de Vendôme, d'après le compte qui lui fut rendu des Impériaux à Calcinato, écrivit : *J'approche aujourd'hui des ennemis, demain je les battrai.*

(5) En repassant en France, il laissa le duc de Savoie réduit à voir sa capitale assiégée.

(6) Son arrivée ranima l'espérance dans tous les ordres de l'état. Les soldats dispersés accoururent de toutes parts rejoindre leurs drapeaux. Le clergé sécu-

renaître la confiance dans tous les cœurs, et produisit dans les esprits une espèce d'enthousiasme dont il sut habilement profiter. Il ramena Philippe V à Madrid, comme il l'avait promis; obligea les ennemis à se retirer vers le Portugal; prit, en les poursuivant, Brihuega (1), le 9 décembre 1710 (2); et le lendemain gagna sur le général Stahremberg la célèbre bataille de Villaviciosa, après laquelle Philippe entra victorieux dans Saragosse (3). Le duc de Vendôme, poursuivant Stahremberg de poste en poste dans les deux années suivantes, était sur le point de le chasser de la Catalogne, et de réduire cette province, lorsqu'il mourut des suites d'une indigestion (4) à Vinaros, dans le royaume de

---

lier et régulier, la noblesse, les bourgeois opulents, les villes et les communautés, tous donnèrent des secours: jamais on ne vit briller avec plus d'éclat l'énergie et la grandeur de la nation espagnole.

Les grands cependant, jaloux des prérogatives de leur rang, délibéraient s'ils devaient céder le pas au prince français. *Je ne suis pas venu*, leur dit-il, *vous disputer des honneurs, mais pour vous servir: vieux soldat, je ne veux pas d'autre rang; donnez-moi seulement un peu d'argent et de farine pour mes camarades.* Cette noble simplicité le rendit cher aux Espagnols.

(1) Brihuega, dans la nouvelle Castille, ville forte par ses murailles et ses tours d'une excellente maçonnerie, défendue par le général Stanhope à la tête de six mille Anglais, fut emportée dans une seule journée, malgré le feu terrible des assiégés, par le duc de Vendôme qui sauta sur la brèche l'épée à la main, et fut suivi par le roi même. *Sire*, dit-il au roi au moment de l'assaut, *ces gens-là ont peur; ils ne savent plus ajuster: nous aurions dû être tués il y a long-tems*. Stanhope fit présenter au duc un cheval anglais superbe. En acceptant ce présent, Vendôme, qui n'avait que le nécessaire, était fort embarrassé de ce qu'il lui offrirait; ce fut enfin l'unique boîte d'or dont il se servait. Les Espagnols, levés à la hâte et mal vêtus, combattirent en lions à l'attaque de Brihuega. Ils voulurent ôter aux prisonniers leurs habits pour s'en revêtir. Vendôme les en empêcha en leur représentant qu'il était honteux de dépouiller des vaincus, et qu'il valait mieux attendre leurs vêtements de la générosité du roi. (*Eloge du duc de Vendôme.*)

(2) Sa marche pour pénétrer jusqu'à Brihuega tient du prodige. Arrivés à Guadalaxara, « les gardes du roi se préparoient à passer le pont. Vendôme calcule le retard que cette manœuvre peut causer à son infanterie et rendre sa poursuite inutile : il fait sonder le Tage qui se trouve rapide et profond; des rochers dans le milieu, en mettant obstacle à son cours, forment des tourbillons et augmentent le péril. Cependant le salut de l'état peut dépendre d'un jour de marche. Vendôme s'adresse aux gardes : *Mes amis, vous êtes braves, nous avons besoin de diligence....* Il dit, et déjà son coursier fend les flots; gardes et cavaliers se hâtent à rangs pressés de suivre et de garantir le héros. » (*Eloge, ibid.*) Le trajet fut heureux, et les suites telles que le général les avait prévues.

(3) Philippe, de retour à Madrid avec le duc de Vendôme, le déclara premier prince du sang; et quelque tems après les galions d'Espagne étant arrivés, il préleva une somme de 500 mille livres pour lui en faire présent. *Sire*, dit le duc, *je suis sensible à la magnificence de votre majesté; mais je la supplie de faire distribuer cet or à ses braves Espagnols dont la valeur lui conserva tant de royaumes en un jour*.

(4) Cette indigestion venait de l'usage immodéré de certains coquillages.

Valence, le 11 juin 1712, à l'âge de cinquante-huit ans. Les historiens français les plus modernes prétendent que son corps fut transporté à l'Escurial, pour être inhumé dans le tombeau des rois d'Espagne. Un voyageur encore plus moderne soutient au contraire que ce corps est resté à Vinaros, où l'on voit, dit-il, son tombeau. (*Voyage fait en Espagne dans les années 1777 et 1778*, T. II, p. 109.) Nous pensons comme lui que ce n'est pas un simple cénotaphe, mais une sépulture réelle; et cela d'après les écrivains espagnols, qui, dans l'histoire de Philippe V, n'auraient pas omis cette translation si elle se fût véritablement faite. M. le marquis de Saint-Philippe, entr'autres, si exact dans ses mémoires sur le règne de ce monarque, aurait-il oublié ce trait? Le duc de Vendôme fut amèrement pleuré des soldats, dont il s'était fait adorer aux dépens de la discipline militaire qu'il laissait dépérir. Philippe V voulut que la nation espagnole prît le deuil pour ce général: distinction unique qui fut universellement approuvée d'un peuple sensible et reconnaissant. Le duc de Vendôme possédait l'art de la guerre moins par étude que par instinct. *Il est surprenant*, lui disait un prince, *qu'étant fils d'un père dont le génie était si borné, vous excelliez dans la science militaire.* — *Mon esprit*, répondit-il, *vient de plus loin.* Il voulait parler de Henri IV, son bisaïeul. Il travaillait peu, parce qu'il concevait rapidement sans rechercher de profondes combinaisons. Son génie vif et perçant sut toujours faire le meilleur choix et déconcerter les desseins les plus soigneusement médités. Jamais prince ne fut plus populaire, plus ennemi du faste, et plus indifférent pour les richesses, que lui: loin d'être recherché dans sa parure, sa négligence à cet égard se manifestait par une malpropreté presque cynique. Il n'affectait de la hauteur que vis-à-vis des grands, et s'humanisait avec les soldats surtout jusqu'à la familiarité. Sa libéralité dégénérait souvent en prodigalité, ce qui occasiona un grand dérangement dans ses affaires domestiques.

Elle ne fut mortelle que par l'ignorance du chirurgien qui traita le héros malade. « C'est un contraste assez frappant des grandeurs et des misères humaines, » de voir un prince, libérateur d'un état puissant, mourir faute des secours » que le particulier le moins aisé de Paris serait à même de se procurer. La » bonté de Vendôme ne se démentit pas: il reprit son chirurgien avec beau- » coup de douceur, quand celui-ci lui avoua le danger de sa situation, et com- » bien il regrettait de n'avoir point appelé les médecins. Maître entier de sa » tête, près de son dernier instant, et voyant l'abbé Albergotti (depuis car- » dinal) pleurer, il lui dit encore: *Mon cher abbé, il faut nous quitter:* » *que puis-je faire pour vous?* Enfin il montra autant de tranquillité que de » résignation, et édifia par sa piété tous ceux qui le respectaient comme un » héros. » (*Eloge du duc de Vendôme*.)

Ce prince avait épousé, le 21 mai 1710, Marie-Anne, fille de Henri-Jules de Bourbon, prince de Condé (morte le 11 avril 1718), dont il ne laissa point d'enfants. Après sa mort le duché de Vendôme a été réuni à la couronne, l'an 1712, suivant la condition à laquelle il avait été donné par le roi Henri IV à César de Vendôme. Le 6 décembre de la même année, le conseil rendit un arrêt par lequel il ordonnait aux receveurs du domaine de percevoir les revenus de ce duché. L'an 1715, édit du mois de novembre pour la création d'un bailliage royal à Vendôme. (Voyez *l'art. de* Louis XIV, *depuis* 1702 *jusqu'en* 1712.)

Le Vendômois fait aujourd'hui (1787) partie de l'apanage de Monsieur, frère de Louis XVI.

CHRONOLOGIE HISTORIQUE

DES

SIRES DE BAUGENCI.

Baugenci, en latin *Balgentiacum* et *Bugentiacum*, ville de l'Orléanais, située sur la Loire, avait anciennement un château qui passait pour être l'ouvrage des Gaulois, et dont il ne reste plus à présent qu'une tour. Ce château relevait en partie de l'église d'Amiens et en partie du comté de Blois. La première de ces deux mouvances est beaucoup plus ancienne que l'autre, si l'on s'en rapporte aux monuments de l'église d'Amiens, et voici ce qu'ils portent à cet égard. Au commencement du viie siècle, le corps de saint Firmin, apôtre du pays d'Amiens, ayant été découvert par saint Sauve, l'un de ses successeurs, la réputation du premier, qui était presque ensevelie dans l'oubli, s'étendit fort au loin, et attira beaucoup de personnes à son tombeau. Le seigneur de Baugenci, attaqué de la lèpre, fut du nombre des malades qui vinrent à son tombeau pour y demander à Dieu leur guérison. L'ayant obtenue, il soumit, par reconnaissance, une partie de son château et de ses dépendances à l'église d'Amiens, et lui fit d'autres libéralités (1). L'évêque et les chanoines jouirent en commun de l'hommage de Baugenci jusqu'en 875; mais dans la suite il fut réservé à l'évêque seul, qui donna en dédommagement d'autres biens à son chapitre. Tout ceci paraît bien apocryphe; mais ce qui est certain, c'est que, depuis l'établissement des fiefs, sous la troisième race, les évêques d'Amiens ont joui de l'hommage de Baugenci jusqu'en 1291. Alors l'évêque,

---

(2) La Morlière (*Antiq. d'Amiens*, p. 188) produit une charte sans date, par laquelle Enguerand, élu évêque d'Amiens en 1115, mort en 1127, déclare avoir reconnu par d'anciens titres que le château de Baugenci et ses dépendances étaient tenus en fief de l'église d'Amiens à titre d'hommage et sous la redevance de 20 sous et une obole de cens annuel; que Raoul, seigneur de Baugenci, en était convenu, et avait en conséquence repris en fief de lui, évêque d'Amiens, ledit château, la forteresse de Bragetels et ses autres dépendances, lui en avait fait hommage, et s'était engagé pour lui et sa postérité de payer ce cens à perpétuité.

Guillaume de Mâcon, fit à Jeanne, comtessse de Blois, cession de tous les fiefs et arrière-fiefs, qu'on nommait Vendômois ou de Saint-Firmin, à la charge d'offrir tous les ans un cierge de cent livres pesant à l'église d'Amiens, et de reconnaître que ces biens relevaient d'elle; « ce qui se pratique encore de nos jours, » disent les auteurs du nouveau *Gallia Christiana*, comme le » témoignent divers actes de l'Eglise d'Amiens. De là vient, » ajoutent-ils, qu'en mémoire du miracle dont il a été parlé, la » ville de Baugenci est tenue d'envoyer tous les ans, le 13 jan- » vier, jour de l'*Invention de saint Firmin*, deux députés à » Orléans, chargés d'offrir, par les mains du procureur de la » nation picarde de l'école d'Orléans, un florin d'or à l'offertoire » de la messe solennelle que cette nation fait célébrer dans » l'église de Saint-Pierre-le-Puellier. » (*Gall. Chr. No.*, T. X, p. 1148.) Baugenci fut une des bonnes places du royaume sous les premiers rois de la troisième race. Cette ville est encore aujourd'hui le chef-lieu d'une châtellenie de laquelle dépendent Saint-Laurent-des-Eaux, Chaumont en Sologne, Oucques, Joui, et quelques autres lieux.

Lancelin, dit aussi Landri Ier, fut, suivant une ancienne généalogie des sires de Baugenci (*Apud* Etiennot, *Fragm.*, T. XIII, p. 86), le premier seigneur héréditaire de Baugenci. Il était, selon Bernier (*Hist. de Blois*), fils de Landri Sore, qui avait l'honneur d'être allié à la maison royale de France, et vivait en l'an 1000. L'an 1035, au mois d'août, troisième année du règne de Henri Ier, il fit expédier une charte par laquelle il donnait à l'église de Saint-Euverte d'Orléans le village de Vesel, *villam de Veselo*. L'acte est signé, à la manière du tems, par trois de ses chevaliers, un clerc et cinq autres témoins, et fut depuis confirmé par les frères Simon et Lancelin, fils de Raoul, conformément, est-il dit, à la concession que Lancelin, leur aïeul, avait faite: *Hanc autem donationem confirmavere Simon et Lancelinus de Balgentiaco fratres, filii Radulphi sicut et avus eorum Lancelinus concesserat.* (Etiennot, *ibid.*, p. 58.) Lancelin signa, l'an 1040, sous le nom de Landri, l'acte de la dédicace de l'église de la Trinité de Vendôme, et vendit, la même année, à la comtesse Agnès, le droit de patronage de l'église de Saint-Bienheuré, située dans le faubourg supérieur de cette ville, dépendant du sire de Baugenci. Ces sortes de ventes n'étaient que trop ordinaires alors. L'an 1050, Robert, abbé de Vendôme, étant à Baugenci, Lancelin lui permit d'établir à Vendôme une foire le jour de saint Bienheuré. L'acte de cette concession porte qu'elle fut faite, *Domno Abbate in palefrido suo sedente, Lancelino verò in pedibus suis coram eo stante*: ce que nous rapportons pour faire connaître les usages du tems. (*Cartul. Vindocin.* 1 fol. 79.) Lancelin vivait encore en 1051, et n'était plus en 1060. Il avait épousé PAULE, fille d'Herbert Eveille-Chien, comte du Maine, dont il laissa Lancelin, qui suit; Jean, seigneur de la Flèche, et Ancelin, ou Anselme, seigneur de Beaumont.

LANCELIN, ou LANDRI II, successeur de Lancelin Ier, son père, amena, l'an 1078, des troupes au roi Philippe Ier, pour l'aider à réduire Hugues du Puiset, qui, fier de la protection de Guillaume le Conquérant, s'était révolté contre son souverain. Mais il eut le malheur d'être pris par Hugues dans un combat, ainsi que le comte de Nevers et l'évêque d'Auxerre. On ignore combien dura sa captivité; voici ce que porte à son sujet le cartulaire de l'abbaye de Vendôme. Lancelin, du côté de la naissance, était illustre par la noblesse et la générosité de ses ancêtres. Quant à ses qualités personnelles, il était recommandable par son habileté dans la profession des armes, par son économie et par le soin qu'il eut d'augmenter ses domaines, en sorte qu'il passait pour l'un des hommes les plus adroits dans le maniement des affaires. Il acheva une église que la piété de quelques fidèles avait commencée dans le faubourg de son château, la fit dédier sous le titre du Saint-Sépulcre par Rainier, évêque d'Orléans, et la donna à l'abbaye de la Sainte-Trinité (de Vendôme). Mais les chanoines de Baugenci s'opposèrent à cette donation sous prétexte que l'église était dans l'enceinte de leur cimetière. Lancelin termina cette querelle en présence de l'évêque à Meun; et étant allé ensuite à Rome, il obtint des chanoines, à son retour, qu'ils cédassent aux moines de la Trinité une partie de leur cimetière. L'acte qui fut dressé de cette cession est de l'an 1081, indiction IV. (Souchet, *in Epist.* 180 *Ivonis Carnot.*, p. 241.) D'ALBERG, sa femme, Lancelin eut Raoul, qui suit; Eudes, dont on ne sait que le nom; Hildegarde, femme de Foulques le Rechin, comte d'Anjou; Ide, mariée à Gilduin, vicomte de Blois; et Agnès, première femme de Renaud II, comte de Nevers. Le P. Anselme, d'après Bernier, lui donne pour quatrième fille Pétronille, ou Pernelle, mariée, dit-il, à Foulques, comte de Vendôme. Mais il est plus vraisemblable que celle-ci était de la maison de Château-Renaud, comme nous le marquons à l'article de Foulques.

1080 au plus tôt. RAOUL Ier, sire de Baugenci après Lancelin II son père, fut un des seigneurs les plus renommés de son tems pour la valeur. Il eut une guerre, l'an 1090, avec le comte de Vendôme, qu'il contraignit, après l'avoir fait prisonnier, de s'accommoder avec lui aux conditions qu'il lui dicta. (*Voyez* Geofroi de Preuilli. *comte de Vendôme.*) L'an 1096, il fut un des braves qui suivirent Godefroi de Bouillon à la conquête de la Terre-Sainte. Il se signala dans cette expédition, et surtout au siége d'Antioche. Depuis son retour, il eut avec Thibaut IV, comte de Blois, son suzerain, un démêlé qu'il voulut terminer par le duel, suivant l'usage du tems; le cartel de défi fut envoyé de sa part au comte. Mais Ives de Chartres, ami de Raoul, lui écrivit à ce sujet une lettre (c'est la 248e de ce prélat) qui l'engagea non seulement à se désister de ce défi, mais même à se réconcilier avec son ennemi. La docilité de Raoul en cette occasion fut d'autant plus louable, que son procédé contre Thibaut avait été approuvé par l'évêque d'Orléans; sur quoi l'évêque de Chartres écrivit à ce prélat pour lui reprocher son ignorance des règles. Cependant la réconciliation de Raoul avec le comte de Blois produisit un mal de son côté. Thibaut, l'an 1112 ou environ, ayant formé une ligue de plusieurs seigneurs contre le roi Louis le Gros en faveur de Hugues du Puiset, y entraîna le sire de Baugenci. Suger rapporte que, dans la bataille qui se donna entre le monarque et les confédérés, Raoul, par sa valeur et son habileté, balança long-tems la victoire avant qu'elle se déclarât pour le premier. Quelque tems auparavant il avait aidé Hugues de Chaumont à faire le siége de Montrichard. La place était réduite aux abois, lorsque Foulques le jeune, comte d'Anjou, parut à la tête de ses troupes, et par sa présence, obligea les assiégeants de se retirer. L'an 1118, Raoul fut envoyé par le roi avec Amauri de Montfort et Geofroi, abbé de Vendôme, vers Foulques le jeune, comte d'Anjou, pour traiter avec lui de ses prétentions sur la charge de grand-sénéchal de France. La même année, il rendit hommage à Enguerand d'Amiens, évêque de cette ville, pour une partie du château de Baugenci. On ignore l'année de sa mort. Il avait épousé, 1° AGATHE, fille, non de Foulques Rechin, comte d'Anjou, comme le marque Blondel, mais de Foulques l'Oison, comte de Vendôme, qui l'établit son vicomte, ainsi qu'on le voit par divers titres de l'abbaye de Vendôme, où il prend cette qualité; 2°, l'an 1090, MATHILDE, fille de Hugues le Grand, comte de Vermandois. De ce second mariage sortirent Hugues, mort avant son père; Simon, qui suit; Lancelin, Raoul; Agnès, mariée avec Enguerand II, sire de Couci; et Mathilde, femme d'Archambaud de Sulli. Le premier mariage de Raoul, à ce qu'il paraît, fut stérile.

SIMON Ier, successeur de Raoul, son père, en la seigneurie

de Baugenci, confirma, l'an 1130, les donations pieuses que son père avait faites. L'an 1150, il accorda à l'abbaye de Vendôme le droit de pêche qu'il avait dans la rivière du Loir. (*Cart. de Vendôme.*) Il fonda, la même année, à Saint-Memin, près d'Orléans, l'anniversaire de ses père et mère. L'acte est daté, *anno ab Incarn. Dom.* MCL..... *regnante Ludovico Rege, tertio suæ peregrinationis in Jerusalem anno.* (*Cartul. de S. Memin.*) C'était vers le tems que Louis le Jeune revint de la Terre-Sainte. L'an 1152, Simon reçut dans son château de Baugenci ce même monarque et la reine Eléonore, sa femme, qui s'y étaient rendus pour faire prononcer la nullité de leur mariage par le concile assemblé dans cette ville. Il mourut vers l'an 1156, sans laisser d'enfants d'AGENORIS, sa femme, décédée avant lui.

1156 ou environ. LANCELIN III, frère de Simon, recueillit sa succession. Ce fut de son tems que le pape Alexandre III fut reçu dans Baugenci par les rois de France et d'Angleterre. Sa mort arriva l'an 1186 au plus tard. De GERSENDE, ou MÉLISENDE D'AROBLEI, sa première femme, il laissa Jean, qui suit, Lancelin et Mathilde. ALIX, sa seconde femme, ne lui donna point d'enfants.

1186 au plus tard. JEAN Ier, né l'an 1156, successeur de Lancelin III, son père, dans la terre de Baugenci, fut un seigneur ardent à défendre ses droits. L'an 1196, il voulut en venir au duel pour soutenir ceux qu'on lui contestait, parce qu'il ne pouvait les prouver autrement, et assigna pour cela le jour et le lieu. Mais, sur les remontrances de l'abbé de Saint-Memin, il aima mieux renoncer à ses prétentions que de les soutenir par cette voie aussi périlleuse qu'inutile pour établir la justice de sa cause. Il vivait encore en 1203, comme on le voit par la donation qu'il fit cette année du droit de minage à l'abbaye de Baugenci, du consentement, est-il marqué dans l'acte, d'ELISABETH, sa femme, et de ses fils, Jean et Raoul. Ce dernier n'était que son troisième fils. Simon, qui était le second, n'existait plus alors, ainsi que le prouve une autre charte de l'an 1192, par laquelle, en rétablissant l'école de l'abbaye de Baugenci, ce même Jean fonda des prières avec une lampe perpétuelle dans cette église pour le repos des âmes de ses prédécesseurs et de son fils Simon. La généalogie déjà citée de la maison de Baugenci donne à Jean pour seconde femme ALIX, dont elle place la mort en 1228. Elle dit encore qu'en 1201, il fonda une chapelle de la Madeleine et de Saint-Gentien dans l'église de Baugenci, pour être le lieu de sa sépulture, avec un chapelain pour la desservir à perpétuité.

Jean II, fils aîné de Jean Ier, auquel il succéda l'an 1203 au plutôt, fut un des chevaliers bannerets qui servirent avec le plus de zèle le roi Philippe Auguste. L'an 1215, il vendit à ce prince, par acte du mois de juillet, tous les droits qu'il pouvait avoir sur le comté de Vermandois (*Cartul. de Phil. Aug.*, fol. 137), comme arrière-petit-fils de Mathilde, fille du comte Hugues le Grand. Il mourut l'an 1218 au plus tard, laissant un fils, qui suit, de Maraut, son épouse, dame de Mehun sur Yèvre, laquelle se remaria, par contrat du 10 février 1218 (V. S.), à Robert de Courtenai, seigneur de Champignelle.

1218 au plus tard. Simon II succéda en bas âge à Jean II, son père, sous la tutelle de Robert de Courtenai, son beau-père, et n'entra en jouissance de Baugenci qu'en 1241. Nous avons de lui une charte donnée à la Toussaint 1241, par laquelle il renonce à l'agreslage, c'est-à-dire, au droit qu'il avait de prendre une certaine quantité de verjus dans les vignes de ses vassaux. (Duc. voce *agreslagium*.) Il accompagna, l'an 1248, le roi saint Louis dans son expédition d'outre-mer, et mourut, l'an 1256 au plus tard, laissant de Jeanne, sa femme, Raoul, qui suit, et Geofroi, mort en 1291.

1256 au plus tard. Raoul II, fils de Simon et son successeur, était en jouissance de la seigneurie de Baugenci dès l'an 1256. C'est ce que témoigne une charte du mois de mai de cette année, par laquelle, de concert avec sa femme, il amortit les terres que les templiers possédaient à la Villette, lieu de sa mouvance, à la charge d'un anniversaire qu'ils feront célébrer pour ses père et mère dans leur église d'Orléans le lendemain de l'Assomption. (Etiennot, *Fragmenta*, T. XV, p. 439.).

Raoul épousa, 1° Persoïde, dont on ne connaît point la naissance ; 2° Amicie, fille de Pierre de la Brosse. Son beau-père ayant été condamné à mort, l'an 1278, avec confiscation de ses biens, Raoul obtint du roi Philippe le Hardi, sur cette confiscation, une rente de deux cents livres, hypothéquée sur la ville d'Orléans. De son premier mariage, il eut Jean, mort en 1268, et Simon, décédé en 1282. L'an 1292, se voyant sans frère et sans enfants, il vendit au roi Philippe le Bel, dans le mois de mars, la seigneurie de Baugenci, qui fut donnée ensuite pour douaire à la reine Clémence, veuve de Louis Hutin, après la mort de laquelle cette terre fut réunie au domaine. La veuve de Raoul lui survécut et se remaria à Philippe de Veraine, chevalier.

Fin du douzième volume.

TABLE DES MATIÈRES
CONTENUES
DANS CE VOLUME.

Barons, puis ducs, de Montmorenci, avec toutes les branches de cette maison.	1
Sires, ou châtelains, de Montlhéri.	130
Comtes de Meulent.	157
Vicomtes héréditaires de Meulent.	168
Comtes de Clermont, en Beauvaisis.	170
Comtes de Vermandois et de Valois.	177
Sires, ou barons, de Couci.	219
Comtes de Soissons.	250
Comtes de Rouci.	280
Princes de Sedan, puis ducs de Bouillon.	300
Comtes de Ponthieu.	317
Comtes de Boulogne.	345
Comtes d'Artois.	367
Comtes d'Hesdin.	377
Comtes de Saint-Pol.	380
Comtes de Guines.	414
Comtes, puis ducs, d'Aumale.	429
Comtes d'Eu.	449
Comtes d'Évreux.	466
Comtes, puis ducs, de Vendome.	482
Sires de Baugenci.	527

FIN DE LA TABLE DES MATIÈRES.

www.ingramcontent.com/pod-product-compliance
Lightning Source LLC
Chambersburg PA
CBHW051357230426
43669CB00011B/1669